汲古叢書120

鷹取祐司著

秦漢官文書の基礎的研究

汲古書院

秦漢官文書の基礎的研究 目次

秦漢官文書の基礎的研究

序言

凡郡國一百三、縣邑千三百一十四、道三十二、侯國二百四十一。地東西九千三百二里、南北萬三千三百六十八里。提封田一萬萬四千五百一十三萬六千四百五頃、……定墾田八百二十七萬五百三十六頃。民戶千二百二十三萬三千六十二、口五千九百五十九萬四千九百七十八。漢極盛矣。

『漢書』卷二八下　地理志下

『漢書』地理志に記す平帝期の漢帝國の郡國數と領域および戶口數である。東西九千餘里、南北一萬三千餘里の領域に合計一五八七もの縣邑道侯國が存在し、そこに一二二三萬三〇六二戶、五九五九萬四九七八人の人々が暮らしていた。漢帝國では、たった一人の皇帝が、これほど廣大な領土のこれほど多くの縣邑道侯國に分かれて住む六千萬弱もの人々を統治していたのである。その統治を支えていたのが、丞相以下佐史に到るまで十二萬人を超える官吏(1)であった。漢皇帝は、この膨大な數の官吏を自分の手足として使うことによって、巨大な帝國を治めていたのであり、それは秦帝國においても同じであった。

實際の人體で言えば、手足を動かすためにはその筋肉を收縮させるための榮養と酸素が必要である。しかし、榮養と酸素だけで手足が動くわけではなく、動きをコントロールする神經信號が傳わって初めて動く。漢皇帝が官吏を手足の如く使う際も同樣で、官吏を動かすための榮養と酸素は官吏への俸給やさまざまな賜與にあたろう。動きをコントロールする神經信號に當たるのが、皇帝などからの命令に他ならない。そして、その命令は、簡牘に文字で記された文書という形で帝國内に散在する官吏に傳えられたのである。

本書において考察對象とする官文書は、秦漢兩帝國にとって如上の重要性を持つものであり、それ故、秦漢史研究にとっても極めて貴重な史料といえる。ところが、周知のように、典籍史料の中に現存する官文書は『史記』三王世家くらいであって、石刻資料も乙瑛碑や張景碑など數點を數えるに過ぎない。そのような史料狀況を大きく變化させたのが簡牘資料の出現であった。本書は、簡牘資料を主たる材料として、秦漢時代官文書の書式や用語について考察を加え、秦漢官文書理解の基礎を確立することを目指すものである。

二十世紀初頭の敦煌漢簡の發見以來、秦漢時代の簡牘は數多く發見されており(2)、現在では秦漢時代史研究に不可缺の史料群となっている。秦漢簡牘の史料的重要性はその數量の多さだけでなく、それらの多くが長城烽燧遺址や官衙址などから出土したものであるために多量の官文書を含んでいる點にもある。敦煌漢簡や居延漢簡の發見によって、漢代の文書行政の具體像が明らかにされるようになったが、それは何より漢簡が實際の行政の中で使用された文書や簿籍の實物であったことによる。秦代史研究においても、一九七〇年代の睡虎地秦簡の發見によって法制史研究は飛躍的に進んだ。しかし、睡虎地秦簡によって明らかにされた秦代法律制度の具體像は、敦煌・居延漢簡によって明らかにされた漢代文書行政の詳細さにはとても及ばない。これは、睡虎地秦簡が實際に使用された文書や簿籍ではなく、被葬者が生前使用していたであろうマニュアル、換言すれば、書籍であったことによる(3)。居延漢簡においては爰書を取り巻く環境が復元可能であるのに對し、睡虎地秦簡の爰書は個々の文例に過ぎず實際の行政の場で爰書がどう機能していたを正確に把握することは難しい、という籾山明の指摘(4)は、マニュアル・書籍の史料的限界と文書・簿籍の史料的有用性とを端的に示しているといえよう。幸いなことに、これまで文書・簿籍の出土例が少なかった秦代についても、二〇〇〇年代に入り里耶秦簡が發見されたことによって、大量の官文書を史料として利用できるようになった。

このように秦漢簡牘に官文書が多く含まれていることは、秦漢時代の法律・制度の研究において特に大きな意義を有するものである。法律や制度はその時々の王朝や政権がどのように人民を支配しようとしたかを端的に表すものであり、その意味で、法制史研究は歷史研究における重要な一分野といえる。法律や制度は、例えば『唐律疏議』や『大唐六典』などのように典籍化されるのが通例であり、秦漢時代についても『漢舊儀』等の制度に關する著作が存在する。しかしながら、漢代の法制關係の著作は完本として現在にまで傳わっているものは無く、『史記』『漢書』等に引用された記事を集めた輯本であるため、それらによって知られるのは當時の法律や制度のごく一部分に過ぎない。また、典籍に見える制度や法律の殆どは規定そのものであるため、當時の王朝や政權の志向を知ることはできるものの、その法律や制度が現實にどのように運用されていたのかという點について知ることは難しい。法律や制度は必ずしも當初の志向通りに運用されるとは限らないし、その志向と運用實態との齟齬にもまた時代性が表れるものであるので、規定そのものの考察に加えて運用實態の考察もまた重要なのである。簡牘に含まれる官文書には、法律や制度の公布・施行を命ずる文書や、その時に下す命令の法的根據として法律條文などを引用する文書も含まれており、現存史料には見られない多くの法律條文や制度規定を知ることができる。さらに、法律や制度の施行や實施を巡って出される官文書もあり、それらによってその法律や制度の運用面の實態を知ることもできるのである。

このような可能性を持つ簡牘資料であるが、研究の初期においては簡牘の記載内容によって簡牘が分類・整理された結果、既存文獻の内容と關連性のあるごく少數の簡牘を除き、大多數の簡牘は歷史史料として全く利用されないままであった。そのような大多數の簡牘を歷史史料として利用する道を開いたのが古文書學的分類である(5)。文書・簿籍である簡牘は文書・簿籍として取り扱われて、初めてその史料的價値を十分に發揮することができるのである。本書における簡牘資料の分析も、この姿勢を繼承するものである。

現在、最初の敦煌漢簡の發見から既に一世紀を經ているとはいえ、秦漢時代の簡牘資料が數量的に増加したのは一九七〇年代以降であり、さらに、新たに發見された簡牘の圖版が公開されるようになったのはさらに遲く一九九〇年代になってからである。秦漢簡牘のこのような發見・公開狀況を踏まえると、簡牘研究は一世紀を超える蓄積があるとはいうものの、その研究のほとんどは敦煌・居延漢簡および睡虎地秦簡という限られた簡牘を材料として進められたものであった。そのため、一九九〇年代以前の簡牘研究においては、多數の簡牘用例を分析することによって歸納的に簡牘の内容を解釋するといった手法ではなく、いうなれば直感的に解釋されている場合も少なくない。一九九〇年代以降、邊境の長城烽燧遺址以外の場所からも大量の秦漢簡牘が發見され、それらが公表され始めるに及んで、それ以前の簡牘解釋に對して少なからざる疑義が提示されるようになってきた。これは、とりもなおさず、簡牘資料の質的量的増加によって、より正確な解釋ができるようになったということを意味するものである。

本書は、秦漢簡牘の發見・公表および研究をめぐる如上の狀況を承けて、簡牘資料に含まれる秦漢官文書について、從來の解釋を檢證しより正確な理解を追究するものである。全體は四部構成で、第一部と第二部では官文書の書式や用語、文書傳送について考察を行い秦漢官文書に對する基本的な理解を確立することを目指し、第三部と第四部では訴訟關係の官文書を取り上げ漢代における訴訟手續きの具體像を解明することを目指す。

第一部では、秦漢官文書の種類と官文書中で常用される用語や文言について考察する。漢簡には書・記・檄・符の四つが文書呼稱として見える。かかる文書呼稱の存在は、唐代の各種公文書樣式を連想させるものであろう。敦煌發見の唐公式令殘卷（P.2819v）には、移式・關式・牒式・符式などの文書樣式が見え、それらも含めて、中村裕一は公式令規定の公文書として二十三種類、その他にも九種類の公文書を擧げている(6)。これらの公文書には、それぞれ固有の書式があり、その用途に合わせて使い分けられていた。このように、唐代では、用途に從って固有の書式を持つ文書が別個に用意され使い分けられていたのであるが、漢簡に見える所の四種類の呼稱で呼ばれる文書も、唐代の公文書のようにそれぞれ固有の書式を持つのかどうか。第一章ではこの點について考察し、それぞれの文書呼稱が意味するもの、さらに、固有の書式を持つものについてはその書式を明らかにした上で文書の特徴を檢討する。

第二章では、秦漢官文書で常用される用語や文言について檢討する。秦漢官文書、特に邊境出土漢簡に含まれる官文書は定型句を多用した簡潔な文書が多い。それ故、官文書中に用いられる用語や文言の正確な解釋は、官文書の內容を正しく理解する上で不可欠である。漢簡に見えるそのような用語・文言の解釋は夙に大庭脩などによって檢討されており(7)、大庭の理解が現在の秦漢官文書理解の基礎を形成していると言っても良い狀況である。しかしながら、大庭の分析は、敦煌・居延漢簡くらいしか利用できなかったという史料上の制約のため、充分な數の用例を集めて歸納的にその用語・文言の意味を確定してゆくという手法は採られていない。近年、利用できる簡牘資料が大幅に增加したことを承けて、ここでは官文書理解において重要な用語・文言の解釋について改めて檢討する。

第二部では官文書の傳送について考察する。先述のように、たった一人の皇帝が巨大な帝國を統治するためには、帝國各地に勤務する膨大な數の官吏を自分の意思通りに動かす必要があった。それを可能にしたのが、都から帝國各地に勤務する官吏へと命令を屆け、各地からの報告を都へと屆け、また各地の官署を相互に結ぶ文書傳送體制に他ならない。これまで、漢代の文書傳送については、帝國全土を覆う傳送體制と居延地域における具體的な傳送經路の二つを中心に研究されてきた。前者の研究として最も著名なものが、大庭脩による元康五年詔書冊の復原であろう(8)。大庭のこの研究によって、漢代の詔書がどのような經路で皇帝から地方末端の官署まで傳達されて行くかが具體的に明らかにされた。そこでは、丞相→郡太守→部都尉→鄣候→候長のように、統屬系統（元康五年詔書冊の場合は、長城警備の前線司令部である候官で出土した文書であるために、郡以下は軍政系統）に沿って下達されていた。この元康五年詔書冊は、夏至の日前後に軍事をやめ水火を改めるという歳時行事に關する實施命令であり、大庭の言うように、この復原によって、漢代の日常的な命令がどのように下達されていったのかその實態が明らかにされたわけである。

大庭による元康五年詔書冊の復原は、詔書の下達實態を明らかにしたのみならず、その傳送經路を考察することで、副丞相で監察の役割が强調される御史大夫に對して、皇帝の政策遂行を補佐する祕書官・書記官という新たな御史大夫像を提示するものでもあった。この大庭の指摘は、臣下の文書が誰の手を經て皇帝に上呈されるのか、裁可された詔書が誰から內外百官に下達されるのかを考察することが、その文書傳送に攜わった官吏の官制上の役割を明らかにする上で非常に有效な方法であるということを如實に示したものであり、そういう意味でも、大庭のこの研究は高く評價されるべきである。しかしながら、その後發見された張家山漢簡には、この大庭の研究に對して見直しを迫る史料が含まれていた。元康五年詔書冊と同じく、臣下の文書を丞相・御史大夫が取り次いで皇帝に上呈するという形を殘す二年律令・津關令には、大庭の元康五年詔書冊理解ではうまく解釋できない事例があったのである。第二部第一章では、この津關令を手掛かりに元康五年詔書冊の文書傳送經路を再檢討し、皇帝への文書上呈及び詔書の下達における丞相・御史大夫の關わり方を明らかにした上で、丞相・御史大夫の官制上の位置づけについて考察する。

元康五年詔書冊には詔書を下達する際に追加される詔後行下の辭が含まれているが、別の詔後行下の辭には元康五年詔書冊の詔後行下の辭には見えない「以道次傳別書」という文言を持つものが存在する。このことは、元康五年詔書冊とは異なる詔書下達經路の存在を示唆する。この文言は秦代の官文書にも見えており、やはり、統屬系統に沿った文書下達とは異なる下達形態であるように思われる。第二章では、この「以道次傳別書」という文言で示される文書下達がどのような經路であったのかを明らかにする。

邊境出土漢簡の中には文書傳送記錄が多く含まれ、それを史料とした文書傳送經路の復原も行われてきたが、それらの記録は居延地域におけるものに限られており、漢帝國全體の文書傳送を考察することは難しかった。そのような史料状況を大きく變えたのが張家山漢簡の發見である。張家山漢簡には整理小組によって行書律に分類された二年律令條文が七條含まれていたのである。先に發見された睡虎地秦簡にも行書律が二條含まれており、張家山漢簡の發見によって、帝國全域を對象とした文書傳送を解明する材料が豐富になった。邊境出土の宛名簡には「以郵行」や「以亭行」など幾つかの文書傳送方式が見え、それと對應するように二年律令の行書律にもそれらの傳送方式の記載があって、漢代には複數の文書傳送方式が存在していたことが確認される。元康五年詔書册によって具體的な下達經路は明らかになったが、それが「以郵行」などの文書傳送方式とどのような關係にあるのかは明らかにされていない。加えて、「以郵行」などの各文書傳送方式が漢帝國全領域への文書傳送をどのように擔っていたのか、各文書傳送方式の相互の關連はどうであったのか、このような點について幾つか研究はあるものの(9)、その全體像は未だ明らかにされているとは言い難い。第三章ではこの問題について考察する。

先述のように、邊境出土漢簡の中には文書傳送記錄が多く含まれ、それを利用して居延地域における具體的な文書傳送經路の復原も行われてきた(10)。一九九〇年代始めには敦煌の東に位置する漢代の交通・文書傳送の據點であった懸泉置遺址が發見され(11)、そこから出土した簡牘の中に多くの文書傳送記錄が含まれていた。この懸泉置漢簡の出現によって、漢代懸泉置周邊における文書傳送状況について、傳送方式ごとにどのような經路であったのか、またどのような文書を傳送していたのかという點を具體的に考察することが可能になった。第四章では、主に懸泉置出土簡を利用して懸泉置周邊の文書傳送状況を復原し、その成果を踏まえて、第五章では新公表の肩水金關漢簡も利用して居延・肩水地域の文書傳送状況について再檢討を加える。

文書の傳送については、上述した所の傳送方式や傳送經路の他に、文書そのものの封緘方法であるとか、封泥匣や傳送方式記載の有無と傳送方式との關係についてもこれまで考察されてきた[12]。第六章では、簡牘文書の封緘方法を検討するとともに、居延・肩水地域で出土した宛名簡を集成しそれらを封泥匣や傳送方式記載の有無などを基準として分類した上で、それらの持つ意味や機能について改めて考察する。

第三部と第四部では訴訟關係の官文書を考察する。現代の訴訟制度では刑事案件と民事案件は終始異なる別の手續きによって處理されるが、前近代中國ではいわゆる刑事裁判と民事裁判は刑罰程度の差として意識されるのみで別種の手續きが設けられたわけではない。全ての裁判は輕重の差こそあれ刑罰を結果する可能性を含んでいたのであり、その意味で、中國における裁判は全て刑事裁判であったと言われる[13]。ただし、徒以上の刑罰を科そうとする手續きとそうでない手續きとははっきりと性格を異にするものであった。徒以上の刑罰を科そうとする場合は、州縣は判決立案をするのみで上級機關に委ね、所定の覆審を經た上で判決が定まるのに對して、徒以上の刑罰を含まない場合、卽ち、戶婚田土錢債の案とよばれる案件は州縣限りの裁判に委ねられ、そこで行われる取り調べや判決は調停的色彩の強いものであった[14]。漢代にも、罪を爭う事案を意味する獄と財を爭う事案を意味する訟とが區別されていて、前者はいわゆる刑事案件に、後者は民事案件に概ね相當する。獄と訟の手續きはそれぞれ斷獄・聽訟と呼ばれ、それらにおいては尋問における尋問者の姿勢に相當な違いのあったことが指摘されている[15]。

第三章では二つの訴訟手續きのうちの斷獄に關する文書について考察する。秦漢時代の斷獄手續きについては、これまで『史記』に記された張湯の子供の頃の逸話[16]からその手續き名稱が知られるだけであったが、簡牘資料の發見によってその具體的な手續きが明らかになってきた[17]。中でも、一九七三~七四年破城子（A8）出土簡には裁判關係のまとまった文書が幾つも含まれ、裁判手續きの具體像を復原する貴重な情報を提供してくれた。その一つが、一般に「劾狀」と呼ばれている擧劾文書[18]で、これは裁判の最初の手續きである擧劾を行うための文書であり、擧劾手續きを具體的に復原・解明する絶好の史料である。第一章ではこの擧劾文書の册書復原作業とその基礎的考察を行なう。この「劾」については、その字面から違法行爲を働いた官吏の罷免を求める彈劾とする理解も存在するので、第二章においては、擧劾文書において擧劾對象となっている人物の立場や行爲を分析することで、「劾」とは何かを明らかにする。

第四部では、もう一つの訴訟手續きである聽訟に關する文書について考察する。先述のように、漢代には斷獄と聽訟という二つの訴訟手續きが存在し、兩者の間には尋問の姿勢などに相違があることが指摘されている(19)。ただし、聽訟においても最終的には官による決定や判決が想定されているのであって(20)、關係者を尋問して事實を解明しそれを踏まえて官が最終的な判決を下すという訴訟手續きの基本的枠組みは斷獄と聽訟とで異なるものではない。このような理解は、前近代中國の裁判は全て刑事裁判であったという上述の理解の枠内に收まるものである。

漢代の中國では、西北邊境の長城地帶を警備する吏卒や在地民間人の間で掛け賣りや金錢貸借が盛んに行われていたが(21)、その代金や貸し金などの債權は官がその統治組織を使って回收していた。邊境出土漢簡には、官が配下の吏卒の申告を承けて、債務者の所屬官署や居住縣に對し債權の回收を命じた文書がいくつも含まれている。そのうち債務者を尋問した上で債權を回收する手續きは、債務者に債權を支拂ってもらえない債權者が債權を回收してくれるよう官に對して求めたものであり、財を爭う聽訟に當たる。ところが、これらの債權回收を求めた聽訟においては、擧劾文書によって開始される斷獄とは全く異なる手續きが行われている。さらに、債權回收を求めた聽訟においては官による判決に當たるものも確認できない。その結果、漢代の斷獄と聽訟とは全く異なる別個の訴訟手續きであった可能性が考えられるのである。

邊境出土漢簡に含まれる「候粟君所責寇恩事」册書（E.P.F22:1～36。以下「候粟君册書」という）は候粟君と寇恩との間で結ばれた輸送販賣請負契約を巡って候粟君が不足分の支拂いを寇恩に求めたもの[22]であるから、その内容からすれば債權回收を求めた聽訟に當たる。しかしながら、從來の研究の中には、この册書を斷獄の具體例と見なすものもある。[23]斷獄ではなく正しく聽訟の事例と見なす論者においても、訴えを受けた上級機關が管轄下の下級機關に案件の審理と判決のための原案作成とを命じ、その報告に基づいて最終的な決定を下すという形が想定されているのである。[24]先述のように、候粟君册書も債權回收を求めた聽訟の事例である以上、他の債權回收を求めた聽訟と異なる手續きが行われていたとは考えにくい。實際、册書そのものには官による最終的な決定の記載はなく、官による最終的な決定は論者によって想定されたものに過ぎない。幸い、候粟君册書は册書を構成する簡に脫落がなく記載內容もその殆どを解讀することができるので、この册書を分析することによって債權回收を求めた聽訟の具體的手續きやその特徵を明らかにすることが期待できる。

聽訟を巡る以上の問題意識を踏まえて、第四部第一章では漢代邊境地帶で行われた債權回收が具體的にどのように行われていたのかを考察する。第二章では、債權回收を求めた聽訟の手續きの中で重要な役割を果たす證不言請律の解釋と、證不言請律の下での證言を記載した自證爰書の運用について考察する。第三章では、候粟君册書に見え册書解釋を大きく左右する「前言解」という語の意味と、この語が指すのは册書を巡る經緯のうちのどの部分であるのかについて考察する。第四章では、候粟君册書そのものを取り上げ、册書を構成する各部分の送付狀況やそこで行われている手續きを具體的に明らかにする。以上の考察結果を踏まえて第五章では、まず候粟君册書が他の債權回收を求めた聽訟と同一の手續きによって進められていることを確認し、その上で、候粟君册書の檢討から債權回收を求めた聽訟においては最終的にどのような形で紛爭が解決されるのかを明らかにする。

以上に述べた作業を通して、秦漢時代の官文書解釋の基礎を固めることができればと考えている。本書を『秦漢官文書の基礎的研究』と題した所以である。

本書で使用した主な簡牘資料の圖版・釋文テキスト、および參考とした注釋類は次の通りである（本書中では書誌情報を省略した場合もある。＊附きの圖版は、第二部第六章「宛名簡一覧」作成に際して使用したものである）。

《睡虎地秦簡》

睡虎地秦墓竹簡整理小組『睡虎地秦墓竹簡』（文物出版社 一九九〇）

A.F.P.Hulsewé, Remnants of Ch'in Law An Annotated Translation of the Ch'in Legal and Administrative Rules of the 3rd Century B.C. Discovered in Yün-meng Prefecture, Hu-pei Province in 1975, Leiden：E.J. Brill, 1985

早稲田大學秦簡研究會「雲夢睡虎地秦墓竹簡『封診式』譯注初稿（一）～（六）」（『史滴』一三～一八 一九九二～一九九六）

《里耶秦簡》

湖南省文物考古研究所・湘西土家族苗族自治州文物處・龍山縣文物管理所「湖南龍山里耶戰國——秦代古城一號井發掘簡報」（『文物』二〇〇三—一）

湖南省文物考古研究所・湘西土家族苗族自治州文物處「湘西里耶秦代簡牘選釋」（『中國歷史文物』二〇〇三—一）

湖南省文物考古研究所『里耶發掘報告』（嶽麓書社 二〇〇六）

湖南省文物考古研究所編著『里耶秦簡〔壹〕』（文物出版社 二〇一二）

鄭曙斌・張春龍・宋少華・黃樸華編著『湖南出土簡牘選編』（嶽麓書社　二〇一三）
游逸飛・陳弘音「里耶秦簡博物館藏第九層簡牘釋文校釋」（簡帛网：http://www.bsm.org.cn/show_article.php?id=1968）
王煥林『里耶秦簡校詁』（中國文聯出版社　二〇〇七）
里耶秦簡講讀會「里耶秦簡譯注」（『中國出土資料研究』八　二〇〇四。正誤表：同九　一四〇頁）
陳偉主編『里耶秦簡牘校釋』第一卷（武漢大學出版社　二〇一二）

《張家山漢簡》

張家山二四七號漢墓竹簡整理小組『張家山漢墓竹簡〔二四七號墓〕』（文物出版社　二〇〇一）
張家山二四七號漢墓竹簡整理小組『張家山漢墓竹簡〔二四七號墓〕（釋文修訂本）』（文物出版社　二〇〇六）
武漢大學簡帛研究中心・荊州博物館・早稻田大學長江流域文化研究所・彭浩・陳偉・工藤元男主編『二年律令與奏讞書　張家山二四七號漢墓出土法律文獻釋讀』（上海古籍出版社　二〇〇七）
池田雄一編『奏讞書　中國古代の裁判記錄』（刀水書房　二〇〇二）
專修大學『二年律令』研究會「張家山漢簡『二年律令』譯注」（一）～（一〇）（『專修史學』三三～四四　二〇〇二～二〇〇八）
冨谷至編『江陵張家山二四七號墓出土漢律令の研究』（朋友書店　二〇〇六）

《一九三〇年代出土居延漢簡》

＊勞榦『居延漢簡　圖版之部』（中央研究院歷史語言研究所　一九五七）

＊中國社會科學院考古研究所『居延漢簡　甲乙編』（中華書局　一九八〇）
＊簡牘整理小組編『居延漢簡補編』（中央研究院歷史語言研究所　一九九八）
謝桂華・李均明・朱國炤『居延漢簡釋文合校』（文物出版社　一九八七）

《一九七〇年代出土居延漢簡・金關漢簡》
甘肅省文物考古研究所編『居延新簡釋粹』（蘭州大學出版社　一九八八）
＊甘肅省文物考古研究所・甘肅省博物館・中國文物研究所・中國社會科學院歷史研究所編『居延新簡　甲渠候官』上下（中華書局　一九九四）
＊甘肅簡牘保護研究中心・甘肅省文物考古研究所・甘肅省博物館・中國文化遺產研究院古文獻研究室・中國社會科學院簡帛研究中心編『肩水金關漢簡（壹）』（中西書局　二〇一一）
＊甘肅簡牘保護研究中心・甘肅省文物考古研究所・甘肅省博物館・中國文化遺產研究院古文獻研究室・中國社會科學院簡帛研究中心編『肩水金關漢簡（貳）』（中西書局　二〇一二）
馬怡・張榮强主編『居延新簡釋校』上下（天津古籍出版社　二〇一三）

《額濟納漢簡》
＊魏堅主編『額濟納漢簡』（廣西師範大學出版社　二〇〇五）
孫家洲主編『額濟納漢簡釋文校本』（文物出版社　二〇〇七）

《敦煌漢簡》

＊甘肅省文物考古研究所編『敦煌漢簡』（中華書局　一九九一）
＊大庭脩『大英圖書館藏　敦煌漢簡』（同朋舍出版　一九九〇）
＊張德芳『敦煌馬圈灣漢簡集釋』（甘肅文化出版社　二〇一三）

《懸泉置漢簡㉕》

甘肅省文物考古研究所「敦煌懸泉漢簡釋文選」（『文物』二〇〇〇―五）
中國文物研究所胡平生・甘肅省文物考古研究所張德芳『敦煌懸泉漢簡釋粹』（上海古籍出版社　二〇〇一）＝釋
何雙全『簡牘』（敦煌文藝出版社　二〇〇四）＝㋐
吳礽驤「說〝都吏〟」（『簡牘學研究』四　二〇〇四）＝㋑
張俊民「敦煌縣泉置探方T0309出土簡牘槪述」（長沙市文物考古研究所編『長沙三國吳簡暨百年來簡帛發現與研究國際學術研討會論文集』中華書局　二〇〇五）＝㋒
張俊民「敦煌懸泉出土漢簡所見人名綜述（二）――以少數民族人名爲中心的考察」（『西域研究』二〇〇六―四）＝㋓
張俊民「簡牘文書所見〝長安〟資料輯考」（簡帛網：http://www.bsm.org.cn/show_article.php?id=757）＝㋔
郝樹聲・張德芳『懸泉漢簡研究』（甘肅人民出版社　二〇〇八）＝㋕
張俊民「懸泉漢簡傳馬病死爰書及其他」（武漢大學簡帛研究中心主辨『簡帛』第三輯　上海古籍出版社　二〇〇八）＝㋖
張經久・張俊民「敦煌漢代懸泉置遺址出土的〝騎置〟簡」（『敦煌學輯刊』二〇〇八―二）＝㋗
張俊民「敦煌懸泉出土漢簡所見人名綜述（三）――以敦煌郡太守人名爲中心的考察」（卜憲群・楊振紅主編『簡帛研究二〇〇五』廣西師範大學出版社　二〇〇八）＝㋘

張俊民「懸泉漢簡〝置丞〟簡與漢代郵傳官吏制度演變」（『中國古中世史研究』二〇　二〇〇九）＝㋙
張俊民「敦煌懸泉漢簡所見〝亭〟」（『南都學壇（人文社會科學學報）』三〇―一　二〇一〇）＝㋚

本書で示した簡牘資料の釋文は基本的に前掲の釋文テキストに從った（里耶秦簡の簡番號表記および綴合については『里耶秦簡牘校釋』に據る）が、圖版等によって改めた箇所もある。釋文の文字配列や改行などは原簡の體裁に從った。ただし、睡虎地秦簡・張家山漢簡および圖版が殆ど公開されていない懸泉置漢簡については釋文を追い込みで表記した。この他に册書などで釋文を追い込み表記にした場合があり、その場合は、簡番號に＊を附した。

邊境出土漢簡（居延漢簡・敦煌漢簡・懸泉置漢簡）については簡番號のみを示し、それ以外の簡牘については里耶秦簡などの呼稱も記した。『居延新簡釋粹』掲載簡については原簡番號のあとに「釋123」という形で當該書の整理番號を、敦煌漢簡については「敦321」という形で『敦煌漢簡』（『敦煌馬圏灣漢簡集釋』も同番號）の整理番號を、懸泉置漢簡については當該簡所載文獻の略號（前掲一覽の文獻名下部分）をそれぞれ附記し、『敦煌懸泉漢簡釋粹』についてはその整理番號も併記した。また、『居延漢簡　甲乙編』の附錄分は「甲附12」という形で整理番號を示した。なお、原簡番號から出土地が判明しない簡については出土地を附記した。

釋文中に使用した記號は次の通りである。

⧄　簡の斷切　／　□　釋讀不明の一文字　／　……　釋讀不明で字數不明の墨跡　／　回　封泥匣

▒　網掛け　／　●　圏點　／　＝　前行末に接續　／　［　］　脱字等の補足

また、重文符號は當該文字に書き起こした。

引用史料のうち、典籍史料には訓讀を、簡牘資料には現代語譯を原則的に附したが、一部を省略した場合もある。

簡牘資料の現代語譯は原簡の體裁に拘わらず追い込みで記し、原簡において發信者が異なったり意圖的に改行している場合は、譯文中に「／」を入れた。また、斷裂などの部分は「……」とした。なお、書式や文言・表現の使い方を示すことに重點があって記載内容があまり問題とならない場合は、現代語譯を省略した。

本書中で用いた用語について解説を加えておく。

宛名簡……宛名を記して文書を封緘するために添える簡牘のこと。宛名簡は、王國維[26]以來、檢と呼ばれてきたが、檢が具體的に指す簡については論者によって異なり、例えば、大庭脩は文書の表書きをする簡を檢といい、封泥匣のないものも含めるの[27]に對し、李均明は封泥匣のついているもののみを檢といい、封泥匣の無い宛名簡は函封と呼んで區別する[28]。このように、檢の具體的内容が論者によって異なる上に、簡牘文中に見える「檢」という語が指すのは、封泥匣もしくは封泥匣のついた簡牘である。例えば、次の1には「日時在檢中」とある。

1　甲渠鄣候　回（己未下餔遣）　（上段「己未下餔遣」は封泥匣中に記載）
十一月己未、府告甲渠鄣候。遣新除第四隊長刑鳳之官。符到、令鳳乘第三、遣　（下段A面）
騎士召戎、詣殄北、乘鳳隊。遣鳳日時在檢中。到課言。　（下段B面）E. P. F22:475

その「日時」に當たる「己未下餔遣」という記載があるのは封泥匣内なので、簡牘文中に言う所の「檢」は封泥匣を指している。また、次の2は戍卒が戍邊に就役する際に持ってきた衣類袋の附札で、そこに「衣橐檢」と見える。

2　▨戍卒魏郡鄴

╱都里趙元衣橐檢
╱習 □　　　E. P. T52:494

2は上部が薄く下部がやや厚い板状なので厚めに削った削り屑のようであるが、2の原形が次の簡のようであったことは「戍卒某郡某里某衣橐」という記載が共通することから疑い無い。

3 ● 回　戍卒魏郡梁期
　　　　長秋里侯宣衣橐　　　E. P. T51:297

3は上端幅六㎝、下端幅七・五㎝、長さ一六・五㎝の臺形をした大型の封泥匣附き附札である。戍卒が戍邊に就役する時に持ってくる衣橐に附けられた附札は、例外なく封泥匣がついていた[29]ので、2も3と同じように文字の上の部分に封泥匣があったこと疑い無い。2が「衣橐檢」と呼ばれているのは封泥匣がついていたからに他ならない[30]。

このように簡牘文中の「檢」という語は封泥匣そのものや封泥匣の附いた簡を指す一方で、これまで檢と呼ばれてきた宛名を記した簡には封泥匣を持つものと持たないものの兩方が存在する。それ故、宛名を記した簡を指す語として「檢」を用いるのは適切ではない[31]。そこで、本書では、宛名を記して文書を封緘する簡の總稱としては「宛名簡」を用い、封泥匣の附いた宛名簡は「有匣宛名簡」、封泥匣のない宛名簡は「無匣宛名簡」と稱する。

簡側切り込み……金關出入の六寸符などに見える刻みのように、簡牘側面を削った部分を指す。簡側切り込みは從來「刻齒」と呼ばれてきたが、王國維は封泥匣を穿つことを「刻印齒」と述べている[32]し、有匣宛名簡で紐を掛けるための溝を切った部分が「齒部」と呼ばれることもある[33]。このように、「齒」字が簡牘側面の切り込みと封泥匣の兩方に關連して用いられており混亂を招く恐れがあるので、本書では「刻齒」ではなく「簡側切り込み」を用いる。

封泥匣……宛名簡に附けられた封泥を入れる凹み部分で、簡牘文中では「検」と呼ばれる部分である。四面に壁がある箱状の封泥匣を「箱型封泥匣」、上下のみに壁があり横から見ると凹形になる封泥匣は「凹型封泥匣」と稱する。

小型封泥匣簡……馬王堆一號漢墓の竹笥につけられた封泥匣だけの小型箱型木製品のようなものを指す。大庭脩が「印齒檢」と呼んだものである。(35)

中繼轉送文書……ある官署から送られてきた文書を自分の統屬下の官署に下達したり、他の官署に轉送したり、配下からの文書を更に上級官に上呈するために中繼者が追加する次のような文書を指す。

4ⓐ建武三年四月丁巳朔辛巳、領河西五郡大將軍張掖屬國都尉融移張掖居延都尉。今爲
都尉以下奉、各如差。司馬・千人・候・倉長丞・塞尉・職閒都尉、以便宜財予從史田吏。如律令。 E.P.F22:70

ⓑ六月壬申、守張掖居延都尉曠・丞崇告司馬・千人官、謂官・縣。寫移。書到、如大將軍
莫府書律令。 掾陽・守屬恭・書佐豐 E.P.F22:71A

5ⓐ建武三年三月丁亥朔己丑、城北隧長黨敢言之。
迺二月壬午、病加兩脾雍種、匈脅丈滿、不耐食
飮。未能視事。敢言之。 E.P.F22:80

ⓑ三月丁亥朔辛卯、城北守候長匡敢言之。謹寫移隧長黨
病書如牒。敢言之。 今言府請令就醫 E.P.F22:81

E.P.F22:82

6ⓐ永始五年閏月己巳朔丙子、北鄉嗇夫忠敢言之。義成里崔自當自言、爲家私市居延。謹案、自當毋官
獄徵事。當得取傳。謁移肩水金關・居延縣索關。敢言之。

ⓑ閏月丙子、觻得丞彭移肩水金關・居延縣索關。書到、如律令。 掾晏・令史建 15・19（A32）

4は下達文書、5は上中文書、6は他官署への平行文書である。いずれもⓑが、ⓐをさらに別のところへ送付するために追加された中繼轉送文書に當たる。中繼轉送文書は、年號を書かずに月日の記載から始めることが特徴的で[36]、下達文書の場合は4のようにしばしば「寫移。書到」という文言を持つ。ただし、7のような「記」とよばれる下達文書も年號は書かないが、これは中繼轉送文書ではない（「記」については、第一部第一章で檢討する）。

7　十二月甲辰、官告千秋隧長。記到、轉車過車、
　令載十束葦、爲期。有敎。　　　　　　D. M. C:2A／敦1236A
千秋隧長故行　　　　　　　　　　　　D. M. C:2B／敦1236B

注

（1）吏員自佐史至丞相、十二萬二百八十五人。（『漢書』巻一九上　百官公卿表上）
（2）駢宇騫・段書安編著『二十世紀出土簡帛綜述』（文物出版社　二〇〇六）に二〇〇二年までの、拙稿「中國新出の木簡」（『考古學ジャーナル』六四九　二〇一三）に二〇〇〇～二〇一〇年の出土狀況をまとめている。
（3）籾山明「雲夢睡虎地秦簡」（滋賀秀三編『中國法制史　基本資料の研究』東京大學出版會　一九九三）。
（4）籾山明「爰書新探――漢代訴訟論のために――」（『東洋史研究』五一―三　一九九二）三八頁。
（5）永田英正「中國簡牘研究の現狀と課題」（同氏『居延漢簡の研究』同朋舍出版　一九八九）參照。
（6）中村裕一『唐代官文書研究』（中文出版社　一九九一）一七頁。
（7）大庭脩『秦漢法制史の研究』（創文社　一九八二）および『漢簡研究』（同朋舍出版　一九九二）など。
（8）大庭脩「居延出土の詔書册」（同氏注7所掲『秦漢法制史の研究』所收）。
（9）エノ・ギーレ「『郵』制攷――秦漢時代を中心に――」（『東洋史研究』六三―二　二〇〇四）、陳松長「嶽麓書院藏秦簡中

的行書律初論」（『中國史研究』二〇〇九―三）、連劭名「《二年律令》所見漢初的行書制度」（『文物春秋』二〇一〇―三）、陳偉「秦與漢初的文書傳遞系統」（中國社會科學院考古研究所等編『里耶古城・秦簡與秦文化研究』科學出版社　二〇〇九。日文版：柿沼陽平譯「秦と漢初の文書傳達システム」藤田勝久・松原弘宣編『古代東アジアの情報傳達』汲古書院　二〇〇八）、楊傑「《二年律令・行書律》與漢代郵行制度」（『肇慶學院學報』二七―一　二〇〇六）、李均明「張家山漢簡《行書律》考」（同氏『簡牘法制論稿』廣西師範大學出版社　二〇一一）など。

（10）陳夢家「漢簡考述」（初出一九六三。同氏『漢簡綴述』中華書局　一九八〇　所收）、永田英正「陳夢家氏の破城子を居延都尉府とする説の批判」（同氏注5前掲書所收）、李均明「漢簡所見『行書』文書述略」（初出一九八九。同氏『初學錄』蘭臺出版社　一九九九　所收）、李振宏「居延地區郵驛方位考」（同氏『居延漢簡與漢代社會』中華書局　二〇〇三）など。また、文書制度全般についてのまとまった研究として、汪桂海『漢代官文書制度』（廣西教育出版社　一九九九）、李均明・劉軍『簡牘文書學』（廣西教育出版社　一九九九）などがある。

（11）甘肅省文物考古研究所「甘肅敦煌漢代懸泉置遺址發掘簡報」（『文物』二〇〇〇―五）、柴生芳（藤井律之譯）「敦煌漢晉懸泉遺址」（冨谷至編『邊境出土木簡の研究』朋友書店　二〇〇三）、郝樹聲・張德芳『懸泉漢簡與懸泉置』（同氏『懸泉漢簡研究』甘肅人民出版社　二〇〇八）。

（12）例えば、冨谷至の研究（「3世紀から4世紀にかけての書寫材料の變遷」冨谷至編『流砂出土の文字資料　樓蘭・尼雅文書を中心に』京都大學學術出版會　二〇〇一、『木簡・竹簡の語る中國古代　書記の文化史』岩波書店　二〇〇三、『文書行政の漢帝國　木簡・竹簡の時代』名古屋大學出版會　二〇一〇）など。

（13）滋賀秀三「清朝時代の刑事裁判――その行政的性格。若干の沿革的考察を含めて――」（同氏『清代中國の法と裁判』創文社　一九八四）五～六頁。

（14）滋賀秀三「民事的法源の概括的檢討――情・理・法――」（同氏注13前揭書所收）二六四～二六五頁。

（15）籾山明「居延出土の册書と漢代の聽訟」（同氏『中國古代訴訟制度の研究』京都大學學術出版會　二〇〇六）、張建國「居延新簡〝粟君債寇恩〟民事訴訟箇案研究」（同氏『帝制時代的中國法』法律出版社　一九九九）。

（16）張湯者、杜人也。其父爲長安丞、出。湯爲兒守舍。還而鼠盜肉。其父怒、笞湯。湯掘窟得盜鼠及餘肉、劾鼠掠治、傳爰書、訊、鞫、論、報。并取鼠與肉、具獄磔堂下。其父見之。視其文辭如老獄吏。大驚。遂使書獄。（『史記』巻一二二酷吏列傳・張湯傳）

（17）主な成果として、宮宅潔「秦漢時代の裁判制度――張家山漢簡《奏讞書》より見た――」（『史林』八一―二　一九九八）や籾山明「秦漢時代の刑事訴訟」（同氏注15前掲書所收）などがある。

（18）この文書は一般に「劾狀」と稱されているが、第三部第一章で述べるように「劾狀」の語が指すのは本書で本文「狀」と稱する部分のみである。以下、「劾狀」の語は本文「狀」を限定的に指すものとして用い、一つの案件に關する文書全體を指す場合は「擧劾文書」の語を用いる。また、簡牘原文の「劾」は本文では「擧劾」と表記する。

（19）籾山明注15前掲論文一五二～一五四頁。

（20）「候粟君所責寇恩事」冊書（E.P.F22:1～36）について、籾山明は都尉府が、張建國は居延縣が最終的な決定や判決を下すと考えている（籾山明注15前掲論文一四九頁、張建國注15前掲論文三三四頁）。

（21）角谷常子「居延漢簡に見える賣買關係簡についての一考察」（『東洋史研究』五二―四　一九九四）。

（22）淺原達郎「牛不相當穀廿石」（『泉屋博古館紀要』十五　一九九八）。

（23）徐苹芳「居延考古發掘的新收穫」（『文物』一九七八―一）、兪偉超「略釋漢代獄辭文例――一份治獄材料初探」（同上）。

（24）籾山明注15前掲論文一四九頁。

（25）懸泉置漢簡については「敦煌懸泉漢簡釋文選」と『敦煌懸泉漢簡釋粹』においてその一部が公表されたが、その後も懸泉置漢簡の整理に攜わった研究者などが發表した論文において個別に引用されている。ただし、釋文は掲載された論文によって異同のある場合がある上に、懸泉置漢簡はごく一部を除き寫眞が公表されていないため、釋文の正誤については檢證できていないことお斷りしておきたい。このような不確實な史料に基づいて立論することについて不見識の誹りを免れないことは重々承知しているが、懸泉置漢簡公表時の簡牘研究のたたき臺とするという意味もあり、この點、ご理解いただきたい。なお、個別論文で引用された懸泉置漢簡については、森谷一樹氏より情報を提供していただいた。ここに記して感謝の意を表する。また、片野龍太郎「散見敦煌懸泉漢簡釋文集成――第一區域出土簡牘」（『國士舘東洋史學』四・五　二〇一一）も懸泉置漢簡を集成しており參照した。

(26) 王國維「簡牘檢署考」（『雲窗叢刊』一九一四、胡平生・馬月華校注『簡牘檢署考校注』上海古籍出版社　二〇〇四）に「其所用以封之板、謂之檢」とある。

(27) 大庭脩『木簡』（學生社　一九七九）二七頁。

(28) 李均明『秦漢簡牘文書分類輯解』（文物出版社　二〇〇九）四四〇～四四六頁。李均明がこのように檢と函封とを區別するのは、第二部第六章で述べるように、文書受領後、宛名簡の封泥匣は削り取られた上で發信者の印文と受領日時及び配達者が記錄される結果、宛名簡自體の性格が文書配達記錄に變化すると考えたためである。

(29) 拙稿「古代東アジアにおける附札の展開」（角谷常子編『東アジア木簡學のために』汲古書院　二〇一四）。

(30) 戍卒の衣類袋の附札の殆どは3のように「檢」字を含まないが、「檢」字の無い3でも封泥匣がついているように、「檢」字の有無が直ちに封泥匣の有無を示すわけではない。「某衣橐」とあればそれが誰の衣類袋かは明らかになるので、附札の表記として「檢」字は不可缺ではなかったのであろう。

(31) 王國維が文書を封緘するための簡牘を檢と呼んだのは、直接的には『釋名』釋書契「檢、禁也。禁閉諸物、使不得開露」に據ったためであるが、その形狀を考える際には、スタインが收集したカロシュティー簡のいわゆるコニーデ型封緘木簡も參考にしている。このコニーデ型封緘木簡には封泥匣があるので、王國維が封緘用の簡牘を檢と呼んだこと自體は「檢」の語義からして誤りではない。

(32) 王國維注26前揭書八〇頁。

(33) 籾山明「魏晉樓蘭簡の形態　封檢を中心として」（注12所揭『流砂出土の文字資料　樓蘭・尼雅文書を中心に』所收）。

(34) 湖南省博物館・中國科學院考古研究所編『長沙馬王堆一號漢墓』（文物出版社　一九七三）下集一八九～一九一頁。

(35) 大庭脩「『檢』の再檢討」（同氏注7所揭『漢簡研究』所收）二四一頁。

(36) 大庭脩「居延新出『候粟君所責寇恩事』冊書――爰書考補――」（同氏注7所揭『秦漢法制史の研究』所收）六六三～六六四頁。

第一部　秦漢官文書の種類と用語

第一章　漢代官文書の種別と書式

はじめに

二十世紀初頭以來の簡牘發見に伴い、漢代官文書の研究は飛躍的に進んだ。ただし、簡牘中の簿籍に關しては永田英正の研究(1)のような廣範且つ詳細な古文書學的分類がなされているのに對して、文書に關しては現狀において充分になされているとは言い難い。例えば、敦煌・居延漢簡に見える文書呼稱(2)に書・檄・記があることは周知のことであるが、書を記と檄の總稱とする見方(3)がある一方で、記を書とは異なる文書とする考え方(4)もあり、書・檄・記がそれぞれ如何なる文書を指し、これらがどのような關係にあるのかさえ未だ明確にされていない。當時どのような文書種別(5)が存在し、それぞれ如何なる書式であったのかを明らかにすること、それが本章の目的である。

考察に入る前に、漢簡中に見える文書に關するこれまでの指摘を最初に整理しておこう。まず檄から。

檄については、連劭名、大庭脩、汪桂海、冨谷至などの考察がある。連劭名は次のように述べている。檄と記とは木簡中に常見される二種類の「文體」である。檄の用途には、召喚文書・司法文書・軍事文書があり、軍事文書では封緘無しで順に傳達して行く露布と呼ばれる使い方があった。また、檄は書寫材料の名稱でもあり、一行書き木簡である札や二行書き木簡の兩行とは異なるものである、と(6)。連劭名の言う所の「文體」はおよそ文書種別と理解できそうである。これに對し、大庭は次のように述べている。「檄書」という特別の概念があり、それは太守・都尉級の高官が中間の統率者を越えて直接兵卒に語りかける教諭書という性格を持つ。「檄書」は下達文書だけでなく上申文書・同職間の文書にも用いられる。「檄書」には「如檄書」「移檄」「檄到」「檄言」「敢告」「卒人」「將屯」「將兵護民屯田官」といった特別の用語が用いられ、これらの語は「檄書」を判斷するキーワードになる。また、居延では多く棒狀の多面體である觚が用いられた、と。(7) 特別の用語を用いるという點からすると、大庭のいう「檄書」とは文書種別に當たるようである。また、汪桂海は、檄には敵人征伐の檄、詔書である擧兵の檄、救援要請の檄、官吏の召喚・責問・下達命令の檄とパスポートの檄があると述べている。(8) 冨谷は、檄は書寫材料の名稱でもあり文書の名稱でもあるとした上で、露布の狀態で送付され、掲示して衆人が目にすることを想定した木簡が檄であると述べる。(9)

さて、檄が書寫材料名であることは、連劭名と冨谷の他にも角谷常子が指摘しており、(10) 筆者も同意するものである。連劭名は同時に檄を文書種別の一つと考えているようであるが、書寫材料の一つであることと文書種別としての檄とが如何なる關係にあるのかは明確にされていない。大庭の想定する「檄書」については以下のような疑問がある。後掲58に見える「毋以它爲解」「有」の語は檄ではなく記に頻見されるものであるし、後掲52の「敢告部都尉卒人」「敢告卒人」を大庭は都尉配下の卒一人一人に直接語りかけたものと解するが、この太守發信文書をさらに候官に下達しているのは都尉自身であるから、この「都尉卒人」は「皇帝陛下」と同類の敬稱と理解する方が合理的なように思われる。大庭のいう「檄書」のキーワードも、筆者には單に芋蔓式に拾ったようにしか思われない。汪桂海も檄を文書の種類と考えているが、文獻や簡牘から檄と呼ばれている文書の例を集めてその用途を整理しただけで、檄とは何かについては何ら述べられていない。これらに對して、冨谷は、檄は形狀と機能とが密接に關連をもっているとした上で、形狀としては多面體の長い簡で、それに文書を書寫し露布の狀態で送付・掲示されるものを檄と呼んだと考えており、書寫材料と文書種別とを統一的に解釋している。

記については、鵜飼昌男、連劭名、籾山明、汪桂海に指摘がある。鵜飼は次のように述べる。記には私信の記と下達文書の記がある。下達文書の記は、下達事項の執行を教諭する「毋以它爲解」「以急疾爲故」で末尾が結ばれ「如律令」の文言が無い。このことは、命令の執行が命令を受けた側の裁量に委ねられることを意味し、それ故、記は他の文書に比べて法的拘束力が弱いものである、と。[11] 連劭名は、記は「記書」とも呼ばれること、下達文書・私信の記に加えて「疏」に當たる記のあることを指摘する。[12]「疏」は箇條書きのリストだろう。これに對し、籾山は記の形状について分析し、草書體で書かれていることと、中央に文字のない空白部があってそこに簡側切り込みが入れられていることを指摘し、その切り込みに掛けられた紐に印泥を附着させその上に證據印を押したのではないかと推測している。[13] また、汪桂海は、記には官府間の上行文書である「奏記・牋記」と下達文書の記があり、「奏記・牋記」には「敢言之」が使われ、下達文書の記は「教」とも呼ばれて「府（官）告某官」で始まる、と指摘している。[14]

記にはこれらの先行研究が指摘するような上申文書・下達文書・私信・疏の記が存在する他に、そのどれにも當たらない記も存在する。[15] 先述のように、記は漢簡の中に文書呼稱の一つとして現れるものではあるが、文書としての用途も様々で、さらには文書ではないものまでも含む記を文書の一種類と考えることができるのだろうか。また、記には「如律令」という文言が無いので法的拘束力が弱いという鵜飼の指摘については、後掲57において問題を生じる。57は、檄傳送の遲れに關して甲渠鄣候に對し檄傳送状況の調査を命じた居延都尉府の下達文書ⓐと、それを承けて不侵候長へ檄傳送状況の調査を命じた甲渠鄣候の下達文書ⓑとの二つの下達文書で構成されている。そのうち、甲渠鄣候の下達文書ⓑには「如律令」があるのに對して、居延都尉府の下達文書ⓐは末尾が「有教」で結ばれるだけで「如律令」の語は無い。鵜飼の理解に從えば、檄傳送状況の調査命令を都尉府から鄣候へ、さらに候長へと傳達してゆく中で、命令の法的拘束力が異なることになってしまうが、そのようなことは考え難い。また、籾山自身も述べているように、全ての記に簡側切り込みがあるわけではないので、簡側切り込みを記の一般的特徴とすることはできない。

符については、大庭脩にまとまった考察がある。[16] 大庭は長さ六寸、割符、刻齒（簡側切り込み）の三點を符の條件とし、漢簡中の例として次揭の出入六寸符など五種類を擧げている。

1　始元七年閏月甲辰、居延與金關爲出入六寸符券。齒百。從第一至千。左居官、右移金關。符合以從事　●第八　65・7（A33）

1は肩水金關通過用の割符で、長さは一四・六㎝でほぼ漢代の六寸、「金關」の左側に百を表すフ形の簡側切り込み[17]がある。これに對して、後揭87には「符到」と書かれているのでこの簡自體が符であると考えられるが、割符ではなくて多面體の觚である上に、簡側切り込みも無く、長さも六寸ではなく約二〇㎝ある。

このように、從來の指摘には無かったり、それでは充分に説明ができなかったりする檄・記・符が存在しているのである。檄・記・符について既に多くの指摘があるにも拘わらず、本章において改めてそれらを考察しようとする理由はここにある。さらに、全く意外なことに、文書呼稱として見える書・檄・記・符の中で最も例の多い書についてはこれまで殆ど考察されていない。書が漢簡中にあまりにも頻出するために、逆に研究者の興味を引かなかった結果なのであろうが、檄・記・符が何であるのかを明確にするためには、最もよく見られる書が何であるのかを明らかにした上で、それと比較することが不可缺であろう。

第一節　「某到」の文言を含む簡の集成

漢簡中の下達文書に多く見られる「某到」という表現の「某」は文書呼稱である。[18] 漢簡中には「書到」「檄到」「記到」「符到」が見え、それ故、漢簡には書・檄・記・符と呼ばれる文書が存在したことになる。[19] 次章第四節で述べるように、「某到」の「某」は「某到」と記された文書それ自體を指すので、「書到」「檄到」「記到」「符到」と記されている文書がそれぞれ書・檄・記・符と呼ばれる文書であるということになる。そこで、これらの名稱で呼ばれる文書の特徴などを明らかにするために、邊境出土漢簡の中から「某到」の表現があり、文書冒頭または末尾部分に缺損がほぼ無い簡を集成することにしよう。なお、中繼轉送文書には「寫移某到」と書かれる場合が多く、この文言はこれまで「寫移せる某到らば（寫して送った某が屆いたならば）」と解釋されてきたが、この四文字は一つのまとまった文言ではなく「寫移」と「某到」の獨立した二語であること、次章第四節で檢證する通りである。それ故、從來「寫移某到」と讀まれてきた例も「某到」の例として集成する。

（一）「書到」[20]を含む文書

2　地節二年六月辛卯朔丁巳、肩水候房謂候長光。官以姑臧所移卒被兵本籍、爲行邊兵丞相史王卿治卒被兵、以校閱
　=亭隧卒被兵、皆多冒亂不相應。或易處不如本籍。今寫所治亭別被兵籍竝編移。書到、光以籍閱具卒兵。兵卽不應籍、更實定此籍、隨卽下所在亭、
　=各實弩力石射步數。令可知賫事、詣官。會月廿八日夕。須以集爲丞相史王卿治事。課後不如會日者必報。毋忽。如律令。
7・7A（A33）

印曰張掖肩候
六月戊午、如意卒安世以來　　守令史禹　7・7B（A33）

3 建平三年閏月辛亥朔丙寅、祿福倉丞敞移肩水金關。居延塢長王戎
所乘用馬各如牒。書到、出。如律令。　15・18（A32）

4 永始五年閏月己巳朔丙子、北鄉嗇夫忠敢言之。義成里崔自當自言、爲家私市居延。謹案、自當毋官
獄徵事、當得取傳。謁移肩水金關・居延縣索關。敢言之。
閏月丙子、觻得丞彭移肩水金關・居延縣索關。書到、如律令。　掾晏・令史建　15・19（A32）

5 十一月丙戌、宣德將軍張掖大守苞・長史丞旗告督郵掾□□□□□□都尉官□。寫移。書到、扁
書鄉亭市里顯見處、令民盡知之。商□起察、有毋四時言。如治所書律令。　16・4A（A7）
掾習・屬沈・書佐横實均　16・4B（A7）

6 五年正月癸未、守張掖居延都尉曠・行丞事騎司馬敏告兼勸農掾兵馬掾▨
書到、宣考察、有毋四時言。如守府治所書律令。　兼掾丹・守屬▨　16・10（A7）

7 十月壬寅、甲渠鄣候喜告尉、謂不侵候長赦等。
寫移。書到、趣作治、已成言。會月十五日、詣言府。如律令。／士吏宣・令史起　139・36＋142・33（A8）

8 ▨戊辰朔丙子、甲渠塞尉元移南陽。新野埻東里瞿諸病死、爲檊一櫝。書到、
▨□取。如律令。　157・20A（A8）
平旦入　尉史叔□　157・20B（A8）

9
五月丙戌、殄北隧長宣以私印兼行候事移甲渠。寫移。
書到、如律令。　／尉史幷　206・9（A8）

10
元延元年十月甲午朔戊午、橐佗守候護移肩水城官。吏自言、責嗇夫犖晏如牒。書到、
驗問收責報。如律令。　506・9A（A35）
水肩塞尉印　　即日嗇夫□發
十月壬戌、卒周平以來　尉前　　佐相　506・9B（A35）

11
□□張掖居延都尉博・城騎千人　行丞事謂官。寫移。書到、務如
大守府牒律令。
掾博・兼守屬弘・書佐政　E.P.T43:12

12
五月丙寅、居延都尉德・庫守丞常樂兼行丞事謂甲渠塞候。寫移。書到、如大守府
書律令。　／掾定・守卒史奉親　E.P.T51:190A
甲渠
章曰居延都尉章
五月甲戌、臨桐卒馮弘以來　E.P.T51:190B

13
建始元年九月辛酉朔乙丑、張掖大守良・長史威・丞宏敢告居延都尉卒人。言、殄北守候塞尉護・甲渠
候誼、典吏社、受致廛飯黍肉。護直百卅六、誼直百卌二。五月五日、誼以錢千五百償所斂吏社錢、有
書。護受社廛不謹、誼所以錢千五百償吏者審。未發覺。誼以私錢償□罪名。書到、如　E.P.T52:99

14
九月庚寅、甲□候長游□移間田。移寫。書到、如律令。　E.P.T59:143A
□第六隧、第桼隧長□對、第八隧長衞　E.P.T59:143B

15　九月壬午、甲渠候□移居延。寫移。書到、如律令。／令史立　E.P.T68:79

16　十二月己卯、居延令　・守丞勝移甲渠候官。候所責男子寇恩□郷
置辭、爰書自證。寫移。書到、□□□□辭、爰書自證。　E.P.F22:34
須以政不直者法亟報。如律令。　掾黨・守令史賞　E.P.F22:35

17　建武三年四月丁巳朔辛巳、領河西五郡大將軍張掖屬國都尉融移張掖居延都尉。今爲
都尉以下奉、各如差。司馬・千人・候・倉長丞・塞尉・職閒都尉、以便宜財予從史田吏。如律令。　E.P.F22:70
六月壬申、守張掖居延都尉曠・丞崇告司馬・千人官、謂官・縣。寫移。書到、如大將軍
莫府書律令。　掾陽・守屬恭・書佐豐　E.P.F22:71A
已讎　E.P.F22:71B

18　ⓐ建武五年八月甲辰朔戊申、張掖居延城司馬武以近秩次行都尉文書事以居延倉長印封・丞邯告勸農掾
褒・史尚、謂官・縣。以令秋祠社稷。今擇吉日如牒。書到、令丞循行、謹修治社稷、令鮮明。令丞以下當　E.P.F22:153A
掾陽・兼守屬習・書佐博　E.P.F22:153B
侍祠者齋戒、務以謹敬鮮絜約省爲故。褒・尚考察不以爲意者輒言。如律令。　E.P.F22:154
ⓑ八月庚戌、甲渠候長　以私印行候文書事、告尉、謂第四候長憲等。寫移。　E.P.F22:158
檄到、憲等循行、修治社稷、令鮮明。當侍祠者齋戒、以謹敬鮮絜約省爲　E.P.F22:159
故。如府書律令。　E.P.F22:160

19 建武五年五月乙亥朔壬午、甲渠守候博謂第二隧長臨。書
到、聽書牒署從事。如律令。 E.P.F22:247A
掾譚 E.P.F22:247B

20 建武五年四月丙午朔癸酉、甲渠守候　謂第十四 E.P.F22:250A
掾譚 E.P.F22:250B
隧長孝。書到、聽書從事、如律令。 E.P.F22:251

21 建武四年□□壬子朔壬申、守張掖⊠曠・丞崇謂城倉・居延・甲渠・卅井・殄北。言、吏當食者先得三月食調給
有書。爲調如牒。書到、付受與校計、同月出入毋令繆。如律令。 E.P.F22:462A
掾陽・守屬恭・書佐參 E.P.F22:462B

22 五月甲寅、守張掖居延都尉諶・丞奉告勸農掾禹・督蓬掾遷等、謂官・縣。寫移。書到、
如莫府書律令。 掾循・兼守屬丹・書佐萌 E.P.F22:693

23 ⓐ甘露二年五月己丑朔甲辰朔、丞相少史充・御史守少史仁、以請詔有逐驗大逆無道故廣陵王胥御者惠同
産弟故長公主蓋卿大婢外人、移郡大守。逐得試知外人者、故長公主大奴千秋等曰、外人一名麗戎、字中夫、前大
=子守觀
奴嬰齊妻、前死。麗戎從母捐之字子文、私男弟偃居主馬市里弟、捐之姉子故安道侯奴材、取不審縣里男子字游、
=爲麗戎
聟、以牛車就載籍田倉爲事。始元二年中、主女孫爲河間王后、與捐之偕之國。後麗戎游從居主杌棻弟養男孫丁子
=沱。元鳳元年
中、主死絶戶、奴婢沒入詣官。麗戎游俱亡。麗戎脱籍。疑變更名字、匿走絶迹、更爲人妻、介罪民間。若死毋從

＝知。麗戎此
時年可廿三四歳、至今年可六十所。爲人中壯、黄色小頭、黑髮隋面、拘頤常戚、額胸頬狀、身小長詐、庬少言。
＝書到、二千石遣毋害都吏、　73E. J. T1:1
嚴教屬縣官、令以下嗇夫吏正父老、襍驗問鄕里吏民賞取婢及免婢以爲妻、年五十以上刑狀類麗戎者、問父母昆弟
＝本誰生子。務
得請實。發生從迹、毋督聚煩擾民。大逆同產當坐重事、推迹未窮、毋令居部界中不覺。得者、書言白報、以郵亭
＝行詣長安
傳舍。重事當奏聞、必謹密之。毋留。如律令。
ⓑ六月、張掖大守毋適・丞勳敢告部都尉卒人、謂縣。寫移。書到、趣報。如御史書律令。敢告卒人。／掾佷・守卒
＝史禹・置佐財　73E. J. T1:2
ⓒ七月壬辰、張掖肩水司馬陽以秩次兼行都尉事、謂候城尉。寫移。書到、廋索部界中、毋有以書言、會廿日。如律
＝令。／掾遂・守屬況
ⓓ七月乙未、肩水候福謂候長廣宗□。寫□、□到、廋索界中、毋有以書言、會月十五日。須報府、毋□□、如律令
＝／令史□　73E. J. T1:3

24 甘露四年四月戊寅朔甲午、甲渠鄣守候何齋移肩水金關。令史□
罷軍徙補觻得臨谷候官令史。書到、案籍內。如律令。　73E. J. T5:68A
令史安世　73E. J. T5:68B

25 七月丙戌、張掖肩水都尉安世・丞循謂候官。寫移。及史遷行塞舉。
書到、務備少數。它如大守府書律令。　掾漢昌・屬遷・助府令史充光　73E. J. T5:76

26 □嘉二年七月丁丑朔丁丑、西鄕嗇夫政敢言之。成漢男子孫多牛自言、爲家私市居延、〼
傳。謹案、多牛毋官獄徵事、當得取傳。謁移肩水金關・居延縣索、出入毋苛留止。〼

七月戊寅、觻得長守丞順移肩水金關・居延縣索。寫移。書到、如律令。／掾尊・守□　73E.J.T6:39A
觻得丞印　73E.J.T6:39B

27
⧄……□□佐豐移肩水候官。□□□□來時長初來時、登山隧長孫君房從萬貫買執適隊長丁⧄
⧄任。府書曰、卒貰賣予吏及有吏任者、爲收責、有比。書到、願令史以時收責。迫卒且罷。亟報。如律令。⧄　73E.J.T7:25

28
居攝二年三月甲申朔癸卯、居延庫守丞仁移卅井縣索・肩水金關。都尉史曹解・掾
葆、與官大奴杜同、俱移簿大守府。名如牒。書到、出入。如律令。　73E.J.T8:51A
居延庫丞印　嗇夫當發
君門下　掾戎佐鳳　73E.J.T8:51B

29
地節五年正月丙子朔戊寅、肩水候房以私印
行事、謂士吏平。候行塞。書到、平行　73E.J.T21:42A
候事。眞官到若有代罷。如律令。　73E.J.T21:38A(21)
印曰候房印
正月戊寅鄣卒福以來　73E.J.T21:42B
……　／令史拓・尉史義　73E.J.T21:38B

30
元康二年九月丁酉朔己未、肩水候房以私
行事、謂候長長生。候行塞。書到、行候事。　73E.J.T21:43A
令史利・尉史義　73E.J.T21:43B

31　陽朔元年五月丁未朔丁卯、肩水候丹移觻得。出穀付廄佐丁充、食柱馬、石斗如牒。
書到、願令史薄入六月。四時報。如律令。　已入　73E. J. T21:102A
伏伏地再拜
伏地再拜　請　令史臨・尉史音　73E. J. T21:102B

32　正月癸巳、肩水候房以私印行事、告尉、謂士吏平・候長章等。
寫移。書到、除前書、以後書品約從事。毋忽。如律令。／尉史義　73E. J. T21:103

33　地節四年二月乙丑、張掖肩水司馬德以私印行都尉事、謂肩水候官。寫移。書到、候嚴教乘亭塞吏、各廋索部界
＝中詔所名捕施刑士
金利等、毋令留居部界中。毋有具移吏卒相牽證任不舍匿詔所名捕金利等、移爰書都尉府、會二月廿五日。須報大
＝守府。毋忽。它如律令。　73E. J. T23:620

34　元始六年正月庚寅朔庚戌、槖他候秉移肩水候官。出粟給令史官吏
如牒。前移。先校連月不爲簿入、令府卻出。書到、願令史簿入　73E. J. T24:32

35　始建國三年五月庚寅朔壬申、肩水守城尉萌移肩水金關。吏所葆名如牒。書到、出入。［如］律令。
74E. J. F3:155／釋91

36　八月乙巳、敦煌玉門都尉宮謂玉門候官。寫移。書到、如大守府
書律令。　／掾恩・屬漢昌　DN2. C:7／敦1254

37　十二月癸丑、大煎都候丞罷軍別治富昌隧、謂部士吏。寫移。書到、實籍吏出入關
人畜車兵器物、如官書。會正月三日。須集移官各三通。毋忽。如律令。　T. VI. b. i:152／敦1685

38
二月庚午、敦煌玉門都尉子光・丞萬年謂大煎都候。寫移。書到、定部
書、言到日。如律令。　／卒史山・書佐遂昌
T. VI. b. i:231／敦1741

39
十月己卯、敦煌大守快・丞漢德敢告部都尉卒人、謂縣・督盜賊史吉光刑世。寫移。今□□□□
部督趣。書到、各益部吏□泄□捕部界中、明白大編書鄉亭市里□□□、令吏民盡知□□
Ⅰ91DXT0309③:222／釋21㋕㋘

40
甘露元年六月甲子朔癸巳、北鄉嗇夫富成・佐昌敢言之廷。令曰、諸辭者事不在辭官移書在所、在所以次治。謹
＝移民自言一事、謁移縣
泉置。書到、驗問禹、審如道富成言、爲收責報。敢言之。
Ⅱ90DXT0114③:464／㋐

41
甘露三年十月辛亥朔、淵泉丞賀移廣至・魚離・縣泉・遮要・龍勒。廏嗇夫昌持傳馬送公主以下。過廩
穬麥各如牒。今寫券墨移。書到、受薄入十一月報。毋令繆。如律令。
Ⅱ90DXT0114③:522／釋202

42
三月丙戌、廣至丞壽重／掾禹獄史長
四月乙未、效穀守長江・丞光謂縣泉置嗇夫吏。寫移。書到、案有告劾、毋有逐報。如律令。／掾宗・守獄史宗
Ⅱ90DXT0115②:1A／㋖

43
建昭三年三月丁巳朔辛巳、廣至長朔・丞移效穀。亭長封苛問一男子、自謂司寇大男尹齊。故冥安安里。署屬縣
泉置。乃己卯去署亡。書到、案齊有告劾、毋有、有云何告劾、當移繫所。抖論者非不當白報。須決獄。毋留。
＝如律令。
Ⅱ90DXT0115②:2A／㋖

44
甘露二年二月庚申朔丙戌、魚離置嗇夫禹移縣泉置。遣佐光持傳馬十匹、爲馮夫人柱。廩穬麥小卌二石
七斗、又茭廿五石二鈞。今寫券墨移。書到、受薄入三月報。毋令繆。如律令。
Ⅱ90DXT0115③:96／釋200

45　神爵四年正月丙寅朔壬辰、敦煌太守快・庫丞何兼行丞事、告領縣泉置史光。寫移。書到、驗問審
如倚相言、爲逐責、遣吏將禹詣府。毋留。如律令。　Ⅱ90DXT0215③:3A／釋74

46　九月甲申、效穀丞優謂置。增嗇夫吏。寫移。書到、如府書律令。　Ⅱ90DXT0215③:48／㋐

47　建昭二年三月癸巳朔丁酉、敦煌太守彊・長史章・守部候脩仁行丞事、告
史敞、謂效穀。今調史監置如牒。書到、聽與從事。如律令。　Ⅱ90DXT0216②:243／釋76
三月戊戌、效穀守長建・丞謂縣泉置嗇夫。寫移。書到、如律
令。　／掾武・卒史光・佐輔　Ⅱ90DXT0216②:244／釋76

48　永光五年六月癸酉朔乙亥、御史大夫弘移丞相・車騎將軍・將軍・中二千石・二千石・郡大守・諸侯相。五月庚
＝申丞相少史李忠
守御史、假一封傳信、監嘗麥祠　Ⅱ90DXT0216②:867／釋26
孝文廟事。己巳、以傳信予御史屬澤欽。欽受忠傳信、置車笭中、道隨亡。今寫所亡傳信副、移如牒。書到二千石
＝各明白布
告屬官縣、吏民有得亡傳信者、予購如律。諸乘傳驛駕、廏令長丞亟案、[莫]傳有與所亡傳同封弟者、輒捕　Ⅱ90DXT0216②:868／釋26
毄、上傳信御史府。如律令。
七月庚申、敦煌大守弘・長史章・守部候脩仁行丞事、敢告部都尉卒人、謂縣官官。寫移。書到、如律令。／掾登
＝・屬建・佐政光　Ⅱ90DXT0216②:869／釋26
七月辛酉、效穀守長合宗・守丞敦煌左尉忠告尉、謂鄉・置。寫移。書到、
如律令。　掾禹・佐尊　Ⅱ90DXT0216②:870／㋕

49　七月庚申、敦煌太守弘・長史章・守部候脩仁行丞事、謂縣。寫移。使者稱縣置謹敬
莊事。甚有意。毋以謁勞。書到、務稱毋解隨。如律令。／掾登・屬建・書佐政　Ⅱ90DXT0216②:876／㋕㋘

50　永光五年六月癸酉朔癸酉、使主客部大夫謂・侍郎當移敦煌太守。書到、驗問言狀。
事當奏聞。毋留。如律令。　Ⅱ90DXT0216②:881A／釋155
七月庚申、敦煌太守弘・長史章・守部候脩仁行丞事、謂縣。寫移。書到、具移康居蘇䪥王使者楊伯刀
等獻橐佗食用穀數、會月廿五日。如律令。／掾登・屬建・書佐政光　Ⅱ90DXT0216②:882／釋155
七月壬戌、效穀守長合宗・守丞敦煌左尉忠謂置。寫移。書到、具寫
傳馬止不食穀詔書報。會月廿三日。如律令。／掾宗・嗇夫輔　Ⅱ90DXT0216②:883／釋155

51　九月甲戌、效穀守長光・丞立謂遮要・縣泉置。寫移。書到、趣移車師戊己校尉以下乘傳。傳到、會月三日。如
＝丞相史府書律令。／掾昌・嗇夫輔　V92DXT1812②:120／釋168

18ⓑには「檄到」とあるが、「書到」とある18ⓐと一連の冊書なので、一緒に擧げた。では、次には「檄到」とあるものを擧げよう。

（二）「檄到」を含む文書

18ⓑの他に次の簡がある。

52　☐得倉丞吉兼行丞事、敢告部都尉卒人。詔書、淸塞下、謹候望、備蓬火。虜卽入、料度可備中。毋遠追爲虜所
＝詐書已前下。檄到、卒人遣尉・丞・司馬數循行、嚴兵☐　12・1A（A33）
☐禁止行者、便戰鬭具、驅逐田牧畜産、毋令居部界中。警備毋爲虜所詃利。且課毋狀不憂者、劾尉・丞以下。毋

=忽。如法律令。敢告卒人。／掾延年・書佐光・給事□　12・1B（A33）

〼都尉事・司馬丞登行丞事、謂肩水候官。寫移。檄到、如大守府檄書律令。／卒史安世・屬樂世・書佐延年　12・1C（A33）

〼□行曹、謂□□□長充宗官。寫移。檄到、警備□□門□、毋爲虜所乘□。毋忽。如律令。　12・1D（A33）

53　四月甲戌、甲渠候官告尉、謂士吏・候長。寫移。檄到、警　42・18（A8）

54　五月癸巳、甲渠鄣候喜告尉、謂第七部士吏・候長等。寫移。檄到、士吏・候長・候史循行　159・17＋283・46（A8）

55　廣田、以次傳、行至望遠止　回　（上段）

十二月辛未、甲渠候長安・候史徊人敢言之。蚤食時、臨木隧卒□□□□□□□□□□□擧蓬、燔一積薪。虜卽
=西北去。毋所亡失。敢言之。／十二月辛未、將兵護民田官居延都尉謂・城倉長禹兼行[丞事]　（下段A面）

寫移。疑虜有大衆不去、欲竝入爲寇。檄到、循行部界中、嚴教吏卒、驚烽火、明天田、謹迹候候望、禁止往來行
=者、定蓬火輩送、便兵戰鬬具、毋爲虜所萃槧、已先聞知。失亡重事。毋忽。如律令。／十二月壬申、殄北甲
=[渠]　（下段B面）

候長緤・未央・候史包・隊長畸等。疑虜有大衆、欲竝入爲寇。檄到、緤等各循行部界中、嚴教吏卒、定蓬火輩送
=便兵戰鬬具。毋爲虜所萃槧、已先聞知。失亡重事。毋忽。如律令。　（下段C面）278・7（A10）

56　初元□年七月庚戌、甲渠鄣候喜謂俱起士吏。檄到、馳　283・26＋283・36＋283・65（A8）

57　甲渠鄣候、以郵行　回　（上段）

ⓐ府告居延甲渠鄣候。卅井關守丞匡十一月壬辰檄言、居延都田嗇夫丁宮・祿福男子王歆等入關。檄甲午日入到府。
=匡乙未復檄言、（下段A面）
男子郭長入關。檄丁酉食時到府。皆後宮等到留遲。記到、各推辟界中、定吏主當坐者名。會月晦。有（下段B面）
教。　建武四年十一月戊戌起府。（下段C面）
ⓑ十一月辛丑、甲渠守候　告尉、謂不侵候長憲等。寫移。檄到、各推辟界中相付受日時、具狀。會月廿六日。如府
=記律令。（下段D面）E. P. F22:151

58 候長不相與郵校、而令不相應。解何。檄到、馳持
事、詣官。須言府。會月二十八日日中。毋以它爲解。必坐。有　E. P. F22:454

59 ▨□長辟木面衣各有數。檄到、延壽等□▨　73E. J. T21:28A
▨□檄右、各寫方取財木日。必具以檄言。毋忽。如律▨　73E. J. T21:28B

60 本始元年十二月癸酉、張掖大守守卒史薛則・督盜賊□□□▨　73E. J. T23:797A
嗇夫安世・亭長息・憲上書。安世・息言變事。告侍報。檄到、▨　73E. J. T23:797B
亡自賊殺傷、給法所當得。詔獄重事、爲疑□□▨　73E. J. T23:797C
……▨　73E. J. T23:797D

61 十一月乙巳、玉門關候延壽・丞待謂候長□等。寫移。檄到、□□□□□□□□出外塞檄、楊姓從弟田翔病。□
=律令[22]。　79D. M. T8:111／敦764

62　七月丁未、敦煌中部士吏福以私印行都尉事、謂平望・破胡・呑胡・萬歳候官。寫移。檄到　81.D38:13／敦1367

63　以請詔、擇天水郡傳馬、付移金城・武威・張掖・酒泉・敦煌大守。詔書、擇天水郡置馬八十匹、付敦煌郡置。縣
＝次傳牽馬卒〼　Ⅱ90DXT0112②:157A／㋘
得如律令。七月丙子、敦煌大守歩・長奉憙・丞破胡謂縣泉。移。檄到、□□使〼　Ⅱ90DXT0112②:157B／㋘
遮要・縣泉置。寫移。檄到、毋令使檄到不辨。如律令。　Ⅱ90DXT0112②:157C／㋘

57ⓐには「記到」とあるが、「檄到」とある57ⓑと一本の觚なので一緒に擧げた。最後に「記到」とあるもの。

（三）「記到」を含む文書

57ⓐの他に以下のものがある。なお、釋文中の「＜＞」は簡側切り込みを表す。

64　□□月癸卯、官告第四候　長。記到、馳詣官、會
〼毋以它爲解。急如　董雲叩頭、唯卿幸爲持具簿奉賦□　113・12A（A8）
第四候長行者致走　□所□□□□鐵者頃蒙恩叩頭叩頭　113・12B（A8）

65　告第廿三候長。記到、召箕山隧長明詣官。以急疾爲故。急急。　160・4（A8）

66　六月辛未、府告金關嗇　＜＞　夫久。前移拘逐辟橐他令史
解事、所行蒲封一、至今　不到。解何。記到、久逐辟、詣　183・15A（A33）

會壬申旦府、對狀。毋得以它爲解。各　署記到起時、令可課。
告肩水候官。候官所移卒責、不與都吏□卿〈〉所擧籍不相應。解何。記到、遣吏抵校。及將軍未知、不將白之。
183・15B（A33）

67　元延二年十月壬子、甲渠候隆謂第十候長忠等。記到、各遣將稟
214・30（A8）

68　☒官告第四候長徐卿。鄣卒〉周利自言、當責第七隊長季由。
☒百。記到、持由三月奉　錢、詣官、會月三日。有
285・12（A8）

69　隊長、代樊志卌二日、當得奉衣。數詣縣自言、訖不可得。記到、正處言狀、會月十五日。有
E.P.T49:47

70　官告呑遠候長黨。不侵部　卒宋萬等自言、治壞亭、當得
處食。記到、稟萬等。毋令　自言。有
教。　〈〉
E.P.T51:213A

置馳呑遠候長黨　〈〉
E.P.T51:213B

71　☒□將奉、令〈〉令史范弘。記到、賦周卿・孔卿、隧
☒以印爲信。　非迎奉遣回、它毋賦卩
E.P.T52:544

72　官告候長輔上。記〈〉到、輔上馳詣官、
會餔時。輔上行、〈〉與廿一卒滿之
詣官。欲有所驗。〈〉毋以它爲解。
E.P.T56:88A

第十七候長輔上　〈〉故行
E.P.T56:88B

73　府告居延・甲渠・卅井・殄北鄣候。方有警備。記到、數循行、教敕吏卒、明蓬火、謹候
望。有所聞見亟言。有教。
建武三年六月戊辰起府
E. P. F22:459

74　五月丙子、士吏猛對府還受…●有所驗
府五官張掾、召第十候史程竝。記到、便道馳詣府、會丁丑旦。毋得以它爲解。
99ES16ST1:11A（T9）
第十候史程竝行者走
99ES16ST1:11B（T9）

75　九月癸亥、官告第十七候史。爲官買羊、至今不來。
解何。記到、輒持羊詣官、會今。毋後都吏
2000ES7SF1:16（T14）

76　官告誅虜守候史褒。次當候虜井上。記到、莊詣
官。候重事、毋以它病爲解。有
教。
79D.M. T5:224A／敦263A
●隊長西貸食
79D.M. T5:224B／敦263B

77　六月甲戌、玉門候丞予之謂西塞候長可得・將候候長福・將□候長□等。記到、謂☐
望。府檄驚備、多虜黨來重正甚數、毋令吏卒離署。持七月府記將卒稟。毋忽臧記。令可課。
79D.M. T6:3A／敦483A
西塞以記遣
79D.M. T6:3B／敦483B

78　九月辛巳、官告士吏許卿。記到、持千秋閣單席、詣
府。毋以它爲解。
79D.M. T12:31A／敦988A
士吏許卿亭走行
79D.M. T12:31B／敦988B

79　四月戊子、官告倉亭隧長通成。記到、馳詣府、會夕。毋以它爲解。急□。□教。　79D.M.T12:108A／敦1065A

食亭隧長周通成在所、候長候史馬馳行　□署□□令
記□日一□　79D M.T12:108B／敦1065B

80　十二月甲辰、官告千秋隧長。記到、轉車過車、令載十束葦、爲期。有教。　D.M.C:2A／敦1236A

千秋隧長故行　D.M.C:2B／敦1236B

81　五月戊午、官告士吏索、下當谷隊長。記到、□吏持方□□□日不驗調官食入毋以□□□□□　T.XI.ii.1A／敦1831A

却適士吏・當谷隊長、亭次走行　T.XI.ii.1B／敦1831B

以上に擧げた「書到」「記到」「檄到」の他に「符到」が一例だけ存在する（後掲87）が、これについては第四節で改めて取り上げることにしたい。

第二節　書・記の書式と檄

集成された簡を見ると、書と記[23]にはそれぞれ固有の表現や文言があることがわかる。それぞれの書式の特徴は表のように整理できる。

表　書と記の書式上の特徴

	書	記
文書發信日附の記載	年號・年・月・朔日・日を明記する。ただし、中繼轉送文書の場合は年號・年が省略される。	月日のみを記すか、日附を記載しない。或いは、57ⓐや73のように文書末に「年號・年・月・日起某」と記される場合もある。
發信者の記載	ほとんど長官名による發信で、長官と次官の連名での發信も多い。通行證は縣丞の發行に係るものが多い。	ほとんどが「府」「官」名での發信(24)。65のように「府」「官」も無く「告」で始まる場合もある。
書き止め	「如律令」または「律令」の前に別の文書名が入った「如某某律令」で結ばれる(25)。	「有教」「毋以它爲解」「毋以它爲解有教」「以急疾爲故急急」などで結ばれる場合が多いが、このような文言が無い場合もある。

記の書き止めに多く見られる「毋以它爲解」は「如律令」と一緒に書かれる例もあるが(26)、「有教」は記に固有の文言で書には見られず、「如律令」「如某某律令」は書に固有の文言で記には見られない(27)。

このように、書と記はそれぞれ一定の書式を持っていることから、書と記はともに文書種別の一つといえる(28)。これに對して、檄は書・記のような文書種別ではない。集成した檄の殆どは長官名による發信で、「如律令」「如某某律令」という書き止め文言で結ばれており、これは書と同一の書式である。その一方で、58は末尾が「毋以它爲解。必坐。有」となっているが、これは記に用いられる文言で、最後の「有」は「有教」と續くのであろう。先述のように「毋以它爲解」は「如律令」と一緒に見える例もあるが、「有教」は記に固有の文言であるので、58は記の書式と考えられる。また、發信者が記と同じ書き方の例もある。

82　甲渠鄣候　回（蚤食發檄）　五月丁亥府告甲渠☐
言　☐
（「蚤食發檄」は封泥匣中に記載）E. P. T59:603

82に「檄到」の文字は無いが、封泥匣中に書かれた「蚤食發檄」という文書發信時刻の記載から、82が檄であったことは間違いない。82の發信者の記載は長官名ではなく「府」となっているが、これは記に固有の書き方であるから、この檄も文書種別としては記になる。

このように、檄には書と記の兩方の書式のものが含まれている。書と記は別々の文書種別であるから、その兩方を含む檄は書・記のような文書種別と考えることはできない。即ち、檄は、書・記といった文書種別とは範疇を異にするものと考えなければならない。そこで、思い返されるのが、檄は書寫材料名であるという指摘である。謹直な字體で文書正本と思われる52、55、59、60はいずれも棒狀の多面體木簡である觚であるし、82のように檄發信日時の記載があって檄であることが確實なもの[29]も觚またはそれに準ずる形である[30]。先行研究が指摘するように檄は一行書きの札や二行書きの兩行とは異なる書寫材料を指し、且つ、このように檄であることが確實な簡は觚であることから、冨谷の指摘するように、檄は書寫材料としては觚を指し、文書呼稱としては觚に記された文書を指すと考えるのが妥當であろう[31]。檄が觚に書寫された文書を指していると考えれば、異なる文書種別である書・記兩方の書式を持った檄が存在することも何ら問題無い。從って、上掲の「檄到」とある簡のうち、末尾が「有（教）」である58のみ文書種別でいえば記になり、これ以外の簡は全て、發信者が長官名であったり、書き止めが「如律令」「如某某律令」で結ばれているので、文書種別としては書に分類される。このように、檄は觚に書かれた文書を指す語で、書は文書種別なのだから、大庭の言う所の「檄書」は觚に書かれた書という意味で、結局檄と同じと考えられる。

第三節　書と記

本節では、書と記が文書として如何なる性格を持つのかを考察する。

文書種別で書に含まれるもの、わかりやすく言うと、「書到」という文言を含む文書には、先に集成したものの他に、詔書を下達する際に添附されるいわゆる詔後行下の辭がある。これら二種類の書の共通點に書とは何かを明らかにする手掛かりがあるのではないだろうか。そこで、これらの書を比較してみよう。18ⓐと同じく張掖居延城司馬の武が都尉の代行として發信した詔後行下の辭を擧げよう。

83　八月戊辰、張掖居延城司馬武以近秩次行都尉文書事以居延倉長印封・丞邯下官・縣。承書從事、下當用者。上赦者人數、罪別之。如詔書。書到言。毋出月廿八。　掾陽・守屬恭・書佐況　E.P.F22.68

〔八月戊辰、張掖居延城司馬の武が秩次近接によって都尉の文書業務を行い、居延倉長の印で封印し、丞の邯が候官と縣に下す。この書に從い職務を執行し、擔當者に下せ。赦免される人數を上呈せよ、罪ごとに分けよ。詔書の如くせよ。この書が屆いたら言え。今月二十八日を超えてはならぬ。〕

これと18ⓐを比較すると、一般の下達文書である18ⓐでは末尾に「如律令」という文言が用いられているのに對して、詔後行下の辭である83では「如律令」ではなく「如詔書」が用いられている。この二つの文言については、次章で考察するが、そこでの結論を言うと、「如律令」はその直前の「毋忽」に掛かり「なおざりにしないこと律令のようにせよ」という意味で、當該の下達文書で命じられている命令を律令と同じと思って必ず遂行せよという意味の訓告的文言と考えられる。一方の「如詔書」は「下當用者」に掛かり「詔書に記載された通りに擔當者に下せ」というのが本來の意味するところであったが、邊境出土簡の時期には「如律令」と同樣に單なる書き留め文言として用いられていた。結局の所、「如詔書」にしろ「如律令」にしろ、當該の文書を詔書や律令のようになおざりにするなという訓告的な意味を表す文言であるが、それらの文言を持つ文書が書と呼ばれていたということから、書とは皇帝の命令である詔書や律令と同等に取り扱われるべき文書とひとまず位置づけられよう。

このような書に對して下達文書の記はどのような性格の文書なのだろうか。前掲の例に見えるように、下達文書の記は末尾が多く「有教」で終わっているが、「有府君教」となる例が長沙五一廣場東漢簡にある（傍線部）。

84

府告兼賊曹史湯。臨湘臨湘言、攸右尉謝栩與獄捕掾黄忠等、別問僦趙明宅
者、完城旦徒孫詩・住立・詩畏痛、自誣南陽新野男子陳育・李昌・董孟・陵趙□等劫殺明及王得
等。推辟謁舍亭例船刺無次公等名縣、不與栩等集問詩。詩自誣無檢驗。又詩辭于其門、聞
不處姓名三男子言、渚下有流死二人。逐捕名李光・陳常等、自期有書。案□移湯書、詩辭
持船于湘中糴米、見流死人。縣又不綠湯書而未殺、不塞所問。巨異不相應何、咎在主
者不欲實事。記到、湯縣各實核不相應狀、明正處言。皆會月十五日。毋何繫無罪、
毆擊人。有
府君教　　五月九日開　（檢內）

永元十五年五月七日晝漏盡、起府　（檢外）　長沙五一廣場東漢簡J1③:285A

邊境出土簡の例とは異なり相當の長文であるが、「府告」で始まり「記到」とあるので、これが記であること疑い無い。この記は末尾が「有府君教」で結ばれているが、張景碑[32]も同じように記の末尾が「府君教」で結ばれている（傍線部）。

［府告宛、男］子張景記言、府南門外勸［農］土牛、□□□□
調發十四鄉正、相賦斂作治、并土人犂耒蓎帶屋、功費六七
十萬、重勞人功、吏正患苦、願以家錢、義作土牛上瓦屋蝎楯
什物、歲歲作治、乞不爲縣吏列長伍長、徵發小鰯、審如景［言］

施行復除、傳後子孫、明檢匠所作務、令嚴、事畢成言、會廿□
府君教。大守丞印、延熹二年八月十七日甲申起。
八月十九日丙戌、宛令右丞慴告追獲賊曹掾石梁。寫移□
遣景、作治五駕瓦屋二間、周竭楯拾尺、於匠務令功堅、奉□
畢成言、會月廿五日、他如府記律令。　掾趙沭□□

「府君教」で終わる文書に「記到」の語はないが、この文書を承けて出された八月十九日附の宛令發信文書の末尾に「他如府記律令」とあることから、「府君教」で終わる文書が「府記」であることがわかる。實は、漢簡にも「府君教」となっているものがある。

85　府君教　敦煌長史印　元嘉二年九月廿日丁酉起　　敦1447（T14附近）

この簡に先行する部分が無いけれども、この簡の記載内容は張景碑の六行目と全く同じであることから、この簡が「府記」の末尾であることは疑い無い。「府君」は太守を、「教」は長官の命令を指すから、「府君教」は太守の命令という意味になる。[33] 都尉府の記なら「教」は都尉の命令、候官の記なら「教」は鄣候の命令となること言う迄もない。

さらに、「有」の後に「教」以外の語が来る場合もある。

86　☐　府告居延甲渠鄣候。言主驛馬不侵候長業・城北候長宏☐☐　E.P.F22:477A
☐　居延、以呑遠置茭千束貸甲渠。草盛伐茭、償畢已言。有　E.P.F22:477B
☐　將軍令。　所呑遠置茭言、會六月廿五日。●又言償置茭、會七月廿日。　建武六年二月☐　E.P.F22:477C

C面の「所呑遠置茭……會七月廿日」は別筆による追記である。簡に「記到」の語はないが、「府告」で始まっていることからこれが記であることは間違い無い。この場合の書き止め文言は「有教」の代わりに「有將軍令」が使われている。[34]記の通知先が甲渠鄣候であることから、この「府」は都尉府であって、都尉府に滞在していた將軍の命令を承けてこの記が發信されたのであろう。

このように、記は太守や都尉の「教」或いは將軍の「令」を承けて、「府」或いは「官」名で發信された文書なのであるが、「教」「令」を承けて發信するとは具體的にどういう状況なのだろうか。それを示唆する史料が『漢書』朱博傳にある。太守であった朱博が屬下の縣に對して檄を發信する場面であるが、

閤下書佐入、博口占檄文曰。府告姑幕令丞。言賊發不得有書。檄到、令丞就職。游徼王卿力有餘。如律令。

『漢書』巻八三　朱博傳

〔閤下の書佐入り、朱博　檄文を口占して曰く「府　姑幕令丞に告ぐ。賊　發するも得ずと言うは書有り。檄到らば、令丞　職に就け。游徼王卿力餘り有り。律令の如くせよ」と。〕

とあって、「口占」に顔師古は「隱度其言口授之」と注している。これより推測するに、記は將軍や長官の口頭での指示を承けて長官以外の吏が作成し送付したもののようである。85に「敦煌長史印」、張景碑に「太守丞印」とあるのは封印の印文であるから、これらの例では、記を作成し發信したのは長史や丞だったようである。[35]つまり記とは、太守や都尉などの長官の指示を承けて、長史や丞などの吏が作成・發信した文書と考えられる。

では、書と下達文書の記とはどのように使い分けされていたのだろうか。その運用面を見ると、次のような相違點が指摘できる。

一、中繼轉送文書として書は用いられるが記は用いられない。57のように、都尉府から下達されてきた記を候官が候長に下す場合でも記ではなく書が用いられている。

二、書は下達先が複數の場合が多い。例えば、都尉府發信の18ⓐでは、勸農掾と史、候官、都尉直轄縣に下達されている。これに對して、記はほとんどの場合、下達先は一箇所だけで、複數の下達先があるのは73と81だけである。(36)

三、記では、簡牘裏面に宛名が記されることがしばしばある。例えば、「第十七候長輔上、故行」と宛名が記される72には、簡側切り込みがありここに紐を巻いて封泥を押したと考えられるので、この簡はこれ一枚だけで送られたに違いない。72と同じように簡牘裏面に宛名が書かれる例が多いということは、記は宛名簡を添えること無く、その記一枚だけで送付されることが多かったと考えられる。(37)これに對して、書では12を除き、集成した中に裏面に宛名が記される例は無い。集成した例以外で書の書式を取る下達文書には、裏面に宛名を書いているものが幾つかあるが、(38)裏面はいずれも亂雜な文字で書かれている。裏面に宛名が書かれているこれらの書は下達文書をさらに下すための中繼轉送文書か、複數の下達先が記されているものであることから、裏面の宛名は同一の下達文書を複數作成した際に宛先のメモとして記されたものなのであろう。12には「章曰居延都尉章」という印文記錄があることから、この書は有匣宛名簡によって封緘されて送付されてきたと思われる。從って、記がそれ單獨で送付されたのに對して、書は宛名簡を添附し封緘した上で送付されたと考えられる。

四、下達文書では發信者と受信者の官位差によって「敢告」「告」「謂」が使い分けられていたが、(39)例えば、鄣候から候長に下す場合、書では「謂」が使われるのに對して記では「告」が使われている。記では發受信者間の官位差に拘わりなく概ね「告」が使われている。「謂」は「告」に比べて發信者と受信者との官位差が大きい場合に用いられるので、「謂」と記される書の方が「告」と記される記よりも發受信者間の官位差がより大きい下達文書ということになろう。記は都尉・鄣候の「教」をうけて「府」「官」(實際には長史や丞)が發信するので、都尉・鄣候自身が發信する場合よりも受信者との官位差が縮まる結果、「謂」が「告」になるのかもしれない。

五、書には個人的な用件の例が無いのに對して、記には68などのような個人的な借金の返濟に關する用件の例もある。しかし、集成した例を見れば明らかなように、記もむしろ職務上の用件の方が多いのであり、記は私的な用件を、書は公的な命令を傳えるといった區別があったわけではない。例えば、57では、檄傳達狀況の調査命令が、都尉府から候官へは記によって、候官から候長へは書によって下達されており、同一の命令が記と書の兩方によって下達されており、書と記が區別無く使用されている。ただ、私的な用件が見られるのは記のみで、書には見られない點からすれば、書の用途は職務上の連絡に限定されていたのに對して、記は職務上の連絡に限定されることなく借金返濟のような個人的な用件まで幅廣く用いられていたようである。

以上指摘したような書と記の運用面における相違點と、先に見た書式上の相違點とを踏まえると、書は記載の仕方にしろ迻付時の裝幀にしろ格式張っていて、それが嚴密かつ手を拔くこと無く行われているのに對して、記はそれらが省略され簡略化されていると言える。そのような觀點からすると、記が長官名ではなく「府」「官」名での發信になっていることも省略や簡略化の一環と見なすこともできよう。省略や簡略化を融通性や利便性の擴大と見れば、記が職務上の連絡に限定されず個人的な用件にまでその用途を廣げていることや、木牘一枚に用件と宛名を書いて手間を掛けずに迻付されていることも同樣に理解することができよう。このような書と記の相違は、喩えて言えば、フォーマル(正裝)とカジュアル(平服)の違いに當たる。その一方で、57の例が端的に示しているように、文書としての機能において書と記の間に明確な差違を見出すことはできない。要するに、書と記は中身は同じで外見が違うだけのものであり、喩えるなら、書が精裝本、記が同じ內容の平裝本とでも言えようか。

先述のように、記と呼ばれるものには下達文書の他に上申文書や疏、さらにはそのどれにも當たらないものもあった。書き方も用途も全く異なるこれらが全て記と呼ばれていることから、簡文中で用いられている記という語そのものは「記されたもの」一般を指す言葉と考えるべきであろう。下達文書の記が特定の書式を持った文書種別の一つでありながら、他の「記されたもの」一般と同じ名稱で呼ばれているのは、その省略や簡略化の故に、皇帝の命令である詔書や律令と同等に取り扱われるべき書と同じ呼稱で呼ぶことが憚られたからであろう。

第四節　符

先述のように漢簡に見える文書呼稱には、前節までに考察した書・檄・記の他にも符があった。一般に符といえば1のような割符と考えられているが[41]、割符ではない符が漢簡中には存在する。

87　甲渠鄣候　回（己未下餔遣）　（上段「己未下餔遣」は封泥匣中に記載）
　十一月己未、府告甲渠鄣候。遣新除第四隊長刑鳳之官。符到、令鳳乘第三、遣　（下段A面）
　騎士召戎、詣殄北、乘鳳隊。遣鳳日時在檢中。到課言。　（下段B面）E.P.F22:475

〔甲渠鄣候宛。十一月己未、都尉府が甲渠鄣候に告ぐ。新任の第四燧長刑鳳を候官に出頭させる。この符が届いたら、刑鳳を第三燧に勤務させ、騎士召戎を派遣して殄北に出向かせ、刑鳳がいた燧に勤務させよ。刑鳳を派遣した日時は封泥匣中に記している。到着したら所要時間を考課して言え。〕

87は封泥匣を持つ幅約二・五㎝、長さ約二〇㎝の觚で、割符ではない。しかし、この簡には「符到」とあるので、これが符であることは疑い無い[42]。

また、日迹に關する次のような符もある。

88　☐回　第六平旦迹符　　☐　　E.P.T49:69

〔第六燧　平旦時に日迹をする際の符〕

89　鉼庭、月廿三日、隧長日
　　迹符。以夜半起、行詣官。回　　E.P.T65:159

〔鉼庭燧　毎月二十三日に燧長が日迹する際の符。夜半に出發し巡回して候官に出向く。〕

これらも割符ではないが、「(日)迹符」とありこれらが符であったことは疑い無い。88は幅が約二・五cm、殘長が約一三・五cm、89は幅約二cm、長さ約二七cmで、共に封泥匣を持つ觚である。

符という語は詣官簿にも見られ、そこに記される「詣官封符」は候官に出頭して符の發給を受けることであるが[43]、そこで發給されたと思われる符も割符ではない。

90　☐隊長殷詣官封符、載堙。七月丁丑☐☐　　E.P.T68:217

〔燧長殷が候官に出向いて符を封印し、堙を運搬する。七月丁丑〕

90では、燧長の殷が「堙」運搬のために符の發給を受けているが、次簡にはその「載堙」の語が見える。

91　元始元年九月丙辰朔乙丑、甲渠守候政移過

所。遣萬歳隊長王遷、爲隊載壜。門亭
塢辟市里毋苛留止。如律令。　／掾☐　E.P.T50:171

〔元始元年九月十日、甲渠守候の政が通過地に通知する。萬歳燧長の王遷を派遣して壜を運搬させる。門亭塢辟市里は足止めしてはならぬ。律令の如くせよ。〕

91には、王遷の通行許可を命じた甲渠守候政の通達が記されているので、これが公務出張用の通行證で、90で候官に出頭した際に發行された符の實物と考えられる。次の92には91と同じ「移過所」という文言が記されている。

92　新始建國地皇上戊二年十二月壬戌、甲溝
過所　回　守候長魏移過所。……秦☐☐
部卒……　☐☐☐　E.P.T59:677

〔通過地宛。新始建國地皇上戊二年十二月壬戌、甲溝守候長の魏が通過地に通知する。……〕

上端に「過所」とあることから、これが通行證であることは間違いない。92は幅約三・五cm、長さ約一五・五cm、先の91は幅約三・五cm、長さ約一七cmで、この二簡はだいたい同じ大きさである。92にある封泥匣とその上の「過所」の記載が91には無いが、圖版を見るとその部分が削り取られているようなので、公務出張用の通行證である91も元々は92のような封泥匣を持つ形狀だったのであろう。91・92はともに符であると考えられるが、割符ではなく、幅廣の有匣宛名簡のような形狀である。

次掲の93は詣官簿そのものではないが、鄣卒が休暇の歸省に際して符を發給してもらったことが見える。

93　鄣卒蘇寄　九月三日封符、休居家十日、往來二日、會月十五日☐　E.P.T17:6

〔鄣卒の蘇寄　九月四日に符を封印する、休暇で歸省すること十日、往復に二日、今月十五日に出頭〕

次の94には、臨木候長刑博を休暇に遣わすので門亭は足止めしてはならぬという甲渠守候良の通知が記されており、これが休暇に際して發給された符の實物であろう。

94　建武八年十月庚子、甲渠守候良遣臨木候長刑博。　E.P.F22:698A

過所　㊂　便休十五日。門亭毋河留。如律令。　E.P.F22:698B

〔通過地宛。建武八年十月庚子、甲渠守候の良が臨木候長刑博を派遣する。便休十五日。門亭は足止めしてはならぬ。律令の如くせよ。〕

94も割符ではなく、封泥匣のある幅約一・五㎝、長さ約二三・五㎝の觚である。

以上擧げたように、割符ではない符も存在するのである。以後、87を派遣の符、88・89を日迹の符、91・92・94を詣官封符の符と呼ぶことにしたい。

さて、出入六寸符は割符であるから關所を通過する本人によって攜帶されていたことは間違いないし、詣官封符の符も本人が候官に出頭して發給してもらっていることから本人が攜帶したことはまず間違いないだろう。また、日迹の符も恐らく攜帶されただろう。では、甲渠鄣候宛文書の體裁を取っている87は派遣された刑鳳が攜帶したのだろうか、それとも、通常の文書と同じように都尉府から甲渠候官へ送付されたのだろうか。87の木尾には「遣鳳日時在檢中。到課言」とあるが、この「到課言」は「派遣された人物の到着時間を考課して言え」という命令である。次の簡には87の末尾と同じ「中、到課言」という表現が見える。

95　中。到課言。謹案、良等丙申日中受遣、即日到官。敢言之。☐　E. P. F22:369

〔中にある。到着したら考課して言え。謹んで調べましたところ、良らは丙申の日の日中に派遣命令を受け、その日のうちに候官に到着しました。以上、申し上げます。〕

「謹案」以下の報告内容から「到課言」が到着時間の考課と報告を命じたものとわかる。次掲の册書では、95と同じ派遣日時と候官到着日時が報告されている。

96　建武桼年六月庚午、領甲渠候職門下督盗賊　敢言之。新除第廿一　E. P. F22:169
隧長常業、代休隧長薛隆。迺丁卯餔時、到官、不持府符。●謹驗問隆、　E. P. F22:170
辤、今月四日食時受府符、詣候官。行到遮虜、河水盛浴渡、失亡符水中。案、隆丙寅　E. P. F22:171
受符、丁卯到官。敢言之。　E. P. F22:172

〔建武七年六月庚午、領甲渠候職門下督盗賊の　が申し上げます。新任の第二十一燧長の常業が休燧長の薛隆と交代しました。先の丁卯の日の餔時に（薛隆が）候官に到着しましたが、都尉府の符を持っていませんでした。●謹んで薛隆を尋問したところ、供述するには「今月四日の食時に都尉府の符を受け取って、候官に出向きました。道中、遮虜に着いたところ、河水が多く川の中を渡ろうとして、符を水の中で亡くしてしまいました」と。すなわち、薛隆は丙寅の日に符を受け取り、丁卯の日に候官に到着したものです。以上申し上げます。〕

これは、新任の第二十一燧長常業と交代した休燧長薛隆が候官に出頭した際に「府符」を持っていなかったので、領甲渠候職門下督盗賊の某が薛隆を尋問しその結果を都尉府に報告したものである。「●謹」から始まる報告部分末尾の「丙寅㚒符、丁到官」という表現は95とほぼ同じ表現である。95は派遣の符の「日時在檢中、到課言」という命令に對する報告なのだから、同じ報告内容の96も同じ「到課言」に對する報告と考えられ、從って、薛隆が無くした「府符」も派遣の符だったと考えられる。增水した川で符を亡くした薛隆が候官到着時に符の不攜帶を以て尋問されていることから、逆に、薛隆は符を攜帶して候官に出頭すべきであったこと、さらに、派遣の符は派遣された人物が出頭先に到着するまで攜帶すべきものであったことがわかる。(44)

このように、割符ではない符も割符の符と同様に攜帶されたと考えられるのであるが、割符とは違ってもう一片との突き合わせなど想定されていないこのような符をなぜ攜帶する必要があったのだろうか。派遣の符である87の封泥匣中には「己未下餔遣」と書かれていたが、これが「遣鳳日時在檢中」とあるところの派遣日時で、封泥で覆われる封泥匣中に記入されているのが改竄防止のためであることは言う迄もない。そうすると、派遣の符は、派遣した吏卒の到着時刻をチェックすることがその目的であったということになろう。薛隆の場合も、符の不攜帶を以て尋問されながら、「案」以下で尋問の結果として報告されているのは符の㚒領日と候官到着日だけである。このことは、符㚒領日、卽ち派遣日と派遣先への到着日の管理こそが派遣の符の機能だったことを示すだろう。つまり、派遣の符は到着時刻をチェックし移動時間を管理することで、移動中の勝手な行動を防止するものだったと考えられる。

しかし、移動時間の管理だけならば、殊更に本人に符を攜帶させる必要など無く、前もって派遣先に通知しておけば濟むはずであるし、日迹の符などには時間の記載が無いので移動時間の管理が目的であったとは考えにくい。それにも拘わらず、攜帶させているということは、攜帶という點にこそ符の本質があったからではないだろうか。

從來、符といえば出入六寸符のように關所を通過するための通行證と考えられてきた。(45)ところが、87を攜帶している刑鳳は居延都尉府（K688）から甲渠候官（A8）へ移動しているが、その際、居延都尉府管内の唯一の關所である居延縣索關（A21）[46]は通過しない。従って、この符は關所の通過とは無關係に作成されたことになろう。では、何のために符を攜帶する必要があったのだろうか。その手掛かりとなるのが、詣官封符の符である。先述のように、詣官封符の符が通行證であることは間違いない。ただ、出入六寸符（1）や民間人用の傳（4・26）が通過許可を命じているのが關所であったのに對して、詣官封符の符（91・94）が通過許可を命じているのは「門亭塢辟市里」なのである。このことは、符が關所に限定された通過許可證ではないということを示していると共に、人間の移動がチェックされるのは關所だけではなく、「門亭塢辟市里」においてもチェックされたことを示している。ただし、そのことは、「門亭塢辟市里」が關所と同じように人の移動をチェックすべき施設であったということではなく、長城地帶においてはそもそも自由に移動・外出することが許されていなかった結果、「門亭塢辟市里」においてチェックされることになったと考えるべきであろう。なぜなら、長城地帶の烽燧に勤務する吏は、次の97に見えるように勝手に官署を離れることは許されていなかったからである。

97　□□□□吏毋得離署。　●一事一封　3・28（A8）
　告尉、謂候長常動等。

〔吏は持ち場を離れることはできない。塞尉に告げ候長の常動らに謂う。〕

吏は官署を離れることが禁止されていただけでなく、もしも勝手に官署を去れば擧劾され獄に連行された。

98　案、良・林私去署。皆□宿止、且乏迹候。　E.P.T68:112

〔すなわち、良と林は勝手に持ち場を離れ、いずれも……宿泊し、かつ日迹や見張りを遂行しなかったものである。〕

98は違法行爲や職務不履行を告發する擧劾文書の一部で、良と林の二人は「私去署」などを以て擧劾され獄に連行されている。[47]吏卒が勤務場所を離れて移動する場合に、所屬する候官などに出頭して通行證である符の發給を受ける必要があったのはまさにそのためなのである。

このように、吏が許可無く勤務場所を離れることは禁止されており、長城地帶では關所に限らず樣々な場所において符を攜帶していない通行者は拘留された。そのような狀況を考慮すれば、符は實質的には勤務場所からの外出及び移動許可證だったというべきであろう。先の派遣の符の場合も、確かに派遣した吏の移動時間の管理が主要な目的ではあるけれども、それと同時に、派遣の符の記載內容によってその符を攜帶している吏卒が正當な理由によって官署を離れ移動していることを證明するという機能のあったことも見落としてはならない。派遣の符もまた外出・移動許可證なのである。符には日迹の符もあったが、關所通過の可能性など無く、燧に勤務する吏にとって日常任務である日迹に關して符が作成されることも、符を勤務場所からの外出・移動許可證と考えるならば理解されるだろう。また、出入六寸符も關所の通過許可證という形を取った外出・移動許可證と見ることができるだろう。

そうすると、その符が本物である保證が必要となる。この點、割符は本人が攜帶している片方と、關所などに据え置きのもう片方とを突き合わせることによって本物であることが證明される。これに對して、割符ではない符はそれが本物であることをどのように證明したのだろうか。ここで注目すべきは、派遣の符、日迹の符、詣官封符の符は、記載の文面は異なるものの、共通して封泥匣を持っていたことである。一般に漢簡において封泥匣にはその文書發信者の印が押されるから、派遣の符と詣官封符の符もやはり符の發給者の印が押されていたはずである。債務の返濟依賴にも見られるように、[48]發給者の印はそれが本物である證として機能していたのであろう。出入六寸符のように特定の關所の通過だけを對象とする場合は、割符という形でも良いが、特定の場所に限られない場合には割符は機能しない。そこで、詣官封符の符のような印を以て證とする方式の符が考え出されたのであろう。この方式であれば、封泥匣の印によってそれが本物であることが證明されるので、特定地點での突き合わせを前提としない外出・移動許可證としても使用することができる。(49)割符でない符は、二片を突き合わせるという割符の限界を克服するために作り出されたもので、割符の符と全く同じ機能を果たすものであったために、同じく符と呼ばれたのではないだろうか。

最後に、詣官簿に見える「封符」について觸れておこう。これまで「封符」の意味が十分明らかでなかった(50)のは、「封符」の符を割符である關所通過用の出入六寸符と考えていたため、割符をどのように封印するのかわからなかったからに他ならない。ところが、詣官封符の符には封泥匣があるのだから、「封符」はこの封泥匣に詰めた封泥へ發給者の印を押すことに違い無い。

なお、文書種別という點で言えば、符は文書種別の一つではない。88と89はそもそも受信者への送付を前提とした文書ではないし、87は「府告」で始まっているので文書種別で言えば記に當たる。それ故、符も檄と同様に文書種別ではなく、通行證として用いられた封泥匣附きの簡や割符の總稱と理解すべきであろう。

第五節　傳

符に關連して、同じく通行證として用いられた傳(51)についても附言しておきたい。前節で述べたように、吏の公務出張の場合には封泥匣を持つ92のような形狀の通行證が發給された。92と91は通行證の實物であるが、關所において作成された通行證の寫しも漢簡中には存在する。

99　□□四年九月己巳朔己巳、佐壽敢言之。遣守尉史彊、上計大守府。案、所占用馬一匹。
□謁移過所河津關、毋苛留止。如律令。敢言之。
□□巳、居延令　・守丞江移過所。如律令。／掾安世・佐壽□　73E.J.T10:210A
□□□令延印
□月甲午、尉史彊以來　73E.J.T10:210B

〔□□四年九月一日、佐の壽が申し上げます。守尉史の彊を派遣し、會計を太守府に上呈させます。調べましたところ、申告したのは用馬一匹です。……どうか通過地や河津關に通知し、足止めしないように。律令の如くせよ。以上申し上げます。／□□巳、居延令の　・守丞の江が通過地に通知する。律令の如くせよ。／居延令の印。□月甲午、尉史の彊が持參〕

裏面の「□令延印」は發給者である居延令の封印の印文である。99の出土地點である金關からは民間人用の通行證である傳の寫しも發見されている。

100　五鳳二年五月壬子朔乙亥、南鄉嗇夫武・佐宗敢言之。北陽曲里男子▨
謹案、弘年廿二、毋官獄徵事、當得取傳。里父老丁禹證。謁言廷、移過所□▨
六月庚寅、長安守右丞湯移過所縣邑。如律令。　掾充・令史宗▨　73E.J.T9:92A
三月壬辰、不弘以來
章曰長安右丞　三月壬辰　73E.J.T9:92B

〔五鳳二年五月二十四日、南鄉嗇夫の武・佐の宗が申し上げます。北陽曲里の男子……謹んで調べましたところ、弘は年二十二歳で、役所や獄からの召喚はなく、通行證を取得する資格があります。里父老の丁禹が證言しました。どうか縣廷に上申し、通過地に通知して……／六月庚寅、長安守右丞の湯が通過地や縣邑に通知する。律令の如くせよ。

……╱三月壬辰、不弘が持參。印文は長安右丞。三月壬辰〕

101　甘露四年六月丁丑朔甲辰、西鄕有秩□□╱
王武。案毋官徵事、當爲傳致□╱
□□六月、雒陽╱　334・20A（A32）
印曰雒陽丞印　334・20B（A32）

102　□□□□□□□、謹移□過□侯國邑□╱
當爲傳。敢言之。八月戊子、匽師丞憙移縣邑╱　334・40A（A32）
章曰匽師丞印　334・40A（A32）

100には「長安右丞」、101には「雒陽丞」、102には「匽師丞」の印文が記錄されているが、「長安右丞」は京兆尹に、「雒陽丞」と「匽師丞」は河南郡に所屬し、出土地の金關とは遠く離れた地である。出發地から金關に至るまでの途中にはいくつも關所があったはずであるが、金關で作成した傳の寫しに遠く離れた地の發給者の印文が記錄されているということは、關所における傳點檢においては發給者の封印を破壞しないでも傳の記載內容が確認できたことを意味する。吏の公務出張用の通行證である92は、封泥匣の中に發給者の印が押されその下に過所宛の通行許可通知が記されるという形態であるが、この形は封印を壞さないでも記載內容の確認が可能であるし、箱型封泥匣によって發給者の封泥は長期間保護されたであろう。これらの點から、民間人用の傳も92と同樣の形狀であったと考えられる。次の簡は傳に封泥匣がついていたことを示すものである。

103　建平五年八月戊□□□□、廣明鄕嗇夫宏・假佐玄敢言之。善居里男子丘張自言、與家買客田居

延都亭部、欲取檢。謹案、張等更賦皆給、當得取檢。謁移居延。如律令。敢言之。　505・37A（A35）

〔建平五年八月戊□□□□、廣明鄕嗇夫の宏・假佐の玄が申し上げます。善居里の男子丘張が自ら言うには、家のために客田を居延都亭部に買いに行くので、檢を取得したい、と。謹んで調べましたところ、丘張らは租税など全て納付済みで、檢を取得する資格があります。どうか居延縣に通知してください。律令の如くせよ。以上申し上げます。〕

民間人用の通行證である4・26では通行證を取得することを「取傳」と表現しているが、103では「取檢」と表現されており、通行證が「檢」と呼ばれている。序言で述べたように、簡牘文中の「檢」は封泥匣および封泥匣の附いた簡牘を指すのであるから、103で通行證が「檢」と呼ばれていることは、傳に封泥匣が附いていた證左といえよう。

ところが、その一方で、傳を開封するとか再び封印するといった記載が睡虎地秦簡・法律答問には見える。

104　發僞書、弗智、貲二甲。令咸陽發僞傳、弗智、卽復封傳它縣、它縣亦傳其縣次、到關而得。今當獨咸陽坐以貲、且它縣當盡貲。咸陽及它縣發弗智者當皆貲。　睡虎地秦簡・法律答問五七～五八

〔僞書を開封して、それに氣づかなければ、貲二甲。もし咸陽が僞傳を開封したが、氣づかず、再び封印して他の縣に傳送し、他の縣も同様にその縣の順に傳送していって、關所に到って捕らえられた。今ただ咸陽だけが貲刑に當たるのか、それとも他の縣も全て貲刑に當たるのか。咸陽および他の縣の開封したが氣づかなかったものはいずれも貲刑に當たる。〕

ここに見える「發」は封印を開くという意味[52]であるから、104の記載に據れば、傳は途中で開封したり再度封印したりするものであることになる[53]。ところが、先に公務出張用の通行證と考えた92は封泥匣が露出しており、開封や再封印

という行爲とはそぐわない。
　この點を考える上で手掛かりになるのが次掲の二年律令である。

105　發傳所相去遠、度其行不能至者□□□□□長官皆不得釋新成。使非有事、及當釋駕新成也、毋得以傳食焉而以平賈責錢。非當發傳所也、勿敢發傳食焉。爲傳過員、及私使人而敢爲食傳者、皆坐食臧爲盜。
張家山漢簡・二年律令二二九～二三〇（傳食律）

〔傳を開封する場所が遠く離れていて、その行程を計って到ることができないものは、…長…官はいずれも調教し終えたばかりの馬を解いてはならない。使者のうち公務がない者や、調教し終えたばかりの馬を解くときには、食糧を供給することはできず、評價した價格によって錢を請求する。傳を開封すべき場所でなければ、決して傳を開封して食糧支給してはならない。傳を發行し人數を超過したとき、および個人的に人を派遣して傳にて食糧支給を受けた場合、いずれも不正に飲食したかどで盜とする。〕

この二年律令にも傳を開封するという記載が見えるが、ここでは「毋敢發傳食焉」とあるように、傳の開封と食糧支給とが一連の手續きとして見える。次の106は、「謂過所」という文言から通行證であるとわかるが、食糧支給の記録が記されている。

106　甘露三年九月壬午朔甲辰、上郡大守信・丞欣謂過所。遣守屬趙稱逢、迎吏騎士從軍烏孫罷者敦煌郡。當舍傳舍從者。如律令。
十月　再食
II 90DXT0115③:99／釋216

〔甘露三年九月二十三日、上郡太守の信・丞の欣が通過地に通知する。守屬の趙稱逢を派遣して、吏騎士の烏孫に從軍して任務終了となった者を敦煌郡まで迎えに行かせる。傳舍の利用と從者の資格がある。律令の如くせよ。」最後の「再食」がその記録である。傳舍での食料支給の詳細を定めた二年律令二三二〜二三七[54]には「車大夫粺米半斗、參食」「使者非有事、其縣道界中也、皆毋過再食」のように食料支給回數についての規定がある。106の「再食」はこのような規定に據って趙稱逢に二回分の食事を提供した記録であろうから[55]、この通行證の攜帶者である趙稱逢は傳舍における食料支給の對象者であったことになる。91もこの106と同じく公務出張の通行證であるが、これらには文面に違いがあり、106には「當舍傳舍從者」と記されているのに對して、91には「門亭鳩辟市里毋苛留止」とあるのみである[56]。106の「當舍傳舍」は傳舍の利用を許可する旨の文言であるから、この文言が附くことで傳舍において通行證攜帶者に食糧が支給されたのであろう[57]。卽ち、公務出張の通行證には、ただ關所等における通行を許可しただけのものと、傳舍の利用を許可したものの二種類があるのである。

105に「毋敢發傳食焉」や「爲傳過員、及私使人而敢爲食傳者、皆坐食臧爲盜」とあるように、食糧支給に際しては傳を開封して記載內容を點檢した上で、攜帶者の官位などに應じて食糧が支給された。そのことは、逆に言うと、「當舍傳舍」という記載のある通行證を持っていれば傳舍を利用でき食糧が支給されたということでもある。48は紛失した傳信の搜索を命じた「失亡傳信册」と呼ばれるものであるが[58]、その中で「紛失した傳と同じ番號の傳を持っている者がいれば身柄を拘束し、回收した傳信を御史府に上呈せよ」と命じられている。このように、傳舍利用許可を含む通行證を紛失した場合にその搜索命令が出されていることは、傳舍利用許可を含む通行證を持ってさえいれば傳舍が利用可能で、それ故に、傳舍利用許可を含む通行證は嚴格に管理されていたことを示すものである。

この「當舍傳舍」という文言を持つ通行證の實物と思われる簡が金關出土簡の中に存在する。

107　陽朔五年正月乙酉朔庚戌、犂陽丞臨移過所。遣廄佐
閭昌、爲郡送遣戍卒張掖居延。當舍傳舍從者。如律令。　73E. J. T6:23A
犂陽丞印　／掾譚・令史賞　73E. J. T6:23B
〔陽朔五年正月二十六日、黎陽丞の臨が通過地に通知する。廄佐の閭昌を派遣して、郡の業務で戍卒を張掖郡居延縣に引率する。傳舍の利用と從者の資格がある。律令の如くせよ。／黎陽丞の印。〕

108　☐未朔乙亥、張掖　居延大尉昌・丞音謂過所。遣城　倉守丞孫尙、行水酒泉界中。當舍　73E. J. T24:149
〔未朔乙亥、張掖郡居延太尉の昌・丞の音が通過地に謂う。城倉守丞の孫尙を派遣し、酒泉郡中まで漕運させる。當舍〕

4・26は金關で作成された傳の寫しであるが、これらを含めて傳の寫しは槪ね小さい文字で亂雜に書かれているのに對して、107と108は大きな謹直な字體で書かれており、108には「掖」と「居」および「城」と「倉」の間に編綴用の空格がある。さらに、寫しである4・26では發信者の書記の署名が表面の傳本文に續けて記されているのに對して、107では裏面の下端に書かれている。吏の公務出張に際して作成された關所への通知[59]である28は添附簡を編綴する繩がついたままであることから文書の實物と考えられるが、書記の署名は107と同じように裏面下端に書かれている。以上のことから、107・108は通行證の實物と考えられるのであるが、この簡は封泥匣のついた92のような形狀ではなく、單なる兩行簡である。つまり、「當舍傳舍」の記載がない通行證は92のような有匣宛名簡の形狀であったのに對し、「當舍傳舍」の記載のある通行證は通常の文書と同じ簡牘を用いているのである。先に、法律答問や二年律令の規定に據れ

ば傳は途中で開封したり再度封印したりするものであることになると述べたが、その傳が107・108のように通常の文書と同じ兩行簡を用いていたのであれば、この傳も攜帶者がある傳舍に到着した時に傳舍の吏が開封して記載内容を點檢した後、その吏の印で再び封印して攜帶者に返し、また次の傳舍に到着した際にもそこの吏が同じように開封・點檢・再封印することが可能である(60)。

先述のように、傳舍における食料支給は嚴格に管理されていたので、「當舍傳舍」の文言がある通行證も當然のこと改竄防止の方策が採られていたはずである。105に「傳を發く」とあるのは、通行證が改竄防止のために封緘されていたからであろう。簡牘に書かれた文書は宛名簡を上に載せ封緘した上で送付されたが、107・108も兩行簡なので文書と同じように封緘することで改竄を防止したと考えられる。漢簡中には傳に載せて封緘するにうってつけの簡がある(61)。

109　傳　　從史成(62)　　45・5（A8）

110　傳　　E. P. T59:16

111　過所　　39・2（A8）

いずれも長さ一七cm程度で、110は圖版では横に竝ぶ宛名簡（E. P. T59:17、E. P. T59:18）とほぼ同じ大きさである。宛名簡とほぼ同じ大きさという點からも、109などが封緘用に重ねられた簡牘である可能性は高いだろう。これらを重ねて封緘することで、傳の記載内容の改竄を防止したのではないだろうか。

以上のことから、傳の開封や再封印について述べる104と105の規定は、傳舍の利用許可と食糧支給を命ずる「當舍傳舍」という記載のある通行證についてのものと考えておきたい(63)。

おわりに

漢代の文書呼稱には書・檄・記・符の四種類が見えるが、固有の書式を持つ文書種別といえるのは書と下達文書の記だけである。書と呼ばれる文書は「如律令」の文言を持つものと詔後行下の辭に限られており、皇帝の命令である詔書や律令と同等に取り扱われるべき文書として認識されていた。記は、太守や都尉などの長官の指示を承けて長史や丞などの吏が作成・發信した文書と考えられ、書に比べると記載や發送方法が省略・簡略化されている。このような書と記の相違は、喩えて言えば、フォーマル（正裝）とカジュアル（平服）の違いに當たるが、その一方で、文書としての機能において書と記の間に明確な差違を見出すことはできない。要するに、書と記は中身は同じで外見が違うだけのものであり、喩えるなら、書が精裝本、記が同じ内容の平裝本とでも言えようか。

檄は棒狀の觚に書かれた文書を指す呼稱で、書・記兩方の書式を持つものがある。また、符は、割符だけでなく、通行證として用いられる有匣宛名簡狀の簡も指すが、いずれの場合も、勤務場所からの外出・移動許可證として用いられていた。

この符とともに通行證として用いられていたのが傳である。通行證には民間人用のものと吏の公務出張用のものとがあり、吏の公務出張用の通行證には傳舍での食料支給等を受けられるものと受けられないものがあった。民間人用の通行證は傳と、吏の公務出張用で傳舍における食料支給の無いものは符とそれぞれ呼ばれ、ともに有匣宛名簡狀で、露出した封泥匣に發給者の印が捺され、通行證の文言は封泥匣の下の部分に記されていたと考えられる。旅行者や出張者は常時傳や符を攜帶し、關所等ではその通行證を提示してそこを通過した。吏の公務出張用で傳舍での食料支給が受けられる通行證には「當舍傳舍」という文言が附記されていたが、この種の通行證には文書用と同じ兩行簡が用いられ、「傳」と記された簡牘を上に重ねて發給者の印で封緘されたと推測される。出張者が傳舍に到着すると、傳舍の吏はその通行證を開封して記載内容を點檢し、その吏の印で再度封緘して出張者に返却した。出張期間中、傳舍に到るごとに通行證は開封・點檢され、傳舍の吏の印によって再び封緘されて出張者に返却されたのであろう。

傳の開封や再封印について述べる104は秦代のものであるが、里耶秦簡には封泥匣が無く下端がV字型に削られた宛名簡が多く含まれており、有匣宛名簡は確認できない。それ故、漢代には有匣宛名簡狀の簡を用いていた傳や符も、秦代においては107のような文書簡牘に封緘したものだった可能性も考えられる。

なお、秦代の文書について言えば、今のところ、「書到」「符到」の例[64]は見えるが「記到」「檄到」の例は確認できない。それ故、秦代の文書呼稱としては書・符があるのみで記・檄はなかったことになろう。ただ、書も漢代の書のように常に「如律令」または「如詔書」で結ばれるわけではなく、漢代のような定まった書式というものは未だ形成されていなかったようであり、この「書到」は單純に「この文書が届いたら」という意味を表すに過ぎないように見える。符について言えば、次掲の112に「故囚符左四」とあることから秦代に割符が使用されていたことは確認できるが、符の現物がまだ確認されていないので、その書式や用途については現時點では明らかにできない。

112　丞主。移捕罪人及徙故囚符左四。符到、爲報。署主符令若丞
發。它如律令。敢告主。内官丞印行事⧄　　里耶秦簡8-462+8-685A
卅五年三月庚子、泰山木功右□守丞勧追／⧄　　里耶秦簡8-462+8-685B
……／□發

〔丞主。罪人を捕らえる及び故囚を護送する際の符の左を四つ送付する。符が届いたら、受領報告をせよ。主符令も

しくは丞開封と記せ。它は律令の如し。敢えて主に告ぐ。内官丞の印で業務を行う〕

注

（1）永田英正『居延漢簡の研究』（同朋舎出版　一九八九）。

（2）本章では下達文書中に見える「某到」の「某」を「文書呼稱」と表現し、「……名籍」「……簿」「……爰書」といった個別の文書の名前は「文書表題」と表現する。「文書の名稱」という表現は、論者の表現に従った場合や、特に限定的な意味を持たせずに文書の名稱を指す場合である。

（3）李均明（角谷常子譯）「簡牘分類淺論」（『東洋史研究』五〇―一　一九九一）。

（4）鵜飼昌男「漢代の文書についての一考察――『記』という文書の存在――」（『史泉』六八　一九八八）。

（5）ここで用いる「文書種別」とは、それに特定の文言や表現といった固有の書き方（以下、本稿では「書式」という）によって區別される文書の種類を指す。

（6）連劭名「西域木簡中的記與檄」（『文物春秋』創刊號　一九八九）。

（7）大庭脩「檄書の復原」（同氏『漢簡研究』同朋舎出版　一九九二）。

（8）汪桂海『漢代官文書制度』（廣西教育出版社　一九九九）。

（9）冨谷至「檄書攷――視角簡牘の展開――」（同氏『文書行政の漢帝國　木簡・竹簡の時代』名古屋大學出版會　二〇一〇）。

（10）角谷常子「簡牘の形狀における意味」（冨谷至編『邊境出土木簡の研究』朋友書店　二〇〇三）。

（11）鵜飼昌男注4前掲論文。

（12）連劭名注6前掲論文。

（13）籾山明「刻齒簡牘考略」（永田英正編『中國出土文字資料の基礎的研究』平成4年度科學研究費補助金總合研究（A）研究成果報告書　一九九三）。

（14）汪桂海注8前掲書。

(15) 次の「段長賓記」は下達文書・上申文書・私信・疏の何れにも當たらない記である。

段長賓記　請千秋士吏張長賓。龍勒移書召幸君。願長賓爲記、告幸君。
教具對。　79D. M. T12:50／敦1007

また、「駒罷勞病死」冊書（E. P. F22:187～201　第四部第三章所掲10）中に引用された「守塞尉放記」は上申文書の記ではあるが、官府間の上行文書ではなく、私的な上申書というべき内容である。

(16) 大庭脩「漢代の符と致」（同氏注7前掲書所收）。

(17) 籾山明「刻歯簡牘初探——漢簡形態論のために——」（『木簡研究』一七　一九九五）。

(18) 鵜飼昌男注4前掲論文。

(19) 但し、後述のように、一定の書式を持っているのは書と記で、檄は棒狀多面體の觚である檄に書いたために、また、符は割符や封泥匣を持つ符であるためにそのように呼ばれているのであって、これらは特定の書式を持つ文書、卽ち、本章で言うところの文書種別ではない。

(20) 「書到」の文言は、以下に擧げる「……書到……如律令」の書式を取るものの他に、詔書下達の際に附加される詔後行下の辭にも見える。詔後行下の辭は「某官下某官。承書從事、下當用者、如詔書。書到言」という固有の書式を持つ。かかる特殊性からここでの集成からは除いた。詔書の下達については、第二部第二章で考察する。詔後行下の辭については、大庭脩「居延出土の詔書册」（同氏『秦漢法制史の研究』創文社　一九八二）參照。

(21) この二簡は筆跡と文字間隔から一編の冊書であることがわかる。

(22) 『敦煌馬圈灣漢簡集釋』は釋文を「□酒令姦人犯重棰移□從事田掾府檄律令」に作り、「檄到」の文言を含まない。圖版には上記釋文に該當する部分しか寫っておらず問題があるが、ひとまず『敦煌漢簡』の釋文に從う。

(23) 先述のように、記にはさまざまな用途に用いられる文書や、文書ではないものまでも含むが、「記到」の文言をもつものは以下に述べるような一定の書式を持っている點で、文書種別の一つと言って良い。「記到」の文言を含む記は全て下達文書であるので、以下、本章で考察の對象とする記は「記到」の文言を含む下達文書の記に限る。從って、次に整理する書式上の特徴も下達文書の記についてのものである。

(24) 67は發信者が鄣候だが、簡の「忠」より上の部分は明らかに別筆で、この部分は書き直されたようである。また、77は候官の丞名義による發信で、他の記では例の無い「謂」という下達文言が用いられている。さらに、裏面に「西塞以記遣」とわざわざ記によって通知する旨明記されており、本來書で下達すべき所を何らかの理由で記で下達したという特別の場合だったのかもしれない。

(25) 25や33のように「如」の前に「它」字が入る例もある。この點については、次章第五・六節參照。また、30には「如律令」が無いが、「行候事」で簡末になっており、29のように次にくる簡に「如律令」と記載されていたのであろう。

(26) □□□官、會月廿五日。毋以它爲解。須當言府、遣□□□、如律令。　E.P.F22:295

〼它爲解。如律令。　／令〼　3・32（A8）

(27) 漢簡中には「……記到……如律令」となる例は無いが、本文後掲『漢書』朱博傳所載の檄は「府告」という記の書き出しでありながら書き止めが「如律令」になっている。ただ、次掲の『後漢書』法雄傳では記の送付が「移書」と表現されているし、記の冒頭にくるべき「府告」も無い。

遷南郡太守……雄乃移書屬縣曰「凡虎狼之在山林、猶人民之居城市。古者至化之世、猛獸不擾、皆由恩信寛澤、仁及飛走。太守雖不擾、敢忘斯義。記到、其毀壞檻穽、不得妄捕山林。（『後漢書』傳二八　法雄傳）

言う迄もなく典籍史料は二次的に編纂されたものであり、法雄傳に見えるように引用された文書は節録されたものであって、原文書を一字一句誤ることなく引用しているわけではない。朱博傳には確かに「府告……如律令」とあるけれども、現在知り得る限りにおいて一次史料である簡牘資料にその例は無いので、朱博傳の記載は典籍化に伴う書き誤りと考えておきたい。

(28) 李均明注3前掲論文は、E.P.T49:12Bに「故不可中道也思告敕記書今落」とあることを根據に記は「記書」ともいわれると述べるが、これも含めて「記書」とある例は一例を除き全て「記や書」と解釋することが可能である。その一例とは、「北書記書三封」と釋讀される495・20Bであるが、圖版を見ると墨跡が不明瞭で文字を確認することができない。

(29) 82の他にも次の例がある。

候史徳在所以亭次行　回　T.XV.a.iii:1A／敦2035A
令敢告卒人、□九月癸巳檄……　T.XV.a.iii:1B／敦2035B

☐餘日未變更、同職事毋狀☐　217・1A（A8）
☐回　●檄以日下餔時起隧、毋☐　217・1B（A8）
☐回　●檄卽日餔時起臨木　E.P.T51:232
☐□□●檄卽日日夜中起第卅三隧　☐　E.P.T52:370A
☐□言、府君行塞□☐　E.P.T52:370B

（30）角谷常子は前注所掲の217・1とE.P.T51:232について、通常の觚とは異なり背面が板状になっていることを指摘した上で、これと同様の形状の別の簡と合わせて使用したのではないかと推測している（角谷常子注10前掲論文）。もしそうであれば、二枚重ねた狀態はまさに觚であり、檄は觚を使用するということになろう。

（31）鄔文玲は東牌樓東漢簡のC型封検に分類される簡二（標本號1056）、簡三（1004）、簡四（1218）の「右検一封」を「合檄一封」と改めた上で、これらが「合檄」であると指摘する（鄔文玲「〝合檄〟試探」卜憲群・楊振紅主編『簡帛研究　二〇〇八』廣西師範大學出版社　二〇一〇）。また、下に掲げる長沙五一廣場東漢簡の木牘J1③:264–294（圖一九）には「檄卽日起賊廷」と記されていることから、これが檄と呼ばれていたことは確かであろう。この木牘の大きさの記載は無い（五一廣場出土の簡牘全體については幅三・五cm以上、長さ二五cm以上とある。長沙市文物考古研究所「長沙五一廣場東漢簡牘發掘簡報」『文物』二〇一三―六　九頁）が長方形で、長邊の上端から三分の一邊りと三分の二邊りに紐掛け用と思しき切り込みがある。恐らく、書寫面を隠すように同様の形状の木牘をもう一枚重ねて縛ったのであろう。鄔文玲の指摘する東牌樓東漢簡のC型封検と五一廣場東漢簡の木牘は共に板状の二枚の簡を書寫面を内側にして重ねる形であり、このような形状のものが合檄と呼ばれたのであろう。角谷常子が指摘する217・1とE.P.T51:232は重ねた時の形状が觚のようになるので檄と呼ばれたのであろうが、東牌樓東漢簡のC型封検と五一廣場東漢簡の形状はこれとは全く異なる。恐らく、邊境出土簡の時期には二枚の簡を合わせた形狀が觚狀であったが故に「合檄」と呼ばれていたものが、後漢期に入ると形狀に拘わりなく簡牘二枚を合わせたものを總じて「合檄」と呼ぶようになったのであろう。

元興元年六月癸未朔六日戊子、沮鄕別治掾倫叩頭死罪敢言之。倫以令擧度民田。今月四日、倫將力田陳祖・長爵・番仲・小史陳馮・黃慮、及蔡力度・男子鄭尤・趙襄・張昆等、□田力別度周本伍設昭田。其日昏時、力與男子伍純爭言鬭。力爲純所傷、凡創四所。輒將祖・仲詣發所、逐捕純不得。蓋力與亭長李道幷力逐捕純、必得爲故。倫職事無狀、惶恐叩頭、死罪死罪敢言之。（正）

●檄即日起賊廷（背）

郵行　長沙五一廣場東漢簡J1③:264−294

（32）鄭傑祥「南陽新出的東漢張景造土牛碑」（『文物』一九六三—一一）、高文『漢碑集釋』（河南大學出版社　一九九七）「張景碑」、永田英正『漢代石刻集成』（同朋舍出版　一九九四）「張景碑」。

（33）「府君」が郡太守を指すことは顧炎武『日知錄』卷二四を、「教」が長官の命令を指すことは連劭名注6前揭論文を參照。「教」を記の別名とする解釋もある（籾山明「居延出土の冊書と漢代の聽訟」〔同氏『中國古代訴訟制度の研究』京都大學學術出版會　二〇〇六〕、永田英正注32前揭書、汪桂海注8前揭書）が、次揭86では「有教」ではなく「有將軍令」となっており、「教」を記の別名と解釋することはできない。

（34）「教」の代わりに「將軍令」がくる例は次の簡にも見える。

甲渠鄣候以郵行　回　府告甲渠鄣候。隊長淳于爲自言、十一月當乘隊。願借十一月當□□□▨
將軍令。　E. P. F22:709

（35）角谷常子「中國古代下達文書的書式」（卜憲群・楊振紅主編『簡帛研究　二〇〇七』廣西師範大學出版社　二〇一〇）は、文書傳送記錄では記が長官名の印で封緘されている例が無いことを指摘しているが、そのことも記が長官自身による發信ではないことを示唆する。

（36）このうち、81は文面に「官告士吏索、下當谷燧長」と書かれ、裏面に「却適士吏・當谷燧長、亭次走行」という宛名書きがあることから、士吏と燧長の兩者に對して下達したもの理解した。ただ、漢簡では詔書の下達以外で「下」が使われることは無いし、「告」と「下」が共に書かれる例も他には無い。その點、異例である。

（37）角谷常子注35前掲論文は、記の特徴として「牘」と呼ばれる單獨幅廣簡の使用を擧げる。

（38）九月戊辰、居延都尉湯・丞　謂甲渠。如
律令。　　／掾弘・兼屬駿・書佐晏　　E.P.T50:16A

居延都尉章　卽日起府
甲渠
九月辛未、第七卒便以來　　E.P.T50:16B

新始建國地皇上戊三年五月丙辰朔乙巳、裨將軍輔平居成尉伋・丞　謂城倉・間田・延水・甲溝・三十井・殄北。卒未得
☒……付受相與校計、同月出入毋令繆。如律令。　　E.P.T65:23A

甲溝　　掾閎・兼史憲・書吏獲　　E.P.T65:23B

牒書吏遷斥免給事補者四人、人一牒。

建武五年八月甲辰朔丙午、居延令　・丞審告尉、謂鄕、移甲渠候官。聽書從事。如律令。　　E.P.F22:56A

甲渠。●此書已發、傳致官亭間、相付前　　掾黨・令史循　　E.P.F22:56B

（39）大庭脩『木簡』（學生社　一九七九）。また、次章第二節でもこの點について檢討しているので參照されたい。

（40）籾山明は簡側切り込みを記の特徴の一つとして擧げている（籾山明注13前掲論文）が、これも記の特徴というよりは、記が個人的な用件でも用いられた結果、借金返濟の申請として使われることが多かったことの反映と見るべきであろう。

（41）例えば、冨谷至「漢簡」（滋賀秀三編『中國法制史　基本資料の研究』東京大學出版會　一九九三）など。

（42）冨谷至は87について、簡文中に記される「符到」の「符」は87そのものではなく別の簡と考えるべきであり、それ故、87と同類の文面を持つE.P.F22:473とE.P.F22:474（本注後掲）には「符到」の語が無いと指摘する（冨谷至注9前掲書四一四頁注（8））。87は居延都尉府發信の甲渠候官宛て文書の形態を取るが、後述するようにこれは吏卒を派遣する場合に通行證代わりとして攜帶させる符であり、87は居延都尉府から派遣された刑鳳が甲渠候官まで攜帶したものである。
冨谷は、87が居延都尉府發信の甲渠候官宛て文書の形態を取る故、刑鳳の移動とは別に居延都尉府から甲渠候官に送付さ

れたと考えているようであるが、下達文書の形態を取りながら派遣された吏が攜帶する例としては通行證である後掲99が擧げられる。99は太守府に上計に行く尉史彊に發給された通行證であるが、裏面に「尉史彊以來」とあることから、この通行證は派遣された尉史彊本人が攜帶して肩水金關まで來たことがわかる。それ故、87が居延都尉府發信の甲渠候官宛て文書の形態を取っていることが、刑鳳の87攜帶を否定する根據にはならない。また、E.P.F22:473とE.P.F22:474に「符到」という文言が無い點について言えば、「符到」は「書到」などと同じく、符や文書を受領した後に行うべき命令內容を導く語であり、87には、符を攜帶した刑鳳が甲渠候官に到着した後、騎士召戎を殄北候官に派遣せよという甲渠鄣候に對する命令が記される故、「符到」の語が記されている。これに對して、E.P.F22:473とE.P.F22:474では甲渠候官への吏の派遣が記されるのみで、「到課言」という派遣した吏の到着時刻の考課とその報告以外に甲渠鄣候に對する命令は記されていないため、「符到」の語が記されていないのであろう。

甲渠鄣候　回（卽日壬申餔後遣）　（上段「卽日壬申餔後遣」は封泥匣中に記載）（下段A面）
五月壬寅、府告甲渠鄣候。遣乘隊騎士王晏・王陽・王敞・趙康・王望
等五人・借人乘隊長徐業等自乘隧。日時在檢中。到課言。（下段B面）E.P.F22:473

甲渠鄣候　回（卽日癸酉餔時遣）　（上段「卽日癸酉餔時遣」は封泥匣中に記載）（下段A面）
四月壬戌、府告甲渠鄣候。遣乘隊第五隊騎士郭陽・第十八隊候騎士夏侯倉
之官。日時在檢中。到課言。（下段B面）E.P.F22:474

（43）永田英正「居延漢簡に見える候官についての一試論」（同氏注1前掲書所收）。

（44）注42所掲のE.P.F22:473とE.P.F22:474は、文書の日附と派遣の日附との間にそれぞれ三十日、十日の差があって、被派遣者がこの簡を攜帶したと考える場合、問題となろう。ただ、漢簡の文書の中には、文書の日附と配達の日附との間に何日もの差のあるものがある。例えば、本文所掲12表面の文書の日附は五月丙寅であるが、裏面の配達記録から、甲渠候官にこの

文書が配達されたのは五月甲戌で、文書作成日附の八日後であったことがわかる。また、次掲のE.P.T57:10では、表面の文書の日附が十一月辛丑、裏面の配達の日附が十一月丙午で、五日間の差がある。

　十一月辛丑、將兵護民田官居延都尉章☒　　E.P.T57:10A
候官。寫移。書到、以簿餘穀道里便廩。毋留。如律☒

　章曰居延都尉印　　E.P.T57:10B
　十一月丙午、游擊卒始以來

これに對して、次のE.P.T51:462では文書の日附の翌日には配達されており、居延都尉府から甲渠候官までの文書送付それ自體に八日間、五日間といった日數が掛かっているわけでないことがわかる。

　四月辛酉、居延都尉☒　　E.P.T51:462A
甲渠殄北塞候。承書從☒

　居延都尉章　　E.P.T51:462B
　四月壬戌、鄣卒郭同以來

文書作成後すぐには發送しない場合もあったのだろう。符は派遣される本人が攜帶するのであるが、その本人が期日通り官署に出頭しなかったといった理由で、E.P.F22:473とE.P.F22:474では先のような日數の經過が生じたのではないだろうか。

(45) 李并成「漢居延縣城新考」(『考古』一九九八―五)。
(46) 冨谷至「通行行政――通行證と關所」(同氏注9前掲書所收)。
(47) 擧劾文書については、第三部參照。98を含む良・林二名に對する擧劾文書は、佐原康夫「居延漢簡に見える官吏の處罰」(『東洋史研究』五六―三　一九九七)に集成されている。
(48) 次簡には「以印爲信」とあって、印が證據印として使われており、裏面の「爲」と「信」の間に封泥の跡が残っている。

　初元四年正月壬子、箕山　　隧長明敢言之。
　趙子回錢三百。唯官　〈〉以二月奉錢三☒　　282・9A（A8）
以付鄉男子莫。以印爲　〈〉信。敢言之。　　282・9B（A8）

證據印については、市川任三「居延簡印章考」（財團法人無窮會『東洋文化研究所紀要』五　一九六四）一五～一六頁參照。

(49) 派遣の符について言えば、封泥匣の中に派遣日時が書かれたのはもちろん改竄防止のためであるが、もしも封泥を壞すと發信者の印も壞れ、その結果、文書の僞造を疑われることになる。從って、封泥匣の中に派遣日時を記錄するというのは、非常に巧妙な改竄防止策だったといえよう。

(50) 永田英正注43前掲論文四八二頁。

(51) 傳については、大庭脩「漢代の關所とパスポート」（同氏『秦漢法制史の研究』創文社　一九八二）、冨谷至注46前掲論文など參照。

(52) 高村武幸「『發《ひら》く』と『發《おく》る』――簡牘の文書送付に關わる語句の理解と關連して――」（季刊『古代文化』六〇―四　二〇〇九）。

(53) これらの史料の記述から冨谷至は、傳は封檢が附けられその上に印が捺された狀態で旅行者に發給され、關所や傳舍などではそれを開封して記載事項を確認し寫しを取った上で開封した官署の印で再度封印されて旅行者に戻される、と考えている（冨谷至注46前掲論文）。

(54) 丞相、御史及諸二千石官使人、若遣吏、新爲官及屬尉、佐以上徵若遷徙者、及軍吏、縣道有尤急言變事、皆得爲傳食。車大夫粺米半斗、參食、從者糲米、皆給草具。車大夫醬四分升一、鹽及從者人各廿二分升一。食馬如律、禾之比乘傳者馬。使者非有事、其縣道界中也、皆毋過再食。其有事焉、留過十日者、稟米令自炊。以詔使及乘置傳、不用此律。縣各署食盡日、前縣以誰續食。食從者、二千石毋過十人、千石到六百石毋過五人、五百石以下到二百石毋過二人、二百石以下一人。使非吏、食從者、卿以上比千石、五大夫以下到官大夫比五百石大夫以下比二百石一準吏皆以實從者食之。諸吏乘車以上及宦皇帝者、歸休若罷官而有傳者、縣舍食人、馬如令。

張家山漢簡・二年律令二三二～二三七（傳食律）

(55) 藤田勝久「漢簡に見える交通と地方官府の傳」（『愛媛大學法文學部論集　人文學科編』二九　二〇一〇）。

(56) 藤田勝久は地方官府が發給する通行證について、使用旅行の場合の文言は「勿苛留、如律令」などという通行を保證するもので、公務出張の場合に見える交通手段や宿泊などの提供が見られないことを指摘している（藤田勝久「漢代の交通と傳信の機能――敦煌懸泉置漢簡を中心として――」『愛媛大學法文學部論集　人文學科編』二六　二〇〇九）。

(57) 大庭脩注51前掲論文、朱慈恩「漢代傳舍考述」（『南都學壇（人文社會科學報）』二八―三　二〇〇八）、張德芳「懸泉漢簡中的〝傳信簡〟考述」（『出土文獻研究』七　二〇〇五）、藤田勝久注55前掲論文など。

(58) 冊書現物では、48に擧げた四簡の前に紛失した傳信を寫した次のような簡が一枚ある。

永光五年五月庚申

守御史李忠監嘗麥祠孝文廟。守御史任昌年
爲駕一封軺傳。外百冊二　　御史大夫弘謂長安長。以次　　爲駕。當舍傳舍。如律令。　II 90DXT0216②:866／釋26

なお、張德芳注57前掲論文に本冊書の寫眞が掲載されている。

(59) 青木俊介は28を致と考えている（青木俊介「肩水金關漢簡の致と通關制度」『日本秦漢史研究』一二　二〇一四）。

(60) 107には裏面上端に發給者である魏郡黎陽縣丞の印文「犂陽丞印」が記錄されている。「當舍傳舍」の記載のある傳が上述のような開封・點檢・再封印の手續きを繰り返すのであれば、發給者の印は最初に宿泊した傳舍にて開封した時に破壞されたはずである。それ故、この印文は最初の宿泊地で開封した際に發給者の印文を記錄したものではないだろうか。同じように、民間人用の傳の寫しにも發給者の印文が記錄されているが、こちらは寫しであるので傳の實物には發給者の封印が殘されていたはずで、それ故、92のような封泥匣附き簡の形狀を想定した。それに對して、107は文書實物であるので、文書宛名簡の印文記錄と同じく開封時に封印の印文を記錄したものと考えておきたい。

(61) 109などの簡を通行證や旅行者の身分證明に被せたことは、大庭脩が既に指摘している（大庭脩「『檢』の再檢討」同氏『漢簡研究』同朋舍出版　一九九二　二四四頁）。

(62) 「従史成」は簡牘中央の左端に小さい文字で書かれている。

(63) 104・105の他に、次の二年律令・津關令にも「發傳」の記載がある。

廿三、丞相上備塞都尉書、請爲夾谿河置關、諸漕上下河中者、皆發傳、及令河北縣爲亭、與夾谿關相直。●闌出入、越之、及吏卒主者、皆比越塞闌關令。●丞相、御史以聞、制曰可。

張家山漢簡・二年律令五二三～五二四（津關令）

夾谿關において河川を漕運する者の傳を開封して點檢するという規定である。「漕」は、『説文解字』十一篇上に「漕、水轉穀也。」とあるように船による物資の輸送を指すので、この場合の傳も輸送物資の詳細などの記載があり改竄防止のため封印されていたのであろう。

（64）「符到」は後掲112に、「書到」は次章所掲29などに見える。

第二章　秦漢官文書の用語

はじめに

本章では、秦漢官文書に常用される用語や文言を取り上げて、その正確な解釋を追究する。

第一節「A告B謂C」

漢代の官文書では命令を下達する場合、「A告B謂C」という文言で文書の下達先が示される。この文言は「AがBに告げCに謂う（AがBとCの兩方に下達する）」の意味で、「告」と「謂」は下達對象の身分によって使い分けられていることが大庭脩によって指摘された。[1] この解釋は、以後、通説的に受け入れられている。[2]

この大庭の指摘に對して、近年異論が提示された。竺沙雅章は、後世の下行文書の場合複數の官名が竝んでいると甲から乙への傳達の順を示すのが普通であり、また「告甲謂」の語法だと「甲に告げて謂う」と讀む方が無理がないと思われるとして、「告甲謂乙」を取り敢えず「甲を通じて乙に通達した」と解した。[3] その後、籾山明は里耶秦簡の下達文書に見える「A敢告B告C」という文言は「AがBに命ずる『Cに言え』」の意味であって「AがBとCに告ぐ」ではありえないとし、それ故、通説の當否があらためて問われることになるだろうと述べている。[4] 本節はこの笠沙と籾山の問題提起を承けて、「A告B謂C」に對する通説的解釋の當否を檢證するものである。

（一）竝行下達説と再下達命令説

「A告B謂C」に對する大庭の解釋と籾山の指摘について、その讀み方と文書下達經路を整理しておこう。

《大庭》「A　Bに告げCに謂う」　∴AがBとCに下達

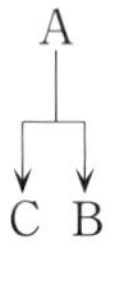

《籾山》「A　Bに告ぐ『Cに謂え』」　∴AがBに對してCへの再下達を命令

以下、本章では前者を竝行下達説、後者を再下達命令説と呼ぶことにしたい。

漢簡用例による檢證に入る前に、籾山が再下達命令説に考え至った經緯をここで確認しておこう。きっかけとなったのは次の里耶秦簡である（釋文中の記號番號および圖は筆者による）。

1ⓐ廿七年二月丙子朔庚寅、洞庭守禮謂縣嗇夫・卒史嘉・假卒史穀・屬尉。……（中略）……它如律令。

里耶秦簡16-5A

ⓑ⑴二月丙辰、㋐遷陵丞歐敢告尉、告鄕・司空・倉主。前書已下、重聽書從事。㋑尉別都鄕・司空。司空傳倉、都鄕別啓陵・貳春。皆弗留脫。它如律令。／釦手。　ⓑ⑵丙辰、水下四刻、隷臣尚行。

ⓒ三月癸丑、水下盡、巫陽陵士五匄以來。／邪手

ⓓ四月癸卯、水十一刻刻下九、求盜簪褭陽成辰以來。／弱半　如手

里耶秦簡16-5B

1は木牘の兩面に書かれたもので、表面のⓐは二月十五日附、洞庭郡守發信の縣嗇夫・卒史嘉・假卒史穀・屬尉宛て下達文書、裏面のⓑ⑴はⓐを承けて出された三月十一日附、遷陵縣丞發信の尉（・鄕・司空・倉主）宛て下達文書である。籾山はこの簡について次のように考えている。まず、傍線部㋑に見える「別」を、これとほぼ同文の里耶秦簡16-6（第二部第二章所掲20）の當該部分（ⓑ⑴㋑）が「別書」に作ることから、複數の對象に同一內容の文書を傳達することと解釋した上で、傍線部㋑は圖Ⅰのような尉を經由した傳達經路を指示しているとし、それ故、傍線部㋐は圖Ⅱのような傳達經路を示すと解釋すべきであって、從來の解釋による圖Ⅲのような傳達經路ではありえない、と。

【圖Ⅰ】

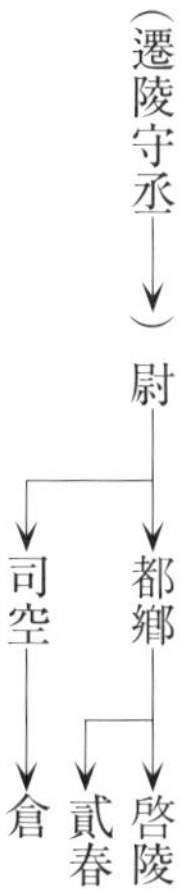

【圖Ⅲ】

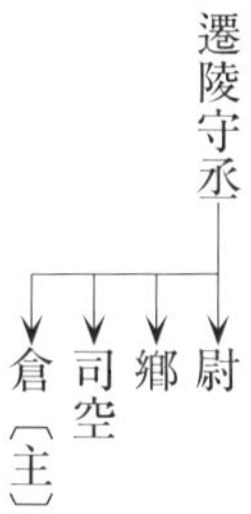

【圖Ⅱ】

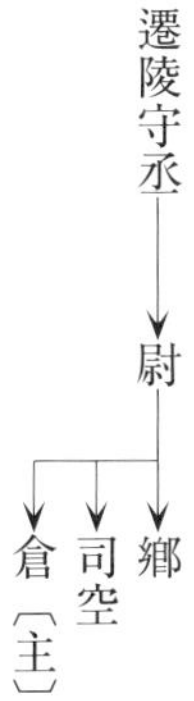

確かに、尉と鄕（都鄕）・司空との關係については圖Ⅰ・圖Ⅱで一致するのに對して圖Ⅲは明らかに異なっているが、啓陵・貳春の二鄕と倉への傳達經路については圖Ⅰ・圖Ⅱでも完全に一致しているわけではない。また、傍線部㋐の「告鄕・司空・倉主」を尉に對する再下達命令とするならば、尉が都鄕と司空へは直接下達しながら、啓陵・貳春の二鄕と倉へは都鄕・司空を介して下達しているのはなぜかという疑問も生じる。かかる問題等がある以上、傍線部㋑に示された下達經路に傍線部㋐を重ね合わせることで傍線部㋐を解釋するという方法には、再考の餘地がある。

（二）漢簡用例による檢證

ここでは里耶秦簡を根據として提示されたこの再下達命令說が漢簡にも適合するのか、漢簡によって檢證する。漢簡では「A告B謂C」の他にも「A下B」「A告B」「A謂B」などの形（以下、これらの形の文言をまとめて「下達文言」と呼ぶ(5)）もあるので、これらの下達文言も併せて檢討することにしたい。初めに、發信者別に各下達文言の例を擧げ、竝行下達說と再下達命令說で解釋した場合の下達經路をそれぞれ示した上で、考察を加えることにしよう。

【太守發信文書】

2　三月丙午、張掖長史延行大守事・肩水倉長湯兼行丞事、下屬國・農・部都尉・小府・縣官。承書從事、下當用者、如詔書。／守屬宗・助府佐定
10・32（A33）

3　二月戊寅、張掖太守福・庫丞承熹兼行丞事、敢告張掖・農都尉・護田校尉府卒人、謂縣。律曰(6)、臧它物、非錢者、以十月平賈計。案、戍田卒受官袍衣物、貪利貴賈、貰予貧困民。吏不禁止、浸益多。又不以時驗問
4・1（A8）

4　七月庚申、敦煌太守弘・長史章・守部候脩仁行丞事、謂縣。寫移。書到、具移康居蘇䪥王使者楊伯刀等獻橐佗食用穀數。會月廿五日。如律令。／掾登・屬建・書佐政光
Ⅱ90DXT0216②:882／釋155

《竝行下達說》

2　張掖太守・丞――――「下」――→屬國都尉・農都尉・部都尉・小府・縣

3　張掖太守・丞――┬――「敢告」――→張掖都尉・農都尉(7)・護田校尉

　　　　　　　　┌「謂」→縣
4　敦煌太守・長史・丞——「謂」→縣

《再下達命令說》

2　張掖太守・丞——「下」→屬國都尉・農都尉・部都尉・小府・縣
3　張掖太守・丞——「敢告」→張掖都尉・農都尉・護田校尉——「謂」→縣
4　敦煌太守・長史・丞——「謂」→縣

【都尉發信文書】

5　八月戊辰、張掖居延城司馬武以近秩次行都尉文書事以居延倉長印封・丞邯下官・縣。承書從事、下當用者。上赦者人數罪別之、如詔書。書到言。毋出月廿八。　掾陽・守屬恭・書佐況　E. P. F22:68

6　建武八年三月己丑朔　張掖居延都尉諶・行丞事城騎千人躳告勸農掾禹、謂官・縣。令以春祠社稷。今擇吉日如牒。書到、令丞循行、謹修治社稷、令鮮明。令丞以下當　E. P. T20:4A

7　五月丙寅、居延都尉德・庫守丞常樂兼行丞事、謂甲渠塞候。寫移。書到、如大守府書律令。　／掾定・守卒史奉親　E. P. T51:190A

《竝行下達說》

5　居延都尉・丞——「下」→官（候官）・縣
6　居延都尉・丞┬「告」→勸農掾
　　　　　　　└「謂」→官（候官）・縣

7　居延都尉・丞——「謂」→甲渠塞候

《再下達命令說》

5　居延都尉・丞——「下」→官（候官）・縣

6　居延都尉・丞——「告」→勸農掾——「謂」→官（候官）・縣

7　居延都尉・丞——「謂」→甲渠塞候

【鄣候發信文書】

8　閏月庚申、肩水士吏橫以私印行候事、下尉・候長。承書從事、下當用者、如詔書。／令史得　10・31（A33）

9　十二月戊辰、甲渠候長湯以私印行候事、告塞尉、謂士吏輔・候長段賢等。　82・38（A8）

10　九月戊寅、甲渠候　以私印行事、告塞尉。寫移書。書☐吏功、毋失期。它如府書律令。　令史勝之・尉史充國　E.P.T57:48

11　元延二年十月壬子、甲渠候隆謂第十候長忠等。記到、各遣將廩　214・30（A8）

《竝行下達說》

8　肩水鄣候——「下」→塞尉・候長

9　甲渠鄣候——「告」→塞尉
　　　　　　└「謂」→士吏輔・候長段賢等

10　甲渠鄣候――「告」――→塞尉
11　甲渠鄣候――「謂」――→第十候長等

《再下達命令說》
8　肩水鄣候――「下」――→塞尉・候長
9　甲渠鄣候――「告」――→塞尉――「謂」――→士吏輔・候長段賢等
10　甲渠鄣候――「告」――→塞尉
11　甲渠鄣候――「謂」――→第十候長等

2・5・8は詔書の下達を命じる詔後行下の辭と呼ばれるもので、他の簡は詔書以外の文書を下達したものである。詔書の場合は「下」を、詔書以外の場合は「告」「謂」を用いるという使い分けが存在する。(8) さて、兩說の下達徑路を比べると次のような問題が指摘できる。

一、再下達命令說では、同じAからCへの下達でありながら、「A告B謂C」と「A下C」「A謂C」とで異なる下達經路を取ることになる。卽ち、都尉發信文書における候官・縣、鄣候發信文書における候長は、「A下C」「A謂C」の形を取る5・7、8・11ではそれぞれ都尉、鄣候から直接下達されているが、「A告B謂C」の形を取る6、9ではそれぞれ勸農掾、塞尉を介して下達されることになり、同じ二つの官署間で異なる下達經路が存在することになる。その結果、例えば8では塞尉と候長がいわば竝列の關係であるのに對し、9では縱の關係となるのであるが、8・10・11では共に候官から直接下達される位置にある塞尉と候長が、9の場合だけ候官→塞尉→候長という縱關係になるというのは考えにくい。これに對して、竝行下達說では同じ二つの官署間で異なる下達經路が存在することは無い。

二、「告」「謂」の使い分けが再下達命令説では説明できない。下達文言に「告」「謂」の兩方が現れる場合は、6・9・後掲13のように必ず「告…謂…」の順となり、「謂…告…」となる例が無い[9]ということは、「告」「謂」に使い分けがあったことを示す。再下達命令説では、直接の下達對象者に對しては「告」を、再下達命令として「…に言え」という場合には「謂」を使うということになろうが、例えば4・7・11のように「告」を含まない場合は直接の下達對象者に對しても「謂」が使われており、「告」の有無で「謂」の表す意味が變わる。これに對して、竝行下達説は、「告…謂…」の場合も「告」「謂」だけの場合も受信者の身分の違いによる使い分けとして説明できる。

三、再下達命令説は簡牘の出土狀況に合致しない點がある。3を再下達命令説で解釋すると、この簡は縣宛に下達された文書となるが、3が出土したのは甲渠候官址（A8）であるから、再下達命令説では縣宛の文書が候官から出土していることになる[10]。この3と同じく都尉と縣が下達文言の目的語となっている文書で冊書を成す例がある。

12ⓐ六月、張掖太守毋適・丞勳敢告都尉卒人、謂縣。寫移。書到、趣報。如御史書律令。敢告卒人。／掾□・守
＝卒史安國・佐財。　73E.J.T1:2

ⓑ七月壬辰、張掖肩水司馬陽以秩次兼行都尉事、謂候・城尉。寫移。書到、搜索部界中、毋有以書言。會廿
＝日。如律令。／掾遂・守屬弘。

ⓒ七月乙未、肩水候福、謂候長□□□□。寫移。書到、搜索部界中、毋有以書言。會十五日。須報府。毋□□
＝如律令。／令史□。　73E.J.T1:3

この冊書は肩水金關址（A32）で出土した「甘露二年御史書」と呼ばれるもので、12ⓐの前には指名手配書がある（第一部第一章所掲23參照）。簡文に肩水金關を示す文字は無いが、金關址出土簡には肩水候官から關嗇夫への下達文書の例もある[11]ので、この冊書も肩水候から肩水金關へ下達されたもので、12ⓒの「謂候長」に續く釋讀不能部分に「關

嗇夫」と記載されていたのであろう。再下達命令説による下達經路は次のようになる。

12ⓐ　張掖太守・丞――「敢告」→都尉――「謂」→縣
12ⓑ　肩水都尉――「謂」→鄣候・城尉
12ⓒ　肩水鄣候――「謂」→候長・〔肩水金關〕

再下達命令説では12ⓐを太守が都尉に對して縣への再下達を命じたものと解釋するので、12ⓐを承けて都尉が下した12ⓑの下達先は縣となるはずであるが、12ⓑに記される下達先は鄣候と城尉であって縣ではない。その結果、12ⓐと12ⓑを一連の文書下達として理解することができない。これに對して、竝行下達説での下達經路は次のようになる。

12ⓐ　張掖太守・丞――「敢告」→都尉
　　　　　　　　　└「謂」→縣
12ⓑ　肩水都尉――「謂」→鄣候・城尉
12ⓒ　肩水鄣候――「謂」→候長・〔肩水金關〕

竝行下達説では、12ⓐの受信者である都尉（肩水都尉）が12ⓑの發信者、12ⓑの受信者である鄣候（肩水鄣候）が12ⓒの發信者となり、12ⓐ・12ⓑ・12ⓒを次のように一連の文書下達として理解することができる。

張掖太守・丞――「敢告」→肩水都尉――「謂」→肩水鄣候――「謂」→候長
　　　　　└「謂」→縣　　　　　　└→城尉　　　　　　└→〔肩水金關〕
←――12ⓐ――→←――12ⓑ――→←――12ⓒ――→

さらに、竝行下達説では12ⓐを都尉と縣の兩方への下達と解することで、12ⓐの縣はこの册書そのものの下達經路（右圖太字部分）とは無關係となる。同樣に3も張掖都尉・農都尉・護田校尉・縣への下達で、3そのものは張掖都尉から下達されてきたものと見なせば、縣は3そのものの下達經路とは無關係となって出土地の問題は解消する。

四、再下達命令説では6を勸農掾に對し候官・縣への再下達を命じたものと解釋するので、この6を承けて候官・縣に下達する勸農掾發信の下達文書が存在しなければならない。同樣に、9についても塞尉發信の候長宛て下達文書が存在しなければならない。ところが、そのような例は今のところ確認されていない(12)し、次の册書はそのような下達文書の存在可能性自體を否定するものである。

13ⓐ建昭二年三月癸巳朔丁酉、敦煌太守彊・長史章・守部候脩仁行丞事、告
史敞、謂效穀。今調史監置如牒。書到、聽與從事、如律令。　Ⅱ90DXT0216②:243／釋76

ⓑ三月戊戌、效穀守長建・丞　謂縣泉置嗇夫。寫移。書到、如律
令。　／掾武・卒史光・佐輔　Ⅱ90DXT0216②:244／釋76

14ⓐ七月庚申、敦煌大守弘・長史章・守部候脩仁行丞事、敢告部都尉卒人、謂縣官官。寫移。書到、如律令。／掾
＝登・屬建・佐政光　Ⅱ90DXT0216②:869／釋26㋕

ⓑ七月辛酉、效穀守長合宗・守丞敦煌左尉忠告尉、謂鄉・置。寫移。書到、
如律令。　掾禹・佐尊　Ⅱ90DXT0216②:870／㋕

13は縣泉置出土の「調史監遮要置册」と呼ばれる册書で、監遮要置史の任免について敦煌太守から效穀縣へ、さらに縣泉置へと下達されたもの。13ⓐの前に被任免者の名籍二枚が附せられている。13ⓐの下達文言「告史敞、謂效穀」

を再下達命令説に據って史敞に對し效穀縣への再下達を命じたものと解釋すると、この次に史敞が發信者となり效穀縣に下達する文書が存在しなければならないが、13ⓑの發信者は史敞ではなく效穀守丞である。14も懸泉置から出土した「失亡傳信册」と呼ばれるもので、御史大夫の下した傳信搜索命令を敦煌太守から效穀縣へ、さらに懸泉置へ下達したものである。14ⓐの前に御史大夫の搜索命令がある。14ⓐの下達文言「敢告部都尉卒人、謂縣官官」を再下達命令説に據って部都尉に對し縣（「縣官官」）への再下達を命じたものと解釋すると、この次に部都尉が發信者となり縣に下達する文書が存在しなければならないが、次の14ⓑの發信者は部都尉ではなく效穀守長である。つまり、13・14ともに、再下達命令説によって解釋するならば、13ⓐ・14ⓐの「謂」の後にくる官が發信者となる文書が存在しなければならないのであるが、册書にはそのような簡は存在しない。これらの二册書はどちらも紐で編綴されたままで出土したのだから、13ⓐと13ⓑの間、14ⓐと14ⓑの間に別の簡が存在した可能性は無い(14)。一方、この二册書を竝行下達説で解釋するならば、ともに敦煌太守→效穀縣→懸泉置と下達されてきたことになり、册書に含まれない發信者の下達文書を想定する必要は無いのである。

以上、四點を取り上げて檢討したが、「A告B謂C」を再下達命令説で解釋した場合に如上の問題が生じる一方で、竝行下達説ではそのような問題點は發生しない。從って、少なくとも漢簡の下達文言「A告B謂C」は竝行下達説で解釋するのが妥當である。

（三）里耶秦簡16-5の下達經路

本項では、籾山明が再下達命令説を考えつくきっかけとなった1の文書傳送狀況について檢討しておこう。前項での檢討の結果、「A告B謂C」はAからBとCに下達するという竝行下達説で解釋すべきことが明らかとなった。それ故、それと類似する1の傍線部㋐の下達經路も竝行下達説で理解すべきであって、その場合、下達經路は圖Ⅲとなる。一方、傍線部㋑の示す下達經路についても、1と同じ下達經路が指示されている16-6に記された文書發信記錄「走詔行尉」（第二部第二章所掲20のⓑ⑵）から遷陵守丞發信文書は尉に下達されたことがわかり、それ故、16-6は傍線部㋑の經路で實際に傳達されたと考えて間違いない。1の下達文言はこの16-6と同一なのだから、1も傍線部㋑に示された經路（圖Ⅰ）で實際に文書が傳送されたと考えてよいだろう。そうすると、1は下達文言の示す經路とは異なる經路で傳送されたと考えざるを得ないのであるが、實はこれと同樣の例が漢簡にも存在する。

15ⓐ廣田、以次傳行、至望遠止　回　（上段）
ⓑ十二月辛未、甲渠候長艾・候史佪人敢言之。蚤食時、臨木隧卒□□□□□□□□□□□□舉蓬、燔一積薪虜卽西
＝北去。毋所亡失。敢言之。／ⓒ十二月辛未、將兵護民田官居延都尉儧・城倉長禹兼行［丞事］
（下段A面）
寫移。疑虜有大衆不去、欲竝入爲寇。檄到、循行部界中、嚴敎吏卒、驚烽火、明天田、謹迹候候望、禁止往來行
＝者、定蓬火輩送、便兵戰鬬具、毋爲虜所萃槧、已先聞知。失亡重事。毋忽。如律令。／ⓓ十二月壬申、殄北
＝甲［渠］
（下段B面）
候長纆・未央・候史包・隊長畸等。疑虜有大衆、欲竝入爲寇。檄到、纆等各循行部界中、嚴敎吏卒、定蓬火輩送
＝便兵戰鬬具。毋爲虜所萃槧、已先聞知。失亡重事。毋忽。如律令。
（下段C面）278・7（A10）

この簡は觚に書かれた檄で、封泥匣の上に文書宛先が書かれ（ⓐ）、下に三面に亙って文書が記されたものである。ⓑは配下の臨木隧卒による虜發見をうけて、甲渠候長艾と候史佪人が將兵護民田官居延都尉の儧にそれを報告した上申文書、ⓒは將兵護民田官居延都尉の儧が殄北候官へ警戒體制を取るよう命じた下達文書、ⓓは殄北鄣候がそれをさ

らに候長褸・未央、候史包、燧長畸等に下達した文書で、この15そのものはⓑⓒを承けて殄北鄣候から候長らに下されたものである。上段のⓐ「廣田、以次傳行、至望遠止」は、長城線に竝ぶ燧をリレーして廣田燧から望遠燧まで順次傳達せよとの指示であり、下達對象者の候長褸等はその間の燧に勤務していたのであろう。つまり、15は下達文言では候長褸・未央・候史包・燧長畸等に竝行して下達するという形を取りながら、實際には下達對象者である候長らが勤務する燧を回覽板方式で傳送されているのであり、そのような傳送經路を指示しているのが上段の「廣田、以次傳行、至望遠止」に他ならない。この15の例から、具體的な傳送經路を別に指示することで、下達文言とは異なる經路で傳送される場合のあったことがわかる。1もこれと同様なのであろう。卽ち、傍線部㋐の下達文言では尉・鄕・司空・倉へ竝行して下達する形を取りながら、傍線部㋑で「尉別（書）都鄕・司空。司空傳倉、都鄕別啓陵・貳春」という具體的な傳送經路を別に指示することで、實際には㋑の經路で傳達されたと考えられるのである[16]。

ただし、ここで注意しておきたいのは、下達文言とは異なる經路で傳送されたとしても、命令系統そのものに何らかの變更があったわけではないという點である。15の場合は、「廣田、以次傳行、至望遠止」という傳達經路が明記され、殄北鄣候の下達文書で記載が終わっていることから、殄北鄣候の下達文書が記された15そのものが回覽板方式、卽ち、下達文書を受領した燧がその内容を確認して次の燧へ傳送するという形で順次傳送されていったことは疑い無く、長城線上の燧で檄が受け渡しされる度に受領した燧長等を發信者とする文書が追加されたわけではない。つまり、長城線上に竝ぶ各燧に傳達されたのは殄北鄣候の下達命令なのであって、檄をリレーする燧同士には命令系統上の上下關係など存在しない。この點、誤解なきよう確認しておきたい。簡上段の「廣田、以次傳行、至望遠止」はあくまでこの檄を傳達する經路を指示したものであって、命令系統とは何の關係もないと考えるべきである。1の場合も、この15と同様に、遷陵守丞が發信した1ⓑそのものが㋑の經路を回覽板方式で順次傳送されたのであって、例えば、遷陵守丞發信の下達文書を受け取った尉が自分が發信者となる下達文書を追加して鄉・司空・倉へ下したわけではないだろう。1が回覽板方式で傳送されたとすれば、尉・鄉・司空・倉はあくまでも遷陵守丞の命令を受けていることになり、その場合の命令系統は㋐の下達文言に示されている命令系統そのものとなる。

このように、1が㋑の經路を回覽板方式で傳送されたと考えれば、㋐の下達文言と㋑の傳送經路を整合的に理解することが可能となり(17)、さらには里耶秦簡と漢簡の下達文言も統一的に解釋できるようになるのである。

第二節　「敢告」「告」「謂」「下」

秦漢時代の下達文書では、例えばAがBに下達する場合、「A謂B」「A告B」「A下B」などの異なる表現が見られる。この使い分けについては既に、大庭脩が發信者と受信者の身分差が大きい場合は「謂」を、身分が近い場合は「告」を、さらに、太守の布告には兵卒に對して「敢告」という一層柔らかな表現を使うことを指摘している(18)。大庭の指摘のうち、「謂」と「告」については首肯できるが、「敢告」については若干の修正が必要である。太守發信文書において用いられる「敢告部都尉卒人」「敢告卒人」という表現を、大庭は都尉配下の卒一人一人に直接語りかけたものと解するが、次節で述べるように、「都尉卒人」は都尉に對する敬稱であって、都尉配下の卒一人一人に語りかけているわけではない。ただし、「敢告」が「告」や「謂」に比して、より發信者と受信者の官位差が小さい場合に用いられる表現であるという點は大庭の指摘通りである。次掲の簡は金關址出土の民間人用傳の寫しであるが、ここでは南鄉嗇夫が尉史に對して「敢告」を使っている。

16 甘露四年正月庚辰朔乙酉、南鄉嗇夫胡敢告尉史。臨利里大夫陳同自言、爲家私市張掖居延界中。謹案、同毋官獄徵事、當得傳。可期言廷。敢言之。正月乙酉、尉史贛敢言之。謹案、同年爵如書。毋官獄徵事當傳。移過所縣侯國、勿苛留。敢言之。正月乙酉、西鄂守丞樂成侯國尉如昌移過所。如律令。／掾干將・令史=章　73E.J.T10:120A

西鄂守丞印　73E.J.T10:120B

〔甘露四年正月六日、南鄉嗇夫の胡が敢えて尉史に告げます。臨利里の大夫の陳同が自ら言うには、家の仕事で個人的に張掖郡居延縣で商いをしたい、と。謹んで調べましたところ、同は役所や獄からの召喚はなく、通行證を取得する資格があります。どうか縣廷に上申してください。以上申し上げます。正月六日、尉史の贛が申し上げます。謹んで調べましたところ、同の年齢・爵位は文書の通りでした。役所や獄からの召喚はなく、通行證を取得する資格があります。通過地の縣や侯國に通知して、足止めしないように。以上申し上げます。正月六日、西鄂守丞で樂成侯國尉の如昌が通過地に通知する。律令の如くせよ。……〕

尉史は縣の屬吏で(19)、ここでは傳の申請が鄉嗇夫→尉史→縣丞と上申されている。「敢告」は大庭の指摘するように太守から都尉に對して下達する場合に用いられることが多いが、この傳では、南鄉嗇夫の文書の最後に「敢言之」とあるように南鄉嗇夫から尉史への上申文書の中で「敢告」が用いられている。上申文書でも用いられることから、「敢告」が上から下へという語氣を含まない文言であることがわかる。

そこで、「敢告」「告」「謂」の使い分けを檢證するために、第一部第一章で集成した書・記について、發受信者と「告」「謂」などの組合せを一覧にしたのが表1である。なお、表1の簡番號の後ろに「＊」を附けたものは、同一簡番號のものと「A告B謂C」の形になっているもの、都尉發信文書の受信者の「官縣」は侯官と都尉直轄縣のことで

表1　書と記における「告」「謂」の使い分け一覧

書／記	發信者所屬	發信者	文言	受信者	簡番號	整理番號
書	太守府	太守・丞	敢告	都尉	73E. J. T1:2＊	23
書	太守府	太守・長史・丞	敢告	都尉	E. P. T52:99	13
書	太守府	太守・丞	敢告	都尉	Ⅰ91DXT0309③:222＊	39
書	太守府	太守・長史・丞	敢告	都尉	Ⅱ90DXT0216②:869＊	48
書	太守府	（太守）・丞	敢告	都尉	12・1	52
書	太守府	太守・長史・丞	告	史	Ⅱ90DXT0216②:243＊	47
書	太守府	太守・長史丞	告	督郵掾	16・4	5
書	太守府	太守・丞	告	置史	Ⅱ90DXT0215③:3A	45
書	太守府	太守・丞	謂	縣	73E. J. T1:2＊	23
書	太守府	太守・丞	謂	縣・督盜賊史	Ⅰ91DXT0309③:222＊	39
書	太守府	太守・長史・丞	謂	縣	Ⅱ90DXT0216②:869＊	48
書	太守府	太守・長史・丞	謂	縣	Ⅱ90DXT0216②:243＊	47
書	太守府	太守・長史・丞	謂	縣	Ⅱ90DXT0216②:876	49
書	太守府	太守・長史・丞	謂	縣	Ⅱ90DXT0216②:882	50
書	太守府	太守・長史・丞	謂	置	Ⅱ90DXT0112②:157	63
書	都尉府	都尉・丞	告	勸農掾・兵馬掾	16・10	6
書	都尉府	都尉・丞	告	勸農掾・史	E. P. F22:153＊	18
書	都尉府	都尉・丞	告	勸農掾・督蓬掾	E. P. F22:693＊	22
書	都尉府	都尉・丞	告	司馬・千人官	E. P. F22:71＊	17
書	都尉府	都尉・丞	謂	候官・都尉直轄縣	E. P. F22:153＊	18
書	都尉府	都尉・丞	謂	候官・都尉直轄縣	E. P. F22:693＊	22
書	都尉府	都尉・丞	謂	候官・都尉直轄縣	E. P. F22:71＊	17
書	都尉府	都尉	謂	鄣候・城尉	73E. J. T1:3	23
書	都尉府	都尉・丞	謂	城倉・候官	E. P. F22:462	21
書	都尉府	都尉・丞	謂	候官	E. P. T43:12	11
書	都尉府	都尉・丞	謂	候官	73E. J. T5:76	25
書	都尉府	都尉	謂	候官	73E. J. T23:620	33
書	都尉府	都尉	謂	候官	敦1254	36
書	都尉府	都尉・丞	謂	候官	12・1	52
書	都尉府	都尉	謂	候官	敦1367	62
書	都尉府	都尉・丞	謂	鄣候	E. P. T51:190	12
書	都尉府	都尉・丞	謂	鄣候	敦1741	38
書	候官	鄣候	告	塞尉	E.P.F22:158＊	18
書	候官	鄣候	告	塞尉	E.P.F22:151＊	57
書	候官	鄣候	告	塞尉	139・36+142・33＊	7
書	候官	鄣候	告	塞尉	73E.J.T21:103＊	32

書／記	發信者所屬	發信者	文言	受信者	簡番號	整理番號
書	候官	鄣候	告	塞尉	42・18＊	53
書	候官	鄣候	告	塞尉	159・17＋283・46＊	54
書	候官	鄣候	謂	候長	E.P.F22:158＊	18
書	候官	鄣候	謂	候長	E.P.F22:151＊	57
書	候官	鄣候	謂	候長	139・36+142・33＊	7
書	候官	鄣候	謂	士吏・候長	73E.J.T21:103＊	32
書	候官	鄣候	謂	士吏・候長	42・18＊	53
書	候官	鄣候	謂	士吏・候長	159・17＋283・46＊	54
書	候官	鄣候	謂	士吏	73E.J.T21:42	29
書	候官	鄣候	謂	士吏	283・26＋283・36＋283・65	56
書	候官	候官丞	謂	士吏	敦1685	37
書	候官	鄣候	謂	候長	73E.J.T1:3	23
書	候官	鄣候	謂	候長	7・7	2
書	候官	鄣候	謂	候長	73E.J.T21:43	30
書	候官	鄣候	謂	隧長	E.P.F22:247	19
書	候官	鄣候	謂	隧長	E.P.F22:250	20
書	県	県令長・丞	謂	置嗇夫	Ⅱ90DXT0216②:244	47
書	県	県令長・丞	謂	置	Ⅱ90DXT0216②:883	50
書	県	県令長・丞	謂	置	Ⅴ92DXT1812②:120	51
書	関	関候・丞	謂	候長	敦764	61
記	都尉府	府	告	鄣候	E.P.F22:151	57
記	都尉府	府	告	鄣候（四候官）	E.P.F22:459	73
記	都尉府	府	告	関嗇夫	183・15	66
記	候官	官	告	士吏	敦988	78
記	候官	官	告	士吏	敦1831＊	81
記	候官	官	告	候長	113・12	64
記	候官	官	告	候長	285・12	68
記	候官	官	告	候長	E.P.T51:213	70
記	候官	官	告	候長	E.P.T56:88	72
記	候官	官	告	候史	2000ES7SF1:16	75
記	候官	官	告	候史	敦263	76
記	候官	官	告	隧長	敦1065	79
記	候官	官	告	隧長	敦1236	80
記	候官	候官丞	謂	候長	敦483※	77
記	候官	鄣候	謂	候長	214・30※書き直しあり	67
記	候官	官	下	隧長	敦1831＊	81

あるので、受信者欄にはそのように記した。［20］「整理番號」は第一部第一章で附した整理番號である。

書の場合、太守から都尉へは「敢告」、縣へは「謂」、太守府勤務の屬吏へは「告」を、都尉から候官および都尉直轄縣へは「謂」、都尉府勤務の屬吏には「告」を、鄣候から塞尉へは「告」、士吏・候長・燧長へは「謂」を用いるという使い分けが明確に確認できる。記の場合は發受信者に拘わりなく原則的に「告」が用いられている。それ故、漢代の書において、「告」「謂」についての大庭の指摘を修正する必要は無い［21］。

秦代についてもこのような使い分けはあったのだろうか。本章第一節で述べたように、「A告B謂C」の從來の理解に對する異論が提示されるきっかけとなったのが1と16-6（第二部第二章所掲20）であるが、そこでは縣丞から尉・鄉・司空・倉全ての下達であるにも拘わらず、「敢告尉」と「告鄉・司空・倉主」をわざわざ分けて書いているのである。それ故、このように分けて書かれた理由を明らかにする必要がある。

そこで、既發表の睡虎地秦簡と里耶秦簡の下達文書などで、「敢告」「告」「謂」を含む用例［22］を集成し、その發受信者とそこで用いられている文言を一覧にしたのが表2である。一部例外もあるが、發受信者の關係と用いられる文言について、概ね次のようなことが指摘できる。

①郡が別の郡に通知する場合は「敢告」が用いられる。
②郡が管轄下の縣に下達する場合は「謂」が用いられる。
③縣が別の縣に通知する場合は「敢告」が用いられる。
④縣が縣管轄下の部局（鄉や司空など）に下達する場合は「告」が用いられる［23］。
⑤鄉が同じ縣に屬する司空に通知する場合は「敢告」が用いられる。

これらから、秦代には發信者と同格の者に對して通知する場合は「敢告」を用い［24］、配下の者に對して下達する場合は

表2　秦簡中の「敢告」「告」「謂」

發信者	文言	受信者	簡番號
郡尉	謂	縣丞	里耶秦簡 9-1B～12B
郡守	謂	縣丞	里耶秦簡 8-755
郡守	謂	縣嗇夫	里耶秦簡 8-61＋8-293＋8-2012
郡守	謂	縣嗇夫	里耶秦簡 8-657
郡守	謂	縣嗇夫	里耶秦簡 12-1784
郡守	謂	縣嗇夫・卒史・屬	里耶秦簡 16-5A・6A
郡守	謂	縣道嗇夫	睡虎地秦墓竹簡・語書 1 ～ 8
郡守	敢告	內史・屬邦・郡守主	里耶秦簡 8-657
郡丞	敢告	郡守主	里耶秦簡 8-61＋8-293＋8-2012
縣（令）	謂	鄉嗇夫	里耶秦簡 9-984AB
縣（令）	敢告	縣丞主	里耶秦簡 8-60＋8-656＋8-665＋8-748
縣丞	謂	倉嗇夫	里耶秦簡 8-1560
縣丞	敢告	縣丞	里耶秦簡 8-75＋8-166＋8-485
縣丞	敢告	縣丞主	里耶秦簡 9-984A
縣丞	敢告	縣丞主	里耶秦簡 8-63
縣丞	敢告	縣丞主	里耶秦簡 8-66＋8-208
縣丞	敢告	縣丞主	里耶秦簡 8-140
縣丞	敢告	縣丞主	里耶秦簡 8-158
縣丞	敢告	縣丞主	里耶秦簡 8-647
縣丞	敢告	縣丞主	里耶秦簡 8-1219
縣丞	敢告	尉官主	里耶秦簡 8-657
縣丞	敢告	尉（主）	里耶秦簡 16-5B・6B　＊
縣丞	敢告	尉（主）	里耶秦簡 9-1112　＊
縣丞	敢告	鄉主	里耶秦簡 16-9B
縣丞	告	倉・司空主	里耶秦簡 8-904+8-1343
縣丞	告	倉主	里耶秦簡 8-1525
縣丞	告	倉主	里耶秦簡 8-1563
縣丞	告	倉嗇夫	里耶秦簡 5-1
縣丞	告	司空主	里耶秦簡 8-63
縣丞	告	司空主	里耶秦簡 8-133
縣丞	告	司空主	里耶秦簡 8-1510
縣丞	告	司空主	里耶秦簡 12-849
縣丞	告	尉	里耶秦簡 8-2001
縣丞	告	尉主	里耶秦簡 8-140
縣丞	告	尉主	里耶秦簡 8-201
縣丞	告	少內	里耶秦簡 8-1008+8-1461+8-1532
縣丞	告	少內主	里耶秦簡 8-60＋8-656＋8-665＋8-748

發信者	文言	受信者	簡番號
縣丞	告	畜官	里耶秦簡 8-137
縣丞	告	船官☐	里耶秦簡 6-4
縣丞	告	鄕・司空・倉主	里耶秦簡 16-5B・6B　＊
縣丞	告	鄕主	睡虎地秦簡・封診式37～41「告臣」
縣丞	告	鄕主	睡虎地秦簡・封診式42～45「黥妾」
縣丞	告	鄕主	里耶秦簡 9-1112　＊
縣丞	告	鄕嗇夫	里耶秦簡 8-770
鄕	敢告	司空主	里耶秦簡 8-1515
—	敢告	縣主	睡虎地秦簡・封診式6～7「有鞫」
—	敢告	縣主	睡虎地秦簡・封診式13～14「覆」
—	告	縣主	睡虎地秦簡・封診式46～49「䙴子」

「告」または「謂」を使うと言える。その「謂」と「告」の使い分けについて言えば、長官が發信者の場合は「謂」が、丞が發信者の場合は一例を除き「告」が使われていることから、發信者と受信者の身分差が大きい場合は「謂」を、身分が近い場合は「告」を使うという漢代の「謂」と「告」の使い分けが秦代にも妥當するようである。

1と16-6（第二部第二章所掲20）では「敢告尉」と「告鄕・司空・倉主」とが分けて書かれていたが、後者については上述の④に基づいた記載といえる。前者の下達對象者である尉（縣尉）が縣丞から下達される場合、表2では、「敢告」と書かれる場合と「告」だけ書かれる場合とがある。「告」と書かれる三例は全て下達對象者が尉だけであるのに對して、「敢告」と書かれる三例のうち二例は尉の他に鄕などにも下達されている。尉は長吏で縣の部局である鄕や司空よりも官秩が高かったことを踏まえれば[25]、尉と他の部局が共に下達對象になる場合は「敢告」と「告」の兩方を使い分けることで尉と他部局との官位差を明示したのではないだろうか。ひとまず、1と16-6で「敢告尉」と「告鄕・司空・倉主」とがわざわざ分けて書かれている理由をこのように考えておきたい。

以上檢討した文言の他にも、下達文書では「下」も使われている。「下」は、漢代においては「甲某官下乙某官、承書從事、下當用者」という文言を持つ詔後行下の辭に見える。大庭脩は、この文言を詔書下達に限定されるわけではないと指摘するが、本章第七節（二）で詳述するように、大庭がその根據とした157・24（後掲90）は詔所名捕の下達と考えられるので、これもまた詔書の下達に當たる。また、懸泉置出土の傳信にも「下」字が見える。

17　建平四年五月壬子、御史中丞臣憲承　　御史大夫延下長安。承書、以次爲駕。
　制、詔侍御史、曰、敦煌玉門都尉忠之官。爲駕一乘傳、載從者。　當舍傳舍。如律令。　六月丙戌西
　　　　　　　　　　　　　　　　　　　　　　Ⅰ90DXT0112②:18／釋33

〔建平四年五月壬子、御史中丞の臣憲が制を承けて侍御史に詔して言う、敦煌玉門都尉の忠が赴任する。一乘傳を準備し、從者を同乘させる。／御史大夫の延が長安に下す。この書に從い、順番に馬車を設えよ。傳舍の利用の資格がある。律令の如くせよ。　六月丙戌　西行き〕

ここでは「承制詔侍御史」とあるように、皇帝の命令である「制」を承けて「詔」が下されてこの傳が發給されている。それ故、この「下」も廣義の詔書下達と考えてよいだろう[26]。下達文言として「下」を用いる下達文書で詔書の下達ではない事例が一例あるが[27]、一般的な例とは思われない。それ故、漢代の文書に見える「下」は詔書の下達および詔を承けて下された下達文書に固有の文言であるとひとまず考えておきたい。

秦代では、「下」が「A下〔文書名〕」という形で「Aが〔文書名〕を下達する」という意味で用いられる例が殆どである。後掲30には「廷下御史書」とあるし、1ⓑ⑴の「前書已下」の「下」も文書の下達を指している。これに對し、「下」が「告」「謂」のように下達文言の中で使われる例は少ない。その一例が後掲29の「遷陵守丞色下少內」であるが、第四節で述べるように、29と30は遷陵縣の少內に對する文書受領報告命令とそれを承けての少內の文書受領

報告であるから、29の「下少內」は「下御史書少內」の省略表現ということになる。この他にも次の例がある。

18 ☒□遷陵丞昌下鄉官曰、各別軍吏。●不當令鄉官別書軍吏。軍吏及鄉官弗當聽
☒其問官下此書軍吏弗下。下定當坐者名吏里它坐訾能入貲不能、遣詣廷
☒□獄東／義手　　里耶秦簡8–198＋8–213＋8–2013A
☒［者］／萃手／旦守府昌行廷　　里耶秦簡8–198＋8–213＋8–2013B

〔遷陵丞の昌が鄉官に下して言うには、各々軍吏に分かて、と。●鄉官に文書を軍吏に分けさせるべきではない。軍吏及び鄉官は命令に従うべきではない……問うに、官はこの文書を軍吏に下したかどうか。下していれば罪に當たる者の名・官職・里・他の貲罪・貲罪を納付できるか否かについて定めて、人を遣って縣廷に出向かせよ。〕

19 □□內史守衷下縣、以律令傳別□☒
縣界中□□者、縣各別下書焉□☒
□□地□□□□報［沅］陽言、書到☒
□□□□□商丞□下報商。書到☒
十月丁巳、南郡守恆下眞書洞庭☒　　里耶秦簡8–228
□□□手

〔內史守の衷が縣に下す、律令の規定に依據して別……を傳達せよ……縣の管轄內……者は、縣がそれぞれ分けて文書を下し……沅陽に報告して言うには、この文書が屆いたら……商丞の□が報告を商に下す、この文書が屆いたら……十月丁巳、南郡守の恆が文書原本を洞庭……に下す……〕

これらの例では文書文面の中に「下此書」「下書」といった何らかの文書を下達することが言及されているので、18

の「下鄉官」と19の「下縣」も「下〔文書名〕鄉官」「下〔文書名〕縣」の省略表現だった可能性もあろう。

以上の例からすると、秦代の「下」はある文書をその目的語として取り「〔ある文書を〕下達する」という意味の文言と考えられる。そうであるならば、漢代の詔後行下の辭に見える「下」も本來は「下詔書某官」という意味だった可能性もあろう。詔後行下の辭は常に「甲某官下乙某官。承書從事、下當用者」と書かれるが、「書を承け」「當に用うべき者に下せ」という表現になっているのも、「下」が本來目的語として「詔書」を取っていたからであろう。

第三節　「主」

漢代と秦代の官文書の表現や文言は共通する部分が多いが、相違點もある。その一つが、下達文言中で受信者に添えられる「主」字の有無である。邊境出土漢簡では後揭27が今のところ唯一の例であるのに對して、秦簡ではその例は多い。前一二五～一二〇年頃とされる長沙走馬樓西漢簡牘（後揭42）にも受信者に「主」の附く例があること[28]からすれば、恐らく、前漢中期頃以降このような表現は使われなくなったのであろう。

本節では文書の下達文言に見える「主」の意味を検討する。この「主」は1にも「遷陵丞歐敢告尉、告鄉・司空・倉主」という形で見える。この「主」は主管者・責任者の意味で、「倉主」は倉の主管者・責任者とする解釋もある[29]が、1の下達文言の部分（ⓑ⑴㋐）では「倉主」となっているのに對して、具體的な文書傳送經路を指示した部分（ⓑ⑴㋑）では「司空傳倉」となっていて「主」字が附いていない。「倉主」が倉の主管者であるならばここでも「主」字がついていても良さそうである。この他にも、本來の「擔當者」という具體的な意味を失った結果、官文書中で「敢告某某主。……敢告主」という常套表現に過ぎなくなったもの[30]という理解や一種の尊稱という見解[31]もあり、この

「主」については解釋が定まっていない。

次の20も官名等に「主」のつく例である。

20　卅二年四月丙午朔甲寅、遷陵守丞色敢告酉陽丞主。令史下絡帬直書已到。敢告主。　里耶秦簡8–158A

この簡を「…敢告酉陽丞。主令史…」と句讀する論者もあるので(32)、まずこの句讀を確定しよう。王煥林は末尾に「敢告主」とあることから「主」は「酉陽丞」につくと言うが、里耶秦簡講讀會は逆に「敢告主」と「主令史」を對應させる考えも示しており(33)、これだけでは確定できない。「敢告主」という表現は睡虎地秦簡・封診式にも見える。

21　有鞫　敢告某縣主。男子某有鞫、辭曰、士五、居某里。可定名事里、所坐論云可、可罪赦、或覆問毋有、遣識者以律封守、當騰馬、皆爲報(34)。敢告主。　睡虎地秦簡・封診式六～七

封診式は文書の文例集で(35)、「敢告某主」で始まり「敢告主」で終わる形は次の22・23にも見えることから、これが定型書式の一つであることは間違いない。

22　覆　敢告某縣主。男子某辭曰、士五、居某縣某里、去亡。可定名事里、所坐論云可、可罪赦[或]覆問毋有、幾籍亡、亡及逋事各幾可日、遣識者當騰馬、皆爲報、敢告主。　睡虎地秦簡・封診式一三～一四

23　䙴子　爰書……（中略）……告法丘主。士五咸陽才某里曰丙、坐父甲謁鋈其足、䙴獨邊縣、令終身毋得去䙴所論之、䙴丙如甲告、以律包。今鋈丙足、令吏徒將傳及恒書一封詣令史、可受代吏徒、以縣次傳詣成都、成都上恒

書太守處、以律食。法丘已傳、爲報、敢告主。　睡虎地秦簡・封診式四六～四九

21には冒頭の日附と發信者名が無いが、20と21が同一書式であることは明らかであろう。21・22・23が「敢告某縣主」で斷句されることは間違いないので、同一書式である20も「敢告酉陽丞主」で斷句すべきである。次の24・25も「以律令從事」「聽書從事」がくることから「主」を後に續けて讀むことはできず、「主」で斷句することを支持する。

24　廿六年五月辛巳朔庚子、啓陵鄕□敢言之。都鄕守嘉言、渚里□☑
劾等十七戸徙都鄕、皆不移年籍」。令曰移言。●今問之、劾等徙☑
書告都鄕曰、啓陵鄕未有枼、毋以智劾等初產至今年數。☑
□□□謁令都鄕具問劾等年數。敢言之。　里耶秦簡16−9A
☑遷陵守丞敦狐告都鄕主。以律令從事。／逐手　即☑
甲辰、水十一刻刻下者十刻、不更成里午以來。／貄手　里耶秦簡16−9B

25　八月癸巳、遷陵守丞陘告司空主。聽書從事☑
起行司空。
八月癸巳、水下四刻、走賢以來。／行半　里耶秦簡8−133B

里耶秦簡で官名等に「主」がつく例は、上揭簡の他にも次の26がある。

26　廿八年八月戊辰朔丁丑、酉陽守丞□敢告遷陵丞主。
亭里士五順、小妾□餘、有律事。□□□遷□
令史可聽書從事□□／八月甲午、遷陵拔謂都
鄕嗇夫。以律令從事。／朝手　即走印行都鄕　里耶秦簡9−984A

八月壬辰、水下八刻、隸妾以來／□手　　□手　　里耶秦簡9–984B

「主」で斷句すると「敢告遷陵丞主」となるが、これは20と同じ形であり、この斷句で問題は無い。

　このように「主」で斷句すると、20の「酉陽丞主」、26の「遷陵丞主」のように「縣丞主」なるものが、さらには、邊境出土漢簡における唯一の例である次簡では「尉史主」なるものが存在することになる。

27　甘露元年閏月乙未朔乙卯、中鄉守嗇夫輔敢告□⧄
案、去疾非亡人命者、毋官獄徵遣。□⧄
敢告尉史主。
閏月丙辰、尉史武敢言之。謹案去疾□⧄
閏月戊午、長陵令　・獄守丞建行丞事⧄　73E.J.T9:29A

長丞陵印
□□己卯、男子呂去疾□⧄　73E.J.T9:29B

「主」が主管者・責任者であるならば、これらは縣丞や尉史の主管者・責任者となるが、倉や都鄉・司空といった機關・部局の主管者・責任者というのはあり得ても、一人の人間である縣丞や尉史の主管者・責任者というのは考えにくい。王煥林は20の「酉陽丞主」を酉陽縣丞の主管と解釋し、秦縣の守丞は一人に限らず、また、丞と守丞が同時に置かれることもあったので、縣丞宛文書には「主」を附ける必要があったとする。[36] 確かに里耶秦簡には短い間に複數の守丞の名が見えるし、[37] 守丞が同時に複數置かれたことを示唆する簡も存在する。[38] 縣の尉史についても確かに複數置かれている。[39] しかしながら、王煥林のこの理解に従えば、21・22・23には「某縣主」「法丘主」とあるので複數の縣令・守令の存在を想定しなければならなくなる。或いは、この「某縣主」や「司空主」「倉主」「都鄉主」についてはその機關・部局の責任者のことであって複數の官吏の存在を想定する必要はないというのかもしれないが、そうであれば「縣丞主」の場合と「主」の意味合いが違ってくることになる。このような疑問點がある以上、これらの「主」を主管者・責任者と理解することは無理があると言わざるを得ない。[40] そこで、これまで擧げた「官名等＋主」の用例をもう一度見てみると、全て下達文言中の「敢告」「告」の目的語となっていることに氣づく。例えば、24・25では「主」の附された「都鄕」「司空」が同一簡の別の箇所にも見えるが、そこでは「主」は附けられていない。つまり、官名等に附せられる「主」は下達文言中の「敢告」「告」の目的語となっている場合に限り附けられているのである。1の下達文言の部分（ⓑ⑴㋐）では「倉主」となっているのに對して、具體的な文書傳送經路を指示した部分（ⓑ⑴㋑）では「主」字が附いていないのもこのために他ならない。

　このような「主」と極めて類似する用例が漢簡に見える。

28ⓐ▨得倉丞吉兼行丞事、敢告部都尉卒人。詔書、淸塞下、謹候望、備蓬火。虜卽入、料度可備中。毋遠追爲虜所
＝詐。書已前下。檄到、卒人遣尉・丞・司馬、數循行、嚴兵□　12・1A（A33）
▨禁止行者、便戰鬬具、驅逐田牧畜產、毋令居部界中、警備毋爲虜所誑利。且課毋狀不憂者劾。尉・丞以下毋
＝忽。如法律令。敢告卒人。／掾延年・書佐光・給事□　12・1B（A33）
ⓑ▨都尉事・司馬丞登行丞事、謂肩水候官。寫移。檄到、如大守府檄書律令。／卒史安世・屬樂世・書佐延年　12・1C（A33）

28ⓐは太守が都尉に下した檄で、「敢告部都尉卒人」で始まり「敢告卒人」で終わっているが、この書式は、秦簡の「敢告某主」で始まり「敢告主」で終わる書式と「卒人」と「主」が異なるだけである。秦簡の「主」に對應するこの「卒人」とは何だろうか。大庭脩は28ⓐの「敢告部都尉卒人」について、『論衡』謝短篇に「兩郡書を移して『敢

えて卒人に告ぐ』と曰うに、兩縣言わざるは、何と解するや」とあるのを擧げた上で、この「敢告卒人」に對し「敢えて直言せず、但だ其の僕御に告ぐるのみ」と解する黄暉の説を紹介している。[41]黄暉が「敢告卒人」の類例として擧げた『春秋左氏傳』襄公四年「虞箴」の「敢告僕夫」に附せられた杜預の注にも「僕夫に告ぐるは、敢えて尊を斥さず」[43]とあり、貴人に對し敢えて直言しないという黄暉の説は從うべきであろう。[42]ただし、大庭はさらにもう一歩進めて、「敢えて直言せぬ」という意味では同じであるが、漢簡にあらわれる「敢告」の用例は太守・都尉級の高官が直接兵卒に語りかける形で出す重要な布告に特定的に用いられると言う。[44]しかし、「敢告都尉卒人」という形で特定の吏の不正の調査や帳簿の再點検を下達した例[45]もあり、このような内容が都尉配下の兵卒一人一人に語りかけられたとは考えにくい。28ⓐを承けて下された下達文書（28ⓑ）の發信者は都尉なので、「敢告部都尉卒人」で示される下達對象者は都尉と考えなければならないだろう。さらに、前掲『論衡』謝短篇では郡同士で文書を遣り取りする際に「敢告卒人」と言うのはなぜかと問うているのだから、「敢告卒人」と記される文書の宛先も郡太守と考えるべきであろう。それ故、「敢告卒人」の「卒人」は、敢えて直言しないことで敬意を表すために附せられる語とするのが妥當である。[46]3・12ⓐでは發信者である太守と官秩の近い都尉には「卒人」がつく一方で下級の縣[47]には附いていないことも、「卒人」が直言しないことで敬意を表す語であることを示すものであろう。

「卒人」がそのような働きをする語であるならば、「卒人」と類似の使われ方をする「主」も同樣に文書受信者に對する敬意を表す語と考えられよう。[48]官名等に「主」が附くのが下達文言の目的語の場合に限られることも、「主」が受信者に對する敬意を表す語であるならば當然のこととして理解できる。[49]前節所掲の表2に見えるように、受信者に「主」が添えられるのは「敢告」「告」を用いた場合に限られている。前節で指摘したように、「敢告」は發信者と同格の者に對して下達する場合に、「告」は「謂」と同じく管轄下の者に對して下達する場合であるが「謂」ほど發信者と受信者の身分差が大きくない場合に用いられており、そのような場合に限って受信者に「主」が添えられているという狀況は、敬意を表すという「主」の機能と符合するものである。

なお、3には「敢告張掖・農都尉・護田校尉府卒人、謂縣」とあって、「卒人」を附すべき受信者が複數存在する場合はその最後につけられていることから、同樣の働きをする「主」もそれを附すべき受信者が複數いる場合はその最後につけられたと考えられる。この點からも、1のⓑ⑴㋐「遷陵守丞歐敢告尉、告鄕・司空・倉主」は、「主」より前に記される尉・鄕・司空・倉の全てに對して下達することを意味すると解釋される。

第四節　「寫移某到」

下達文書には「書到」「記到」のように「某到」という文言がよく見られる。その「某到」の「某」がこの文言の書かれている文書それ自體を指すことが、秦簡ではあるが、次の例から確認できる。

29　四月丙午朔癸丑、遷陵守丞色下少內。謹案致之。書到言。署金布發。它如律令。／欣手／四月癸丑、水十一刻刻下五、守府快行少內　里耶秦簡8-155

〔四月八日、遷陵守丞の色が少內に下す。謹んで調べて處置せよ。文書が届いたら言え。金布發けと記せ。它は律令の如くせよ。〕

30　卅二年四月丙午朔甲寅、少內守是敢言之。廷下御史書、舉事可爲恆程者、洞庭上帬直、書到言。今書已到。敢言之。　里耶秦簡8-152A

四月甲寅日中、佐處以來／欣發　處手　　里耶秦簡8-152B

〔三十二年四月九日、少内守の是が申し上げます。縣廷が下達してきた御史書には、恆久規定とすべきことがあれば上呈せよ、洞庭郡は帬の値段を上呈せよ、文書が届いたら言え、とありました。今文書は既に届いています。以上申し上げます。〕

29は遷陵縣から配下の少内へ下した下達文書の控えで、その中で「書到言」と命じられている。30がそれに對する少内の報告文書の實物で[50]、「書到言」という遷陵縣の少内に對する命令を再錄した上で「今書已到」と報告している。この少内の報告から、29に見える「書到言」の「書」が遷陵縣が少内に下した29そのものを指していることが確認できる。「某到」は「この文書某が届いたら」という意味で、前章第一節に集成した事例に見えるように「某到」の後に文書發信者の文書送付先に對する命令や依賴が記される[51]。

この「某到」に類似する「寫移某到」という表現もあり、この表現は中繼轉送文書に多く見られる。例えば、12のⓐは張掖太守が都尉と縣に下した下達文書、ⓑは肩水都尉（司馬が代行）が鄣候と城尉に下した下達文書、ⓒは肩水鄣候が候長に下した下達文書で、ともに中繼轉送文書であり「寫移書到」という文言を含む。

この「寫移某到」はこれまで「寫移」が「某」を修飾する形の「寫移の某到れば」と讀まれてきた[52]。「寫移」は文書を書き寫して送付することなので、「寫移の某到れば」と讀むならば「書き寫して送付した某が届いたら」という意味になる。しかしながら、この四文字は「寫移」と「某到」の二語として理解すべきである。

同一内容の文書で、「寫移某到」と書かれる部分が別の例では「寫移」とのみ書かれているものがある。

31　□嘉二年七月丁丑朔丁丑、西鄕嗇夫政敢言之。成漢男子孫多牛自言、爲家私市居延、☐

傳。謹案、多牛毋官獄徵事、當得取傳。謁移肩水金關・居延縣索、出入毋苛留止。☑
七月戊寅、觻得長守丞順移肩水金關・居延縣索。寫移書到如律令。／掾尊・守☐　73E.J.T6:39A
觻得丞印　73E.J.T6:39B

〔☐嘉二年七月一日、西鄉嗇夫の政が申し上げます。成漢里の男子孫多牛が自ら言うには、家の仕事で個人的に居延……で商いをしたい、と。……傳。謹んで調べましたところ、多牛は役所や獄からの召喚はなく、傳を取得する資格があります。どうか肩水金關・居延縣索關に通知して、關所を通行させ足止めされませんように。……／七月二日、觻得長守丞の順が肩水金關・居延縣索關に通知する。寫移書到如律令。〕

32　元始五年十二月辛酉朔庚辰、東鄉嗇夫丹敢言之。☐☐里男子耿永自言、☐彭守肩水槖他☐☐隧長、永願以令取傳、☐彭衣食。謹案、永等毋官獄徵事、當得取傳。☐☐☐移過所肩水金關、往來出入毋苛留。如律令。敢言之。十二月庚辰、昭武長財・守丞☐移過所。寫移如律令。掾忠・令史放　73E.J.T23:335

〔元始五年十二月二十日、東鄉嗇夫の丹が申し上げます。☐☐里の男子耿永が自ら言うには、☐彭が肩水槖他☐☐燧長を守しています。私永は令の規定により傳を取得し、☐彭の衣食を届けたい、と。謹んで調べましたところ、永らは役所や獄からの召喚はなく、傳を取得する資格があります。☐☐☐通過地や肩水金關に通知し、往來や關所の通過に際して足止めされませんように。律令の如くせよ。以上申し上げます。十二月二十日、昭武長の財・守丞の☐が通過地に通知する。寫移如律令。〕

ともに通行證の寫しであるが、31で「寫移書到如律令」とある部分が32では「寫移如律令」となっていて「書到」が落ちている。單なる書き落としの可能性も皆無ではないが、「書到」がしばしば省略されること[53]を踏まえると、32の「寫移如律令」は「寫移書到如律令」の「書到」が省略されたと考える方が良いだろう。「書到」が省略され得るのであれば、「寫移書到」を「寫移」が「書」を修飾する形の「寫移せる書到らば」と讀むことは無理である。

さらに、中繼轉送文書で「寫移」と「某到」の間に別の語が入る例もある。

33　七月丙戌、張掖肩水都尉安世・丞循謂候官。寫移。及史遷行塞擧。
書到、務備少數。它如大守府書律令。　掾漢昌・屬遷・助府令史充光　73E.J.T5:76

34　七月庚申、敦煌太守弘・長史章・守部候脩仁行丞事、謂縣。寫移。使者稱縣置謹敬
莊事。甚有意。毋以謁勞。書到、務稱毋解隨。如律令。／掾登・屬建・書佐政　II 90DXT0216②:876／㋕㋘

35　永元十五年閏月丙寅朔八日癸酉、武陵大守伏波營軍司馬郢叩頭死罪敢言之。前言、船師王皮
當償彭孝夫文錢。皮船載官米財、遣孝家從皮受錢。郢叩頭死罪死罪。皮船載米四千五百斛已重。孝
不來。今月六日、遣屯長王于將皮詣縣與孝誼。誼未到。亭長姓薛、不知名、奪收捕皮繫亭。案軍粮重
事、皮受僦米六百卅斛、當保米致屯營。今收繫、皮空船無攝護者。亭重船稽留有日、不得發。恐宿
夜災異、無誰詭責。郢客吏被蒙府厚恩、發遣正營流汗。唯
長沙府財吏馬嚴・臨湘晨夜遣當代皮攝船者詣郢、須進道。皮訟決手械、部吏傳詣武陵臨沅、保入官
朱。郢誠惶誠恐、叩頭叩頭死罪敢言之。
閏月十月乙亥、長沙大守行文事大守丞虞謂臨湘。寫移。縣知皮受僦當保載而盛卷佝留皮、又不遣
孝家受取直。更相推移何。書到、亟處言會。急疾、如律令。　掾廣・卒史昆・書佐熹
今白　誰收皮者召之　閏月十一日開　長沙五一廣場東漢簡J1③:325-1-140

これらの例で傍線を引いた「寫移」から「書到」までの部分を「寫移せる……の書到らば」と讀むことは相當に無理があると言わなければならない。次の二例では、「寫移」で明らかに文が切れる。

36　九月丙戌、效穀長安世・丞舒國謂縣泉置嗇夫弘。寫移。今遣佐

安□□□受□表□毋令贏□。如大守府書律令。　Ⅰ91DXT0309③:127A／⑰

〔九月丙戌、效穀長の安世・丞の舒國が懸泉置嗇夫の弘に謂う。書き寫して送付する。今　佐の安……を派遣して……太守府の文書律令の如くせよ。〕

37　十月己卯、敦煌大守快・丞漢德敢告部都尉卒人、謂縣督盜賊史吉光・刑世。寫移。今□□□□□部督趣。書到、各益部吏□泄、□捕部界中、明白大編書鄕亭市里□□□□、令吏民盡知□□　Ⅰ91DXT0309③:222／釋21㋕㋘

〔十月己卯、敦煌大守の快・丞の漢德が敢えて部都尉に告げ、縣と督盜賊史の吉光・刑世に謂う。書き寫して送付する。今……部督趣。この書が屆いたら、各々部吏を增やして漏らすことなく、管轄區内を搜索し、鄕亭市里……はっきり大きく揭示して、吏民に周知徹底し〕

これらの例では「寫移」の次に「今」という語がきているが、下達文書に見える「今」は、後揭38・40・41のように、文書發信者がその下達文書を發信するに際して行ったことを示す場合によく使われる語であり、この「今」の前で文が切れる。それ故、36も37も「寫移」と「今」の間で文が切れると考えなければならない。

「寫移某到」という文言が「寫移の某到らば」と讀まれてきたのは、殆どの例で「寫移」と「某到」が續けて記されていたからであろう。しかしながら、上揭の例のように「寫移」と「某到」とが離れていて、「寫移」で文が切れる例がある以上、「寫移某到」の四文字が續けて書かれる例が多いという理由で「寫移せる某到らば」と讀むことには躊躇せざるを得ない。實際、15では「寫移」と「某到」とが分離して書かれている。15は、配下の臨木燧卒による虜發見をうけて、甲渠候長艾と候史佪人が將兵護民田官居延都尉の債にそれを報告した上申文書（ⓑ）、將兵護民田官居延都尉の償が殄北候官へ警戒體制を取るよう命じた下達文書（ⓒ）、殄北鄣候がそれをさらに候長䙴・未央、候史包、燧長畸等に下達した文書（ⓓ）の三部分で構成されていて、ⓒには「寫移疑虜有大衆不去欲竝入爲寇檄到」とあって「寫移」と「檄到」の間に別の語が入っている。「寫移」と「檄到」の間に入っている「疑虜有大衆不去欲竝入爲寇」はⓓにも見られ、そこでは「寫移」ではなく下達先の候長等の名前に續けてこの部分が記されているので、この部分は獨立した一文であることがわかる。それ故、ⓒにおいてもこの部分を獨立の一文として「寫移。疑虜有大衆不去欲竝入爲寇。檄到」と斷句すべきことがわかる。

では、「寫移。某到」の「寫移」は誰が何を書き寫して送付するのだろうか。下達文書の「某到」以降の部分には、文書發信者による文書送付先に對する命令や依賴が記される。12のⓑは張掖太守からの下達文書ⓐを承けて都尉代行の肩水司馬が候官等に下したもの、ⓒはそれを承けて肩水鄣候が候長等に下したものであるが、「書到」の後がⓑの「會廿日」に對してⓒは「會月十五日」となっていて期限が異なっており、さらにⓒには「須報府（都尉府に報告しなければならない）」とあることから、「書到」以降の部分が當該文書發信者自身の命令であることが確認できる。一方、「某到」以前の部分にはその文書を發信するに至る經緯などが記されているので、「某到」より前に書かれる「寫移」の行爲主體はその文書の發信者自身と考えられる。前掲の例では「寫移」の目的語が記されてはいなかったが、目的語が記されている例もある。

38　地節二年六月辛卯朔丁巳、肩水候房謂候長光。官以姑臧所移卒被兵本籍、爲行邊兵丞相史王卿治卒被兵、以校
　＝閲亭隧卒被兵、皆多冒亂不相應。或
易處不如本籍。今寫所治亭別被兵籍竝編移。書到、光以籍閲具卒兵。兵即不應籍、更實定此籍、隨即下所在亭、
　＝各實弩力石射步數。

令可知賫事、詣官。會月廿八日夕。須以集爲丞相史王卿治事。課後不如會日者必報。毋忽。如律令。

7・7A（A33）

〔地節二年六月二十七日、肩水候の房が候長の光に謂う。候官が姑臧の送付してきた卒被兵臺帳に基づいて、邊兵を巡察する丞相史王卿による卒の武器装備點検に向けて、亭燧卒の武器装備狀況を突き合わせて確認したところ、いずれも食い違いが多く一致しない。或いは保管場所が變わって臺帳通りになっていない。點檢した亭ごとの武器装備帳簿を書き寫して編綴し送付する。この書が届いたら、光はその帳簿に基づいて卒の武器を照合せよ。武器がもしも帳簿通りでなかったならば、改めてこの帳簿に現狀を記入し、次いで當該の亭に下達して、それぞれ弩の強さや射る時の歩數を實検せよ。通告すべき事が有れば、候官に出向け。今月二十八日夕に出頭せよ。その後、取りまとめて丞相史王卿の爲に事を治めなければならない。遲れて期日通りでなかった者をチェックして必ず報告するぞ。なおざりにしてはならぬ。律令の如くせよ。〕

これは、肩水鄣候が配下の候長に下した下達文書であるが、「書到」の直前に「今、寫所治亭別被兵籍、竝編移」と記されており、「所治亭別被兵籍」が「寫」「移」されている。この被兵籍は、「書到」以下の部分に「この書が届いたら、光はその帳簿に基づいて卒の武器を照合せよ」とあることから、文書發信者である肩水鄣候が作成した名籍で、この38と共に候長光の元に送付されたこと疑い無い。そうすると、この「寫移」は、文書を送付する場合に、その送付文書と一緒に送付すべき別の帳簿などをその文書發信者自身が書き寫して、送付文書と共に送付したことを指すと理解されるだろう。以下の例も、これと同様に、別の文書などを「寫」「移」している。

39　知令重。寫令移。書到、各明白大扁書市里官所寺舍門亭隧堠、令吏卒民盡訟知之。且遣鄣吏循

行、問吏卒凡知令者、案論尉丞令丞以下。毋忽。如律令。敢告卒人。　81. D38:11／敦1365

〔令を熟知することは大事である。令を書き寫して送附する。この書が屆いたならば、各々市・里・官所・寺舍・門亭・燧堠にはっきりと大きく掲示し、吏卒民にしっかりと周知せよ。且つ鄣吏を派遣して巡回し、吏卒の令を熟知している者を調べさせ、尉丞令丞以下を査定せよ。なおざりにしてはならぬ。律令の如くせよ。敢えて卒人に告ぐ。〕

40　甘露二年二月庚申朔丙戌、魚離置嗇夫禹移縣泉置。遣佐光持傳馬十匹、爲馮夫人柱。廩穬麥小卅二石七斗、又茭廿五石二鈞。今寫券墨移。書到、受薄入三月報。毋令繆。如律令。　Ⅱ90DXT0115③:96／釋200

〔甘露二年二月二十七日、魚離置嗇夫の禹が懸泉置に通知する。佐の光を派遣して傳馬十匹を連れ、馮夫人の爲に止め置かせる。穬麥小石三二石七斗とまぐさ二五石二鈞を支給した。今、券墨を書き寫して送付する。この書が屆いたら、受け入れを三月分として記帳し報告せよ。間違いのないように。律令の如くせよ。〕

41　甘露三年十月辛亥朔、淵泉丞賀移廣至・魚離・縣泉・遮要・龍勒。廄嗇夫昌持傳馬送公主以下。過廩穬麥各如牒。今寫券墨移。書到、受薄入十一月報。毋令繆。如律令。　Ⅱ90DXT0114③:522／釋202

〔甘露三年十月一日、淵泉丞の賀が廣至・魚離・懸泉・遮要・龍勒縣に通知する。廄嗇夫の昌が傳馬を連れて公主以下を送る。通過した時は穬麥を支給することとそれぞれ添附簡の通り。今、券墨を書き寫して送付する。この書が屆いたら、受け入れを十一月分として記帳し報告せよ。間違いのないように。律令の如くせよ。〕

39は「令」を、40と41は傳馬の食料支給のための「券墨」を書き寫して送付している。

これらの例は一次發信の文書に別の帳簿などが添附される場合であって、中繼轉送文書ではないが、次の例は月日の記載から始まっており、中繼轉送文書である。

42　九月丁卯、倉嗇夫午行酃丞事、敢告臨湘丞主。案贖罪以下、寫府辟報爰書移。書到、令史可問它言史。　長沙走馬樓西漢簡牘　簡6[54]

〔九月丁卯、倉嗇夫の午が酃丞の業務を代行し、敢えて臨湘丞主に告ぐ。贖罪以下を調べ、府の辟報爰書を書き寫して送付する。この書が届いたら、史にそれを問い報告させよ。〕

「府辟報爰書」から、42は、府からの下達文書を受けた酃丞がそれをさらに臨湘丞に傳えた中繼轉送文書で、その際、酃丞が受領した府の辟報爰書を書寫して送付したものとわかる。酃とこの文書宛先の臨湘はともに長沙國所屬の縣なので[55]、この「府」とは長沙國相府のことであろう。酃丞發信のこの中繼轉送文書は、國相府からの下達文書を臨湘縣に中繼したもので、その國相府の下達文書に「府辟報爰書」が含まれていたのであろう。

では、中繼轉送文書で「寫移」の目的語が明記されない場合は何を「寫移」しているのだろうか。通行證である31と32では縣丞發信文書で「寫移」されているのは、鄉から縣丞に送られてきた傳の申請文書以外には考えられないし、15でも將兵護民田官居延都尉儐の下達文書ⓒの中に現れる「寫移」で書き寫され送付されているのは、甲渠候長艾・候史個人から送付されてきた十二月辛未付文書ⓑ以外に無いだろう。これらの例から、中繼轉送文書で目的語を明示しない「寫移」の目的語は、その中繼轉送文書の發信者が受領し、その中繼轉送文書に添附して送る文書であると考えられよう。從って、中繼轉送文書の「寫移。某到」は「(受領した文書を)書き寫して送付する。この文書某が屆いたら」と解釋すべきである。

中繼轉送文書の「寫移。某到」の場合も、當然のこと、「某到」の「某」はその「某到」が記された文書そのものを指すことが、後掲73と77から確認できる。73は、都尉府發信の甲渠鄣候宛下達文書ⓐと、それを承けて甲渠鄣候が塞尉・候長等に下した下達文書ⓑとで構成されている。ⓑ末に「如府記律令」とあることからⓐの都尉府發信文書が「府記」であることがわかるが、[56]これはⓐに「記到」とあるのに一致している。また、77は、居延都尉代行の城司馬發信の勸農掾・史・官縣（候官および都尉直轄縣）宛下達文書ⓐと、それを承けて鄣候代行の甲渠候長が塞尉・候長等に下した下達文書ⓑとで構成されている。ⓑ末尾に「如府書律令」とあることからⓐが「府書」であることがわかるが、これはⓐに「書到」とあるのに一致する。この場合、ⓑには「檄到」とあるが、これはⓐとⓑが「檄」に記されたためである。さらに、12でもⓐに「如御史書律令」とあることから12ⓐに先行する丞相少史充・御史守少史仁發信の文書（前章所掲23ⓐ）が「御史書」であることがわかるが、これはその文書に「書到」とあるのに一致する。

以上の検討したところをまとめておくと、「某到」は「この文書某が届いたならば」という意味で、「某」は「某到」と記された文書そのものを指す。また、中繼轉送文書によく見られる「寫移某到」はこれまで「寫移せる某到らば」と讀まれてきたが、「寫移。某到」のように二語に分けて理解すべきであり、その場合の「寫移」はその中繼轉送文書の發信者が受領した文書をその中繼轉送文書に添附して送ることを意味する。

第五節　「它如……」

「它如……」という文言は、概ね三つの場面で用いられている。①律令や爰書などの書き止め文言として、②尋問における供述の後に、③下達文書の書き止め文言として、である。それぞれの例を擧げよう。

43　諸不爲戸、有田宅、附令人名、及爲人名田宅者、皆令以卒戍邊二歲、沒入田宅縣官。爲人名田宅、能先告、除

其罪、有畀之所名田宅。它如律令。　張家山漢簡・二年律令三二三〜三二四（戸律）

〔およそ戸を形成していないのに、田宅を持っていて、他人名義で登録してもらう、および人のために田宅を登録してやった場合は、いずれも卒として戍邊二歳とし、田宅を國家に沒收する。人のために田宅を登録した者が、先に告したならば、その罪を免除し、さらに登録した田宅を與える。它如律令。〕

44　●十年七月辛卯朔甲寅、江陵餘丞鶩敢讞之。廼五月庚戌、校長池曰①「士五軍告池曰『大奴武亡、見池亭西、西行。』池以告與求盜視追捕武、武格鬪、以劍傷視。視亦以劍傷武。」●今武曰②「故軍奴。楚時去亡、降漢、書名數爲民。不當爲軍奴。視捕、武誠格鬪、以劍擊傷視。」它如池。●視曰③「以軍告與池追捕武、武以劍格鬪擊傷視。視恐弗勝、誠以劍刺傷武、而捕之。」它如武。●軍曰④「武故軍奴、楚時亡、見池亭西。以武當復爲軍奴、卽告池所曰『武軍奴、亡。』告誠不審。」它如池・武。（以下略）　張家山漢簡・奏讞書　案例五

〔十年七月二十四日、江陵餘丞の鶩が敢えて讞します。先の五月庚戌に、校長の池が言うには①「士五の軍が池に告して言うには『大奴の武が逃亡し、池亭の西で見かけた、西に向かっていた』と。池はこの告を承けて求盜の視と武を追跡して捕らえようとしたところ、武が抵抗し、剣で視に怪我させた。視もまた剣で武に怪我させた」と。●今武が言うには②「以前軍の奴でした。楚の時に逃亡して、漢に降伏し、戸籍に登録して民となりました。軍の奴になるべき理由はありません。視が逮捕しようとしたので、武は本當に抵抗し、剣で視を切りつけ怪我させました」と。它如池。●視が言うには③「軍の告を承けて池と武を追跡し捕らえようとしたところ、武が剣で抵抗して視を切りつけ怪我させました。視はやられると思って、本當に剣で武を刺して怪我させ、逮捕しました」と。它如武。●軍が言うには④「武は以前軍の奴で、楚の時に逃亡し、池亭の西に見かけました。武はまた軍の奴となるべきものと思い、す

ぐに池の所に言って告して『武は軍の奴で、逃亡した』と言いました。告は本當に不正確でした」と。它如池・武。〕

45　以従事。失亡重事。它如大守都尉府檄書律令。　81. D38:18／敦1372

〔職務を執行せよ。失亡は大事である。它如大守都尉府檄書律令。〕

43の「它如律令」、44の「它如池」「它如武」「它如池・武」、45の「它如大守都尉府檄書律令」である。

ここに擧げた例は全て「它如……」に作るが、「它」と「他」と「佗」は通用しており「他如……」「佗如……」とも書かれる。典籍の用例であるが、同一記事を記す『漢書』西域傳と『史記』大宛列傳で前者が「其它如故」と作る部分を後者は「其他如故」と作っているし、これまた同一記事である『漢書』儒林傳（本節（四）後掲）と『史記』儒林傳（本章注75所掲）で前者が「它如律令」と作る部分を後者は「佗如律令」と作っている。

この「它如爰書」については、籾山明が「以上、爰書とする」という意味の書き止め文言であると指摘した[57]。これに對して、宮宅潔と邢義田は、「它如……」は「その他は……の通りである」という意味であると批判し[58]、それを承けて、籾山は、この文言は「その他は爰書の通り」と理解するのが適當であると舊説を改めた[59]。また、張伯元も「它如律令」を「これ以外は律令に依據して處理せよ」と理解している[60]。しかしながら、私見によれば、籾山の舊説の理解の方が妥當であると考える。まず、籾山舊説に對する宮宅潔と邢義田の批判を檢證しよう。

（一）籾山舊説批判の檢證

宮宅潔は、張家山漢簡・奏讞書案例一七（後掲53）を擧げて、牛泥棒の容疑で取り調べを受けている毛という人物の三度目の供述（53の⑧）が「它如前」と結ばれているが、三度目の供述内容は二度目の供述（同④）とは内容が異なる以上、これを「以上が前回の供述である」と解釋することはできないのであり、「その他は前回の供述の通り」という意味に理解すべきであるとする。この考え方には一見問題がないように思えるが、奏讞書における「它如……」という文言の役割を考えると、後述するように、この文言を「その他は……の通り」と理解するのは適切ではない。

一方、邢義田は、『史記』秦始皇本紀の「他如議」、睡虎地秦簡の效律一九～二一（後掲46）の「它如律」、『漢書』儒林傳の「請著功令。它如律令」、『漢書』匈奴傳上の「它如故約」、同下の「它如竟寧時」と「它如河平時」、『後漢書』章帝紀の「它如賜爵故事」、奏讞書案例五（44）の「它如池」「它如武」「它如池武」の例を検討し、「它如……」は「その他は……の通り」の意味であって、粆山舊說のように「以上、……とする」とは理解できないとする。邢義田が取り上げた史料のうち秦始皇本紀・匈奴傳の三例・章帝紀については、「它如……」を『その他は……の通り』と理解すべき事が論證されており首肯できる。しかしながら、他の事例の解釋には問題がある。順に検討してゆこう。

邢義田が擧げた睡虎地秦簡・效律一九～二一は次の通りである。

46　實官佐・史被免徙、官嗇夫必與去者效代者。①節官嗇夫免而效不備、代者[與]居吏坐之。②故吏弗效、新吏居之未盈歲、去者與居吏坐之、新吏弗坐。③其盈歲、雖弗效、新吏與居吏坐之、去者弗坐。它如律。

睡虎地秦簡・效律一九～二一

〔穀物管理に攜わる官の佐や史が免職されたり轉任する場合は、官嗇夫が必ず離任者と一緒に新任者に對して穀物の確認をする。①もし官嗇夫が罷免されて穀物の點検が十分に行われていなかった場合、新任者と留任者がその罪を負う。②前任者が點検しなかった場合は、新任者が着任して一年未滿であれば、離任者と留任者がその罪を負い、新任者はその罪を負わない。③新任者が着任して一年以上であれば、點検していなかったとしても、新任者と留任者がそ

の罪を負い、離任者はその罪を負わない。它は律の如し。」〕
邢義田はこの條文について次のように述べている。即ち、擔當官吏の交代に際して①②③の三つの狀況を想定し責任の所在を規定しているが、その三つの狀況とは異なる狀況も當然あったはずで、それについては「它如律」の三字を末尾に加えることで既存の規定によって處理することが明示されているのである、と。この條文に明記された三つの狀況以外の狀況が想定されることはその通りであろうが、他の狀況が想定されるということが「它如……」を「その他は……の通り」と解釋する積極的な根據にはならないだろう。

次に儒林傳の記事について。邢義田は儒林傳の「請著功令。它如律令」を、新しいやり方は功令に著し、その他の部分は既存の律令に依據して處理することを請願している、と解釋した上で、顏師古が「它如律令」に附けた「此外幷如舊律令」という注は十分に正確であると述べるが、これもまた「它如……」を「その他は……の通り」と解釋する積極的な根據にはならない。

奏讞書案例五(44)の「它如池」「它如武」「它如池武」について邢義田は、江陵縣がこの三人を尋問した時は供述全部を書き留めたが、それを廷尉に讞する際には供述内容の重複を避けるために、供述内容が一致する點については省略し「它如……」と附記したのであるとする。その一方で、軍の供述には「見池亭西」や「楚時去亡」のように池・武の供述と重複する部分があるが、あるいは重複して記すべき要點なのかもしれないとし、いずれにしろ「它如」が「その他は……のとおり」の意味であることは明白であるとする。しかしながら、「它」が「その他」の意味であるならば供述内容の重複は不合理と言わざるを得ないし、そもそも、ここでも「它」が「その他」の意味であることは明白であると述べるばかりで、そのように解釋する具體的な根據は全く述べられていない。

章帝紀の記事については、「它如」は何かを改變する場合に改變部分以外は故事や從來の約束通りにすること示す文言であるという別稿(61)の結論を述べた上で、「它如賜爵故事」を籾山舊說のように「以上、賜爵の故事とする」とは理解できないとする。ただし、別稿の中で邢義田がそのように考える根據として擧げられているのは、上揭の『漢書』儒林傳、『漢書』匈奴傳、および『後漢書』章帝紀の記事そのものである。

要するに、邢義田は秦始皇本紀・匈奴傳の三例・章帝紀についての分析から導かれた所の「它如……」は「その他は……の通り」という理解をそれ以外の事例に適用して解釋しているに過ぎず、これらの典籍史料以外の「它如……」も「その他は……の通り」と解釋すべきであるとする積極的な根據は實のところ一切示されていない。この點、張伯元も同樣で、やはり「它」字を「その他」と解釋する積極的な根據を示してはいない。

本節冒頭で擧げた三つの場合の「它如……」は特定の文書中で書き止め文言として用いられている語であるので、その文書そのものを分析することでその意味を考える必要がある。その點、先述の宮宅潔の指摘は奏讞書そのものの分析に基づくものであった。そこで、奏讞書を分析することで「它如……」の意味を考えることにしよう。

奏讞書には「它如……」という形が頻見されるが、その形を取らない「它」字も見え、その「它」は「その他」の意味には解釋できない。

47

●淮陽守行縣掾新郪獄。七月乙酉、新郪信爰書①「求盗甲告曰『從獄史武備盗賊。武以八月壬午出行公粱亭、至今不來、不智在所、求弗得。』公粱亭校長丙坐以頌毄、毋毄牒、弗窮訊。」七月甲辰、淮陽守偃刻曰②「武出備盗賊而不反。其從迹類、或殺之。獄告出入廿日、弗窮訊、吏莫追求。坐以毄者、毋毄牒。疑有姦詐。其謙求捕其賊、復其姦詐、及智縱不捕賊者必盡得、以法論。」●復之、武出時、與髳長蒼……　▨蒼曰③「故爲新鄭信舍人。信謂蒼『武不善、殺去之。』蒼卽與求盜大夫布・舍人簪褭餘共賊殺武于校長丙部中。丙與發弩贅荷捕蒼。蒼曰『爲信殺。』卽縱蒼。」它如刻。●信曰④「五月中天旱不雨、令民雩。武主趣都中、信行離鄉、使舍人小簪褭逭守舍、武發逭孥。信來不説、以謂武、武据不趍、其應對有不善。信怒扼劍驀詈、欲前就武、武去。居十餘日、信舍人萊告信曰『武欲言信丞相大守。』信恐其告信、信卽與蒼謀令賊殺武。以此不窮治甲之它。」它如蒼。丙・贅曰⑤「備盜賊。蒼以其殺武告丙。丙與贅共捕得蒼、蒼言『爲信殺。』誠卽縱之。罪。」它如蒼。

（以下略）　張家山漢簡・奏讞書　案例一六

〔●淮陽守が縣を巡回して新鄭の獄を掾した。七月乙酉、新鄭縣長官の信の爰書には①「求盜の甲が告して言うには『從獄史の武は盜賊への備えが職務です。武は六月壬午に外出し公梁亭に向かいましたが、今になっても戻ってこず、所在もわかりませんし、探しても見つかりません』と。公梁亭校長の丙は罪に坐して刑具なしで拘留されているが、拘留の書類が無いし、追及や尋問もされていない」と。七月甲辰、淮陽太守の偃が擧劾して言うには②「武は盜賊に備えるために外出し歸ってこなかった。その足取りを見るに、誰かが武を殺害したようである。獄に告があって二十日經つが、追及や尋問は行われておらず、吏も捜索していない。罪に坐して刑具無しで拘留されている者は、拘留の書類が無い。おそらく不正があるようだ。捜査して犯人を逮捕し、その不正を暴いて、知りながら犯人を見逃した者を必ず全員捕らえ、法によって論斷せよ」と。●調査したところ、武が外出するときに、髳長の蒼と……蒼が言うには③「以前、新鄭縣長官の信の舍人でした。信が蒼に『武は良くない、殺して消せ』と言いました。蒼はすぐに求盜の大夫布・舍人の簪褭餘と一緒に武を校長丙の管轄區内で殺害しました。丙は發弩の贅とともに蒼を捕らえようとしました。蒼が『信に言われて殺したのだ』と言うと、すぐに蒼を釋放しました」と。它如刻（劾）。●信が言うには④「五月中に雨が降らず日照りとなり、民に雨乞いをさせました。武は擔當者で都中に行き、信は離鄉に行き、舍人の小簪裹造に留守番させたところ、武は造に雨乞い祀りの手傳いをさせました。信は戻ってきて快く思わず、武に言ったところ、武は不遜な態度で、その應對も悪かったのです。信は怒って劍を取り罵りながら、武の所に行こうとしたところ、武は立ち去りました。十日ほど經って、信の舍人の莱が信に告げて言うには『武は信を丞相や郡太守に告發しようとしています』と。信は武が自分を告發することを恐れて、信は直ちに蒼と相談して武を殺害させることにしました。このため甲之它を徹底的に取り調べることはしなかったのです」と。它如蒼。丙と贅が言うには⑤「盜賊への備えが職務です。蒼は自分が武を殺したと丙に告げました。丙は贅と一緒に蒼を捕らえようとしたところ、蒼は『信に言われて殺したのだ』と言いました。本當にすぐに釋放しました。罪に當たります」と。它如蒼。」

信の供述④の最後に「以此不窮治甲之它」とある「它」である。[62]「窮」は追い詰めること、「治」は取り調べることなので、[63]「窮治」で「徹底的に取り調べる」というほどの意味になろう。もしも、この「它」が「その他」の意味であるならば、この部分は「このために甲の他は徹底的に取り調べなかった」となり、少なくとも甲に對しては徹底的な取り調べが行われたことになる。ところが、その甲は武の行方不明を申し出た人物であって尋問を受けるべき立場ではないので、「它」を「その他」の意味で解釋するとこの場合の展開にそぐわない。

「甲之它」を徹底的に取り調べなかった理由を示す「以此」の「此」が指すのは直前の「信恐其告信、信卽與蒼謀令賊殺武」であるし、淮陽守偃の劾②に「獄告出入廿日、弗窮訊、吏莫追求」とあることから、ここで「窮治」されていない「甲之它」が指すのは、①の爰書に引用された甲の告發「從獄史武……求弗得」であること間違いない。そのように「甲之它」が甲による告發を指すのであれば、「它」を「その他」と解釋することは不可能であろう。では、この「它」はどういう意味なのか。

「它」字を『說文解字』は蛇のことと說明する。(64) 注目されるのはそこにつけられた段玉裁の注「又俗作他。經典多作他、猶言彼也」で、經典では多く「他」に作り「彼」と同じようなものであるという。つまり、「它」は「此」に對する語で、物事や人物を指す代名詞としての用法があったというのである。先の奏讞書案例一六(47)の「甲之它」をこの代名詞的用法で解釋すると「甲のそれ」となり、甲の告發を指すという文脈に適合する。

このように、「它」字には「その他」という意味の他に「それ」という代名詞的用法もあったと考えられるので、「它」字を一律に「その他」と解釋する必要はないだろう。この點を確認した上で、冒頭に述べた三つの場合の檢討に入ろう。まず、②尋問における供述の後につける文言としての用例から。

(二)　供述の後にくる「它如……」

44のように、奏讞書では「它如……」の文言は供述の後にくるが、供述の後に「它如……」がこない例もある。

48 ●胡丞憙敢讞之。十二月壬申、大夫荕詣女子符、告①「亡」。●符曰②「誠亡。詐自以爲未有名數、以令自占書名數、爲大夫明隸。明嫁符隱官解妻。弗告亡。」它如荕。解曰③「符有名數明所。解以爲毋恢人也、取以爲妻。不智前亡乃後爲明隸。」它如符。詰解「符雖有名數明所、而實亡人也。●律、取亡人爲妻、黥爲城旦。弗智、非有減也。解雖弗智、當以取亡人爲妻論。何解。」解曰「罪。毋解。」●明言如符・解。(以下略)

張家山漢簡・奏讞書　案例四

〔●胡丞の憙が敢えて讞します。十二月壬申、大夫荕が女子の符を連れてきて、①「逃亡した」と告しました。●符が言うには②「本當に逃亡しました。僞ってまだ戶籍に登錄していないと言って、令の規定に依って自分で戶籍を登録して、大夫明の隷になりました。明は符を隠官解に嫁がせ妻としました。逃亡したことは話していません」と。它如斮。解が言うには③「符は戸籍が明の所にあります。解は毋恢の人と思い、娶って妻としました。以前逃亡しその後に明の隷となっていたことは知りませんでした」と。它如符。解を詰問するに「符は戸籍が明の所にあるとしても、實際逃亡者である。●律には、逃亡者を娶って妻とすれば、黥して城旦とするとある。知らなかったとしても、減刑はない。解は知らなかったけれども、逃亡者を娶って妻とするの律によって論斷するのが適當である。何と辯解するのか」と。解が言うには「罪に當たります。辯解はありません」と。●明言如符・解。」

符の供述②と解の供述③はそれぞれ「它如斮」「它如符」と結ばれるが、もう一人の關係者である明については具體的な供述内容が記されることなく、傍線部のように「明言如符・解（明の發言は符・解のとおり）」と記されるだけで、末尾に「它如……」という文言もない。次の二例も同様である。

49　●十年七月辛卯朔癸巳、胡狀・丞憙敢讞之。刻曰①「臨菑獄史闌、令女子南冠繳冠、詳病臥車中、襲大夫虞傳、以闌出關。」●今闌曰②「南齊國族田氏、徙處長安。闌送行、取爲妻、與偕歸臨菑、未出關得。」它如刻。●南言如刻及闌。（以下略）

張家山漢簡・奏讞書　案例三

〔●十年七月三日、胡縣の狀と丞の憙が敢えて讞します。擧劾に言うには①「臨菑の獄史の闌は、女子南に繳冠を被らせ、病氣と僞って車中に横にならせ、大夫虞の通行證を流用し、そうやって關所を不正に出ようとしたものである」と。●今闌が言うには②「南は齊國の貴族の田氏で、長安に移り住むことになりました。闌が送って行く途中で、娶って妻とし、一緒に臨菑に歸ろうとして、關所を出る前に逮捕されました」と。它如刻。●南言如刻及闌。」

50 ●●八年十月己未、安陸丞忠刻①「獄史平舍匿無名數大男子種、一月。」平曰②「誠智種無名數、舍匿之。罪。」它如刻。種言如平。（以下略）

張家山漢簡・奏讞書　案例一四

〔八年十月己未、安陸丞の忠が擧劾するに①「獄史の平は戸籍のない大男子種を匿うこと、一か月になる」と。平が言うには②「本當に種が戸籍のないことを知った上で、匿っていました。罪に當たります」と。它如刻。種言如平。〕

49の闌の供述②と50の平の供述②の後には共に「它如刻（劾）」という文言がくるが、傍線部の南と種については具體的な供述内容が記されることなく、また、「它如……」という文言も見えない。

48の符の供述②と解の供述③のように具體的な供述内容が書かれた上でその後に「它如……」という文言がくる場合と、傍線部の「明言如符、解」は一見異なるように見えるが、兩方に共通する「如……」は同じ意味を表している。Aの供述内容が具體的に書かれた後に「它如B」とくる場合、Bの供述の中で必ずAが言及されている。同様に、具體的な供述内容が書かれない「C言如D」の場合も、Dの供述の中で必ずCが言及されているのである。

まず、前者の場合を確認しておこう。44では、武の供述②の後に「它如池」とあるが、武は池の供述①で言及されている。また、視の供述③の後に「它如武」とあるが、視は武の供述②で言及されている。さらに、軍の供述④の後に「它如池・武」とあるが、軍は池の供述①と武の供述②で言及されている。もう二例擧げよう。

51 十一年八月甲申朔己丑、夷道㳍丞嘉敢讞之。六月戊子、發弩九詣男子毋憂、告①「爲都尉屯、已受致書行、未到、去亡。」●毋憂曰②「蠻夷大男子、歲出五十六錢、以當繇賦。不當爲屯。尉窯遣毋憂爲屯行、未到、去亡。」它如九。●窯曰③「南郡尉發屯有令、蠻夷律不曰『勿令爲屯』。卽遣之。不智亡故。」它如毋憂。（以下略）

張家山漢簡・奏讞書　案例一

〔十一年八月六日、夷道汾丞の嘉が敢えて讞します。六月戊子、發弩の九が男子毋憂を連れて來て、①「都尉の駐屯軍に入ることになり、既に召喚書を受け取って出發したものの、到着する前に、逃亡したものである」と告した。●毋憂が言うには②「蠻夷の大男子で、年に五十六錢を納付して、徭役の代價に充てています。駐屯に徵發されるべき理由はありません。縣尉の窯が毋憂を駐屯に徵發し出發しましたが、到着する前に、逃亡しました」と。它如九。●窯が言うには③「南郡都尉が駐屯を動員する命令を出しました。蠻夷律には『駐屯に動員してはならない』とはありません。そこで派遣しました。逃亡の理由は知りません」と。它如毋憂。〕

52　十一年八月甲申朔丙戌、江陵丞驁敢讞之。三月己巳、大夫䘵辭曰①「六年二月中、買婢媚士五點所、賈錢萬六千。迺三月丁巳亡。求得媚。媚曰『不當爲婢。』」●媚曰②「故點婢。楚時去亡、降爲漢、不書名數。點得媚占數、復婢媚、賣䘵所。自當不當復爲婢、即去亡。」它如䘵。●點曰③「媚故點婢。楚時亡、六年二月中得媚。媚未有名數、即占數、賣䘵所。」它如䘵・媚。（以下略）　張家山漢簡・奏讞書　案例二

〔十一年八月三日、江陵丞の驁が敢えて讞します。三月己巳、大夫䘵が供述して言うには①「六年二月中に、婢の媚を士伍點の所から、價格一萬六千錢で買いました。去る三月丁巳に逃亡しました。探して媚を捕まえました。媚が言うには『婢になるべき理由はない』」と。●媚が言うには②「以前、點の婢でした。楚の時に逃亡して、降伏して漢の人間となりましたが、戶籍を登錄していませんでした。點が媚を捕まえて戶籍を登錄し、また媚を婢にして、䘵の所に賣りました。私はまた婢になるべき理由はないと思い、すぐに逃亡しました」と。它如䘵。●點が言うには③「媚は以前、點の婢でした。楚の時に逃亡し、六年二月中に媚を捕まえました。媚はまだ戶籍がなかったので、すぐに登錄し、䘵の所に賣りました」と。它如䘵・媚。〕

51では、「它如九」に先行する供述②をした毋憂は九の供述①で言及されているし、「它如毋憂」に先行する供述③をした窯は毋憂の供述②で言及されている。52では、「它如祿」に先行する供述②をした媚は祿の供述①で言及されているし、「它如祿・媚」に先行する供述③をした點は祿の供述①と媚の供述②で言及されている。

次に具體的な供述内容が書かれない「C言如D」の場合を確認しよう。48の傍線部で「明言如符・解」と記される明は符の供述②と解の供述③で言及されている。49の傍線部で「南言如刻及闌」と記される南は刻①と闌の供述②で、50の傍線部で「種言如平」と記される種は平の供述②でぞれぞれ言及されている。

秦漢時代の裁判手續きは、告發を承けて被疑者や關係者の供述聽取が行われ、その後に供述に對する詰問が行われて事實關係が確定されたが、その際、告發書や供述書を突き合わせてそれらの間に矛盾があれば、關係者も詰問を受けた[65]。これは、供述が一致しないのは誰かが虚僞の供述をしていると判斷したからであり、逆に、被疑者を含め關係者全員の供述が一致すれば、全員が眞實を述べていると見なされ事實關係が確定されたわけである。このような事實確定の手順を踏まえれば、奏讞書で被疑者や關係者全員の供述の後が「它如B」という文言で結ばれたり、「C言如D」という形で表記されているのは、告發及び各關係者の供述が一致していることを示すものであると考えられよう。

具體的な供述内容が記載される場合は「A曰『(供述内容)』。它如B」という形を、供述内容が記載されない場合は「C言如D」という形を取っているが、これらがともにAとB、CとDの供述内容の一致を示すものならば、兩者に共通する「如……」以外の「A曰『(供述内容)』。它」と「C言」は實質的には同じ意味を表すということになろう。「C言」が「Cの供述」の意味であることは言う迄も無い。一方の「A曰『……』。它」は「它」をどういう意味で解釋するかによってこの表現全體が指すものが變わってくる。卽ち、「它」が「それ」といった指示語的な意味であるならば、「Aは『……』と供述した。それは」という意味になり、全體としてAの供述を指すことになるが、「它」

が「その他」という意味であるならば「Aは『……』と供述した。それ以外は」となって、そこに記された具體的な供述（「……」部分）以外のことを指すことになる。先述のように、「A曰『……』。它」と「C言」は實質的には同じ意味を表すと考えられるので、「A曰『……』。它」は前者の意味で解釋しなければならない。

この點を檢證するために、後者の意味で解釋した場合を考えておこう。今假に「A曰『……』。它如B」の「它」を「その他」という意味で解釋したならば、この部分は「『……』以外のAの供述はBと同じ」という意味になるので、Aの供述のうち「……」部分に記された內容はBの供述と一致しないはずである。ところが、奏讞書の事例では、Aの供述の「……」部分は必ずBの供述中に含まれているのである。44・47～51について、『它如B」が最後にくるAの供述とそれに對應するBの供述を竝べて、共通する部分をゴチックまたは傍線で示すと以下のようになる。

44（案例五）

A：武の供述②「……**視捕**、**武誠格鬪**、**以劍擊傷視**。」它如池。

B：池の供述①「……池以告**與求盜視追捕武**、**武格鬪**、**以劍傷視**。視亦以劍傷武。」

A：視の供述③「以軍告與池**追捕武**、**武以劍格鬪擊傷視**。視恐弗勝、誠以劍刺傷武、而捕之。」它如武。

B：武の供述②「……視捕、**武誠格鬪**、**以劍擊傷視**。」它如池。

A：軍の供述④「武故軍奴、楚時亡、**見池亭西**、以武當復爲軍奴、**卽告池所曰『武軍奴、亡。』**……」它如池・武。

B：池の供述①「**士五軍告池曰『大奴武亡、見池亭西**、西行。』池以告與求盜視追捕武、武格鬪、以劍傷視……」

B：武の供述②「故軍奴。楚時去亡、降漢、書名數爲民。不當爲軍奴。視捕、武誠格鬪、以劍擊傷視。」

47（案例一六）

A：蒼の供述③「……蒼卽與求盜大夫布・舍人簪褢餘**共賊殺武**于校長丙部中。……」它如劾。

B：淮陽守偃の劾②「武出備盜賊而不反。其從迹類**或殺之**。獄告出入廿日、弗窮訊、吏莫追求。……」

A：信の供述④「……信來不說、以謂武、武据不趨、**其應對有不善**。信怒扼劍驀詈、欲前就武。武去。居十餘日、信舍人萊告信曰『武欲言信丞相大守。』信恐其告信、**信卽與蒼謀令賊殺武**。以此不窮治甲之它。」它如蒼。

B：蒼の供述③「故爲新郪信舍人。**信謂蒼『武不善、殺去之。』**蒼卽與求盜大夫布・舍人簪褢餘**共賊殺武**于校長丙部中。……」

A：丙・贅の供述⑤「備盜賊。蒼以其殺武告丙。**丙與贅共捕得蒼、蒼言『爲信殺。』誠卽縱之**。罪。」它如蒼。

B：蒼の供述③「……共賊殺武于校長丙部中。**丙與發弩贅荷捕蒼。蒼曰『爲信殺。』卽縱蒼**。」

48（案例四）

A：符の供述②「誠**亡**。詐自以爲未有名數、以令自占書名數、爲大夫明隸。明嫁符隱官解妻。弗告亡。」它如䔁。

B：大夫䔁の告①「**亡**」。

A：解の供述③「符有名數明所。解以爲毋恢人也。**取以爲妻。不智前亡乃後爲明隸**。」它如符。

B：符の供述②「誠**亡**。詐自以爲未有名數、以令自占書名數、**爲大夫明隸。明嫁符隱官解妻。弗告亡**。」。

49（案例三）

A：闌の供述②「南齊國族田氏、徙處長安。闌送行、取爲妻、與偕歸臨菑、**未出關得**。」它如刻。

B：劾①「臨菑獄史闌、令女子南冠繳冠、詳病臥車中、襲大夫虞傳、**以闌出關**。」

50（案例一四）

A：平の供述②「**誠智種無名數**、**舍匿之**。罪。」它如刻。

B：安陸丞忠の劾①「獄史平**舍匿無名數大男子種**、一月。」

51（案例一）

A：毋憂の供述②「蠻夷大男子、歲出五十六錢、以當繇賦。不當爲屯。尉窯**遣毋憂爲屯**、**行未到**、**去亡**。」它如九。

B：九の告①「**爲都尉屯**、已受致書、**行未到**、**去亡**。」

A：窯の供述③「南郡尉**發屯有令**、蠻夷律不曰『勿令爲屯』。即**遣之**。不智亡故。」它如毋憂。

B：毋憂の供述②「蠻夷大男子、歲出五十六錢、以當繇賦。不當爲屯。**尉窯遣毋憂爲屯**、行未到、去亡。」

52（案例二）

A：媚の供述③「故點婢。楚時去亡、降爲漢、不書名數。點得媚占數、復**婢媚**、**賣祿所**。自當不當復爲婢。**即去亡**。」
　它如祿。

B：祿の供述①「六年二月中、**買婢媚士五點所**、賈錢萬六千。迺三月丁巳**亡**。求得媚。媚曰『不當爲婢。』」

A：點の供述③「媚故點婢。楚時亡、六年二月中得媚。媚未有名數、即占數、**賣祿所**。」它如祿・媚。

B：祿の供述①「六年二月中、買婢媚士五點所、賈錢萬六千。迺三月丁巳亡。求得媚。媚曰『不當爲婢。』」

B：媚の供述②「故點婢。楚時去亡、降爲漢、不書名數。點得媚占數、復婢媚、賣祿所。自當不當復爲婢。卽去亡。」

邢義田は44を取り上げた際に、軍の供述に池と武の供述との重複があることについて、或いは重複して記すだけの重要な點なのかもしれないと述べるが、上掲の例に明らかなように、重複していることが例外なのではなく、例外なく重複しているのである。このような重複狀況を踏まえれば、「A曰『……』。它如B」を「Aは『……』と供述した。それ以外はBの供述の通り」と解釋するのは無理がある。特に、50では「它如劾」が後にくる平の供述②は、罪を自認したことを示す最後の「罪」を除き全て劾①に見えているのであるから、ほぼ劾の記載通りの供述を記した後に「その他は劾の通り」と締めくくるのは奇妙極まりない。

　このように「A曰『……』。它如B」と記される場合、Aの供述「……」はBの供述中に必ず含まれている。それ故、この場合の「它」は「それ」といった指示語的な意味で、この文言全體は「Aは『……』と供述した。それはBのとおり」という意味に解釋するのが妥當である。「它如B」という表現そのものについて言うならば、この表現は「它」と「B」との一致を示す表現と理解することができる。

「A曰『……』。它如B」がAの供述とBの供述の一致を示すといっても、兩者の供述內容が細部に至るまで完全に一致するというわけではなく、ここでの一致度合いはAの供述がBの供述を裏附けるという程度である。それを示すのが47である。47では、蒼が武を殺害したことを白狀した供述③「共賊殺武于校長丙部中」の後に「它如刻」とあるが、その淮陽守偃の劾②は「其從迹類、或殺之」とあるように殺害を推測しているだけである。つまり、蒼の供述③の後ろにくる「它如刻」は、蒼の供述③によって劾②における推測が誤っていなかったということを示しているに過ぎないのである。先述のように、秦漢時代の裁判においては、被疑者を含め關係者全員の供述が一致することを以て事實關係が確定されたわけであり、相互に矛盾がなければそれで供述は一致したものと取り扱われたのであろう。「它如A」の「它」と「A」の一致をその程度のものと考えれば、宮宅が籾山舊說批判の根據とした「它如前」という文言も、籾山舊說のように解釋することが可能である。宮宅が取り上げたのは案例一七の次の部分である。

53　元年十二月癸亥、亭慶以書言雍廷曰①「毛買牛一。質、疑盜。謁論。」毛曰②「盜士五牝牛。毋它人與謀。」牝曰③「不亡牛。」毛改曰④「迺已嘉平可五日、與樂人講盜士五和牛、牽之講室。講父士五處見。」處曰⑤「守枅邑南門。已嘉平不識日、晦夜半時、毛牽黑牝牛來、卽復牽去。不智它。」和曰⑥「縱黑牝牛南門外、迺嘉平時視、今求弗得。」以毛所盜牛獻和、和識曰「和牛也。」講曰⑦「踐更咸陽、以十一月行。不與毛盜牛。」毛改曰⑧「十月中、與謀曰『南門外有縱牛。其一黑牝、類擾易捕也。』到十一月、復謀、卽識捕而縱。講且踐更、講謂『毛勉獨捕牛。買、分講錢。』到十二月已嘉平、毛獨捕牛、牽買雍而得。」它如前。

張家山漢簡・奏讞書　案例一七

〔元年十二月癸亥、亭の慶が文書で雍縣の縣廷に言うには①「毛が牛一頭を賣ろうとした。問い質したところ、盜んだ疑いがある。どうか論斷してください」と。毛が言うには②「士伍牝の牛を盜みました。他人とは共謀していません」と。牝が言うには③「牛は盜まれていません」と。毛が供述を改めて言うには④「先の臘日の五日後、樂人講と士伍和の牛を盜み、連れて講の家に行きました。講の父である士伍處が見ています」と。處が言うには⑤「枅邑の南門の番をしています。臘日の頃のいつだったたか、夜の夜半時に、毛が黑い牝牛を連れて來て、すぐにまた連れて行きました。他の事は存じません」と。和が言うには⑥「黑い牝牛を南門外で放牧していて、先の臘日には姿を見ましたが、今は探しても見つかりません」と。毛が盗んだ牛を和に見せたところ、和が確認して言うには「和の牛です」と。講が言うには⑦「咸陽で踐更することになり、十一月に出發しました。毛と牛を盗んではいません」と。毛が供述を改めて言うには⑧「十月中に、共謀して言うには『南門の外に放牧されている牛がいる。そのうちの一頭は黒の牝で、人馴れしていて容易く捕まえられる』と。十一月になって、再び共謀して、もしも捕まえるところを人に氣づかれたら逃がすことにしました。講が踐更に行くに當たって、講が言うには『毛は何とかして一人で牛を捕まえろ。賣ったら、講にも分け前をよこせ』と。十二月の臘日の後になって、毛が一人で牛を捕まえ、連れて行き雍縣で賣ろうとしたところで捕まりました」と。它如前。」

宮宅は⑧での供述が前回の④での供述から變更されている以上、「它如前」を「以上は前回の通り」と理解することはできないと述べた。確かに、④では毛と講が一緒に牛を盗んだと供述しているのに對して、⑧では講が踐更する前に毛に一人で牛を盗めと言ったと供述しており、牛を盗んだ時の細かい状況は異なっている。しかし、實行犯が二人か一人かの違いはあるものの、毛と講が牛泥棒を共謀したという點は④と⑧とで一致する。秦律の規定では、二人で事前に盗みを共謀した上で、そのうちの一人だけが盗みを實行した場合、實行しなかった方も實行犯と同樣の刑罰が科せられている。(66) それ故、尋問者の立場からすれば、實行犯が一人か二人かはさしたる問題ではなく、共謀の事實を確認することこそが重要だったのであろう。細かい状況は異なっていたとしても、⑧の供述は④と同樣に毛・講の共謀を認めているのであるから、尋問者にとっては⑧の供述は④の供述を裏附けるものであり、それ故、⑧の後に「它如前」と記されたと考えるべきであろう。

それに對して、先の供述②から供述內容を改めた④では、後に「它如前」という文言が附されていない。それは、

②では「毋它人與謀」とあるように單獨犯を主張したのに對して、④では「與樂人講盗士五和牛」とあって講との共謀を主張したからである。同じように前回の供述内容を改めたにも拘わらず、單獨犯から共謀に供述を變えた④では「它如前」と書かれなかったが、講との共謀について變更のなかった⑧には「它如前」と附記されていることは、尋問者の關心が共謀事實の確認にあったことを示すものである。

以上の検討から、供述の後にくる「它如……」は「它」と「……」の内容が一致することを示す表現で、この文言に先行する供述内容がBの供述内容を裏附けていることを表すものだったと考えられる。次には、下達文書の書き止め文言として見える「它如……」の検討に移ろう。

(三) 下達文書の書き止め文言としての「它如……」

下達文書の書き止め文言としての「它如……」も先に検討した供述の後にくる「它如……」と表現を共有することから、「它」は「その他」ではなく「それ」といった代名詞的な用法と考えられるが、改めて検討しておきたい。「它如……」が下達文書の書き止め文言として用いられる例は實は漢簡には多くなく、10・33・45と後掲100の他には次に擧げる二例[67]が確認できるに過ぎない。

54　□□□□。它如詔書律令。　／□□□□　113・10(A8)

55　□□□。它如府檄書律□。　227・109(A8)

いずれも「它如某某律令」に作っている。張家山漢簡・奏讞書案例三の最後の部分は廷尉から胡嗇夫に下された下達文書の形を取っているが、ここにも書き止め文言として「它如律令」が見える。

56　十年八月庚申朔癸亥、大僕不害行廷尉事、謂胡嗇夫。讞獄史闌、讞固有審。廷以聞、闌當黥爲城旦。它如律令。

張家山漢簡・奏讞書　案例三

〔十年八月四日、大僕の不害が廷尉の業務を行い、胡縣の嗇夫に謂う。獄史の闌の件を讞してきたが、讞の案件はもとより事實明白である。廷尉が皇帝に上奏したところ、闌は黥して城旦に處す。它如律令。〕

また、黄泉文書であるが、前漢文帝十二年に比定される次の江陵毛家園一號漢墓出土木牘(68)にも「它如律令」が文書の書き留め文言として見える。

57　十二年八月壬寅朔己未、建鄕疇敢告地下主。
□陽關内侯寡大女精死、自言以家屬馬牛徙。今牒書所與
徙者七十三牒移。此家復不事。可令吏受數以從事。它如律令。
敢告主。

江陵毛家園一號漢墓木牘

〔十二年八月十八日、建鄕の疇が敢えて地下の主に告ぐ。□陽の關内侯の寡婦である大女の精が死に、自ら言うには、家族・馬牛と移り住みたい、と。今、一緒に移住する者を七十三牒に記載して送付します。この家は傜役免除になっていますので徵發しないように。吏に戸籍を受け取って職務を執行するように命じてください。它如律令。敢えて主に告ぐ。〕

この黄泉文書には「敢告主」とあるが、これは秦簡によく見られる表現であるから、下達文書の書き止め文言として「它如律令」が用いられるのは秦代の用法を繼承したものと推測できる。實際、里耶秦簡では29および次例のように

「它如律令」「它如令」が下達文書の書き止め文言として用いられている。(69)

58　☐未朔己未、巴陵守丞敢告洞庭守主。卒人可令縣論☐
卒人。卒人已論。它如令。敢告主。不疑手。●以江州印行事。
六月丙午、洞庭守禮謂遷陵嗇夫。☐署遷陵、亟論言史。署中曹發。它
如律令。／和手　　里耶秦簡8–61＋8–293＋8–2012A
☐佐惜以來／欣發　　里耶秦簡8–61＋8–293＋8–2012B

〔未朔己未、巴陵守の丞が敢えて洞庭守主に告ぐ。卒人は縣に論斷させる……卒人。卒人は既に論斷済みである。它如令。敢えて主に告ぐ。不疑が文書を作成。●江州印で業務を行う。／六月丙午、洞庭守の禮が遷陵嗇夫に謂う。遷陵に……配屬し、速やかに論斷して報告せよ。中曹開封と記せ。它如律令。〕

このように、下達文書の書き留め文言は里耶秦簡では「它如律令」が使用されていたが、漢代に入ると、秦代の表記をそのまま繼承して「它如（某某）律令」と記す場合もあるものの、殆どの場合は「它」字が省略されて「如（某某）律令」と書かれるようになったと推測されるのである。このことは「它」字がそれほど積極的な意味を持っていなかったことを示唆するものである。もしも、下達文書の「它如律令」の「它」が「その他」という具體的な意味をもっていたならば、「它如律令」はこの文言の前の部分で命じたことの「他は律令の通りにせよ」という意味に、一方、「如律令」はこの文言の前の部分で命じたことについて「律令の通りにせよ」という指示となり、「它」字の有無で意味が大きく變わる故、たとい常套句として形骸化したとしても、漢代に入って單純に「它」字が省略されるようになったとは考えにくい。それ故、先に検討した供述の終わりの「它如……」と同様に、下達文書の書き留め文言「它如律令」の「它」も「それ」といった代名詞的な用法と考えられる。「それ」といった指示語的な意味であったからこそ、

漢代になって省略されるようになったのだろう。

漢代の「如律令」は、次節（一）で検討するように、當該の下達文書で命じられている命令を律令と同じと思って必ず遂行せよという意味の訓告的文言と考えるべきである。前述のように、漢代の「如律令」は秦代の「它如律令」の「它」が落ちただけであるので、兩者は同じ意味を表すと考えてよい。下達文書の末尾に「它如律令」が置かれる場合、「它」が指すのはこの文言に先行する命令内容になるので、「它如律令」は「この命令を律令と同じと思って必ず遂行せよ」という意味を表すことになり、見方を變えれば、「它」を「律令」と同等に扱えという訓示と見ることもできる。これは、取り扱いにおける「它」と「律令」との一致を示すものであるから、「它」と「……」との一致を表すという「它如……」の基本的意味に齟齬するものではない。

（四）律令などの書き止め文言としての「它如律令」

このように下達文書の書き止め文言「它如律令」の「它」が「その他」の意味ではなく、「それ」といった代名詞的な用法であるならば、それと全く同じ表記である律令などの書き止め文言「它如律令」も同様に考えるのが妥當であろう。そのように考えることで、尋問における供述の後に置かれる「它如……」も含めて、三つの場面で用いられる「它如……」を統一的に解釋することが可能となる。ただし、同じ表現でも使われる場面が異なれば異なる意味を表すこともないとは言い切れないので、念のために檢證しておこう。

「它如……」が律令の書き留め文言と同じようにある規定の結びとして用いられる例に「它如約束」と「它如約」がある。前者は侍廷里父老僤約束石券に[70]、後者は邊境出土漢簡に含まれる塞上烽火品約にそれぞれ見える。

侍廷里父老僤約束石券は、「它如……」という表現が「以上……とする」という意味を表すと考える根據として粆山明が舊稿で擧げた史料である。

建初二年正月十五日、侍廷里父老僤祭尊
于季、主䟽左巨等廿五人、共爲約束石劵里治中。
迺以永平十五年六月中、造起僤、斂錢共有六萬
一千五百、買田八十二畝。僤中其有訾次
當給爲里父老者、共以客田借與、得收田
上毛物穀實自給。卽訾下不中、還田
轉、與當爲父老者、傳後。子孫以爲常。
其有物故、得傳後代戶者一人。卽僤
中皆訾下不中父老、季・巨等共假賃
田。它如約束。（以下略）

〔建初二年正月十五日、侍廷里父老僤の祭尊于季・主䟽左巨ら二十五人が一緒に約束石劵を里の治所に作る。先の永平十五年六月中に、僤を組織し、銭を集めて全部で六萬一千五百錢になったので、田地八十二畝を購入した。僤の中で資産條件が里父老を務めるに當たる者があれば、この客田を貸與し、田地の收穫物を自己の收入として使うことができることとする。もしも、資産條件が滿たせなくなったら、田地を返却し、父老に當たる者に貸與し、次世代に繼承する。子孫はそれを決まりとせよ。もしも、死亡したら、跡繼ぎ一人に繼承させることができる。もしも、僤の構成員が全員資産條件を滿たせず父老に當たらない場合は、季・巨らが一緒にこの田地を賃借する。它如約束。〕

ここでは省略したが、末尾の「它如約束」という文言に續いて參加者の名前が列擧される。この「約束」という語はそれに參加する當事者が守るべき內容や取り決めを指す語として典籍史料には見える。

單于曰、孝宣孝元皇帝哀憐、爲作約束。自長城以南天子有之、長城以北單于有之。有犯塞、輒以狀聞。有降者、不得受。『漢書』巻九四下　匈奴傳下

〔單于曰く、孝宣孝元皇帝哀憐し、爲に約束を作る。長城より以南は天子　之を有し、長城以北は單于　之を有す。塞を犯すもの有らば、輒ち狀を以て聞す。降る者有るも、受くるを得ず。〕

行視郡中水泉、開通溝瀆、起水門提閼凡數十處、以廣漑灌、歳歳增加、多至三萬頃。民得其利、畜積有餘。信臣爲民作均水約束、刻石立於田畔、以防分爭。『漢書』巻八九　循吏傳・召信臣傳

〔行《めぐ》りて郡中の水泉を視、溝瀆を開通し、水門提閼を起こすこと凡て數十處、以て廣く漑灌し、歳歳增加して、多きこと三萬頃に至る。民　其の利を得て、畜積　餘り有り。信臣　民の爲に均水の約束を作り、石に刻みて田畔に立て、以て分爭を防ぐ。〕

匈奴傳は、宣帝・元帝と匈奴との間で「約束」を作ったという記事で、「爲作約束」の後に記されている所の漢王朝と匈奴それぞれの支配領域と逃亡者や降伏者がいた場合の取り扱いがその「約束」の具體的な内容に當たる。循吏傳は、太守の召信臣が農業水路を整備し三萬頃に及ぶ農地を灌漑して、民衆のために公平な水利用についての「約束」を作って紛爭が起こるのを防いだという記事。共に「約束」は當事者が守るべき取り決めである。

侍廷里父老僤約束石劵に戻ると、「它如約束」以前の部分が當事者の守るべき取り決めに當たる。循吏傳では、召信臣が「均水約束」を石に刻して農地の側に立てているが、それは「以防分爭」とあるように水の使用を巡る爭いを未然に防ぐためであるから、「均水約束」を記した石には民が守るべき取り決めが全て記されていたに違いない。約束石劵は、まさに召信臣が立てた「均水約束」の石に當たる物で當事者が守るべき取り決めを記しているのであるか

ら、ここに取り決め内容の全てが記されたと考えられよう。實際、籾山が指摘するように約束石券の記載内容は取り決めとして充分な内容を備えており、不十分な點はない。それ故、「它如約束」の「它」を「その他」という意味に解釋して、この石券以外に「約束」内容が存在したと想定することはふさわしくないであろう。從って、約束石券の「它如約束」の「它」も他の「它如……」と同じように「それ」という代名詞的な用法と解釋するのが妥當であろう。

約束石券の「它如約束」を直譯すると、「它」は石券の記載事項を指すので、「以上の記載事項は約束と同じである」となるが、先述のように、「它如……」は「它」の指す内容と「……」との一致を表す表現で、この石券の作成を以てこの取り決めを定めたという状況を踏まえれば、この「它如約束」はこれに先行する記載事項を取り決めとして定めたということを示す書き止め文言と理解されよう。「以上、約束とする」という籾山舊說の解釋は妥當である。

「它如律令」に類する表現にはもう一つ塞上烽火品約にみえる「它如約」がある。今度は、これの檢討を通して、「它如約」の「它」を「その他」の意味で解釋するのが妥當でないことを示そう。以下、冗長になるが、「約」は取り決めという意味で烽火規定全體を總體的に指す語であるのに對して、「品」は個々の場合に應じて定められた具體的規定を指す語であること、それ故、「它如約」の「它」が「その他」の意味だった場合、「如」の後に「約」ではなく「品」がくるべきであること、その結果、「它如約」の「它」は「その他」ではなく「それ」という代名詞的な用法として解釋すべきことを述べてゆく。

この文言を含む烽火品約は次のものである。

59　●匈奴人渡三十井縣索關門外道上隧天田、失亡、擧一蓬、塢上大表一、燔二積薪、不失亡、毋燔薪、它如約。　E. P. F16:6

〔匈奴人が三十井縣索關門外道上燧の天田を渡って、物品などを略奪されたならば、藁を一つ、塢上に大表を一つ擧げ、積薪二つを焼け。略奪がなければ、積薪を焼いてはならぬ。它如約。〕

43の「它如律令」や侍廷里父老僤約束石劵の「它如約束」と同じように、具體的な規定の末尾が「它如約」と結ばれている。この「約」は「約束」と同じく當事者が守るべき取り決めを意味する。

亞夫曰、高皇帝約、非劉氏不得王、非有功不得侯。不如約、天下共擊之。今信雖皇后兄、無功。侯之、非約也。

『史記』巻五七　絳侯周勃世家

〔(周)亞夫曰く、高皇帝約すらく、劉氏に非ざれば王たるを得ず、功有るに非ざれば侯たるを得ず。約の如くせざれば、天下共に之を撃て。今信　皇后の兄と雖も、功無し。之を侯とするは、約に非ざるなり。〕

景帝が竇太后の兄である王信を列侯に封建しようとしたことに丞相の周亞夫が反對した時の話である。ここでは、王信の列侯封建は「非劉氏不得王、非有功不得侯」という「約」に當たらないので認められないと反對しており、「約」が當事者の從うべき取り決めという意味であることが確認できる。從って、「它如約」は、この文言以前の部分を指して「それは約束である」「それを約束とする」という意味と解釋される。

59の「它如約」の「它」がもしも「その他」の意味であるならば、この「它如約」は「その他は取り決めの通りにせよ」という意味になり、59の内容に即して具體的に考えると、「匈奴が三十井縣索關門外道上燧天田を渡ってきたが物品などを略奪されることがなければ、積薪を焼かないこと以外は取り決めのとおりにせよ」という指示となる。その場合、「約（取り決め）」は具體的な烽火規定、ここでは、匈奴が三十井縣索關門外道上燧天田を渡ってきて略奪があった場合の「擧一藁、塢上大表一、燔二積薪」の「燔二積薪」以外の部分を指すことになる。ところが、59以外の烽火品約において具體的な烽火規定を指す場合は概ね「品」と表現されている。それ故、59の「約」を具體的な烽火規定を指すと解釋して良いか否か、検證する必要がある。

60　●匈奴人晝入三十井候遠隧以東、擧一藁、燔一積薪・塢上煙一、夜入、燔一積薪、擧塢上一苣火、毋絶至明、
＝甲渠殄北塞上和如品。　E. P. F16:5

〔匈奴が晝に三十井塞の候遠燧以東に侵入した場合は、藁を一つ擧げ、積薪一つと塢上煙一つを焼け。夜に侵入したら、積薪一つを焼き、塢上に苣火一つを擧げ、夜明けまで絶やすな。甲渠塞と殄北塞上の烽燧はそれに合わせること品の通りにせよ。〕

60では、匈奴が三十井候遠燧以東に晝間侵入した場合と夜侵入した場合に擧げる烽火の種類や數量をそれぞれ記した後に、甲渠塞・殄北塞について「和如品」と記されている。この「和如品」は侵入を受けた塞以外の塞に對して「合わせること品の通りにせよ」という意味であり、この「品」が侵入を受けた塞が擧げるべき烽火の種類や數量の規定（60では「匈奴人晝入……毋絶至明」の部分）であることは明らかである。次の例はこの點を明確に示している。

61　望見虜一人以上入塞、燔一責新、擧二蓬。夜、二苣火。見十人以上在塞外、燔擧如一人入塞品。
望見虜五百人以上、若功亭鄣、燔一責新、擧三蓬。夜、三苣火。不滿一千人以上、燔擧如五百人同品。

虜守亭鄣、燔擧、晝、擧亭上蓬、夜、擧離合火。次亭遂和燔擧、如品。　T. XXII. e03／敦2257

〔虜一人以上が塞に侵入するのを望見したら、積薪一つを焼き、蓬二つを擧げよ。夜は、苣火二つを擧げよ。十人以上が塞外にいるのを見たら、積薪を焼き蓬を擧げること、一人が塞に侵入したときの品の通りにせよ。／虜五百人以

上を望見したときもしくは亭鄣を攻撃してきたときは、積薪一つを焼き、蓬三つを擧げよ。夜は、苣火三つを擧げよ。千人以下の場合は、五百人の場合の品と同じように積薪を焼き蓬を擧げよ。／虜が亭鄣を包圍したら、積薪を焼き蓬を擧げること、晝間は、亭上に蓬を擧げ、夜は、離合の火を擧げよ。隣の亭燧は同じように積薪を焼き蓬を擧げることと品の通りにせよ。〕

一行目末尾に「煩擧如一人入塞品」とあるが、この「一人入塞品」がその前に記される「望見虜一人以上入塞、煩一責新、擧二蓬。夜、二苣火」であることは言う迄もない。従って、「品」は、侵入地點や時刻に應じて個別に定められている烽火の具體的な規定を指していると理解できる。次掲の二例の「品」も具體的な烽火規定を指している。

62　●塞上亭隧見匈奴人在塞外、各擧部薫如品、毋燔薪。其誤、亟下薫滅火、候尉吏以檄馳言府。　E.P.F16:10

〔塞上の亭燧が塞外に匈奴人を發見した場合、それぞれ部の烽を品の通り擧げ、積薪は焼いてはならぬ。間違えた場合は、速やかに烽を下ろし火を消し、鄣候・塞尉・吏は檄によって都尉府に報告せよ。〕

63　●匈奴人入塞、候尉吏亟以檄言、匈奴人入、薫火傳都尉府、毋絶、如品。　E.P.F16:12

〔匈奴が塞に侵入した場合は、鄣候・塞尉・吏は速やかに檄によって「匈奴が侵入した」と報告し、烽火を都尉府まで傳え、絶やさないこと、品の通りにせよ。〕

「各擧部薫如品」「薫火傳都尉府、毋絶、如品」とある「品」は60のような侵入地點や時間に應じて定められている烽火の具體的な規定を指していると考えなければ、擧げるべき烽火の種類と數が不明なままになってしまうだろう。

「品」には規定という意味があり[71]、上掲の烽火規定に見える「品」は基本的にこの意味である。同様の意味の例は、烽火規定の他に次の簡にも見える。

64　大司農臣延奏罪人得入銭贖品　　E.P.T56:35
贖完城旦舂六百石　　直銭四萬　　E.P.T56:36
髠鉗城旦舂九百石　　直銭六萬　　E.P.T56:37

〔大司農臣延が上奏したところの罪人が銭を納めて刑罰を贖うことを許した品。／完城旦舂を贖う場合は六百石、價格四萬錢。／髠鉗城旦舂を贖う場合は九百石、價格六萬錢。〕

左の二簡が「罪人得入銭贖品」の具體的内容に當たるが、その二簡は完城旦舂と髠鉗城旦舂を贖う場合の金額を個別に定めたものである。これらの例から、「品」とは個々の場合に應じて定められた個別の具體的規定を指すと理解することができよう。たくさん、たくさんのものという「品」の原義[72]を踏まえれば、個別の場合についての規定は一つでは収まらず當然多數になる故、「品」と呼ばれたのであろう。

「品」にはまた基準とすべき具體的數値という意味もある[73]。

有司條奏、諸王列侯得名田國中、列侯在長安及公主名田縣道、關内侯吏民名田、皆無得過三十頃。諸侯王奴婢二百人、列侯公主百人、關内侯吏民三十人。年六十以上十歳以下、不在數中。賈人皆不得名田爲吏。犯者以律論。諸名田畜奴婢過品、皆沒入縣官。　『漢書』巻一一　哀帝紀　綏和二年六月條

〔有司條奏すらく、諸王列侯　國中に名田するを得、列侯の長安に在る及び公主は縣道に名田し、關内侯吏民の名田するは、皆三十頃を過ぐるを得る無し。諸侯王は奴婢二百人、列侯公主は百人、關内侯吏民は三十人。年六十以上十

歳以下は、數中に在らず。賈人は皆名田して吏と爲るを得ず。犯す者　律を以て論ず。諸て名田し奴婢を畜なうこと品を過ぐれば、皆縣官に沒入す。」

これは哀帝の時の限田法の記事である。末尾の「諸名田畜奴婢過品」の「品」がその前に見える「三十頃」「二百人」「百人」「三十人」であることは言う迄もない。これらの具體的數値は基準とすべきものであるから、「品」は基準とすべき具體的數値に當たろう。60や61のような烽火規定であれば蓬や積薪などを幾つ擧げるかを、64の「入錢贖品」ではそれぞれの罪を贖う金錢の額を具體的に定めているが、それらは基準とすべき具體的な數値とも言える。これらの規定が「品」と呼ばれたのは、「品」に當たる規定に具體的な數値が含まれていたからでもあろう。

このように、「品」は個々の場合に對應して個別に定められた具體的な烽火規定を指すのに對して、「約」は烽火品約の中では「蓬火品約」という形で烽火についての規定全體を相對的に指す場合に用いられている。

65　省候長鞍馬追逐具、吏卒皆知蓬火品約不。　E. P. F22:237

〔候長の鞍馬や追跡の裝備、吏卒は誰もが蓬火品約を熟知しているかどうかを點檢せよ。〕

66　●吏卒謹候望、即見匈奴人、起居如蓬火品約。　2000ES9SF3:1

〔●吏卒は候望をきちんと行い、もしも匈奴人を見かけたら、蓬火品約の通りに行動せよ。〕

65は吏卒が「蓬火品約」を理解しているかどうかを確認せよという視察項目、66は匈奴を發見した時は「蓬火品約」の通り行動せよという烽火規定中の一條で、これらの「蓬火品約」が指すのは、個別の具體的な規定ではなく、烽火についての規定全體であろう。次の68は甲渠候官址のF16から出土した60のような具體的な烽火規定十六簡の末尾に附けられた尾題簡である。

67 ●右塞上蓬火品約　E. P. F16:17

尾題簡は、冊書の或る部分を集約したり合計して締めくくるものであるから[74]、67はそれに先行する十六簡の具體的な烽火規定を締めくくって「蓬火品約」と記しているのであり、「蓬火品約」が烽火の規定全體を指して用いられていることを明確に示す例と言える。

このように、個別の具體的規定を指す「品」に「約」がついて「品約」となることで烽火規定全體を總體的に表しているのだから、「約」は取り決めという抽象的な意味を表す語であって、個別の具體的規定を指すものではない。59の「它如約」の「它」がもしも「その他」の意味であるならば、この「它」が指す具體的内容は『毋燔薪』の他」となり、その場合、「它如約（その他は約の通り）」の「約」は「毋燔薪」に類する具體的な烽火の種類と數量についての規定（59の場合は「舉一蓬、塢上大表一」に當たる）でなければならない。ところが、先述のように「約」は取り決めという抽象的な意味を表す語で、個別の具體的烽火規定を指すものではない。要するに、「它如約」の「它」を「その他」と解釋した場合、「如」の後に「約」という語がくるのは「約」の意味からするとそぐわないのであり、「約」ではなく「品」がくるべきなのである。しかしながら、實際には「它如約」と書かれているのであるから、先ほどの前提、即ち、「它如約」の「它」を「その他」と解釋した場合という前提自體が誤りであったと考えざるを得ない。この前提を改めて、「它如約」の「它」を「それ」という指示語的な意味とするならば、侍廷里父老僤約束石券の「它如約束」と同じように、「它如約」に先行する具體的な烽火の種類や數量を烽火規定として定めたことを示す「以上、取り決めとする」という書き止め文言として理解できるのである。

このように、「它如約束」や「它如約」の「它」は「それ」という代名詞的な用法で、「它如律令」「它如爰書」もこれらと同様に律令や爰書の書き留め文言として用いられているのであるから、「它如律令」「它如爰書」の「它」も「它如約束」などと同じく「それ」という代名詞的な用法であり、これらの文言はそれに先行する内容を律令や爰書として定めたことを示す「以上、律令とする」「以上、爰書とする」という意味の書き止め文言と考えてよい。

ところで、この「它如律令」は、張家山漢簡・二年律令三二三〜三二四（43）のように律文そのものの書き留め文言として見える他に、律令制定の請願の中で、律令として制定すべき内容の後に現れる場合もある。

弘爲學官、悼道之鬱滯、乃請曰「……請選擇其秩比二百石以上及吏百石通一藝以上、補左右内史・大行卒史、比百石以下補郡太守卒史、皆各二人、邊郡一人。先用誦多者、不足、擇掌故以補中二千石屬、文學掌故補郡屬、備員。請著功令。它如律令。」制曰「可。」　『漢書』巻八八　儒林傳(75)

〔弘　學官と爲り、道の鬱滯たるを悼み、乃ち請いて曰く「……請うらくは其の秩比二百石以上及び吏百石の一藝以上に通じたるを選擇し、左右内史・大行卒史に補し、比百石以下は郡太守卒史に補すこと、皆各おの二人、邊郡は一人。先に誦すること多き者を用い、足らざれば、掌故を擇んで以て中二千石の屬に補し、文學掌故は郡の屬に補し、員を備えよ。請うらくは功令に著さんことを。它如律令。」制に曰く「可」と。〕

68　☐議、禁民毋得私買馬以出鄖關・函關・函谷・武關及諸河塞津關。其買騎・輕車馬・吏乘・置傳馬者、縣各以所買名匹數告買所内史・郡守。内史・郡守各以馬所補名爲久久馬、爲致告津關。津關謹以藉・久案閱、出。諸乘私馬入而復以出、若出而當復入者、出。它如律令。御史以聞、請許。及諸乘私馬出、馬當復入而死亡、自言在縣官、縣官診及獄訊審死亡、皆[告]津關。制曰可。　張家山漢簡・二年律令五〇六〜五〇八（津關令）

〔議に次のようにあります、民が個人的に馬を買って鄖關・函關・函谷・武關および諸の河塞津關を出ることを禁じてできないようにする。騎・輕車馬・吏乘・置傳馬を買った場合は、縣がそれぞれ買った馬の種別と頭數を、買った所の内史・郡守に告げる。内史・郡守は馬の補充先の名稱で焼き印を作って馬に捺し、證明書を作って津關に通告する。津關は帳簿と焼き印とを以て嚴正に檢閲してから、出關させる。およそ私馬に乘って入關して再び出關する、もしくは出關して再び入關すべき者は、出關させる。它如律令。御史が上奏し、その許可を請うた。およびおよそ私馬に乘って出關し、馬が再び入關すべきなのに死んでしまったら、當地の役所に自ら申告して、役所は檢死し、尋問したところ間違いなく死亡していれば、すべて津關に告げる。皇帝の制にいう、可と。〕

69　●丞相上魯御史書、請魯中大夫謁者得私買馬關中、魯御史爲書告津關。它如令。●丞相・御史以聞。制曰可。

張家山漢簡・二年律令五二一（津關令）

〔丞相が上呈する魯御史の書には、魯の中大夫謁者が私的に馬を漢中で購入できるようにし、魯の御史は文書を作って津關に告知するようにさせてください。它如令。●丞相・御史が上奏した。皇帝の制に言う、可と。〕

70　●丞相上魯御史書、請魯郎中自給馬騎、得買馬關中、魯御史爲傳。它如令。丞相・御史以聞。制曰可。

張家山漢簡・二年律令五二二（津關令）

〔丞相が上呈する魯御史の書には、魯の中大夫謁者が個人的に馬を漢中で購入できるようにし、魯の御史は文書を作って津關に通告するようにさせてください。它如令。丞相・御史が上奏した。皇帝の制にいう、可と。〕

里耶秦簡にも同様の例を確認できる。

71　故賈爲贖取之。它如律令。　　里耶秦簡8-1668
　　臣昧死請。●制曰可。

〔故意に高くすれば贖となし没收する。它如律令。臣は恐れ多くもお願いします。●皇帝の制にいう、可と。〕

これらの例の後には「制曰可」とあることから、これらの請願がそのまま裁可されて律令の規定となったのだろう。そうであるならば、律令條文の末尾に見える「它如律令」はもともと律令制定の請願において律令とすべき內容を結ぶ文言として用いられたものと考えられるが、そのような狀況は、侍廷里父老僤約束石劵の「它如約束」と全く同じである。「它如約束」や「它如律令」は、本來、取り決めや律令とすべき內容を結ぶ書き止め文言だったのだろう。それ故、「它如律令」は律令の制定を請願する上奏にもそのままの形で含まれていて、その請願が裁可されて律令本文となった後もそのまま殘ることもあったのだろう。この文言が秦漢律令條文の中に必ず含まれるわけでないことも、請願の中の文言が制定後もたまたま殘ったものと考えれば整合的に理解できよう。

（五）「它如……」の意味

これまでの考察の結果、「它如……」の「它」はこの文言より前の內容を指す「それ」という代名詞的な用法で、「它如……」は「它」の指す內容と「……」との一致を示す表現であることが明らかとなった。具體的な意味は、使われる場面によってそれぞれ次のようになる。

ⓐ律令や爰書などの書き止め文言としてみえる「它如……」＝「以上の內容を……とする」

ⓑ尋問での供述の後に記される「它如……」＝「以上の供述內容は……を裏附けるものである」

ⓒ下達文書の書き止め文言としての「它如律令」＝「以上の命令を律令と同じと思って遂行せよ」

第六節　「如律令」「如某某律令」「如詔書」

漢代の下達文書における書き留め文言としては「如律令」や「如府書律令」などが使われていた。書き留め文言そのものではないが、類似の表現として「如詔書」もある。本節ではこれらの文言について検討する。

これらの書き止め文言については、つとに王國維が、律令に規定のない事柄について詔書で定める場合に「如詔書」といい、律令に既に規定があって詔書でそれを督促する場合は「如律令」と書いた、と指摘している(76)。ところが、「如詔書律令」という例もあり、王國維の考え方のままでは説明できない(77)。

近年、張伯元と冨谷至もこれらの文言に關する專論を發表している(78)。張伯元は秦漢簡牘中に見える「如律令」「它如律令」の用例を檢討し、次のように述べる。卽ち、秦から漢初にかけての時期に律令中に用いられる「如律」「如律令」という文言は全て具體的な律令條文を指し示すという實質的な意味を持っていたが、武帝期ころから實質的意味を持たない常套句へと變容していった、と。しかしながら、張伯元は、漢簡の下達文書の書き止め文言である「如律令」、里耶秦簡の下達文書の書き止め文言である「它如律令」と「以律令從事」、秦漢律令の條文中に現れる「如律」「如令」「如律令」と書き止め文言の「它如律令」「它如令」などを、それぞれの文言が用いられる場を區別せずに考察している。そのうち、秦漢律令の條文中に現れる「如律」の例としては、「死事者、置後如律」（張家山漢簡・二年律令一四二）などが擧げられる。この場合は、「如律」の前に「它」が附くことはなく、且つ、「如」の前に具體的な動作を指す動詞がくる。この「如律」は、當該內容を定めた律令條文（この場合は、二年律令三六九～三七一）を具體的に指して「後繼を置くこと律の規定通りとする」という意味であって、書き止め文言としての「如律令」などとは性格の異なる文言である。從って、これらの文言はそれぞれが使われる場の違いも含めて検討する必要がある。

一方、冨谷至は次のように指摘する。即ち、漢簡の段階では既にそこに含まれる「律令」「詔書」「府書」「大將軍幕府書」といった個別の語句が有する原義を昇華して、いわば「以上、しかるべく執りおこなえ」といった程度の意味しか持たない書き止めの慣用句になっている、と。確かに、冨谷の指摘するように、長城警備に従事する吏卒にとってこれらの文言は「以上、しかるべく執りおこなえ」といった命令遂行を念押しする文言といった程度の認識しかなかったであろう。冨谷は、書き止めの慣用句となっていたが故に、「如詔書律令」「如太守府檄書律令」「如大將軍莫府書律令」などの多様な表現が生ずるというが、「如詔書」は詔書を下達する詔後行下の辭でしか用いられないし、「以律令從事」も縣獄に送付された擧劾文書と通行證でしか使用されていない。また、「如某某律令」の「某某」部分に入る言葉も必ず先行する下達文書の名稱が入る。このように、それぞれの文言は明確に使い分けられているのであり、どの文言を用いても構わないというわけではない。書き止め文言の常套句と化しながらも本來の意味をわずかだが殘しているからこそ、このような使い分けが行われたのであろう。

幸い里耶秦簡などの發見によって、秦代から漢代までの時間幅を以てこれらの文言の展開を考察できるようになった。そこで、漢代には單なる書き止めの慣用句となったこれらの文言が本來持っていた意味を探ることにしたい。

（一）「如律令」「如某某律令」

漢簡において最も頻繁に見られる「如律令」について言えば、王國維『流沙墜簡』以來、「律令の規定に從って處理せよ」と解釋されてきた。もしもそうであるならば、「如律令」を含む下達文書の內容全てについて律令に具體的

規定があったことになるが、果たしてそうだろうか。例えば、

72　十月壬寅、甲渠鄣候喜告尉、謂不侵候長赦等。
寫移。書到、趣作治、已成言。會月十五日、詣言府。如律令。／士吏宣・令史起
139・36＋142・33（A8）

〔十月壬寅、甲渠鄣候の喜が塞尉に告げ不侵候長赦らに謂う。書き寫して送付する。この書が届いたら、速やかに作治し、完成したら言え。今月十五日に出頭し、都尉府に出向いて言え。律令の如くせよ。〕

では、何かの修理とその完了報告が命令されているが、そのような事が律令に規定されていたとは考え難い。さらに

73　甲渠鄣候、以郵行　回　（上段）
ⓐ府告居延甲渠鄣候。卅井關守丞匡十一月壬辰檄言、居延都田嗇夫丁宮・祿福男子王歆等入關。檄甲午日入到府。
＝匡乙未復檄言、（下段A面）
男子郭長入關。檄丁酉食時到府。皆後宮等到留遲。記到、各推辟界中、定吏主當坐者名。會月晦。有（下段B面）
教　建武四年十一月戊戌、起府（下段C面）
ⓑ十一月辛丑、甲渠守候　告尉、謂不侵候長憲等。寫移。檄到、各推辟界中相付受日時、具狀[79]。會月廿六日。如府
＝記律令。（下段D面）E. P. F22:151

〔甲渠鄣候宛、郵によって傳送せよ。／ⓐ都尉府が居延甲渠鄣候に告ぐ。卅井關守丞の匡の十一月壬辰の檄に言うには「居延都田嗇夫の丁宮・祿福男子の王歆らが入關した」と。檄は甲午の日入時に都尉府に届いた。匡は乙未に再び檄で言うには「男子郭長が入關した」と。檄は丁酉の食時に都尉府に届いた。いずれも宮らの到着より遲い。この記

が届いたら、それぞれ管轄區内を捜査して、吏の擔當者で責任を負うべき者の名を確定せよ。今月末に出頭せよ。教有り。建武四年十一月戊戌に、都尉府を發信。／ⓑ十一月辛丑、甲渠守候の　が塞尉に告げ、不侵候長憲らに謂う。書き寫して送付する。この檄が屆いたら、各々管轄區内での文書受け渡しの日時を捜査し、狀況を具體的に報告せよ。今月二十六日に出頭せよ。府記律令の如くせよ。」

では、ⓐの「府記」には「如律令」の語が無いので、都尉府が下した檄傳達狀況の調査命令に關しては律令に規定が無いことになる。その一方で、それを承けた甲渠守候發信の中繼轉送文書ⓑには「如府記律令」とあるので、「府記と律令の規定の通り」檄傳達狀況を調査せよと命じられていることになり、今度は檄傳達狀況の調査命令に關して律令に規定が存在したことになる。第一部第一章で指摘したように、そもそも記には「如律令」の文言は含まれないので、王國維說に據れば記で下達される命令は全て律令に準據すべき規定がないことになる。それ故、王國維のように「如律令」を「律令の規定に從って處理せよ」と解釋することは妥當とは言い難い。

前節で指摘したように、漢代の「如律令」は秦代の「它如律令」の「它」が省略されたものと考えられるので、そこに記される命令を律令と同じと思って遂行せよという意味を表すと考えられよう。以下、この點を檢證しよう。

73ⓑの書き止め文言が「如律令」ではなく「如府記律令」となっているのは、ⓑがⓐの「府記」を承けて發信された文書で、その「府記」が通常の書き止め文言「如律令」に插入されたためである。同樣の例は28や後掲77・78などにも見える。これらのように、上級機關からの下達文書「某某」を受けてそれをさらに下す場合には「如某某律令」となる場合が多いのであるが、これらが別々に記されている例がある。

74　出入關人畜車馬器物如關書。移官。會正月三日。毋忽。如律令。　T. VI. b. i. 257／敦1759

〔關所を出入りした人・家畜・車・馬・物品……すること關書の如くせよ。候官に送付せよ。正月三日に出頭せよ。なおざりにしてはならぬ。律令の如くせよ。〕

75　十二月癸丑、大煎都候丞罷軍別治富昌隧、謂部士吏。寫移。書到、實籍吏出入關人畜車兵器物、如官書。會正月三日。須集移官各三通。毋忽。如律令。　T. VI. b. i. 152／敦1685

〔十二月癸丑、大煎都候丞の罷軍が別に富昌燧に駐在し、部の士吏に謂う。書き寫して送付する。この書が届いたら、吏の關所を出入りした人・家畜・車・馬・物品を實際の通り帳簿に記載すること、官書の如くせよ。(80) 正月三日に出頭せよ。取りまとめて候官に各三通を送付しなければならない。なおざりにしてはならぬ。律令の如くせよ。〕

この二簡は出土場所も同一で筆跡も極めてよく似ており記載内容も共通するので、同一の册書を構成していた可能性が高い。75は年號の記載が無く日附けが月から始まっていて、受領した文書の複寫送付を示す「寫移」があるので、75は上級官署からの下達文書をさらに下達する中繼轉送文書であることがわかるし、「須集移官各三通」とありその「官」は候官を指すので、ここでの上級官署が候官とわかる。同様に、75に見える「官書」も候官からの下達文書を指すことがわかる。一方、74には「移官」とあるので、これは候官からの下達文書であろう。その74には「如關書」とあることから、關からの文書を受けた候官が富昌燧にいる大煎都候丞の罷軍に下した下達文書が74で、それを承けて罷軍が配下の部士吏に下した下達文書が75なのであろう。(81) 75には「須」で始まる部分があるが、前章所掲23では都尉府からの下達文書ⓒを承けて候官が下した下達文書ⓓに同様に「須」で始まる部分が記されており、74と75とが一連の下達文書であることを傍證する。そうすると、74と75では、通常73などのように受領した下達文書「某某」を「如律令」に插入して「如某某律令」と表現するところを別々に記したものと考えられる。

關からの文書を承けて出された74では、關所を出入りした人などについての報告を「關書の如くせよ」と記すのに對して、候官からの下達文書を承けて出された75では當該部分が「官書の如くせよ」となっていて、受領した下達文書と「如某書」が對應している。このことから、74の「如關書」と75の「如官書」は共にその直前の命令内容を遂行するに際して、それぞれの文書に先行して編綴されている關所からの文書（「關書」）および候官からの文書（「官書」）の指示通りに行えという意味であると考えられよう。そうすると、「如律令」は「實籍吏出入關人畜車兵器物」以外の內容に掛かると考えなければならない。74では「移官。會正月三日。毋忽」が、75では「會正月三日。須集移官各三通。毋忽」が残ることになるが、本章第八節で述べるように「須……」は命令内容ではないのでこれに「如律令」が掛かるとは考えにくいし、「移官」および「會正月三日」に掛けると候官への報告及び出頭日についての規定が律令にあったことになるが、それも考え難い。それ故、「如律令」は「毋忽」に掛かることになろう。「毋忽。如律令」は先に擧げた15・38・39の他にも多くの例が見え、漢簡には頻見される表現である。この「毋忽」はその直前に記された命令に對して「なおざりにするな」と命じたものである可能性も考えられるが、そう考えにくい例がある。

76　□行□竟毋□者。眞官到有代罷。毋忽。如律令。　E.P.T65:73
〔……本務官が着任するまたは交代があれば任をやめよ。なおざりにしてはならぬ。律令の如くせよ。〕

これは守官（兼任官）に任命する際の辞令[82]だが、眞官が着任したり交代者がいる場合に兼任をやめるのを「なおざりにするな」というのはなんともしっくりこない。「毋忽」は、本來やるべきことに對して言われる言葉であろう。それ故、「毋忽。如律令」がひとまとまりで「なおざりにしないこと律令のようにせよ」という意味を表し、命令の遂行を念押しする結びの文言と考える方が良いだろう。そうすると、「如律令」は當該の下達文書で命じられている命令を律令と同じと思って必ず遂行せよという意味を表す訓告的文言と理解される。

74と75では、受領した下達文書に對應する「如某書」はその直前の命令内容を遂行するに際して「某書」の指示通りに行えという意味、「如律令」は下した命令を律令と同じと思って必ず遂行せよという訓告的文言と考えられるのであるが、この二つの文言は73ⓑの「如府記律令」のように一緒に書かれる場合の方が多い。その場合はどのような意味を表すのであろうか。次の77は「如某某律令」の文言を含み、先行する下達文書も判明する例である。

77ⓐ建武五年八月甲辰朔戊申、張掖居延城司馬武以近秩次行都尉文書事以居延倉長印封・丞邯告勸農掾
褒・史尙、謂官縣。以令秋祠社稷。今擇吉日如牒。書到、令丞循行、謹修治社稷、令鮮明。令丞以下當　E. P. F22:153A
侍祠者齋戒、務以謹敬鮮絜約省爲故。褒・尙考察不以爲意者輒言。如律令。　E. P. F22:154
ⓑ八月庚戌、甲渠候長　以私印行候文書事、告尉、謂第四候長憲等。寫移。　E. P. F22:158
檄到、憲等循行、修治社稷、令鮮明。當侍祠者齋戒、以謹敬鮮絜約省爲　E. P. F22:159
故。如府書律令。　E. P. F22:160

〔ⓐ建武五年八月五日、張掖居延城司馬の武が秩次近接によって都尉の文書業務を行い、居延倉長の印で封印し、丞の邯が勸農掾の褒・史の尙に告げ、候官と縣に謂う。令の規定に依って社稷の秋祭りをする。今 吉日を選ぶこと添附簡の通り。この書が届いたら、令丞は見回り、謹んで社稷を修繕し、きちんとせよ。令丞以下の祭祀に臨席する者は齋戒して、愼み清潔にして儉約するを旨とせよ。褒・尙は努めない者を見回り報告せよ。律令の如くせよ。／ⓑ八月七日、甲渠候長　が私印で鄣候の文書業務を行い、塞尉に告げ、第四候長憲らに謂う。書き寫して送付する。この檄が届いたら、憲らは見回って社稷を修繕し、きちんとせよ。祭祀に臨席する者は齋戒して、愼み清潔にして儉約

するを旨とせよ。府書律令の如くせよ。〕

77ⓑは、都尉府から下達された「府書」ⓐを承けて「如府書律令」と結ばれているが、「如府書律令」に先行する部分（傍線部）に「府書」の内容が繰り返し記されている。それ故、この「如府書」はその先行部分に記した命令の遂行に際して「府書の指示通りに行え」という意味を表していると考えられる。同様に、73ではⓑに「各推辟界中相付受日時、具狀」という命令が記されているが、その詳細についてはⓐの「府記」に記されており、ⓑの「如府記」部分はⓑに記した命令の遂行に際して「府記の指示通りに行え」という意味を表していると考えられる。

ところが、次の78も先行するⓐ「大將軍莫府書」を承けてⓑで「如大將軍莫府書律令」と結ばれている例であるが、78ⓑの「如大將軍莫府書律令」の前には「書到」とあるのみで、具體的な命令内容は記されていない。

78ⓐ建武三年四月丁巳朔辛巳、領河西五郡大將軍張掖屬國都尉融移張掖居延都尉。今爲
都尉以下奉、各如差。司馬・千人・候・倉長丞・塞尉・職間都尉、以便宜財予從史田吏。如律令。　E. P. F22:70

ⓑ六月壬申、守張掖居延都尉曠・丞崇告司馬・千人・官、謂官・縣。寫移。書到、如大將軍
莫府書律令。　掾陽・守屬恭・書佐豐　E. P. F22:71A

〔ⓐ建武三年四月二十五日、領河西五郡大將軍張掖屬國都尉の融が張掖居延都尉に通知する。今都尉以下の俸給をそれぞれ段階をつけて定めた。司馬・千人・候・倉長丞・塞尉・職間都尉は予備財源で從史・田吏に支給せよ。律令の如くせよ。／ⓑ六月壬申、守張掖居延都尉の曠・丞の崇が司馬・千人・官に告げ、候官と縣に謂う。書き寫して送付する。この書が届いたら、大將軍莫府書律令の如くせよ。〕

具體的な命令内容が記されていないⓑでの命令内容はⓐに記されている内容なので、「如大將軍莫府書律令」という文言はⓑでの命令内容がⓐの「大將軍莫府書」に記されている通りだということを示していると考えられよう。

これらの例から、「如某某律令」の「如某某」の部分は、「以上、しかるべく執りおこなえ」といった程度の意味しか持たないわけではなく、先行する下達文書「某某」の指示通りに行えという實質的な意味もある程度殘存していたと考えるべきであろう。

以上の檢討は、「如律令」などの文言の原義を探索したものであるが、漢簡の段階では、冨谷が指摘するように、これらの文言は既にその原義を昇華して「以上、しかるべく執りおこなえ」という書き止めの慣用句となっていた。それぞれの文言が具體的な意味を持っていた狀態から、書き止めの慣用句へと變化していく經過を、都尉府からの下達文書を承けて候官が部候長に下す場合を例に推測すると次のようになろうか。

本來は、都尉府からの下達文書に記された具體的な命令内容を再錄しその末尾を「如府書」で結び、その後に候官の追加命令を記した上で、文書全體の最後を「毋忽、如律令」で結んでいた（次揭①）。それが、「如府書」の後に追加で命じるべき内容が無かったり、「毋忽」が省略されるようになると②のようになり、さらに、「如府書」と「如律令」が竝ぶために「如律令」の「如」が省略されるようになった結果、漢簡でよく見られる③の形になった、と。

① 〔都尉府の命令の再錄〕如府書。〔候官による追加命令〕。毋忽、如律令。

② 〔都尉府の命令の再錄〕如府書。如律令。

③ 〔都尉府の命令の再錄〕如府書律令。

（二）「如詔書」

「如詔書」は、「如律令」が下達文書一般に廣く用いられる書き留め文言であるのとは異なり、詔書を下達するいわゆる詔後行下の辭に固有の文言である[83]。例えば、大庭脩が復元した元康五年詔書冊（第二部第一章所掲1及び第二部第二章注2參照）では全ての詔後行下の辭が「如詔書」で結ばれている。命令の遂行を念押しする訓告的文言である「如律令」に對して、「如詔書」はどのような意味を表す文言なのだろうか。

「如詔書」は詔後行下の辭に固有の文言であるといったが、第二部第二章で詳述するように、詔後行下の辭には「如詔書」を含むものと含まないものの二種類がある。

79　十月辛酉、將屯偏將軍張掖大尹遵・尹騎司馬武行副咸事・試守徒丞司徒□⧄
循下部大尉・官縣。承書從事、下當[用]者、如詔書。書到言。　兼掾義・史馮・書吏⧄　E. P. F22:65A

80　七月癸亥、宗正丹[下][84]郡司空・大司農。丞書從事、下當用者。以道次傳別書、相報。不報
者、重追之。書到言。　E. P. T50:48

79は太守[85]發信の、80は宗正發信のそれぞれ詔後行下の辭である。兩者の「承書從事」以下の部分を比較すると、79の「如詔書」の部分が80では「以道次傳別書、相報。不報者、重追之」となっており、「如詔書」と「以道次傳別書、相報。不報者、重追之」が對應すると考えられるのである。第二部第二章で考察するように、80に見える「以道次傳別書、相報。不報者、重追之」は特定の經路に沿って文書を回覽板方式で傳送するよう命ずる文言である。「如詔書」

は、この「以道次傳別書、相報。不報者、重追之」と對應關係になることから、「以次傳別書……」と同様に詔書の下達經路について詔書のとおりにせよと命じたものということになろう。詔書の下達經路は、大庭脩が指摘するように、漢のごく初期には詔の中で指示されていた。(86)

又曰「……賢士大夫有肯從我游者、吾能尊顯之。布告天下、使明知朕意。御史大夫昌下相國、相國酇侯下諸侯王、御史中執法下郡守。其有意稱明德者、必身勸、爲之駕、遣詣相國府、署行義年。有而弗言、覺、免。年老癃病勿遣。」

『漢書』卷一下　高帝紀下　十一年二月條

〔又曰く「……賢士大夫の肯て我に從い游ぶ者有らば、吾能く之を尊顯せん。天下に布告し、朕の意を明知せしめよ。御史大夫昌は相國に下し、相國酇侯は諸侯王に下し、御史中執法は郡守に下せ。其の明德に稱うを意う者有らば、必ず身ら勸め、之が駕を爲り、遣わして相國府に詣らしめて、行義年を署せ。有るも言わず、覺らば、免ぜん。年老癃病は遣わすこと勿かれ。」〕

この詔には「御史大夫昌下相國、相國酇侯下諸侯王、御史中執法下郡守」とあって、詔書下達經路が具體的に指示されている。詔後行下の辭の「如詔書」は、詔書の中で指示されたこのような詔書下達經路を指して言ったものと考えられる。そうであれば、この「如詔書」は「下當用者」に掛かり「詔書に記載された通りに當用者に下せ」の意となるだろう。漢簡に見える詔書にはこのような詔書の下達經路を明記したものがないことからすれば、後に詔書の下達經路が定式化していった結果、詔の中で詔書下達經路が具體的に指示されることはなくなり、かくて「如詔書」は通常の下達經路で詔書を下達する場合の常套句として使われるようになったのであろう。さらに、この「如詔書」という文言が「如律令」と同じように單なる下達文書の書き留め文言として用いられるようになっていったと考えられる。

次の81では「承書從事、下當用者」と「如詔書」の間に下達先に對する具體的な命令内容が記されており、「如詔書」が詔書の下達經路を指示するという本來の意味を失い單なる書き留め文言となっていることがわかる。

81　十一月丁亥、□□□大保□□以秩次行大尉事・□□下官・縣。丞書從事、……當用者。明白扁鄉亭市里顯見處、令吏民盡知之。具上壹功蒙恩勿治其罪人名。所坐罪別之。如詔書。　2000ES9SF4:1

〔十一月丁亥、□□□大保□□が秩次によって大尉の業務を行い……候官・縣に下す。この書に從い職務を執行し、……擔當者に……。鄉亭市里の目立つ所にはっきりと揭示して、吏民に周知せよ。壹功蒙恩でその罪を猶豫される者の名を詳細に上呈せよ。犯した罪ごとに分けよ。詔書の如くせよ。〕

次の82は、81を承けて鄣候が下した詔後行下の辭であるが、末尾が「如詔書律令」と結ばれている。

82　閏月丙申、甲溝候獲下部候長等。丞書從事、下當用者。明白扁書亭隧顯見處、令吏卒盡知之。具上壹功蒙恩勿治其罪者。罪別之。會今。如詔書律令。　2000ES9SF4:2

〔閏月丙申、甲溝鄣候の獲が部候長らに下す。この書に從い職務を執行し、擔當者に下せ。亭燧の目立つ所にはっきりと揭示して、吏卒に周知徹底せよ。壹功蒙恩でその罪を猶豫される者の名を詳細に上呈せよ。罪ごとに分けよ。すぐに出頭せよ。詔書・律令の如くせよ。〕

上級官署が下達してきた詔書をさらに下達する際に82のように「如詔書律令」と結ぶのは、73で都尉府が下した「府記」ⓐを受け取った候官がそれをさらに下達する際に自身の下達文書ⓑの末尾を「如府記律令」と結ぶのと全く同じであり、82の「如詔書律令」の「如詔書」が既に詔書の下達經路を示すという本來の意味を失い、書き留めの常套句として用いられていたことを示すものである。

第七節　「以律令従事」「承書従事」

秦漢官文書には、「如律令」の代わりに「以律令従事」が用いられる場合もあった。本節では、「以律令従事」とそれに類する「承書従事」を取り上げる。

（一）「以律令従事」

「以律令従事」という文言は秦漢時代を通じて使われている。漢代では一般的な書き止め文言としては「如律令」が用いられる中で、次例のように「以律令従事」が用いられる場合もあった。

83　建武六年三月庚子朔甲辰、不侵守候長業劾、移居延獄。以律令從事。　E. P. T68:57
E. P. T68:58

〔建武六年三月五日、不侵守候長の業が擧劾し、居延獄に送付する。律令の規定に依據して職務を執行せよ。〕

「以律令従事」の他にもこれと同じ「以……從事」という句造りの文言が見える。

84　等三人、捕羌虜斬首各二級。當免爲庶人。有書。今以舊制律令、爲捕斬匈奴虜反羌購賞、各如牒。前諸郡以西州書免劉玄及王便等爲民、皆不當行。書到、以科別從事。官奴婢以西州　E. P. F22:221

〔等三人、羌虜を捕え斬首すること各々一級。免除して庶人となる資格がある。この件については先に文書を送った。今　舊制の律令に依據して、匈奴や反亂を起こした羌を捕えたり斬り殺したりした場合の褒賞を定めること、各々添附簡の通り。前に諸郡は西州の文書に依據して劉玄及び王便らを免除して民にしたが、いずれも實施すべきではない。この書が屆いたら、科別に依據して職務を執行せよ。官奴婢は西州〕

「以科別從事」は職務執行に當たって依據すべき具體的規定が「科別」であることを指示している。(87) また、

85　捕律。禁吏、毋夜入人廬舍捕人。犯者、其室毆傷之、以毋故入人室律從事。　395・11（P9）

〔捕律。吏に禁じて、夜間に他人の住居に侵入して人を捕えさせてはならない。違反した場合、その住人がその吏を毆って怪我させたら、理由無く他人の家に侵入した場合の律の規定に依據して職務を執行する。〕

も「毋故入人室律」が依據すべき規定であることを指示するものである。(88) この様に「以……從事」という表現は職務執行時の依據規定を指示するものであるから、「以律令從事」も「律令に依據して職務を執行せよ」の意と解釋される。それ故、「以律令從事」は書き止め文言というよりも職務執行文言と呼ぶ方が適切である。

さて、83は、違法行爲者を縣獄に對して擧劾する擧劾文書であるが、同じ獄宛ての文書でも獄に對して擧劾する場合以外は、次例のように、通常の書き止め文言である「如律令」を用いていて、「以律令從事」は使わない。

86　元康二年六月戊戌朔戊戌、肩水候長長生以私印行候事、寫移昭武獄。如律令。　20・11（A33）

〔元康二年六月一日、肩水候長の長生が私印で鄣候の業務を行い、書き寫して昭武獄に送付する。律令の如くせよ。〕

83と86との對比から、「以律令從事」は「劾」「獄」の兩者と極めて密接に結びついた職務執行文言であることがわかる。「以律令從事」は、先述のように、文書送付先に對して職務執行に當たって依據すべき規定が「律令」であることを具體的に指示するものであるが、擧劾はいわゆる刑事裁判手續きである治獄の最初で、この擧劾を承けて被疑者の尋問が開始されるのである。(89)その尋問においては、拷問を加えることができるのも律の定めた場合に限られていた。(90)治獄の手續きはまさに「律令」に依據して進められていたのである。だからこそ、縣獄に對する擧劾文書の職務執行文言として「以律令從事」が用いられたのであろう。(91)

漢代の官文書で「以律令從事」が書かれているのは、擧劾文書の他に通行證もある。

87　五鳳二年二月甲申朔戊子、北鄉佐横敢告尉史。臨渠里大夫邱國自言、取傳、爲家私市張掖郡居延□〼
　當爲傳。謁移過所縣邑侯國、以律令從事。敢告尉史。／佐横／二月戊子、尉史□出　〼

73E.J.T24:35A

〔五鳳二年二月五日、北鄉佐の横が敢えて尉史に告ぐ。臨渠里の大夫邱國が自ら言うには、傳を取得して、家の仕事で個人的に張掖郡居延……で商いをしたい、と。……傳を取る資格がある。どうか通過地・縣・邑・侯國に通知して、律令の規定に依據して職務を執行されますよう。敢えて尉史に告ぐ。〕

張家山漢簡・二年律令の津關令(92)には津關を通過する際の手續きがいろいろと規定されており、津關の通過手續きもまた「律令」に依據して進められたため、通行證の職務執行文言として「以律令從事」が用いられたのだろう。

秦代でも「以……」が依據すべき規定を示す表現であることは次の例から確認できる。

88　卅一年後九月庚辰朔辛巳、遷陵丞昌謂倉嗇夫。令史言、
以辛巳視事。以律令假養。襲令史朝走启、
定其符。它如律令。　　　　　　　　　　　　　　　　　　　　里耶秦簡8−1560A
後九月辛巳旦守府快行　言手　　　　　　　　　　　　　　　　里耶秦簡8−1560B

〔三十一年後九月二日、遷陵丞の昌が倉嗇夫に謂う。令史が言うに二日より勤務に就いた、と。律令の規定に依據して炊事係をつける。令史朝の走である启を引き繼がせるので、その符を定めよ。它は律令の如くせよ。〕

88では辛巳の日から勤務した令史に擔當の炊事係を配備するとあるが、この炊事係の配當は「以律令」とあるように律令の規定に依據して行われている。その律令は睡虎地秦簡の金布律(93)のような規定であろう。88では「它如律令」が書き止め文言として用いられているが、「以律令從事」で結ばれる下達文書の例もある。

89　卌四年七月甲子朔癸酉、啓陵鄉守意敢言之。廷下倉守慶書
言、令佐贛載粟啓陵鄉。今已載粟六十二石。爲付券一上。
謁令倉守。敢言之。●七月甲子朔乙亥、遷陵守丞配告倉
主。下券。以律令從事。／壬手／七月乙亥旦、守府卬行　　　　里耶秦簡8−1525A
七月乙亥旦□□以來／壬發　恬手　　　　　　　　　　　　　　　里耶秦簡8−1525B

〔三十四年七月十日、啓陵鄉守の意が申し上げます。縣廷が下達した倉守慶の文書に、佐の贛に粟を啓陵鄉に運搬させよとありました。今既に粟六十二石を運搬済みです。付券を一つ作成し上呈します。どうか倉守に命じてください。以上申し上げます。●七月十二日、遷陵守丞の配が倉主に告ぐ。券を下達する。律令の規定に依據して職務を執行せよ。〕

「以律令從事」とあるからには、穀物輸送に關する券の取り扱いが律令に規定されていたために、律令に依據して職務を執行せよと命じられているのであろう。

秦代の下達文書は、このように「以律令從事」で結ばれる場合と「它如律令」で結ばれる場合があったが、そこでの命令内容について依據すべき具體的な律令の規定が有るか無いかでそれらは使い分けられていたのだろう。その使い分けの原則は、漢代に入っても基本的に繼承されるが、漢代の官文書で「以律令從事」が職務執行文言として用いられるのは、治獄や津關の通過手續きといった特定の場面に限られるようになった。

（二）「承書從事」

「承書從事」は、王國維や大庭脩が指摘するように[94]、皇帝の發した詔書を下達する場合に添附されるいわゆる詔後行下の辭（79・80など）に見える。ただし、大庭は「甲某官下乙某官、承書從事、下當用者」という文言は必ずしも詔書の傳達に限られないと指摘している。その根據となったのは次の簡である。

90　正月癸酉、河南都尉忠丞下郡大守・諸侯相。承書從事、下當用者。實字子功、年五十六、大狀、黑色、長須。
　＝建昭二年八月
庚辰、亡過客居長安當利里者雒陽上商里范義。壬午、實買所乘車馬、更乘騂牡馬白蜀車、膝布併涂載布
157・24A（A8）

〔正月癸酉、河南都尉の忠・丞の　が郡太守・諸侯相に下す。この書に從い職務を執行し、擔當者に下せ。實の字は子功、年は五十六歲、大狀、黑色、長いひげ。建昭二年八月庚辰、逃亡して長安當利里に假住まいする雒陽上商里の范義のもとに立ち寄った。壬午、實は乘っていた車馬を賣り拂い、更めて騂牡馬白蜀車に載り……〕

大庭は、これは河南都尉から郡太守・諸侯相に下された犯罪者の手配書であって詔書の頒下と無關係であるとして、「承書從事」が詔書の下達に限定されないと考えたのである。確かに、詔書は丞相から郡太守・諸侯相に下されるのが通例であるから、河南都尉が郡太守・諸侯相へ下しているこの簡は詔書の下達ではない可能性も考えられないこともない。ところが、同じ河南都尉が「詔所名捕」を下している例がある。

91　元康元年十二月辛丑朔壬寅、東部候長長生敢言之候官。官移大守府所移河南
　　都尉書曰、詔所名捕及鑄僞錢盜賊亡未得者牛延壽・高建等廿四牒。書到、庾
　　　　　　　　　　　　　　　　　　　　　　　　　　　　　　20・12A（A33）

〔元康元年十二月二日、東部候長の長生が候官に申し上げます。候官が送付してきた、太守府の送付した所の河南都尉の文書に言うには、詔所名捕及び僞金鑄造や盜賊で亡命して未逮捕の牛延壽・高建らの名籍二十四枚。この書が届いたら、庾〕

この簡は東部候長が肩水候官に送った報告書であるが、その記載から、河南都尉が「詔所名捕」および盜鑄錢の容疑者についての手配書二十四牒を張掖太守府に送付し、太守府がそれを肩水候官に、候官がそれを東部候長のもとに送付したことがわかる。「詔所名捕」とは詔による指名手配のことで[95]、次のような簡で指名手配された。

92　詔所名捕。平陵長藋里男子杜光、字長孫。故南陽杜衍▨多□、黑色、肥大、頭少髮。年可卌七八□□□□五寸□□□楊伯初亡時、駕騩牡馬乘闌擧車擧車茵張白車蓬騎騩牡馬因坐役使流亡□戸百廿三、擅置田監史不法不道。丞相御史□執金吾家屬所二千石奉捕
　　　　　　　　　　　　　　　　　　　　　　　　　　　　　　183・13（A33）

「詔所名捕」の通知は、このような簡の後に次のような文書を添えて全國に下したのであろう。

93　匿界中。書到、遣都吏與縣令以下、逐捕搜索部界中、聽亡人所隱匿處、以必得爲故。詔所名捕
重事、事當奏聞。毋留。如詔書律令。　179・9（A33）

〔管轄内に隠れている。この書が届いたら、都吏を派遣して縣令以下と、管轄内を追跡搜索し、逃亡者の潛んでいる所を聞き出し、必ず逮捕すべく心せよ。詔所名捕は重大事である。この件は上奏すべき案件である。留め置いてはならぬ。詔書律令の如くせよ。〕

最後に「如詔書律令」とあることから、この詔所名捕は詔書として下達されたことがわかる。もとより、詔所名捕は詔書による指名手配なのだから、詔書として下達されるのは當然である。從って、91で詔所名捕などの指名手配犯を張掖太守に傳えた河南都尉の下達文書も詔書を承けて下達されたと考えられよう。そうであるならば、91と同じように河南都尉から郡太守へという下達經路である90も詔所名捕の下達である可能性もあり、それ故、90を根據に「甲某官下乙某官、承書從事、下當用者」の文言を詔書の下達に限定されないと考える必要は無い。

ところで、上記の文言に含まれる「承書從事」の「承書」は、皇帝が下した文書を承ける場合に限って用いられていた。次の94と95は共に御史大夫が右扶風と謂（渭城縣）に下した傳信である。

94　甘露三年四月己未、富平侯臣延壽・光祿勳臣顯承　御史大夫定國下扶風廄。承書、以
制、詔侍御史曰、營軍司馬王章詣部、
爲駕二封軺傳。載從者一人。　正月丙午過東　次爲駕、當舍傳舍。如律令。
V 92DXT1312③:2／㋕㋔

〔甘露三年四月己未、富平侯の臣延壽・光祿勳の臣顯が皇帝の制を承けて侍御史に詔して言うには、營軍司馬の王章が赴任する。二封軺傳を準備し、從者一人を同乘させる。／御史大夫の定國が右扶風の廄に下す。この書に從い、順

番に馬車を設えよ。傳舎の利用の資格がある。律令の如くせよ。〕

95　甘露四年六月辛丑
　郎中馬倉使護敦煌郡塞外、漕作倉穿渠、　御史大夫萬年下謂。以次爲駕、當舍傳舍従者
　爲駕一乘傳、載従者一人。有請詔。　外卅一　如律令。　七月癸亥食時西
　　　　　　　　　　　　　　　　　　　　　II 90DXT0115④:34／㋕

〔甘露四年六月辛丑、郎中馬倉使の護が敦煌郡の塞外に倉庫を建て運河を開削する。一乘傳を準備し、従者一人を同乘させる。請詔による。御史大夫の萬年が謂に下す。順番に馬車を設えよ。傳舎の利用と従者の資格がある。律令の如くせよ。〕

「承書」の語がある94では、「承制、詔侍御史」とあるように皇帝の命令（制）を承けて富平侯と光祿勳が詔を出しているのに対して、「承書」の語がない95では「制」が記されていない[96]。このことから、「承書」の語が用いられるのは、皇帝の命令を受けて出された文書に限られることがわかる。大庭が「甲某官下乙某官、承書従事、下當用者」という文言が必ずしも詔書の傳達に限られないと考える根據として擧げた90にも「承書」が含まれているので、詔所名捕の下達と考えてよいだろう。なお、90では河南都尉から郡太守・諸侯相に下達されているが、これは、詔所名捕の手配犯が河南都尉の管轄内に當たる雒陽上商里の范義のもとに立ち寄ったことがきっかけでこの指名手配が行われたためと思われる。第二部第二章で述べるように、詔書は常に御史大夫から丞相、丞相から郡太守・諸侯相に下されるわけではなく、詔書の傳達内容によってさまざまな下達經路を取るのであり、90もそのような例と考えられる。

第八節 「須」

「須」字は、下達文書もしくは同格官署間での文書に時々現れる。例えば、「候粟君所責寇恩事」冊書に見える。

96 十二月己卯、居延令　・守丞勝移甲渠候官。候所責男子寇恩□鄉
置辭、爰書自證。寫移。書到、□□□□辭、爰書自證。　E.P.F22:34
須以政不直者法亟報。如律令。　掾黨・守令史賞。　E.P.F22:34

〔十二月二十七日、居延令の　・守丞の勝が甲渠候官に通知する。鄣候が返濟を求めている男子寇恩は鄉に……して供述し、爰書によって自ら證言した。書き寫して送付する。この書が届いたら、□□□□辭、爰書によって自ら證言せよ。須以政不直者法亟報。律令の如くせよ。　掾の黨・守令史の賞。〕

裘錫圭はこの「須」字の意味を「待」と解釋する。(97) 確かに、秦漢律文には「待つ」の意味の「須」の例がある。

97 縣・都官・十二郡免除吏及佐・羣官屬、以十二月朔日免除、盡三月而止之。其有死亡及故有夬者、爲補之、毋
須時。　置吏律　睡虎地秦簡・秦律十八種一五七～一五八

〔縣・都官・十二郡が吏・佐・群官屬を罷免したり任命したりする場合は、十二月一日を以て罷免・任用し、三月いっぱいで止めよ。死亡したり故意に缺員する場合があれば、それを補充し、その時期まで待ってはならぬ。〕

98 死、其寡有遺腹者、須遺腹產、乃以律爲置爵・戶後。　張家山漢簡・二年律令三七六（置後律）

〔夫が死んで、寡婦が妊娠している場合は、妊娠している子が生まれるのを待って、律の規定に依據して爵後・戸後を置け。〕

共に特定の時期や状況になるのを待つという意味である。漢簡の下達文書などに見える「須」にも文脈から待つと解釋される例はある。

99　有鞍馬。請以政對言府。須府教、以從☐　231・37（A8）

〔鞍馬を持っている。どうか政の回答を都尉府に申し上げてください。都尉府の教を待って、それで從〕

しかしながら、この例以外の「須」の用例は、秦漢律文中の例やこの例とは使い方が異なる。

100　地節四年二月乙丑、張掖肩水司馬德以私印行都尉事、謂肩水候官。寫移。書到、候嚴教乘亭塞吏、各廋索部界=中、詔所名捕施刑士金利等毋令留居部界中。毋有、具移吏卒相牽證任不舍匿詔所名捕金利等、移爰書都尉府。會二月廿五日。須報大=守府。毋忽。它如律令。　73E.J.T23:620

〔地節四年二月乙丑、張掖肩水司馬の德が私印によって都尉の業務を行い、肩水候官に謂う。書き寫して送付する。この書が届いたら、鄣候は亭塞に勤務する吏をしかと教育し、各々管轄區內を捜索し、詔書で指名手配されている施刑士の金利らを管轄區域內に滯在させてはならぬ。滯在していなければ、詔書が指名手配する金利らを匿っていない旨を吏卒が連帶保證し、その爰書を都尉府に送付せよ。二月二十五日に出頭せよ。須報太守府。なおざりにしてはならぬ。它は律令の如くせよ。〕

101　候長不相與郅校而令不相應、解何。檄到、馳持事詣官。須言府。會月二十八日日中。毋以它爲解、必坐。有　E. P. F22:454

〔候長は突き合わせせず一致しないままにした、どう辯解するのか。この檄が届いたら、急いで案件を持って候官に出向け。須言府。今月二十八日日中に出頭せよ。他の事を言い譯にしてはならぬ、必ず罪に當たるぞ。（教）有り〕

いずれの例も、「須」のすぐ後に文書發信者自身が行うべきことが記されている。100には「須報大守府」とあるが、太守府に報告するのは100の發信者である肩水都尉（この場合は肩水司馬が代行）以外にない。101には「詣官」とあることから、候官が配下の候長に下した出頭命令とわかる。出頭を命じられた候長が直接都尉府へ報告することは無い[98]ので、「須言府」は候官が行うべきこととなろう。この他にも「須」を含む用例として、12ⓒの「須報府」、75の「須集移官各三通」がある。12ⓒは肩水都尉府の下達文書を承けて肩水鄣候が配下の候長らに下した下達文書であるから、「須報府」の「府」は肩水都尉府を指し、それ故、「須報府」は肩水鄣候が行うべきことである。75も、先述のように、候官からの下達文書である「官書」(74)を承けて大煎都候丞の罷軍が部士吏に下したものであるから、「須集移官各三通」の「官」は候官であり、それ故、これも75の發信者である大煎都候丞罷軍が行うべきことである。

97・98の「須……」は「……」で示される時期や狀況になるのを待つという意味であったが、100などの例の「須……」はいずれもそれとは異なり、文書發信者自身が行うべきことが記されており、この點、97・98以外の簡牘文書中の用例で「須」の行爲主體が判明する例でも同樣である。[99]同じ文字ではあるが、このように使い方に大きな相違があるため、99を除いて簡牘文書中の「須」を秦漢律文の用例に準じて解釋することは躊躇される。實は、簡牘文書中で待つという意味で「須」字が用いられているのは99だけで、他の例では「待」字が用いられている。

102　便舍、待報。在大初元將元年六月甲子赦令前、詔書謹到。敢言之。　E. P. T27:3

〔便舍、報告を待つ。大初元將元年六月甲子の赦令の前に、詔書が謹んで届きました。以上申し上げます。〕

103　永光元年三月戊子、敦煌大守千秋▨
三人、關未敢內。今入處、待報。
到、各□吏御。記到、令亡覺部界中▨　V 92DXT1411②:9A／㋐

〔永光元年三月戊子、敦煌太守の千秋……三人、關所はまだ入ってはいない。今入ってそこにいて、報告を待て。……各□吏御。この記が届いたら、管轄區內……氣づかれないようにせよ〕

104　歸莫當還待、至明不到。屬詡妻、詡▨　E. P. F22:547

〔莫當燧に戻って待っていたが、明け方になっても來なかった。屬の詡の妻は、詡〕

102と103はともに「報」を、104は恐らく詡の到着を待つという意味で、この用例は、上揭の秦漢律文の「須」と同じ使い方である。從って、簡牘文書中では待つという意味は「待」字で表現されていたと考えられる。では、簡牘文書中の「須」はどういう意味であろうか。次の例はその手掛かりを與えてくれる。

105　□□□官。會月廿五日。毋以它爲解。須當言府、遣□□□。如律令。　E. P. F22:295

〔官。今月二十五日に出頭せよ。他の事を言い譯にしてはならぬ。須當言府、遣□□□。律令の如くせよ。〕

この例では「須當……」となっているが、典籍史料に同じ形が見える。

孫策在呉、張昭・張紘・秦松爲上賓、共論、四海未泰、須當用武治而平之。績年少末坐、遙大聲言曰、昔管夷吾相齊桓公、九合諸侯、一匡天下、不用兵車。孔子曰、遠人不服、則脩文德以來之。今論者不務道德懷取之術、而惟尚武。績雖童蒙、竊所未安也。昭等異焉。　『三國志』巻五七　陸績傳

〔孫策　呉に在り、張昭・張紘・秦松　上賓と爲り、共に論ず、四海未だ泰らかならず、須らく當に武を用いて治めて之を平らぐべし、と。績　年少なりて末坐するに、遙かに大聲もて言いて曰く、昔管夷吾　齊桓公に相たりて、諸侯を九合し、天下を一匡するに、兵車を用いず。孔子曰く、遠人　服せざれば、則ち文德を脩めて以て之を來らしむ、と。今論者　道德懷取の術に務めず、而して惟だ武を尚ぶ。績　童蒙と雖も、竊かに未だ安ぜざる所なり、と。昭等焉を異とす。〕

陸績傳の「須」を待つとは解釋できない。「須」と「當」とが連用されていることから、この「須」は「應」「宜」に通じる[100]「須らく……すべし」と讀むべき文字と解釋すべきであろう[101]。即ち、簡牘文書中の「須……」は、文書の宛先に對して具體的な命令内容を示した後で、文書發信者自身がしなければならないことを記した部分なのである。では、どうして、文書發信者自身の行うべきことが下達文書の中に記されるのだろうか。次の例では、「須」の後に文書發信者自身の行うべきこと以外の内容が記されている。

106　晦日平旦。須集移府。迫卒罷日。促毋失期。如律　E. P. T56:115

〔月末の平旦。その後、取りまとめて都尉府に送付しなければならない。戍卒の役務滿了日が迫っている。速やかに行い期日に遲れてはならぬ。律（令）の如くせよ。〕

「須集移府」の後の「迫卒罷日。促毋失期」は期日嚴守を念押しした言葉である。この例から考えれば、「須」以下は、命令遂行後に文書發信者自身の行うべきことを豫告することで、命令の完遂を念押ししているのだろう。38には「會月廿八日夕。須以集爲丞相史王卿治事。課後不如會日者必報」とあったが、この中の「會日」が「會月廿八日夕」を指すことは疑い無いので、「後不如會日者」は命令對象者で出頭期日に遲れた者を指す。それ故、「課後不如會日者必報」は「遲れて期日通りでなかった者をチェックして[102]必ず報告する」という意味になる。要するに「期限に遲れたら丞相史王卿に報告するぞ」と期日を嚴守するよう釘を刺した言葉であり、「須」以下の部分が文書送付先に對する命令完遂の念押しのために書かれた部分であることを明確に示している。

以上の検討から、「須」の後にすぐ名詞がくる99を除いて、漢代官文書中の「須……」の部分は、下達文書などの中で傳えた命令が遂行された後に文書發信者自身が行うべき事を記した部分で、この部分を挿入することで命令先に對して命令の完遂を念押しした部分であると考えられる。

第九節「謁」

「謁」字は民間人用の通行證によく見られる。

107 ⓐ永始五年閏月己巳朔丙子、北鄉嗇夫忠敢言之。義成里崔自當自言、爲家私市居延。謹案、自當毋官
獄徵事、當得取傳。謁移肩水金關・居延縣索關。敢言之。
ⓑ閏月丙子、觻得丞彭移肩水金關・居延縣索關。書到、如律令。　掾晏・令史建　15・19（A32）

〔永始五年閏月八日、北鄉嗇夫の忠が申し上げます。義成里の崔自當が自ら言うには、家の仕事で個人的に居延で商

いをしたい、と。謹んで調べましたところ、自當には役所や獄からの召喚はなく、通行證を取得する資格があります。どうか肩水金關・居延縣索關に通知してください。以上申し上げます。／閏月八日、觻得縣丞の彭が肩水金關・居延縣索關に通知する。この書が屆いたら、律令の如くせよ。掾の晏・令史の建〕

この例では、北鄉嗇夫の上申文書ⓐを承けて觻得丞が關所に出した文書ⓑには「移肩水金關・居延縣索關」とあるのに對して、北鄉嗇夫から觻得縣への上申文書ⓐには「謁移肩水金關・居延縣索關」と「謁」字が入っていることから、大庭脩はこの「謁」は謁者の「謁」で取り次ぐという意味であると説明している[103]。

「謁」はこの例と同じように文書送付先に對して何かを依頼する場合によく使われ、確かに取り次ぐという意味がぴたりと塡まる例も多い。

108　☐證。謹寫爰書移。謁報酒泉大守府。敢言之。　E.P.T52:38A

〔證言した。謹んで爰書を書き寫して送付する。「取り次いで」酒泉太守府に報告してください。以上申し上げます。〕

甲渠候官址から出土した簡なので、候官から居延都尉府への上申文書の控えであろう。その中で、酒泉太守府への報告が依頼されているが、酒泉太守府へ報告するのはこの上申文書の送付先である居延都尉府であろうから、居延都尉府はこの甲渠候官からの報告を酒泉太守府へ「取り次ぐ」ことになる。

ただし、取り次ぐとは解釋できない用例もある。

109　廿九年九月壬辰朔辛亥、遷陵丞昌敢言之。令令史感上
水火敗亡者課一牒。有不定者、謁令感定。敢言之。　里耶秦簡8-1511A

巳

九月辛亥水下九刻、感行。感手。　　里耶秦簡8-1511B

〔二十九年九月二十日、遷陵丞の昌が申し上げます。令史の感に水火敗亡者課一牒を上呈させます。定まっていない所があれば、感に定めさせることを「謁」します。以上申し上げます。／九月二十日水下九刻、感が持って行く。感が筆寫。〕

110　卅五年八月丁巳朔、貳春鄕茲敢言之。受西陽盈夷鄕戸隸計大女子一人。今上其校一牒。謁以從事。敢言之。　　里耶秦簡8-1565A

如意手　　里耶秦簡8-1565B

〔三十五年八月一日、貳春鄕の茲が申し上げます。酉陽盈夷鄕の戸隸計大女子一人を受領しました。今、その校一牒を上呈いたします。職務を執行することを「謁」する。以上申し上げます。〕

これら例では、「謁」以降の部分は上申先の官署自身が行うべきことである。それ故、この「謁」を取り次ぐと解することはできない。107と108もやはり「謁」以降の部分は文書送付先の官署が行うべきことである。「謁」字を含むこれらの文書はいずれも上申文書で、「謁」以降の部分は上申先官署に對する依頼内容になっていることから、この「謁」は請う・求めるの意味であろう[104]。これまで擧げたどの例も請う・求めると解釋して問題はない。

「謁」は、文書送付先に對して依頼する場合の他に、自身の自發的な要求や請願の場合も用いられた。

111　欲歸爵二級以免親父母爲隸臣妾者一人、及隸臣斬首爲公士、謁歸公士而免故妻隸妾一人者、許之、免以爲庶

人。工隷臣斬首及人爲斬首以免者、皆令爲工。其不完者、以爲隱官工。　軍爵

睡虎地秦簡・秦律十八種一五五～一五六

〔爵二級を返上してそれで實父母で隷臣妾となっている者一人を免除することを望む、および隷臣が斬首の功を立てて公士となって、公士を返上して元の妻で隷妾となっている者一人を免除することを求める場合は、これを許可する。工隷臣が斬首の功を立てるおよび他人が斬首の功を立ててその工隷臣を免除する場合は、みな工とする。その肉刑に處せられて身體損傷がある者は、隱官工とする。　軍爵律〕

112　吏民有罪當笞、謁罰金一兩以當笞者、許之。有罪年不盈十歲、除。其殺人、完爲城旦舂。

張家山漢簡・二年律令八六（具律）

〔吏民に罪があり笞刑に當たる場合、罰金一兩で笞刑に代替することを求める場合は、これを許可する。罪を犯しても十歲未滿の場合は、その罪を除く。人を殺した場合は、完して城旦舂とする。〕

113　子謁歸戶、許之。　張家山漢簡・二年律令三四四（戶律）

〔子が戶を返上することを求める場合は、これを許可する。〕

いずれも「謁」で求めたことに對して「許之」とあるように、これらの「謁」の内容は自身の自發的な要求や請願である。上に擧げた三例はいずれも律文であるが、簡牘文書においても同様の用法であることが次例で確認できる。

114　●卅井言、謹拘校二年十月以來
計最、未能會會日。謁言解。　430・1＋430・4(P9)

このように、秦漢官文書中に見える「謁」は取り次ぐではなく相手に對する依頼や自己の自發的な要求・請願を導く文字で請う・求めるの意味で解釋すべきである。

注

（1）大庭脩『木簡』（學生社　一九七九）一五五～一五七頁。

（2）例えば、永田英正「文書行政」（殷周秦漢時代史の基本問題編集委員會編『殷周秦漢時代史の基本問題』汲古書院　二〇〇一年）でも大庭説に基づいた説明がなされている（二八八頁）。

（3）竺沙雅章「居延漢簡中の社文書」（冨谷至編『邊境出土木簡の研究』朋友書店　二〇〇三）三四四～三四六頁。

（4）籾山明「湖南龍山里耶秦簡概述」（同氏『中國古代訴訟制度の研究』京都大學學術出版會　二〇〇六）二八四～二八五頁。

（5）秦簡の「敢告」と漢簡の「移」は同格官間で使われる語で嚴密な意味では下達ではないが、本章ではこれらも含めて「下達文言」と呼ぶことにしたい。

（6）竺沙は「謂縣。律曰」を「謂う『縣律に曰く……』」と解釋する方が素直であるとする（竺沙雅章注3前掲論文三四三頁）が、後掲12ⓐは「縣に謂う」としか讀めないし、次例では「垁池」で斷句されることは間違いないので下達内容が律の引用から始まることになる。それ故、3を「謂縣。律曰」と讀むことに問題はない。

更始二年四月乙亥朔辛丑、甲渠鄣守候塞尉二人移垁池。律曰□□□〼
□□□史驗問收責報。不服、移自證爰書。如律令。　E. P. C:39

（7）「張掖農都尉」を張掖都尉・農都尉と解した。張掖都尉は次の簡にも見え、陳夢家は郡都尉とする（陳夢家『漢簡綴述』中華書局　一九八〇　四一頁）。

張掖都尉章
肩水候以郵行
九月庚午、府卒孫意以來　74・4（A33）

（8）大庭脩注1前掲書一三二～一四五頁および本章第二節參照。また、詔後行下の辭については、大庭脩「居延出土の詔書册」（同氏『秦漢法制史の研究』創文社　一九八二）參照。なお、鄣候發信文書で本文所掲のものの他に「下…謂…」の形のものが一例ある。

九月甲戌、甲渠候　下尉、謂第四候長憲等。承書從事、下
當用者如詔書。書到言。　掾　兼尉史嚴　E. P. F22:452

この簡は詔後行下の辭であるが、詔後行下の辭でこのように「下」「謂」の兩方が使用されている例は他に確認できない。それ故、この簡は詔書下達の場合の下達文言と詔書以外の場合のそれとを混同したものと思われ、考察對象から外した。

（9）3・12ⓐのように「敢告…謂…」となる場合も、「告」と「謂」は常にこの順になる。

（10）3の縣を都尉直屬縣と見なしたとしても、縣宛の下達文書が候官を通過することはない。なお、4も縣宛の下達文書であるが、4が出土した懸泉置は次掲の簡に見えるように效穀縣所屬の機關で、後掲13のように效穀縣から文書が下達されている。それ故、4については縣宛になっていても問題はない。

效穀縣泉置嗇夫光、以亭行▨　D. Q. C:1／敦1290

（11）四月丙子、肩水騂北亭長敞以私印兼行候事、謂關嗇夫吏。寫移。書
□如律令。　令史熹、光、博、尉史賢　29・7（A32）

（12）角谷常子「中國古代下達文書的書式」（卜憲群・楊振紅主編『簡帛研究　二〇〇七』廣西師範大學出版社　二〇一〇）もこの點を再下達命令說についての疑問として提示している。

（13）14ⓐと同樣に郡太守から部都尉などに下された2・3では「縣官」「縣」となっていることから、14ⓐの「縣官官」は縣のこととわかる。さらに、本章第四節で述べるように、下達文書の「寫移」は文書發信者自身が受領した文書を書き寫して自身が發信者となる中繼轉送文書に添附して送るという意味の文言であるから、「寫移」の前で文は切れる。それ故、「縣官官」の二つ目の「官」は衍字と考えるべきであろう。

（14）13の出土狀況について、胡平生・張德芳編撰『敦煌懸泉漢簡釋粹』（上海古籍出版社　二〇〇一）六九頁の【注釋】は、出

土時、この四簡はこれらと無關係の内容の記された別の二簡と共に二本の縄で編綴されていた、と述べる。同様に、14についても、張德芳「懸泉漢簡中的〝傳信簡〟考述」（『出土文獻研究』七　二〇〇五）所載の寫眞によると、14の册書の後ろに無關係と思しき別の册書が結びつけられている。13・14が送付された時から、13・14と無關係の簡とが一册書に編綴されていたわけではなく、保管などのために後から編綴されたものと考えられる。無關係の簡と併せて編綴する際に、13・14の册書の途中の簡だけをわざわざ除外するとは考えにくいので、13・14はもとから現存の簡のみで編綴されていたと考えられる。

(15) 簡の下端が折れているので⒟部分の釋文に缺字があるが、下段C面冒頭の「候長縵・未央、候史包、燧長畸等」が文書の下達先であることは記載形式から疑い無い。

(16) 一般に、秦漢時代の官文書は發信者の印で封印され、15の場合も殄北鄣候の印が捺されていたと思われる。封泥匣の無い1の場合は、睡虎地秦簡・法律答問五七〜五八の「卽復封傳它縣」という記載を踏まえると、文書受領者が受領文書そのものを再び自印で封印して次に送ったとも考えられる。あるいは、本章第五節（三）所掲の里耶秦簡8–61＋8–293＋8–2012の「以江州印行事」のように封印印文をわざわざ附記する場合もあることからすれば、そのような附記があるもの以外は封緘されずに送付された可能性もあろう。

(17) 回覽板方式による文書傳達が行われていたとすると、本節（二）で指摘した第四點について若干補足する必要が生じる。第四點は、「A告B謂C」を再下達命令説で解釋するとA→B→Cと下達されることになるが、B發信の下達文書は存在しないというものであった。ところが、BがA發信の下達文書を回覽板方式でCに下達したとすれば、B發信の下達文書が存在しなくてもよいことになる。しかし、13・14では「A告B謂C」とあるうちのAとCの發信文書は存在しているのでBだけが回覽板方式で下達したことになるが、この場合のみ回覽形式で下達する合理的な理由が説明できない。もとより、15にしろ、里耶秦簡の例（第二部第二章所掲16）にしろ、回覽板方式での文書傳送は燧同士、縣同士の傳送であって、統屬關係に沿った下達ではないので、「A告B謂C」のBだけに回覽板方式での下達を想定することはできない。

(18) 大庭脩注1前掲書一五六〜一五七頁。

(19) 尹灣漢簡の吏員簿の縣吏員の中に尉史が見える。海西縣の條を擧げよう。

海西吏員百七人、令一人秩千石、丞一人秩四百石、尉二人秩四百石、官有秩一人、郷有秩四人、令史四人、獄史三人、官嗇夫三人、郷嗇夫十人、游徼四人、牢監一人、尉史三人、官佐七人、郷佐九人、亭長五十四人。凡百七人。

尹灣漢簡YM6D2

(20) 角谷常子「漢代居延における軍政系統都縣との關わりについて」（『史林』七六―一　一九九三）。

(21) 角谷常子は「告」「謂」の使い分けについて、文書發信者と同一官署に勤務する吏には「告」を、別の官署の吏には「謂」を使うと述べる（角谷常子注12前掲論文）。殆どの事例についてこの指摘は該當するが、角谷自身が擧げている次例（角谷論文の二二。釋文は郝樹聲・張德芳『懸泉漢簡研究』甘肅文化出版社　二〇〇九　一六九頁に據る）は該當しない。

☐效穀長禹・丞壽告遮要・縣泉置。破羌將軍將騎萬人、從東方來。會正月七日。今調米肉廚乘假　Ⅱ90DXT0114④:340A／釋238

☐自致受作、毋令客到不辨與。毋忽。如律令。　掾德成・尉史廣德　Ⅱ90DXT0114④:340B／釋238

發信者が效穀縣長丞で、受信者は遮要置と懸泉置であり、同一官署ではない。また、「記」の殆どは「府告……」「官告……」で始まるが、それぞれの受信者が都尉府および候官に勤務する吏だけというわけではないので、「告」と「謂」の使い分けが發信者と同一官署に勤務するか否かに基づくと考えることは難しい。

　角谷が指摘するように、「告」は下から上に向けてという方向性を本來持つ語であり、上行文書である本文前掲16で「敢告」が使われていることからすると、「敢告」「告」「謂」は上から下へとか下から上へといった傳達の方向性と強さを異にする語で、それ故、發信者と受信者の官位差によって使い分けられたと考える方が妥當であろう。

(22) 里耶秦簡には下達文言として「下」の用いられる例が後掲29の一例あるが、漢簡では「下」は「告」「謂」とは使用法を異にするものであったので、ここでは除外した。

(23) 里耶秦簡9–984ABと8–1560では「告」ではなく「謂」が使われているが、この場合、「某主」ではなく「某嗇夫」宛てになっている。特に、8–1560では縣丞から倉への下達で「謂倉嗇夫」と表記されているが、8–1560と同じく縣丞から倉に下達する他の例では5–1を除き全て「告倉主」に作ることから、「謂」「告」の使い分けが「主」の有無とも關連することが推測される。

「主」については次節にて検討する。なお、縣が縣内部局に下達する例のうち、上記二例も含め下達對象を「某嗇夫」と記す場合以外で「主」のない例は、單なる「主」字の書き落しと思われる。

（24）陳治國「從里耶秦簡看秦的公文制度」（『中國歷史文物』二〇〇七—一）も里耶秦簡8-158を擧げて同級官署に對して文書を發信する場合に「敢告」を用いることを指摘する。

（25）縣令長、皆秦官、掌治其縣。……皆有丞・尉、秩四百石至二百石、是爲長吏。（『漢書』巻一九上　百官公卿表上）
また、二年律令によると、令が秩八百石の縣では尉は四百石、司空・鄉部は二百石、令が秩六百石の縣では尉は三百石、鄉部は二百石、司空は百六十石である（張家山漢簡・二年律令四四七～四五〇、四五一～四六四）。

（26）角谷常子は詔書以外の文書を下達する事例を三つ擧げて、「下」は詔書の下達に限定されるわけではないと述べる（角谷常子注12前掲論文）。そのうちの一例は里耶秦簡なのでひとまず措いておきたい。殘る二例は下掲のもので、本文所掲17と同じ通行證である。II90DXT0115④:037／釋138には「詔」字が見えるし、もう一例のV92DXT1412③:100／釋195の「□請部」を張德芳注14前掲論文では「有請詔」と作るので、これらも詔を承けて發給された傳である可能性もあろう。「制」を承けずに發給された傳（次掲のI90DXT0309③:237／釋40）では「下」ではなく「謂」と書かれていることと對比すると、これら二例も詔を承けて發給された傳であると考える方が妥當であろう。

元平元年十一月己酉、□□詔使甘□□迎天馬敦煌郡。爲駕一乘傳、載御一人。御史
大夫廣明下右扶風。以次爲駕、當舍傳舍。如律令。　II90DXT0115④:37／釋138

甘露三年十月辛亥
丞相屬王彭護烏孫公主及將軍・貴人・從者道上
傳車馬、爲駕二封軺傳。□請部。
御史大夫萬年下謂成。以次爲駕。當
舍傳舍。如律令。
V92DXT1412③:100／釋195

神爵四年十一月癸未、
丞相史李尊送獲神爵六年戍卒河東・南陽・潁川・上黨・東郡・濟陰・魏郡・淮陽國、詣敦煌郡・
酒泉郡。因迎罷卒、送致河東・南陽・潁川・東郡・魏郡・淮陽國。竝督死卒傳棗。
爲駕一封軺傳。
（上段）

　　御史大夫望之謂高陵。以次爲駕、當舍
　傳舍。如律令。
（下段）I91DXT0309③:237／釋40

(27) 第一部第一章所掲81。第一部第一章で考察したように、「記」は「府告……」「官告……」という書式で、ほとんどの場合、下達對象も一名である。その點、この簡は異例である。

(28) 長沙簡牘博物館・長沙市文物考古研究所聯合發掘組「2003年長沙走馬樓西漢簡牘重大考古發現」（中國文物研究所『出土文獻研究』第七輯　上海古籍出版社　二〇〇五）參照。なお、黄泉文書であるが、本文後掲57の江陵毛家園一號漢墓出土木牘（湖北省博物館編『書寫歷史——戰國秦漢簡牘』文物出版社　二〇〇七）、邗江胡場五號西漢墓出土簡牘（揚州博物館・邗江縣圖書館「江蘇邗江胡場五號漢墓」『文物』一九八一—一一）には受信者に「主」の附く例があり、江陵鳳凰山一六八號漢墓出土竹牘（湖北省文物考古研究所『江陵鳳凰山西漢簡牘』中華書局　二〇一二）には文書末尾が「敢告主」で結ばれている。

(29) 青木俊介「里耶秦簡に見える縣の部局組織について」（『中國出土資料研究』九　二〇〇五）一〇四頁、卜憲群「秦漢之際鄉里吏員雜考」（『南都學壇』二〇〇六—一）五頁、陳治國「里耶秦簡〝守〟和〝守丞〟釋義及其他」（『中國歷史文物』二〇〇六—三）五九頁、王煥林『里耶秦簡校詁』（中國文聯出版社　二〇〇七）一〇九頁。そのうち青木は「主」「守」共に官嗇夫を指すとする。なお、汪桂海「從湘西里耶秦簡看秦官文書制度」（卜憲群・楊振紅主編『簡帛研究　二〇〇四』廣西師範大學出版社　二〇〇六）は、秦代官文書に見える「敢告主」について同様に「主」を責任官吏とする。

(30) 鄒水傑「秦代簡牘文書〝敢告某某主〟格式考」（卜憲群・楊振紅主編『簡帛研究　二〇〇九』廣西師範大學出版社　二〇一一）八七頁。

(31) 陳松長「《湘西里耶秦代簡牘選釋》校讀（八則）」（甘肅省文物考古研究所・西北師範大學文學院歷史系編『簡牘學研究』第四輯　甘肅人民出版社　二〇〇四）二二一頁。

(32) 李學勤「初讀里耶秦簡」（『文物』二〇〇三—一）七四頁、里耶秦簡講讀會「里耶秦簡譯注」（『中國出土資料研究』八　二〇〇四）一〇一頁。

(33) 王煥林注29前掲書五六頁、里耶秦簡講讀會注32前掲論文一〇一頁。

(34) 『睡虎地秦墓竹簡』は「當騰、騰皆爲報」に作るが、籾山明の指摘に従い改めた（籾山明注4前掲論文二八五～二八六頁）。

(35) 籾山明「雲夢睡虎地秦簡」（滋賀秀三編『中國法制史――基本資料の研究――』東京大學出版會　一九九三）一〇七頁。

(36) 王煥林注29前掲書五五～五六頁。

(37) 高村武幸「秦漢時代の縣丞」（同氏『漢代の地方官吏と地域社會』汲古書院　二〇〇八）三一四頁。

(38)
守丞枯、五十五日―　守加、卅四日―
守丞平、五十七日―　守頎、三百一十日―
守丞固、二百卌二日―　佐集、卌四日―
令佐穫、卌四日―　佐蘇、三百一十日―
令佐賀、一百卅日―
令佐章、百八十日―
里耶秦簡9-728

(39) 注19所掲尹灣漢簡參照。

(40) 青木俊介注29前掲論文では25を取り上げて、司空に下された文書の宛先人とされているのだから「司空主」は司空の主管者と考えるのが自然であり、都鄕の主管者と思しきものが26では「都鄕嗇夫」、24では「都鄕主」と記されていることから、「嗇夫」が「主」と表現される場合もあったと考えられると述べる（一〇四～一〇五頁）が、「縣丞主」についてこの説は成り立たないし、そもそも、司空へ下された文書の宛先人が「司空主」と書かれていることが、「主」が主管者であることの積極的根據とはならない。なお、青木論文以外の注29所掲論文では「主」を主管者・責任者とする根據は示されていない。

(41) 「敢告卒人」蓋與左傳虞箴「敢告僕夫」、揚雄州箴「敢告在階」「敢告執御」義同。不敢直言、但告其僕御耳。（黄暉『論衡校釋』巻一二　謝短篇）

(42) 大庭脩「檄書の復原」（同氏『漢簡研究』同朋舍出版　一九九二）一一二～一一三頁。

(43) 獸臣司原、敢告僕夫〔注。獸臣、虞人。告僕夫、不敢斥尊。〕（『春秋左氏傳』襄公四年）

(44) 大庭脩注42前掲論文一一三頁。

(45)　第一部第一章所掲13および次簡。

□□長丞拘校、必得事實、牒別言。與計偕、如律令。敢告卒人。　E. P. T53:33A

(46)　この點については、夙に陳直が、「卒人」は實際は太守・都尉を指して言っており、後代の「閣下」と稱するようなものであると指摘している（陳直「居延漢簡綜論　三四　居延簡所見漢代典章及公牘中習俗語」初出一九六二。同氏『居延漢簡研究』中華書局　二〇〇九　所收）。

(47)　『漢書』巻一九上　百官公卿表上によると、太守は二千石、都尉は比二千石、縣令は千石〜六百石、縣長は五百石〜三百石である。

(48)　陳松長注31前掲論文もこの「主」を尊稱と解釋するが、その根據は示されていない。この陳松長の理解に對して、鄒水傑は、「主」が下達文書中に現れることから尊稱と解釋することは難しいとする（鄒水傑注30前掲論文八六頁）が、漢簡の「卒人」は太守發信都尉宛の下達文書の中で用いられているので、この批判は當たらないであろう。

(49)　ただし、「主」の字義からすると、「卒人」のように敢えて直言しないために附け加えられた語とは考えにくい。或いは、もとは單に擔當者を指す語であったものが、後に敬意を表す語として用いられるようになったのかもしれない。

(50)　角谷常子注12前掲論文。

(51)　鵜飼昌男「漢代の文書についての一考察――「記」という文書の存在――」（『史泉』六八　一九八八）一九頁。

(52)　大庭脩注1前掲書一五五頁。

(53)　例えば、後掲78では、下達文書であるにも拘わらずⓐには「書到」という文言が落ちているが、それを承けたⓑには「書到」と記されている。

(54)　釋文は張俊民「對長沙走馬樓西漢簡牘幾條簡文的認識」（簡帛罔：http://www.bsm.org.cn/show_article.php?id=1117）に據る（但し句讀は改めた）。この簡の寫眞は西林昭一・宋少華編『簡牘名蹟選　2　湖南篇二』（二玄社　二〇〇九）に掲載されている。

(55)　長沙國、秦郡、高帝五年爲國。……縣十三。臨湘、莽曰撫睦。……酃。（『漢書』巻二八下　地理志下）

（56）文書が「如某書律令」と結ばれている場合、その文書に先行する文書は「某書」であることは、大庭脩「漢簡にみえる不道犯の事例」（同氏注8前掲書所収）一五七〜一五八頁、および同氏「肩水金關出土の『永始三年詔書』册」（同氏注42前掲書所収）三七頁に指摘されている。
（57）籾山明「爰書新探――漢代訴訟論のために――」（『東洋史研究』五一―三　一九九二）。
（58）宮宅潔「秦漢時代の裁判制度――張家山漢簡《奏讞書》より見た――」（『史林』八一―二　一九九八）、邢義田「漢代書佐、文書用語〝它如某某〟及〝建武三年十二月候粟君所責寇恩事〟簡册檔案的構成」（初出一九九九。同氏『治國安邦　法制、行政與軍事』中華書局　二〇一一　所收）。
（59）籾山明「爰書新探――古文書學と法制史」（同氏注4前掲書所收）一八六頁。
（60）張伯元「〝如律令〟的再認識」（同氏『出土法律文獻研究』商務印書館　二〇〇五）二七八頁。
（61）邢義田「漢侍廷里父老僤買田約束石券再議」（初出一九九〇　同氏『天下一家　皇帝、官僚與社會』中華書局　二〇一一に改訂收錄）。
（62）『張家山漢墓竹簡〔二四七號墓〕』はこの「它」を「詑」に讀み替え、『廣雅』釋詁を引いて「欺」の意と解する（二二一頁）が、このように解釋した場合、甲が嘘の告發をしたことになってしまうので、この讀み替えは不適切である。『二年律令與奏讞書　張家山二四七號漢墓出土法律文獻釋讀』は「今按、疑指它事、餘事、卽甲所告相關的事件」と解する。
（63）二年律令中の「窮」の解釋については、冨谷至編『江陵張家山二四七號墓出土漢律令の研究』（朋友書店　二〇〇六）の一五二〜一五三簡【注】④（九七頁）、「治」については同一〇四〜一〇六簡【注】②（七一頁）參照。
（64）它、蟲也。从蟲而長、象冤曲垂尾形。上古艸居患它、故相問無它乎。（『說文解字』十三篇下）
（65）宮宅潔注58前揭論文。
（66）甲謀遣乙盜、一日、乙且往盜、未到、得、皆贖黥。（睡虎地秦簡・法律答問四）
人臣甲謀遣人妾乙盜主牛、買、把錢偕邦亡、出徼、得、論各可殹。當城旦黥之、各畀主。（睡虎地秦簡・法律答問五）
（67）54と55は簡牘整理小組編『居延漢簡補編』（中央研究院歷史語言研究所　一九九八）に揭載されている。

(68) 中國考古學會編『中國考古學年鑑 一九八七』（文物出版社 一九八八）、湖北省博物館編『書寫歷史——戰國秦漢簡牘』（文物出版社 二〇〇七）、劉國勝「江陵毛家園一號漢墓《告地書》牘補議」（簡帛网：http://www.bsm.org.cn/show_article.php?id=890）。釋文は劉國勝に據った。

(69) 漢簡でよく見られる「如律令」は、次例に「如前書律令」とある以外は今のところ秦簡においては確認できない。

卅四年六月甲午朔乙卯、洞庭守禮謂遷陵丞。
丞言、徒隸不田。奏曰、司空厭等當坐。皆有它罪。 里耶秦簡8-755A
耐爲司寇。有書。書壬手。令曰、吏僕養走工組
織守府門、劕匠及它急事不可令田。六人予田、徒 里耶秦簡8-756
四人。徒少及毋徒、薄移治虜御史。御史以均予。今遷陵
廿五年爲縣、廿九年田、廿六年盡廿八年、當田。司空厭等 里耶秦簡8-757
失弗令田。弗令田卽有徒、而弗令田且徒少、不傅于
奏。及蒼梧爲郡九歲、乃往歲田。厭失當坐論。卽 里耶秦簡8-758
如前書律令／七月甲子朔癸酉、洞庭叚守
繹追遷陵／歇手・以沅陽印行事 里耶秦簡8-759

(70) 黃士斌「河南偃師縣發現漢代買田約束石券」（『文物』一九八二—一二）、寧可「關于『漢侍廷里父老僤買田約束石券』」（同上）、永田英正編『漢代石刻集成』（同朋舍出版 一九九四）「侍廷里父老僤約束石券」。

(71) 叔孫通遁秦歸漢、制作儀品。（『漢書』卷六七 梅福傳）

(72) 品、衆庶也。从三口。（『説文解字』二篇下）

(73) 群盜起不發覺、發覺而弗捕滿品者、二千石以下至小吏主者皆死（師古曰。品、率也、以人數爲率也）。（『漢書』卷九〇 酷吏傳・咸宣傳）

(74) 永田英正「居延漢簡の集成 二」（同氏『居延漢簡の研究』同朋舍出版 一九八九）三〇九頁。

(75) 『史記』の儒林傳にもほぼ同文が見える。

公孫弘爲學官、悼道之鬱滯、乃請曰……請選擇其秩比二百石以上、及吏百石通一蓺以上、補左右內史・大行卒史、比百石已下、補郡太守卒史。皆各二人、邊郡一人。先用誦多者、若不足、乃擇掌故補中二千石屬、文學掌故補郡屬、備員。請著功令。佗如律令。制曰可。（『史記』巻一二一　儒林列傳）

(76) 王國維『流沙墜簡』（京都東山學社　一九一四。一九九三　中華書局影印再版）。

(77) 「如詔書律令」は例えば本文後掲93に見える。この「如詔書律令」について、張伯元は、「詔書」は木簡中に見える「詔所名捕」を命じた詔令を指し、「律令」は逃亡犯の追捕についての律令の規定を指すとし、この「如詔書律令」は實質的な意味を持っていると述べる（張伯元注60前掲論文二七四頁）。しかし、逃亡犯の追捕についての律令規定の存在は推測でしかないし、張伯元の理解は王國維の考え方に合致しない。

(78) 張伯元注60前掲論文、冨谷至「行政文書の書式・常套句」（同氏『文書行政の漢帝國　木簡・竹簡の時代』名古屋大學出版會　二〇一〇）。

(79) 下段D面は、都尉府から送付されてきた觚の實物に、甲渠候官が不侵候長等に下した命令を控え書きしたものである。

(80) 「實籍」は、38に「書到、光以籍閲具卒兵。兵卽不應籍、更實定此籍」とあるのを參照すれば、「實態に卽して帳簿を作成する」というほどの意味になろう。この簡を大庭脩『大英圖書館藏　敦煌漢簡』（同朋舍出版　一九九〇）は、「如官書」を「吏出入關人畜車兵器物」に掛ける形で「吏は關を出入りした人・家畜・車馬・器物が官書の通りであったか否か、實狀を記錄し」と解釋する。そうすると、關を通過する人物等の名簿が前もって作成されていて、實際の通過者がその通りであったかどうかを點檢するということになるが、これは先の「實籍」の解釋とうまく合致しない。また、簿籍の通りという場合は「如牒」と表現されることが多い。それ故、「如官書」は「實籍吏出入關人畜車兵器物」全體に掛かると解釋すべきであろう。

(81) 候官からの命令が候官の丞を通して部士吏に下される例は他に確認できないが、これまた他に例の無い「別治富昌隧」とあることから、75の場合は何か特別の事情があったための特別の下達形態だったのであろう。

(82) 同様の書式で完全な次の簡から、これが守官任命の辭令であることがわかる。

第二隧長史臨　今調守候長。眞官到若有代、罷。　E. P. F22:248

(83)『史記』巻六〇　三王世家には「六年四月戊寅朔癸卯、御史大夫湯下丞相、丞相下中二千石、二千石下郡太守・諸侯相。丞書従事下當用者。如律令。」とあって、詔後行下の辭に「如律令」が使われている。この詔後行下の辭は、御史大夫から丞相へのものと、丞相から中二千石・二千石・郡太守・諸侯相へのものが一緒になっているが、實際は元康五年詔書冊（第二部第二章注2所掲）に見えるように、御史大夫と丞相はそれぞれ別々に詔後行下の辭を發しており、この三王世家の記載が實際の詔後行下の辭を一字一句間違うことなく正確に記録したものではないことがわかる。もとより、漢簡に見える詔後行下の辭で「如律令」と書かれる例は確認できない。なお、三王世家の詔後行下の辭については大庭脩「史記三王世家と漢の公文書」（同氏注8前掲書所収）、元康五年詔書冊については同氏注8前掲論文參照。

(84)「宗正丹」と「郡司空」の間の「下」を書き落としているものと思われる。

(85) 79の「大尹」は王莽期に太守が改稱されたものである。

改郡太守曰大尹、都尉曰太尉、縣令長曰宰。（『漢書』巻九九中　王莽傳中　始建國元年條）

(86) 大庭脩注8前掲論文二四七頁。

(87) この簡については藤田高夫「漢簡中に見える軍功賞賜について」（『古代文化』四五―七　一九九三）參照。

(88) この簡については大庭脩「簡牘中の漢律令佚文」（同氏注8前掲書所収）參照。

(89) 治獄者、各以其告劾治之。敢放訊杜雅、求其它罪、及人毋告劾而擅覆治之、皆以鞫獄故不直論。

張家山漢簡・二年律令一一三（具律）

(90) 訊獄　凡訊獄、必先盡聽其言而書之、各展其辭、雖智其訑、勿庸輒詰。其辭已盡書而毋解、乃以詰者詰之。詰之有盡聽書其解辭、有視其它毋解者以復詰之。詰之極而數訑、更言不服、其律當治諒者、乃治諒。治諒之必書曰爰書、以某數更言、毋解辭、治訊某。

睡虎地秦簡・封診式二～五

(91) 長沙五一廣場東漢簡にも「以律令従事」の文言を持つ簡があるが、これもまた獄に對する擧劾文書である。

（前略）

永初三年正月壬辰朔十二日壬寅、直符戸曹史盛劾敢言之。謹移獄。謁以律令従事。敢言之。

長沙五一廣場東漢簡J1③:281–5A

また、次の金關漢簡は擧劾文書そのものではないが、やはり獄や擧劾に關連する案件で「以律令從事」とある。

獄、至大守府絕匿房誼辭起居。萬年・不識皆故劾房・誼失寇乏□、敢告之。謹先以不當得告誣人律辯告、乃更
今將告者詣獄。長孟女已願以律移旁近二千石官治、以律令從事。敢言之。

73E.J.T21:59

(92) 津關令は、第二部第一章所掲2・3・5および同注11に擧げておいたので參照されたい。

(93) 都官有秩吏及離官嗇夫、養各一人、其佐、史與共養、十人、車牛一兩、見牛者一人。都官之佐、史冗者、十人、養一人、十五人、車牛一兩、見牛者一人。不盈十人者、各與其官長共養、車牛、都官佐、史不盈十五人者、七人以上鼠車牛、僕、不盈七人者、三人以上鼠養一人、小官毋嗇夫者、以此鼠僕、車牛。貑生者、食其母日粟一斗、旬五日而止之、別紨以叚之。　金布律

睡虎地秦簡・秦律十八種七二～七五

(94) 王國維「敦戍叢殘考釋・簿書類三」（注76前掲書所收）、大庭脩注8前掲論文。

(95) 其明敕百寮、婦女非身犯法、及男子年八十以上七歲以下、家非坐不道詔所名捕、它皆無得繫〔張晏曰、名捕謂下詔特所捕也〕。（『漢書』卷一二　平帝紀　元始四年正月條）

また、大庭脩「漢簡にみえる不道犯の事例」（同氏注8前掲書所收）一六一頁。

(96) 「承制」と「承書」の語の有無の對應關係は、侯旭東「西北漢簡所見〝傳信〟與〝傳〟——兼論漢代君臣日常政務的分工與詔書・律令的作用」（『文史』二〇〇八—三）に指摘がある（一〇頁）。

(97) 裘錫圭「新發現的居延漢簡的幾箇問題」（初出一九七九。同氏『裘錫圭學術文集』第二卷　簡牘帛書卷　復旦大學出版社二〇一二　所收　三一頁）。ただし、そこでは本文後掲101と次簡を擧げるのみで、「須」が「待」の意味である根據は特に示されていない。

鄣戍卒南陽郡葉寧里公乘張鞅、年廿三、吏官一人、持吏卒名籍、詣府。須集帛書。

185・14＋258・1（A8）

(98) 次掲のE.P.T59:161は四時の禁を犯す者の有無について、部の候長が候官に對して報告を依賴した文書、E.P.F22:51～52は候官が府へ報告した文書である。これらの例から、府の命令に對する報告は、部の候長から候官へ送られ、候官がそれを

まとめて府に報告したことがわかる。

以書言。會月二日。●謹案部隊六所吏七人卒廿四人、毋犯四時禁者。謁報。　E. P. T59:161
敢言之。

建武六年七月戊戌朔乙卯、甲渠鄣守候　敢言之。府書曰、吏　E. P. F22:51A
民毋犯四時禁。有無四時言。●謹案部吏、毋犯四　E. P. F22:52
時禁者。敢言之。

(99) 本文所掲38及び後掲105・106他にも次の例がある。

□副別之、移書。會己酉夕。須集移府。毋▨　112・28（A8）

今須集移府。課後□▨　E. P. T2:27

▨移責籍及爰書。會月七日。須言府▨　E. P. T56:134

主名。須課報府。會月廿五日。毋忽。如律令　E. P. T52:324

いずれも候官發信の下達文書の控えである。それ故、「府（都尉府）」に文書を送付したり報告したりするのは候官と考えられる。また、次に擧げる259・11は「須」の後の部分に釋讀不明字があるが、よく似た句造りのE. P. T56:88Bを參考にすれば「須有所驗」であった可能性が高い。そうであれば、これも文書發信者自身が行うべきこととして理解できる。

詣官。會辛亥旦。須有所□。毋以它爲解。　259・11（A8）

詣官。欲有所驗。　毋以它爲解
第十七候長輔上　故行　E. P. T56:88B

(100) 劉淇『助字辨略』巻一に「須、應也、宜也」とある。

(101) 簡牘文書中の「須」の用例には「待つ」の意味では解釈しにくいものがある。

▨須行令、積至今、不成令▨　52・14（A8）

「積むこと今に至るも、令を成さず」とあることから、「須行令」は「令が行われるのを待つ」ではなく「令を行う必要があるのに」の意味であろう。ただ、この「須」字を「候」「假」に釋する釋文もあり、釋讀が確定していないので、參考までにここに擧げるに止める。

（102）本文所掲28の「且課毋狀不憂者劾」と次簡の例から「課……者」は「……する者をチェックして」の意味とわかる。

課毋狀者行法。毋忽。如律令。　185・23＋185・24（A8）

（103）大庭脩「漢代の關所とパスポート」（同氏注8前掲書所收）六一一頁。

（104）『春秋左氏傳』昭公十六年注に「謁、請也」とある。なお、漢簡において、文書送付先に對する職務執行の依頼を表す字は、この「謁」の他に「唯」があり、次例のように「唯官」「唯府」という形で用いられる。

甘露三年十一月辛巳朔己酉、臨木候長福敢言之。謹移戍卒呂異衆等行
道貰賣衣財物直錢如牒。唯官移書令觻得・濼涫收責。敢言之。　E. P. T53:186

「唯」については市川任三「居延簡印章考」（財團法人無窮會『東洋文化研究所紀要』五　一九六四）一五頁。

第二部　文書の傳送

第一章　漢代の詔書下達における御史大夫と丞相

はじめに

副丞相として百官に對する考課・監察・彈劾の權限を有すると理解されてきた漢代の御史大夫に對して、新たな理解を示したのは大庭脩であった。[1]大庭は、『史記』三王世家と居延漢簡中から復原した元康五年詔書册を分析することで、御史大夫は單なる行政官ではなく、皇帝の政策遂行上で祕書官の役割を果たす草制の官であると指摘した。[2]これに對して米田健志は、草制とは王言を起草することであるから、元康五年詔書册において御史大夫が行っているような政策實施策を作成した上で皇帝に裁可を請うという行爲は草制と稱すべきではないと批判する一方で、御史大夫が政策原案の作成を擔當する祕書官であるとする大庭の考えは是認している。[3]

元康五年詔書册の文書傳送經路は、後述のように、丞相→御史大夫→皇帝→御史大夫→丞相となっていて、丞相よりも位次の低い御史大夫が丞相と皇帝の間に介在している。御史大夫を丞相と同じ行政官とするとこの點がうまく說明できないが、大庭のように御史大夫を皇帝祕書官と位置づければ、皇帝と丞相の間に御史大夫が介在することも合理的に說明できる。米田はもう一歩進んで、御史大夫と丞相との立ち位置の違いによってこの點を說明している。[4]即ち、官僚の頂點として上から官僚機構を統括する丞相に對して、御史大夫は法令を統一的に管理する機能を持ち、故事を調べて政策原案を提示するという職務を持つ者で、下から皇帝を支えるのが本分であった、と。金慶浩もまた、御史大夫は宮内にあって詔書や律令の起草および皇帝の批准を得た後の丞相への傳達を掌る者であるとして、丞相との職掌の違いを指摘することで皇帝と丞相の間に御史大夫が介在することを説明している(5)。このように、元康五年詔書冊における文書傳送經路は、皇帝祕書官としての御史大夫の役割を明確に示すものと理解されているのである。

張家山漢簡・二年律令には、丞相（「相國」と表記される場合もあるが「丞相」で代表する）・御史の上奏を皇帝が裁可するという文書形態を保ったままの津關令が含まれているが、その中には、元康五年詔書冊についての大庭の理解に從うと文書上呈經路を上手く解釋できない事例が存在する。このことは、大庭の御史大夫理解の根據のひとつである元康五年詔書冊の解釋そのものに對して再考の餘地があることを示すものである。本章では、二年律令・津關令を手掛かりとして元康五年詔書冊を再檢討し、皇帝との文書の遣り取りにおける御史大夫および丞相の役割を考察する。

第一節　大庭脩の元康五年詔書冊理解に對する疑問

初めに大庭の元康五年詔書冊理解を確認しておこう。大庭の復原した元康五年詔書冊の上申部分と、詔後行下の辭のうちの丞相發信分までを擧げよう。

1ⓐ御史大夫吉昧死言、丞相相上大常昌書言「大史丞定言『元康五年五月二日壬子日夏至宜寢兵、大官抒井、更水火、進鳴鷄。謁以聞布當用者。』」●臣謹案比、原泉御者・水衡抒大官御井。中二千石・二千石令官各
　=抒、別火　10・27（A33）

官先夏至一日以除隧取火、授中二千石・二千石官在長安雲陽者。其民皆受以日至易故火、庚戌寢兵不聽事盡、
甲寅五日。臣請布。臣昧死以聞。　5・10（A33）

ⓑ制曰可
ⓒ元康五年二月癸丑朔癸亥、御史大夫吉下丞相。承書從事、下當用者、如詔書。　332・26（A33）
　　10・33（A33）
ⓓ二月丁卯、丞相相下車騎將軍・將軍・中二千石・二千石・郡大守・諸侯相。承書從事、下當用者、如詔書。
少史慶、令史宜王・始長　10・30（A33）

〔ⓐ御史大夫の吉が恐れ多くも申し上げます。丞相の相が上呈する太常の昌の文書には「太史丞の定が言うには『元康五年五月二日が夏至なので軍事を止め、太官は井戸から水を汲み、水と火を取り替え、鳴鶏時に進めるのが宜しうございます。どうか皇帝に申し上げて擔當者に布告されますように』と。」●私が謹んで故事を調べましたところ、[6]原泉御者と水衡都尉は太官の御井から水を汲み、中二千石と二千石は官に各々汲ませ、別火官は夏至の前日に火きりぎねで火種を取って、中二千石・二千石官の長安と雲陽にある者に授けよ。民衆は皆夏至の日に貰い受けて、古い火と取り替え、庚戌の日から軍事を止めて職務を行わないこと、甲寅まで五日間といたします。どうか布告されますように。以上、恐れ多くも陛下に申し上げます。

ⓑ皇帝の制にいう「可」と。

ⓒ元康五年二月十一日、御史大夫の吉が丞相に下達する。この書に従い職務を執行し、擔當者に下達すること、詔書の如くせよ。

ⓓ二月十五日、丞相の相が車騎將軍・將軍・中二千石・二千石・郡太守・諸侯相に下達する。この書に従い職務を執行し、擔當者に下達すること、詔書の如くせよ。少史慶、令史宜王・始長。〕

各部分の内容は、

ⓐ元康五年五月二日が夏至なので、軍事活動を止め水火を改めることを提案した御史大夫の上奏文
ⓑ皇帝の裁可
ⓒ御史大夫から丞相に下された詔後行下の辭
ⓓ丞相から車騎將軍・將軍・中二千石・二千石・郡太守・諸侯相に下された詔後行下の辭

で、ⓓの後に張掖太守・肩水都尉・肩水鄣候が發信者となる詔後行下の辭が順に續く。右に擧げたⓐからⓓまでの文書傳送經路は次の通りである。

太史丞→太常→丞相→御史大夫—ⓐ→皇帝—ⓐⓑ→御史大夫—ⓐⓑⓒ→丞相—ⓐⓑⓒⓓ
→車騎將軍
→將軍
→中二千石
→二千石
→郡太守
→諸侯相

太常・丞相を經て上呈された太史丞の文書を承けて、御史大夫が具體的な實施計畫を提案した上で皇帝に上奏し、さらに、皇帝の裁可を得た後、御史大夫から丞相に下達され、丞相からさらに將軍・九卿・郡國に下達されていることから、大庭は御史大夫を皇帝の祕書官であると考えたわけである。

皇帝の裁可を得た後、詔書が初めに御史大夫に下され、御史大夫から丞相へ下達されたと理解されたのは、ⓒ以降の詔後行下の辭に記された日附と、ⓒのみ年號記載があることによる。年號が無く月日の記載から始まるⓓ以下は先行する文書があったのに對し、(7) ⓒは年號から書き始められていることから、詔後行下の辭はこのⓒから始まることになる。それ故、裁可された詔書は先ず御史大夫に下されたと考えて間違いはない。

一方、上申に際して丞相↓御史大夫↓皇帝という經路を取ったと理解されたのは、ⓐの冒頭に「御史大夫吉昧死言、丞相相上大常昌書言、大史丞定言」とあり、「御史大夫吉昧死言」に對應する「臣昧死以聞」がⓐ末尾にあるからである。「御史大夫吉昧死言」「臣昧死以聞」とあることから、皇帝に直接上奏したのは御史大夫であることは確實である。その御史大夫の上言の中に「丞相上」とあることから、丞相の上呈先が御史大夫と理解されて、結果的に、上述の上呈經路が復原されたわけである。しかし、丞相↓御史大夫の部分については再検討の餘地がある。

先述のように、張家山漢簡・二年律令には、丞相・御史の上申を皇帝が裁可するという文書形態を保ったままの津關令が含まれている。一例を擧げよう。

2　□、相國上內史書言、請諸詐襲人符傳出入塞之津關、未出入而得、皆贖城旦舂。將吏智其請、與同罪。●御史以聞、●制曰可、以闌論之。　張家山漢簡・二年律令四九六～四九七（津關令）

〔□、相國の上呈する內史の書に言うには、[8]およそ人の符傳を不正に行使し塞の津關を出入りし、まだ出入りしないうちに捕らえたら、いずれも贖城旦舂とする。將吏が事實を知っていたら、與同罪と致します、と。●御史が皇帝に申し上げた。●皇帝の制にいう「可、闌の廉でこれを論斷せよ」と。〕

丞相が內史の書を「上」し、御史（御史大夫）[9]が「以聞」している。先の1でも、太史丞の提案を記した太常の書を丞相が「上」し、それを御史大夫が「以聞」しており、上呈されてきた文書を皇帝に奉るに際して丞相と御史大夫の果たす役割が2と1で同じい。[10]2における（內史↓）丞相↓御史↓皇帝という文書上呈經路は、1に一致する。

ところが、津關令には丞相と御史が連名で以聞している例がある。

3　廿二、丞相上魯御史書言、魯侯居長安、請得買馬關中。●丞相・御史以聞。制曰可。

張家山漢簡・二年律令五二〇（津關令）

〔廿二、丞相の上呈する魯の御史の書に言うには、魯侯は長安に居住しております、どうか馬を關中で買うことをお許しください、と。●丞相と御史が皇帝に申し上げた。皇帝の制にいう「可」と。〕

3の文書上呈經路を先の2と同じように解釋すると、魯御史→丞相→丞相・御史→皇帝となり、丞相が丞相自身に上呈するという奇妙な状況が生じる。津關令には「丞相上某書」で始まり、「丞相・御史以聞」となっている例が他にも存在するので[11]、3の「丞相・御史以聞」の「丞相」が衍字であるとは考えられない。その結果、3の文書上呈經路を魯御史→丞相→丞相・御史→皇帝と考えることには問題があり、それはとりもなおさず、「丞相上魯御史書」の上呈先を以聞する者（以下「以聞者」）と解釋するのは誤りということである。2で丞相が上呈した内史書、3で丞相が上呈した魯御史書はいずれも皇帝によって裁可されており、これらの書が最終的に皇帝の元に上呈されていることは間違いないので、丞相の上呈先が以聞者でないとすれば、皇帝が上呈先であったと考える他ない。その結果、3においては、「丞相上魯御史書」の記載からは丞相が魯御史書を皇帝に上呈したことになり、その一方で、「丞相・御史以聞」の記載からは丞相と御史が皇帝に以聞したことになってしまう。

この3と2は、以聞者が御史だけか丞相・御史かという點が異なる以外は、「相國（丞相）上某書言……。●（丞相）御史以聞。制曰可」という同一の構成である。この2に見える所の、上呈されてきた文書を皇帝に奉るに際して丞相と御史大夫の果たす役割は、先述のように1と同じなので、丞相と御史大夫の果たす役割は1と2と3とで同じということになる。その結果、1で丞相が「上」している太常昌書の上呈先も、2・3と同じように、皇帝であったと考えなければならないことになる。その場合、「丞相相上大常昌書」の記載からは丞相魏相が太常昌の書を皇帝に上呈したことに、その一方で、「御史大夫吉昧死言」「臣昧死以聞」の記載からは御史大夫丙吉が皇帝に以聞したことになってしまうのである。丞相と御史大夫の行爲はどちらも皇帝に對して行われるものであるから、これらは一見矛盾しているように思える。これら二つの行爲は、どのように整合的に理解できるのだろうか。

第二節　「丞相上某書」が表す意味

この問題を考える手掛かりとなるのが次の簡である。

4　御史中丞臣彊・守侍御史少史臣忠昧死言。尙書奉御史大夫吉奉丞相相上酒泉大守武賢・敦煌大守快書言二事。其一事武賢前書、穬麥皮芒厚、以稟當食者、小石三石少不足。丞相請、郡當食稟穬麥者、石加……

I 91DXT0309③:221／釋52

〔御史中丞の臣彊・守侍御史少史の臣忠が恐れ多くも申し上げます。尙書奉御史大夫吉奉丞相相上酒泉太守武賢・敦煌太守快書では二つの件について述べています。そのうちの一件は武賢の前書に、穬麥は皮やとげが厚く、食糧受給者に支給した場合、小石三石では少なく充分ではありません、とありました。丞相は、郡に對して食糧受給者に穬麥を支給する場合、一石ごとに……を加えるよう要請しました。〕

「丞相上酒泉大守武賢・敦煌大守快書」の部分は、1の「丞相相上大常昌書」、2の「相國上内史書」、3の「丞相上魯御史書」と同じ句造りなので、この部分を含む傍線部の解釋が確定できれば、問題解決の手掛かりとなろう。

典籍や簡牘には「奉書」「奉某書」で「書を奉る」という用例があるので、(12) 4傍線部の「御史大夫吉奉丞相相上酒泉大守武賢・敦煌大守快書」も「御史大夫が……の書を奉る」という句造りである可能性が考えられる。その場合、「丞相相上酒泉大守武賢・敦煌大守快書」が一つの具體的な文書を指すことになるので、この部分は「丞相相の上せる酒泉太守武賢・敦煌太守快の書」という意味になるはずである。そのように解釋して良いか檢證しよう。

次の5も3のように「丞相上某書」となっている。

5　十六、相國上長沙丞相書言、長沙地卑濕、不宜馬。置缺不備一駟、未有傳馬、請得買馬十、給置傳、以爲恆。●相國・御史以聞、請許給買馬。●制曰可。　張家山漢簡・二年律令五一六～五一七（津關令）

〔十六、相國が上呈する長沙丞相の書に言うには、長沙は土地が低濕で、馬には適していません。置には不足があり駟馬一組も揃えられず、いまだ傳馬はおりません。どうか馬十頭を買い、置傳に配備して、それを常制としていただきますように。●相國と御史が申し上げて、馬を買って配備することを許可されるよう請うた。●皇帝の制にいう「可」と。〕

冒頭の「相國上長沙丞相書言」は一般的な訓讀では「相國が長沙丞相の書を上して言う」と讀む。その場合、「言」の後に續く部分は長沙丞相書を踏まえた丞相自身の言葉になるが、長沙丞相書の記載內容そのものである可能性も皆無ではない。この簡には「請得買馬十、給置傳、以爲恆」と「請許給買馬」の部分に二度「請」字が現れるが、後者は「相國・御史以聞」の後にくることから主語が丞相・御史であることは明らかである。そうすると、前者の主語は丞相・御史ではなく長沙丞相と考えるべきであろう。その結果、「言」の目的語に當たる「長沙地卑濕……以爲恆」の部分は長沙丞相書の記載內容となるので、「相國上長沙丞相書言」は「相國の上せる長沙丞相の書に言う（丞相の上呈する長沙丞相の文書には次のように記されている)」と訓ずるのが正確な讀みとなろう。[13] 5の「相國上長沙丞相書」がこのように解釋されるならば、同じ句造りの4傍線部の「丞相相上酒泉大守武賢・敦煌大守快書」も同様に「丞相相の上せる酒泉太守武賢・敦煌太守快の書（丞相相が上呈する所の酒泉太守武賢と敦煌太守快の文書)」と解釋できる。そうすると、4傍線部を、典籍や簡牘の「奉某書」と同じ句造りとして「御史大夫吉が、丞相相の上呈する所の酒泉太守武賢・敦煌太守快の文書を奉る」という意味に解釋することができる。

4傍線部に見える所の、丞相が上呈する某官の書を御史大夫が奉るという文書上呈形態は1に一致する。それ故、4の「御史大夫吉奉」は1ⓐの「御史大夫吉昧死言」「臣昧死以聞」に相當する行爲と考えて良いだろう。從って、4傍線部の「御史大夫吉奉丞相相上酒泉大守武賢・敦煌大守快書」は「丞相相の上呈する所の酒泉太守武賢・敦煌太守快の文書を御史大夫吉が以聞する」という意味に解釋できる。

4傍線部ではその冒頭に「尙書奉」が附いているが、この「尙書奉」は具體的には尙書がどうすることなのだろうか。4傍線部では御史大夫が以聞する場面で尙書が「奉」じているが、これと同じ状況が『漢書』霍光傳に見える。

羣臣以次上殿、召昌邑王伏前聽詔。光與羣臣連名奏王。尙書令讀奏曰「丞相臣敞・大司馬大將軍臣光……昧死言皇太后陛下。臣敞等頓首死罪。……與孝昭皇帝宮人蒙等淫亂、詔掖庭令敢泄言要斬。」太后曰「止。爲人臣子當悖亂如是邪。」王離席伏。尙書令復讀曰「取諸侯王列侯二千石綬及墨綬黃綬、以幷佩昌邑郎官者免奴。……臣敞等昧死以聞。」皇太后詔曰「可。」光令王起拜受詔。王曰「聞、天子有爭臣七人、雖無道不失天下。」光曰「皇太后詔廢、安得天子。」乃卽持其手、解脫其璽組、奉上太后、扶王下殿、出金馬門、羣臣隨送。

『漢書』卷六八　霍光傳

〔羣臣　次を以て殿に上り、昌邑王を召して前に伏して詔を聽かしむ。光　羣臣と名を連ねて王を奏す。尙書令　奏を讀みて曰く「丞相臣敞・大司馬大將軍臣光……昧死して皇太后陛下に言う。臣敞等頓首死罪。……孝昭皇帝の宮人蒙等と淫亂し、掖庭令に詔して敢て言を泄さば要斬せん」と。太后曰く「止めよ。人の臣子たりて當に悖亂なること是の如きなるべけんや」と。王　席を離れて伏す。尙書令復た讀みて曰く「諸侯王・列侯・二千石の綬及び墨綬黃綬を取りて、以て幷びに昌邑の郎官なる者免奴に佩びしむ。……臣敞等昧死して以聞す」と。皇太后詔して曰く「可」と。光　王をして起ちて詔を拜受せしむ。王曰く「聞くならく、天子　爭臣七人有らば、無道と雖も天下を失わず、と」と。光曰く「皇太后詔して廢す、安んぞ天子たるを得んや」と。乃ち卽きて其の手を持ち、其の璽組を解脫し、奉りて太后に上し、王を扶けて殿を下り、金馬門より出で、羣臣隨い送る。〕

霍光達が昌邑王賀を廢位する場面であるが、そこでは「丞相臣敞・大司馬大將軍臣光……昧死言皇太后陛下」で始まり「臣敞等昧死以聞」で結ばれる霍光らの上奏文を尙書令が皇太后に向かって讀み上げている。先の4傍線部についても「御史大夫吉奉丞相相上酒泉大守武賢・敦煌大守快書」を「尙書奉」の目的語と考えれば、この「尙書奉」は霍光傳において尙書令が霍光などの上奏文を讀み上げているのに完全に重なる。尙書令が上奏文を讀み上げる場面は『史記』三王世家にも見える。

A　大司馬臣去病昧死再拜上疏皇帝陛下。陛下過聽使臣去病待罪行閒……昧死願陛下詔有司、因盛夏吉時定皇子位。唯陛下幸察。臣去病昧死再拜以聞皇帝陛下。

B　三月乙亥、御史臣光守尙書令奏未央宮。

C　制曰「下御史。」

D　六年三月戊申朔乙亥、御史臣光守尚書令・丞非下御史。書到言。

『史記』巻六〇　三王世家

霍去病の上奏文Aを尚書令（ここでは御史が代行。以下、兼任・代行については注記しない）が未央宮で讀み上げている（B）が、それに續いてC「制曰『下御史』」という皇帝の批答が記されていることから、尚書令による上奏文の讀み上げが皇帝に對するものであることがわかる。

これらの例に見えるように、皇帝に以聞される上奏文は、以聞者に代わって尚書令が皇帝に對して讀み上げるのである[14]。それ故、4傍線部の「尚書奏」も以聞すべき上奏文を尚書（令）が皇帝に對して讀み上げることを指すと考えてよいだろう。以上のことから、4傍線部は「丞相が上呈する酒泉太守・敦煌太守の文書を御史大夫が以聞し、それを尚書が皇帝に對して讀み上げた」と解釋される[15]。

このように「尚書奏」が尚書による皇帝への上奏文讀み上げであるならば、御史大夫がやっている所の「以聞」とは具體的にどういう行爲なのだろうか。以聞も同じく皇帝に對して申し上げるという意味で一般に理解されているので、「尚書奏」との違いを明確にする必要があろう。次の史料は、前漢武帝期に守軍正丞であった胡建が、北軍の軍垣に穴を空けて商人に便宜を圖るという不正を働いた監御史を選士馬の日に護軍諸校の面前で斬殺した時の話である。

遂斬御史。護軍諸校皆愕驚、不知所以。建亦已有成奏在其懷中。遂上奏曰「臣聞、軍法、立武以威衆、誅惡以禁邪。今監御史公穿軍垣以求賈利、私買賣以與士市。不立剛毅之心勇猛之節、亡以帥先士大夫、尤失理不公。用文吏議、不至重法。……臣謹以斬、昧死以聞。」制曰「司馬法曰、國容不入軍、軍容不入國。何文吏也。三王或誓於軍中、欲民先成其慮也。或誓於軍門之外、欲民先意以待事也。或將交刃而誓、致民志也。建又何疑焉。」建繇是顯名。

『漢書』巻六七　胡建傳

〔遂に御史を斬る。護軍の諸校皆愕驚するも、所以を知らず。建亦た已に成奏有りて其の懷中に在り。遂に上奏して曰く「臣聞く、軍法、武を立て以て衆を威し、悪を誅して以て邪を禁ず。今監御史公けに軍垣を穿ち以て賈利を求め、私に買賣して以て士と市す。剛毅の心、勇猛の節を立てず、以て士大夫に帥先たる亡く、尤も理を失い公たらず。文吏の議を用いれば、重法に至らず。……臣謹んで以て斬り、昧死して以聞す」と。制に曰く「司馬法に曰く、國容には軍を入れず、軍容には國を入れず、と。何ぞ文吏あらんや。三王或いは軍中に誓うは、民の先に其の慮を成さんことを欲すればなり。或いは軍門の外に誓うは、民の先に意い以て事を待つを欲すればなり。或いは將に刃を交えて誓うは、民の志を致せばなり。建又た何をか疑わんや」と。建　是より名を顯わす。〕

「昧死以聞」と結ばれる胡建の上奏文は「建亦已有成奏在其懷中」とある所の「成奏（書き上げた上奏文）」に書かれていたものである。それ故、「以聞」とは上奏文を作成して皇帝に奉ることを具體的には指し、本章で言う所の以聞者とは上奏文の作成者に當たる。胡建の場合、上奏文が皇帝に對して奉られた時、おそらく胡建自身は皇帝の面前にはいなかっただろうが、上奏文が皇帝に對して讀み上げられる時に以聞者が皇帝の面前に侍する場合もあった。霍光傳の昌邑王賀廢位の記事では、丞相楊敞・大司馬大將軍霍光以下三十六名が以聞者になるが、「羣臣以次上殿」とあり、また、上奏が皇太后によって裁可された後、霍光自身が昌邑王から璽組を取り上げ、殿上から下ろし、群臣と一緒に金馬門を出ていることから、この三十六名の以聞者は皇帝（この場合は皇太后）の面前に侍していたことがわかる。その一方で、南粵王の趙佗が文帝に上奏した例(16)に見えるように、上奏文だけが皇帝のもとに届けられ、以聞者自身は皇帝の面前にいない場合も當然あった。

このように、以聞が上奏文を作成して皇帝に奉ることであるならば、「丞相・御史以聞」とある3の場合、上奏文

表　二年律令・津關令の上呈者と以聞者

簡番號（括弧内は本章での番號）	上呈者	以聞者
二年律令496～497（２）	相國	御史
二年律令502～503	相國	相國・御史（この場合は「復請」）
二年律令504～505	相國	相國・御史
二年律令512	相國	御史
二年律令516～517（５）	相國	相國・御史
二年律令519	丞相	丞相・御史
二年律令520（３）	丞相	丞相・御史
二年律令521	丞相	丞相・御史
二年律令522	丞相	丞相・御史
二年律令523～524	丞相	丞相・御史

は丞相・御史の連名で作成され、３冒頭から「丞相・御史以聞」までがその上奏文の内容に當たる。その上奏文の中に丞相の上呈する魯御史書が引用されているわけであるから、この丞相・御史連名の上奏文は丞相の上呈する魯御史書を皇帝に奉るための文書だったことになる。その結果、３の「丞相上魯御史書」と「丞相・御史以聞」とは、どちらも魯御史書を皇帝に奉る行爲であって實質的には同じになる。ところが、以聞者が丞相と御史であるにも拘わらず、魯御史書を「上」す者（以下「上呈者」）として記されているのは丞相のみで、以聞者と上呈者が一致していない。２では、以聞者は御史、上呈者は相國であって、全く別なのである。そこで、上呈者の記載のある津關令[17]について文書の上呈者と以聞者を一覧にすると、表のようになる。

一見すれば明らかなように、上呈者は常に丞相で、以聞者は丞相と御史、または御史だけであり、全ての事例において上呈者と以聞者は完全には一致しない。以聞者は皇帝に奉る上奏文の作成者であり實體のある存在である以上、それと常に完全には一致しない上呈者は實體の無い存在と考えざるを得ない。その結果、「丞相上某書」という記載も實體のない形式的記載と考えざるを得ないだろう。換言するならば、他官の文書を皇帝に上呈する上奏文が御史單獨の作成であろうが丞相・御史連名での作成であろうが、その上奏文の文言は常に「丞相が上呈する某官の文書に言うには」という表現を取っていたと考えざるを得ないということである。

その傍證となるのが乙瑛碑(18)である。乙瑛碑は、前魯相乙瑛の提案を承けて司徒吳雄と司空趙戒が孔子廟に百石卒史を置くことを請願し、それが裁可されて下された詔書および詔後行下の辭をそのまま碑文に刻んだものである。

司徒臣雄・司空臣戒稽首言。魯前相瑛書言、詔書崇聖道、……（中略）……大司農給米祠。臣愚以爲、如瑛言。
＝孔子大聖、則象乾巛、爲漢制作、先世所尊、祠用衆[牲]、長□[備]□、[今欲]加
寵子孫、[敬]恭明祀、傳于罔極、可許。臣請魯[相]爲孔子廟置百石卒史一人、掌領禮器、[出]□□□、□[犬]酒直、
他如故事。臣雄・臣戒、愚戇誠惶誠恐、頓[首]頓首、死罪死罪。臣稽首以聞。
制曰可　[司徒公]河[南]□□□□[字]季高
元嘉三年三月廿七日壬寅、奏雒陽宮　司[空公]蜀[郡成都]□[戒]字意伯
元嘉三年三月丙子朔廿七日壬[寅]、司徒雄・司空戒下魯相。承書[從]事、下當用者。[選其年]卌[以]□、經通一
藝、雜試通利能奉弘先聖之禮、爲[宗]所[歸]者。如詔書。書到言。

ここでは魯前相乙瑛の文書（「詔書崇聖道……大司農給米祠」）を承けて司徒・司空が以聞しているので、この場合の文書上呈經路は魯前相→司徒・司空→皇帝となる。司徒と司空は丞相と御史大夫がそれぞれ改名されたもの(19)であるから、乙瑛碑の文書上呈經路は、3の魯御史→丞相・御史→皇帝という經路と同一とみなしてよい。それにも拘わらず、乙瑛碑には「魯前相瑛書言」とあるだけで、3で魯御史書を丞相が上呈することを示す「丞相上魯御史書」の「丞相上」に相當する記載が無い。このことは、3の「丞相上」が現實の文書上呈經路に即した實體のある記載なのではなく、あくまで形式的記載に過ぎないことを示すものである。

以上の検討の結果、津關令において丞相が他官の文書を上呈することを表す「丞相上某書」という記載はあくまで形式的記載に過ぎず、他官の文書は現實には御史および丞相・御史の作成する上奏文に引用されることで皇帝に奉ら

れたと考えられる。１の中で津關令の「丞相上某書」に相當するのはⓐ冒頭の「丞相相上大常昌書」である。これを形式的記載と考えるならば、太常昌書は丞相ではなく御史大夫吉の上奏文ⓐによって皇帝に奉られたことになる。その場合、文書上呈經路は太史丞→太常→御史大夫→皇帝となり、官位の高い丞相から低い御史大夫へ「上」げられるという状況は生じない。御史大夫は丞相の一等下に位置する官職[20]ではあるが、丞相同様に郡國からの上書を皇帝に以聞する役割も擔っており[21]、１の文書上呈經路に丞相が含まれないことに問題は無い。１における現實の文書上呈經路は太史丞→太常→御史大夫→皇帝であって、御史大夫と皇帝の間に丞相が介在することはなかったのである。

第三節　詔書下達における最初の下達者

１では、太史丞の提案は皇帝の裁可を得た後、詔書として全國に下達されてゆくわけだが、最初の下達先はⓒに見えるように御史大夫で、御史大夫から丞相に、さらに丞相から中央地方の諸官に下達されてゆく。ここでの文書下達經路が皇帝→御史大夫→丞相→内外諸官となっていることもまた、大庭が御史大夫を皇帝の祕書官と考えた根據の一つであろう。邊境出土簡を見ると、１の他にも皇帝→御史大夫→丞相という下達經路を取る詔後行下の辭の例を確認することができる。なお、７の大司空は御史大夫が改稱されたものである。

６ⓐ▨史大夫廣明下丞相。承書從事、下當用者、如詔書。書到言。
ⓑ▨□郡大守・諸侯相。承書從事、下當用者、如詔書。書到、明白布告▨
▨到、令遣害郡縣、以其行止□。如詔書律令。書到言。／丞相史▨
ⓒ▨下領武校・居延・屬國・部・農都尉・縣官。承書▨　65・18（A33）

7　綏和元年六月癸卯朔庚午、大司空武下丞相。下當用者　254・10（A8）

8　永始五年二月戊戌朔己亥、御史大夫光下丞相。下當用者　甲附18

しかしながら、皇帝から詔書が最初に下されるのが常に御史大夫というわけではない。

9ⓐ永光四年閏月丙子朔乙酉、大醫令遂・丞襃下少府中常方。承書從事、下當用者、如詔書。ⓑ閏月戊子、少府餘・
=獄丞從事
▨□□□□□□丞相府。承書從事、下當用者、如詔。／掾未央・屬順・書佐臨
ⓒ▨□□□□□□□□騎將軍・御史・中二千石・郡大守・諸侯相。承書從事、下當用者。書到言。／掾□□・令
=史相
18・5（A8）

太醫令は少府の屬官で、中常方も少府の屬官である倘方のことであろう。[22]ⓑの「少府餘・獄丞從事」はⓐを承けて詔書をさらに下達する際の發信者、次の行に見える「丞相府」はⓑでの下達先である。ⓒの「□騎將軍」以下も「承書從事」の前に書かれていることから、ⓒでの下達先であること間違いない。また、太醫令が發信者になっているⓐは年號から始まっているので、この詔書を下達する際の詔後行下の辭は太醫令發信分から始まっていることになる。つまり、9の最初の詔書下達者は太醫令で、その結果、9の詔書下達經路は皇帝→太醫令→少府→丞相→□騎將軍・御史・中二千石・郡太守・諸侯相となる。□騎將軍と中二千石の間に御史が見えるが、その位置からするとこの御史は御史大夫のことであろう。[23]そうすると、9の詔書下達においては御史大夫が丞相から下達されていることになるが、中央官の一つとして中二千石と竝んで詔書が下されていると考えれば特に問題にはならない。

もしも、大庭の言うように御史大夫が皇帝の祕書官であるならば、詔書が下達される場合は常に1のようにまず御

史大夫に下されるはずであるが、そうではない例がある以上、御史大夫を皇帝祕書官と考えることはできない。逆に、9では皇帝→太醫令→少府→丞相と下達されているので、もしも最初の詔書下達者が皇帝の祕書官であるならば太醫令がそれに當たることになるが、太醫令が祕書官とは考え難いので、最初の詔書下達者を皇帝の祕書官とみなすこともまた誤りと言わねばならない。では、皇帝の裁可を得た詔書が最初に下されるのはどのような者なのであろうか。

1と乙瑛碑では、以聞者と最初の詔書下達者の兩者が判明する。1では御史大夫が以聞し、裁可後、初めに御史大夫に下されており、乙瑛碑では、司徒と司空が以聞し、裁可後、初めに司徒と司空に下されている。次の『史記』三王世家の記事でも、以聞者と最初の詔書下達者がわかる。

R　太僕臣賀行御史大夫事昧死言。太常臣充言、卜入四月二十八日乙巳、可立諸侯王。臣昧死奏輿地圖、請所立國名。禮儀別奏。臣昧死請。

S　制曰「立皇子閎爲齊王、旦爲燕王、胥爲廣陵王。」

T　四月丁酉、奏未央宮。

U　六年四月戊寅朔癸卯、御史大夫湯下丞相、丞相下中二千石、二千石下郡太守・諸侯相、丞書從事、下當用者。如律令。

『史記』巻六〇　三王世家

三皇子の諸侯王封建の上奏が武帝に裁可された後の部分である。Rで御史大夫が封建の日附けと輿地圖を上奏している。このRには「以聞」という語そのものは見えないが、「昧死言」という表現から、これが以聞であることがわかる。これを承けて、Sで武帝が三皇子の國名を決定した。武帝の制可を承けたこの詔書が最初に御史大夫に下されたことが、最初の詔後行下の辭であるUの發信者が御史大夫であることからわかる。この例では、御史大夫が以聞し、裁可後、始めに御史大夫に下されている。わずか三例であるが、これらに共通するのは、裁可された詔書が最初に下されているのは以聞者本人であるという點である。

裁可の事例ではないが、三王世家には以聞者とその上奏が最初に下された者のわかる例がもう一つある。前節所掲のA～Dである。霍去病の最初の上奏Aは、Cに「制曰下御史」、Dに「御史臣光守尚書令・丞非下御史」とあるように、ここでは、以聞者である霍去病ではなく御史に下されている。この場合は、集議のために御史に下されたのであろうが、注目されるのは、Cの制において下達先が明示されていることである。これに對して、裁可された詔書が以聞者に下されたR～Uでは、制による下達先の明示は無い。

三王世家には、最初の霍去病の上奏Aから、封建の日附けと輿地圖を提案した御史大夫による最後の上奏Rまで、全部で六回の上奏（A・E・H・L・O・R）が記載されており、さらに、それに對する皇帝の批答も記載されている。既に擧げたA・Rの以外の上奏とそれに對する批答は以下の通りである。

E　丞相臣青翟・御史大夫臣湯、太常臣充、大行令臣息、太子少傅臣安行宗正事昧死上言。「……臣青翟・臣湯等昧死請立皇子臣閎・臣旦・臣胥爲諸侯王。昧死請所立國名。」

F　制曰「蓋聞周封八百……其更議以列侯家之。」

G　三月丙子、奏未央宮。

H　丞相臣青翟・御史大夫臣湯昧死言「……臣請立臣閎・臣旦・臣胥爲諸侯王。」

I　三月丙子、奏未央宮。

J　制曰「康叔親屬有十而獨尊者……家以列侯可。」

K　四月戊寅、奏未央宮。
L　丞相臣青翟・御史大夫臣湯昧死言「……臣請立臣閎・臣旦・臣胥爲諸侯王。」
M　四月癸未、奏未央宮。
N　留中不下。
O　丞相臣青翟・太僕臣賀・行御史大夫事太常臣充・太子少傅臣安行宗正事昧死言「……臣請令史官擇吉日、具禮儀上、御史奏輿地圖、他皆如前故事。」
P　制曰「可。」
Q　四月丙申、奏未央宮。

『史記』巻六〇　三王世家

Lに對しては、「留中不下」とあるように皇帝からの批答がなかったが、その他の上奏に對しては皇帝が批答しており、FとJは丞相などの上奏（E・H）を拒否して列侯で良いというもの、PはOを裁可したものである。

これらの批答では、拒否・裁可いずれの場合も、Cの「制曰下御史」のような下達先の指示は無い。では、これらの批答の下達先は誰だったのだろうか。そこで氣づくのは、これらの批答を承けて次に上げられたH・L・Rの以聞者は、それぞれの批答の對象となった上奏E・H・Oの以聞者を含んでいるという點である。卽ち、Hの以聞者は丞相と御史大夫であるが、これはその一つ前の上奏Eの以聞者であり、Lの以聞者も丞相と御史大夫だが、これもその一つ前の上奏Hの以聞者である。さらに、Rの以聞者は御史大夫であるが、これもその一つ前の上奏Oの以聞者なのである。このように、批答の下達先が明示されていない場合は、常に一つ前の上奏の以聞者が次の以聞者となっている。このことから、以聞に對する批答は以聞者本人に返されるのが基本で、以聞者以外に下される場合にはCのような形で下達先が明示されたと考えられるのである。1・乙瑛碑・三王世家R～Uの事例でも、Cの「制曰下御史」のような下達先の指示は無いのだから、上奏が裁可され詔書として下達される場合も、上奏に對する批答と同じように、以聞者本人に最初に下されるのが基本であったと考えられる。

先述のように、9の詔書下達經路は皇帝→太醫令→少府→丞相→□騎將軍・御史・中二千石・郡太守・諸侯相であったが、第五節で述べるように、裁可された詔書を内外諸官に廣く下す場合は必ず丞相から下されており、實際、9でも丞相から内外諸官に下されている。9は内外諸官に廣く下すべき詔書なのだから、最初から丞相に下せば良いにも拘わらず、最初に下されているのは太醫令で、太醫令から少府、少府から丞相という經路をわざわざ取って丞相に傳達されているのも、裁可された詔書が最初に下されるのが以聞者本人であれば合理的な説明がつく。

従って、1が丞相ではなく御史大夫に最初に下達されているのも、御史大夫が皇帝の祕書官だったからではなく、以聞者だったからに他ならない。同様に、詔書が皇帝→御史大夫→丞相という下達經路を取る例として擧げた6～8で御史大夫が最初の詔書下達者になっているのも、御史大夫が以聞者だったからであろう。

第四節　元康五年詔書冊および『史記』三王世家における御史大夫の役割

前節までの檢討の結果、他官の文書を皇帝に上呈する場合に、御史大夫などの上奏文に「丞相上某書」と見えるのは、實體の無い形式的記載に過ぎないこと、それ故、實際の上呈經路は、文書作成者→（丞相・）御史大夫→皇帝だったことが明らかとなった。また、詔書の下達については、上奏文は以聞者（上奏文作成者）に回報されるのが基本的な形で、家臣からの上奏が裁可されて詔書として下達される場合も、その上奏の作成者（以聞者）に最初に下されるため以聞者が最初の詔後行下の辭の發信者となるのであり、御史大夫が最初の詔書下達者となっているのも、御史大夫が以聞者だったことに因ることが明らかとなった。

大庭は元康五年詔書冊（1）の復原を元に、御史大夫を皇帝の祕書官と理解したのであるが、その根據の一つが、文書の上呈において、丞相の提出した案件を御史大夫が皇帝に取り次ぎ、また、裁可を得た詔書も皇帝からまず御史大夫に下されているという點であった。しかしながら、實際の皇帝への文書上呈經路は太常→御史大夫→皇帝であって、御史大夫が丞相からの文書を皇帝に取り次いでいるわけではないし、最初に御史大夫に下されるのも、あくまでその裁可を得た上奏の以聞者が御史大夫であったことに因るに過ぎず、詔書下達に際して最初の下達者が常に御史大夫であるわけではない。從って、大庭が御史大夫を皇帝祕書官とした根據の一つは成り立たないといわざるを得ない。

大庭の根據の二つ目は、元康五年詔書冊（1）において御史大夫が丞相からの提案を受け止め、施行細則を決定した上で皇帝に上奏している點、および、『史記』三王世家においても、三皇子諸侯王封建の裁可（前掲P）を得た後、御史大夫が具體的な實施原案を作成している（R）ことである。このような御史大夫は皇帝の政策遂行において祕書官の役割を果たしていると大庭は評價したわけである。しかしながら、1において御史大夫が施行細則を定めているのは、先述のように丞相からの提案を受けてではなくて、太常からの提案を受けてなされたことである。後述のように、御史大夫は副丞相として百官を統率する立場であったことを踏まえれば、太常の提案を受けて施行細則を定めたのは、皇帝祕書官としてではなく、百官を統率する副丞相として行ったことである可能性も考えられよう。

この點を檢證するために、皇帝への上書において御史大夫がどのような役割を果たすのかを確認しておこう。

吏民からの上書を受け取るのは公車司馬であった。

漢官儀云、公車司馬掌殿司馬門、夜徼宮中。天下上事及闕下凡所徵召皆總領之。令秩六百石。

『漢書』巻一九　百官公卿表　衞尉・公車司馬條顔師古注

〔漢官儀に云えらく、公車司馬　殿の司馬門を掌り、夜　宮中を徼る。天下の上事及び闕下の凡て徵召する所皆之を總領す。令は秩六百石。〕

公車司馬令一人、六百石。本注曰、掌宮南闕門、凡吏民上章、四方貢獻、及徵詣公車者。

司馬彪『續漢書』百官志二　衞尉條

〔公車司馬令一人、六百石。本注に曰く、宮南闕門、凡て吏民の上章、四方の貢獻、及び徵せられて公車に詣る者を掌る。〕

公車は前漢では長安・未央宮の北闕に(24)、後漢では上掲百官志に見えるように宮の南闕に置かれた。上掲の百官表に「天下上事」、百官志に「吏民上章」とあるように、この上書自體は誰でも可能であった。邊境出土簡には民の女性や候官所屬の屬吏が奉った上書の傳送記録が確認できる。

10　□□平明里大女子妄上書一封、居延丞印。　建平五年二月辛未、夜漏上水十刻起。　二月甲戌夜食、騂馬卒良
=受沙頭卒同。夜過半
上公車司馬　　居延廷左長昌行、直廿　　時、良付不今卒豐。

506・5（A35）

〔□□平明里の大女子妄の上書一封、居延丞の印で封印。公車司馬に奉る。建平五年二月辛未の夜漏上水十刻に居延縣廷を發信。左長の昌が送達する。直二十。二月甲戌の夜食時に騂馬卒の良が沙頭卒の同より受け取る。夜過半時に

良が不今卒の豐に渡す。〕

11　張掖肩水廣地候賓□□長昌昧死再拜□□　　本始元年四月己酉日蚤食時
　騎置馳行上　　　　　　　　　　　　　　　入□□□長壽隧□□□隧長妻報報子□□□□
　行在所公車司馬以聞
　　□□五年四月戊申日餔時受□□□

73E. J. T24:244

〔張掖肩水廣地候官の賓□□長の昌が恐れ多くも再拜して□□する。騎置が馳せて行在所・公車司馬に奉り申し上げる。□□五年四月戊申日餔時に□□□より受け取る。本始元年四月己酉の日蚤食時に……長壽燧……燧長の妻報と報の子の……〕

10には「上書」「上公車司馬」、11には「上行在所公車司馬以聞」という文言が見えており、これらが上書であることは明らかである。公車司馬の下に屆けられた上書は、皇帝に奉られる前に尙書によってその內容が確認された。

　又故事、諸上書者皆爲二封、署其一曰副。領尙書者先發副封、所言不善、屛去不奏。相復因許伯白、去副封以防雍蔽。宣帝善之、詔相給事中。皆從其議。　『漢書』巻七四　魏相傳

〔又た故事、諸て上書する者皆二封を爲り、其の一に署して副と曰う。尙書を領する者先に副封を發き、言う所善からざれば、屛去して奏せず。（魏）相復た許伯に因りて白す、副封を去り以て雍蔽を防がん、と。宣帝　之を善みし、相に詔して中に給事せしむ。皆　其の議に從う。〕

宣帝の時のことであるが、尙書を領する者が上書の副封を「發」くとある。「發」は封印を開くという意味[25]であるから、この時點まで上書は開封されていなかったことがわかる。そして、尙書の內容點檢を經た上書は、先述のように

尙書令によって皇帝に對して讀み上げられるのである。以上の手順の中には御史大夫は現れてこない。つまり、上書が皇帝に奉られる過程に御史大夫はもとより介在しないのである。從って、1では太史丞の提言を記した太常の文書が太常↓御史大夫↓皇帝という經路で上呈されているが、太常の文書を上書と見なすのは正確ではない。上書は尙書に屆くまで開封されないのだから、御史大夫がその内容を讀んでいる太常の文書は上書ではあり得ない。1の中で上書と言えるのは、「臣昧死以聞」で結ばれる御史大夫の文書ⓐのみである。1は御史大夫自身の上書が裁可されて詔書として下達された事例であって、他官の上書に附加する形で御史大夫が具體案を作成しているわけではない。1ⓐは、太常が配下の太史丞からの提言を御史大夫に上申したのを承けて、御史大夫がその具體的な實施案を作成して皇帝に以聞したものであって、この政策立案はあくまで御史大夫によるものである。ここで御史大夫が太常からの文書を受け取っているのも、その提言を踏まえて具體的な實施案を作成しているのも、あくまで百官を統括する副丞相としての職務として考えるべきであろう。

ここにみえる御史大夫の役割と類似する事例が『漢書』五行志に見える。

是歲遣博士褚大等六人持節巡行天下、存賜鰥寡、假與乏困、擧遺逸獨行君子詣行在所。郡國有以爲便宜者、上丞相・御史以聞。　『漢書』卷二七中之下　五行志中之下

〔是の歲　博士褚大等六人を遣わして節を持ちて天下を巡行し、鰥寡に存賜し、乏困に假與し、遺逸獨行の君子を擧げて行在所に詣らしむ。郡國　以て便宜と爲す者有らば、丞相・御史に上し以聞せしむ。〕

丞相・御史に上呈して以聞せよとあるが、上書は先述のように皇帝に直接奉られるもので丞相も御史大夫もそれには關與していなかった。それ故、この部分は具體的には、郡國から丞相・御史大夫に上申し、丞相・御史大夫がそれを

皇帝に以聞するということで、當然、丞相・御史大夫は郡國からの上申内容を吟味し、皇帝に以聞するか否かを決定したであろうし、以聞するに値する上申内容があれば、具體的な實施案を作成して以聞したであろう。この場合も、丞相・御史大夫は官僚機構のトップとして郡國からの提言を受け具體的な實施案を作成しているのである。

このように、御史大夫による施行細則や具體的な實施案の作成は、あくまで百官を統括する副丞相としての職務であって、皇帝の祕書官として行われているわけではない。

第五節　詔書下達における丞相の役割

御史大夫を皇帝の祕書官と見なす根據の一つとして、1において裁可を得た詔書が最初に御史大夫に下され、御史大夫から丞相に傳達されたことが擧げられていたが、最初に御史大夫に下されたのは御史大夫が以聞者であったからと考えられる。しかし、御史大夫から丞相に下されているという點もまた、御史大夫が皇帝の祕書官である根據とされていた。御史大夫が皇帝祕書官でないならば、御史大夫から丞相に下されるのは何故なのか。

1と同様に、丞相から廣く內外諸官に詔書が下されている例は他にも幾つか確認できる。

12　四月庚子、丞吉下中二千・二千・郡大守・諸侯相。承書從事、下當用者　T. VI. b. i. 35／敦1595

13　正月庚子、丞相玄成下小府・車騎將軍・將軍・中二千石・二千石・郡大守・諸侯相。承書從事、下當用者。／少史通・令史舜　Ⅰ90DXT0214①:129／釋3

14　正月辛丑、御史大夫定國行丞相事下小府・中二☒
承書從事、下當用者、如詔書。書到言。／屬實・令史元☒　E. P. T53:66A

15　八月辛丑、大司徒宮下小府・安漢公・大傅・大司馬・大師・大保・車騎☒　53・1A（A33）

16　四月癸未、大司徒宮下小府・大傅・大司馬・大［宰］☒　99ES17SH1:19

15・16の大司徒は丞相が改名されたものである。14・15・16は途中で斷切しているが、「中二千石」「車騎將軍」「大傅・大司馬・太師」などが重複することから、13のように中央の將軍や九卿および郡國の守相に廣く下したものと考えられる。6も、ⓐの下達對象として丞相が見えることから、ⓑで郡太守・諸侯相に下達しているのは丞相である。
次の例も、内外諸官に詔書を下す役割を丞相が果たしている。

17ⓐ丞相方進・御史臣光昧死言。
……（中略）……
縣官還息與貸者它不可許它別奏。臣方進・臣光愚戇頓首頓首死罪死罪☒
制　可。
ⓑ永始三年七月戊申朔戊辰、□☒
下當用者。
ⓒ七月庚午、丞相方進下小府・衞將軍・將軍・二千石・二千石・部刺史・郡大守・諸☒
下當用者。書到言
ⓓ十月己亥、張掖太守譚・守郡司馬宗行長史☒
書從事、下當用者。明篇懸亭顯處、令吏民皆知之。如詔書。

ⓔ十一月己酉、張掖肩水都尉譚・丞平下官。下當用者。如詔
ⓕ十一月辛亥、肩水候憲下行尉事謂・關嗇夫吏。承書從事。明扁亭隧
　處。如詔書。　　士吏猛　　　　　　　　　　　　　74.E.J.F16:1-16／釋212

これは永始三年詔書冊と呼ばれるもので、(26)以聞者は丞相翟方進と御史大夫孔光である。裁可後の最初の下達者は斷切のため不明であるが、最初の詔書下達者を以聞者とすれば丞相および御史大夫になる。ところが、ⓒの發信者が丞相であるので、最初の詔書下達者を丞相と御史大夫とすると、丞相と御史大夫が丞相に下達するという奇妙な状況が生じてしまう。それ故、最初の詔書下達者は二人の以聞者のうちの御史大夫と考えざるを得ないだろう。(27)そうすると、この上奏および詔書の傳達經路は、丞相・御史大夫→皇帝→御史大夫→丞相→將軍・九卿・郡國守相となり、以聞者が丞相・御史大夫の二人であるにも拘わらず、最初の詔書下達者は御史大夫だけで、丞相はわざわざその御史大夫から下達される形を取っていることになる。

詔書の下達においては丞相から内外諸官に下されていたが、詔書ではない下達文書の場合は、詔書の場合とは異なり、廣く内外諸官に文書を下しているのは必ずしも丞相ではない。

18　永光五年六月癸酉朔乙亥、御史大夫弘移丞相・車騎將軍・將軍・中二千石・二千石・郡人守・諸侯相。五月庚申、
　　＝丞相少史李忠
守御史、假一封傳信、監嘗麥祠　　　　　　　　　　　　Ⅱ90DXT0216②:867／釋26
孝文廟事。己巳、以傳信予御史屬澤欽。欽受忠傳信、置車笭中、道隨亡。今寫所亡傳信副、移如牒。書到、二千
　　＝石各明白布
告屬官縣、吏民有得亡傳信者、予購如律。諸乘傳驛駕、廄令長丞亟案、莫傳有與所亡傳同封弟者、輒捕
　　　　　　　　　　　　　　　　　　　　　　　　　　Ⅱ90DXT0216②:868／釋26

轂、上傳信御史府。如律令。
七月庚申、敦煌大守弘・長史章・守部候脩仁行丞事敢告部都尉卒人、謂縣官。官寫移。書到、如律令。／掾登・屬建・佐政光
Ⅱ90DXT0216②:869／釋26

これは「失亡傳信册」と呼ばれる紛失した傳信の捜索命令[28]で、御史大夫から丞相・車騎將軍・將軍・中二千石・二千石・郡太守・諸侯相に下されており、詔書の場合の經路とは異なる。中央・地方の諸官に廣く文書を下達するという同樣の狀況であるにも拘わらず、詔書と御史大夫發信文書とで下達經路における丞相の位置が異なることから、文書下達における丞相の關わり方の相違は下達文書が詔書か否かという點に起因すると考えられよう。17では、以聞者が丞相と御史大夫の二人でありながら、內外諸官への下達は丞相から行うという形を殊更に取っていたことを踏まえると、詔書は丞相から內外諸官に下達する形を取ること自體に意味があったと考えられよう。

先述のように、1では御史大夫が以聞者であったにも拘わらず、「丞相相上大常昌書」と記されて丞相から皇帝に上呈される形を取っていた。また、ここで見たように、內外諸官に詔書を下す場合は丞相から下達する形をわざわざ取っていた。一方、詔書の最初の下達者は丞相ではなく御史大夫の場合が多かった。文書の傳達に關して、丞相と御史大夫の現れ方にこのような相違があるのは何故なのだろうか。

第六節　丞相と御史大夫

丞相と御史大夫はともに官僚機構のトップとして百官を統べる存在であるが、實は兩者の職責は全く同じではない。

相國・丞相、皆秦官、金印紫綬、掌丞天子助理萬機。……哀帝元壽二年更名大司徒。御史大夫、秦官、位上卿、銀印青綬、掌副丞相。……成帝綏和元年更名大司空、金印紫綬、祿比丞相。……哀帝建平二年復爲御史大夫、元壽二年復爲大司空。

『漢書』巻一九上　百官公卿表上

丞相には天子を助けることがその職責として記されるのに對して、御史大夫のほうには副丞相を掌るとあるだけで、天子を補佐するという記載はない。この違いは、百官公卿表だけでなく、當時の官僚の發言の中にも確認できる。

上曰「苟各有主者、而君所主者何事也。」平謝曰「主臣。陛下不知其駑下、使待罪宰相。宰相者、上佐天子理陰陽、順四時、下育萬物之宜、外鎭撫四夷諸侯、內親附百姓、使卿大夫各得任其職焉。」孝文帝乃稱善。

『史記』巻五六　陳丞相世家

〔上曰く「苟くも各おの主る者有らば、君の主る所の者は何事ぞ」と。平謝して曰く「臣を主る。陛下　其の駑下を知らず、罪を宰相に待たしむ。宰相なる者は、上は天子を佐けて陰陽を理め、四時に順い、下は萬物の宜しきを育み、外は四夷諸侯を鎭撫し、內は百姓に親附し、卿大夫をして各おの其の職に任ずるを得しむ」と。孝文帝乃ち善を稱す。〕

後二歲餘、朱博爲大司空、奏言「帝王之道不必相襲、各緐時務。高皇帝以聖德受命、建立鴻業、置御史大夫、位次丞相、典正法度、以職相參、總領百官、上下相監臨、歷載二百年、天下安寧。

『漢書』巻八三　朱博傳

〔後二歲餘、朱博　大司空と爲り、奏言すらく「帝王の道は必ずしも相い襲わず、各おの時に緐りて務む。高皇帝聖德を以て命を受け、鴻業を建立し、御史大夫を置き、位　丞相に次ぐ、法度を典正し、職を以て相い參し、百官を總領し、上下相い監臨し、載を歷ること二百年、天下安寧たり。〕

陳丞相世家の記事は、宰相の職務は何かという文帝の問いに對する左丞相陳平の答え、朱博傳の記事は、大司空への改稱後に異變が起きたことを承けて、大司空の朱博が官名を御史大夫に戻すことを哀帝に上奏した時の言葉である。その中で、宰相、卽ち、丞相は天子を補佐することが、御史大夫は丞相に次ぐナンバー2として百官を統括することがそれぞれの職務とされている。御史大夫は丞相に次ぐナンバー2でありながら、天子を補佐するという役割は持っていない。この點に注目すれば、御史大夫はあくまで百官を統括する者であり、その百官と天子との間を繋ぐのが丞相であったということができる。詔書の下達に際しては丞相が内外諸官に下すという形を殊更に取り、他官の文書を皇帝に上呈する場合に實際の以聞者に拘わりなく丞相が上呈するという形を形式的に取っていたのも、丞相が百官と天子とを繋ぐ者であったからとすれば理解できるだろう。

丞相と御史大夫はこのように役割を異にする者であるが、兩者が改稱された大司徒（司徒）と大司空（司空）がともに最初の詔書下達者となって詔書を諸官に下す例がある。前掲の乙瑛碑では、司徒・司空が以聞者で、裁可後に以聞者である司徒・司空に詔書が最初に下されていたし、次の簡も同樣の例である。

19　元始五年十二月辛酉朔戊寅、大司徒晏・大司空少傅豐下小府・大師・大保・票騎將軍・少傅・輕車將軍・步兵□□宗伯・監御史・使主兵・主艸・主客・護漕・都尉・中二千石・九卿眞二千石□州牧・關二郡大守・諸侯相・＝關都尉　79.D.M. T13:1A／敦1108A

簡牘中に「詔書」の語は含まれないが、第一部第二章第二節で述べたように、漢代、「下」は詔書の下達に限って用いられているので、これが詔後行下の辭であることは疑い無い。また、冒頭に年號記載があることから、これが詔後行下の辭の最初であることも確實である。それ故、この場合は、大司徒と大司空が最初の詔書下達者で、この二人の名義で詔書が内外諸官に廣く下されていることになる。

このように乙瑛碑と19では、大司徒（司徒）と大司空（司空）から内外諸官へ詔書が下達されていて、丞相から内外諸官へ詔書が下される前揭の例とは合致しないが、それは大司空への官名變更に伴う御史大夫の地位の變化によるものである。御史大夫が成帝綏和元年に大司空に改稱された際、前揭の『漢書』百官公卿表の御史大夫條に見えるように、銀印靑綬から金印紫綬に改められ、祿も丞相と同じになった。大司空は御史大夫から單に官名が變わっただけではなく、大司徒（丞相）に竝ぶ地位となったのである。その結果、大司空は大司徒と共に天子を補佐する役割を擔うようになったのであろう。乙瑛碑と19で大司空が大司徒とともに詔書を百官に下しているのは、御史大夫が大司空へ改名されたのに伴い、百官の長として天子と百官との間を繫ぐ役割を擔うようになったことを示すものである。

これまで述べたように、丞相は天子を補佐し天子と百官の間を繫ぐ者で、皇帝への上書においては文書上呈者として、詔書の下達においては內外諸官への下達者として現れるのであるが、このような丞相の在り方はあくまでも形式上のことであって、實際には皇帝に對する以聞を擔當するのは多くが御史大夫であり、最初の詔書下達者になるのも多くが御史大夫であった。實態としては御史大夫が皇帝との文書の遣り取りを擔當していながら、形式的には丞相が擔當する形になっていたわけである。ここに、形式的存在としての丞相と實質的存在としての御史大夫、換言すれば、理念的存在としての丞相と現實的實務擔當者としての御史大夫という各々の立ち位置の違いを見ることができよう。前揭の『史記』陳丞相世家に見える「宰相たる者、上は天子を佐けて陰陽を理め、四時に順い、下は萬物の宜しきを育む」者であって、政治の實務については九卿を始めとする擔當者に任せれば良いという言葉は、丞相のそのような理念的存在としての一面を明確に示すものである。また、次の丙吉の振る舞いも同様である。

吉又嘗出、逢淸道羣鬭者、死傷横道。吉過之不問、掾史獨怪之。吉前行、逢人逐牛、牛喘吐舌。吉止駐、使騎吏問「逐牛行幾里矣。」掾史獨謂丞相前後失問。或以譏吉、吉曰「民鬭相殺傷、長安令・京兆尹職所當禁備逐捕、歳竟丞相課其殿最、奏行賞罰而已。宰相不親小事、非所當於道路問也。方春少陽用事、未可大熱、恐牛近行用暑故喘、此時氣失節、恐有所傷害也。三公典調和陰陽、職當憂。是以問之。」掾史乃服、以吉知大體。

『漢書』巻七四　丙吉傳

〔吉又た嘗て出で、淸道に羣鬭する者に逢う、死傷するもの道に横たわる。吉　之を過ぎるも問わず、掾史獨り之を怪む。吉前行し、人の牛を逐うに逢う、牛喘いで舌を吐く。吉止め駐まりて、騎吏をして問わしむ「牛を逐い行くこと幾里ぞ」と。掾史獨り謂う、丞相前後失問すと。或ひと以て吉を譏る、吉曰く「民の鬭いて相い殺傷するは、長安令・京兆尹の職の當に禁備して逐捕すべき所にして、歳竟らば丞相　其の殿最を課し、奏して賞罰を行うのみ。宰相は小事に親しまず、當に道路に於いて問うべき所に非ざるなり。方春　陽少なくして事を用いる、未だ大熱なるべからざるに、恐らくは牛近く行くに暑さを用て故に喘ぐ、此れ時氣　節を失う、恐らくは傷害する所有ればなり。三公陰陽を調和するを典る、職當に憂うべし。是を以て之を問う」と。掾史乃ち服し、以えらく吉　大體を知ると。〕

丞相である丙吉は、丞相は陰陽の調和を掌ることが職責であるといって、途中で見かけた刃傷沙汰を放置している。これらの例から、丞相は現實の政治には直接關與しない理念的な存在であったことがわかるだろう。

丞相と御史大夫のこのような立ち位置の違いの現れの一例と思われるのが、皇帝が政策等を實施するに際して用いる「制詔御史」という表現である。制詔の對象となっている御史は、御史大夫ではなく、御史大夫の屬官である御史である。[29]「制詔御史」の例を幾つか擧げよう。

單于既約和親、於是制詔御史「匈奴大單于遺朕書、和親已定、亡人不足以益衆廣地、匈奴無入塞、漢無出塞、犯今約者殺之、可以久親、後無咎、俱便。朕已許。其布告天下、使明知之。」

『漢書』巻九四上　匈奴傳上

〔單于既に和親を約す、是に於いて御史に制詔すらく「匈奴大單于　朕に書を遺り、和親已に定まる、亡人以て衆を益し地を廣むるに足らず、匈奴　塞に入る無く、漢　塞を出づる無し、今約を犯す者は之を殺し、以て久しく親しみ、後に咎なく、俱に便なるべし。朕已に許す。其れ天下に布告し、之を明知せしめよ」と。〕

後四歳、天下已定、詔御史令豐治枌楡社、常以時、春以羊彘祠之。令祝立蚩尤之祠於長安。……其後二歳、或言曰「周興而邑立后稷之祠、至今血食天下。」於是高祖制詔御史「其令天下立靈星祠、常以歳時祠以牛。」

『漢書』巻二五上　郊祀志上

〔後四歳、天下已に定まり、御史に詔して豐をして枌楡社を治め、常に時を以て、春は羊彘を以て之を祠らしむ。祝をして蚩尤の祠を長安に立てしむ。……其の後二歳、或ひと言いて曰く「周興りて邑ごとに后稷の祠を立て、今に至るも天下に血食す」と。是に於いて高祖　御史に制詔す「其れ天下をして靈星祠を立て、常に歳時を以て祠るに牛を以てせしめよ」と。〕

是時、潁川太守黄霸以治行第一入守京兆尹。霸視事數月、不稱、罷歸潁川。於是制詔御史「其以膠東相敞守京兆尹。」自趙廣漢誅後、比更守尹、如霸等數人、皆不稱職。

『漢書』巻七六　張敞傳

〔是の時、潁川太守黄霸　治行第一を以て入りて京兆尹を守す。霸　事を視ること數月、稱わず、罷めて潁川に歸る。是に於いて御史に制詔す「其れ膠東相敞を以て京兆尹を守せしめよ」と。趙廣漢誅されるより後、比りに守尹を更う、霸等の如き數人、皆　職に稱わず。〕

初めの匈奴傳は、匈奴との和親が成ったのでそれを天下に告知するよう命じたもので、恐らく元康五年詔書册（1）のような形でその內容が全國に廣く布告されたのであろう。郊祀志は社や祠の設置と祭祀方法の指示、張敞傳は官吏の任免についての指示である。このような指示が御史を通して下達され[30]、實施されているわけである。傳信の發給では、將軍などが制を承けて御史に詔し、それを承けて御史大夫が傳を發給していることから[31]、これらの場合も、皇帝の命令は御史から御史大夫へ傳えられ、御史大夫が皇帝の命令を實施したのであろう。丞相と御史大夫は共に府を構え配下に多くの屬吏を從えているが[32]、このような形で皇帝が制詔する對象となっているのは御史が多く、丞相府の屬官に制詔されている例は確認できない。そうすると、上掲のような指示は、皇帝→御史→御史大夫という形で傳達され、御史大夫が處理する場合が多かったということになろう。なお、『史記』三王世家でも霍去病の上奏を承けた皇帝が「御史に下」し（C）、それを承けて丞相・御史大夫等が霍去病の上書に贊同する意見を述べている（E）し、肉刑廢止の詔も「制詔御史」を承けて丞相と御史大夫が刑法改革の原案を上奏している[33]。いずれも丞相と御史大夫が意見を述べているので、御史に下された皇帝の命令は御史の上官である御史大夫だけではなく丞相にも傳えられているのであるが、御史にまず下されるという點から、これらの場合も御史大夫が中心的な役割を果たしていたと推測される。

おわりに

監察官としての役割が强調されていた御史大夫に對して、大庭が皇帝祕書官という新しい評價を與えたのは、元康五年詔書册と『史記』三王世家に見える御史大夫の姿を皇帝祕書官として相應しいと見たからであった。ところが、本章で檢證したように、元康五年詔書册に對する大庭の理解は修正されるべきで、元康五年詔書册などに見える御史大夫の立場や役割は、皇帝祕書官ではなく、百官を統括する副丞相としてのものと理解すべきであった。

御史大夫は確かに皇帝祕書官と見紛うばかりの役割を果たしていたが、それは丞相と御史大夫のそもそもの立ち位置の違いに因る。卽ち、丞相は天子を補佐し天子と百官の間を繫ぐ者であるのに對して、御史大夫は丞相に次ぐナンバー2として百官を統括する者であった。このような立ち位置の違いによって、丞相は理念的存在として、御史大夫は現實的實務擔當者として現實の政治の中では現れてくるのである。そのような現實的實務擔當者としての御史大夫の姿が、いかにも皇帝祕書官のように見えたわけである。

元康五年詔書册の文書傳送において丞相と皇帝の間に位次の低い御史大夫が介在していたことが、米田・金慶浩が――明言はしていないが恐らく大庭自身も――御史大夫を皇帝祕書官と理解した理由であるが、本章で考察したように、皇帝との文書の遣り取りにおいて現れる丞相はあくまで形式的なものに過ぎない。それ故、丞相と皇帝の間に御史大夫が介在することを説明するために、行政官である丞相とは異なる性格を御史大夫に想定する必要はない。御史大夫こそが大庭らの言う所の行政官なのであって、丞相は行政實務から離れた存在であった。大庭らの指摘する御史大夫の職務や役割こそ、官僚機構を統率し行政全般を統括する官として相應しいものであろう。

注

（1）安作璋・熊鐵基『秦漢官制史稿』（齊魯書社　一九八四）など。

（2）大庭脩「漢王朝の支配機構」および「居延出土の詔書册」（同氏『秦漢法制史の研究』創文社　一九八二）。

（3）米田健志「前漢後期における中朝と尙書――皇帝の日常政務との關連から――」（『東洋史研究』六四―二　二〇〇五）および「前漢の御史大夫小考――『史記』三王世家と元康五年詔書册の解釋に關して――」（『奈良史學』二七　二〇〇九）。

（4）米田健志注3前掲「前漢の御史大夫小考」六九頁。

（5）金慶浩「漢代文書行政和傳遞體系──以〝元康五年詔書冊〟爲中心」（卜憲群・楊振紅主編『簡帛研究　二〇〇六』廣西師範大學出版社　二〇〇八）一八九頁。

（6）「比」を故事と解釋するのは、米田健志の說に據る（米田健志注3前掲「前漢の御史大夫小考」六六頁）。

（7）中繼轉送文書の特徵として、年號を書かずに月日の記載から始めることが擧げられる。大庭脩「居延新出『候粟君所責寇恩事』冊書──爰書考補──」（同氏注2前掲書所收）六六三～六六四頁。

（8）後に檢討するように、津關令冒頭の「A上B書言……」は「Aの上呈するBの文書に言うには……」という意味であるので、それに從って解釋した。

（9）津關令で以聞している者は「御史」または「丞相・御史」であるが、御史大夫の屬官には御史丞の率いる御史三十人がいるので、この以聞している「御史」は御史丞配下の御史である可能性もある。しかし、後掲の『史記』三王世家では、O（英字記號は、大庭脩「史記三王世家と漢の公文書」同氏注2前掲書所收　に據る）に「御史奏輿地圖」とあるところRでは御史大夫が輿地圖を奏しているので、Oの「御史」は御史大夫のこととわかる。また、永始三年詔書冊（後掲17）に「丞相臣方進・御史臣光昧死言」と見える二人は丞相翟方進と御史大夫孔光であり、ここでも御史大夫が「御史」と省略されている。『漢書』には丞相と御史大夫を「丞相御史」と記す例が多く見られる。津關令では「丞相・御史以聞」のように御史が丞相と竝列される例もあるので、2で以聞している御史は御史大夫と考えて間違いない。以下、本文でも御史大夫の意味で「御史」の語を用いる。御史については櫻井芳朗「御史制度の形成（上）（下）」（『東洋學報』二三─二・三　一九三六）、永始三年詔書冊については大庭脩「肩水金關出土の『永始三年詔書』冊」（同氏『漢簡研究』同朋舍出版　一九九二）參照。

（10）ただ、1のⓐ冒頭にあった「御史大夫吉昧死言」という部分が2には缺落しているが、津關令の文には丞相と內史および御史の個人名が記されていないことからわかるように、この津關令は元々の上申を整理して令としたものであり、これらの個人名と冒頭にあったはずの「御史某昧死言」はその際に削除されたのであろう。

（11）後掲5および次例。

□、相國上中大夫書、請中大夫謁者、郎中、執盾、執戟家在關外者、得私置馬關中。有縣官致上中大夫、郎中、中大夫、郎中爲書告津關、來、復傳、津關謹閲出入。馬當復入不入、以令論。●相國・御史以聞、●制曰可。

張家山漢簡・二年律令五〇四～五〇五（津關令）

廿一、丞相上長信詹事書、請湯沐邑在諸侯、屬長信詹事者、得買騎、輕車、吏乘、置傳馬、關中比關外縣。丞相・御史以聞、●制

張家山漢簡・二年律令五一九（津關令）

●丞相上魯御史書、請魯中大夫謁者得私買馬關中、魯御史爲書告津關、它如令。●丞相・御史以聞、制曰可。

張家山漢簡・二年律令五二一（津關令）

●丞相上魯御史書、請魯郎中自給馬騎、得買馬關中、魯御史爲傳、它如令。丞相・御史以聞、制曰可。

張家山漢簡・二年律令五二二（津關令）

廿三、丞相上備塞都尉書、請爲夾谿河置關、諸漕上下河中者、皆發傳、及令河北縣爲亭、與夾谿關相直。●闌出入、越之、及吏卒主者、皆比越塞闌關令。●丞相・御史以聞、制曰可。　張家山漢簡・二年律令五二三～五二四（津關令）

（12）於是呂后令呂澤使人奉太子書、卑辭厚禮、迎此四人。四人至、客建成侯所。（『史記』巻五五　留侯世家）

徐岑叩頭言

……　73E.J.T24:20A

爲今元不一」二。謹因往人奉書。叩頭再拜白　73E.J.T24:20B

（13）第四部第四章第一節所掲Ⅲ（イ）にも類似の「廷移甲渠候書曰……」という表現が見える。引用部分末尾の「書到、驗問治決言」が「廷」の命令であることから、これ以前の「去年十二月中……不相當廿石」が甲渠候書の記載内容であることがわかる。それ故、「廷移甲渠候書曰……」は「廷の送付してきた甲渠候の書には……と書かれている」と讀むべきである。

（14）上奏文を皇帝に對して讀み上げ、皇帝の下した詔を群臣に取り次ぐということで尚書令が果たしている役割は、漢初においては大謁者が果たしていたようである。

高皇帝所述書天子所服第八曰「大謁者臣章受詔長樂宮、曰『令羣臣議天子所服、以安治天下。』相國臣何・御史大夫臣昌謹與將軍臣陵・太子太傅臣通等議『春夏秋冬天子所服、當法天地之數、中得人和。故自天子王侯有土之君、下及兆民、能法天地、順四時、以治國家、身亡禍殃、年壽永究、是奉宗廟安天下之大禮也。臣請法之。中謁者趙堯舉春、李舜舉夏、兒湯舉秋、貢禹舉冬、四人各職一時。』大謁者襄章奏、制曰『可。』」（『漢書』卷七四　魏相傳）

(15) 冒頭に「昧死言」とあることから、4自體は御史中丞と守侍御史少史の上書であり、丞相が上呈し御史大夫が以聞した酒泉太守と敦煌太守の書はその中で取り上げられているわけである。恐らく、酒泉太守と敦煌太守の書が丞相から皇帝に上申された後、御史中丞等に下され、それを承けて御史中丞などが再度上奏した文を記したのがこの簡なのであろう。

(16) 陸賈至、南粵王恐。乃頓首謝、願奉明詔、長爲藩臣、奉貢職。於是下令國中曰「吾聞兩雄不俱立、兩賢不竝世。漢皇帝賢天子。自今以來、去帝制黄屋左纛。」因爲書稱「蠻夷大長老夫臣佗昧死再拜上書皇帝陛下。……昧死再拜以聞皇帝陛下。」
（『漢書』卷九五　南粵傳）

(17) 本文および注11所掲の例の他に次の二例がある。

九、相國下[上]內史書言、函谷關上女子廁傳、從子雖不封二千石官、內史奏、詔曰入、令吏以縣次送至徙所縣。縣問、審有引書、毋怪、□□□等比。●相國・御史復請、制曰可。

張家山漢簡・二年律令五〇二～五〇三（津關令）

十三、相國上內史書言、諸以傳出入津關而行產子駒未盈一歲、與其母偕者、津關謹案實籍書出入。●御史以聞。制曰可。

張家山漢簡・二年律令五一二（津關令）

(18) 洪适『隸釋』卷一「孔廟置守廟百石孔龢碑」、王昶『金石萃編』卷八「孔廟置守廟百石卒史碑」、高文『漢碑集釋』（河南大學出版社　一九九七）「乙瑛碑」、永田英正編『漢代石刻集成』（同朋舍出版　一九九四）「乙瑛碑」。

(19) 本章第六節所掲『漢書』百官公卿表上。

(20) 本章第六節所掲『漢書』朱博傳。

(21) 六月、詔曰「日者有司以幣輕多姦、農傷而末衆、又禁兼并之塗、故改幣以約之。……郡國有所以爲便者、上丞相・御史以聞。」（『漢書』卷六　武帝紀元狩六年條）

(22) 少府、秦官、掌山海池澤之稅、以給共養。有六丞。屬官有尙書、符節、太醫、太官、湯官、導官、樂府、若盧、考工室、左弋、居室、甘泉居室、左右司空、東織、西織、東園匠十六官令丞。……又中書謁者、黃門、鉤盾、尙方、御府、永巷、內者、宦者八官令丞。(『漢書』巻一九上　百官公卿表上)
次の王莽傳下には9の「中常方」と思われる中尙方が見えるが、少府の屬官である黃門・鉤盾と竝列されていることから、この中尙方は百官公卿表の尙方のことであろう。

時省中黃金萬斤者爲一匱、尙有六十匱。黃門、鉤盾、臧府、中尙方處處各有數匱。(『漢書』巻九九下　王莽傳下)

(23) 皇帝→太醫令→少府→丞相と下される9には丞相の下達對象として御史が含まれるのに對して、皇帝→御史大夫→丞相と下される1では丞相の下達對象に御史が含まれていないことからも、9の御史は御史大夫と考えて誤りない。

(24) 蕭何治未央宮、立東闕・北闕・前殿・武庫・大倉〔師古曰、未央殿雖南嚮、而上書奏事謁見之徒皆詣北闕、公車司馬亦在北焉。是則以北闕爲正門、而又有東門・東闕。至於西南兩面、無門闕矣。蓋蕭何初立未央宮、以厭勝之術、理宜然乎〕。(『漢書』巻一下　高帝紀下　七年二月條)

(25) 高村武幸「『發(ひら)く』と『發(おく)る』——簡牘の文書送付に關わる語句の理解と關連して——」(季刊『古代文化』六〇—四　二〇〇九)。

(26) 本文所揭の簡の排列は、大庭脩注9前揭論文に據る。

(27) 大庭脩も最初の詔書下達者が御史大夫孔光であると推測している(同氏注9前揭論文二六～二七頁)。ただし、大庭の根據は、御史大夫を皇帝の書記官長と見なす點にある。

(28) この册書に就いては、張德芳「懸泉漢簡中的〝傳信簡〟考述」(『出土文獻硏究』七　二〇〇五)、藤田勝久「漢代の交通と傳信の機能——敦煌懸泉漢簡を中心として——」(『愛媛大學法文學部論集　人文學科篇』二六　二〇〇九)參照。

(29) 次に擧げる萬石君傳は、御史大夫を丞相に任じて封侯することを皇帝が御史に命じた記事であるが、それを當の御史大夫自身に下すとは考えにくいので、この御史は御史大夫の屬官である御史と考えられる。
元狩元年、上立太子、選羣臣可傅者、慶自沛守爲太子太傅、七歲遷御史大夫。元鼎五年、丞相趙周坐酎金兒、制詔御史

「萬石君先帝尊之、子孫至孝、其以御史大夫慶爲丞相、封牧丘侯。」（『漢書』巻四六　萬石君傳）

（30）典籍史料では「制詔侍御史」の例は無いが、次揭の懸泉置漢簡中の傳信の寫しには「承制詔御史」と「承制詔侍御史」の兩者が見え、侍御史も廣義の御史に含まれることから、典籍に見える「制詔御史」とは御史大夫寺にいる御史ではなく、殿中にいる侍御史である可能性も考えられるが、いずれにしろ、御史大夫屬下の御史または侍御史に詔が下っている。

元始二年二月己亥、少傅左將軍臣豐・右將軍臣建承　大……☐
制、詔御史曰、候旦受送烏孫歸義侯侍子、
爲駕一乘軺傳、得別駕、載從者二人　御七十六　如……☐　Ⅰ90DXT0116s:14／釋211

初元五年十一月、左將軍光祿大夫臣嘉・右將軍典屬國臣奉世　承　御史大夫萬年下☐
制、詔侍御史曰、都護・西域校尉・軍司馬令史竇延年・武黨・充國・良詣部。爲駕一封　當舍傳舍。如律令
V92DXT1512③:11／㋕

（31）建平四年五月壬子、御史中丞臣憲承　御史大夫延下長安。承書以次爲駕、
制、詔侍御史曰、敦煌玉門都尉忠之官。爲駕一乘傳載從者。　當舍傳舍。如律令。六月丙戌西
Ⅰ90DXT0112②:18／釋33㋕

なお、傳信については張德芳注28前揭論文、藤田勝久「漢簡に見える交通と地方官府の傳」（『愛媛大學法文學部論集　人文學科編』二九　二〇一〇）など參照。

（32）『漢舊儀』上には「武帝元狩六年、丞相吏員三百八十二人」および「後御史職與丞相參增吏員、凡三百四十一人、分爲吏・少史・屬、亦從同秩補、率取文法吏。」と見える。

（33）卽位十三年、齊太倉令淳于公有罪當刑、詔獄逮繫長安。……其少女緹縈、自傷悲泣、乃隨其父至長安、上書曰「……妾願沒入爲官婢、以贖父刑罪、使得自新。」書奏天子、天子憐悲其意、遂下令曰「制詔御史。……其除肉刑、有以易之。及令罪人各以輕重、不亡逃、有年而免。具爲令。」丞相張蒼・御史大夫馮敬奏言「……臣謹議請定律曰……臣昧死請。」制曰「可。」（『漢書』巻二三　刑法志）

第二章　秦漢官文書の下達形態

はじめに

漢代詔書の下達形態[1]は、大庭脩による元康五年詔書冊の復原[2]によって明らかになった。丞相以降の詔書下達經路を示すと次のようになる（この冊書自體の傳送經路は太線で、肩水候官址〔※印〕から出土）。

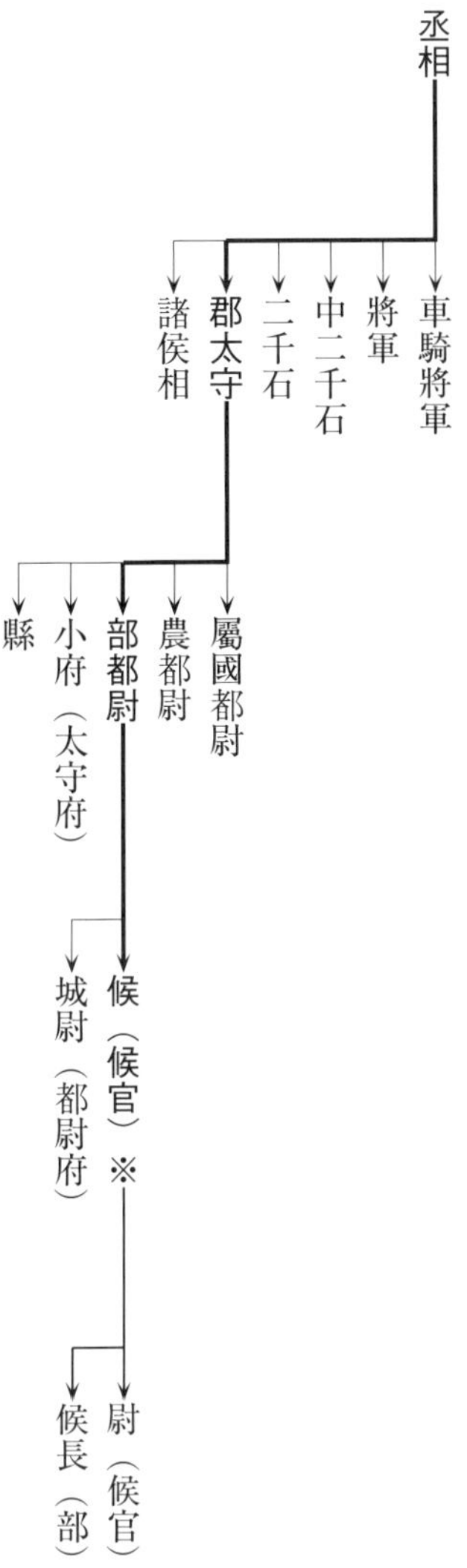

丞相以降は、地方統治機構の統屬關係（この場合は軍政系統）に沿って下達されている。このような下達形態は詔書以

外の下達文書においても一般的に見られるものであるので、これが通常の下達形態であったと考えられる。(3)

元康五年詔書冊の詔後行下の辭には「承書従事、下當用者、如詔書」という定型句が含まれるが、これとは異なる定型句を持つ例もある。

1　七月癸亥、宗正丹[下]郡司空・大司農。丞書従事、下當用者。以道次傳別書、相報。不報者、重追之。書到言。(4)　E.P.T50:48

ここでは「丞書従事、下當用者」の後ろが「如詔書」ではなく、「以道次傳別書、相報。不報者重追之。書到言」となっている。「以道次傳別書」という文言から、元康五年詔書冊に見える下達經路とは異なる經路で下達された可能性も考えられよう。そこで本章では、この文言を持つ詔後行下の辭を分析することで、漢代の詔書および秦代の官文書が統屬系統に沿った形の通常の下達經路とは異なる經路で下達される場合があったのかについて検討する。

第一節　「以道次傳別書相報不報者重追之書到言」の句讀

「以道次傳別書」という文言についての具體的な検討に入る前に、當該部分の句讀について検討を加える必要がある。なぜなら、この部分はこれまで私見とは異なる句讀で解釋されてきたからである。

當該部分はこれまで「以道次傳、別書相報、不報者重追之」と句讀されてきた。例えば、李均明はこのように句讀した上で、「別書」を「依照正本另再抄錄的文書」と、「道次」を「不同的郵路及路段次第」と解釋して、「一份文件通過一條郵路不能到達所有的收文單位、故需抄錄多份、然後分別送至各個郵路傳遞、故云『以道次傳、別書相報』」

と説明している。[5] 當該部分がこのように句讀されてきたのは、おそらく勞榦が『居延漢簡　考釋之部』の中で後掲13を「承書從事下當用者。以道次傳、別書相報、不報書到言。」と句讀したの[6]が繼承されてきたためであろう。勞榦は、『漢書』卷一下　高帝紀下五年條の「乘傳詣雒陽」に附けられた顏師古注「傳者、若今之驛、古者以車、謂之傳車、其後又單置馬、謂之驛騎」に據って、「以道次傳」の部分を「以道次傳者、指驛郵之事」と解釋しているが、ここの「傳」は278・7（第一部第一章所掲55）などに見える「以次傳」の「傳」と同じく「文書を傳送する」という意味の「傳」であるから、顏師古注を根據に「以道次傳、別書相報」と句讀するのは適切とは言えない。先掲の李均明も解釋は示しているものの、この句讀についての根據は明示していないし、他にも根據を明示したものは見當たらない。ただ、次の2には當該部分の類似表現が見え、これについては句讀の根據が示されているので、それを擧げよう。

2　廿年四月丙戌朔丁亥、南郡守騰謂縣道嗇夫。……（中略）……今且令人案行之、擧劾不從令者、致以律、論及令丞。有且課縣官、獨多犯令而令丞弗得者、以令丞聞。以次傳別書、江陵布以郵行。　睡虎地秦簡・語書

〔廿年四月二日、南郡守の騰が縣道嗇夫に謂う。……（中略）……今まさに人を派遣して調べさせ、令に從わない者を擧劾し、律を適用して、令丞を論斷せよ。また縣の官を調査して、令に違反することが多いのに令丞が捕らえていない者があれば、その令丞を上申せよ。以次傳別書、江陵布以郵行。〕

末尾の「以次傳別書江陵布以郵行」が1の「以道次傳別書相報」と類似する部分である。整理小組はこの部分の「以次傳」に對して「指本文書在郡中各縣道依次傳送。漢簡多云『以次傳』。見《流沙墜簡》烽燧類」と注した[7]上で、この部分を「以次傳、別書江陵布、以郵行」と句讀している。それ故、1も2と同じように「以次傳」という表現を根據に「以道次傳、別書……」と句讀されていると理解して良いだろう。漢簡には「以次傳」という表現が見え、これ

が1の「以道次傳」と類似の表現かつその意味するところも近いということについては、筆者も異論はない。しかしながら、1および2の當該部分については「以道次傳別書、相報」と句讀し、「別書」を「傳」の目的語として理解すべきであると考える。里耶秦簡には、「以次傳別書」という表現を含むものがある。

3　……（前略）……

□一書●以蒼梧尉印行事。╱六月乙未、洞庭守禮謂縣嗇夫。聽書從事、□
□軍吏在縣界中者、各告之。新武陵別四道、以次傳別書、寫上洞庭
尉。皆勿留。╱葆手　　里耶秦簡8-657A

╱驕手╱八月甲戌、遷陵守丞膻之敢告尉官主。以律令從事。傳別書
貳春、下卒長奢官。╱□手╱丙子旦食走印行 ▨
▨[月庚]午水下五刻、士五宕渠道平邑疵以來。╱朝半　洞▨　　里耶秦簡8-657B

〔□一書。●蒼梧尉の印で業務を行う。╱六月乙未、洞庭守の禮が縣嗇夫に謂う。文書を聽き職務を執行せよ。……軍吏の縣の領域内にいる者には、それぞれ告げよ。新武陵は四道に分けて、順に別書を傳送し、寫して洞庭尉に上呈せよ。いずれも留め置いてはならぬ。……╱八月甲戌、遷陵守丞の膻之が敢えて尉官主に告ぐ。律令の規定に依據して職務を執行せよ。別書を貳春鄉に傳送し、卒長奢官に下せ。〕

表面最終行から裏面にかけて「以次傳別書寫上洞庭尉」とあるが、「寫上」は里耶秦簡にはよく見られる表現で、文書を寫して上呈することであるから(8)、少なくとも「寫上」の前で文は切れる。また、裏面の二行目末に「傳別書」とあるが、その直前が「以律令從事」なので「傳別書」の前で文が切れることは間違いない。この二點から、「傳別書」がひとまとまりの句、つまり「別書」が「傳」の目的語であることがわかる(9)。

また、「以道次傳別書」に續く「相報不報者重追之」に類似する表現も里耶秦簡には見える。後掲16は洞庭郡發信の下達文書であるが、その中に「皆以郵行書到相報不報追」と見える。ここに見える「書到」は「この文書が屆いたら」という意味の語で、この後ろに具體的な命令內容がくるものであるから、16のこの部分は「皆以郵行。書到、相報不報追」と句讀される。さらに、この部分と1の「以道次傳別書相報不報者重追之」とを比べると「相報不報」の前の部分が異なっており、この點からも「相報不報」の前で文が切れることは疑い無い。

以上の檢討から、1および2の當該部分については「以（道）次傳別書」で斷句し、「（道）次を以て別書を傳う」と訓じるべきことがわかる。[10] 從って、この部分を含む全體では「以道次傳別書、相報。不報者、重追之。書到言。」と句讀するのが妥當であろう。句讀はこれで確定したので、ここに見える文言の具體的意味の檢討に移ろう。

第二節　「以道次傳別書、相報。不報者、重追之。書到言。」の具體的意味

はじめに「以道次傳」について。漢簡には「以道次傳」に類似した「以次傳」という表現が見える。例えば、前述の278・7は虜發見の報告を承けて殄北候官から配下の隧に下された警戒命令の檄で、その上部に「廣田、以次傳行、至望遠止」と記されている。「以次傳」は「順番に傳える」という意味であるから、[11] この場合は、長城線に竝んだ隧を廣田隧から望遠隧まで「順番に傳送せよ」という意味であろう。

「道」には、蠻夷の居住する地方行政區畫名としての「道」[12] を指す用例と一般的に經路の意味を表す用例が漢簡にはあるが、[13] 「以道次傳」の類似表現である3の「新武陵別四道、以次傳別書」は「新武陵は四道に分けて、順番どおりに別書を傳送せよ」の意味であろうから、「以道次傳」の「道」は經路の意味と考えてよいだろう。

次に「別書」について。1・2の「別書」は名詞であるが、次簡の「別書」は「書を別《わ》ける」という動詞である。

4　☐□遷陵丞昌下郷官曰、各別軍吏。●不當令郷官別書軍吏。軍吏及郷官弗當聽
☐其問官下此書軍吏弗下。下定當坐者名吏里它坐訾能入貲不能、遣詣廷
☐□獄東／義手　　里耶秦簡8-198+8-213+8-2013A
☐［者］／萃手／旦守府昌行廷　　里耶秦簡8-198+8-213+8-2013B

〔遷陵丞の昌が郷官に下して言うには、各おの軍吏に分かて、と。●郷官に文書を軍吏に分けさせるべきではない。軍吏及び郷官が命令に従うべきではない……問うに、官はこの文書を軍吏に下したかどうか。下していれば罪に當たる者の名・官職・里・他の貲罪・貲罪を納付できるか否かについて定めて、人を遣って縣廷に出向かせよ。〕

遷陵丞が郷官に下した命令である「各別軍吏」をすぐ後では「令郷官別書軍吏」と言っているので、後者の「別書軍吏」が「書を軍吏に別つ」の意味とわかる。さらに、3では「新武陵は四道に分けて、順番どおりに別書を傳送せよ」とあることから、その「別」けた「書」を「別書」と呼んでいることがわかる。4で「書を軍吏に別」けていたことを踏まえれば、「別」けられた「別書」とは複數の送付對象者に送るために書き寫された複數の同一内容の文書を指すこと疑い無い[14]。要するに、名詞としての「別書」は「複寫した同一文書」「同一文書の寫し」と解釋される。

次に「相報」であるが、「報」とは一般的に、相手からの命令や依賴に對する報告や回答を指す[15]。漢簡に見える「報」も同樣であることは次揭の例から確認できる。

5　元延元年十月甲午朔戊午、橐佗守候護移肩水城官。吏自言責嗇夫犖晏如牒。書到、
驗問收責報。如律令。　　506・9A（A35）

〔元延元年十月二十五日、槖佗守候の護が肩水城官に通知する。吏が自ら言うには、嗇夫犖晏に返済を求めること、添附簡の通り。この書が届いたら、尋問して債權を回收し報告せよ。律令の如くせよ。〕

これは、槖佗守候から肩水城官に宛てられた債權回收の依頼で「書到、驗問收責報」と見える。また、次の例は里耶秦簡の例であるが、「符到爲報」とある。

6　丞主。移捕罪人及徙故囚符左四。符到、爲報、署主符令若丞發。它如律令。敢告主。內官丞印行事▨
卅五年三月庚子、泰山木功右□守丞勳追╱▨　里耶秦簡8–462＋8–685A
……╱□發　里耶秦簡8–462＋8–685B

〔丞主。罪人を捕らえる及び故囚を護送する際の符の左を四つ送付する。符が届いたら、受領報告をせよ。主符令もしくは丞開封と記せ。它は律令の如し。敢えて主に告ぐ。內官丞の印で業務を行う〕

このように「報」は相手からの命令や依賴に對する報告や回答を指す。そうであるならば、「以道次傳別書相報」の「報」も何らかの命令や依賴に對する報告・回答と考えるべきだろう。その場合、命令や依賴に當たるのは直前の「以道次傳別書」の他には見當たらない。それ故、この「報」は「傳別書」に對する報告や回答を意味し、「報」の行爲主體は「傳別書」の對象、卽ち、「別書」受信者となろう。

では、文書傳送において文書受信者は何を報告・回答するのだろうか。それを考える手掛かりになるのが次の睡虎地秦簡と嶽麓書院藏秦簡の行書律である。

7　行傳書、受書、必書其起及到日月夙莫、以輒相報殹。書有亡者、亟告官。隷臣妾老弱及不可誠仁者、勿令。書廷辟有曰報、宜到不來者、追之。　行書　睡虎地秦簡・秦律十八種一八四〜一八五

〔文書を傳送したり受け取った場合は、必ずその發信および受信の月日や朝暮を記録し、それを報告せよ。文書に紛失があった場合は、速やかに官に届けよ。隷臣妾の老弱なるもの及び誠實でない者にはやらせてはならない。文書に縣廷の捜査で報告せよと書かれていたり、届くべきであるのに來ない場合は、督促せよ。　行書律〕

8　行書律曰、傳書受及行之、必書其起及到日月夙暮、以相報。宜到不來者、追之。書有亡者、亟告其縣。　嶽麓秦簡一二七一[16]

〔行書律に言う、傳送すべき文書を受け取ったり送付したりしたら、必ずその發信および受領の日月朝暮を記し、報告せよ。届くべきであるのに來ない場合は、督促せよ。文書に紛失があった場合は、速やかに縣に届けよ。〕

これに據れば、受信者が報告・回答すべき內容は受信した文書の受信日時である[17]。それ故、「以道次傳別書、相報。不報者、重追之」の「報」も受信した文書の受信日時を發信者に報告することで、具體的には、その直前で傳送が命じられている「別書（同一文書の寫し）」の受信日時の報告を指すと考えられる[18]。

次に「重追」であるが、漢簡の「重」の用例には「重大な」と「重ねて・繰り返し」の二つの意味が見える[19]。次に檢討するように「追」は「督促する」「催促する」の意味であるので、その前にきて「重追」となる場合の「重」は「重ねて・繰り返し」の意味であろう[20]。

「追」は7・8に「宜到不來者、追之」と見え、睡虎地秦簡整理小組は「追跡調査する・追及する」と解釋している[21]。里耶秦簡にもこの「追」の用例は見え、そのうち、債權回收を既に一度依頼した陽陵縣が「至今未報」なので、

債權回收の報告を債務者所在縣に對して「追」するよう再度洞庭郡に求めた事例[22]については、整理小組のこの解釋は妥當する。しかし、次例では、「追跡調査する・追及する」という解釋はそぐわない。

9　七月甲子朔庚寅、洞庭守繹追遷陵。亟言。／歐手●以沅陽印行事。／八月癸巳朔癸卯、洞庭叚守繹追遷陵。亟日夜上、勿留。／卯手。●以沅陽印行事。／九月乙丑旦、郵人曼以來／翥發　里耶秦簡8–1523A　里耶秦簡8–1523B

〔七月二十七日、洞庭守の繹が遷陵に追す。速やかに報告せよ。……／八月十一日、洞庭叚守の繹が遷陵に追す。速やかに日夜上呈し、留め置いてはならぬ。……〕

9では洞庭郡が遷陵縣に對して「速やかに報告せよ」「速やかに日夜上呈し、留め置いてはならぬ」と「追」している。「亟言」「亟日夜上、勿留」はやるべきことを速やかに實行するよう命じた文言であるから、「追」はやるべきことを速やかにするように命じる場面で用いられているのであり、この「追」を「追跡調査する・追及する」と解釋するのはこの場面にそぐわない。「追」字には「求める」という意味もあるので[23]、この場合の「追」は相手に對して任務の遂行を「求める」という方向の意味で解釋するのが妥當であり、「督促する」「催促する」と解釋するのが適當であろう。次の10では、洞庭郡から縣に對して最初に下されたⓐでは「縣嗇夫に謂う」という通常の表現が用いられているのに對して、二度目に下したⓑで「亟上、勿留」と迅速な報告を命じた場面では「縣嗇夫に謂う」ではなく「縣に追す」となっており、この「追」が「督促する」「催促する」の意味であることを明白に示している。

10ⓐ卅三年正月壬申朔戊戌、洞庭叚守□謂縣嗇夫。廿八年以來、縣所以令糴粟、固

各有數。而上見、或別書、或弗□。以書到時、亟各上所糴粟數。後上見、左
署見。左方曰若干石斗、不□□□、署主倉發。它如律令。縣一書。●以臨沅印行事。
里耶秦簡12-1784A
ⓑ二月壬寅朔甲子、洞庭叚守藺追縣。亟上、勿留。／配手●以上衍印行事。
ⓒ三月丙戌日中、郵人□人以來。／□發　歇手
里耶秦簡12-1784B

〔ⓐ三十三年正月二十七日、洞庭叚守の□が縣嗇夫に謂う。二十八年以來、縣が令の規定で購入した粟は、本來より數量が決まっていた。現在庫を上呈するのに、別書によったり、□しなかったりである。この文書が届いた時點で、速やかにそれぞれ購入した粟の數量を上呈せよ。後に現在庫を上呈する際に、左に現在庫と記せ。左側には若干石斗と記し、不□□□、主倉開封と記せ。它は律令の如くせよ。縣ごとに文書一通。●臨沅印で職務を行う。／ⓑ二月二十三日、洞庭叚守の藺が縣に追す。速やかに上呈し、留め置いてはならぬ。……〕

「以道次傳別書、相報。不報者、重追之」も、「別書」の下達先が「不報」であった場合に「重追之」するよう直接の文書下達先に命じるという形で「追」が用いられていて、「重追之」は、報告をしてこない「別書」下達先に對して報告するよう求めることを意味する。從って、この「重追之」も、里耶秦簡の用例と同樣に、やるべきことを速やかにするように命じた場面で用いられており、「督促する」「催促する」と解釋するのが適當である。

最後に「書到言」であるが、この文言は11にも見える。

11　卅二年四月丙午朔甲寅、少内守是敢言之。廷下御史書、舉事可爲
恆程者、洞庭上帬直。書到言。今書已到。敢言之。
里耶秦簡8-152A
四月甲寅日中、佐處以來／欣發　處手
里耶秦簡8-152B

〔三十二年四月九日、少内守の是が申し上げます。縣廷が下達してきた御史書には、恆久規定とすべきことがあれば

上呈せよ、洞庭郡は帬の値段を上呈せよ、文書が届いたら言え、とありました。今文書は既に届いています。以上申し上げます。」

「廷下御史書……書到言」が縣廷からの下達文書の再錄で、「今書已到」がそれに對する少內の報告であることから、この「書到言」は文書受領の報告を命じたものとわかる。漢簡には次例のように、「文書が届いたら下達先の官名を報告せよ」と記す例もある。

12　者、如詔書。書到言所下官名。／掾仁□□⧄　　E. P. T56:300

文書を受領していなければそれを更に下達することはできないので、下達先の官名の報告は自ずと文書受領の報告も兼ねることになろう。從って、「書到言」は文書の受領報告を命じた文言と理解してよいだろう。[24]

以上の檢討の結果、「以道次傳別書、相報。不報者、重追之。書到言。」は「經路の順番に同一文書の寫しを傳送し、(「別書」受信者は)受領日時を(「別書」發信者に)報告せよ。報告してこない場合は(「別書」發信者が「別書」受信者に)重ねて督促せよ。文書が届いたら受領報告をせよ。」と解釋される。從って、これに類似する2の「以次傳別書、江陵布以郵行」も「順番に同一文書の寫しを傳送し、江陵は頒布する際には郵によって傳送せよ[25]」と解釋される。

先述のように、「相報」は「別書」の受信日時の報告を指し、「書到言」もまた文書受領の報告を命じた文言であるから、一見、これらは重複するように見えるが、「相報」と「書到言」は命令對象者を異にする別個の命令である。「相報」は、1や次揭の13や14に見えるように、「以道次傳別書」と不可分のものである。

13　⧄臚野王・丞忠下郡・右扶風・漢中・南陽・北地大守。承書從事、下當用者。以道次傳別書、相報。不報、

⧄書到言。　掾勤・卒史欽・書佐☐　　203・22（A8）

14　五月戊辰、丞相光下少府・大鴻臚・京兆尹・定☐相。承書從事、下當用者。京兆尹以☐次傳別書、相報。不報者、重追之。書到言。　E.P.T48:56

14の「京兆尹以☐次傳別書」の「☐」は1・13から「道」字と考えてよいだろう。それに對して、「書到言」は「以道次傳別書」と不可分ではない。次の15は「書到言」があるだけで、「以道次傳別書……」という文言は無い。

15　十月辛酉、將屯偏將軍張掖大尹遵・尹騎司馬武行副咸事・試守徒丞司徒☐⧄循下部大尉・官縣。承書從事、下當[用]者、如詔書。書到言。　兼掾義・史馮・書吏⧄　E.P.F22:65A

從って、1などに見える「以道次傳別書、相報。不報者、重追之。書到言」という部分は「以道次傳別書、相報。不報者、重追之」と「書到言」という二つの別個の命令なのである。

15の例から明らかなように、「書到言」はその文書そのものの受信者に對する命令で、15で言えば、「書到言」は部大尉・官縣に對してこの15が屆いたらその旨報告せよという意味である。一方、「以道次傳別書、相報」を含む先の14は、丞相が少府・大鴻臚・京兆尹・定☐相に下した詔後行下の辭であるが、「以[道]次傳別書、相報。不報者、重追之」が命じられているのは京兆尹だけである。それ故、この部分は京兆尹から京兆尹所屬の各縣への文書傳送についての指示であり、「以道次傳別書、相報」は、京兆尹が下した「別書」を京兆尹の屬縣が受領したら、屬縣は文書受領の旨を京兆尹へ報告せよ、という命令と解釋される。14ではこれに加えて「書到言」の文言もあるが、こちらはこの14そのものの下達對象である少府・大鴻臚・京兆尹・定☐相に對して、14を受領したら文書受領の旨を報告せよ、と命じたものである。要するに、「書到言」はその文書そのものの受領者に對して文書受領報告を命じたもの、それに對して、「以道次傳別書、相報。不報者、重追之」は、その文書の受領者のうち「別書」の傳送を命じられた者に對してさらに「別書」を傳送する際に「別書」受領者に「別書」受領を報告させるよう命じたものなのである。

第三節　「以道次傳別書」の文書傳送形態

先述のように、14は丞相が少府・大鴻臚・京兆尹・定□相に下した詔後行下の辭でありながら、「以道次傳別書、相報。不報者、重追之」が命じられているのは京兆尹だけであった。京兆尹以外の少府・大鴻臚・定□相については文書下達について特に指示は無いので、元康五年詔書冊と同じように統屬關係に沿った形で文書が下達されたのであろう。では、京兆尹が殊更に指示された「以道次傳別書」というのは、どのような傳送形態なのであろうか。

「以道次傳別書」という文言は先述のように里耶秦簡にも見える。

16 ⓐ六月壬午朔戊戌、㋐洞庭叚守齮下□。聽書從事。㋑臨沅
下索」、㋒門淺・零陽・上衍各以道次傳別書。㋓臨
沅下洞庭都水、㋔蓬下鐵官。
皆以郵行。書到、相報。不報、追。臨沅・門淺・零陽
□□□□書到、署兵曹發。如手。道一書。●以洞庭候印
ⓑ□遷陵報酉陽、署主令發。
ⓒ急報。零陽金布發、恆署丁四。
ⓓ酉陽報充、署令發。

里耶秦簡9-712A

ⓔ七月己未水十一刻刻下十、都郵人□以來。／□發
里耶秦簡9-712B(26)

㋐「洞庭叚守齮下□。聽書從事」の下達先が釋讀不明であるが、洞庭郡から「下」される下達文書であることから、㋐の下達先は洞庭郡内の各縣であろう(27)。注目されるのはⓑ「〼遷陵報酉陽、署主令發」である。同様の表現が6にも「符到、爲報、署主符令若丞發。」と見える。6のこの部分は文書送付先に對して「符が届いたら受領の報告をせよ。その際、『主符令若くは丞開封』と記せ」と命じたものである。16のⓑは洞庭郡發信の下達文書の裏面に書かれているので、このⓑは「遷陵が酉陽に文書受領の報告をした。『主令發』と署した」という文書受領報告の發信記錄と考えられる。16の裏面にはこの他にもⓓ「酉陽報充。署令發」という記載も見える。

ここに見える「遷陵」「酉陽」「充」はいずれも『漢書』地理志には武陵郡の縣として見え(28)、ⓑの「遷陵報酉陽」とⓓの「酉陽報充」は酉陽を接點に繋がるので、この16は充→酉陽→遷陵と傳送されてきたと想定される。さらに、ⓒには同じく武陵郡の縣である零陽も見える。零陽は現代の慈利縣の東に、酉陽は沅陵縣の西北六五㎞あたりの王村一帶に、充は張家界市の西に位置するとされるので(29)、遷陵から酉水を東に下った所に酉陽が、酉陽の北東方向に充が、充から澧水を東北東方向に下った所に零陽があるという位置關係になる。酉陽と充の間は陸路だが、現在ではこの間を鐵道の焦柳線が結んでいるので、當時、この間を結ぶ陸路があった可能性は十分にあろう。さらに、次掲の17から、當時、零陽と遷陵が一本の交通路上に位置していたことがわかる。

17ⓐ元年七月庚子朔丁未、倉守陽敢言之。獄佐辨・平、士吏賀具獄。
縣官食盡甲寅。謁告過所縣鄉、以次續食。雨留不能投宿齎。來復
傳。零陽田能自食。當騰期卅日。敢言之。／ⓑ七月戊申、零陽龏移過
所縣鄉。／齮手／ⓒ七月庚子朔癸亥、遷陵守丞固告倉嗇夫。以律

令從事。／嘉手　　　　　　　　　　　　　　　　里耶秦簡5-1A
遷陵食辨平、盡己巳、旦□□□□遷陵
七月癸亥旦、士五臂以來／嘉發　　　　　　　　里耶秦簡5-1B

この簡は、零陽縣が出張する吏への食料提供を通過地點に當たる縣鄕に對して依頼した文書ⓐⓑと、それを承けて遷陵守丞が倉嗇夫に下した通知ⓒの複合文書である(30)。零陽が通過地點の縣鄕宛てに出した文書が遷陵に屆いていることから零陽と遷陵は一本の交通路上に位置していたことは確かである。先の位置關係を踏まえれば、零陽と遷陵を結ぶこの交通路上に充と酉陽も位置していたと考えて良いだろう。ⓓ「酉陽報充」、ⓑ「遷陵報酉陽」という文書受領報告の發信記錄(31)から、16は零陽→充→酉陽→遷陵と傳送されてきたと考えて誤り無いだろう(32)。

16に「皆以郵行」とあり、それに對應するように文書受領記錄にⓔ「都郵人□以來」とあることから、零陽から遷陵までは郵によって傳送されたことがわかる。さらに、文書受領報告の發信記錄ⓑⓓはⓐの「書到、相報（文書が屆いたら、その旨報告せよ）」という命令を遂行した記錄であることから、この文書が零陽から充、酉陽、遷陵と傳送される際に、この文書は受け取った各縣において開封され內容が確認されていたことがわかる。卽ち、この16は回覧板方式で零陽から遷陵まで傳送されてきたと考えられるのである。その零陽はⓤ「門淺・零陽・上衍各以道次傳別書」と見えており、洞庭郡から「以道次傳別書」を命じられていた。先に「以道次傳別書」は「經路の順番に別書を傳送する」という意味であることを指摘したが、一本の交通路上に位置する零陽、充、酉陽、遷陵をその順番に回覧板方式で傳送してゆく形態はまさしく「以道次傳別書」に當たる。

以上の検討を踏まえて16の傳送形態を說明すると次のようになろう。まず、洞庭郡から郡內の各縣に16ⓐと同內容の下達文書が送付された。その際、臨沅に對して索に下すよう命じる（イ）と共に、門淺・零陽・上衍に對しては洞庭郡發信の下達文書の寫し（「別書」）を作成し決められた經路上にある縣を順に回覽板方式で傳送するよう命じた（ウ）。零陽はその命令に從って洞庭郡發信の下達文書の寫し（それが16そのもの）を作成して、郵によって零陽→充→西陽→遷陵という順に回覽板方式で傳送した、と。

里耶秦簡中にはこの16と同じように零陽に對して「以道次傳別書」を命じている例がある。

18ⓐ制書曰、擧事可爲恒程者上丞相。上洞庭絡帬程、有□□□
ⓑ卅二年二月丁未朔□亥、御史丞去疾、丞相令曰、擧事可爲恒
程者、□上帬直卽應令。弗應、謹案致……
……庭□／□手

里耶秦簡8-159A

ⓒ三月丁丑朔壬辰、［洞庭］□□□□□□□□□□□□
令□□□索」、門淺・上衍・零陽□□□□以次傳□□□□□
書到相報。□□□□・門淺・上衍・零陽言、書到、署□□發。
□□□□一書、以洞庭發弩印行事。□□恒署
ⓓ西陽報□□□、署令發。／四月□丑水十一刻刻下五□□□□□
ⓔ遷陵□西陽、署令發。
□□□□□［布令］□

里耶秦簡8-159B

ⓐに「制書」とあり、ⓑに「御史丞」とあることから、皇帝の發した制書ⓐを下達したものとわかるが、ⓒに「門淺・上衍・零陽□□□□以次傳□□」とあり、釋讀不明の文字があるものの「以次傳」から16と同じく「門淺・上衍・零陽各以道次傳別書」のように記されていたと考えられる。B面末二行には16と同じく遷陵と西陽の文書受領報告の發信記錄が記されており（ⓓⓔ）、ⓔの釋讀不明字は「報」で「遷陵報西陽、署令發」と記されているのだろう。この文

書受領報告の發信記録から、18も零陽から遷陵まで回覽板方式で「別書」が傳送されてきたことが確認できる。これに對して、3は「以次傳別書」という文言はあるものの、裏面には「遷陵報酉陽」のような文書受領報告の發信記録は無く、受信記録が一件記録されているだけであることから、この文書は洞庭郡から遷陵縣へ直接傳送されてきたと考えられる。3が洞庭郡から遷陵縣に直接送付されているのは、「以次傳別書」が命じられているのは新武陵であって、零陽はその命令對象になっていないからであろう。16・18の二例から、零陽に對して「以道次傳別書」が命じられた場合、當該文書が回覽版方式で零陽→充→酉陽→遷陵の順に傳送されたと考えられるのである。

「以道次傳別書」の場合、漢代の詔後行下の辭に「相報。不報者、重追之」とあり、また16にも「書到、相報。不報、追」とあるように、回覽板方式で傳送されてきた文書の受領者はその受領報告を發信者に送付することが求められていた。18は、「擧事可爲恆程者上丞相。上洞庭絡帬程」を命じた制書を洞庭郡が各縣に下し、零陽には「以道次傳別書」も併せて命じた結果、零陽→充→酉陽→遷陵と傳送されてきたものであるが、遷陵が酉陽に對して文書受領を報告したことがⓔに「遷陵□酉陽、署令發」と記されている。次の簡は、まさにその受領報告の控えである。

19　卅二年四月丙午朔甲寅、遷陵守丞色敢告酉陽　里耶秦簡8-158A
丞主。令史下絡帬直書已到。敢告主。
四月丙辰旦、守府快行旁　欣手　里耶秦簡8-158B

〔三十二年四月九日、遷陵守丞の色が敢えて酉陽丞主に告ぐ。令史の下達した絡帬直書は既に届いている。敢えて主に告ぐ。〕

このように「以道次傳別書」の具體的な傳送形態は、元康五年詔書册のような統屬關係に沿った下達ではなく、一例には、一本の交通路上に位置する縣を順次回覽板方式で傳送するものであった。「別書」という語が用いられるのはそのような傳送形態の場合に限られ、通常の統屬關係にそった文書下達の場合には「別書」という語は用いられない。このことからすれば、統屬關係に沿った下達經路から「別」れる故、統屬關係にない相手に文書を傳送することを「別」といい、統屬關係に沿わない經路で傳送される文書を「別書」と呼んだとも考えられる。

第四節　文書下達の二つの形態

16では、洞庭郡が郡内の縣に文書を下達する際に零陽に「以道次傳別書」を命じたため、遷陵縣には零陽→充→酉陽→遷陵という經路で洞庭郡發信の下達文書が傳送されてきたのであるが、3や後掲20では洞庭郡から遷陵縣に直接文書が下達されている。このように、洞庭郡から遷陵縣に文書を下達する際、零陽經由での回覽板方式による傳送と、洞庭郡からの直接下達の二つの下達形態が存在したのである。16ではⓐ㋐に「洞庭叚守齮下□」とあることから、洞庭郡は㋒で「以道次傳別書」を命じている門淺・零陽・上衍以外の各縣にも同一の文書を下達していたと考えられるが、その場合、遷陵縣には「以道次傳別書」によって零陽から回覽板方式で傳送されてくると同時に、洞庭郡から直接文書が送付されていたという可能性も考えられる。本節ではこの點について検討しておきたい。

16には、回覽板方式による傳送（㋒）と郡から縣への直接送付（㋐）の二種類の文書下達が記されていたが、次の20では、遷陵縣から縣内の鄉や部局への下達について同様に二種類の下達が記されている。

20ⓐ〼年二月丙子朔庚寅、洞庭守禮謂縣嗇夫・卒史嘉・叚卒史穀・屬尉。……（中略）……它如律令。

里耶秦簡16-6A

ⓑ⑴三月庚戌、㋐遷陵守丞敦狐敢告尉、告鄉・司空・倉主。聽書從事。㋑尉別書都鄉・司空、司空傳倉、都鄉別啓陵・貳春。皆勿留脫。它如律令。／釦手。　ⓑ⑵庚戌、水下□刻、走招行尉。
ⓒ⑴⧄月戊午、遷陵丞歐敢言之。寫上。敢言之。／釦手　ⓒ⑵己未、旦、令史犯行。
ⓓ⧄戊申、夕、士五巫下里聞令以來。／慶半　　如手　　里耶秦簡16-6B

ⓑ⑴の㋐「遷陵守丞敦狐敢告尉、告鄉・司空・倉主」は遷陵縣から尉・鄉・司空・倉への直接送付を、㋑「尉別書都鄉・司空、司空傳倉、都鄉別啓陵・貳春」は尉→都鄉→啓陵鄉・貳春鄉、および尉→司空→倉という回覧板方式の文書傳送を示すものである。兩者の關係については、第一部第二章第一節で檢討したように、命令そのものは遷陵縣廷から各部局に直接下達される㋐の形を取りながら、ⓑ⑵に「庚戌、水下□刻、走招行尉」とあるように、下達文書そのものは遷陵縣から尉に送付されただけで、尉から㋑の經路を回覧板方式で傳送されており、直接送付と回覧板方式の傳送が竝行して行われているわけではない[33]。

この20の例を踏まえると、回覧板方式による傳送と郡から縣への直接送付の二種類の文書下達が記されていたとしても、その兩方が同時竝行的に行われたわけではないと考えられる。この點を、16の文書下達について具體的に言うと次のようになる。前掲のように、16では洞庭郡からの文書下達について次の五つの下達が記されていた。

㋐洞庭郡→洞庭郡內の各縣
㋑臨沅→索
㋒門淺・零陽・上衍は「以道次傳別書」
㋓臨沅→洞庭都水

㋔蓬→鐵官

㋐の下達先である「洞庭郡内の各縣」が洞庭郡内の全ての縣であったならば、例えば㋒で零陽から回覧板方式で文書が傳送されてきた充・酉陽・遷陵には、㋒による文書傳送と竝行して、㋐によって洞庭郡から直接下達されてきたことになる。しかし、現實には、㋑〜㋔によって傳送される索、充・酉陽・遷陵など、洞庭都水、鐵官には㋐によって洞庭郡から直接文書が下達されることは無く、㋑〜㋔によって文書が傳送されるだけだったと考えられる。

おわりに

秦漢時代の官文書は、丞相→郡太守→縣令長というように統屬關係に沿って下達されるのが一般的であったが、「以道次傳別書」という下達形態の指示をすることで、それとは異なる經路で下達される場合があった。この「以道次傳別書」は、里耶秦簡においてはある特定の地域にのみ命じられた傳送形態であったし、漢簡の詔書下達においても「以道次傳別書」が命じられているのは14では京兆尹、13では右扶風など特定の郡だけであることから、特定の下達對象に對して限定的に下達する場合の下達形態であったと考えられる。同じく「以道次傳別書」が命じられている1では、宗正から郡司空(34)・大司農に下されているが、この宗正から郡司空・大司農へという下達は元康五年詔書册の下達經路とは異なるものであり、「以道次傳別書」が下達對象を限定した特別な場合であることを傍證する。さらには、「以道次傳別書、相報。不報者、重追之」とあったように、「以道次傳別書」の場合は「別書」の受領報告が殊更に强調されている。これらの點から考えれば、「以道次傳別書」という下達形態は何か特別な事柄について關係者に周知を徹底する必要がある場合に用いられた特別な文書下達であったように思われる。残念ながら、「以道次傳別書」の例が現在のところ詔後行下の辭に限られるため、その特別な事柄の具體例を知ることはできない。

注

（1）この「下達形態」とは、どのような經路によって下達されたかということで、具體的には、丞相→郡太守→縣令長・都尉のように地方行政機構の統屬關係に沿って下達されるか、郡太守から屬縣に對して幾つかの經路を設定してその經路上にある縣をリレーしてゆくように下達するかといった點に注目するものである。次章では「文書傳送方式」という語を用いているが、これは郵や亭などのうちどの機關が文書傳送を擔うかという點に注目して文書傳送を區別したものである。

（2）大庭脩「居延出土の詔書册」（同氏『秦漢法制史の研究』創文社　一九八二）。詔後行下の辭は以下の通りである。

元康五年二月癸丑朔癸亥、御史大夫吉下丞相。承書從事、下當用者、如詔書。　10・33（A33）

二月丁卯、丞相相下車騎將軍・將軍・中二千石・二千石・郡大守・諸侯相。承書從事、下當用者、如詔書。少史慶、令史宜王・始長　10・30（A33）

三月丙午、張掖長史延行大守事・肩水倉長湯兼行丞事下屬國・農・部都尉・小府・縣官。承書從事下當用者、如詔書。／守屬宗、助府佐定　10・32（A33）

閏月丁巳、張掖肩水城尉誼以近次兼行都尉事下候・城尉。承書從事、下當用者、如詔書。／守卒史義　10・29（A33）

閏月庚申、肩水士吏横以私印行候事下尉・候長。承書從事、下當用者、如詔書。／令史得　10・31（A33）

（3）例えば第一部第一章所掲23（73E.J.T1:1～3）では、丞相少史・御史守少史→張掖太守→張掖都尉（この場合は司馬が代行）→鄣候というように郡太守以下は元康五年詔書册と同一の經路で下達されている。

（4）この「丞」は「承」の意味である。「承書從事」を「丞書從事」と記す例は、第一部第二章所掲81・82や『史記』三王世家

（前章所掲U）に見える。

（5）李均明「簡牘文書稿本四則」（『簡帛研究』第三輯　廣西教育出版社　一九九七）三一六～三一七頁。

（6）勞榦『居延漢簡　考釋之部』（中央研究院歴史語言研究所　中央研究院歴史語言研究所專刊之四十　民國七五年）「居延漢簡考證　地方屬佐」の項（一六頁）。ただし、13は第二節に釋文を擧げたとおり、「書到言」の上が斷切しており、前行末の「不報」に「書到言」が直接續くわけではない。

（7）睡虎地秦墓竹簡整理小組『睡虎地秦墓竹簡』（文物出版社　一九七八）一八頁。睡虎地秦墓竹簡整理小組『睡虎地秦墓竹簡』（文物出版社　一九九〇）も同じ。

（8）次の簡は倉が作成した作徒簿であるが、これを「寫上」している。

二人付□□□　其廿六付田官
一人付田官　一人守園壹孫
一人付司空枚　二人司寇守囚嫭☑
一人作務臣　二人付庫恬擾☑
一人求白翰羽章　二人市工用饋亥☑
一人廷守府快　二人付尉□□☑　里耶秦簡8-663A
五月甲寅、倉是敢言之。寫上。敢言之☑　里耶秦簡8-663B

（9）次の例は、「傳」が「檄」を目的語として取っている例であり、「傳」字が文書を目的語に取ることが確認できる。

●匈奴人入塞、天大風風及降雨、不具蓬火者、亟傳檄告。人走馬馳、以急疾爲□。　E.P.F16:16

（10）大庭脩は、前掲の勞榦の句讀に對して、斷簡なのではっきりしたことは言えないがと斷った上で、「以道次、傳別書、相報不報（者）、書到言」と句讀しており（大庭脩注2前掲論文二五四頁）、「別書」を「傳」の目的語として解釋している。

（11）諸樊弟三人、次曰餘祭、次曰夷眛、次曰季子札。諸樊知季子札賢而不立太子、以次傳三弟、欲卒致國于季子札。諸樊既死、傳餘祭。餘祭死、傳夷眛。夷眛死、當傳季子札。（『史記』卷八六　刺客列傳・專諸傳）

（12）縣令長、皆秦官、掌治其縣。……有蠻夷曰道。凡縣道國邑千五百八十七、鄉六千六百二十二、亭二萬九千六百三十五。

（『漢書』巻十九上　百官公卿表上）

(13) 次の二例のうち、前者が蠻夷の居住する地方行政區畫の「道」、後者が經路の意味での「道」の例である。

元延二年七月乙酉、居延令尚・丞忠移過所縣道河津關。遣亭長王豐、以詔書買騎馬酒泉敦煌張掖郡中。當舍傳舍從者、如律令。／守令史詡、佐褒　七月丁亥出　170・3A（A21）

出茭一鈞七斤半斤　以食長羅侯壘尉史官橐他一匹、三月丁未發、至煎都、行道食率三食、食十二斤半斤　T.XV.a.iii.43／敦2066

(14) 籾山明「湖南龍山里耶秦簡概述」（同氏『中國古代訴訟制度の研究』京都大學學術出版會　二〇〇六）二八四頁。これに對して、支强は「別書」には文書寫しの作成という動作を指す場合と、縣内における文書傳送の一形式を指す場合があるとする（支强「秦簡中所見的〝別書〟——讀里耶秦簡劄記」《簡帛罔》http://www.bsm.org.cn/show_article.php?id=1733）。

(15) 拙稿「漢代の死刑奏請制度」（『史林』八八—五、二〇〇五）第二章注㉔。

(16) 陳松長「嶽麓書院藏秦簡中的行書律初論」（『中國史研究』二〇〇九—三）。

(17) 于洪濤「里耶簡〝御史問直絡帬程書〟傳遞復原——兼論秦漢《行書律》的實際應用——」（王沛主編『出土文獻與法律史研究』第二輯　上海人民出版社　二〇一三）も、本文後掲18の「書到相報」についてであるが、本文所掲の行書律を擧げて、この「相報」が文書受領者が發信者に對して文書を受領したことを報告する意味であると指摘する。さらに、その際、受領した文書實物の背面に受領の日時、發信地および受領地の縣名を記錄したことも指摘する。

(18) 從來の解釋、例えば、李均明は先述のようにこの部分を「以道次傳、別書相報」と句讀した上で、下達文書の寫しをいくつか作成しそれを複數の郵路に分けて順次傳送してゆくという意味に解釋している。この解釋では、「相報」を郵路上にある縣が順次別書を傳送してゆくことと理解しているようであるが、先に檢討したように、「報」は命令や依賴に對する報告や回答の意味であって、上級機關から下級機關への文書傳送を表す語ではない。睡虎地秦簡や張家山漢簡・二年律令の中で「文書を傳送する」という意味の用例は本文所掲行書律及び次章所掲1の他にも次のものに見える。

行命書及書署急者、輒行之、不急者、日觱、勿敢留。留者以律論之。　行書　睡虎地秦簡・秦律十八種一八三發僞書、弗智、貲二甲。今咸陽發僞傳、弗智、即復封傳它縣、它縣亦傳其縣次、到關而得、今當獨咸陽坐以貲、且它縣當盡貲。咸陽及它縣發弗智者當皆貲。

睡虎地秦簡・法律答問五七～五八

一郵十二室。長安廣郵廿四室、敬事郵十八室。有物故去、輒代者有其田宅。有息、戶勿減。令郵人行制書急書、復勿令爲它事。畏害及近邊不可置郵者、令門亭卒捕盜行之。北地、上、隴西、卅里一郵。地險陜不可置郵者得進退就便處。郵各具席、設井磨。吏有縣官事而無僕者、郵爲炊。有僕者、叚器、皆給水漿。

張家山漢簡・二年律令二六五～二六七（行書律）

書不急、擅以郵行、罰金二兩。

張家山漢簡・二年律令二七二（行書律）

諸獄辟書五百里以上、及郡縣官相付受財物當校計者書、皆以郵行。

張家山漢簡・二年律令二七六（行書律）

これらの中で文書の傳送を表す語として用いられているのは「傳」と「行」であって、「報」は用いられていない。それ故、「相報」を郵路上にある縣が順次別書を傳送してゆくことと理解することはできない。

(19) 次の二例のうち、前者が「重大な」、後者が「重ねて」の用例である。

以從事。失亡重事。它如大守都尉府檄書律令　81. D38:18／敦1372

隊長王鳳責廣地隊長尹便錢六百。重移
廣地候官。　E. P. T51:241

(20) 次例は、忌引き休暇終了を燧長の本籍である居延縣に通知した際の發信記錄であるが、この「重追」を「重大に督促する」と解釋したのでは意味をなさず、「再度督促する」と解釋するのが妥當である。

重追。木中隊長徐忠、同產姉不幸死。寧日盡。移居延。　一事一封　正月丙戌、尉史忠封　E. P. T50:9

(21) 注7前揭『睡虎地秦墓竹簡』六一頁の【譯文】に「應加追查」とある。

(22) 卅三年四月辛丑朔丙午、司空騰敢言之。陽陵下里士五鹽、有貲錢三百八十四
鹽戍洞庭郡不智何縣署。●今爲錢校券一上、謁言洞庭尉、令鹽署所
縣責、以受陽陵司空。司空不名計、問何縣官計付署計年爲報。已訾責

其家、家貧弗能入。乃移戍所。報署主責發。敢言之。
四月己酉、陽陵守丞厨敢言之。寫上。謁報。報署金布發。敢言之。　／儋手
卅四年八月癸巳朔朔日、陽陵遬敢言之。至今未報。謁追。敢言之。　／堪手
里耶秦簡9–5A

（23）臧獲之所願託其足於驥者、以驥之可以追利辟害也。（『韓非子』外儲說右）

（24）詔後行下の辭には、元康五年詔書册のように「書到言」を含まないものがあるが、次例では同一の詔書を順次下達してゆく際に附加された詔後行下の辭の中で「書到言」の有無が混在している。

ⓐ永光四年閏月丙子朔乙酉、大醫令遂・丞褒下少府・中常方。承書從事下當用者、如詔書。ⓑ閏月戊子、少府餘・獄丞
＝從事
⊠□□□□□丞相府。承書從事、下當用者、如詔。　／掾未央・屬順・書佐臨
ⓒ⊠□□□□□□□□□騎將軍・御史・中二千石・郡大守・諸侯相。承書從事、下當用者。書到言。　／掾□□令史相
18・5（A8）

ⓒには「書到言」の文言が含まれているが、ⓐとⓑには無い。この場合、二つの可能性が考えられる。一つは、「書到言」の無い場合は文書受領の報告が命じられていない、もう一つは、「書到言」の文言が無いのは省略されているに過ぎず、「書到言」が無くても文書受領の報告は命じられている、である。ここでは、ひとまず二つ目として理解しておきたい。

（25）後述のように、「以道次傳別書」は、幹線道路上に位置する縣を、その經路の順番に、同一文書の寫しを回覧板形式で順次傳達してゆく下達形態のことである。從って、2の「以次傳別書」は、南郡郡治から南郡内の各屬縣へいくつかの經路に分かれてその經路上に位置する縣をリレーする形で順次傳達してゆくよう命じたものとなる。なお、「江陵布以郵行」は、江陵が南郡郡治である關係で、江陵から管轄下の機關等に南郡守發信のこの下達文書を傳送する際には郵を用いることを特に指示したものと理解しておきたい。

（26）この簡は游逸飛・陳弘音「里耶秦簡博物館藏第九層簡牘釋文校釋」（簡帛罔：http://www.bsm.org.cn/show_article.php?id=1968）で釋文が公表され、その後、鄭曙斌・張春龍・宋少華・黄樸華編著『湖南出土簡牘選編』（嶽麓書社　二〇一三）で圖版も公表された。表面の三行目「沅下洞庭都水」を『湖南出土簡牘選編』の釋文は「沅水洞庭都水」に作るが、游逸飛・陳弘音の釋文および圖版により改めた。また、この簡については、晏昌貴「里耶秦牘9–712＋9–758補釋」（簡帛罔：http://

www. bsm. org. cn/show_article. php?id=1969）がある。

（27）里耶秦簡には內史が縣に「下」す例が見える。

□□內史守衷下縣。以律令、傳別□▨
縣界中□□者、縣各別下書焉。□▨
□□地□□□報[沅]陽、言書到▨
□□□□□商丞□下報商、書到▨
十月丁巳、南郡守恆下眞書洞庭▨
□□□手

里耶秦簡8-228

（28）武陵郡、高帝置。……縣十三、索……孱陵……臨沅……沅陵……鐔成……無陽……遷陵……辰陽……酉陽、義陵……佷山、零陽、充。（『漢書』巻二八上　地理志上）

（29）零陽と酉陽の位置比定は、鍾煒「里耶秦簡所見縣邑考」（『河南科技大學學報　社會科學版』二五―一　二〇〇七）に據る。充については王先謙『漢書補注』の武陵郡充縣條に「故城今永定縣西」とあり、清代の永定縣は民國になって大庸縣と改稱され（臧勵龢等編『中國古今地名大辭典』商務印書館　一九三一）、一九九四年に張家界市に改稱されている。

（30）この文書については、青木俊介「里耶秦簡の『屬食文書』について」（『明大アジア史論集』一八　二〇一四）參照。

（31）零陽→充→酉陽→遷陵と傳送されたのであれば、裏面「急報。零陽金布發、恆署丁四」の「急」と釋されている文字は「充」で、本來「充報零陽、署金布發、恆署丁四」と記すところ「署」が脱落したという可能性も考えられる。そうであれば、これらの記載を充・酉陽・遷陵がそれぞれ零陽・充・酉陽から文書を受領した際の受領報告の發信記録として理解できる。なお、「急報」の「急」字は圖版では不明瞭で釋讀を確定できない。

（32）この文書の傳送經路については、晏昌貴注26前掲論文も裏面の記載から、臨沅――零陽――充――酉陽――遷陵という傳送經路を想定している。晏昌貴は表面の「臨沅下索」門淺零陽上衍」を「臨沅から索・門淺・零陽・上衍に下す」と解釋しているが、索の後ろには文の區切りを示す「」」印が記されているので、索と門淺の間で文が切れると理解すべきである。また、「臨沅下索」門淺零陽上衍」の後ろの部分には「臨沅・門淺・零陽□□□書到、署兵曹發」とあって、「臨沅下索」

門淺零陽上衍」では臨沅と門淺の間に記されていた索がここでは見えない。後ろ部分の「書到、署兵曹發」が文書受領者に對する命令であることから、ここでは臨沅・門淺・零陽と上衍が下達先であって、索は臨沅からの下達先と考えるべきであろう。従って、「臨沅下索」、門淺・零陽・上衍各以道次傳別書」は「臨沅は索に下し、門淺・零陽・上衍は各々經路の順番どおりに別書を傳送せよ」と解釋すべきであり、遷陵に到る文書傳送經路を臨沅から始めるのは誤りである。

(33)　ここに擧げた20(16–6)と16–5(第一部第二章所掲1)はともに二月十五日附けの洞庭守禮の下達文書ⓐとそれを遷陵縣が縣内の鄕や部局に下達した下達文書ⓑとの複合文書である。簡牘裏面の受信記録などから次のような文書傳送狀況がそれぞれ復原できる(括弧内は該當する簡牘記載)。

16–5	二月十五日	洞庭守禮が下達文書を作成	(ⓐ)
	二月二十七日	某所が洞庭守禮からの下達文書を受領	(ⓓ)
	三月八日	遷陵縣が洞庭守禮からの下達文書を受領	(ⓒ)
	三月十一日	遷陵丞が下達文書を作成し送付	(ⓑ⑴、ⓑ⑵)
20(16–6)	二月十五日	洞庭守禮が下達文書を作成	(ⓐ)
	三月三日	遷陵縣が洞庭守禮からの下達文書を受領	(ⓓ)
	三月五日	遷陵丞が下達文書を作成し送付	(ⓑ⑴、ⓑ⑵)
	三月十三日	遷陵丞が洞庭郡宛上申文書を作成	(ⓒ⑴)
	三月十四日	遷陵縣が洞庭郡宛上申文書を送付	(ⓒ⑵)

この二簡について、筆者は以前、16–5が洞庭郡から經路上の縣をリレー形式(回覽板方式)で順次傳送されて遷陵縣に送付されてきたもので、20(16–6)は洞庭郡から遷陵縣に直接送られてきたものと考え、洞庭郡から遷陵縣へは、郡からの直接送付と特定の經路上の縣を繋ぐリレー形式(回覽板方式)での傳送の二つが竝行して行われたと考えた(拙稿「秦漢時代の文書傳達形態——里耶秦簡J1⑯5とJ1⑯6を中心に」韓國・中國古中世史學會『中國古中世史研究』二四輯　二〇一〇)が、ここでの考察結果に基づいて訂正したい。

16−5のⓓとⓒの記載から、この簡が洞庭郡からまず某所に送付され、そこから遷陵縣に轉送されたことは疑い無い。しかしながら、次の二つの理由から、これを16などにみえる「以道次傳別書」の指示による零陽→充→酉陽→遷陵という回覧板方式の文書傳送と見なすことはできない。卽ち、16−5の洞庭守禮下達文書ⓐには「以道次傳別書」という指示が無く、16−5の受信記錄はⓓとⓒの二つだけである上に16の「遷陵報酉陽、署主令發」とは表記が異なるからである。

16−5の洞庭守禮下達文書ⓐ部分は洞庭郡から直接遷陵縣に送付された20（16−6）のⓐと同筆であるので、16−5はⓓの受信記錄を記した某所に最初送付され、それが某所から遷陵縣に轉送されたと考えられる。16で遷陵縣に文書を傳送しているのが酉陽縣であることから、16−5の本來の宛先は酉陽縣で、それが何らかの理由——例えば、「以道次傳別書」による回覧板方式の傳送との混同——によって遷陵縣に轉送されたのではないだろうか。16−5については、ひとまずそのように考えておきたい。

（34）E.P.T52:413では「三月丁酉、宗正慶忌・丞延年下都司空。承書從事、下當用□」とあるので、この「郡司空」は「都司空」の可能性もある。ただし、圖版では文字の釋讀を確定できない。

第三章　漢代の文書傳送方式

はじめに

前章においては、秦漢の官文書がどのような經路によって下達されたかという下達形態について考察した。本章では、郵や亭などの機關が文書傳送をどのように擔うのか、それぞれの機關の擔う文書傳送が漢帝國全域をどのように覆って文書を屆けていたのかといった點について考察する。

文書傳送に關しては、從來、邊境出土漢簡中にみえる文書傳送記錄と、睡虎地秦簡・秦律十八種中に行書律が二條確認できるだけであったが、その後、張家山漢簡や嶽麓書院藏秦簡に行書律が複數含まれ、また、文書傳送の據點でもある懸泉置遺址出土の漢簡が一部であるが公表されるに及んで、秦漢時代の文書傳送制度についてその全體像を描こうとする研究が幾つも發表された。(1) その中で、例えば、高榮は次のように指摘している。即ち、「以亭行」は「以郵行」よりも文書の傳送距離が短く、「以郵行」は詔令や軍事情報などの重要かつ緊急の文書に加えて官民の上書などの普通文書も傳送し、「以次行」によって傳送される文書は上級官署の露布の文書と下級官署の上中文書の兩方を含む、と。「以郵行」など各傳送方式(2)については説明があるものの、實際の文書傳送において各傳送方式がどのような形で帝國全域の文書傳送を實現したのかについては殆ど言及されていない。そこで、本章では、秦漢時代に行われていた文書傳送各方式の實態と、それらがどのように帝國全體の文書傳送を實現していたのかについて檢討する。

第一節　文書傳送の方法――「以郵行」と「以縣次傳」

居延漢簡などには文書傳送に關連する「以郵行」（後掲4）や「縣次吏馬行」（8）などの表記が見える。これらに關して、冨谷至は、「以某行」は文書傳送の方法を指示すると共に、文書を點検すべき機關が「某」であることを示す、と指摘している(3)。これに從えば、「以某行」は文書傳送の方式を示しているということになり、「以郵行」「以亭行」「燧次行」「以縣次傳」(4)の四つがそれに當たる。從って、秦漢時代の文書傳送方式にはこの四種類があったと考えられ、本章では以下、「以郵行」による文書傳送方式を「郵行方式」、「以縣次傳」によるそれを「縣次方式」、「以亭行」によるそれを「亭行方式」、「燧次行」によるそれを「燧次方式」とそれぞれ表記する。

文書傳送方式を取り上げた研究では、四つの傳送方式の文書傳送制度全體における位置附けはあまり言及されていない。その中で、陳偉は「以郵行書」と「以次傳書」の二つが秦から漢にかけての基本的な官文書傳送方式であると見なした上で、次のように述べている(5)。郵路は概ね京師を中心として郡と郡を結ぶ幹線道路上に主に配置されたが、郵は郵佐の配置された縣邑だけに設置された。一方、「以次傳書」は相隣接する縣道間で文書を傳送してゆくものであった。それ故、「以次傳書」と「以郵行書」が主要道路上に重なっていたとするならば、前者が融通性や自由度があってより多くの縣邑や地域を覆う傳送方法で、郵が置かれていない縣は「以次傳書」によって郡治や他の縣と連絡することができた、と。陳偉の言う「以郵行書」と「以次傳書」は次の二年律令に見える「以郵行」と「以縣次傳」に、卽ち、本章で言う所の郵行方式と縣次方式にそれぞれ相當するだろう。

1　郵人行書、一日一夜行二百里。行不中程半日、笞五十。過半日至盈一日、笞百。過一日、罰金二兩。郵吏居界過。書弗過而留之、半日以上、罰金一兩。書不當以郵行者、爲送告縣道、以次傳行之。諸行書而毀封者、皆罰金一兩。書以縣次傳、及以郵行、而封毀、過縣輒劾印[6]、更封而署其送徼曰、封毀、更以某縣令若丞印封。

張家山漢簡・二年律令二七三～二七五（行書律）

〔郵人が文書を移送するときは、一晝夜に二百里移送する。移送時間が規定から外れること半日ならば、笞五十。半日を過ぎて一日に達すれば、笞百。一日を過ぎれば、罰金二兩。郵の吏は境界にいて文書を通過させる。通過させずに文書を留め置くこと半日以上ならば、罰金一兩。郵で移送すべき文書でなかった場合は、送り先を書いて縣・道に報告し、順次遞送する。およそ文書を移送していて封泥を壞したならば、いずれも罰金一兩。文書を縣から縣へと順次遞送し、および郵によって移送していて、封泥が壞れたならば、縣を通過した時に印を刻し、改めて封をして、送付する檄に「封泥が壞れたので、改めて某縣令もしくは丞の印にて封をした」と記せ。〕

陳偉が「以郵行書」と「以次傳書」を基本的な傳送方式と考える具體的根據は示されていないが、實際、前揭の四つの文書傳送方式のうち「以亭行」と「燧次行」は邊境出土簡にしか見えないことから、漢帝國全域を覆う文書傳送方式としては、ひとまず陳偉の指摘に従って郵行方式と縣次方式の二つを考えておきたい。

陳偉が、郵路は郡と郡を結ぶ幹線道路上に設置されたと考えたのは、次揭の二年律令（2）が里耶秦簡の里程簡（3）を背景として作成されていると見なしたからである。

2　十里置一郵。南郡江水以南、至索南界、廿里一郵。

張家山漢簡・二年律令二六四

〔十里ごとに一郵を置く。南郡江水より以南で索の南界までは、二十里ごとに一郵。〕

3　⧄☐　　　鄢到銷、百八十四里
⧄里　　　銷到江陵、二百卌六里
⧄里　　　江陵到孱陵、百一十里
⧄六十六里　孱陵到索、二百九十五里
索到臨沅、六十里
臨沅到遷陵、九百一十里
凡四千四百卌里
里耶秦簡16-52

二年律令に見える南郡の漢代の郡治は里耶秦簡に見える江陵で(7)、索は兩者に見えることから、二年律令と里耶秦簡の二つのルートは重なると考えられる。實際、次簡では、里耶秦簡里程簡の最末端の遷陵で郵が文書を傳送している。

4　遷陵、以郵行
洞庭
里耶秦簡6-2

5　卅三年二月壬寅朔朔日、遷陵守丞都敢言之。令曰、恆以
朔日上所買徒隷數。●問之、毋當令者。敢言
之。
里耶秦簡8-154A

二月壬寅、水十一刻刻下二、郵人得行　圂手
里耶秦簡8-154B

〔三十三年二月一日、遷陵守丞の都が申し上げます。令に言うに、常に朔日に購入した徒隷の數を上呈せよ、と。●確認しましたところ、令に該當する者はありません。以上申し上げます。／二月一日、水十一刻刻下二、郵人の得が運んで行った。〕

4は洞庭郡から遷陵縣に送られた文書に附けられた宛名簡で「以郵行」とある。また、5は遷陵守丞發信の上申文書の控えであるが、遷陵縣は洞庭郡の屬縣であるから上申文書の宛先は當然洞庭郡となり、それが郵人によって配達されている。これらの二例から、洞庭郡と遷陵縣の間には郵が配置され、その郵によって文書が傳送されていたことが確認できる。3は鄢から遷陵に至る幹線道路の里程を示したものであるが、その最末端に當たる遷陵にさえ郵が配置されていたことから、郵はこの幹線道路の全域に配置されていたと考えてよいだろう。

3と同様に幹線道路の里程を示したものが邊境出土漢簡にもある。

6
長安至茂陵七十里　月氏至烏氏五十里　媼圍至居延置九十里　删丹至日勒八十七里
茂陵至茯置卅五里　烏氏至涇陽五十里　居延置至觻里九十里　日勒至鈞著置五十里
茯置至好止七十五里　涇陽至平林置六十里　觻里至揟次九十里　鈞著置至屋蘭五十里
好止至義置七十五里　平林置至高平八十里　揟次至小張掖六十里　屋蘭至氐池五十里　E.P.T59:582

7
倉松去鵜鳥六十五里　氐池去觻得五十四里　玉門去沙頭九十九里
鵜鳥去小張掖六十里　觻得去昭武六十二里府下　沙頭去乾齊八十五里
小張掖去姑臧六十七里　昭武去祁連置六十一里　乾齊去淵泉置五十八里
姑臧去顯美七十五里　祁連置去表是七十里　●右酒泉郡縣置十一●六百九十四里
II90DXT0214①:130A／釋60

6は長安から張掖郡氐池縣[8]まで、7は武威郡蒼松縣[9]から敦煌郡淵泉縣[10]までの里程を、それぞれ一部缺落はしているものの記しており、概ね長安から敦煌郡へ至る幹線道路の里程であると考えられる。[11]これらの里程簡には縣[12]に加えて置[13]も見えるが、縣城と置には共に旅行者の宿泊施設である傳舍が設置されていた。[14]その傳舍は公用旅行の場合に利用が許されていたものである[15]ことから、この經路は公用旅行者が行き來する幹線道路であったと考えられる。

懸泉置漢簡が出土した懸泉置は漢代の廏・厨・傳舍・驛・騎置からなる複合施設で、[16]このような幹線道路上に位置する置の一つであった。宮宅潔は敦煌・安西間の漢代縣城遺跡などの位置を検討した結果、長城線とは別に、その遙か南側に漢代の縣と縣とを結ぶ交通路が存在し、懸泉置遺址はその交通路上に位置したことを指摘しているが、[17]その交通路こそ、7に見える玉門縣――沙頭縣――乾齊縣――淵泉縣と續く幹線道路に他ならない。

その懸泉置を、縣次方式と郵行方式の文書傳送がともに通過したことが次掲の懸泉置漢簡から確認できる。

8　入東檄二、敦煌千人印、廣校・益廣候、縣次吏馬行、七月癸未日下餔、受西□　II90DXT0111①:365／㊥

9　入東書二封、郵行、書一、西部督郵印、詣東部督郵、書一小府印、詣廣至、一封靡□印>廿七日起。九年四月廿九日食時分盡、縣泉郵韓詡受寄人。□□□部李李子亭部。　VI91DXF13C②:14／㋕

8は敦煌千人發信の廣校候官・益廣候官宛の檄の傳送記錄で、「縣次吏馬行」とあることから縣次方式で傳送されたことが、9は「郵行」とあり「縣泉郵韓詡」が受領していることから郵行方式の文書傳送であることがわかる。

さらに、郵行方式と縣次方式はどちらも幹線道路上に位置する縣の官衙（縣廷）を經由した。1には、縣次方式および郵行方式で傳送されている文書で封印が壞れた場合は、「縣を通過した時に印を刻し、改めて封をして」とあることから、郵行方式・縣次方式ともに縣廷を經由することがわかる。

さて、郵行方式では2に見えるように郵は十里ごとに設置されるのが原則であったが、前掲の里程簡（3・6・7）では縣と縣の間は十里を超えているので幾つか郵が設置されたはずである。そうすると、郵行方式は幹線道路上に十里ごとに設置された郵を順次遞傳してゆく傳送方式で、郵で運び手が交代するのに對し、縣次方式は「縣次（縣の順番で）」とあることから縣を順次遞傳してゆく傳送方式で、次の縣までは同一人物が運んだのであろう。

郡と郡を結ぶ幹線道路上では、郵行方式と縣次方式による文書傳送が共に行われていたが、陳偉の指摘によれば、郡內の縣と縣の間では郵行方式は行われていない。そこでこの點を東海郡の事例によって檢證しよう。

第二節　東海郡內における郵の設置

漢代の東海郡に當たる江蘇省連雲港市にある尹灣六號漢墓から、前漢成帝期のものとされる簡牘、いわゆる尹灣漢簡が出土した[18]。尹灣漢簡の「集簿」（YM6D1）には東海郡の行政機關の數が擧げられている。

10　集簿　縣邑侯國卅八、縣十八、侯國十八、邑二、其廿四有堠、都官二。
鄉百七十□百六、里二千五百卅四、正二千五百卅二人。
亭六百八十八、卒二千九百七十二人、郵卅四、人四百八、如前。
界東西五百五十一里、南北四百八十八里、如前。
（以下略）　尹灣漢簡YM6D1（正）

この簡に據れば、東海郡內の縣・邑・侯國は合計三十八、郵は三十四、郵人は四百八人である。また、吏員定簿と呼ばれる木牘（YM6D2）には、郵に關連する吏として郵佐が見える。一例として下邳縣の記載を擧げよう。

11　下邳吏員百七人。令一人、秩千石。丞一人、秩四百石。尉二人、秩四百石。官有秩二人、鄉有秩一人、令史六

人、獄史四人、官嗇夫三人、郷嗇夫十二人、游徼六人、牢監一人、尉史四人、官佐七人、郷佐九人、郵佐二人、
亭長卌六人。凡百七人。　尹灣漢簡YM6D2（正）＊

郵佐は全ての縣・邑・侯國に置かれたわけではなく、下邳縣、郯縣、費縣、利成縣、臨沂縣、蘭旗侯國の六縣侯國に十人が置かれているだけだった(19)。これらの情報から、東海郡内の郵の配置を推定してみたい。

先述のように、郵は幹線道路に設置されているので、まず、東海郡内の交通路を確認しておこう。當時の交通路を考える上で參考になるのが、尹灣六號漢墓出土竹簡、卽ち「元延二年日記」と呼ばれるものである。そこに、墓主師饒の公務出張が記録されており、その宿泊地をたどることで當時の交通路を復元できる。高村武幸はこの「元延二年日記」の記載から、東海郡治の郯縣から楚國彭城及び琅邪郡東武縣への主要交通路を次のように想定している(20)。

・楚國方面

郯―（下邳／武原）―呂―彭城（楚國）

・琅邪郡方面

東武（琅邪郡）―諸（琅邪郡）―（莒（城陽國）／高廣（琅邪郡））―臨沂―開陽―郯

郵佐は他の典籍史料や出土文字資料には見えないが、その名稱から郵による文書傳送に關わる職務を持っていたと思

われる。その郵佐配置縣侯國のうち、下邳・郯・臨沂は高村が想定した主要交通路上にあり、この主要交通路上には郵が配置されていたと考えられる(21)。この交通路は、北は莒・高廣を經て琅邪郡東武縣に、南は呂を經て楚國彭城にそれぞれ伸びており、隣接する郡國と東海郡を繫ぐ幹線道路であった。

郵佐が置かれた六縣侯國の內、費縣・利成縣・蘭旗侯國はこの交通路上には位置しないが、これら三縣侯國はどのような場所にあったのだろうか。費縣（現山東省費縣）は、臨沂縣（現臨沂市）から山地の間を流れる浚河を北西方向に四〇㎞程遡った地點に位置し、ここからさらに北西へ泗水沿いに下ると現在の泗水縣から魯縣（現曲阜市）へと出ることができる經路上にあり、現在は國道三二二號線と兗石鐵路がこのルートを通っている。それ故、漢代にも、臨沂縣（東海郡）――費縣（東海郡）――魯縣（魯國）というルートのあったことが想定される。殘る利成縣と蘭旗侯國については その位置自體がよくわからない。その結果、郵佐が設置された六縣侯國のうち少なくとも四つは隣接する郡國を繫ぐ幹線道路上に位置していることになる。

先述のように、郵は幹線道路上に配置されていたので、下邳――郯――臨沂と臨沂――費――魯を結ぶ幹線道路の全てに郵が設置されていたように考えられるが、實はそう考えるには問題がある。10によれば東海郡内の郵は三十四箇所であったが、二年律令（2）が規定するように十里毎に郵が設置されたとすると、郵が設置された經路の總延長は單純計算で三四〇里となる。一方、同じく10によれば、東海郡の領域は東西五五一里、南北四八八里で、先に想定した下邳――郯――臨沂のルートは東海郡をほぼ南北に抜ける經路であるから、その距離は四八八里に近いはずである。そうすると、二年律令の原則通り十里毎に郵が設置されたとすると、下邳――郯――臨沂のルートさえその全域に郵を設置することはできないことになるのである。或いは、二年律令の規定では十里一郵が原則であるがその地域状況によって相當の幅が許容されていた(22)ことからすれば、東海郡でも十里より長い間隔で郵が置かれたと考えるべきかもしれない。[23] そうすると、東海郡における郵の設置に關しては次の二つの可能性が想定される。

一、東海郡内では、郵佐が設置された六縣侯國を通過する幹線道路（下邳――郯――臨沂、臨沂――費、及び、利成縣・蘭旗侯國を通る幹線道路）全てに郵が設置されていた。ただし、設置間隔は原則の十里よりも相當に長かった。[24]

二、郵は郵佐配置縣侯國を通る幹線道路の全てに置かれたわけでなく、郵が置かれたのは、例えば、下邳――郯――臨沂のルートだけで、これ以外の臨沂――費などのルートには設置されなかった。

どちらの可能性を取るかによって、郵の設置および郵行方式の配置に對する理解は大きく異なることになるが、尹灣漢簡にはそれを判斷する材料がない。幸い、懸泉置漢簡にはこの問題を解決する手掛かりがある。

12　遮要以東寫傳、至臨泉　　　　　　　　　　V 92DXT1310③:135A／㋘
　九月戊午、郵書令史弦告遮要以東亭長。閒者郵書皆不中程、諸
　券相付受日時、甚毋狀。自今以來、使界上置函刺、外常完函□　　　V 92DXT1310③:135B／㋘

〔遮要以東は寫して臨泉まで傳送せよ。／九月戊午、郵書令史弦が遮要以東の亭長に告ぐ。近頃、文書傳送がいずれも規定どおりでなく、券に記録した授受の日時もひどくいい加減である。これ以後、管轄境界に函刺を置き、外側は常に完形で〕

この簡は、郵書令史が遮要以東の亭長に對して文書傳送狀況の調査を命じたものである。この簡の出土地點である懸泉置遺址周邊の文書傳送の狀況は次章で考察するが、そこでの考察結果を先に言うと、懸泉置周邊には、騎置を繋いで文書を傳送する郵行方式と、置を繋いで文書を傳送する縣次方式、さらには亭を繋いで文書を傳送する亭行方式という方式を異にする三つの文書傳送經路が併存していた。12は、その下達對象が遮要以東亭長であることから、亭行

方式の文書傳送に關するものとわかる。次章において行う懸泉置漢簡の分析によって明らかになるように、亭長が管理する亭は亭行方式の文書傳送に關わる機關で、郵行方式の文書傳送には關わっていなかった。それにも拘わらず、12で郵書令史が亭長に對して傳送狀況の調査命令を下しているということは、郵による文書傳送である郵行方式だけでなく、亭による文書傳送である亭行方式についても郵書令史が管理していたということを示す。

　このように、郵書令史が郵行方式以外の文書傳送方式も管理していたとするならば、郵書令史と同じく文書傳送を管理していたと思われる尹灣漢簡所見の郵佐も同樣に、郵行方式だけでなく縣次方式や亭行方式の文書傳送も管理していたと考えられる。もしもそうであるならば、郵佐配置縣を郵行方式の文書傳送經路が通過していたと考える必要はなくなるのである。先述のように、東海郡には三十四郵が設置されていたが、行書律に準據した十里毎の設置では東海郡を南北に抜ける經路の全域に郵が設置できなかった。それ故、郵は六つの郵佐配置縣侯國を通る幹線道路の全てに置かれたわけではなく、郡治郯縣を通る下邳——郯——臨沂の經路にだけ置かれたと考えるのが妥當であろう。

　先述のように、郵行方式と縣次方式の經路は重なっていたので、下邳——郯——臨沂の經路は郵行方式に加えて縣次方式での文書傳送も行われていたと考えられる。では、これ以外の幹線道路ではどうだったのだろうか。それを考える手掛かりとなるのが次の懸泉置漢簡である。

13　出北書一封、大守章、詣都尉府　　七月壬申夜食時、甘井卒充付鄣門卒安　　V92DXT1210③:9A／㋗

14　□元康元年十一月甲午、日餔半時、臨泉亭長彭倩受廣至石靡亭長蹇。到乙未日入時、西門亭
□長步安付其廷。道延袤百廿四里廿步、行十二時、中程。　　II90DXT0213③:26／㋠

13では、甘井卒が中部都尉府宛て文書を中部都尉府の鄣門卒に渡している。[25] 次章で述べるように甘井には騎置と亭が併置されていたが、ここでは甘井卒と鄣門卒によって文書が傳送されていることから、甘井までと甘井——都尉府間は亭行方式で文書が傳送されたことになろう。また、14では、廣至石靡亭長→臨泉亭長→……→西門亭長→廷（效穀縣廷）と文書が傳送されているが[26]、亭をリレーしていることから、亭行方式での文書傳送とわかる。つまり、中部都尉府と效穀縣廷はどちらも縣次方式の文書傳送經路上には位置しておらず、亭行方式によって文書が傳送されているのである。懸泉置漢簡を見る限り縣次方式は郵行方式とその經路が重複しており、また、縣次方式の文書傳送經路上に位置しない都尉府・縣廷が存在したことから、縣次方式は郵行方式とその經路を同じくし、その經路以外の部分については亭行方式によって文書が傳送されたと考えられるのである。

懸泉置周邊では平望騎置と萬年騎置にも亭が併置されていたが[27]、この二亭は亭行方式の文書傳送經路には含まれていない。このことから、亭行方式はその地域に存在する亭の中の特定の亭だけを繋ぐ形で形成された經路の上を行き來する文書傳送方式であったことがわかる。從って、10によれば東海郡内には六八八の亭が設置されていたが、その中の特定の亭を繋ぐ形で亭行方式の文書傳送經路が設置され、それが下邳——郯——臨沂の經路上に位置しない縣・侯國などを結んでいたのであろう。

おわりに

本章の初めに紹介したように、陳偉は郵行方式と縣次方式を二つの基本的文書傳送方式と考え、郵行方式は郡と郡を結ぶ幹線道路上に置かれ、それ以外の部分は縣次方式によって文書が傳送されたと考えていたが、本章の考察結果によれば、郵行方式と縣次方式は共に郡と郡を結ぶ幹線道路上に置かれるだけで、それ以外の部分の文書傳送は亭行方式によって行われたのであり、この三方式を漢帝國全土を覆う基本的な文書傳送方式と考えるべきである。この三方式が基本的な文書傳送方式であるにも拘わらず、1に見えるのは「以郵行」と「以縣次傳」だけで、「以亭行」が見えないのは、冒頭に「郵人行書」とあるようにこれが郵行方式についての規定であるためであろう。

本章冒頭では漢代の文書傳送方式として郵行方式・縣次方式・亭行方式の他に燧次方式も擧げた。最後にこの燧次方式について見ておきたい。他の傳送方式と燧次方式との相違點としては、文書送付の際の宛名簡に記される「燧次行」の例が他の傳送方式に比べて少ないことが擧げられる。第二部第六章末の「宛名簡一覽」で示したように、全四七九例中、「以郵行」は一二三例、「以亭行」は三四例が確認できた(28)のに對して、「燧次行」はわずかに七例(29)のみでその少なさが際立つ(30)。次の簡は宛名簡ではなく檄の上端の宛先を記載した部分であるが、そこに「燧次走行」と見える。

15　萬歲東西部、呑胡東部候長、隊次走行　回　▨　　T. XXVIII. 38／敦2221

「燧次行」は「燧の順に傳送して行け」の意味であるから、この簡の宛先部分は「萬歲候官の東西部および呑胡候官の東部の各候長の元まで燧を順番に傳送してゆけ」という意味になろう。つまり、萬歲候官東西部および呑胡候官東部の各燧を順にリレーしながら萬歲候官東西部および呑胡候官東部の各候長までこの檄は傳送されたと考えられる。次の檄は「燧次行」とは記されていないが、「廣田以次傳行至望遠止」という宛名書きから、廣田燧から望遠燧まで順番にリレーして傳送してゆく形で、「燧次行」と同じ傳送狀況と思われる。

16　廣田、以次傳、行至望遠止　回　　（上段）

十二月辛未、甲渠候長安・候史佪人敢言之。蚤食時、臨木隧卒□□□□□□□□□□□□□□擧蓬、燔一積薪。虜卽
＝西北去。毋所亡失。敢言之。／十二月辛未、將兵護民田官居延都尉謂・城倉長禹兼行[丞事]
（下段A面）
寫移。疑虜有大衆不去、欲竝入爲寇。檄到、循行部界中、嚴敎吏卒、驚烽火、明天田、謹迹候候望、禁止往來行
＝者、定蓬火輩送、便兵戰鬬具、毋爲虜所萃槧、已先聞知。失亡重事。毋忽。如律令。／十二月壬申、殄北甲
＝[渠]
（下段B面）
候長纋・未央・候史包・隧長畸等。疑虜有大衆、欲竝入爲寇。檄到、纋等各循行部界中、嚴敎吏卒、定蓬火輩送
＝便兵戰鬬具。毋爲虜所萃槧、已先聞知。失亡重事。毋忽。如律令。
（下段C面）278・7（A10）

16は匈奴發見に伴う警戒命令である。警戒命令はその地域の全ての亭燧に周知する必要があり、だからこそ燧を順番にリレーして傳送されているのであろう。この例からすれば、燧次方式は、何らかの情報をその地域に存在する亭燧全てにもれなく傳達するための傳送方式であって、局地的に運用される文書傳送方式であったと考えられる。従って、通常の文書傳送方式として運用されていたのは燧次方式を除く三方式ということになろう。

注

（1）エノ・ギーレ「『郵』制攷――秦漢時代を中心に――」（『東洋史研究』六三―二　二〇〇四）、楊傑「《二年律令・行書律》與漢代郵行制度」（『肇慶學院學報』二七―一　二〇〇六）、陳治國「從里耶秦簡看秦的公文制度」（『中國歴史文物』二〇〇七―一）、高榮「簡牘所見秦漢郵書傳遞方式考辨」（『中國歴史文物』二〇〇七―六）、王棟梁「從懸泉漢簡看漢代郵驛制度」（『社科縱横』二二―六　二〇〇七）、陳偉「秦與漢初的文書傳遞系統」（中國社會科學院考古研究所等編『里耶古城・秦簡與秦文化研究』科學出版社　二〇〇九。日本語版：柿沼陽平譯「秦と漢初の文書傳達システム」藤田勝久・松原弘宣編『古代東アジアの情報傳達』汲古書院　二〇〇八）、陳松長「嶽麓書院藏秦簡中的行書律初論」（『中國史研究』二〇〇九―三）、易

桂花・劉俊男「從出土簡牘看秦漢時期的行書制度」（『中國歷史文物』二〇〇九—四）、連劭名「《二年律令》所見漢初的行書制度」（『文物春秋』二〇一〇—三）などがある。また、文書傳送を交通路との關係で考察した研究として、藤田勝久「秦漢時代の交通と情報社會」（同氏『中國古代國家と社會システム——長江流域出土資料の研究』汲古書院　二〇〇九）もある。

（2）後述のように漢代には「以郵行」「以亭行」「燧次行」「以縣次傳」と表現される文書傳送があった。本章ではこれらの文言で區別される文書傳送のやり方を「文書傳送方式」と稱する。

（3）冨谷至「漢代の地方行政——漢簡に見える亭の分析」（同氏『文書行政の漢帝國　木簡・竹簡の時代』名古屋大學出版會　二〇一〇）二四四頁。

（4）「以郵行」「以縣次傳」は後掲1に、「以亭行」「燧次行」は次の簡に見える。

甘井亭以東寫傳至臨泉、以亭行　回　　Ⅱ90DXT0215②:34/㋖

肩水候官燧次行　　32・23（A32）

また、論者によっては「以亭行」と「亭次行」を別方式と見なすが、次の二簡の比較から「亭次行」は「以亭次行」の省略表現と考えられ、それ故、「以亭行」「以亭次行」「亭次行」は同義と考えるべきであろう。

甲渠官亭次行　　E.P.T26:7

周幷私印

九月癸丑卒以來●一事

⧄渠鄣候以亭次行□　　E.P.F25:20A

（5）陳偉注1前掲論文。

（6）「過縣輒劾印」の釋讀は『二年律令與奏讞書　張家山二四七號墓出土法律文獻釋讀』に據る。

（7）南郡……縣十八、江陵。（『漢書』卷二八上　地理志上）

（8）張掖郡……縣十、觻得、昭武、删丹、氐池、屋蘭、驪靬、番和、居延、顯美。（『漢書』卷二八下　地理志下）

（9）武威郡……縣十、姑臧、張掖、武威、休屠、揟次、鸞鳥、撲劖、媼圍、蒼松、宣威。（『漢書』卷二八下　地理志下）

（10）敦煌郡……縣六、敦煌、冥安、效穀、淵泉、廣至、龍勒。（『漢書』卷二八下　地理志下）

（11）森谷一樹「前漢～北朝時代の黒河流域――農業開發と人々の移動」（中尾正義編『オアシス地域の歴史と環境　黒河が語るヒトと自然の２０００年』勉誠出版　二〇一一）では、この兩簡に基づいて河西回廊の交通路を復原している（二一頁）。

（12）何雙全は、６・７に見える縣名と同じ名稱を、縣城そのものではなく、縣名を冠した置であると考えている（何雙全「漢代北西驛道與傳置」『中國歴史博物館館刊』一九九八―一　六四頁）。しかしながら、里程簡には茯置や平林置、居延置など「置」字のついているものがあることからすれば、置字のない縣名はやはり縣城そのものを指すと考えるべきであろう。

（13）置が設置されているのは、６では、茂陵・好止間（一一〇里）、涇陽・高平間（一四〇里）、媼圍・觻里間（一八〇里）、日勒・屋蘭間（一〇〇里）、７では、昭武・表是間（一三一里）であるが、置とそれに隣接する兩縣の距離は張家山漢簡・奏讞書にみえる一日の移動距離の平均八五里（藤田勝久注1前掲論文四一九～四二〇頁）を超えている。置は、それが間に置かれた二縣のほぼ中間點に設置されていることから、縣と縣の距離が長くて一日では移動できない場合に、中間で宿泊するための施設として設置されたことが想定されよう。居延漢簡里程簡の居延置と鈞著置は、その前後の縣と置との距離が等しく、置が二縣の中間地點に人爲的に設置されたことは明白である。『後漢書』傳五八郭太傳注所引『風俗通義』の「置者、度其遠近之閒置之也」という説明は、このように縣と縣の中間地點に置を設置したことを示すものかもしれない。なお、里程簡所見の置のうち茯置だけは、茂陵まで三五里、好止縣まで七〇里で兩者の距離に大きく差があるが、これは茯置が幹線道路の分岐點に置かれたなどの事情によるのであろう。

（14）濱口重國「漢代の傳舍――特に其の設置地點に就いて」（同氏『秦漢隋唐史の研究』下　東京大學出版會　一九六六）、郝樹聲・張德芳「懸泉漢簡與懸泉置」（同氏『懸泉漢簡研究』甘肅人民出版社　二〇〇八）三一頁。

（15）冨谷至「通行行政――通行證と關所」（同氏注3前掲書所收）二八六頁。

（16）甘肅省文物考古研究所「甘肅敦煌漢代懸泉置遺址發掘簡報」（『文物』二〇〇〇―五）、郝樹聲・張德芳注14前掲論文。

（17）宮宅潔「懸泉置とその周邊――敦煌～安西間の歴史地理――」（『シルクロード學研究』二二　二〇〇五）一一〇頁。

（18）連雲港市博物館・中國社會科學院簡帛研究中心・東海縣博物館・中國文物研究所『尹灣漢墓簡牘』（中華書局　一九九七）。

（19）蘭旗矦國はYM6D2の表面に、それ以外は裏面に記載がある。以下、下邳以外の當該箇所を擧げておこう。

郯吏員九十五人……郵佐二人……。
費吏員八十六人……郵佐二人……。
利成吏員六十五人……郵佐一人……。
[臨]沂吏員六十六人……郵佐二人……。
蘭旗吏員五十九人……郵佐一人……。

(20) 高村武幸「秦漢時代地方官吏の『日記』について」(同氏『漢代の地方官吏と地域社會』汲古書院　二〇〇八)一六二～一六三頁。

(21) 下邳——郯——臨沂のルートが郵による文書傳送經路であることについては、藤田勝久が既に想定している(藤田勝久注1前掲論文)。藤田はこのルートを中心に、さらに、臨沂縣から費縣を經て魯國へ續くルートと、下邳縣から臨淮郡へ續くルート、郯縣から利成縣を經て琅邪郡へ續くルートも想定している。また、鶴間和幸は、北から南へ費→臨沂→利成→郯→下邳と續くルートを想定している(鶴間和幸「中華の形成と東方世界」『岩波講座世界歴史3　中華の形成と東方世界』岩波書店　一九九八)。ただ、兩者共に經路想定の根據は特に示されていないので、これらの郵傳送經路は東海郡内の郵佐配置縣を單純に繋ぐ形で想定されているようである。

(22) 本文所掲2及び次掲の二年律令二六五～二六七。

一郵十二室。長安廣郵廿四室、敬事郵十八室。有物故、去、輒代者有其田宅。有息、戶勿減。令郵人行制書、急書、復、勿令爲它事。畏害及近邊不可置郵者、令門亭卒、捕盜行之。北地、上、隴西、卅里一郵。地險陜不可置郵者得進退就便處。郵各具席、設井磨。吏有縣官事而無僕者、郵爲炊。有僕者、叚器、皆給水漿。

張家山漢簡・二年律令二六五～二六七(行書律)

(23) 飯島和俊は三〇里毎に郵が設置されたと考えている(飯島和俊「『以郵行』をめぐって——出土史料から見た『郵』の機能——」『中央大學アジア史研究』第三二號「池田雄一教授古稀記念アジア史論叢」二〇〇八)。

(24) 例えば、郵佐が配置された六縣侯國を通る幹線道路の總延長を東海郡の東西と南北の合計距離で代用すると、一〇三九里に三四郵となり、單純計算で約三〇里に一郵となる。

（25）張經久・張俊民「敦煌漢代懸泉置遺址出土的〝騎置〟簡」（『敦煌學輯刊』二〇〇八―二）七〇頁。

（26）張俊民「敦煌懸泉漢簡所見的〝亭〟」（『南都學壇（人文社會科學學報）』三〇―一　二〇一〇）一八頁。

（27）次の簡では平望・萬年が亭と呼ばれている。

〼□二檄、冥安令印　元鳳四年六月癸酉夜人定時、山上亭
〼□封淵泉右尉印　長奉世受萬年亭卒宗　Ⅰ90DXT0207④:2／㋗㊥

出粟三石六斗。臨泉亭、毋窮亭　以稟治掾〼
平望亭　Ⅰ90DXT0110②:12／㊥

（28）うち一例（第二部第六章末の「宛名簡一覽」の整理番號417）は「以郵亭晝夜行」とあり、「以郵行」と「以亭行」兩方の事例として數えた。

（29）七例は、第二部第六章末の「宛名簡一覽」の整理番號018、032、179、351、355、405、439である。

（30）宛名簡には「以郵行」「以亭行」「燧次行」が見えるだけで、「以縣次傳」と記載される例は確認できない。第四・五章で述べるように、郵行方式と縣次方式が全國を結ぶ文書傳送方式で、亭行方式は郵行・縣次兩方式の文書傳送經路が通っていない地域の文書傳送を擔うものである。全國を結ぶ文書傳送のうち、郵行方式は皇帝發受信文書および「郵行」「驛馬行」と指定された「急書」などの傳送を專ら擔當するものであり、これらの特別な文書以外は縣次方式で傳送された。郵行方式で傳送できる文書はこのように限定されていたので、「以郵行」は宛名簡に記載する必要があっただろう。他の縣次方式と亭行方式については文書の發信地と宛先によって自ずと選擇されるので、傳送方式の記載は不可缺ではなかったのではないだろうか。また、宛名簡の多くは甲渠候官や肩水候官宛のもので張掖郡內で遣り取りされたものであるから、出土した宛名簡のつけられた文書の殆どは縣次方式で送られたものではなかったということもあろう。

第四章　漢代懸泉置周邊の文書傳送

はじめに

漢代の居延・肩水地域については、文書傳送記録を材料として文書の傳送經路を解明することが研究課題の一つとして取り組まれ、これまでにいくつかの説が提示されてきた。それに對して、敦煌地域に關しては、今までこの地域で發見されたいわゆる敦煌漢簡の數の少なさと、何より、居延漢簡に多く見られるような文書傳送記録が殆ど含まれていないために、文書傳送經路についての考察はあまり行われてこなかった。ところが、一九九〇年代始めに、漢代から晉代にかけての交通據點且つ文書傳送據點である懸泉置遺址の發掘調査が行われ、そこから二萬三千餘枚に上る簡牘が發見され、その中に多くの文書傳送記録が含まれていたのである(1)。この懸泉置漢簡の出現によって、漢代懸泉置周邊における文書傳送狀況について考察することが可能となったわけである。

懸泉置漢簡に見える文書傳送經路については既に宮宅潔・張俊民・畑野吉則による考察(2)がある。畑野の復原する文書傳達經路は、懸泉置と石靡亭を亭による傳達經路として結ぶ點以外は後述する筆者の見解に概ね重なるが、宮宅潔と張俊民の設定する文書傳送經路(3)には異なる點がある。

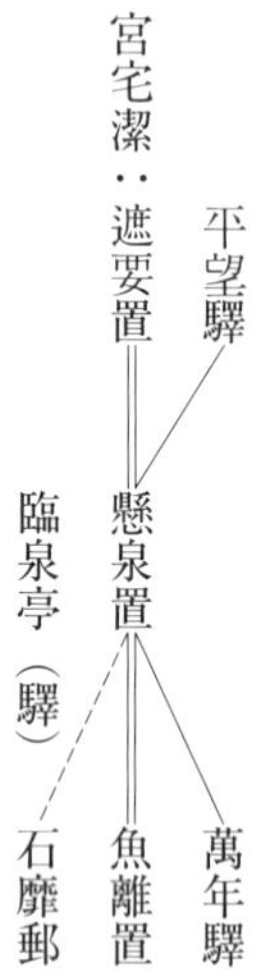

張俊民：樂望亭―安民亭―甘井騎置―某亭―遮要置―某亭―平望騎置―※

※―毋窮亭―懸泉置―臨泉亭―石靡亭―萬年騎置―某亭―魚離置

宮宅がこの經路を發表して以降、個別の論文の中での引用によって我々の知る所となった懸泉置漢簡が少なからずあるので、それによって宮宅の提示した經路を補足する必要がある。一方、張俊民による文書傳送經路の設定については方法的に問題がある。一つは、懸泉置周邊の傳送經路は一本であることが前提とされているように思われる點である。しかし、宮宅と畑野の設定する經路が複數であるように、懸泉置周邊の文書傳送經路が一つとは限らない。もう一つは、置と置の間に騎置が置かれ、置と騎置との間に亭が置かれるという形がまた前提となっていることである。しかしながら、簡牘資料にはその前提を明らかに示す記述は確認できない。既に懸泉置周邊の文書傳送經路についての考察が存在するにも拘わらず、ここで改めて文書傳送經路を考察しようとするのはそのためである。利用可能な懸泉置漢簡の增加を踏まえて、本章での考察においては文書傳送記錄の集成から始めることにしたい。

第一節　文書傳送記錄の集成

懸泉置出土簡に含まれる文書傳送記錄の中で、文書の受け渡しを擔當している者（以下「文書授受者」という）が明確に確認できるものを集め、[4] それを文書授受者の所屬施設[5]の組み合わせを基準に分けたのが以下のA～Pである。

A《平望——懸泉——萬年》

A1　上書二封
其一封長羅侯　甘露二年二月辛未日夕時、受平望譯騎當富
一烏孫公主　　縣泉譯騎朱定付萬年譯騎　Ⅱ90DXT0113③:65／釋193㋕㋗

A2　元康二年四月戊申晝七時八分、縣泉譯小史壽肩受平望譯
小史奉世。到書八時、付萬年譯小史識寬　Ⅱ90DXT0214③:57／㋗

A3　敦煌玉門都尉千秋上書一封
初元五年二月辛亥日下餔時、縣泉譯小史毋知受平譯小史憙。
到日莫餔時、付廣至萬年譯小史　V92DXT1311③:272／㋕㋗

A4　皇帝璽書一封、賜敦煌大守　元平元年十一月癸丑夜幾少半時、縣泉譯騎得受萬年譯騎廣宗。到夜少半時、付平
望驛騎⧄　V92DXT1612④:11／釋110㋕㋗

B《平望——懸泉》

B1　陽關都尉明上書一封　甘露元年十一月丁酉日中時、縣泉譯騎德受平望譯騎☐☐。日中時、付遮要譯騎[6]
Ⅰ90DXT0114③:5／㋕

B2　入東軍書一封、敦煌中部都尉臣鄷上、詣行在所、緑緯完、居攝二年十月癸亥夕時、縣泉郵人欵受平望郵人鄧同、

即時遣張歆行　Ⅱ90DXT0114③:7／㋕

C《懸泉——萬年》

C1　萬年驛騎置喜付縣泉驛騎奇　Ⅰ90DXT0111②:24／㋗

C2　縣泉譯小史敦煌樂世里□長生、行大守上書一封、到萬年譯　足賴　Ⅰ90DXT0114③:51／㋗

C3　⧄一封　五鳳三年十二月庚戌夜食時、縣泉譯騎臨付萬年譯騎忠　Ⅱ90DXT0113③:141／㋗

C4　年七月癸巳日下餔、縣泉譯騎充國受萬年譯騎傳　Ⅱ90DXT0313②:52／㋗

C5　玉門都尉臣宮上書一封
初元三年十二月戊戌夜人定時、縣泉譯騎光付萬年譯騎過倫　Ⅴ92DXT1310④:36／㋕㋗

C6　東第一封槖一、驛馬行
西界封書、張史印、十二月廿七日甲子晝漏上水十五刻起、……佐高佐
永初元年十二月廿七日夜參下餔分盡時、縣泉驛佐吾就付萬年驛
十二月廿七日夜參下、餔分盡時（左簡側切込中(7)）　Ⅵ91DXF13C②:10A／釋106㋕㋗

C7　入東書二、驛馬行
書二、長史印、五月二日壬子起、一詣刺史、一詣孫從事(8)
六月六日下夕、掾夫尊受萬年驛左憙、付縣泉驛佐五五不　Ⅵ91DXF13C①:34／㋗

D《平望——臨泉》

D1　⧄臨泉驛丁護受平望驛⧄　Ⅱ90DXT0114③:383／㋕

D2　入東書一封、敦煌大守上　陽朔二年七月壬午夜食時、臨泉驛騎薛福受平望驛騎石衆
壬午夜食時（右簡側切込中）　Ⅵ91DXT1222②:3／㋗

D3　入上書一封、車師己校伊循田臣強　九月辛亥日下餔時、臨泉譯漢受平望馬登
日下餔時（右簡側切込中）　Ⅴ92DXT1310③:67／釋161㋕㋗

D4　⧄建昭二年八月己巳日食坐時、臨泉譯騎登受平望譯騎則　Ⅴ92DXT1611③:278／㋕

E《臨泉——萬年》

E1　入東軍書一封　皁繒緯完。平望候上　始建國二年九月戊子日蚤食時、萬年亭驛騎張同受臨泉亭長陽
王路四門
戊子日蚤食（左簡側切込中）　Ⅱ90DXT0115①:59／釋108㋕㋗

E2　⧄……時臨泉譯□□付萬年譯道　Ⅴ92DXT1210③:31／㋗

F《遮要——□——魚離》

F1　入東板檄一、敦煌長史、詣廣至　十二月戊午夜且半時、受遮要御王同。即時、遣奴便行付魚離

Ⅱ90DXT0111①:184／㋕

F2　⧄一詣冥安、⧄一詣廣至、⧄一詣淵泉。初元四年乙酉日下餔時　佐彭祖受遮御宋。日入昏時、付魚離佐☐☐
卿以☐行　Ⅱ90DXT0114③:498B／㋕

F3　西詔一封、檄二。詔書一封、車騎將軍印、詣都護。合檄一、酒泉丞印、詣大守府。一檄、龍勒守尉業慶印、詣
賊曹敞。二月戊子日入時、魚離御便以來、即時付遮要　Ⅱ90DXT0115②:58／㋕

G《懸泉――魚離》

G1　出東檄書一封、書四封、詣王路四門。　始建國二年十一月癸亥日餔食時、縣泉置御建若付魚離置御　Ⅰ90DXT0114①:114／㋕

G2　出合檄一、楊記一、皆詣原掾治所。　建平三年五月辛酉日下夕時、縣泉御張宮付魚離置佐郭鳳　Ⅱ90DXT0113②:34／㋕

G3　入西合檄一板檄三　合檄一、索普私印、詣長史君門下。板檄一、宋掾印破、詣府。板檄一、酒泉長史、詣府。
板檄一、夬曹馬掾印、詣府。　元始四年十一月丁卯夜食時、縣泉佐尊受魚離　Ⅱ90DXT0114②:167／㋕

G4　入西書一封　敦煌右尉印、詣督盜賊陳卿。　合檄一　敦煌右尉印、詣督盜賊孫卿。　元始四年十月乙巳、縣泉
佐賞受魚離馬醫普　日食時　Ⅱ90DXT0114②:203／㋕

G5　出東葦篋書一封、蒲封書三、記二　葦篋書一封、敦煌長史、詣涼州牧治所。蒲封書一封、敦煌長史、詣涼州牧治所。蒲封書一封、□□、詣督郵李掾治所。蒲封書一封、敦煌中部都尉、詣涼州牧治所。記二、敦煌千人、詣淵泉。元始四年十二月癸丑日食時、縣泉馬醫竝付魚離助佐虒戎　Ⅱ90DXT0114②:216／㋓㋕

G6　出東合檄四、皆從事田掾印。其一詣從事張掾治所。一詣從事陳掾治所。一詣從事祭酒張掾治所、張掖觻得丞趙卿。元始四年十月庚午夜半時、縣泉置奴付魚離置佐左駿　Ⅱ90DXT0114③:444／㋕

G7　封書二。其一封、冥安長印、詣敦煌。一封大司農丞印、詣敦煌、一封弘農大守章、詣敦煌大守府。甘露五年正月甲午夜半時、縣泉御受魚離御虞臨　Ⅱ90DXT0114③:519／㋕

G8　出東板檄四、皆大守章。一詣督郵、一詣廣至、一詣冥安、一詣淵泉。建平五年□□辛未日下夕時、縣泉御廄放付魚離卒憙。　Ⅱ90DXT0114④:21／㋕

G9　入西板檄二、冥安丞印　一詣樂掾治所　一詣府　元始四年四月戊午、縣泉置佐憲受魚離置佐虒卿。即時遣即行　Ⅱ90DXT0214①:125／釋112㋓

G10　板檄一封酒泉大守章、詣敦煌大守府　甘露五年正月戊申日出時、縣泉御顧順受魚離御虞臨　Ⅱ90DXT0214③:185／㋕

G11　西域騎都尉上書一封、四月丁亥蚤食時、縣泉驛騎□付魚離驛騎□☐　Ⅴ92DXT1311④:47／㋕

H《遮要——懸泉》

H1　書一封、敦煌長史印、詣冥安。甘露二年四月丁卯日下餔時、縣泉御　受遮要御韓德行
I 90DXT0114③:6／㋕

H2　出西合檄板檄二、詣府陽關。元始元年八月庚午夜人定時、縣泉御許章付遮要置嗇夫慶
II 90DXT0111①:98／㋕

H3　入西書二封、皆詣府。閏月戊戌昏時、縣泉御黃頭付遮要佐牛康
II 90DXT0114②:137／㋕

H4　☐四年九月癸未夜東禺中、縣泉佐賞受遮要御牛陽。即時遣狗奴行
II 90DXT0114②:204／㋕

H5　出綠緯書一封、西域都護上、詣行在所公車司馬以聞。綠緯孤與縕檢皆完、緯長丈一尺。元始五年三月丁卯日入時、遮要馬醫王竟奴鐵柱付縣泉佐馬賞
II 90DXT0114②:206／釋146㋕

H6　出東合檄一、鮑掾印、詣東道平水史杜卿。　元始五年四月庚戌晨時、縣泉置佐忠受遮要鐵柱□☐
II 90DXT0214①:13／㋕

H7　入東記一、敦煌長史、詣廣至守長博、便□徙民李□思。元始五年四月丁酉日蚤桑榆年、縣泉佐賞受遮要奴李通。即時遣狗奴行
II 90DXT0214①:27／㋕

H8　入東綠緯書一封、敦煌庫令上、詣公車。元始四年七月乙未日桑榆時、縣泉佐憲受遮要奴來臣
II 90DXT0214②:194／㋕

H9　出西合檄三。其二都護郎將印章、詣使者扆君・魏君。一詣犧和公孫掾。其一廣至丞印、詣大將軍司馬儲夫子。
始建國三年十月癸酉日未出、縣御徐駿付遮要佐董永。　Ⅲ92DXT0907③:3／㋕

H10　☐□皂復袷一領。書一封、廣至長印。七月丁巳、縣泉置復作定付遮要御解未央。　Ⅴ92DXT1410③:121／㋕

I《甘井——遮要》

I1　入東軍書一封、玉門都尉上　建平三年四月己未夜食時、遮要廄吏竝受甘井驛蘇利
夜食時（右簡側切込中）　Ⅱ90DXT0214②:239／㋘

I2　入東軍書一封、玉門都尉上　建平三年四月癸卯定昏時、遮要驛吏竝受甘井驛音
定昏時（右簡側切込中）　Ⅱ90DXT0214②:266／㋕㋘

I3　入東軍一封、使者解君上　建平三年閏月癸巳鷄中鳴時、遮要驛吏竝受甘井驛吏音
中鳴時（右簡側切込中）　Ⅱ90DXT0214②:267／㋕㋘

I4　☐平三年四月癸未桑樹時、遮要驛吏幷受甘井驛吏音　Ⅱ90DXT0214②:268／㋘

J《臨泉——石靡》

J1　入西書四封。一封毋印章、詣府。一封中部司馬印、詣府。二封廣至長印、一封詣府、一封詣敦煌。十二月辛未
日幾旦時、臨泉宣受石靡聖。　Ⅱ90DXT0111①:219／㋕

J2　▨元康元年十一月甲午、日餔平時、臨泉亭長彭倩受廣至石靡亭長蹇。到乙未日時、西門亭長歩安付其廷。道延
袤百廿四里廿歩、行十二時、中程⑨
Ⅱ90DXT0213③:26／㋚

J3　甘露元年四月　　　安民亭長誼光受敦
東書五封大守章　　煌樂望亭長眞如、到臨泉亭長賀付
廣至石靡亭長武。道延袤百卌里行十五時⑩
V 92DXT1512③:17／㋚

J4　出東書八封、板檄四、楊檄三。四封大守章、一封詣左馮翊、一封詣右扶風、一封詣河東大守府、一封詣酒泉府。
一封敦煌長印、詣魚澤候。二封水長印、詣東部水。一封楊建私印、詣冥安。板檄四、大守章。一檄詣宜禾都尉、
一檄詣益廣候、一檄詣廣校候、一檄詣屋蘭候。一楊檄敦煌長印、詣都史張卿。一楊檄郭尊印、詣廣至。[一]楊檄
龍勒長印、詣都史張卿。九月丁亥日下餔時、臨泉禁付石靡卒辟非。
V 92DXT1611③:308／釋109

K《毋窮——臨泉》

K1　出西書檄三、函一、九月辛丑日失時、臨泉卒□□付毋窮范
V 92DXT1210③:12／㋕

K2　出西書三封檄一㓨一　　十一月甲寅夜半時、臨泉卒辟付毋窮卒時
夜半（左簡側切込中）
V 92DXT1210③:14／㋚

K3　出西書五封剌一　　十一月庚寅日出時、臨泉卒軒付毋窮卒材
日出時（右簡側切込中）
V 92DXT1210③:26／㋚

K4　出西書四封、函一　十月乙巳日蚤食、臨泉卒軒付毋窮卒材
乙巳日蚤食時（右簡側切込中）　V92DXT1210③:84／㋗

K5　出西書第四篋　七月癸亥日蚤時臨泉卒軒付毋□▨
日蚤食（左簡側切込中）　V92DXT1210③:85／㋗

K6　出西書第一篋、檄一　二月丁巳定昏時、臨泉卒軒付毋窮卒當
定昏時（右簡側切込中）　V92DXT1210③:100／㋗

K7　出西書三封、檄一、函一　十一月癸卯日未中時、臨泉卒辟付毋窮卒林　V92DXT1210③:102／㋕

K8　出書第二篋檄一　十一月甲辰夜幾半時、臨泉卒軒付毋窮卒材　V92DXT1310③:50／㋕

K9　入東書第四篋　十月壬戌日未中、臨泉卒軒受毋窮卒材
日未中時（右簡側切込中）　V92DXT1310④:31／㋗

K10　入東書第二篋　十月壬午日未入、臨泉卒軒受毋窮卒時
日未入（右簡側切込中）　V92DXT1311③:33／㋕㋗

K11　入東書九封、記三　二月丙午日夜未半時、臨泉卒溫受毋窮卒宣　VI91DXF23:2／㋕

L《甘井——鄣門》

L1　出北書一封、大守章、詣都尉府　七月壬申夜食時、甘井卒充付鄣門卒安
夜食（左簡側切込中）　Ⅴ92DXT1210③:9／㋘

L2　出北檄一、大守章、詣都尉府　七月己巳平旦時、甘井卒充受鄣門卒忠
平旦（右簡側切込中）　Ⅴ92DXT1210③:10／㋕㋘

L3　⧄亥日下餔時、甘井卒充受鄣門卒安　Ⅴ92DXT1210③:95／㋘

M《萬年——山上》

M1　⧄元鳳四年六月乙亥日蚤食時、山上亭長
⧄奉世受萬年亭卒世　卩　Ⅰ90DXT0207④:1／㋘㋚

M2　□二檄冥安令印　元鳳四年六月癸酉夜人定時、山上亭
□封淵泉右尉印　長奉世受萬年亭卒宗　Ⅰ90DXT0207④:2／㋘㋚

N《懸泉——石靡》

N1　出西書三封、合檄二封　行書一、淵泉長印、廿七日起書。一檄左丞長印。書一封、農史印。廿八日起、詣府。
檄、冥安長印。廿八日起、詣龍勒。建武廿八年八月廿九日夜鶏後鳴時、石靡御宋見付縣泉御錢建
Ⅱ90DXT0215①:26／㋕

N2　入西書八、郵行、……永平十五年三月九日人定時、縣泉郵孫仲受石靡郵牛羌　Ⅵ91DXF13C①:5／釋116㋓㋕

O《懸泉——廣至》

O1　出東書四封、敦煌大守章、一詣勸農掾、一詣勸農史、一詣廣至、一詣冥安、一詣淵泉。合檄一、鮑彭印、詣東道平水史杜卿。府記四、鮑彭印、一詣廣至、一詣淵泉、一詣冥安、一詣宜禾都尉。元始五年四月丁未日失中時、縣泉置佐忠受廣至廏佐車成輔。●即時遣車成輔持東

Ⅱ90DXT0114②:294／釋111

O2　入西板檄一、樊隆印詣府　元始五年四月辛丑日失中時、縣泉置御張恭受廣至魏大房　卽立遣大房、持付遮要☐

Ⅱ90DXT0114③:425／㋕

P《その他》

P1　西書三封、檄三、皆詣大守府。其二封檄一、淵泉長印。板檄一、冥安令印、一檄、效穀左尉印、一封、張奉德私印。三月丁亥定昏時、西門亭長望來付樂望亭長充世

Ⅰ90DXT0108②:5／㋕

P2　西檄三、其一馬定印、詣府、一酒泉大守章、詣府、一廣至丞印、詣府。建昭二年閏月辛卯晨時、臨泉亭長王安受魚離置、卽付遮要御王忠

Ⅰ90DXT0116②:77／㋕

P3　出西書一、郵行、書河南丞印章、三月五日起、蒲驛☐落茜頭、詣☐、一箇嚴、詣府。永元十四年四月廿九日、日中三刻盡時、縣泉驛佐吾武付毋窮驛佐魏匀

Ⅵ91DXF13C②:7／㋕

懸泉置漢簡の文書傳送記録からは、文書授受者の所屬施設について前掲Ａ～Ｏの十五の組合せが確認できる。以下、この組合せを検討することで文書傳送經路を明らかにしてゆこう。

第二節　懸泉置周邊の文書傳送經路

従來の研究では、文書授受者の所屬施設の組み合わせが卽ち文書傳送經路であると見なされてきた。例えば、Ａ1で「上書二封」が平望驛騎→懸泉驛騎→萬年驛騎と傳送されていることに基づいて、平望――懸泉――萬年という文書傳送經路が設定されたわけである。しかしながら、そのように單純に考えられない事例が存在する。例えば、Ｏ1では、廣至廐佐車成輔が懸泉置佐に「東書四封」を渡しているので、單純に考えれば（西）廣至――懸泉置（東）という文書傳送經路が設定されることになろう。ところが、Ｇ8では懸泉御廐が魚離卒に渡している東行文書の中に廣至縣宛文書が含まれているし、Ｈ7でも懸泉佐が遮要奴から受け取った東行文書の中に廣至縣宛文書が含まれている。逆に、Ｈ9とＨ10では懸泉所屬の者が遮要の吏に渡した西行文書の中に廣至令丞發信の文書が含まれている。これらの例から、廣至縣が懸泉置の東に位置することは確實であるが、先の位置關係には合致しない。それ故、文書授受者の所屬記載だけに基づいて文書傳送經路を設定すると、誤った經路になる可能性があるのである。

Ｏ1では廣至廐佐車成輔が東行文書を懸泉置佐に一旦渡した後、再びその東行文書を持って東に向かっていることからすれば、恐らく、懸泉置以西に出張していた廣至廐佐車成輔が廣至に歸還する際にこの「東書四封」を運んだのであろう。Ｏ2では、廣至の魏大房が「西板檄一」を懸泉置御に一旦渡した後、再びそれを持って行き遮要の吏卒に渡しており、この例もまた、懸泉置以西に出張等で出向く人物に文書を運搬させたのであろう。後述するように、置による文書傳送には専從の要員は配備されておらず、誰が文書を傳送するかはその時その時の狀況で決められていたようである。それ故に、O1やO2に見られるような出張者と思しき人物が文書傳送を擔當する場合もあったのだろう[11]。このように、懸泉置漢簡では文書授受者が自分の所屬施設を離れて文書傳送をしている場合もあるので、文書授受者がA所屬とB所屬であるからといって、必ずしも文書が施設Aから施設Bへ傳送されたとは限らない。

また、P2では西行文書が魚離置→臨泉亭長→遮要御と傳送されていて、御は置所屬の吏なので、P2の文書授受者の所屬に基づけば魚離置――臨泉亭――遮要置という文書傳送經路が設定される。ところが、F・G・Hに見えるように魚離置と遮要置の間を繋ぐのは懸泉置である例が多く、臨泉亭が介在するのはこのP2一例のみである。先述のO1やO2の例を踏まえれば、P2で文書傳送をしている臨泉亭長は出張などのために便宜的に文書傳送を擔當したのであろう。このように、文書傳送記錄に見える授受者の所屬施設をそのまま文書傳送經路と見なすことはできない故、同一の文書授受者の組合せが一例しか確認されないPの三例はひとまず保留して考察を進めることにしよう。

經常的に運用された文書傳送經路を復原する爲に、本章では、文書授受者の所屬施設に加えて、文書授受者の肩書きにも注目した[12]。文書授受者の所屬施設によって分けられたAからMまでの組合せにおいて、文書授受者の肩書きは概ね一定である。例えば、Aは驛騎か驛小史[13]、Iは驛か驛吏、Kは全て卒である。このように文書授受者の肩書きが概ね一定しているということは、その肩書きを持つ者が所屬する機關、卽ち、驛騎や驛小史であれば驛、卒であれば亭[14]がそこでの文書傳送を擔當していたということであり、それは文書傳送の方式と密接に關係すると考えられる。そこで、文書授受者の所屬施設とその肩書きの二つを基準として、懸泉置周邊の文書傳送經路を考えてゆこう。

まず、A《平望――懸泉――萬年》・B《平望――懸泉》・C《懸泉――萬年》の三つの組合せを取り上げよう。BとCは懸泉で接續し、Aがその全體を包含しているので、A・B・Cは一つの文書傳送經路を構成していたと考えられる。文書授受者の面からもそれが確認できる。A・B・Cそれぞれの文書授受者の肩書きは、Aが驛騎・驛小史、Bが驛騎・郵人、Cが驛佐・驛騎・驛小史である。B2に見える郵人以外は、驛所屬の吏卒である。[15]なお、Cにはこの他に「萬年驛某」という形で肩書きの明示されていない例があるが、その某が萬年驛に所屬する吏卒であることは間違いない。そうすると、驛による文書傳送經路として平望――懸泉――萬年が設定できる。

次に、D《平望――臨泉》とE《臨泉――萬年》について。Dの方は、D3に機關名を記さない「平望」が見える他は全て驛所屬の吏卒である。Eの方は、E1に臨泉亭長が見えるが、D・Eの他例から臨泉に驛が置かれていたことは間違いない。そうすると、DとEの平望――臨泉――萬年についても驛による文書傳送經路と設定できよう。[16]

これらの二つの經路、卽ち、平望――懸泉――萬年と平望――臨泉――萬年は、ともに驛による文書傳送經路である上に平望と萬年が共通する。從って、平望・萬年間の驛による文書傳送については、途中、懸泉を通過する場合と臨泉を通過する場合の二經路が存在したことになろう。[17]

次に、G《懸泉――魚離》、H《遮要――懸泉》について。GとHは懸泉で接續するので、G・Hは魚離――懸泉――遮要という一つの文書傳送經路を構成していた可能性がある。その點を、これらの機關の種類と文書授受者の肩書きから確認しよう。懸泉・遮要・魚離がいずれも置であることは次の簡からわかる。

1　神爵四年四月丙戌、大守守屬領縣泉置、移遮要置　　Ⅰ91DXT0309③:37／釋72㋑㋺

2　魚離置爲長羅侯車吏士、置傳一封軺□　　Ⅰ91DXT0309③:309／釋197

また、G・Hの文書授受者は佐と御がその七割を占めるが、[18]G2・G6・G9・H6に「置佐」、G1に「置御」と見えることから、共に置に所屬する吏であることがわかる。(19) 從って、GとHは置による文書傳送經路で連續すると考えてよいだろう。F《遮要――□――魚離》はG・Hと遮要および魚離を共有する。Fの文書授受者で肩書きがわかるのは佐と御であるが、これもまたG・Hと共通する。それ故、遮要――□――魚離と繫ぐFはG・Hと重なる文書傳送經路で、遮要と魚離の間の不明な施設は懸泉置と考えられよう。そうすると、F2では「遮御宋」↓「佐彭祖」↓「魚離佐□」と受け渡しされているが、眞中の「佐彭祖」は懸泉置所屬の吏ということになる。置に佐がおかれたことはG・Hの事例から明らかであるから、「佐彭祖」を懸泉置佐と見なすことに問題はない。F1とF3では文書を懸泉置に持ってきた者と、その文書を懸泉置が渡した相手の記載しかないが、この簡の出土地點である懸泉置における文書傳送記録であるならば授受の相手しか記録されないことも了解されよう。

Fの例のように、懸泉置所屬の文書授受者については、その所屬施設名である懸泉置の名が省略されていたり授受者の記載自體が無かったりすることを踏まえれば、GとHに以下の文書傳送記録を追加することができる。

G12　西書一封、印曰賈充私印、本始二年十二月丁酉日出時、魚離置廏佐越以來。廏御外人受行　I 90DXT0114③:27A／㋕

G13　出西書一封、廷尉章、詣西域騎都尉　二月戊子日下餔時、受魚離嗇夫。即時立行　II 90DXT0112②:119／釋137㋕

G14　入西蒲書一封、板檄一。其書一、封破、旁封觻廏、詣敦煌府。板檄一、孫章私印、謂望卒尉丞□□。十月庚戌日中時、魚離奴萬以來。即時御趙忘行。　II 90DXT0112②:148／㋕

G15　西檄五、其一檄長史印、二檄淵泉丞印、一冥安令、一檄魚離置丞。五鳳四年十月癸卯鷄鳴時、御賢受魚離御解事。
II 90DXT0114⑤:12／㋕㋙

G16　入合板檄一、金城大守章、詣使者涼州刺史治所。武威以西吏馬行。三月辛酉日桑楡時、御董明受魚離廄佐竇未央
II 90DXT0115④:210／㋕

G17　西檄一封、楊安意印　黃龍元年十二月己卯昏時、御石惠受魚離
V 92DXT1311④:19／㋕

G18　東書一封、合檄二、板檄三、皆大守章。合檄一詣廣至丞、書一封詣涼州刺史、檄一寫傳到淵泉。合檄一詣淵泉守長、板檄一□傳詣右扶風府、板檄一詣酒泉大守府。正月己酉日未中、付魚離御蘇譚
V 92DXT1509②:13／㋕

H11　出東書一封、霍長印　鴻嘉三年六月戊申日蚤食時、受遮要置奴益有。卽時立行。
I 90DXT0111②:39／㋕

H12　入東綠緯書一封、敦煌長上、詣公車。元始五年二月甲子旦平旦、受遮要奴鐵柱。卽時使御羌行。
II 90DXT0114②:165／釋245㋓㋕

H13　東書二封、長史印。其一封詣淵泉、一封詣冥安。十月戊子鷄鳴、受遮要御董明。
II 90DXT0114④:292／㋕

H14　西書二封、詣大守府。其一封淵泉丞印、一封冥安右尉。十月戊子鷄鳴時、付遮要御董明。
II 90DXT0216②:344／㋕

懸泉置所屬の文書受領者または懸泉置から次の中繼點への傳送者が判明するG12・G14・G15・G16・G17・H12は

すべて御で、魚離・遮要所屬の文書授受者も嗇夫・廄佐・奴であり、いずれも置に所屬する者である。それ故、ここでの追加分も懸泉置と魚離置・遮要置との文書授受と考えて問題ない。以上の検討から、遮要――懸泉――魚離は置による文書傳送經路として設定できる。

I《甘井――遮要》は遮要で先の遮要――懸泉――魚離に接續するが、Iの文書授受者の肩書きはほとんどが驛・驛吏で、置による傳送であるF・G・Hとは異なり、驛による傳送であるA・B・Cに一致する。それ故、甘井――遮要は遮要で遮要――懸泉――魚離に接續するが、これとは系統を異にする文書傳送經路と考えるべきであろう。

J《臨泉――石靡》とK《毋窮――臨泉》は臨泉で接續する。文書授受者の肩書きは、Jが亭長と卒、Kが卒で、Kの毋窮卒は亭に所屬する卒であるので、J・Kは共に亭による文書傳送と考えられる。J・Kを直接繋ぐ事例は確認できないが、J3では敦煌縣樂望亭→安民亭……臨泉亭→廣至縣石靡亭と、亭を繋ぐ形で文書が傳送されている。この簡は效穀縣内の文書傳送狀況の報告である爲、安民亭から臨泉亭までの授受については省略されているが、亭による文書傳送であるから、臨泉亭に文書を傳送したのは、Kで臨泉亭に傳送している毋窮亭と考えてよいだろう。それ故、亭による文書傳送經路として毋窮――臨泉――石靡が設定できる。

L《甘井――鄣門》とM《萬年――山上》は、Lが甘井で、Mが萬年でそれぞれ上述の驛による文書傳送經路に接續するが、Lの文書授受者は卒、Mの文書授受者は亭長・亭卒であるので、驛による文書傳送經路とは系統を異にすると考えるべきであろう。Mが亭による文書傳送であることは明白であるが、Lも後掲13に「甘井亭」とあることから同様に亭による文書傳送と考えられる。

N《懸泉――石靡》は、その文書授受者がN1では御、N2では郵となっている。御と郵による文書傳送は先述のように異なる傳送方式と思われるし、事例も傳送方式を異にするこの二例のみである上に、石靡御も石靡郵も他に例が無い。それ故、N《懸泉——石靡》が郵または亭による文書傳送經路として繼續的に文書傳送を擔っていたと考えることは躊躇されるので、Nの文書傳送經路を設定することは保留したい。

O《懸泉——廣至》には、懸泉置所屬の文書授受者が省略されたものとして次の例を追加することができる。

O3　入東檄二書一封　二封敦煌長史印、詣淳於掾
書一封西域騎都尉印、詣公車　十月辛巳日餔時、廣至尉董卿以來。卽時遣御□行

Ⅱ90DXT0111①:212／㋕

このO3も、懸泉置よりも東に位置していた廣至縣の尉が東行文書を懸泉置に持ってきていることから、O1・O2と同様、廣至縣からの出張者による便宜的な文書傳送であったと考えられる。それ故、先述の通り、Oの三事例に基づいて懸泉・廣至間に經常的な文書傳送經路を設定するには問題がある。

以上の検討から、懸泉置周邊には經常的な文書傳送經路として次の六經路が存在したと考えられる。

①　平望——（臨泉／懸泉）——萬年　……驛による文書傳送：A・B・C・D・E

②　甘井——遮要　……驛による文書傳送：I

③　遮要——懸泉——魚離　……置による文書傳送：F・G（G11を除く）・H

④　毋窮——臨泉——石靡　……亭による文書傳送：J・K

⑤　甘井——鄣門　……亭による文書傳送：L

⑥　萬年——山上　……亭による文書傳送：M

次には、これら六つの文書傳送經路と郵行方式などの文書傳送方式との對應關係について考えよう。

第三節　懸泉置周邊の文書傳送經路と文書傳送方式

初めに驛による文書傳送である①②を取り上げよう。①②に見える萬年・平望・甘井は騎置とも呼ばれている[20]。

3　效穀甘井騎置一所第二　馬三匹　吏一人　小未傅三人　II 90DXT0115③:32／㋕㋗

4　效穀平望騎置一所第四　馬三匹　吏一人　小未傅三人　II 90DXT0216②:341／㋕㋗

5　⧄□四、願與萬年騎置券付　II 90DXT0215③:217B／㋗

騎置には吏一人、馬三匹、小未傅三人が配備されていたが、騎置に置かれている馬は驛馬であること、さらに、その驛馬を飼育管理するのが驛騎であったことが次の二簡からわかる。

6　甘露二年七月戊子朔辛丑、敦煌大守千秋・長史奉憙・丞破胡謂效穀。書言、甘井驛馬一匹病狂、縣泉驛馬一匹、傷脊不可用行軍書、有到、擇騎馬厚輕者二匹補傷。敦煌養食毋令羸瘦。遣　II 90DXT0115③:79／㋕

〔甘露二年七月十四日、敦煌太守の千秋・長史の奉憙・丞の破胡が效穀縣に通知する。文書には、甘井驛の驛馬一匹が狂を病み、懸泉置の驛馬一匹が腰を負傷して軍書を傳送できなくなった、とある。この書が屆いたら、丈夫で俊敏な騎馬二匹を選んで負傷した馬の代わりとせよ。敦煌縣は養育するに瘦せさせてはならぬ。遣〕

7　庚辰朔壬寅、縣泉廄佐世敢言之。爰書。驛騎莊光告曰、所葆養驛馬一匹、騂乘、左驃、齒十二歲、高五尺□□診馬死丞祿前。身完毋兵刃木索。病中強上死、審。證之。它如爰書。敢言之。　V 92DXT1412④:2／㋙

〔二十三日、懸泉廄佐の世が申し上げます。爰書。驛騎の莊光が申告して言うには、保養していた驛馬一匹、赤馬の去勢された馬、左に切込、年齡十二歲、高五尺……馬の死體を丞の祿の面前で檢分しました。身體に損傷なく武器・刃物・棒・縄の跡もありませんでした。強上を病み自然死したこと、事實です。それを證言します。以上爰書としま す。以上申し上げます。〕

6に「甘井驛馬」とあり、7には「驛騎莊光」が「驛馬一匹」を保養しているとある。このように、騎置には驛馬が置かれ、その驛馬は驛騎が飼育していたのであるから、驛騎は騎置にいたことになろう。次の簡は、騎置に亭長及び驛騎がいたことを示すものである。

8　今萬年騎置亭長□□及驛騎□□等臨泉譯行□　V 92DXT1310③:98／㋗㋖

これと先の3・4を重ねれば、3・4に見える「吏」が亭長で、「小未傅」が驛騎に當たるだろう。また、①②の經路上に位置する懸泉置・遮要置にも騎置が置かれていたことが次の簡からわかる。

9　懸泉置騎置　西到平望騎置、五十里▨
　　　　　　　東出廣至萬年騎置、卌▨　V92DXT1411②:55／㋕㋗

10　效穀遮要騎置一所第三　馬三匹　吏一人▨　V92DXT1812②:103／㋕㋗

このように懸泉置や遮要置に騎置が置かれていることから、同じ置である魚離置にも騎置が置かれていたと考えられるが、G11の「魚離驛騎」は魚離置にも騎置が置かれていた證據である。同樣に、D2・D4に「臨泉驛（譯）騎」とあることから、臨泉にも騎置が置かれていたことがわかる。このように、驛による傳送經路である①②は騎置を驛騎・驛馬で繫いで文書を傳送する方式であったと言えよう。そうすると、平望騎置及び遮要騎置もこの文書傳送經路の一部を構成していたと考えるべきであろう。これら騎置の位置關係であるが、①と②は直接の文書授受なので、ここに擧げられている騎置の間に別の騎置が入ることはない。そこで、①②を遮要と懸泉が共通する③に當てはめると、②の遮要は①の平望よりも西側に位置することになる。また、③より魚離騎置は懸泉騎置の東に位置することになるが、①で懸泉騎置と萬年騎置は直接の授受關係であったので、魚離騎置は萬年騎置の東側に位置することになろう。

その結果、驛による文書傳送經路は、

⑦ 甘井騎置——遮要騎置——平望騎置——（臨泉騎置／懸泉騎置）——萬年騎置——魚離騎置

と連續するものと考えられる。(21) 驛による文書傳送經路がこのように繫がるのであれば、置による文書傳送であるGの中で唯一驛騎によって傳送されているG11もこの中に位置づけることができよう。O1・O2では懸泉置に文書を持ってきた人物がそのまま次の授受地點まで文書を持って行っているので、懸泉驛騎が魚離驛騎に文書を渡しているG11も同様に、懸泉驛騎が萬年を通過して魚離置まで行きそこで魚離驛騎に文書を渡したと考えることができよう。

この驛による文書傳送經路（A・B・C・D・E・I）の文書授受者は、先述のようにB2の郵人を除き全て驛に所屬する吏卒であった。その郵人は郵に配屬された文書傳送要員であるから、(22)⑦においては、驛による文書傳送の中に一例だけ郵による文書傳送が混在していることになるのであるが、P3はこの點を考える上で注目される。P3は、「西書」一通の文書傳送記錄であるが、「出西書一」の後ろに「郵行」と記されている。同樣に「郵行」と記されているN2は郵によって傳送されていることから、この「郵行」が郵による文書傳送を指示した語であることが確認できる。從って、P3の文書傳送も郵によって行われていると考えられるが、實際に「西書」を授受しているのは懸泉驛佐と毋窮驛佐でどちらも驛所屬の吏なのである。(23)その場合、解釋の可能性は二つ考えられる、一つは、郵によって傳送される文書は一般的に郵人と驛所屬の吏卒の兩方によって傳送されたという可能性。もう一つは、P3は本來郵が傳送すべき文書を何らかの事情のために驛が傳送している例外的な事例で、驛による文書傳送と郵による文書傳送は本來別系統の文書傳送であったという可能性である。この問題に對する答えは次の文書傳送記錄の中にある。

11　東書四、尺檄四、郵行。尺檄二、西部督郵印、閏月十日起、一十二日起、一詣東部督郵、驛馬行（以下略）
Ⅵ91DXF13C②:5A／㋑

ここでは冒頭に「東書四、尺檄四、郵行」とあって、その次の「尺檄二」は冒頭の「尺檄四」の內譯に當たるだろう。その「尺檄二」の一つは「東部督郵」宛で「驛馬行」とあるが、冒頭ではこの「尺檄二」を含む「尺檄四」について「郵行」と言っているのだから、この場合、「郵行」と「驛馬行」は同じと考えなければならない。

「驛馬行」と記される文書は、C6、C7に見えるように驛によって傳送されており、一方、先述のように「郵行」と記される文書は郵によって傳送されている。そして、11では「驛馬行」での傳送を指示された文書を含めて全體の傳送方法が「郵行」と記されているのである。これらのことを整合的に理解するためには、「驛馬行」と「郵行」、卽ち、驛による文書傳送と郵による文書傳送は同一系統の文書傳送であったと考えるほかない。そう考えるならば、驛による文書傳送經路（A・B・C・D・E・I）の中で、B2だけが郵人によって文書が傳送されていることも疑問とするに足らないだろう。(24)先述のように、郵人が一例のみで、その他は全て驛による文書傳送であることからすれば、懸泉置周邊では郵の代わりに驛馬を配備した騎置が置かれたのであろう。つまり、郵による文書傳送は、地域によっては郵の代わりに驛馬を配備した騎置によって傳送される場合もあったと考えられるのである。從って、⑦は郵および驛による文書傳送、卽ち、郵行方式による文書傳送であると考えられる。

次に、③遮要――懸泉――魚離を考察しよう。この經路は、置所屬の吏卒による文書傳送の經路であったが、前章で述べたように、懸泉置は氐池――觻得――昭武――祁連置――表是……玉門――沙頭――乾齊――淵泉と續く幹線道路上に位置していた。G14は「西蒲書一封、板檄一」を魚離置から懸泉置へと傳送した際の文書授受記錄であるが、そこに記される「其書一、封破、旁封觻廄」は發信者の封印が壞れたため「觻廄」の印で再度封印したという意味である。O1に「廣至廏佐」とあるように縣には廏が設置されているので、この「觻廄」とは觻得縣の廏ではないだろうか。二年律令には、封印が壞れた場合に經路上の縣で再封印することが規定されていた。(25)この「觻廄」印はその再封印に當たるだろう。そうすると、G14は觻得縣を經て懸泉置まで傳送されてきたことになり、③遮要――懸泉――魚離の經路が里程簡に見える幹線道路に續いていた證となろう。

ところで、先に檢討した⑦の經路の內、魚離置・懸泉置・遮要置を繫ぐのが③である。つまり、魚離騎置（魚離置）

から甘井騎置へと續く同じ經路を通りながら、置だけを繫ぐ形で文書が傳送されるのが③、單獨設置の騎置と置に併置された騎置の兩方を繫ぐ形で文書が傳送されるのが⑦という關係になる。先述のように⑦が郵行方式であるならば、⑦と同じ幹線道路上を通りながら置だけを繫ぐ形で文書が傳送される③が縣次方式に當たることになろう。

このような⑦と③の傳送形態は、前章で述べたところの郵行方式と縣次方式の傳送形態、卽ち、郵行方式・縣次方式はともに幹線道路上を傳送してゆくもので、縣次方式は幹線道路上に位置する縣・置を繫ぐ形で文書が傳送され、一方の郵行方式は幹線道路上に置かれた縣および縣と縣との間に原則十里ごとに置かれた郵を繫ぐ形で文書が傳送されるという傳送形態と、郵を騎置に置き換えれば完全に一致する。

最後に、④⑤⑥の文書傳送經路であるが、亭によって文書が傳送されていることから、亭行方式に當たるだろう。④は懸泉置周邊では毋窮──臨泉──石靡と續くが、J3に據れば敦煌縣樂望亭──安民亭……臨泉亭──廣至縣石靡亭と續いていたことがわかる。ここに見える安民亭と臨泉亭は、次の簡にも見える。

12　安民亭寫傳至臨泉亭　☐　　　　　　　　　　　　Ⅱ90DXT0216③:138A／㊥

この宛先の記載は安民亭から臨泉亭までこの文書を複寫して傳送することを命じたもので、安民亭から臨泉亭まで亭をつなぐ形で文書傳送が行われていたことを示す。次の簡も同樣の記載樣式をもち、こちらには甘井亭が見える。

13　甘井亭以東寫傳至臨泉、以亭行　☐　　　　　　　Ⅱ90DXT0215②:34／㊥

13では甘井亭から東、臨泉亭まで「以亭行」、卽ち亭行方式で文書を傳送せよと指示されていることから、甘井亭から臨泉亭まで亭を繫ぐ形での文書傳送經路が存在したことがわかる。さらに、遮要──臨泉の經路もあった。

14　遮要以東寫傳至臨泉╱　　　V92DXT1310③:135A╱㋗
九月戊午、郵書令史弦告遮要以東亭長。閒者郵書皆不中程、諸
券相付受日時、甚毋狀。自今以來。使界上置函刺、外常完函□　V92DXT1310③:135B╱㋗

〔遮要以東は寫して臨泉……まで傳送せよ。╱九月戊午、郵書令史弦が遮要以東の亭長に告ぐ。近頃、文書傳送がいずれも規定どおりでなく、券に記録した授受の日時もひどくいい加減である。これ以後、管轄境界に函刺を置き、外側は常に完形で〕

裏面に「遮要以東亭長」とあることから、遮要から臨泉まで亭を繋ぐ形で文書が傳送されたことがわかる。

このように、亭行方式の臨泉以西の經路については、安民亭——臨泉亭(12)、甘井亭——臨泉亭(13)、遮要亭——臨泉亭(14)の三經路が簡牘には見える。甘井・遮要・臨泉はともに郵行方式の文書傳送經路である⑦上に位置する上に、亭による東西方向の文書傳送經路が三本もあるとは考えにくいので、これらの亭は⑦とほぼ重なる形の一本の經路上に位置すると考えるのが妥當であろう。では、安民亭・甘井亭・遮要亭の位置關係はどうだったのだろうか。Ｉ１・Ｉ２・Ｉ３では東行文書を甘井驛から遮要驛に渡しているので、甘井が遮要の西に位置したことがわかる。また、３から甘井騎置は效穀縣所屬であること、Ｊ３から安民亭が敦煌縣樂望亭と縣境を挾んで隣接していること[26]がわかり、それ故、安民亭は效穀縣内に在り、且つ甘井亭よりも西に位置することになろう。その結果、西から安民亭……甘井亭……遮要亭……臨泉亭と竝んでいたことになろう。この四亭と④毋窮——臨泉——石靡の位置關係であるが、④は直接の文書授受關係であるから、毋窮は遮要亭と臨泉亭の間に位置することになろう。

この經路には甘井亭において⑤甘井——鄣門が接續する。張經久・張俊民は、鄣門卒に渡されている文書が都尉府宛の「北書」「北檄」であることから、鄣門は敦煌郡中部都尉府の鄣門で、甘井——鄣門の文書傳送經路は東西方向

の經路から北向きに枝分かれした經路とする。[27] 都尉府の比定の當否は判斷できないが、甘井――鄣門の經路が安民亭……甘井亭……遮要亭の經路から枝分かれした經路であるという點はその通りであろう。

⑥萬年――山上について、先に萬年で驛による文書傳送經路に接續すると述べたが、E1に「萬年亭驛騎」、8に「萬年騎置亭長」とあることから、萬年には騎置と亭が併置されていたことがわかる。[28] 山上亭はMの二例にしか見えないが、亭による文書傳送經路である④毋窮――臨泉――石靡の延長上に位置するのか、それとも④から枝分かれするような形の經路なのか、まずこの點を檢討しよう。⑥の文書傳送記錄であるM2には冥安令の發信文書が含まれていて、④の文書傳送記錄であるJ4には逆向きの冥安宛文書が含まれていることから、⑥と④は共に冥安縣へと續く一本の文書傳送經路上に位置すると考えてよいだろう。④に對して⑥の萬年亭と山上亭はどの位置關係になるのだろうか。M2には冥安令と淵泉右尉が發信した文書を山上亭卒が萬年亭卒より受け取ったと記されている。冥安縣と淵泉縣は敦煌郡內の縣であるが、[29] G5では淵泉宛文書が、G8では冥安・淵泉宛文書がともに懸泉置から魚離置に傳送されているし、逆に、G9では冥安丞發信文書が魚離置から懸泉置に傳送されていることから、兩縣は魚離置よりも東に位置していたことがわかる。萬年亭は、⑦の位置關係を檢討した際に述べたように、その魚離置よりも西に位置していた。そうすると、冥安・淵泉縣からの發信文書を萬年亭卒が山上亭長に傳送するM2は西向きの文書傳送となるので、(西)山上亭――萬年亭(東)という位置關係になる。また、亭による文書傳送である④毋窮――臨泉――石靡と驛による文書傳送である①平望――臨泉――萬年はそれぞれ直接の授受關係であるので、①④に見える亭や騎置の間に別の亭や騎置が入ることはないと考えられる。それ故、萬年亭は石靡亭の東側に位置したことになろう。以上のことから、亭による文書傳送經路は次のようになる。

⑧樂望亭――安民亭――甘井亭――遮要亭――毋窮亭――臨泉亭――石靡亭――山上亭――萬年亭

このように、懸泉置周邊には三系統の文書傳送經路が存在し、⑦が郵行方式、③が縣次方式、⑧が亭行方式の傳送經路に當たる。これらの三經路は、文書傳送方式を異にするものでありながら、各々が完全に獨立して存在していたわけではない。郵行方式の⑦と縣次方式の③とが重なることは先述の通りである。また、複數の文書傳送方式が中繼地點として同一施設を共有する場合もあった。卽ち、臨泉は、Dに「臨泉驛（騎）」とある一方で、12には「臨泉亭」とあるので、騎置と亭が併置されていたことになろう。同樣に、甘井については3に「甘井騎置」、13に「甘井亭」とあり、萬年についてはE1に「萬年亭驛騎」、A・Bに驛・驛騎、Mに「萬年亭」とあり、遮要については10に「遮要騎置」、14に「遮要以東亭長」とあるように、甘井・萬年・遮要にはそれぞれ騎置と亭が併置されていた。さらに、遮要については、1に「遮要置」とあることから、騎置・亭に加えて置も併置されていたことになる。騎置は郵行方式の、置は縣次方式の中繼點であるから、樂望亭から石靡亭へと續く亭行方式の文書傳送經路は、甘井・臨泉・萬年で郵行方式の文書傳送經路と、遮要で郵行・縣次兩方式の文書傳送經路と接續していたことになろう。

以上の檢討で明らかになった懸泉置周邊の文書傳送經路を圖示すると圖のようになる。なお、A～Mに擧げた文書を直接授受している施設間以外の部分には別の施設が存在する可能性もある。

第四節　郵行方式と縣次方式の運用

本節では、三つの文書傳送方式のうち、郵行方式と縣次方式の運用について檢討することにしたい。初めに文書の

圖　懸泉周邊の文書傳送經路

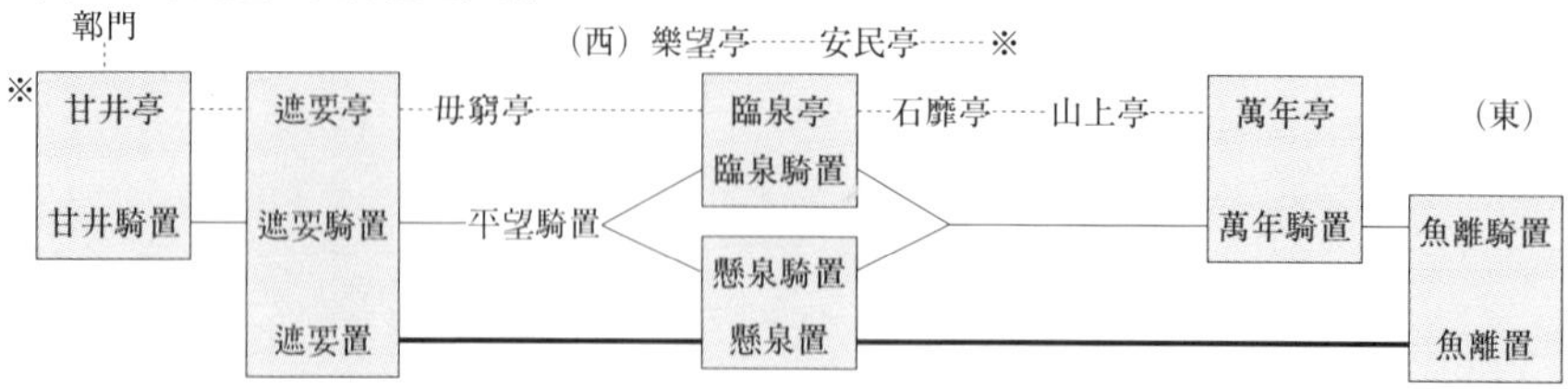

━━：置による文書傳送＝縣次方式……F・G・H
──：郵による文書傳送＝郵行方式……A・B・C・D・E・I
……：亭による文書傳送＝亭行方式……J・K・L・M

種類や宛先と文書傳送方式との關係について見てみよう。

　A～EとIおよびG11は郵行方式で傳送された文書であるが、そこには、「皇帝璽書」（A4）、「上書」（A1、A3、B1、C2、C5、D3、G11）[30]、「軍書」（B2、E1、I1、I2、I3）[31]が見える。次の15は懸泉驛の軍書傳送狀況記錄の表題簡と思われる。

15　懸泉譯、本始五年十月以來軍書出入☒　　II 90DXT0113③:105／㋕

このような表題簡の存在から、軍書は驛つまり郵行方式で傳送される規定であったと考えられる。「皇帝璽書」は皇帝發信の文書、「上書」は皇帝宛の文書である。「軍書」で宛先のわかるのは「行在所」（B2）、「王路四門」（E1）であるが、「行在所」は皇帝の所在を指し[32]、「王路四門」は公車司馬の王莽期の名稱で[33]、その公車司馬は上書の受領を掌るので[34]、行在所宛と王路四門宛の文書も上書に當たる。I1・I2・I3は「軍書」で宛先を明記しないが、同じ「軍書」で「行在所」宛のB2と同じように發信者の部分に「上」とあることから、これらも皇帝宛の上書と考えてよいだろう。また、「東書」で宛先を明示しないD2も發信者部分に「上」とあることから同様に考えてよいだろう。以上の例から、皇帝の下す璽書や皇帝宛の上書・軍書は郵行方式で傳送されたと考えられる。

　一便に含まれる文書數に目を向けると、郵行方式の特殊性が浮かび上がってくる。縣次方式や亭行方式では複數の文書を一緒に傳送している場合が多いのに對して、郵行方式で傳送されている皇帝璽書や上書・軍書はA1を除き全て一封のみで傳送されている。そのA1も、發信者である長羅侯と烏孫公主は共に烏孫の都であった赤谷城にいたと考えられるので、二通の上書は一緒に發送されたと思われる。[35] このように皇帝璽書や上書・軍書が一封または同時作成の複數封のみで傳送され、他の文書と一緒には傳送されていないことから、皇帝璽書・上書・軍書はそれが作成された時點で隨時發送され、宛先に到着するまでそれ單獨で傳送されたと考えられる。それ故、郵行方式は皇帝が發受信する文書を隨時傳送するための文書傳送方式として運用されていたといえる。ただし、皇帝の發信した文書および皇帝宛の文書の全てが郵行方式で傳送されたわけではない。

皇帝の璽書（A4）は郵行方式での傳送であったが、F3に見えるように詔書は縣次方式によって傳送された。また、皇帝璽書は單獨で傳送されているが、F3では詔書が他の公文書と一緒に傳送されており、詔書であるからといって特別の取り扱いを受けているわけではない。第二部第二章のはじめに示したように、元康五年詔書册は官僚機構の統治系統に沿って順次下達されてゆくのであり、受領した官が配下の官に下達するという形を取る。それ故、詔書は皇帝の命令を下達する文書でありながら、發信者が常に一般の官吏であるために皇帝璽書や上書などの皇帝發受信文書とは區別され、その他の官文書と同様に扱われたのであろう。

皇帝宛の文書について言えば、G1が王路四門宛、H5が行在所公車司馬宛、H8とO3が公車宛であるが、いずれも縣次方式で傳送されている。[36] そのうちのH5とH8は「綠緯書」とあることから綠色の紐で縛られた文書のようで、その點、郵行方式で傳送されている「軍書」のB2も同様である。このように、皇帝宛で「綠緯書」と記されるという點は共通しながら、B2だけが郵行方式で、H5とH8は縣次方式での傳送なのである。郵行方式で傳送されている皇帝宛文書はD2以外全て文書傳送記錄に「上書」または「軍書」と記されていることから考えると、[37] 皇帝宛文書のうち上書・軍書と認識されたものが郵行方式で傳送され、そのように認識されなかったものは縣次方式で傳送されたのであろう。文書は本來はその內容や用途によって異なる色の袋に入れられた[38]ことを踏まえると、「綠緯書」というのが上書・軍書を示す特別の裝幀であったのかもしれない。

皇帝宛ではなく官署間で遣り取りされる文書の中にもC6・C7・N2・P3のように郵行方式で傳送されるものがあった。この中で發受信者がわかるのはC7で郡長史の發信で刺史宛てである。C7と同じく郡長史發信刺史宛の文書を含むG5は、郵行方式ではなく縣次方式で送付されている。郵行方式で傳送されているC6・C7・N2・P3には全て「驛馬行」または「郵行」と記されていることからすれば、官署間で遣り取りされる文書でも「驛馬行」「郵行」と指示することで郵行方式によって傳送されたのであろう。律令の規定では郵行方式で傳送できるのは「急書」などに限定されていた[39]ので、これらの文書は「急書」などに該當するのであろう。このように、官署間で遣り取りされる文書も郵行方式で傳送される場合があったが、N2や11に見えるように複數の文書を一緒に傳送しており、この點が皇帝發受信の文書と扱いの異なる點である。

郵行方式では、特に皇帝發受信文書の場合、文書一通だけで傳送されているのに對して、縣次方式では複數の文書が一緒に傳送されている場合の方が多い。縣次方式で一便の中に複數の文書が含まれるのは、文書傳送の中繼點で文書を集配しながら傳送したからである。G15は「西檄五」を懸泉置御が魚離置御から受領した記錄である。その「西檄五」は長史・淵泉丞・冥安令・魚離置丞が發信した檄であるが、この中の魚離置丞發信の檄はこれらの文書を傳送する便が魚離置に到着した時に追加されて懸泉置まで傳送されたと考えられる。文書の封印から傳送狀況を復原すれば、初め、淵泉丞發信の檄二つが淵泉縣から冥安縣まで傳送され、そこで冥安令發信の檄一が追加されて魚離置に送られ、そこでさらに魚離置丞發信の檄一が追加されて懸泉置まで傳送されてきたということになろう。各中繼點においてそこにある文書を追加して一緒に傳送したために、一便の中に複數の文書が含まれることになったのだろう。

漢帝國の都と各地方とを結ぶ文書傳送には郵行方式と縣次方式があったが、皇帝が下す詔書でもその直接の發信者は官僚であったために縣次方式によって傳送されており、郵行方式は皇帝が直接の發受信となる文書を傳送する體制として主に運用されていた。官署間で遣り取りされる文書も、郵行方式で傳送されるのは「急書」など限られた文書のみで、それ以外の文書は縣次方式および亭行方式で傳送されていた。このことからすれば、郵行方式よりもむしろ縣次方式こそが漢帝國全土に文書を傳送する動脈としての役割を果たしていたと言えるだろう。

文書傳送の動脈であるわりに、縣次方式の文書傳送體制は十分に整備されていたとは言い難い状況であった。縣次方式に當たるF・G・Hに見える文書授受者の八割弱を置所屬の吏が占めるもの(40)の、文書傳送がその職務だったとは考えにくい馬醫（G4、G5）や、奴（F1、G6、G14、H5、H6、H7、H8、H11、H12）や復作（H10）も文書傳送を擔っている。さらに、O1・O2・O3ではいずれも懸泉置での文書授受者に置佐や御が含まれていることからこれらは縣次方式での文書傳送と考えられるが、O1とO3では出張などから廣至に戻る途中と思われる人物に懸泉置まで、O1ではさらに懸泉置から東へも文書を運ばせているし、O2では廣至からやってきた人物に文書を運ばせ、さらに懸泉置の西の遮要置まで文書を運ばせている。郵行方式の文書傳送が驛騎と郵人によって專從されているのと對照的に、縣次方式では文書の傳送が特定の吏卒の職務として定まっていたわけではなく、その時その時の状況に應じて文書傳送者を適宜選んでいたようである。睡虎地秦簡に、隷臣妾の老弱および誠仁ならざる者には文書傳送をさせてはならないとの規定がある(41)のは、このような文書傳送の實態がその背景にあったからであろう。

おわりに

懸泉置出土漢簡中に含まれる文書傳送記錄を、文書授受者の所屬施設とその肩書きの二つを基準として分析した結果、漢代の懸泉置周邊には、置を繫いで文書を傳送する縣次方式、騎置を繫ぐ郵行方式、亭を繫ぐ亭行方式の三つの文書傳送經路が上述のように配置されていたことが明らかになった。そして、郵行方式は皇帝發受信文書および「郵行」「驛馬行」と指定された「急書」などの傳送を專ら擔當する文書傳送經路で、むしろ縣次方式こそが漢帝國の全土を結ぶ文書傳送の動脈であることを指摘した。

實は本章での分析に際して捨象した基準が存在する。文書傳送記錄の時期である。文書傳送經路の復原に用いたA1からP3までの文書傳送記錄には、次揭の表の通り、最も早いM1・M2の元鳳四年（前七七）から最も遲いC6の永初元年（後一〇七）までの一八〇餘年に亙る時間幅が存在する。この一八〇餘年の間、懸泉置周邊の文書傳送經路が全く何の變更もないままに運用されていたということはまずないであろうから、文書傳送記錄の時間差を考慮せず復原した前揭の文書傳送經路には檢討の餘地が殘る。ただ、表を一見すれば明らかなように、A1からP3までの文書傳送記錄の殆どは昭帝期から王莽期までの時期に當たる一方、經常的な文書傳送經路として措定しなかったN（懸泉——石靡）の事例や懸泉・毋窮驛間の文書傳送であるP3はいずれも後漢期のものであることから、本章で復原した文書傳送經路は少なくとも前漢後半期においては妥當すると言えよう。それに當てはまらないNとP3に見える毋窮——懸泉——石靡の經路は後漢期に入って經常的に使われるようになった經路である可能性も考えられる。畑野吉則が指摘するように(42)、後漢期に入ると「郵行」や「驛馬行」といった文書傳送方式を指示する文言が文書傳

表　文書傳送記錄の年代分布

方式	經路	昭帝 BC87～74	宣帝 BC74～49	元帝 BC49～33	成帝 BC33～7	哀帝 BC7～1	平帝 BC1～AD5	王莽 AD5～25	光武帝 AD25～57	明帝 AD57～75	章帝 AD75～88	和帝 AD88～105	安帝 AD106～125
郵行方式	A	A4(BC74)	A2(BC64) A1(BC52)	A3(BC44)									
	B		B1(BC53)					B2(7)郵人					
	C		C3(BC55)	C5(BC46)									C6 (107) 驛馬行
	D			D4(BC37)	D2(BC23)								
	E							E1(10)					
	I					I1(BC4) I2(BC4) I3(BC4) I4(BC4)							
縣次方式	F			F2(BC48)									
	G		G12(BC72) G15(BC54) G7(BC49) G10(BC49)	G17(BC49)		G2(BC4) G8(BC2)	G3(4) G4(4) G5(4) G6(4) G9(4)	G1(10)					
	H		H1(BC52)		H11(BC18)		H2(1) H8(4) H5(5) H6(5) H7(5) H12(5)	H9(11)					
亭行方式	J		J2(BC65) J3(BC53)										
	K												
	L												
	M	M1(BC77) M2(BC77)											
	N								N1(52)御	N2(72)郵行			
	O						O1(5) O2(5)						
	P			P2(BC37)								P3(102)郵行	

送記錄の中に記載されるようになるのであるが、これは文書傳送記錄の單なる書式變化ではなく、文書傳送方式の運用そのものが變更されたことを反映しているのではないだろうか。先に擧げたN1とN2は共に懸泉――石靡を繋ぐ文書傳送で、N1では御が文書傳送を擔當し、N2では郵が擔當しているが、前漢後半期では御は縣次方式の、郵は郵行方式の文書傳送をそれぞれ擔當していて、その二方式が同一の二中繼點間で混在することはなかった[43]。それがN1とN2において混在しているのは、後漢に入って文書傳送經路が一本化されて、前漢後半期では中繼點を異にしていた縣次方式と郵行方式がともに懸泉――石靡を中繼點とするようになった結果である可能性も考えられよう。さらに、後漢期の文書傳送記錄に「郵行」や「驛馬行」という記載が出現するのも、同一經路に縣次方式と郵行方式の兩方式が併存していたため、どちらの方式で傳送するかを文書に明記する必要が生じていたためとも考えられよう。

懸泉置遺址の發掘狀況の報告[44]では、懸泉置遺址の運用時期は、武帝後期から宣帝中期までの第一期、宣帝後期から哀帝期までの第二期、平帝から王莽末までの第三期、後漢光武帝から安帝期までの第四期、魏晉期の第五期に區分され、第三期に入ると建物規模が縮小し、第四期では懸泉置としての施設規模自體が以前の塢內の平臺部分を維持するだけという程度にまで縮小している。この施設規模の變化は懸泉置の重要性や利用頻度の變化を反映したものであろうから、懸泉置周邊における文書傳送も後漢に入るとそれ以前に比して相當程度減少したことが推測されよう。このような狀況變化を踏まえれば、先に想定した文書傳送經路の一本化も充分あり得るだろう。

いずれにしろ、今後、懸泉置漢簡が全面的に公表された時を待って、前漢後半期から後漢期にかけての文書傳送體制の變遷をより明確にする必要がある。本章で提示した文書傳送狀況がそのたたき臺になれば幸いである。

注

（1）甘肅省文物考古研究所「甘肅敦煌漢代懸泉置遺址發掘簡報」（『文物』二〇〇〇―五）、柴生芳（藤井律之譯）「敦煌漢晉懸泉置遺址」（冨谷至編『邊境出土木簡の研究』朋友書店　二〇〇三）。

（2）宮宅潔「懸泉置とその周邊――敦煌～安西間の歷史地理――」（『シルクロード學研究』二二　二〇〇五）、張俊民「敦煌懸泉漢簡所見的〝亭〟」（『南都學壇（人文社會科學學報）』三〇―一　二〇一〇）、畑野吉則「敦煌懸泉漢簡の郵書記錄簡」（愛媛大學「資料學」研究會編『資料學の方法を探る（10）』愛媛大學法文學部　二〇一一）。

（3）懸泉置周邊の文書傳送經路は東西方向であるが、本章において經路を圖示する場合は西を上に記す。

（4）授受の記錄「A受B」「A付C」は文書傳送だけでなく、後揭簡のように物品の授受記錄でも用いられる表現なので、文書の傳送であることが確認できないものは取り上げなかった。ただ、驛・驛騎による授受は文書に限られているようなので、驛についてはその限りではない。

入西石靡積薪　永平十一年八月廿日夜食時、毋窮亭候徒受臨泉亭候徒　Ⅵ91DXF13C①:1／㋕

（5）後述のように、遮要亭・遮要騎置・遮要置は同一箇所に併置されていると考えられるが、これらが併置された建物設備を本章では「施設」と表現した。これに對して、亭や騎置などのようなある特定の任務の爲に設置された組織は「機關」と表現した。それ故、例えば、施設としての遮要には亭・騎置・置の三つの機關が併置されていたということになる。なお、居延においては一つの施設に複數の機關が併置されたことが指摘されている（冨谷至『文書行政の漢帝國　木簡・竹簡の時代』名古屋大學出版會　二〇一〇　二三三～二三五頁）が、懸泉置周邊においても同樣である。

（6）B1は平望驛騎→懸泉驛騎→遮要驛騎と傳達されているが、送付されている文書は上書なので懸泉から懸泉より西側にある遮要に傳達されるのは不可解である。

（7）簡牘右端に入れられた切り込みの中に「十二月廿七日……」と記されているという意味である。張經久・張俊民は文書授受の際に二枚の文書傳送記錄に傳送狀況を記入した後、傳送記錄の改竄を防ぐために、傳送記錄簡二枚を重ねて入れた切り込みの中に二枚に跨がる形で授受の日時を記載したとする（張經久・張俊民「敦煌漢代懸泉置遺址出土的〝騎置〟簡」『敦煌學輯刊』二〇〇八―二　六六頁）。

（8）C7は萬年驛佐意↓掾夫尊↓懸泉驛佐五五不と傳達されたことになるが、この向きは西向きである。ところが、C7と同じ長史發信の刺史（牧）宛て文書であるG5は東向き文書である。C7の文書方向および發受信者はG5と同じであるから、C7は東向き文書と考えるべきであり、授受を表す「付」「受」を書き間違えたと考えられる。

（9）J2は、廣至石靡亭↓臨泉亭↓西門亭……廷（效穀縣廷）という經路で傳送されたものである。

（10）J3は、敦煌縣樂望亭↓效穀縣安民亭……臨泉亭↓廣至縣石靡亭という經路で傳送されたものである。

（11）次章で考察する額濟納河流域の文書傳送においても、出張した吏卒が臨時に文書傳送を擔當していると思しき例（次章末所掲別表の整理番號02、49、52、56など）が存在する。

（12）文書傳送記錄には文書授受者として「平望驛騎某」「懸泉御某」「臨泉卒某」などが見えるが、そのうち所屬施設名と名前を除いた御・驛騎・佐・卒などを總稱して本章では「肩書き」と表現する。

（13）「驛騎」と「譯騎」、「驛小史」と「譯小史」の兩方の表記があるが、「驛」と「譯」は通用する（郝樹聲・張德芳「懸泉漢簡與懸泉置」同氏『懸泉漢簡研究』甘肅人民出版社　二〇〇八　二七頁）。以下本文中では「驛」字で表記する。

（14）卒は亭の他に燧などにも配置されているが、懸泉置漢簡の文書傳送記錄で文書授受者として見える卒は殆どが臨泉・毋窮・石靡の卒であり、J1・J2及び次簡に見えるようにこれらは亭である。

　入鷄一隻　十月甲子、廚嗇夫時受毋窮亭卒□　I 90DXT0112③:123／釋95

毋窮については、P3に「毋窮驛佐」が見え驛が併設されていたことがわかるが、上掲簡に「毋窮亭卒」とあり、卒は亭に所屬することがわかる。

（15）驛佐と驛小史が驛所屬であることは自明であろう。驛騎が驛所屬であることは次の簡からわかる。

　縣泉譯、本始五年四月譯騎名籍☑　II 90DXT0113⑥:5／㋕

なお、驛騎は、次の簡では「小未傅」（簡文の「傳」は「傅」の誤と思われる）が勤めていることから卒であるとわかる。

●□□榮小未傳爲譯騎、皆小家子、貧急不能自給、實☑　E. P. T58:30

後掲3・4でも騎置に「小未傅三人」が配屬されており、驛騎には「小」（十四歳以下）で傅籍前の者が當てられるのが一般的なようである。「小」の年齢については、永田英正「禮仲簡と徐宗簡について」（同氏『居延漢簡の研究』同朋舍出版　一九八九）五三二頁參照。

(16) 後述のように、騎置には文書傳送擔當の「小未傳」が三人しか配置されなかったので、E1で臨泉亭長が文書傳送を擔當していたのは、驛騎が出拂っていたなどの理由による臨時的措置と考えておきたい。

(17) 懸泉と臨泉が別個の施設ではなく、同一施設の名稱の變更ということも可能性としては考えられるが、例えば、A2の「縣泉驛」とJ2の「臨泉亭」は共に元康年間、A1・B1の「縣泉驛」とJ3の「臨泉亭」はともに甘露年間、G2の「縣泉」とE1の「臨泉亭」は共に始建國年間といったように、同一年號を持つ簡に兩者の名が見えることから、懸泉と臨泉は併存した別個の施設であることは間違いない。

(18) G1～G11およびH1～H10の文書授受者の肩書きは以下の通りである。なお、H6に見える「遮要鐵柱」はH5の「遮要馬醫王竟奴鐵柱」から奴であることがわかる。

	嗇夫	佐・助佐	御・御廐	馬醫	驛騎	卒	復作	奴
G（全20例）	0	6	8	2	2	1	0	1
H（全20例）	1	7	7	0	0	0	1	4

(19) G11に見える驛騎の二例は置所屬ではなく驛所屬の者であり、このG11は驛による文書傳送とすべきである。この點については後述する。

(20) 騎置については、張經久・張俊民注7前揭論文參照。

(21) 張經久・張俊民注7前揭論文では臨泉騎置を通る經路を設定していない。

(22) 一郵十二室。長安廣郵廿四室、敬事郵十八室。有物故、去、輒代者有其田宅。有息、戶勿減。令郵人行制書、急書、復、勿令爲它事。畏害及近邊不可置郵者、令門亭卒、捕盜行之。北地、上、隴西、卅里一郵。地險陜不可置郵者得進退就便處。郵各具席、設井磨。吏有縣官事而無僕者、郵爲炊。有僕者、叚器、皆給水漿。
張家山漢簡・二年律令二六五～二六七（行書律）

(23) ただし、驛による文書傳送經路である⑦には毋窮は見えない。毋窮はKに見えるように、亭による文書傳送を主に掌っており、毋窮驛の例はP3の他には確認できない。P3に見える傳送經路については後に觸れる。

(24) 飯島和俊は、驛と郵は別系統の文書傳送方式で、その運用には時期的な差があると考えている（飯島和俊「『以郵行』をめぐって——出土史料から見た『郵』の機能——」『中央大學アジア史研究』第三二號「池田雄一教授古稀記念アジア史論叢」二〇〇八）。時期的な差の可能性は考えられるが、11からは驛と郵を別系統と考えることは難しいように思われる。

(25) 郵人行書、一日一夜行二百里。行不中程半日、笞五十。過半日至盈一日、笞百。過一日、罰金二兩。郵吏居界過書弗過而留之、半日以上、罰金一兩。書不當以郵行者、爲送告縣道、以次傳行之。諸行書而毀封者、皆罰金一兩。書以縣次傳、及以郵行、而封毀、過縣輒劾印、更封而署其送徼曰、封毀、更以某縣令若丞印封。

張家山漢簡・二年律令二七三～二七五（行書律）

(26) 張俊民注2前掲論文一九頁。

(27) 張經久・張俊民注7前掲論文七〇頁。

(28) 張經久・張俊民注7前掲論文は8の「萬年騎置亭長」という記載から、騎置の官名が亭長であると考える（七〇頁）。

(29) 敦煌郡、武帝後元年分酒泉置。……縣六。敦煌、中部都尉治歩廣候官。……莽曰敦德。冥安。……效穀。淵泉。廣至、宜禾都尉治昆侖障。莽曰廣桓。龍勒。（『漢書』卷二八下　地理志下）

(30) 文書授受者の一方が缺落しているので先の集成には擧げなかったが、次の簡も萬年驛騎が「上書」を傳送しており、「上書」が郵行方式によって傳送されている例である。

敦煌大守上書一封
甘露元年七月丙辰……時
時、付廣至萬年譯騎　　Ⅱ90DXT0114③:199／㋐

(31) Ⅰ3の「入東軍一封」は、他の例に「入東軍書一封」とあることから、「書」字が脱落したものと考えられる。

(32) 蔡邕曰、天子自謂所居曰行在所。（『史記』卷一一一　衞將軍驃騎列傳　集解）

（33）公車司馬曰王路四門。（『漢書』卷九九中　王莽傳中　始建國元年正月條）

（34）漢官儀云、公車司馬掌殿司馬門、夜徼宮中、天下上事及闕下凡所徵召皆總領之。令秩六百石。（『漢書』卷一九上　百官公卿表上　顏師古注）

（35）『敦煌懸泉漢簡釋粹』はA1につけた注において、長羅侯は常惠のことで甘露二年には赤谷に駐屯しており、烏孫公主は解憂公主のことで甘露三年に烏孫から長安に歸ってきたと指摘する（一九三簡注［1］［2］　一三七頁）。從って、A1が懸泉置を傳送された甘露二年二月には兩者ともに烏孫の都赤谷城にいたと思われる。

（36）次の簡も同樣である。

入東綠緯書一封、敦煌長上、詣公車、元始五年二月甲子日平旦、受遮要奴鐵柱、卽時使御羌行　Ⅱ90DXT0114②:165／釋245㊤㋕

（37）郵行方式で傳送されている皇帝宛文書のうち、上書はA3の「敦煌玉門都尉千秋上書」のように「上書」の前に發信者の名が記される場合が殆どで、軍書の場合はⅠに見えるように「入東軍書」と記されていることから、D2の「入東書一封」は「入東軍書一封」の「軍」が脱落した可能性もあろう。

（38）永田英正「書契」（林巳奈夫編『漢代の文物』京都大學人文科學研究所　一九八七）五〇三～五〇四頁。

（39）注25所揭張家山漢簡・二年律令二七三～二七五（行書律）および次のもの。

●恆、署書皆以郵行。●卒令丙二　嶽麓秦簡一一七三

諸獄辭書五百里以上、及郡縣官相付受財物當校計者書、皆以郵行。　張家山漢簡・二年律令二七六（行書律）

嶽麓書院秦簡の行書律については、陳松長「嶽麓書院藏秦簡中的行書律令初論」（『中國史研究』二〇〇九―三）參照。また、土口史記は、前章所揭5のように「令」などに從い定期的（「恆」）に郵によって上級機關に傳送されることになっている文書を「恆書」と稱したという（土口史記「中國古代文書行政制度――戰國秦漢期出土資料による近年の研究動向――」『中國史學』二三　二〇一三　一二一頁注（8））。

（40）縣次方式の文書授受者について、全事例數と置所屬の吏（嗇夫・佐・廄佐・御・廄御）の事例數を示すと、Fは全六例中、

吏が五例、G（G11を除く）は全二九例中、吏は二四例、Hは全二五例中、吏が一八例で、全て合計すると全六〇例中、吏は四七例で八割弱を占める。

(41) 行傳書、受書、必書其起及到日月夙莫、以輒相報殹。書有亡者、亟告官。隸臣妾老弱及不可誠仁者勿令。書廷辟有曰報、宜到不來者、追之。　行書　　睡虎地秦簡・秦律十八種一八四～一八五

(42) 畑野吉則注2前掲論文。

(43) 前掲の文書傳送經路の復原では、甘井と遮要の間では郵行方式と亭行方式が混在しているように見えるが、Iに見えるように甘井騎置と遮要騎置は隣接するものの、甘井亭と遮要亭は13と14から一本の文書傳送經路上に位置することがわかるのみで、必ずしも隣接するわけではない。例えば、臨泉と萬年では、Eに見えるように臨泉騎置と萬年騎置は隣接するものの、臨泉亭と萬年亭の間には先述のように少なくとも石靡亭と山上亭が存在していた。このことからすると、甘井亭と遮要亭の間にも別の亭が存在したと思われる。

(44) 柴生芳注1前掲論文。

第五章　漢代居延・肩水地域の文書傳送

はじめに

前章における漢代懸泉置周邊の文書傳送の考察に續いて、本章では居延・肩水地域の文書傳送について考察する。

前述のように懸泉置遺址發見以前に發見されていた敦煌漢簡には文書傳送記録が殆ど含まれていなかったのに對して、居延漢簡には文書傳送に關する記録が發見當初より多く含まれており、それらを材料として居延・肩水地域における文書傳送經路を解明することが研究課題の一つとして取り組まれてきた。その成果として、これまでにいくつかの説が提示されている(1)。その一例として、それらの中でも詳細な經路を復原している李振宏の説を擧げておこう(2)。

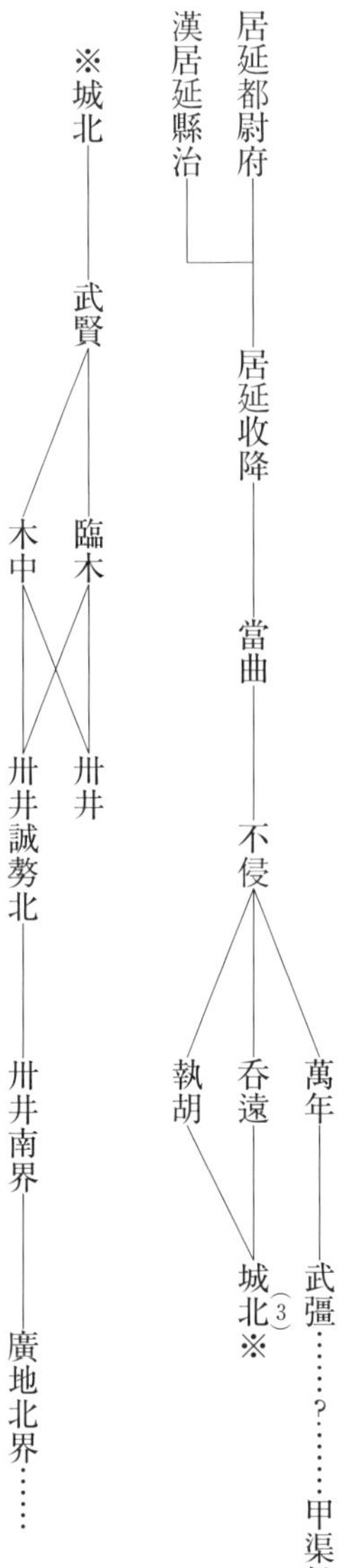

この李振宏説も含めて、これまでの文書傳送經路の復原は、文書傳送記録のなかで文書の受け渡しをしている吏卒の

所屬亭燧名を繫ぐ形でなされたものである。その元になった文書傳送記錄[4]とは次のようなものである。

14(5)
南書一封、居延都尉章　詣張掖大守府
九月辛巳日入、誠勢北隊卒□□甲渠臨木隊卒有人、自
□月、卅井南界隊卒□付廣地北界隊卒明。北界□□
誠勢北隊、卅八里、定行三時●五分、□□三十□□□
163・19（A22）

〔南書一封、居延都尉の章　張掖太守府宛。九月辛巳の日入時、誠勢北燧卒の□が甲渠臨木燧卒有人より受け取る。自□月、卅井南界燧卒の□が廣地北界燧卒の明に渡す。北界□□誠勢北燧まで卅八里、實際の所要時間三時五分〕

ここには、九月辛巳の日入時に誠勢北燧の卒が甲渠臨木燧の卒より文書を受け取り、□月（?）に卅井南界燧の卒が廣地北界燧の卒に文書を渡したことが記されている。この文書授受の記錄に基づいて、甲渠臨木——卅井誠勢北——卅井南界——廣地北界という文書傳送經路が復原されたわけである。

しかしながら、文書傳送記錄に見える文書授受者の所屬亭燧を單純に繫いでゆくこのようなやり方には二つの問題がある。一つは、文書傳送記錄に記されているのはあくまでその文書を授受した吏卒であって、その吏卒の所屬亭燧において文書の授受が行われていたとは限らないという點である。前章で舉げた○1・○2・○3の三例は、出張などで移動する吏などに文書を運ばせていた。出張などによる移動中に文書を運んでいるのであるから、その吏などが文書を受け取った場所が必ずしもその吏などの所屬機關ではないし、その吏などの所屬機關が文書傳送を擔當していたことに必ずしもならない。二つ目は、文書の傳送方式が考慮されていない點である。懸泉置周邊では、驛による文書傳送（郵行方式）、置による文書傳送（縣次方式）、亭による文書傳送（亭行方式）の三つの文書傳送方式が併存しており、それらは特定の施設で接續しながらも基本的にはそれぞれに獨立した文書傳送經路を形成していた。從って、

居延・肩水地域の文書傳送においても懸泉置周邊で確認された三つの傳送方式が存在した可能性がある。そのような傳送方式の違いを考慮せず、全ての文書傳送經路を一つに繋いでしまっては正確な傳送經路は復原できない。

居延・肩水地域における文書傳送經路について、幾つかの先行研究が既に存在するにも拘わらず本章で取り上げるのは、かかる理由による。それ故、本章で居延・肩水地域の文書傳送經路を復原するに際しては、先行研究において提示された傳送經路を檢證するという形を取らないで、文書傳送記錄そのものの集成から始めることにする。

第一節　文書傳送記錄の集成

本章末尾の別表は、居延・肩水地域の漢代烽燧遺址出土簡牘に含まれる文書傳送記錄のうち、具體的な文書傳送狀況の記載がある事例を集成したものである(6)。その中で、二つ以上の亭燧の間での文書傳送狀況が具體的に判明する事例を選び、その傳送狀況を拔き出して示したのが表である。

この表にみえる經路を單純に合成して整理すると次のようなＡ～Ｆの六經路にまとめられる。

Ａ：

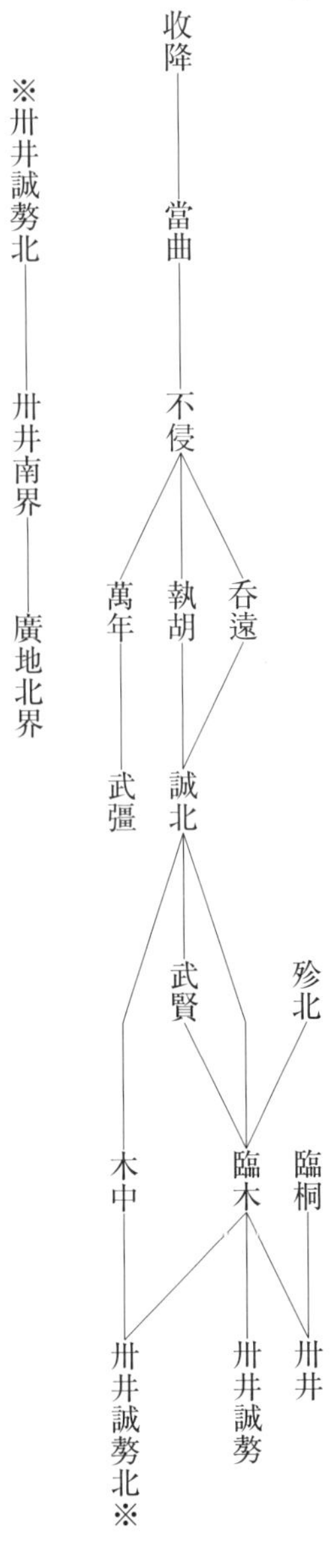

表　文書傳送記録に見える文書傳送状況

	傳送方向	文書傳送の状況								
13	南行	收降	→當曲							
16	南行	收降	→當曲							
19	南行	收降	→當曲					臨木		
64	南行	收降	→當曲					臨木	→卅井城勢北	
03	南行	收降	→當曲					臨木	→誠勢北	
17	南行	收降	→當曲					臨木	→誠勢北	
53	北行	收降←						臨木←	誠勢北	
54	南行	收降	→□						→□勢北	
11	北行							臨木←	誠勢北	
46	北行							臨木←	誠勢北	
10	南行							臨木	→誠勢北	
14	南行							臨木	→誠勢北	卅井南界→廣地北界
20	北行	收降←	當曲					臨木←	城勢北	
66	北行	收降←	當曲					臨木←	城勢	
61	北行	收降亭←	當曲					推木←	卅井誠勢	
21	北行	收降←	當曲					臨木←	卅井勢	
12	北行	收降←	當曲					臨木←	卅井	
24	南行	收降	→當曲					臨木	→卅井	
51	南行	收降	→當曲					臨木	→卅井	
57	南行	收降	→當曲						→卅井	
50	南行	□	→當曲					臨木	→卅井	
39	南行						□	→臨木	→卅井	
60	北行						殄北←	臨木←	卅井	
06	南行						□	→臨桐	→卅井	
04	北行	收降←	當曲←	不侵←	呑遠					
05	南行	收降	→當曲	→不侵	→呑遠					
47	北行	收降←	當曲	不侵郵←	呑遠郵					
23	北行			不侵←	呑遠					
48	南行			不侵	→呑遠	→誠北				
59	北行				呑遠←	誠北←		臨木		
55	南行				呑遠	→誠北		→臨木		
63	北行				呑遠←	城北←		木中←	卅井誠勢北	
65	北行					誠北←		臨木←	□	
44	北行					誠北←		臨□		
58	北行					□北←		臨木		
49	南行	收降亭	→當曲	→不侵	→執胡					
02	南行			不侵	→執胡	→誠北				
52	南行				執胡	→誠北		→臨木		
15	北行					誠北←	武賢	臨木←	誠勢北	
25	南行					城北	→□賢	臨木	→卅井誠勢北	

	傳送方向	文書傳送の状況
09	南行	誠北→□　→臨木
56	北行	收降亭←當曲←　不侵←　萬年
43	南行	萬年驛→武彊驛
45	南行	萬年驛→武彊驛
40	北行	□年　←武彊驛
72	南行	莫當→騂北
76	南行	莫當→騂北
88	南行	莫當→騂北亭
22	南行	莫尙→騂北　→沙頭
79	南行	莫當→□　→沙頭
91	南行	莫當→□　→沙頭亭
90	南行	莫當→□亭　→沙頭亭
68	北行	莫當←□←　沙頭
86	北行	莫當←□←　沙頭
74	北行	莫當←…　□頭
73	南行	騂北…→沙頭
37	北行	騂北←　沙頭
32	南行	騂北　→沙頭亭→騂馬
36	南行	騂北　→沙頭亭→騂馬
27	南行	沙頭　→騂馬→不今
28	南行	沙頭　→騂馬→不今
35	南行	沙頭　→騂馬→不今
29	南行	沙頭　→□　→不今
30	北行	騂北←　沙頭……□←　不今
31	北行	騂北←　沙頭……□←　不今
33	北行	騂北←　沙頭……□←　不今
26	南行	沙頭　→□　→**破虜**
94	北行	沙頭←　□←　界亭
38	南行	破胡→櫜佗
82		夷胡→□→第六→府門
84		第六→府門
67	南行	第十→第九
62		禹今→遮虜置

※文書授受者の所屬表記が「某卒」「某燧卒」となっている場合は文書傳送經路欄に「某」のみを、それ以外の「某亭卒」などの場合は「某亭」などと記し、一例しか見えない亭燧はゴチック體にした。また、「□」は簡牘中に亭燧名が明記されていなかったり、簡の斷裂によって名稱が確認できない亭燧である。文書傳送經路欄の矢印はその亭燧所屬の吏卒の間で文書の授受が行われていることを示し、矢印の方向は文書の傳送方向を示す。矢印がない場合は、その亭燧所屬の吏卒間では文書が直接授受されているわけではない(7)。

B：莫當――騂北――沙頭――騂馬[8]――不今
　　　　　　　　　　沙頭――□[9]――破虜
　　　　　　　　　　沙頭――□――界亭

C：破胡――橐佗

D：夷胡――□――第六――府門

E：第十――第九

F：禹今――遮虜置

以下、これらの經路について検討しよう。

第二節　文書傳送經路の復原

（一）經路A・B・C

經路A・B・Cはいずれも居延都尉府と張掖太守府を結ぶ文書傳送經路である。經路Aで、收降→當曲……臨木→卅井誠勢北と傳送する64、不侵→呑遠→誠北と傳送する48、呑遠→誠北→臨木と傳送する55、甲渠臨木→卅井誠勢北……卅井南界→廣地北界と傳送する14、經路Bで莫當→騂北と傳送する72、不今→（騂馬）……沙頭→騂北と傳送する30、沙頭→□→破虜と傳送する26、經路Cで破胡→橐佗と傳送する38は、いずれも居延都尉府と張掖太守府の間で文書を傳送するものである。また、經路Bで界亭→□→沙頭と傳送する94には張掖都尉發信の居延都尉府宛て文書が含まれているが、68では張掖都尉發信文書が觻得令（觻得縣は張掖郡治）[10]の發信文書と一緒に傳送されているので、94も張掖太守府と居延都尉府を結ぶ經路の文書傳送と考えて良い。このように、經路A・B・Cは居延都尉府と張掖太守府を結ぶ一本の文書傳送經路である。

そのうち、經路Cに見える破胡と橐佗であるが、破胡は次の簡から廣地候官所屬の亭であることがわかる。

簡1　〼責廣地破胡亭長〼　103・42（A8）

一方の橐佗であるが、18のように候官名としても見える。同じく候官である卅井の例であるが、後揭簡7のように「卅井隊長」で「卅井候官に所屬する燧の燧長」という意味を表す場合もあるので、38に見える「橐他隊長」が「橐佗候官所屬の某燧の燧長」という意味である可能性も否定できないが、「橐他隊長萬世」のように個人名に冠せられていること、およびこの他にも「橐他隊長」の例があること[11]から、38の「橐他隊」はある特定の燧の名と思われる。候官名と同じ名の燧が存在したことは次の簡から確認できる。

簡2　▨　卅井隊四石
　　　　具弩一完　368・11（P9）

簡3　□□德□□□□□
　　　待□尉得移卅井隊長　140・8A（A32）

簡2は四石具弩の所屬や配備場所を示す附け札で、簡3の「移卅井燧長」は文書宛先を記した部分であるから、これらの「卅井燧」もある特定の燧の名と考えるべきであろう。では、卅井燧は何處にあったのだろうか。同名であることから、卅井燧は卅井候官に併置されていたと考えられるが、簡2の出土地が卅井候官遺址（P9）であることはその傍證となろう。このような卅井燧の例からすれば、橐佗燧も橐佗候官に併置されていたと考えて良いだろう。

このように、經路Cに見える破胡は廣地候官破胡亭だったと考えられる。經路Aの南端である廣地北界燧はその名稱からこれが廣地候官管轄區の北端と考えられるので、廣地候官破胡亭はその南側に位置したことになろう。經路B北端の莫當燧は橐佗候官所屬であるが、その南の騂北は肩水候官所屬の亭であることが次の簡からわかる。

簡4　●橐他莫當隧始建國二年五月守御器簿　74E.J. T37:1538/釋95～117

簡5　四月丙子、肩水騂北亭長敞以私印兼行候事、謂關嗇夫吏。寫移。書
□、如律令　令史熹>光>博尉史賢　29・7（A32）

從って、經路B北端の莫當燧が橐佗候官管轄區の南端で、經路Cの橐佗燧は莫當燧よりも北にあったと考えられる。

これまでの檢討の結果、經路A・B・Cについては、北から經路A―經路C―經路Bという順に接續していたと考えられる。なお、經路Bの南端には不今燧、破虜燧、界亭の三つがくるが、破虜は26に見え居延都尉發信の張掖太守府宛て文書を、界亭は94に見え張掖都尉發信の居延都尉府宛て文書をそれぞれ傳送しているのでこの經路上にあると思われるが、共に沙頭亭との間に別の亭燧を挾んでおり、その點、不今燧と同じである。破虜燧と界亭は他に例が見えず、不今燧との位置關係はわからない。

この經路については檢討すべき點がある。卽ち、①南行で不侵の次に呑遠・執胡・萬年がくること、②南行で臨木燧の次に卅井誠勢北・誠勢・卅井が存在すること、③武賢、殄北、臨桐、木中が一、二例しか見えないこと、④萬年—武彊が驛と呼ばれていることである。④については次項で檢討するので、ここでは①〜③について檢討しよう。

まず①について。呑遠・執胡・萬年はいずれも北の不侵と、また、呑遠・執胡は南の誠北と文書の受け渡しを行っている。この受け渡しの狀況をそのまま傳送經路と見なすと經路Aのようになる。

この問題を考える上で想起すべきは、この文書傳送記錄はあくまで文書を運んだ吏卒を記錄したもので、必ずしもそこに記される亭燧において文書の授受が行われたわけではないという點である。前章で擧げた01・02・03の三例に見えるような出張や移動という狀況を想定すると、「A燧卒付B燧卒」「B燧卒受C燧卒」という文書授受の記載があるからといって、文書授受の場がB燧とは限らないのである。①の檢討點に戻ると、不侵と誠北の間に呑遠・執胡・萬年卒が介在するからと言って、呑遠・執胡・萬年燧で文書の受け渡しが行われたとは限らない。

呑遠・執胡・萬年が文書傳送記錄に出現する事例數を見ると、呑遠は八例（不侵—呑遠：04、05、47、23、48。呑遠—誠北：48、59、55、63）、執胡は三例（不侵—執胡：49、02。執胡—誠北：02、52）、萬年は不侵との一例のみ（56）で、呑遠の出現回數が最も多い。また、呑遠・執胡・萬年相互間で文書の受け渡しは行われていないことから、執胡卒や萬年卒による文書傳送は、本來、呑遠卒が行うべき所を何らかの理由で臨時的に代行した可能性を想定する方が良さそうである。その代行の理由の一つとして考えられるのが吏卒の出張である。

呑遠燧と萬年燧は呑遠部所屬の燧で、呑遠燧は呑遠部管轄範圍の南端に、萬年燧は北端に、執胡燧は誠北部所屬の燧で誠北部管轄範圍の北端にそれぞれ位置する(12)。つまり、この三燧は北から、萬年—呑遠—執胡の順に竝んでいた。その位置關係を踏まえて文書傳送狀況を示すと次のようになる。

48（南行）：　不侵―――呑遠―――誠北
56（北行）：　收降←當曲……不侵←萬年
49（南行）：　收降→當曲……不侵→→→→→→→執胡
02（南行）：　不侵→→→→→→→執胡→誠北
52（南行）：　執胡→誠北→臨木

これを見て氣づくことは、呑遠の北に位置する萬年が北向きの文書を、南に位置する執胡が南向き文書を傳送していることである。ここに卒の出張を想定すれば、たまたま呑遠に出張してきていた萬年卒・執胡卒が自分の燧に戻るついでに文書を傳送した可能性が考えられるだろう。呑遠燧には宿泊のできる置も設置されていた。

簡6　⧄候長博告隊長張□
⧄九日、宿呑遠置
⧄□自辨如故事
393・1A（A2）

それ故、隣接する萬年・執胡の吏卒が何らかの業務で呑遠へ出張することもしばしばあったのだろう。そして、たまたま自分の燧のある方向に傳送すべき文書が呑遠燧に届いた場合、出張で呑遠に來ていた吏卒が自分の燧に戻るついでにその文書を運んだのであろう。このような狀況を想定するならば、不侵―誠北間で文書を傳送する役割を本來擔っていたのは呑遠であると考えられよう。

では、検討點の②、即ち、南行で臨木の次に卅井誠勢北・誠勢・卅井が存在することについて検討しよう。臨木との文書傳送の事例は、卅井誠勢北が九例（64、03、17、53、11、46、10、14、20）、卅井は六例（12、24、51、50、39、60）

あるのに對して、卅井誠勢は二例（66、61）のみである。
「卅井卒」とあれば卅井燧卒を指すと考えるのが一般的であろう。確かに、卅井燧が存在することは先述の通りである。しかし、その卅井燧は卅井候官（P9）に併設されていたと思われるので、臨木と文書の受け渡しをする「卅井卒」を卅井燧の卒と見なすことは位置的に無理がある。それ故、この「卅井卒」は「卅井候官に所屬する卒」という意味に理解すべきであろう。漢簡中の「卅井某」が「卅井候官に所屬する某」の意味である例は實際に存在する。

簡7　遣豐代意、歸卅井。●案、卅井隊長乘甲渠、凡十三人、還　E. P. T68:128

〔豐を派遣して意と交代させ、卅井に歸らせた。●すなわち、卅井候官の燧長で甲渠候官に勤務するもの、全部で十三人、還〕

この簡に見える「卅井隊長」は「凡十三人」とあることから卅井燧の燧長ではなく、卅井候官所屬の某燧の燧長たちである。「卅井卒」が見える六例のうち39と60を除いた四例は、全て當曲から臨木までの甲渠候官管内の文書傳送狀況の記録である。斷切のため臨木が缺落しているが「卅井卒」が文書を受け取っている57も同様である。それ故、臨木燧卒と文書の受け渡しをしたのが甲渠候官管轄區外の卅井候官所屬の卒であるということがわかればそれで充分であったために、候官名だけを記して燧名は省略したのではないだろうか。卅井誠勢については、臨木と文書の受け渡しをしているのが卅井誠勢北・卅井の十五例に對して、誠勢がわずか二例であり、誠勢北と誠勢は隣接する(13)ことから、誠勢が文書傳送を行うのは卒の出張などに因る誠勢北の代替と見なす方が良いだろう。

續いて検討點の③、即ち、武賢、殄北、臨桐、木中が一、二例しか見えないことについて考えよう。まず武賢から。武賢が見えるのは15と25の二例のみで、共に誠北—武賢—臨木—誠勢北と文書が傳送される中に見える。ところが、武賢を仲介せず誠北と臨木が直接文書を受け渡ししている例が六例（59、55、65、44、58、52）見える。文書傳送の記錄が、例えば63に見えるように、傳送留遅の責任者追及のためであるならば、この六例で、實際は武賢も文書傳送を擔っていながら傳送記錄には記載されなかったとは考えにくい。それ故、實際も傳送記錄の通りに文書は傳送され、武賢は關わっていなかったと考える方が妥當であろう。つまり、通常、誠北―臨木を含む居延都尉府―張掖太守府間の文書傳送に武賢は關與しておらず、武賢が關わるこの二例は、この經路とは別の文書傳送なのであろう。武賢と誠北は隣接するので、[14]この誠北―武賢―臨木―誠勢北というルートは燧次方式での文書傳送ではないだろうか。

木中は63に見える。ここでは南から卅井誠勢北→木中→誠北→呑遠と傳達されているが、誠北の南側で誠北と文書の受け渡しをしているのは63と武賢の二例（15、25）及び不明の一例（09。武賢か）を除き全て臨木である（59、55、65、44、58、52）。木中燧は臨木部所屬なので、[15]木中による文書傳送は何らかの事情による臨木の代替と見ておきたい。

殄北も60に見えるだけで、ここでは南から卅井→臨木→殄北と傳送している。殄北候官（A1）は甲渠候官の北、かなり離れている所に位置する。北行で臨木から文書を受け取るのは60を除き全て誠北であることからすると、「殄北」は「誠北」の誤寫または誤釋の可能性もあろう。[16]

臨桐は06に一例見えるのみで、そこでは某燧→臨桐→卅井と文書が傳送されている。臨桐燧は第四部所屬で、臨桐燧卒は甲渠候官への文書配達者としてもしばしば現れる。[17]卅井誠勢北・誠勢と文書の受け渡しをしているのは06の臨桐を除き全て臨木であることから、この臨桐も臨木の代替と見ておきたい。

以上の檢討の結果、居延都尉府と張掖太守府を結ぶ文書傳送經路として經路Ａ・Ｃ・Ｂは次のように整理される。なお、候官名未記載の亭燧は所屬候官が不明で、點線の部分には他の亭燧が存在する可能性がある。

居延都尉府……居延收降亭―甲渠當曲燧―甲渠不侵燧―甲渠吞遠燧―甲渠誠北燧―甲渠臨木燧―卅井誠勢北燧……卅井南界燧……廣地北界燧……廣地破胡亭……橐佗橐佗燧……橐佗莫當燧……肩水騂北亭……沙頭亭……騂馬燧……不今燧……張掖太守府

この經路を、以後、その兩端の亭燧名を取って「收降―不今ルート」と呼ぶことにしたい。

（二）經路Ａ（萬年―武彊）

先に經路Ａの萬年と武彊については驛と呼ばれていることを指摘したが、本節ではこの點について検討したい。萬年が見える經路を擧げておこう。

56（北行）：收降亭←當曲←不侵←萬年

43・45（南行）：萬年驛→武彊驛

これをそのまま繋げば初めに擧げた經路になるのであるが、先述のように、懸泉置周邊では驛・亭・置による三種類の文書傳送方式が併存していた。先述の收降―不今ルートは、收降・破胡・沙頭が亭である以外は燧を繋ぐ形で文書が傳送されており、驛による文書傳送であるこの萬年驛―武彊驛の經路と安易に連結すべきではないだろう。

武彊驛卒が文書を傳送している40には次のように書かれている。

40　☐□大將軍印章、詣中郎將、驛馬行、十二月廿二日起☐　E.P.T49:11A

☐年隊長育受武彊驛卒良☐　E.P.T49:11B

B面の「武彊驛卒」から文書を受け取っているのは「▨年燧長」であるが、43・45と同じく武彊驛卒との間で文書の受け渡しをしているので、これが萬年燧長であることは疑い無い。從って、この40も萬年驛―武彊驛の經路の文書傳送の記録であると考えられる。そこで注目されるのがA面の「驛馬行」で、これは文書傳送方法の指示であるから、萬年驛―武彊驛を繋ぐ文書傳送方法が「驛馬行」と呼ばれていたことがわかる。「驛馬行」は字面から驛馬による文書傳送であることが推測されるが、次の簡から驛に驛馬が配備されていたことが確認できる。

簡8　槖他駮南驛建平元年八月驛馬閲具簿　　502・7（A35）

從って、驛を繋ぐ文書傳送は「驛馬行」と呼ばれ、驛馬によって文書が傳送されていたと考えて間違いない。さらに、この「驛馬行」は「騎置馳行」とも呼ばれていたことが次の簡からわかる。

70　皇帝璽書一封、賜使伏虜居延騎千人光。
制曰、騎置馳行、傳詣張掖居延使伏虜騎千人光所在。毋留。留、二千石坐之。
●從安定道。元康元年四月丙午日入時、界亭驛小史安以來、望□行。　73E.J. T21:1

〔皇帝璽書一封、使伏虜居延騎千人の光に賜う。／制に曰く、騎置で馳せ行け。張掖居延使伏虜騎千人光の所在地に傳送せよ。留め置いてはならぬ。留め置いた場合は二千石が罪に問われる。●安定道經由。元康元年四月丙午の日入時に、界亭驛小史の安が持參、望□行。〕

これは皇帝から張掖居延使伏虜騎千人の光宛てに送られた璽書の傳送記録である。「制」の中でこの文書を「騎置馳行」によって傳送するように指示している。そして、この璽書を實際に傳送しているのが界亭驛小史なので、この

「騎置馳行」は驛をつないで傳送していたことになろう。次の二簡も「騎置馳行」による文書傳送の記錄である。

簡9　◪上書一封／騎置馳行上／行／　　73E. J. T21:409

簡10　張掖肩水廣地候賓□□長昌昧死再拜□□　　本始元年四月己酉日蚤食時
　騎置馳行上　　入□□□長壽隧□□□隧長妻報報子□□□□
　行在所公車司馬以聞
　□□五年四月戊申日餔時受□□□　　73E. J. T24:244

〔張掖肩水廣地候官の賓□□長の昌が恐れ多くも再拜して□□する。騎置が馳せて行在所・公車司馬に奉り以聞する。□□五年四月戊申日餔時に□□□より受け取る。本始元年四月己酉の日蚤食時に……長壽隧……隧長の妻報と報の子の……〕

「上書一封」「上行在所公車司馬以聞」からこれらがともに皇帝宛の上書であることがわかる。[18] 先の70も皇帝が家臣に下した「璽書」であった。これらの例からすると、懸泉置周邊の文書傳送と同樣に、居延においても「騎置馳行」は皇帝發信の文書または皇帝宛上書といった特別の文書を傳送するための經路であったと考えられる。「驛馬行」による文書傳送である43は大將軍宛、40は大將軍發信の中郎將宛であって、收降―不今ルートで傳送されていた文書とは趣を異にする。傳送されている文書の內容という點からも、驛を繫ぐこの文書傳送經路は、收降―不今ルートとは切り離して獨立した經路として考えるべきであろう。

居延・肩水地域では、萬年驛・武彊驛の他に誠北と止害にも驛馬が置かれていたことが次の簡からわかる。[19]

簡11　◪三月己丑付□□士吏廣宗、給城北驛馬　　283・63（A8）

簡12　□止害驛馬一匹□又鉼庭□☐　E.P. T43:109

萬年驛と武彊驛が文書傳送に關わっていたことは43や45に見えるとおりであるが、この止害と誠北が文書傳送に關わっていたことを直接示す事例は確認できない。ただ、驛馬が設置されていることは確實であるので、止害と誠北もまた驛による文書傳送を擔っていたと考えておきたい。

　武彊驛は誠北部に所屬し、誠北部の南端は誠北燧なので武彊驛は誠北燧の北側に位置することになる。萬年驛は恐らく萬年燧に併置され、その萬年燧は呑遠部の北端に位置する。また、止害驛が置かれたと思われる止害燧は不侵部に所屬するが、不侵部の北端は當曲燧、南端は不侵燧なので、止害燧はその間に位置することになる。[20] 以上の位置關係を踏まえて、驛による文書傳送經路を收降—不今ルートと比較しながら示せば次のようになろう。

驛馬行ルート　……止害驛……萬年驛——武彊驛……誠北驛……橐佗駮南驛……

收降—不今ルート……當曲燧——不侵燧——呑遠燧——誠北燧——臨木燧……

この驛を繋ぐ經路を、以下、「驛馬行ルート」と呼ぶことにしたい。

（三）經路D・E・F

　残る經路D・E・Fについては他の經路と接續しないので、若干の指摘をするに留める。まず經路Dの「夷胡→□→第六→府門」について。第六→府門の傳送記錄のある82と84はともに金關（A32）出土簡であるが、金關附近で「府」と呼ばれるのは肩水都尉府（A35）しかない。それゆえ、この「府門」は肩水都尉府の門のことと考えられる。

また、84は萬世燧から府に送られた文書函の傳送記録である。萬世燧は肩水候官所屬の燧(21)なので、所在地が不明ではあるものの、この經路Dは肩水候官管內の燧と肩水都尉府を結ぶ文書傳送經路であることは間違いない。

經路Eは67にのみ見える。出土地が甲渠候官第九燧遺址（T13）(22)であることから、この第九・第十燧は甲渠候官所屬の燧であることは間違いない。この二燧は甲渠候官の南北に連なる烽燧列に位置する隣接する二燧であるが、所屬する部は異なる(23)。第十燧は甲渠候官に文書を持ってくる役割を果たしている燧であるが(24)收降―不今ルートとどのような關係にあるのかは不明である。また、經路Fも62に一例見えるだけで、後ほど置を取り上げる際に言及する。

以上の檢討の結果、居延・肩水地域には、居延都尉府と張掖太守府の間を亭燧を繫いで文書を傳送する收降―不今ルート、驛馬によって皇帝の璽書や上書など特別の文書を傳送する驛馬行ルート、さらに、その他の經路も存在していたことが確認できた。從來の研究では、收降―不今ルートと驛馬行ルートは萬年燧で連結されて一つの經路として理解されていたが、異なる文書傳送方式として區別すべきであること先述の通りである。

文書の傳送方式には、郵・驛によって文書を傳送する郵行方式、縣や置による縣次方式、亭による亭行方式があった。そこで次には、ここで檢討した文書傳送經路がそれぞれどの文書傳送方式に當たるのかを考えることにしよう。

第三節　居延・肩水地區における文書傳送經路と傳送方式

（一）驛馬行ルート

驛馬行ルートは、先述のように、驛・驛馬によって文書を傳送していたが、懸泉置周邊でも驛・驛馬による文書傳送は存在し、それは郵行方式であった。居延・肩水地域では、驛・驛馬による文書傳送と郵による文書傳送が連續することを直接示す簡牘は確認できないが、(25) 驛馬行ルートで軍書が傳送されていることを示す簡は存在する。

簡13　誠北部建武八年三月軍書課。●謹案、三月毋軍侯驛書出入界中者……☐　E. P. F22:391

〔誠北部の建武八年三月軍書課。●謹んで調べましたところ、三月は管轄區を通過した軍侯驛書はありませんでした。〕

先に考察したように誠北燧には驛馬が置かれていたし、驛馬行による文書傳送を擔當している武彊驛は誠北部に屬する驛である。それ故、軍書は驛によって傳送されていたと考えられよう。「軍侯驛書」という言い方も、軍書が驛によって傳送されたことに因んだ表現なのであろう。誠北部が軍書の傳送に從事していたことは確かである。

懸泉置周邊では「軍書」と明記されるものは全て郵行方式で傳送されていた。それ故、居延・肩水地域でも、軍書は郵行方式によって傳送されたと考えて良いだろう。從って、驛馬行ルートは郵行方式であったと考えられる。

（二）收降—不今ルート

別表を一瞥すれば明らかなように、收降—不今ルートでは太守府・都尉府・縣の間で遣り取りする文書が多く傳送されているが、懸泉置周邊における文書傳送では、太守府・都尉府・縣の間で遣り取りされる文書を多く傳送しているのは縣次方式であった。その點からすれば、收降—不今ルートは縣次方式による文書傳送に當たるだろう。ただ、懸泉置周邊では亭を繋ぐ亭行方式でも太守や縣令長の發信文書が傳送されていたので、傳送文書の發受信者だけでは收降—不今ルートを縣次方式と斷定しきれない。そこで、別の方向から檢證しておこう。

縣次方式は、縣と、縣と縣の間の距離が長い場合にその間に置かれた置とを繋ぐ文書傳送方式である。收降—不今ルート沿いには張掖郡治である觻得縣と居延縣の二縣が存在するが、觻得縣から肩水候官までは六百里、(26) 卅井誠勢北燧から居延收降亭までは九十里程度[27]の距離である。里程簡（第二部第三章所掲6・7）では、縣と縣の間が百里を超えた場合に置が設置されているので、觻得縣・居延縣間にも置が幾つか設置されていたと思われる。

收降―不今ルートに關連して言えば、先に觸れた呑遠置の他に槖佗置も設置されていたことが次の簡からわかる。

簡14　☐……主官掾□付槖它置佐登　E. P. T52:362

〔……主官掾の□が槖它置佐の登に渡した。〕

この槖佗置と呑遠置は同名の槖佗燧・呑遠燧に併置されていたものと思われる。簡14は文書傳送記錄である可能性もあり、もしもそうであれば、置佐が文書を傳送していたことになり、これは縣次方式である前章所掲G9と同じである。一方の呑遠置については、吏が文書傳送に從事していたかどうかは確認できない。ただ、槖佗置・呑遠置以外の置の吏が文書傳送を擔當していたことを示す簡はある。

62　禹今卒龐耐行書、夜昏五分、付遮虜置吏辛戎　E. P. T65:315

〔禹今卒の龐耐が文書を持って行き、夜昏五分に、遮虜置吏の辛戎に渡した。〕

62では禹今卒が遮虜置の吏に文書を渡している。[28]この遮虜置は、居延都尉府から甲渠候官へ到る途中に位置していた[29]ようなので、收降亭から居延都尉府方向に行った邊りに位置していたのかもしれない。さらに、「候粟君所責寇恩事」冊書の記載から居延・觻得間には第三置と呼ばれる置が存在していたことも知られる。[30]

このように、收降―不今ルートについては、傳送文書の發受信者と、經路上に呑遠置・槖佗置を含むことから、縣次方式の文書傳送の經路であったと考えられる。縣と置だけで構成されていた懸泉置周邊の縣次方式經路と違って收降―不今ルートに燧や亭を含んでいるのは、この地域が長城附近の軍事警戒地域で迅速な文書傳送の必要があったために、縣と置だけでなく散在する亭燧をも文書傳送の中繼點として組み入れたからであろう。

（三）その他の經路

先行研究における文書傳送經路の考察は專ら文書傳送記錄に見える亭燧名などを手がかりとしてきたため、上述の經路しか想定されてこなかったが、居延・肩水地域にはこれらの經路以外にも文書傳送の經路があったはずである。それを示すのが、E.P.F22:126～151である。[31] この一連の簡は、王歆等と郭長等が關所に入ったことを通知するために卅井縣索關が居延都尉府に送付した檄が王歆・郭長ら本人よりも遲れて都尉府に到着したことについて、居延都尉府が甲渠候官管内の檄傳達狀況を調査するように甲渠候官に命じた命令文書（E.P.F22:151）と、それを承けて甲渠鄣候が配下の各部候長に檄傳達狀況の調査を命じ、それに對する臨木候長の報告を踏まえて甲渠鄣候が都尉府に調査結果を報告した文書（E.P.F22:126～150）である。卅井縣索關は王歆等と郭長等の入關を通知する檄をそれぞれ居延都尉府に送付している。その檄の傳送狀況について臨木候長が甲渠候官に報告した內容は次の通りである。

王歆等の入關報告の檄：界中を過ぎず（E.P.F22:135～137）

郭長等の入關報告の檄：卅井誠勢北燧長→木中燧長→誠北燧長→呑遠助燧長と傳達し、呑遠助燧長が留遲（63）

王歆等と郭長等の入關を通知する檄はともに卅井縣索關（A21[32]）から居延都尉府に送られたもので、郭長等の入關報告の檄は收降―不今ルートで傳送されている。一方、王歆等の入關報告の檄は臨木候長の管轄範圍を通過していないので、收降―不今ルートの臨木部管轄區域（卅井誠勢北燧～誠北燧[33]）を通過していないことになる。その結果、卅井縣索關から居延都尉府まで、收降—不今ルートとは別の文書傳送經路があったと考えざるを得ないのである。

　居延地域において收降—不今ルート以外に文書傳送經路を想定しなければならない理由はもう一つある。收降—不今ルートの文書傳送記錄に甲渠候官發信または甲渠候官宛の文書が、38と91の他には見えないことである。38には甲渠塞尉發信の會水塞尉宛文書が、91には居延甲渠鄣候（文書傳送記錄には「居延甲候」と表記）發信の姑臧宛文書が、それぞれ他の文書と一緒に記錄されている。38は金關（A32）の北方にあるA27出土、91は金關出土なので、甲渠候官發信文書の傳送記錄である38と91はともに槖佗候官管内[34]及びその隣接地域における文書傳送の記錄となる。槖佗候官の管轄區域は金關北側の長城が設置されていない地域で、烽燧ラインも額濟納河に沿って一列に伸びている[35]。このような烽燧の分布狀況を勘案すると、槖佗候官管内での文書傳送經路はこの額濟納河沿い烽燧ラインに沿っていたに違いなく、それが收降—不今ルートだったのだろう。甲渠鄣候發信の姑臧宛文書と甲渠塞尉發信の會水塞尉宛文書はこの收降—不今ラインで傳送された結果、傳送記錄が殘されたわけである。

　これに對して、A22以北は烽燧ラインがP9方向とA1方向の二方向に別れ、その二つの烽燧ラインと故居延澤に圍まれた地域（以下「居延デルタ地域」）にはいくつもの烽燧や施設が散在している[36]。收降—不今ルートでは居延デルタ地域に散在する亭燧間、例えば卅井候官（P9）と殄北候官（A1）の間で文書を傳送することはできないので、收降—不今ルート以外の文書傳送經路が設定されていたはずである。また、甲渠候官遺址（A8）出土の宛名簡の中に、居延縣や居延都尉府から發信された文書の宛名簡が含まれることから、居延縣・居延都尉府と甲渠候官を繫ぐ文書傳送經路（以下「甲渠ルート」）も存在していたはずである。もちろん、居延デルタ地域にはこの甲渠ルート以外にも各候官や都尉府を繫ぐ經路が存在したこと言うまでもない。次の簡はそのような經路の存在を證明するものである。

簡15　東書二封、皆王臨所、詣官　其一封破……⊠　E. S. C:88（T130）

簡15はA21とP9を結ぶ烽燧ライン上に位置するT130出土なので、この烽燧ラインに沿って卅井候官（P9）に到る文書傳送經路（以下「卅井ルート」）が存在し、A22邊りで收降—不今ルートと接續していたものと思われる。收降—不今ルート上では、甲渠候官發着の文書傳送記錄が橐佗候官管內においてのみ見えるのも、橐佗候官管內ではこの經路以外に文書傳送經路が存在しないのに對して、A22以北の居延デルタ地域ではこの經路以外の文書傳送經路が存在し、甲渠候官發着の文書は收降—不今ルート以外の經路によって傳送されたからであろう。

このように、居延デルタ地域には甲渠ルートや卅井ルートなど幾つかの文書傳送經路が存在していたと考えられるのであるが、これらの經路の文書傳送方式は何であろうか。第二部第三章で述べたように、漢代には郵行方式・縣次方式・亭行方式・燧次方式の四つの文書傳送方式が存在していたが、そのうちの燧次方式はある情報を特定の地域に存在する亭燧全てにもれなく傳達するための特別な傳送方式であって、郵行方式・縣次方式・亭行方式の三方式が通常の文書傳送方式として運用されていたと考えられる。居延・肩水地域では、驛馬行ルートが郵行方式、收降—不今ルートが縣次方式による文書傳送であると考えられるので、居延デルタ地域內の文書傳送經路は亭行方式に當たるだろう。この甲渠ルートや卅井ルートといった居延デルタ地域における亭行方式の文書傳送經路は、居延・肩水地域に四十五箇所以上散在する亭の幾つかを繫いで設定された經路だったと思われる。また、縣次方式の收降—不今ルートにも居延收降亭・破胡亭・肩水騂北亭といった亭が含まれているが、懸泉置周邊における文書傳送では置・騎置・亭が併置されていた遮要などが三つの文書傳送方式の結節點になっていたことを踏まえると、居延・肩水地域においても同樣にこれらの亭が縣次方式と亭行方式の結節點になっていたのであろう。次の簡には「騂北亭四道」とあり、騂北亭が異なる文書傳送方式の結節點となっていたことを示すものかもしれない。

簡16　騂北亭四道、行書卒二人受迹候行書、晨夜當不及凡七人乘亭、十月盡十一月、部有　73E. J. T21:106

おわりに

本章での考察の結果、居延・肩水地域には、①居延都尉府と張掖太守府の間を亭燧や置によって結ぶ收降—不今ルート、②止害驛・萬年驛・武彊驛・誠北驛・橐佗駮南驛などを驛馬によって繋ぐ驛馬行ルート、③居延デルタ地域内にある都尉府・候官・縣などを相互に亭によって結ぶ經路の三種類の文書傳送經路が存在したと考えられる。それぞれの文書傳送方式は、①が縣次方式、②が郵行方式、③が亭行方式に當たる。①には收降亭や騂北亭などの亭も含まれていたが、その亭が①と③の經路の結節點となっていたのであろう。

宛名簡に文書傳送方式が明記されている場合は、基本的にその傳送方式によって送られたのであろう。居延縣と甲渠候官は亭行方式の甲渠ルートで結ばれていたと考えられるが、それと對應するように、居延丞發信甲渠候官宛文書につけられた宛名簡には亭行方式での文書傳送を指示する「以亭行」と記されたものがある。

簡17　居延丞印
甲渠候官以亭行
三月癸丑□□卒□□以來　279・11（A8）

簡17がつけられた文書は「以亭行」で居延縣から甲渠候官まで傳送されてきたのであろう。(38) これに對して、郵行方式での傳送を指示する「以郵行」と書かれた宛名簡も存在する。

簡18　居延丞印
　甲溝候官以郵行
　　十二月辛巳門卒同以來　　E. P. T14:1

先に検討したように、郵行方式は止害驛・萬年驛・武彊驛・誠北驛・橐佗駮南驛を繫ぐ驛馬行ルートであるから、甲渠候官は通過しないと思われる。それ故、郵行方式の文書傳送だけで居延縣から甲渠候官まで文書を送付することは不可能であろう。一方、「以郵行」と記された簡18は甲渠候官址出土であるので、この簡が宛名簡としてつけられた居延丞發信文書が甲渠候官まで届けられたことは間違いない。そうすると、この簡18がつけられた文書は、當初「以郵行」の指示に従って郵行方式で驛馬行ルートを傳送された後、驛馬行ルートと亭行方式の文書傳送經路との結節點で亭行方式の文書傳送に乘り換えて甲渠候官まで届けられたと考えざるを得ない。卽ち、宛名簡に傳送方式が指示してあったとしてもその傳送方式だけで宛先まで送られたわけではなく、各文書傳送方式の經路分布狀況に應じて、異なる傳送方式の經路を繫ぎながら宛先まで届けられたと思われるのである。次掲の宛名簡はそのような異なる傳送方式を繫ぐ形の文書傳送が行われていたことを示すものである。

簡19　肩水候官以郵亭晝夜行　　73E. J. T10:202A

ここには「以郵亭晝夜行」とあるが、「郵亭晝夜行」という特別の文書傳送方式が存在したわけではなく、「郵行方式と亭行方式の兩方を使って晝夜兼行で傳送せよ」という指示であろう。そうであるならば、この宛名簡がつけられた文書は、郵行方式の傳送經路と亭行方式の傳送經路を繫いで傳送された實例となろう。

最後に、文書の內容と三つの傳送方式との關連性を見ておきたい。先述のように、驛馬行ルートでは皇帝發信の璽書や皇帝宛上書と軍書が傳送されていた。また、42と43では「第一橐書一封」「封橐一封」が傳送されているが、43の「封橐一封」は大將軍宛てであることから、これらは軍事關連の特別な文書であった可能性も考えられる。[39]事例數が限られるものの、驛馬行ルートで傳送される文書は一般の行政官署間で遣り取りされる文書とは異なる特別なものであると言える。ただ、上書は縣次方式の收降―不今ルートで傳送されている35にも含まれているが、35の上書は民の書いたもので居延令の印で封緘されている點が、驛馬行ルートで傳送されている簡10とは異なる點である。上書の發信者によって傳送方法も異なるのかもしれない。太守府・都尉府・縣廷などの官署間で遣り取りされる文書は縣次方式で傳送されている。30・77・86・96では詔書も他の行政文書と一緒に縣次方式で傳送されている。亭行方式は先述のように居延デルタ地域內での文書傳送を擔っていたのであり、例えば、甲渠候官宛て文書は、郵行方式の驛馬行ルートで傳送されてきたものでも、縣次方式の收降―不今ルートで傳送されてきたものでも、そのルートから外れて甲渠候官までの間は全て亭行方式によって傳送された。それ故、亭行方式と文書の內容との關連性は特には無いと思われる。

注

（1）陳夢家「漢簡考述」（初出一九六三。同氏『漢簡綴述』中華書局　一九八〇　所收）、永田英正「陳夢家氏の破城子を居延都尉府とする說の批判」（同氏『居延漢簡の硏究』同朋舍出版　一九八九）、李振宏「居延地區郵驛方位考」（初出一九九三。同氏『居延漢簡與漢代社會』中華書局　二〇〇三　所收）、李均明「漢簡所見『行書』文書述略」（初出一九八九。同氏『初

學錄』蘭臺出版社　一九九九　および『簡牘法制論稿』廣西師範大學出版社　二〇一一　所收）など。

（2）以下、本章において文書傳送經路を圖示する場合は、上を北として記す。

（3）漢簡中では「城」と「誠」が通用または混用されており、「誠北」は「城北」、「誠勢北」は「城勢北」とも記される。本文中では「誠」を用いる。また、「橐佗」も「橐他」「橐它」と表記される場合もあるが、本文中では「橐佗」を用いる。

（4）文書傳送の記錄については、永田英正「居延漢簡の集成　一」（同氏注1前掲書所收）一〇三～一〇四頁參照。

（5）この「14」は章末別表の整理番號である。以下、後掲表も含めて本章中で用いる二桁の半角アラビア數字は全て別表の整理番號である。適宜參照されたい。それとは別に本文に引用した簡牘には、「簡2」といった整理番號を附した。

（6）文書傳送狀況の記錄は、永田英正注1前掲書では「郵書遞送の記錄簿」、李均明・劉軍『簡牘文書學』（廣西教育出版社　一九九九）では「郵書刺（過書刺）」「郵書課」、李均明『秦漢簡牘文書分類輯解』（文物出版社　二〇〇九）では「郵書刺」「郵書課」としてそれぞれ集成されている。

（7）事例についての補足説明

20：簡牘に記載された燧名をそのままたどると「收降→□→當曲……臨木→誠勢北」と傳送されたように理解できるが、當曲と收降の間に他の燧が介在する例は他には無い。文書傳送記錄の中には、14のように最後に當該範圍の最初と最後の燧を擧げたあとに「界中……里」と記すものがあるので、この簡でも「當曲卒湯付【收降】卒□執胡□□收降卒□【卅井誠勢北界中……里】定行九時五分中程」のように書かれていたものと考えておきたい。

61：「推木」は「臨木」が王莽期に改稱されたものである。饒宗頤・李均明『新莽簡輯證』（新文豐出版公司　一九九五）一七六～一七七頁參照。

22：「佝」は「當」の省文あるいは誤記。

（8）經路Bに當たる29・30・31・33は表ではいずれも「沙頭—□—不今」となっているが、□は騂馬である。例えば、30の文書傳送狀況の記載「十二月乙卯日入時、卒憲受不今卒恭、夜昏時、沙頭卒忠付騂北卒護」と、35のそれ「二月甲戌夜食、騂馬卒良受沙頭卒同、夜過半時良付不今卒豊」の對比から、30の「卒憲」が騂馬卒であることは疑い無い。35と同じく沙頭と不今の間で文書を傳送している27・28も同様に「沙頭―騂馬―不今」という傳送状況になっている。

(9) □は騂馬の可能性もある。沙頭と界亭の間の□も同じ。

(10) 張掖郡、故匈奴昆邪王地、武帝太初元年開。莽曰設屏。戸二萬四千三百五十二、口八萬八千七百三十一。縣十、觻得。
(『漢書』巻二八下　地理志下)

(11) 馬　馬一匹高六尺
居延都尉府以郵行
橐他隊長　81・8B (A22)
ただし、この簡は習書のようである。

(12) 吉村昌之「居延甲渠塞における部隧の配置について」(『古代文化』五〇―七　一九九八) 一二～一三頁。

(13) 次の簡に「三十井誠勢北燧・縣索關以内」「誠勢燧以南」とあることから、この二燧が隣接していることがわかる。
●匈奴人入三十井誠勢北隊・縣索關以内、擧薫燔薪如故、三十井縣索關・誠勢隊以南、擧薫如故、毋燔薪　E.P.F16:7

(14)

甲渠武賢隧	候史一人	六石具弩二―	蘭々冠各二―
	隧長一人	弩幡二―	絲承弦十―
	卒四人	槀矢百―	枲長弦五―
北到誠北隧四里	凡吏卒六人	寅矢五百五十―	革甲鞮瞀各四―
		服三―	靳干幡各―

99・1 (A8)

(15) 吉村昌之注12前掲論文一三頁。

(16) 圖版では「殄」か「誠」「城」か明確には判斷できない。

(17) 吉村昌之注12前掲論文九頁。

(18) 「行在所」は皇帝の居所を指し、公車司馬は皇帝への上書を掌る官署である。
蔡邕曰、天子自謂所居曰行在所。(『史記』巻一一一　衞將軍驃騎列傳　集解)
漢官儀云、公車司馬掌殿司馬門、夜徼宮中、天下上事及闕下凡所徵召皆總領之。令秩六百石。(『漢書』巻一九上　百官

公卿表上　顔師古注）

(19) 次の二簡の記載に據れば、不侵候長と誠北候長が驛馬を管理していたことになる。誠北候長は誠北燧にいたと考えられるので問題ないが、不侵候長がいたと思われる不侵燧に驛馬が置かれていたことは他に確認できない。恐らく、驛馬は止害燧に配備されており、その止害燧は不侵部所屬の燧である（吉村昌之注12前掲論文一一頁）ために不侵候長に驛馬の管理責任があり、このような記載になったのであって、不侵燧に驛馬が配備されていたわけではないだろう。

●不侵部建武六年四月驛馬課　E.P.F22:640

☐☐　府告居延甲渠鄣候、言主驛馬不侵候長業・城北候長宏　☐　E.P.F22:477A

(20) 以上の亭燧の位置關係については、吉村昌之注12前掲論文一一～一三頁參照。

(21) 次掲の5・18＋255・22から萬世燧が左前部所屬であることが、その左前候長の上申文書である10・34Aが肩水候官遺址（A33）から出土していることから左前部が肩水候官所屬であるとわかる。

元康二年二月庚子朔乙丑、左前萬世隊長
破胡敢言之候官。即日疾心腹、四節不擧　5・18＋255・22（A33）

元康四年六月丁巳朔庚申、左前候長禹敢言之。謹移戍卒貰賣衣財
物爰書名籍一編。敢言之。　10・34A（A33）

(22) エチナ漢簡講讀會「エチナ漢簡選釋」（『中國出土資料研究』一〇　二〇〇六）一四八頁。

(23) 第九燧は第四部所屬、第十燧は第十部所屬である（吉村昌之注12前掲論文八頁）。

(24) 次章末「宛名簡一覽」の026・046・099・107・108・112・124では、第十燧の吏卒が甲渠候官に文書を配達している。

(25) 居延・肩水地域出土の文書傳送記錄で郵による文書傳送を示す例は實は二つ存在する。08と47である。08は傳送文書の宛先を記した部分に「一詣張掖府郵行」とある。勞榦の釋讀以來、一貫して最後の二文字は「郵行」と釋されてきたが、この釋讀には從えない。佐野光一編『木簡字典』（雄山閣出版社　一九八五）および陸錫興編著『漢代簡牘草字編』（上海書畫出版社　一九八九）はともに勞榦の釋讀に從って、08（130・8）のこの字を「郵」字として取るが、そこに竝んでいる他の

「郵」字と比較すれば別字であること一目瞭然である。この文字の形狀は、551・1、264・30A、276・16（二例）の「亭」字に非常に似ている。兩書では551・1などの四文字は「亭」字として採録されているが、『居延漢簡釋文合校』ではいずれも「事」に釋されている。確かに、『木簡字典』『漢代簡牘草字編』の「事」字の所に擧げられた草書體の文字には非常に似ているものがある。08の當該文字が「亭」か「事」かの判斷はつきかねるが、「郵」字でないことだけは疑い無い。

もう一つの47では、文書授受者として「不侵郵卒」「呑遠郵卒」と記されていて、こちらは釋讀に問題はない。ただし、47は收降―不今ルート上の收降亭から呑遠燧までの文書傳送記錄で、同じ區間の傳送記錄は47の他にも四例（04、05、49、56。ただし、49は呑遠の代わりに執胡、56は萬年）確認できる。それ以外の不侵―呑遠の文書傳送記錄は二例（23、48）、さらに、不侵―呑遠以外で不侵または呑遠が見える文書傳送記錄は四例（59、55、63、02）あるが、不侵と呑遠に郵が置かれていたことを示す記載は47の他には確認できない。それ故、47の不侵郵卒と呑遠郵卒の記載は、この簡が郵書傳送の記錄であることに引きずられて書き誤ったものとひとまず考えておきたい。

(26) 次の簡の「家」は觻得縣にあり「官」は肩水候官で、その間の距離が六百里である。

肩水候官竝山隧長、公乘、司馬成、中勞二歲八月十四日、能書會計、治官民、頗知律令、武、年卅二歲、長七尺五寸、
＝觻得成漢里、家去官六百里　13・7（A33）

(27) 南行の10、51、57では八〇里、北行の12と53では九五里とある。南行と北行の距離の不一致について、李均明は、距離計算の起點と終點が文書傳送の向きで異なり、南行は當曲―卅井誠勢北、北行は居延收降亭―臨木間であるためと說明する（李均明注1前揭論文）。ただし、南行の64と北行の66は共に九八里なので、起終點が一定していないようである。

(28) 62に見える「行書」の語は「文書を傳送する」の意味に過ぎないので、これが收降―不今ルートのような長距離の文書傳送ではない可能性も否定はできない。ただし、同じく「行書」と記される次簡は「當曲燧以南盡臨木」とあって明らかに收降―不今ルートでの文書傳送であるので、62も收降―不今ルートのような文書傳送と考えておきたい。なお、當曲から臨木までの間には不侵・呑遠・誠北・臨木の四部で計二十八燧がある（吉村昌之注12前揭論文）ので、この簡の「右部隧十八所」は「右部燧二十八所」の誤記または誤釋の可能性がある。ただし、圖版では文字は確認できない。

□月……當曲隧以南盡臨木、道上行書不省
⍁十六隧卒二百□□　●右部隧十八所、卒六十三人不省
列隧□□及承隧五十八所、所三人、今省所一人、爲五十八人、齋衣裝作、旦詣殄北發鄣、除僵
＝落沙、會八月旦。
99ES17SH1:7

(29) E.P.F22:169～172（第一部第一章所掲96）。

(30) 直三千、大笥一合直千一石、去盧一直六百、輝索二枚直千、皆在業車上。與業倶來還到北部、爲業買肉十斤
直穀一石。到第三置、爲業糴大麥二石。凡爲爲穀三石、錢萬五千六百、皆在業所。恩與業倶來到居延、後恩
E.P.F22:25

(31) E.P.F22:126～132は第四部第三章所掲12、E.P.F22:140～150は別表63、E.P.F22:151は第一部第一章所掲57參照。それ以外の部分は次の通りである。

卅井關守丞匡檄一封、詣府。十一月壬辰言「居延都田嗇夫丁宮・祿福男子　E.P.F22:133
王歆等入關。」檄甲午日入到府。留遲。　E.P.F22:134
●謹推辟驗問臨木候長上官武・隧長　E.P.F22:135
陳陽等、辤「不受卅井關守丞匡言『宮　E.P.F22:136
男子王散等入關』檄、不過界中。　E.P.F22:137
卅井關守丞匡檄一封、詣府。十一月乙未言「男子郭長入關。」檄丁酉食　E.P.F22:138
時到府。留遲。　E.P.F22:139

(32) 冨谷至「通行行政――通行證と關所」（同氏『文書行政の漢帝國　木簡・竹簡の時代』名古屋大學出版會　二〇一〇）三一一頁。

(33) 臨木部管内の文書傳送記錄（15・25）によれば、臨木部の管轄區域は卅井誠勢北燧から受けて誠北燧に渡すまでである。

(34) 甘肅省文物考古研究所・吳礽驤『河西漢塞調査與研究』（文物出版社　二〇〇五）は、T154からT168（橐他莫當燧）までを橐他塞とする（一五八頁）。

(35) この地域の烽燧と長城線の分布については甘肅省文物考古研究所・吳礽驤注34前掲書の附圖2を參照。

（36）甘肅省文物考古研究所・吳礽驤注34前揭書の地圖一四「內蒙古自治區額濟納河流域漢代亭障分布圖」參照。

（37）居延・肩水地域出土簡からは以下の四十五亭が確認できる。三泉亭（3・6）、北亭（502・2）、北高亭（581・2）、南廣漢亭（E.P.T53:105）、却胡亭（438・1）、孟竟亭（235・8A）、守望亭（303・17）、宜穀亭（E.P.F22:60）、居延亭（237・64）、居延代田亭（E.P.T4:5）、居延博望亭（E.P.T68:36）、居延常安亭（E.P.T68:59）、居延彊漢亭（100・22）、居延收降亭（E.P.T59:156）、居延臨道亭（E.P.T52:7）、居延高亭（178・30）、廣地同亭（E.P.T57:17）、廣地破胡亭（103・42）、廣地胡池亭（2000ES9SF3:4D）、廣嫁亭（132・31）、收虜亭（E.P.T59:67）、攻虜亭（E.P.T68:71）、望海亭（E.P.T51:101）、橐佗石南亭（118・5）、次海亭（E.P.T52:42B）、次鄉亭（19・5）、沙頭亭（505・2）、滅寇亭（114・20A）、界亭（505・23A）、石北亭（263・14B）、第八亭（E.P.T68:109）、第十亭（E.P.T13:9）、肩水騂北亭（29・7）、衆騎亭（E.P.C:36）、覆胡亭（E.P.T59:2）、通澤第二亭（148・4）、郭西門亭（258・15）、鄭步亭（E.S.C:12）、鉼庭亭（E.P.T65:382）、駮南亭（75・1）、高望亭（551・1）、高沙亭・箕山亭・陷陳亭（178・7）

（38）次章末尾「宛名簡一覽」の056・198・202も簡17と同様に居延縣から甲渠候官まで「以亭行」で傳送されたものである。

（39）この「封橐一封」は懸泉置周邊の文書傳送に見える「綠緯書」（前章所揭Ｂ2・Ｈ5・Ｈ3）に類するものかもしれない。

別表　居延・肩水地域の文書傳送記録一覧

	發信者→受信者	釋文	簡番號	出土地
01	→張掖太守府 →弘農太守府	⧄　其二封詣張掖大守府　六月戊辰日出八分時臨木卒⧄ ⧄　一封詣弘農大守府	33・11	A8
02	都尉→張掖太守府	六月戊申夜大半三分執胡卒常受不侵卒樂 南書二封皆都尉章●詣張掖大守府●甲校　己酉平旦一分付誠北卒良 正月戊午食時當曲卒湯受居延收降卒褒下餔	49・22+185・3	A8
03	→張掖太守府	⧄詣張掖大守府　臨木卒護付誠勢北隊卒則當曲□□勢北 ⧄時中程	56・37	A8
04		⧄十一月癸亥蚤食不侵卒受王受呑遠卒賜 ⧄日失付當曲卒□下餔八分□收降卒發	56・41	A8
05		三月丁未人定當曲卒樂受收降卒敞夜大半付不侵卒賀鷄 鳴五分付呑遠卒蓋	104・44	A8
06	居延都尉→張掖□□ 居延丞　→廣地候官 居延塞尉→屋蘭	其一封居延都尉章詣張掖□□□　五月戊辰臨桐卒□□□受□□卒明 南書三封　十七S　一封居延丞印詣廣地候官　餔時付卅井卒□ 一封居延塞尉印詣屋蘭	127・25	A8
07	居延都尉→府	居延都尉九年十二月廿七日廿八日起詣府封完 入南書二封　永元十年正月五日蚤食時□狐受孫昌	128・2	A27
08	居延都尉→敦煌 居延都尉→張掖府	皆居延都尉章九月十日癸亥起一詣敦煌一詣張掖府□行 入南書二封　永元元年九月十四日夜半橡受路伯	130・8	A27
09	→□都尉府 →肩水都尉府	⧄□都尉府——中己　十月甲辰日失中時誠北卒⧄ ⧄水都尉府——　韓庭下餔四分付臨木卒⧄	132・27	A8
10		臨木卒戎付誠勢北隧卒則界中八十里書定行九時　留遲一時解何	133・23	A8
11		⧄餔臨木卒□受誠勢北隊⧄	137・17	A8
12	張掖太守→府 牛駿　→張掖大守府牛掾在所	其三封板檄張掖大守章詣府 北書三封合檄板檄各一　合檄牛駿印詣張掖大守府牛掾在所（第一・二段） 九月庚午下餔七分臨木卒副受卅井卒弘鷄鳴時當曲 卒昌付收降卒福界中九十五里定行八時三分□行一時二分　（第三段）	157・14	A8
13	→張掖太守府	其一封詣張掖大守府　□□起六月丁丑　鷄鳴時當曲燧卒趙宣受居延 南書□封　□□□□□□□　收降卒　⧄	161・2	A8
14	居延都尉→張掖太守府	九月辛巳日入誠勢北隊卒□□甲渠臨木隊卒有人自 南書一封居延都尉章　詣張掖大守府　□月卅井南界隊卒□付廣地北界隊卒明北界□□ 誠勢北隊卅八里定行三時●五分□□三十□□□	163・19	A22

15		☑□夜昏時臨木卒□受誠勢北隊卒通武賢 ☑隊以夜食七分時付誠北卒壽□十七里中程	173・1	A8
16	張掖居延都尉→	☑□月郵書二封張掖居延都尉十一月壬子夜食當曲卒同受收降☑	188・21	A8
17	張掖居延都尉→	☑校臨木郵書一封 ☑張掖居延都尉　十一月己未夜半當曲卒同受收降卒嚴下餔臨木卒祿付誠勢北隊卒則	203・2	A8
18	居延丞→橐佗候官	南書一封居延丞印　橐一　詣橐他候官　□戌□下餔五分□☑ 日入二分付臨木☑	214・86A	A8
19		☑己未蚤食當曲隧卒威受收降卒嚴夜少半四分臨木卒☑	224・23+188・3	A8
20	→居延都尉府	五月壬戌下餔臨木卒護受卅井城勢北燧卒則 ☑　詣居延都尉府　癸亥蚤食五分當曲卒湯付□□卒□執胡 □□收降卒□□定行九時五分中程	229・4	A8
21		八月庚戌夜少半臨木卒午受卅井☑ 禺中五分當曲卒同付居延收降卒□☑ ☑五里定行□時□分中程	270・2	A8
22	張掖城司馬→設屏右太尉府 居延丞→右城官 居延丞→京尉候利 居延丞→穀成東阿	二合檄張掖城司馬毋起日詣設屏右大尉府 一封詣右城官 南書五封　一封詣京尉候利 一封詣穀成東阿　（一・二段） 右三封居延丞印八月辛卯起　八月辛丑日餔時騂北受橐佗莫尙 卒單崇付沙頭卒周良　（三・四段）	288・30	A32
23	肩水倉長→都尉府 昭武長→居延 觻得丞→居延 氏池長→居延 居延左尉→居延	其一封肩水倉長印詣都尉府　一封昭武長印詣居延 北書五封　夫人　一封觻得丞印詣居延　一封氏池長印詣居延 一封居延左尉印詣居延　（一・二・三段） 三月庚戌日出七分呑遠卒☑ 五分付不侵卒受王　（四段）	317・1	A8
24	居延都尉→張掖大守府	南書一封居延都尉章　詣張掖大守府　十一月甲子夜大半當曲卒昌受收降卒輔辛丑蚤食一分臨木 卒□付卅井卒弘界中廿八里定行☑□程二時二分	317・27	A8
25		☑賢隊卒辟受城北隊卒捐之臨木隊 ☑□時付卅井誠勢北隊卒尊界中十七里□□	484・34	A8
26	居延都尉→張掖大守府	九月九日　皆詣張掖大守府　九月丙辰夜食時沙頭卒良付□□□ 南書二封居延都尉　同西中二分□□卒同付破虜卒□	495・3A	A35
27	居延都尉→肩水府 →肩水府	一封居延都尉詣肩水府五月甲午起　昏時騂馬卒良受沙頭卒同□□□ ☑□□□□□□詣肩水府　時良付不今卒豐	495・13+495・28	A35

28		⧄□日入時沙頭卒同□□ ⧄時騂馬卒□付不今卒恭	495・21	A35
29	橐佗候→肩水都尉府 橐佗候→昭武	七月四日南書二封封皆橐佗候印一詣肩水都尉府一詣昭武　日出受沙頭卒同付不 今卒同食坐時	502・1A	A35
30	張掖太守→居延都尉府 河東太守→居延都尉 府君　→肩水	其四封皆張掖大守章詔書一封書一封皆十一月丙午起詔書一封十一月甲辰起 十二月三日　一封十一月戊戌起皆詣居延都尉府　十二月乙卯日入時卒憲受不今卒恭 北書七封　二封河東大守章皆詣居延都尉一封十月　夜昏時沙頭卒忠付騂北卒護 甲子起一十月丁卯起一封府君章詣肩水	502・9A+505・22 A	A35
31	→廣地 →橐佗	⧄一封詣廣地一封詣橐他　十二月丁卯夜半盡時卒憲受不今卒 ⧄記二張掾印　恭鷄前鳴時沙頭卒忠付騂北卒護 ⧄封詣	503・1	A35
32	張掖肩候→肩水都尉府	南書一輩一封張掖肩候　●六月廿四日辛酉日蚤食時沙頭亭長　受騂北卒音 詣肩水都尉府　日食時二分沙頭卒宣付騂馬卒同	505・2	A35
33	府→廣地塞廣地	⧄□□□□一封　二月甲子日入時卒憲受不今小史晏 府記一致廣地塞廣地　昏時沙頭卒忠付騂北卒護	505・6	A35
34	→觻得	南書二封　二封章破詣觻得⧄ 付界亭卒同	505・23A	A35
35	居延丞→公車司馬	□□平明里大女子妄上書一封居延丞印　建平五年二月辛未夜漏上水十刻起上公車司馬 居延廷左長昌行直廿　（第一・二段） 二月甲戌夜食騂馬卒良受沙頭卒同夜過半 時良付不今卒豐　（第三段）	506・5	A35
36	潘和尉→肩水都尉府	南書一輩一封潘和尉印　●六月廿三日庚申日食坐五分沙頭亭長受騂北卒音 詣肩水都尉府　日東中六分沙頭亭卒宣付騂馬卒同	506・6	A35
37	→肩水 →居延都尉	二封記詣肩水一封詣居延都尉十二月　下餔時沙頭卒忠付騂北卒朝⧄	506・16	A35
38	都尉　→府 都尉　→□□太守府 甲渠塞尉→會水塞尉 □史候史→官	三封都尉印一詣府一詣□□大守府六月九日責戍屬行謹□在尉所詣□壽掾革 入南書五封　一合渠甲塞尉印詣會水塞尉六月十一日起一□史候史印詣官六月十八日起 十六年六月十七日平旦時橐他隊長萬世受破胡弛刑孫明	552・3+552・4	A27
39	居延左尉→廣地候官	⧄一封居延左尉印廣地候官　五月辛酉食坐時臨木卒范明受□⧄ ⧄○　食坐時付卌井卒賈嚴⧄	E.P.T48:147	A8
40		⧄□大將軍印章詣中郎將驛馬行十二月廿二日起⧄（A） ⧄年隊長育受武彊驛卒良⧄（B）	E.P.T49:11AB	A8

41	居延丞→	入北第二橐一封　居延丞印廿六日寓中…… 弛刑唐陽行	E.P.T49:27	A8
42	居延丞→	入北第一橐書一封　居延丞印十二月廿六日日食一分受武彊驛卒馮斗卽 弛刑張東行	E.P.T49:28	A8
43		▨□分萬年驛卒徐訟行封橐一封詣大將軍合檄一封付武彊驛卒無印	E.P.T49:29	A8
44		▨壬申下餔九分城北甲卒董宗受臨▨	E.P.T49:37	A8
45		正月廿五日參餔時受萬年驛卒徐訟合二封武彊驛佐柃愔	E.P.T49:45A	A8
46		▨八分臨木隧卒僕受誠勢北隧卒 ▨隧卒世去臨木隧十七里當行一時七分 ▨中程	E.P.T50:107	A8
47		正月辛巳鷄後鳴九分不侵郵卒建受呑遠郵 卒福壬午禺中當曲卒光付收降卒馬印 ……	E.P.T51:6	A8
48	居延都尉→張掖大守府	南書一封居延都尉章　詣張掖大守府　三月庚午日出三分呑遠卒賜受不侵卒 受王食時五分誠北卒胸	E.P.T51:14	A8
49	→張掖太守府 →□候官	▨詣張掖大守府　正月甲申鷄後鳴當曲隧卒猪受收降亭卒青 ▨□候官　乙酉平旦五分付不侵卒放食時五分付執胡卒捐	E.P.T51:273	A8
50		▨五月己丑餔時當曲卒駢受▨ ▨夜半臨木卒周付卅井卒元▨ ▨定行六時不及行二時	E.P.T51:351	A8
51	→橐佗候官	▨　正月戊申食時當曲卒王受收降卒敞日入 ▨　詣橐它候官　臨木卒僕付卅井卒得界中八十里定行五時不 及行三時	E.P.T51:357	A8
52		▨□月丁未日中四分時誠北卒□受執胡卒□日下餔 ▨分時付臨木卒楚界中十七里中程	E.P.T51:504	A8
53		▨臨木卒意受誠勢北隧卒欣夜半 ▨付收降卒忠界中九十五里定行	E.P.T51:609	A8
54		▨　受收降卒便 ▨　勢北隧卒政界中 ▨□□四　……時五分	E.P.T51:729	A8
55	□都尉→張掖太守府 □延令→張掖太守府	▨都尉章詣張掖大守府　二月辛丑夜半時誠北卒胸受呑遠卒壽 ▨延令印詣張掖大守府　鷄前鳴七分付臨木卒常	E.P.T52:52	A8
56		建昭四年四月辛巳朔庚戌不侵候長齊敢言之官移府所移郵書課擧曰各推辟部中牒別言會月廿七 ＝日●謹推辟案 過書刺正月乙亥人定七分不侵卒武受萬年卒蓋夜大半三分付當曲卒山鷄鳴五分付居延收降亭卒世	E.P.T52:83	A8

57	↓靡穀守候居延左尉	⧄□□詣靡谷守候居延左尉　正月丁酉夜大半當曲卒輔受收降卒□⧄ 付卅井卒常界中八十里定行七時□□⧄	E. P. T52:215	A8
58		⧄□□□□北卒世受臨木 ⧄…□□卒賜	E. P. T52:294	A8
59		⧄戍鋪時誠北卒世受臨木卒丙下餔 ⧄時付呑遠卒壽	E. P. T52:365	A8
60	↓肩水卒史趙卿 楊齊↓從事趙掾在所	⧄在所一詣肩水卒史趙卿發　四月戊申下餔九分時臨木隧卒沓受卅井卒乾□ ⧄楊齊印詣從事趙掾在所　昏時五分付殄北隊卒楊最	E. P. T52:405	A8
61	↓居延騎千人 ↓□□趙卿治所	其一封詣居延騎千人　五月戊寅下餔推木隊卒勝有受三十井誠 北書二封　一封章破詣□□趙卿治所　勢隊卒樊隆己卯蚤食五分當曲隊 卒蔡崇付居延收隆亭卒尹□□	E. P. T59:156	A8
62		禹今卒龐耐行書夜昏五分付遮虜置吏辛戎	E. P. T65:315	A8
63	卅井縣索關↓居延都尉府	●謹推辟驗問臨木候長上官武隊長張勳 等辤今月十八日乙未食坐五分木中 隊長張勳受卅井誠勢北隊長房岑餔時勳 付城北助隊長王明下餔八分明付呑遠助 隊長董習習留不以時行其昏時習以 ⧄檄寄長長持檄道宿不以時行⧄ 檄月廿日食時到府 呑遠隊去居延百卅里檄當行十三時 定行廿九時二分除界中十三時⧄ 案習典主行檄書不⧄ 時二分不中程已劾	E. P. F22:140～150	A8
64	居延都尉↓大守府	書一封居延都尉章　詣大守府 三月癸卯鷄鳴時當曲卒便受收降卒文甲辰下餔 時臨木卒得付卅井城勢北卒參界中九十八里定行 十時中程	E. P. W:1	A8
65		⧄臨木卒元受⧄ ⧄誠北卒湯　⧄	E. P. W:134	A8
66		⧄正月戊午夜半臨木卒賞受城勢卒勝己未日入當曲卒□ ⧄付收降卒海界中九十八里定行十二時過程二時二分	E. P. C:26	A8
67		入橐他檄一　始建國三年三月甲寅下餔三分第九卒虞憒受第十卒張同	2000ES9SF3:6	T13

68	張掖長史　↓居延都尉 張掖長史　↓居延 張掖太守　↓居延都尉 觻得令　↓肩水候官 觻得令　↓居延 酒泉太守　↓居延都尉 張掖都尉　↓櫜佗 昭武置　↓居延 會水北界郵↓居延都尉	其四封張掖長史三詣居延都尉一詣居延 □封張掖大守章詣居延都尉 二封觻得令印一詣肩水候官一詣居延（第一段） 一封酒泉大守章詣居延都尉 一封張掖都尉章詣櫜佗 一封昭武置丞詣居延（第二段） 一檄會水北界郵印詣居延都尉（第三段） 十月丙寅失中時縣𠬝沙頭卒 付莫當（第四段）	73E. J. T2:23	A32
69	櫜佗候↓肩水都尉府 廣地候↓肩水都尉府	河平三年八月乙卯下（A） 南書四封其三封櫜佗候印詣肩水都尉府一封詣……⧄ 一封廣地候印詣肩水都尉府一詣梁卿 九月庚子……付沙頭（B）	73E. J. T7:27AB	A32
70	皇帝↓使伏虜居延騎千人	皇帝璽書一封賜使伏虜居延騎千人光 制曰騎置馳行傳詣張掖居延使伏虜騎千人光所在毋留留二千石坐之 ●從安定道　元康元年四月丙午日入時界亭驛小史安以來望□行	73E. J. T21:1	A32
71	張掖候　↓肩水都尉府 肩水塞尉↓都尉府	張掖候印詣肩水都尉府 丁卯南書八封　十二月戊子……肩水塞尉其一封詣都尉府莫當卒柱以來 十二月 正月壬辰南書六封其四檄二書莫當以來	73E. J. T21:29	A32
72	居延都尉↓張掖太守府	南書一封居延都尉章詣張掖大守府十月戊子起　十月庚戌夜人定五分騂北𠬝莫當	73E. J. T21:201	A32
73		⧄□鋪時●北卒□⧄ ⧄□□日入時付沙頭⧄ ⧄……⧄（A） ⧄□𠬝……⧄ ⧄……⧄（B）	73E. J. T21:363AB	A32
74	↓肩水□ 昭武長↓	⧄尉四月丙辰起二封金⧄ ⧄詣肩水□一封昭武長印⧄ ⧄頭卒人定三分武付莫當⧄	73E. J. T23:118	A32

75	橐佗候→肩水都□ □禹→肩水都尉府 居延都尉→	南書二封檄一　其一封●佗候印詣肩水都⍁ 一檄□禹印詣肩水都尉府□⍁（A） 其二封居延都尉印……⍁ 南書六封　一封…… 八月庚子日出時□□受莫當⍁（B）	73E.J.T23:157AB	A32
76	居延丞→	十月廿……十月壬戌起　十月己巳平旦騂北卒□□莫當卒同 南書七封　……居延丞印……十月己未起廷　檄一橐佗候印肩水府 □封……	73E.J.T23:292	A32
77	→居延…… →肩水…… 張掖……→	其一封詔書詣居延…… 北書三封　一封詣肩水……　今月壬申騂北卒豐　受□□卒同 一封張掖……閏月壬申起	73E.J.T23:300	A32
78	張掖居城司馬→張掖太守府 張掖居城司馬→肩水都尉府 →肩水候官 →日勒 →魏郡館陶	⍁封張掖居城司馬四封詣張掖大守府一封詣肩水都尉府一封詣□□□□⍁ ⍁一封詣肩水候官一封詣日勒一封詣魏郡館陶閏月戊午卒宗受莫當日蚤⍁	73E.J.T23:496	A32
79	→觻得	⍁□大守府……詣觻得一封刑忠 ⍁府 ⍁昏四分賀受莫當卒昌　夜食賀付沙頭卒放	73E.J.T23:624	A32
80	→肩水府	⍁詣肩水府　八月丙午卒護受莫當卒⍁ ……卒音	73E.J.T23:642	A32
81		⍁賞　時三月丙戌夜過半時受莫當	73E.J.T23:656	A32
82		登受夷胡隧卒同昏時第六隧卒同付府門界中卅里 ……	73E.J.T23:666	A32
83		鄭將軍書二封三月丙申甲夜中過卒應行⍁（A） 史□□一□□□□三十一封甲申□夜過□□⍁（B）	73E.J.T23:740AB	A32
84	萬世燧→府門	出萬世隧函二　其一受入函　四月乙卯日東中時起萬世隧其日下餔五分時第六隧卒同付府門界中 卅五里函行四時五分中程	73E.J.T23:764	A32
85	張掖都尉→居延都尉府 張掖都尉→橐佗候官 張掖都尉→廣地候官	北檄四封皆張掖都尉章 其一封詣居延都尉府一封詣橐他候官一封詣廣地候官一封詣⍁ 正月辛酉日中時騂北亭卒□□□□	73E.J.T23:770	A32

86	張掖太守→居延府 角□塞尉→廣地□ 角□塞尉→肩水 楊成掾□→肩水 都尉→肩水	賈人李大仲　錯 三封張掖太守章詣居延府其二封詔書六月□□辛丑起　七月辛亥東中時永受沙頭吏趙（A） 月六日　二枚角□塞尉詣廣地□肩水　卿八分付莫當 北書七封　一枚楊成掾□詣肩水 一封都尉詣肩水（B）	73E. J. T23:804AB	A32
87	□候→肩水都尉府 張掖肩候→城尉	⧄候印詣肩水都尉府一封張掖肩候印詣城尉⧄ ⧄槖他莫當隧卒仁卽行日未入一干時⧄	73E. J. T23:824	A32
88	張掖□□塞尉→肩水都尉府	南書一封張掖□□塞尉　詣肩水都尉府十一月□□日下餔時騂北亭卒賀受莫當隧 卒賞	73E. J. T23:873	A32
89		府君書三封十一月十二日起府十三日十五日受沙頭	73E. J. T23:895	A32
90	居延令→蘩陽 居延令→內黃 居延令→媼圍 居延令→張掖肩水 □候→昭武 □候→肩水城官 張掖肩候→昭武獄	⧄□居延令印一封詣蘩陽一封詣內黃一封詣媼圍一封張掖肩水 ⧄候印一封詣昭武一封詣肩水城尉官二封張掖肩候一封詣昭武獄一封詣 ⧄亭卒□受槖他莫當隧卒租卽行日食時付沙頭亭卒合	73E. J. T23:933	A32
91	居延令→酒泉會水 居延令→張掖太守府 居延令→氐池 居延甲候→姑臧 張掖廣地候→ □尉府→肩水城尉府 郭全→肩水城官 居延令→昭武	⧄居令延印一封詣酒泉會水一封詣張掖大守府一封詣氐池一封居延甲候詣姑臧二封張掖廣地候 ＝印一封詣 ⧄尉府一封詣肩水城尉府一封郭全私印詣肩水城官檄二居延令印詣昭武 ⧄□□卒高宗受槖他莫隧卒趙人卽行日蚤食時付沙頭亭卒充	73E. J. T23:938	A32
92	→肩水都尉府 居延令→ 居延倉長→張掖太守府	⧄……詣肩水都尉府一封居令延印 ⧄檄一封居延倉長詣張掖大守府 ⧄卒充卽行日蚤食時付沙頭亭卒合	73E. J. T23:1021	A32
93	張掖太守→	…… ⧄張掖太守章卒禁十□ 付莫當卒弘	73E. J. T23:1055	A32

94	張掖都尉→肩水橐佗廣地候 肩水都尉→廣地候官 張掖都尉→居延都尉府 居延左尉→居延廷 張掖都尉→肩水橐佗廣地候督蓬史	其三封張掖都尉章詣肩水橐他廣地候 書四封合檄二單檄四　一封肩水都尉詣廣地候官 合檄一張掖都尉章詣居延都尉府　（第一・二段） ・二月壬申平旦受界亭卒 ・合檄一居延左尉詣居延廷　輔夆食沙頭 檄四張掖都尉章詣肩水橐他廣地候督蓬史　（第三・四段）	73E.J.T24:26	A32
95		⧄七月丁未日食時卒壽王受莫當卒⧄	73E.J.T24:409	A32
96	↓居延都尉 屋蘭尉→廣地 顯美　↓廣地	⧄詣居延都尉　五月己未日食時受 ⧄□詔書四月戊戌丁未起二四月己酉丁未起　同四分時付莫當卒同□行 ⧄封受候史楊卿蒲繩解兌　（A） ⧄□ ⧄屋蘭尉一顯美尉皆詣廣地封皆破 ⧄橐他　（B）	73E.J.T24:416AB	A32

第六章　文書の宛名簡

はじめに

簡牘の發見に伴い、漢代の文書行政の實態が解明されてきたが、その一環として、簡牘文書を作成し送付する手順そのものについても檢討されてきた。內容を記した簡牘をどのように封緘し、どういう方法で送付するのかといった點である。本章では、文書の宛名簡を考察對象として、この問題について考察したい。宛名簡には文書送付先が記載される他に、封泥をつける封泥匣が有るものや、「以亭行」などの傳送方式の記載、發信者の印文と配達日および配達者の記錄の有るものもある。本章ではこれらの有無と送付方法との關連性についても考察する。なお、本文や表などの中に記す三桁のアラビア數字は、本章末の「宛名簡一覽」の整理番號である。適宜參照されたい。

第一節　先行研究の整理と問題點の指摘

（一）宛名簡に關する先行研究

宛名簡および簡牘文書の封緘方法についてこれまでどのように理解されてきたのかを見ておこう[1]。

王國維は漢代の封緘法について、一般には簡牘の上に別に一枚の板（檢）をそえ、檢の封泥匣に縄を通して縛り、

中に封泥を詰め、印を捺して封印する、と説明する。(2)

勞幹は居延漢簡の整理作業を踏まえて、宛名簡には通常の簡の形のものと通常の簡より幅廣で短いものの二種類があって、前者は簡牘文書を封緘するためのもの、後者は複數の簡牘文書を入れる文書袋を封緘するためのものであること、また、宛名簡には封泥匣の有るものと無いものがあるが、封泥匣の有無はその時の便によることを指摘する。(3)

侯燦は、勞幹の分類を不正確として、宛名簡を改めて次の七種類に分けた。①簡上部中央に大きな字で宛先を書き、その下に小さい字で發信者印および受領日時と配達者名を記すもの。簡下端に封泥匣の有るものと無いものがある。②簡上部中央に大きい字で宛名、その右側に小さい字で發信者印、左側に受領日時と配達者名を記すもの。下端に封泥匣がある。③簡上部中央に宛先、その兩側と下側には文字が無いもの。簡下端に封泥匣の有るものも少數ある。④簡上部中央に宛名と「燧次行」「亭行」「郵行」「吏馬馳行」の文字の有るもの。宛名の下や左右に發信者印や受領日時や配達者名を記すものも有る。「吏馬馳行」は緊急・祕密を要することを示すもので、下に封泥匣がある。⑤簡上端に宛名、そのすぐ下に封泥匣の有るもの。封泥匣の下に發信者名や説明がある場合もある。⑥簡に宛名記載が無く、二行で發信者印と受領日時及び配達者名を記すもの。⑦簡上部に宛名、下に「廩名籍」「穀簿」「歳留□」などの記載のあるもの。このうち①～⑤は簡牘文書を封緘するもの、⑥⑦は書嚢を封緘するものであると述べる。(4)

永田英正は、王國維の説を引用した上で、次のように指摘する。單獨の簡牘や册を卷いたものは、その上に宛名簡を重ねて封をする他に、袋に入れる場合もあり、その場合も簡牘文書を封緘する場合と同様に文書袋の口に封泥匣の附いた簡を繩で縛りつけ、封泥匣に粘土を詰めてその上に印章を捺して封印した。また、封緘された文書は單獨で郵送されるほか、同一方向のものは取りまとめて別の大きな袋に入れて遞傳された、と。(5)

李均明は封泥匣附きの封緘用の簡を文書封緘用の文書封檢と物品封緘用の實物封檢に分けた上で、文書封檢について次のように指摘する。宛名簡には通常、宛名のみが記される。書信の場合は、發信者や受信者が記される。「吏馬馳行」「以亭行」などは遞傳方式で、文書の緊急性などによって決定される。發信者と受領時間および配達者の記載は受領者が後で記録したものである。また、李均明は、有匣宛名簡を「封檢」と呼ぶのに對して無匣宛名簡を「函封」と呼んで區別した上で、「函封」は文書受領後に封泥匣が削り取られた有匣宛名簡で、受信記録として保存する際に邪魔になるので封泥匣が削られた可能性が大きい、と述べる。(6)

大庭脩は、文書の宛名簡で封泥匣の上下の壁が切り落とされている例を擧げて李均明の指摘を確認している。また、宛名簡に記された私印の記録を檢討して、私印の印文が記録されたものは官印を持たない候長や士吏などが發信した文書であること、さらに、無匣宛名簡は小型封泥匣簡と組み合わせて使用したという考えを提示している。(7)

冨谷至は、文書冊書は布などに包まれてその上から有匣宛名簡が附けられ封緘されるのが本來の形であることを指摘した上で、宛名簡に封泥匣の有るものと無いものがあることについて新たな見解を提示した。まず、文書傳送の情況を次のように考える。文書が配送される場合には複數の文書がまとめて一つの袋に入れられ、文書傳達を擔當する機關を中繼しながら最終的な到達地まで運ばれる。各文書にはその文書の宛先が書かれた宛名簡（「內檢」）が附けられるが、文書袋にもその文書袋の最終到達點が記された宛名簡（「外檢」）が附けられた。各中繼機關では文書袋を開封して中から必要な文書を取り出し、殘りを次の中繼點に送る、と。その上で、內檢と外檢を宛名簡の形狀や記載內容を基準として次のように分別する。①封泥匣の有るものは內檢、②封泥匣の無いものは外檢、③「以亭行」「以郵行」の記載の有るものは概ね外檢、④「以亭行」「以郵行」の記載が有りかつ封泥匣も有るものは單獨で送られたもの、⑤封泥匣が無く「以亭行」「以郵行」の記載も無いものは候官所轄の部から送られる文書で、所轄內短距離送付用の外檢、⑥宛先のみで個人名が記されるものは內檢、と。(8)

（二）先行研究の問題點

これらの先行研究を整理すると、有匣宛名簡は簡牘文書を封緘するために附けられたという點は共通認識になっており、問題も無い。一方、無匣宛名簡については論者によって見解が異なる。卽ち、勞榦は、有匣宛名簡と無匣宛名簡の使用法は同じで、どちらを使うかはその時の都合によると述べ、封泥匣の有無について特別な意味は無かったと考えている。李均明は、無匣宛名簡は文書受領記録として使用するために有匣宛名簡の封泥匣部分を切り取ったものであるとし、本來、宛名簡は全て封泥匣が有ったと考えているようである。大庭は、李均明が言う所の封泥匣を切り取った事例を擧げる一方で、そう考えるのが妥當ではない事例については文書袋に附けた簡であるという侯燦の說を支持した上で、無匣宛名簡は小型封泥匣簡と一緒に使用したと考えており、冨谷は、無匣宛名簡を文書傳送時に複數の文書をまとめて入れる文書袋の最終的到達地を記した外檢と考えている。

無匣宛名簡の中には、大庭が擧げる例のように封泥匣の上下の壁が削り取られたことが明白な例も確かに存在するが、無匣宛名簡の大部分はそのような痕跡を確認できない。李均明は、切り取られた封泥匣部分の實例を幾つか擧げているが、そのうちの48・15、48・16、48・18、48・19、67・27は封泥匣の上下の壁部分が折れたもの、67・26、112・17、112・18は小型封泥匣簡、127・1は有匣宛名簡の下半分が斷切したものであって、いずれも封泥匣部分を切り取ったものではないことが圖版を見れば明白である。288・16〔131〕や428・4〔148〕は確かに封泥匣の壁部分が切り取られた痕があるが、これも人爲的に切り取られたものではなく、長い年月の間に折れたと考えるべきであろう。また、無匣宛名簡は小型封泥匣簡と一緒に使われたとする大庭の考えも、大庭自身が言うように、小型封泥匣簡の出土數が無匣宛名簡の出土數に比較して少ないという問題がある。

冨谷の內檢・外檢という考え方にも問題がある。內檢・外檢の區別を、封泥匣の有無および「以亭行」「以郵行」といった傳送方式(9)の記載の有無という區分に基づいて整理すると表1のようになる。筆者が既發表の邊境出土漢簡から集成した四七九例の宛名簡（本章末「宛名簡一覽」所掲簡）をこの分別に當てはめてみると、それぞれの事例數は表2のようになる。この二つの表を比較すると、冨谷の考え方には次のような問題點がある。

問題點一　內檢は文書そのものに、外檢は複數の文書を入れた文書袋に附けられるので、當然、外檢より內檢の方が多く使用されていたと思われる。ところが、冨谷分類に據れば內檢は宛名簡全體の七%弱しかないことになる。

問題點二　傳送方式の記載が有るものは、冨谷分類によると②外檢と④單獨で送付された文書の宛名簡である。集成した四七九例の宛名簡のうち傳送方式が記載されているのは六七例あるが、その六七例のうち三七例には印文も記錄されている。この印文記錄は、文書の受領機關が文書受領時に追記した封印の印文で、それは取りも直さず發信者の印であるのだから、印文記錄の有る宛名簡は文書そのものに附けられた內檢と考えられ、冨谷分類と矛盾する。

問題點三　冨谷分類では、封泥匣が無く「以亭行」「以郵行」の記載の無い⑤は候官管轄區域內から候官宛に送付された所轄內短距離文書の外檢とするが、次に擧げるように、⑤に分類されるものでありながら候官管轄區外から發信された文書も存在しており、この說明は成り立たない。

1　居延塞尉
甲渠候官
七月甲戌、第十卒善以來　259・4（A8）〔108〕

2　居延令印⧄
甲渠候官故行⧄

表１　冨谷による內檢・外檢の分別

	封泥匣あり	封泥匣なし
傳送方式記載あり	④單獨で送付されたもの	②外檢
傳送方式記載なし	①內檢 ⑥個人名宛先のみ	⑤所轄內短距離送付用の外檢

表２　宛名簡479例の該當事例數とその割合

	封泥匣あり	封泥匣なし
傳送方式記載あり	３例（0.6％） うち２例は印文あり、１例は印文なし	64例（13.4％） うち35例は印文あり、29例は印文なし
傳送方式記載なし	30例（6.3％） うち⑥個人宛は14例	382例（79.8％） うち12例は個人宛
合計479例	計33例（6.9％）	計446例（93.1％）

※割合は小數第二位を四捨五入した數字で合計が100％にならない場合もある。以下の表も同じ。

□月□□□□□□以來　▨　E.P.T51:144〔214〕

3
居延千人　▨
甲渠候官　▨
六月甲申臨桐　▨　E.P.T51:161〔224〕

4
章曰居延都尉
肩水候官　章
屬當時致　73E.J.T24:130〔468〕

5
居延令印　●奴□□
肩水金關
十月壬寅、官奴李□以來　73E.J.T6:5A〔396〕

6
居延左□印　▨
肩水金關　▨　73E.J.T23:999〔464〕

問題點四　宛名簡の中には、次のように、印文・配達者の記載と封泥匣の有無は同一で、傳送方式記載の有無のみ異なる例が存在する。

7
張掖甲渠塞尉
甲渠官　回
九月癸亥、卒同以來　133・1（A8）〔075〕

8

　張掖甲渠塞尉 ⧄
甲渠官亭次急行 ⧈⧄
十月癸巳、隊長尚以來 ⧄

E.P.T48:118〔180〕

9

　印曰居延都尉印
甲渠候官
　四月丙子、臨桐卒禹以來

E.P.T53:55〔265〕

10

　居延都尉章
甲渠鄣候以亭行
　九月戊戌、三堠隊長得祿以來

E.P.T51:145〔215〕

11

　居延丞印
甲渠候官
　十月壬子、臨桐卒延以來

E.P.T51:169〔228〕

12

　居延丞印
甲溝候官以郵行
　十二月辛巳、門卒同以來

E.P.T14:1〔160〕

13

章曰張掖都尉章 ⧄
肩水候 ⧄
四月丙辰、騂北卒宗以來 ⧄

54・25（A33）〔052〕

14

　張掖都尉章

肩水候以郵行
九月庚午、府卒孫意以來　74・4（A33）〔064〕

冨谷の內檢・外檢說は傳送方式の記載の有無から想起された說であり、傳送方式の記載は外檢と判斷する基準の一つとなっているが、上揭のような傳送方式記載の有無のみが異なる例が存在するということは、傳送方式の記載の有無にはさほど重大な意味が無かったことを示唆するものである。

問題點五　冨谷分類では、個人名の宛先のみ記された⑥について、封泥匣を用いて封印されるのが一般的とした上で內檢とする。ところが、表2及び次例のように、個人宛の宛名簡には封泥匣の有る例と無い例とが存在する。

15　□□□長□張書叩頭奏
　　□□□卿門下　E. P. T50:177〔188〕

16　候義書叩頭奏
　　甲渠候曹君門下　回　E. P. T40:208〔174〕

冨谷分類では封泥匣の有無を內檢・外檢の判斷基準としているので、この基準に從うと15のような個人宛の無匣宛名簡も外檢になるが、個人宛であるからには封泥匣が無かったとしてもその個人に宛てた文書に直接附けられた內檢と考える方が妥當であろう。そうであれば、封泥匣の有無と內檢・外檢とはあまり關係が無いことになろう。ただ、後述するように、個人宛文書と官文書とはその送付方法が異なるので、個人宛文書の事例から考えられることが官文書全體に適應できない可能性も當然ある。

以上、先行研究の問題點を擧げてきたが、これらの問題點は概ね無匣宛名簡についてのもので、その前提には、無匣宛名簡は簡牘文書には直接附けられないという認識があるように思われる。ところが、無匣宛名簡も有匣宛名簡と同じように、封緘用として簡牘文書に附けられ封泥をつけて封印されたことが指摘されている。もしも、無匣宛名簡が有匣宛名簡と同様に簡牘文書の封緘に用いられていたならば、上掲の先行研究は根本的に見直す必要が出てくるだろう。そこで、無匣宛名簡も簡牘文書封緘用に封泥を附けて使用されたという指摘を検證することにしよう。

第二節　無匣宛名簡

簡牘文書の封緘方法については、夙に清の呉式芬・陳介祺が簡牘を縄で縛ってそこに封泥を附けて押印するという封緘方法を指摘し(10)、その後、王國維が『簡牘檢署考』においてより具體的に説明しているが、その中で「刻印齒以容泥、以受璽、以完封閉之用」と述べているように、この段階では有匣宛名簡を用いた封緘しか想定されていない。

無匣宛名簡を用いた文書の封緘は、簡牘研究ではなく封泥研究の側から指摘された。臨淄出土封泥を検討した王獻唐は、封泥には①無匣宛名簡に直接附けたもの、②印齒（凹型封泥匣）に附けたもの、③方槽（箱型封泥匣）に附けたもの三種類が存在することを指摘した(11)。

その後、東京國立博物館所藏封泥を實見した江村治樹は、封泥の型式を王獻唐分類を元に、①箱型封泥匣に用いられたもの（王獻唐の③）、②凹型封泥匣に用いられたもの（王獻唐の②）、③無匣宛名簡に用いられたもの（王獻唐の①）、④特殊な検に用いられたもの、⑤半球狀のもの、⑥籠目狀印痕のあるものの六つに分類している。その上で、それぞれの印文を検討した結果、①は殆どが郡太守のもの、②は殆どが縣令長丞尉のもの、③は縣令丞およびそれより下級の官のものと私印で、特に縣丞の例が多いことも指摘する。さらに、③の背面形状から、一・五㎝前後の幅の狹い無匣宛名簡に押されたものであること、また、細紐またはワラシベのような植物の莖を平らにしたような紐によって縛られたことを指摘する。そして、そのワラシベ様の紐は、睡虎地秦簡・秦律十八種一三一〜一三二に「其縣山之多芔者、以芔纏書、毋芔者以蒲・藺以枲萷之」とある芔・蒲・藺などの類の植物の莖ではないかとし、この類の封泥は文書木簡をこれらの植物の莖で縛った後、直接その上に封印したものである可能性があると指摘する。(12)

また、米田健志も、殆どが江村分類の③に分類される大谷大學圖書館禿庵文庫所藏の中國古封泥を實見し、封泥の裏面には木簡とワラシベ様の平紐の痕跡が残っていることを確認した上で、封泥の側面に細紐を通した穴が残っているものが多數あることを指摘し、そこから、簡牘をワラシベで巻いた後、そこに豫め細紐を通した粘土を貼り付け押印するという手順が想定されると述べている。(13)

上海博物館所藏封泥を整理した孫慰祖は、封泥の裏面に三本の簡牘の痕があるものや、V字型や凵型の簡牘末端の痕のあるものが含まれることから、秦代の封泥には簡牘に直接附けられたものもあったと述べている。(14) 同様に、馬驥も一九九六年に西安北郊相家巷遺址で出土した秦代封泥(15)の裏面に二cm前後の簡牘の痕やV字型に削られた簡牘末端の痕を確認して、これらの封泥が簡牘上に直接附けられたものであることを推測し、その上で、無匣宛名簡および箱型・凹型の二種類の有匣宛名簡を封緘する模擬實驗を行っている。(16)

秦代封泥を見ると、確かにその裏面に細めの簡牘の痕が明確に確認でき、中にはV字型の簡牘末端の痕が附いているものもある（圖1）。里耶秦簡には、封泥匣が無く下端がV字型に削られた宛名簡（圖2）が多く含まれており、秦代ではそのような形の宛名簡が一般的に使用されていたことがわかるが、この宛名簡の下端に直接封泥を附けると、**圖1**のような痕が附く。このことから、秦代は無匣宛名簡に直接封泥を附けて封緘していたことは間違いない。

漢代についても、江村分類の③に當たる封泥が無匣宛名簡に附けられた封泥であるが、これらの形状は圓餅狀であ

圖１－１　「卽墨太守」封泥

圖１－２　「麗山飤官」封泥

圖２　里耶秦簡　8-189

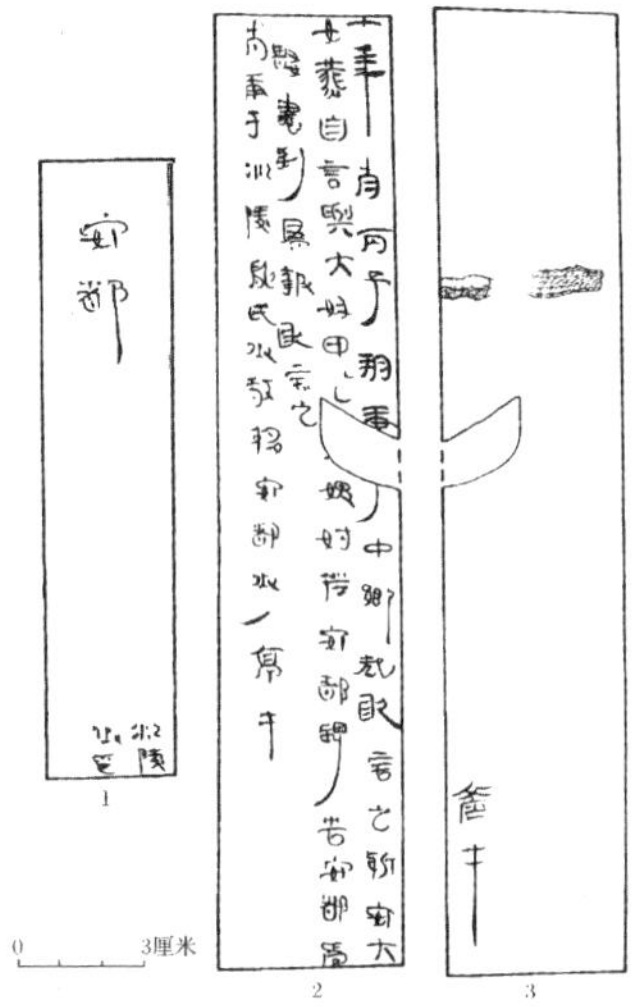

圖４　荊州高臺秦漢墓M18出土木牘

圖３　「騶之左尉」封泥

圖５　「成都市長」封泥

る。封泥匣に附けられた封泥はその四邊もしくは上下二邊が封泥匣の壁によって眞直ぐになるので、圓餅狀の封泥は封泥匣の中に附けられたものではない。③に分類される封泥は裏面が全面平旦になっているものが比較的多いが、中には、圖3のように細い簡牘の痕が確認できるものもある。(17)これは封泥匣を用いずに簡牘に直接附けたものである。

秦代封泥は無匣宛名簡の末端に附けられていたが、漢代も同様に無匣宛名簡の末端に封泥をつけていたことが荊州高臺秦漢墓出土の木牘(18)（圖4）からわかる。木牘は四枚あり、甲（圖4左）が一番上、乙（圖4中央が正面、右が背面）が二番目、丙が三番目、丁が一番下になり、乙と丙の正面を内側に合わせる形で出土した。乙には

17　七年十月丙子朔[庚子]、中鄕起敢言之。新安大
女燕自言、與大奴甲・乙・[大]婢妨、徙安都。謁告安都、受
[名]數。書到、爲報。敢言之。
十月庚子、江陵龍氏丞敬移安都丞。／亭手
荊州高臺秦漢墓M18出土木牘

〔七年十月二十五日、中鄕の起が申し上げます。新安の大女の燕が自ら言うには、大奴の甲と乙、大婢の妨と、安都に移り住みます、と。どうか安都に告げて、戶籍の登錄をしていただきますように。この書が屆いたら、受領報告をお願いします。以上申し上げます。／十月二十五日、江陵龍氏丞の敬が安都丞に通知する。　亭手〕

と記されており、これらは、江陵縣中鄕新安里の大女燕が奴婢を連れて安都に移住することを、中鄕から江陵縣に、さらに江陵縣から安都縣に通知する官文書を模した黃泉文書である。冒頭の「七年」は文帝前七年（前一七三）に比定されている。四枚のうち甲のみ長さ一四・八cmで、他の三枚は二三cm程度で漢代の一尺に當たる。甲のみ他簡より短く、上部には文書の宛先である「安都」が記されているので、これが宛名簡であることは疑い無い。乙と丙の背面には上端から三分の一の邊りと三分の二の邊りに繩の跡があるが、乙と丙を重ねてその上に甲を重ねてその上下端を

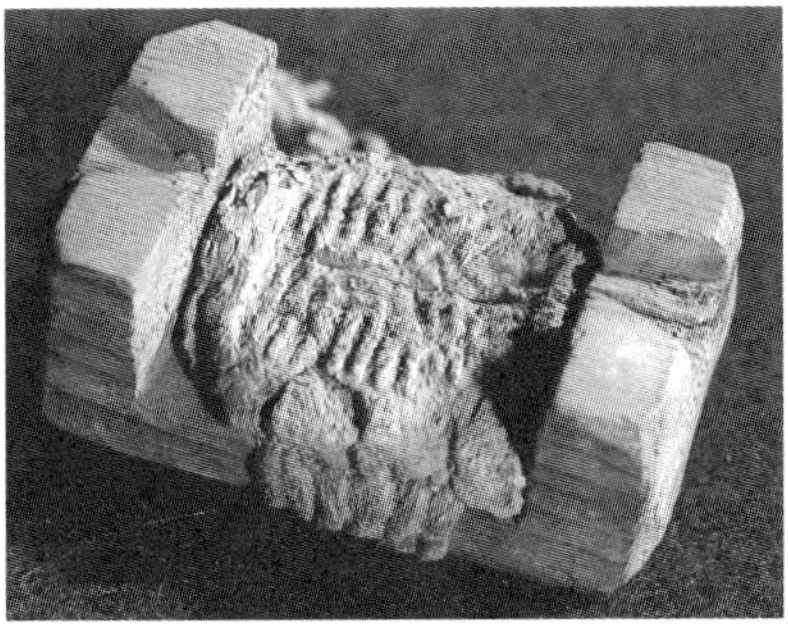
圖６－１　「居延右尉」封泥

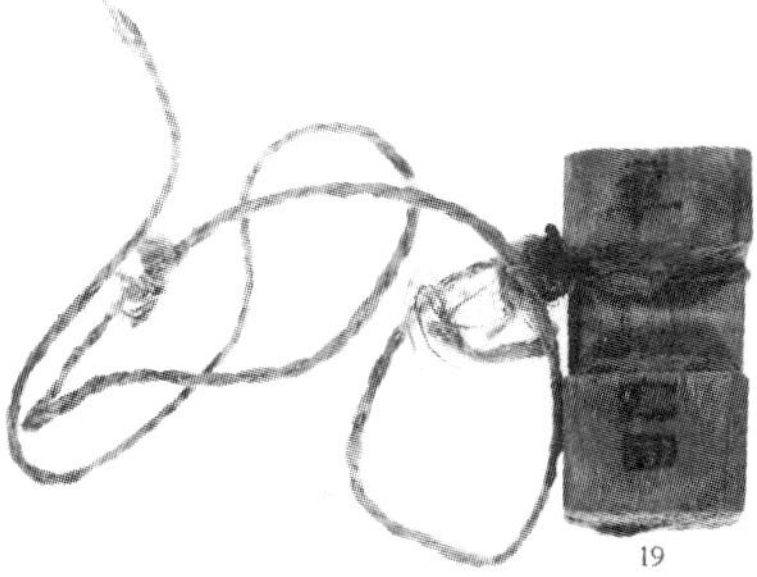
圖６－２　「華定國」小型封泥匣簡

圖７－１　長沙馬王堆一號漢墓 竹笥

圖７－２　同 封泥

縛った位置になる。そして、甲の下端にはこの黄泉文書の發信者の印文「江陵丞印」が印章と同じように二文字ずつ方形に書かれている。この四文字は、實際には封泥を附けてその上に捺される印文を模したものであろう。圖５の「成都市長」封泥は平坦な背面の下端だけが盛り上がっているが、それはこの封泥を簡牘下端に附けたためと思われ、甲下端の「江陵丞印」と同じ封泥の附け方の實例である。

以上の檢討から、秦代および漢代においては、無匣宛名簡に封泥が直接附けられて封緘されていたと考えてよいだろう。大庭は無匣宛名簡は小型封泥匣簡と一緒に用いると考えているが、小型封泥匣簡の例（圖６）では、それに紐が一本結びつけられているだけである。江村分類①②の封泥の裏面には紐の跡が何本も確認できることから、有匣宛名簡は紐を何重にも巻いて文書簡に括りつけられたと考えられる。それに對して、小型封泥匣簡には紐が一本しか結びつけられていないので、文書簡などを封緘するためとは考えにくい。小型封泥匣簡は、馬王堆漢墓の竹笥につけられた封泥匣[19]（圖7）のように證據印などとして物品に結びつけられていたのであろう。

なお、簡牘文書は裸のままでなく布などに包んだ上で宛名簡を附けて封緘したという點について少し附言しておきたい。典籍史料[20]に據る限り、簡牘文書は布で包んで封緘すると考えてよいと思われる。ただ、出土遺物から見た場合は、若干修正が必要である。封泥の裏面の形狀から言えば、秦代は簡牘に直接封泥を附けていること疑い無い。漢代についても、封泥裏面に細い簡牘の痕が附いているものは簡牘に直接封泥を附けたと考えざるを得ないだろう。また、下達文書の記や上行文書の中には、圖8のように簡の中央に封泥を置くための空格と紐を固定するための簡側切り込みを持つものがあるが、その形狀から、これらの單獨で送附される簡は何にも包まれず裸で送達されたと考えられる。[21]

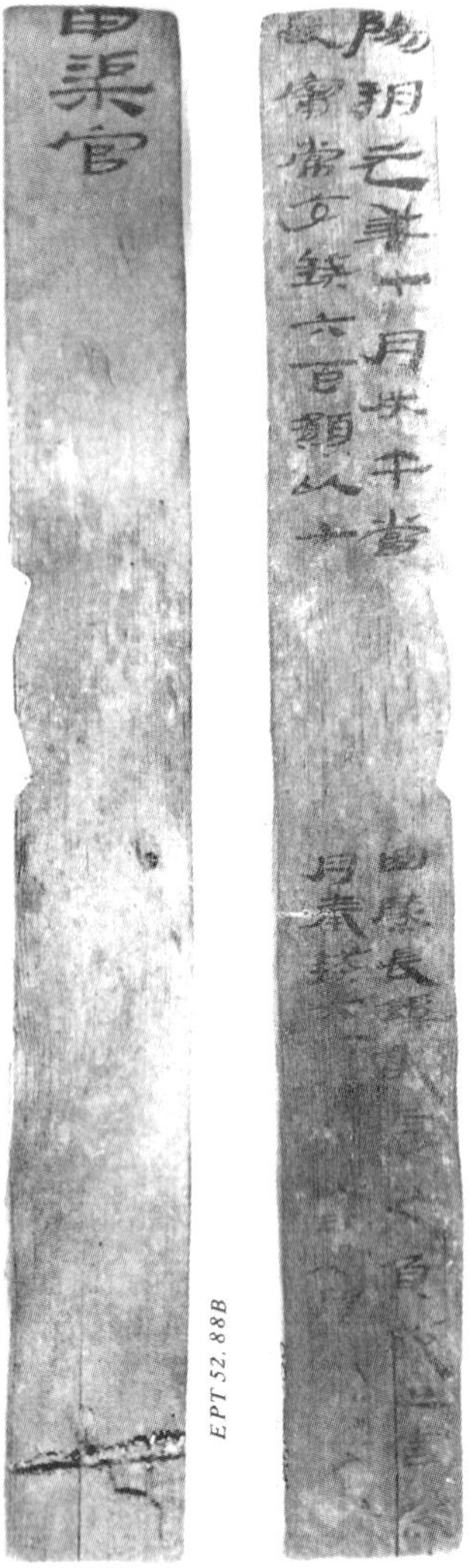

圖8　E. P. T52:88

これに對して、簡牘文書は布で包まれていたとする指摘もある。『敦煌懸泉漢簡釋粋』は、

18　入西皂布緯書一封、大司徒印章、詣府、緯完、賜……従事宋掾書一封、封破、詣府

Ⅱ90DXT0114②:89／釋107

の「緯」は「衣」に通じるとし、「皂布緯書」を黒い布で包んだ文書と解釋している。また、馬怡は、

19　入東軍書一封　皂繒緯完。平望候上
王路四門
始建國二年九月戊子日蚤食時、萬年亭驛騎張同受臨泉亭長陽

Ⅱ90DXT0115①:59A／釋108㋕㋗

を擧げて、「皂繒緯」の「緯」は「囊」の意味である「幃」に通じるとして[22]、この文書は黒色の織物で包まれていたとし、さらに、懸泉置簡のⅠ90DXT0112②:79に[23]「緑緯、綎滿署、皆完、緯兩端各長二尺」とあるのを『文選』李善注・『廣韻』・『通雅』・『酉陽雜俎』の記載を元に解釋し、「緯」には長端があり帯びることができると指摘する[24]。

このように、「緯」を個別の簡牘文書を包む書囊とする解釋もあるが、それには従えない。馬怡の擧げた懸泉置簡Ⅰ90DXT0112②:79には「緯兩端各長二尺」とあったが、次の簡には「緯長丈一尺」と見える。

20　出緑緯書一封、西域都護上、詣行在所公車司馬、以聞。緑緯孤與縕検皆完。緯長丈一尺。元始五年三月丁卯日
入時、遮要馬醫王竟奴鐵柱付縣泉佐馬賞

Ⅱ90DXT0114②:206／釋146㋕

これに據れば「緯」は長さが二・五m程になり、書囊と考えるには長すぎるように思われる。また、「緯」についての記載がある上掲三簡はいずれも「緯」が「完」であると書かれているが、次の簡も同様である。

21　入東軍書一封、敦煌中部都尉臣豐上、詣行在所。綠緯完。居攝二年十月癸亥夕時、縣泉郵人歆受平望郵人鄧
　同、即時遣張歆行。　II 90DXT0114③:7／㋕

「完」は破損が無いというほどの意味であるから、「緯」は破損する可能性のあるものとなろう。確かに、書嚢も破損しないわけではないが、文書傳送記録の中で破損の有無がしばしば記録されているのが封泥であることからすれば、「緯」は封泥と同じくらいの破損可能性を持っているものと考えられよう。

　敦煌出土の文書傳送記録には20の「出綠緯書一封」によく似た「入西蒲書二封」という例がある。

22　入西蒲書二封　其一封、文德大尹章、詣大使五威將莫府
　　　　　　　　　一封、文德長史印、詣大使五威將莫府　始建國元年十月辛未日食時、關嗇夫受□□卒趙彭
　T. XIV. i. 7／敦1893

次の簡は斷簡であるが、同じく文書傳送記録で、そこには「蒲繩解兌」とある。

23　⧄詣居延都尉　五月己未日食時受
　⧄□詔書、四月戊戌丁未起、二、四月己酉丁未起　同四分時付莫當卒同□行
　⧄封受候史楊卿、蒲繩解兌　73E. J. T24:416A

　⧄□
　⧄屋蘭尉、一、顯美尉、皆詣廣地、封皆破
　⧄槀他　73E. J. T24:416B

「兌」は「脱」の省文で、[25]「蒲繩解兌」は蒲で作った繩が解けて外れたという意味であろう。そうすると22の「蒲書」

は蒲で作った縄で縛った文書と考えられる。裏面に「封皆破」と注記されているのは、封泥の破損は發信者の證據が失われることに加えて、封緘による機密保持が不完全になる可能性があるからである。表面に「蒲繩解兌」と注記しているのも封泥の破損と同様の問題が生じるためであるとすれば、この蒲繩は宛名簡の封泥匣部分を通す形で簡牘文書を縛った縄と考えられよう。文書傳送記錄の中には22の「入西蒲書二封」の他に「蒲封書一封」「出東書蒲封一」といった表現も見えるが、(26) そのように表現されるのも「蒲書」が蒲の縄で封緘された文書だからであろう。

「緯」の問題に戻ると、確かに漢簡には「緯」が「幃」に通じる例があるが、「緯」は弩の弦に巻き付けた絲という意味でも用いられているし、(27) 20には「緯長丈一尺」とあることから、「綠緯書」の「緯」は『說文解字』十三篇上「緯、織衡絲也」に従い「よこ絲」と解釋して「綠色の絲で縛られた文書」と理解する方が妥當であろう。そのように解釋すれば「蒲書」と「綠緯書」はどちらも文書を縛った紐の名稱を用いた表記方法として理解できる。

このように、「緯」は書囊ではなく簡牘文書を縛る紐と考えられるので、「緯書」を個別の簡牘文書が布などに包まれた例と見なすことはできない。ただ、幾つかの文書がまとめて袋に入れられて傳送されることはあった。

24　入北第一橐一封　居延丞印、廿六日寓中……　弛刑唐陽行　E.P.T49:27

25　入北第一橐書一封　居延丞印、十二月廿六日日食一分、受武彊驛卒馮斗、卽　弛刑張東行　E.P.T49:28

26　☑□分、萬年驛卒徐訟、行封橐一封、詣大將軍、合檄一封、付武彊驛卒、無印　E.P.T49:29

24〜26は同筆で内容からも一連のものと考えられる。24と25では「第一橐」のように序數が附いているが、第二部第四章第一節のKに擧げた懸泉置出土の文書傳送記錄にも毋窮卒と臨泉卒との間で「第某篋（函）」が雙方向に傳送されている例がある。序數が附いていることや袋や函で運ばれていることから、これらは特定の官署間に設置された定期便の傳送記錄で、ここに見える「第一橐」は、個別の文書を袋に入れて封緘したものではなく、宛先が同一の文書をまとめて入れた文書袋と考える方が良さそうである。

このように、封泥の裏面や單獨簡の形狀及び文書傳送記錄からは、個別の文書が布に包まれた上で封緘されていたとは考えられない。冨谷至の指摘するように(28)、簡牘文書を包裝せず裸のままで封緘するのは略式だったのであろうが、少なくとも邊境地域においては文書は包裝せず裸のまま封緘されていたようである(29)。

第三節　宛名簡の集成と分類

前節の檢討の結果、無匣宛名簡も有匣宛名簡と同じように封緘して宛名を記すために個別の文書に附けられたことが明らかになった。そこで、邊境出土簡に含まれる宛名簡を集成し、封泥匣や傳送方式記載の有無などを基準に分類して分析することで、それらの機能や有無の意味するところを明らかにしよう。

（一）宛名簡の分類

漢簡中には數多くの宛名簡が含まれているが、宛名簡は大きく二種類に分けられる。それぞれ例を擧げよう。

27
　張掖居城司馬
甲渠鄣候以郵行
　九月戊戌隊卒同以來●二事　回╱　E. P. T43:29〔175〕

28
高仁叩頭白記
甲渠候曹君門下　回　E. P. T40:7〔169〕

27は職務上の必要から作成される官文書に附けられる宛名簡、28は個人的な用件で特定の個人に送られる書信の宛名簡である。後者の特徴は文書發信者が「某某叩頭白記」といった形で示され、文書受信者が「某某君門下」といった形で示されることである。この「某某叩頭白記」という表現は書信の書き出しとしてよく見られる。

29
曹宣伏地叩頭白記
董房馮孝卿坐前、萬年毋恙、頃者不相見。於宣身上部屬亭
迹候爲事也。毋可憂者、迫駒執所辱、故不得詣二卿坐前、遣
502・14A＋505・38A＋505・43A（A35）

〔曹宣伏地叩頭して記を董房馮孝卿坐前に申し上げます。ずっと恙なくお過ごしでしょうか。しばらく目にかかっておりません。私は部の亭に配屬され見回りを任務としております。憂慮すべき狀況はありませんが、子馬の世話にかかりきりで、それ故にお二人の元に赴くこともできず〕

官文書では、上行文書であれば「敢言之」、下達および平行文書であれば「告某」「謂某」「移某」といった表現が用いられ、「叩頭白記」という表現は用いられない。それ故、28のように「某白記……門下」という表記になっている宛名簡は個人宛書信と判斷することができる。[30] 28のような形の宛名簡をひとまず書信の宛名簡として分類し、27のよ

うな形の宛名簡を官文書の宛名簡とする。官文書の宛名簡の宛名には「甲渠候官」といった官署名や「甲渠鄣候」といった官職名が多いが、中には「候長李卿治所」（E. P. S4. T2:38〔371〕）や「候長充」（E. P. S4. T2:39〔372〕）のように個人名のものもある。次の例は、このような個人名の宛名が書かれた官文書である。

30　行候長事郅卿治所　㊞　居攝三年五月戊午、第六隧長宣敢言之。［隧］▨　2000ES9SF4:17A
官。請醫診治。敢言之。　2000ES9SF4:17B

〔行候長事郅卿の治所宛。居攝三年五月戊午、第六燧長の宣が申し上げます。燧……官。どうか醫者に診察させてください。以上申し上げます。〕

31　五月丙子、士吏猛對府還受……●有所驗□□□
府五官張掾召第十候史程竝。記到、便道馳、詣府。會丁丑旦、毋得以它爲解。　99ES16ST1:11A
第十候史程竝、行者走　99ES16ST1:11B

〔五月丙子、士吏の猛が都尉府に回答に行って戻り……を受けて……●確認する點があった……府五官の張掾が第十候史程竝を召喚する。この記が届いたら、すぐに馳せて、都尉府に出向け。丁丑の日旦に出頭せよ。他の事を言い譯にすることはできない。／第十候史程竝宛、行者走〕

文書本文の文言や內容からともに書信ではなく官文書であることがわかる。それ故、宛名が個人名になっている場合でも、先の「某某白記……門下」という形でなければ官文書の宛名簡と判斷できる。

宛名簡には、さらに封泥匣の有無、「以亭行」や「以郵行」といった傳送方式の記載の有無[31]、發信者の印文と配達記錄（受領月日および配達者名）の有無[32]といった相違點があり、官文書か書信かの區別も含めて上述の四要素によって分類することができる。そこで、各要素の有無などを數字を用いて次のように表すことにしよう。

①官文書か書信か（官文書＝1／書信＝2）
②封泥匣の有無（なし＝0／あり＝1）
③傳送方式記載の有無（なし＝0／あり＝1）
④印文・配達記録の有無（なし＝0／あり＝1）

以下、各要素の有無などを表す數字をこの順に組み合わせてできる四桁の數字を宛名簡の分類番號として使用する。例えば、1011は、官文書の宛名簡で、封泥匣は無く、傳送方式の記載が有り、印文・配達記録も有ることを、2100は書信の宛名簡で、封泥匣は有るが、傳送方式の記載は無く、印文・配達記録も無いことを示すといった具合である。

（二）集成・分類の結果

邊境出土漢簡に含まれる宛名簡で、圖版[33]で簡の形狀が確認できるものは五五〇例以上あるが、缺損が無いか、缺損していても上記の分類がほぼ確定できるものは四七九例である（本章末「宛名簡一覽」參照）。その四七九例を先の四要素の有無で分類すると表3のようになる。出土地點別[34]に見ると、A8（甲渠候官址）、A32（肩水金關址）、A33（肩水候官址）の三地點で全體の九五％以上を占める[35]ので、この三地點出土簡についても出土地ごとに事例數を記した。

（三）初歩的考察

ここでは、この四七九例について初歩的な考察を加えておきたい。まず、封泥匣、傳送方式の記載、印文・配達記

表 3　分類番號別の事例數およびその割合

分類番號	全體の事例數	割合
1000	265	55.3%
1001	105	21.9%
1010	29	6.1%
1011	35	7.3%
1100	8	1.7%
1101	8	1.7%
1110	1	0.2%
1111	2	0.4%
2000	12	2.5%
2001	0	0.0%
2010	0	0.0%
2011	0	0.0%
2100	14	2.9%
2101	0	0.0%
2110	0	0.0%
2111	0	0.0%
合計	479	

分類番號	A8出土簡の事例數	割合
1000	160	50.2%
1001	82	25.7%
1010	14	4.4%
1011	32	10.0%
1100	6	1.9%
1101	6	1.9%
1110	1	0.3%
1111	2	0.6%
2000	8	2.5%
2001	0	0.0%
2010	0	0.0%
2011	0	0.0%
2100	8	2.5%
2101	0	0.0%
2110	0	0.0%
2111	0	0.0%
合計	319	

分類番號	A33出土簡の事例數	割合
1000	15	48.4%
1001	13	41.9%
1010	0	0.0%
1011	1	3.2%
1100	1	3.2%
1101	0	0.0%
1110	0	0.0%
1111	0	0.0%
2000	0	0.0%
2001	0	0.0%
2010	0	0.0%
2011	0	0.0%
2100	1	3.2%
2101	0	0.0%
2110	0	0.0%
2111	0	0.0%
合計	31	

分類番號	A32出土簡の事例數	割合
1000	78	73.6%
1001	9	8.5%
1010	11	10.4%
1011	0	0.0%
1100	1	0.9%
1101	0	0.0%
1110	0	0.0%
1111	0	0.0%
2000	4	3.8%
2001	0	0.0%
2010	0	0.0%
2011	0	0.0%
2100	3	2.8%
2101	0	0.0%
2110	0	0.0%
2111	0	0.0%
合計	106	

錄の有無についてその事例數と割合とを官文書・書信別に示すと表4のようになる。この結果を見ると、書信の宛名簡は明確な特徴を持つことがわかる。第一に、封泥匣のある割合が五割を超えること、第二に、傳送方式の記載および印文・配達記錄のある例が皆無であること[36]である。これらの特徴は、書信の運ばれ方に起因する。卽ち、書信は官文書の遞傳システムには乘らずに、所用で赴く人物に託けることが一般的であったため、傳送方式の記載や印文・配達記錄が無いのである[37]。封泥匣の有る割合が官文書に比べて遙かに高いこともそのためであると思われる[38]。

官文書・書信別に各項目の有無を比較すると書信の特殊性が明らかになったが、官文書の宛名簡について封泥匣の有無、傳送方式記載の有無、印文・配達記錄の有無から二項目ずつを取り上げてその相關關係を分析すると、單純な有無の割合では見えなかった特徴が見えてくる。

表5を例に見方を説明すると、「合計453例」が官文書の事例總數、その右の「386（85.2%）」は傳送方式記載の無いものの事例數およびその割合、「67（14.8%）」は傳送方

表４　官文書・書信別の封泥匣・傳送方式記載・印文配達記録の有無の割合

文書種類	右項目の有無	封泥匣	傳送方式の記載	印文・配達記録
官文書 全453例	あり	19例（4.2%）	67例（14.8%）	150例（33.1%）
	なし	434例（95.8%）	386例（85.2%）	303例（66.9%）
書信 全26例	あり	14例（53.9%）	０例（０%）	０例（０%）
	なし	12例（46.2%）	26例（100%）	26例（100%）

表５　官文書の事例における封泥匣の有無と傳送方式記載および印文・配達記録の有無との相關關係

	傳送方式記載なし	傳送方式記載あり	印文・配達記録なし	印文・配達記録あり
合計453例	386（85.2%）	67（14.8%）	303（66.9%）	150（33.1%）
封泥匣なし 434例	1000・1001 370（85.3%）	1010・1011 64（14.7%）	1000・1010 294（67.7%）	1001・1011 140（32.3%）
封泥匣あり 19例	1100・1101 16（84.2%）	1110・1111 3（15.8%）	1100・1110 9（47.3% ⬇）	1101・1111 10（52.6% ⬆）

表６　官文書の事例における傳送方式記載の有無と印文・配達記録および封泥匣の有無との相關關係

	印文・配達記録なし	印文・配達記録あり	封泥匣なし	封泥匣あり
合計453例	303（66.9%）	150（33.1）%	434（95.8%）	19（4.2%）
傳送方式記載なし 386例	1000・1100 273（70.7%）	1001・1101 113（29.3%）	1000・1001 370（95.9%）	1100・1101 16（4.2%）
傳送方式記載あり 67例	1010・1110 30（44.8% ⬇）	1011・1111 37（55.2% ⬆）	1010・1011 64（95.5%）	1110・1111 3（4.5%）

表７　官文書の事例における印文・配達記録の有無と封泥匣および傳送方式記載の有無との相關關係

	封泥匣なし	封泥匣あり	傳送方式記載なし	傳送方式記載あり
合計453例	434（95.8%）	19（4.2%）	386（85.2%）	67（14.8%）
印文・配達記録なし 303例	1000・1010 294（97.0%）	1100・1110 9（3.0%）	1000・1100 273（90.1%↑）	1010・1110 30（9.9%↓）
印文・配達記録あり 150例	1001・1011 140（93.3%）	1101・1111 10（6.7%）	1001・1101 113（75.3% ⬇）	1011・1111 37（24.7% ⬆）

式記載の有るものの事例數およびその割合、その下の「封泥匣なし」段の上側の「1000・1001」は封泥匣なし且つ傳送方式記載なしに該當する分類番號、「1010・1011」は封泥匣なし且つ傳送方式記載有りに該當する分類番號、下側の「370（85.3%）」は封泥匣なし且つ傳送方式記載なしの事例數およびその割合、「64（14.7%）」は封泥匣なし且つ傳送方式記載有りの事例數およびその割合を示す。

表中の矢印は、當該項目の割合が全四五三例に對する割合に對して大きな增減があった場合を示しており、概ね一〇ポイント以上增減があった場合は太い矢印、五ポイント以上の場合は細い矢印を附した。表5の封泥匣有りの場合における印文・配達記錄の有無と、表6の傳送方式記載有りの場合における印文・配達記錄の有無、表7の傳送方式記載の有無と印文・配達記錄の有無との相關關係が比較的强いことになろう。ただし、封泥匣有りの事例數は一九例と少ないため、わずかな事例數の變化が大きな割合の變化となって現れた可能性もある。封泥匣については、先述のように、官文書と書信とで有無の割合が大きく違っていたので、まず、封泥匣について考察を加えた後で、傳送方式の記載の有無と印文・配達記錄の有無との相關關係について檢討することにしよう。

第四節　封泥匣の機能と有匣宛名簡の使用者

先述のように、分類が確定できる宛名簡四七九例で封泥匣のある例は三三例だけでその割合は七%に届かない。その一方で、書信に限れば全二六例の半數を超える一四例に封泥匣がある。書信を他人に託けて受信者に届けてもらうという送付の情況を踏まえるならば、書信において封泥匣のある割合が官文書に比して極端に高くなるのは、途中での勝手な開封を防止するための措置であったことが容易に推測される。封泥匣は宛名簡だけでなく附札としても用いられた。漢簡中には、戍邊就役のため內地から邊境地帯までやってきた戍卒の衣類袋や、內地から邊境地帯に送られてきた賦錢袋につけられた附札が幾つも見えるが、そのほとんど全てに封泥匣がついている(39)。殆ど全てに封泥匣附きの附札を用いているのは、途中で勝手に開封して中身を盜み取ることを防止するためだったこと疑い無い。

宛名簡四七九例の中には、記載事項とその筆跡が全く同じで、ただ封泥匣の有無のみ異なる二枚が存在する。

32
甲渠官　王彭印
　　　四月乙丑、卒同以來　回　133・4A（A8）
孜驗六故故六十　五錢移六升□□　133・4B（A8）〔077〕

33
甲渠官　王彭印
　　　四月乙丑、卒同以來　133・5（A8）〔078〕

封泥匣のある32には裏面に錢に關する記載があることから、この宛名簡は錢袋につけられたものと考えられる。先述の錢袋の附札と同じように、勝手な開封を防ぐために有匣宛名簡を用いたのであろう。32と33は宛名の筆跡と發信者が同じである上に、配達日附けと配達者が同じのみならず印文・配達記錄の筆跡も同じであることから、この二簡は一緒に作成され一緒に發送され、一緒に甲渠候官に屆けられたと考えられる。恐らく、33は32で封緘した錢袋の送付について詳細を記した文書の宛名簡で、兩者は一緒に送付されたのであろう(40)。

書信や32の例からは、送付途中の勝手な開封を防止する必要がある場合に有匣宛名簡が用いられたと考えられるが、有匣宛名簡を使うか無匣宛名簡を使うかは文書發信者の官位にも關係するようである。先述の江村治樹の封泥調査(41)によると、箱式封泥匣に用いられた封泥はほとんどが郡太守のもの、凹式封泥匣に用いられた封泥はほとんどが縣令長丞尉のもの、無匣宛名簡に用いられた封泥は縣令丞（特に丞が多い）とそれより下級の吏のものおよび私印で封印されたものであった。つまり、發信者の官位が上がるにつれて、無匣宛名簡、凹式封泥匣を持つ有匣宛名簡、箱式封泥匣の有匣宛名簡を用いる傾向が見られるのである。漢簡中には、「檢材」すなわち封泥匣を作るための木材を運搬したと思しき記録(42)がある一方で、燧へ配給される書寫材料は兩行・札・檄・縄だけで「檢」は見えない。(43)「檢材」が搬入されていることは間違いないので、燧への配給が無いとすれば、この「檢材」は候官で使用されたということになろう。先の江村の調査結果を踏まえると、候官所屬の長吏（鄣候と塞尉）の使用に主に供されたと推測される。

結局のところ、有匣宛名簡は發信者の官位が高い場合や、途中での開封防止措置が必要な場合に用いられるというだけのことであって、有匣宛名簡を用いた場合と無匣宛名簡を用いた場合とで、文書傳送において何らかの取り扱いの區別があったとは考えにくい。

第五節　發信者と傳送方式の記載

先述のように、表6・表7から傳送方式記載の有無と印文・配達記録の有無との相關關係が比較的強いことがわかった。本節ではこの相關關係について検討する。まず、印文について考察を加えよう。

（一）印文の記錄

表4に見えるように、宛名簡全四七九例中、印文の記錄があるのは官文書の一五〇例である。この一五〇例につい

て、官印・私印の事例数およびその割合を分類番號別に整理したのが表8である。印文が官印か私印か判明するのは全部で九八例、そのうち官印は三三例で九八例の三三・七％、私印は六五例で六六・三％を占める。そこで、官印・私印に分けて考察しよう。

（二）官印の發信者

表9は、官印の印文記録がある三三例のうち發信者不明の145を除く三二例について、發信者の所屬官署と宛先を一覧にしたものである。

表9を見ると、甲渠候官宛の甲渠塞尉發信分（075、180、357）以外は全て宛先となっている候官以外の官署から發信された文書である(44)。その甲渠塞尉であるが、甲渠鄣候の代行で文書を發信している例(45)があることから、普段は甲渠候官に勤務していたようであるが、表9で甲渠塞尉の印文が記されている宛名簡三例のうち075は「卒同」が、180は「燧長尙」が甲渠候官に配達しているので、甲渠候官外から發信されたと考えざるを得ない。塞尉は自身の所屬候官とは別の候官の鄣候を守する場合がしばしばあった。

34　元始六年四月己未朔己未、張掖居延卅井守候殄北塞尉駿移過所・河津關。遣尉史　73E.J.T24:68
〔元始六年四月一日、張掖居延卅井守候の殄北塞尉の駿が通過地・河津關に通知する。尉史……を派遣して〕

35　元始四年五月庚午朔丁丑、肩水守候橐他塞尉業敢☐　73E.J.T23:278
〔元始四年五月八日、肩水守候の橐他塞尉の業が〕

表８　分類番號別　官印・私印事例數およびその割合

分類番號	事例數	官印	私印	不明
1001	105	13（12.4%）	56（53.3%）	36（34.2%）
1011	35	16（45.7%）	5（14.3%）	14（40.0%）
1101	8	2（25.0%）	4（50.0%）	2（25.0%）
1111	2	2（100.0%）	0（0.0%）	0（0.0%）
合計	150	33（22.0%）	65（43.3%）	52（34.7%）

表９　官印の印文のある宛名簡の發信者・宛先一覽

發信者の所屬＼宛先	甲渠候官	肩水候官・肩水金關
居延都尉府	215「居延都尉」→甲渠候官：亭	468「居延都尉」→肩水候官
	265「居延都尉」→甲渠候官	
	360「居延都尉」→甲渠候官：亭	
	185「居□都尉□□」→甲渠候官：郵	
	175「張掖居城司馬」→甲渠候官：郵　回	
	224「居延千人」→甲渠候官	
	210「居延倉長」→甲渠候官：亭	
	195「居延農令」→甲渠候官：亭	
	056「□延水丞」→甲渠候官：亭	
	249「居延□□□」→甲渠候官：亭	
居延縣	053「居延令」→甲渠候官：回	396「居延令」→肩水金關
	198「居延令」→甲渠候官：亭	
	214「居延令」→甲渠候官	
	364「⧄延令」→甲渠候官：□	
	125「居延丞」→甲渠候官：亭	
	160「居延丞」→甲溝候官：郵	
	228「居延丞」→甲渠候官	
	202「居延左尉」→甲渠候官：亭	464「居延左□」→肩水金關
居延候官	108「居延塞尉」→甲渠候官	
甲渠候官	075「張掖甲渠塞尉」→甲渠候官：回	
	180「張掖甲渠塞尉」→甲渠候官：亭　回	
	357「張掖甲渠塞尉」→甲渠候官：亭	
肩水都尉府・肩水候官	213「張肩塞尉」→甲渠候官：郵	016「張掖肩水司馬」→肩水候官
張掖都尉府		052「張掖都尉」→肩水候官
		064「張掖都尉」→肩水候官：郵
		420「張延水丞」→肩水金關
その他		427「觻得丞」→肩水金關
		154「氐池右尉」→肩水金關

發信者の所屬は印文の官職名を元に定めた。三桁の番號は宛名簡の整理番號、「　」内は印文、矢印の右側は宛先、「：」の右側の「亭」「郵」「□」はその宛名簡に傳送方式の記載があることを示し、「亭」は亭行方式、「郵」は郵行方式、「□」は傳送方式不明である。「回」は封泥匣があることを示す。

36　▨朔壬子、肩水守候橐他塞尉擧敢言之。謹移穀　　536・5A（A33）
▨言之

〔壬子、肩水守候の橐佗塞尉の擧が申し上げます。謹んで穀……を送り〕

このように塞尉が鄣候を守す場合、自分の本官である塞尉の印で文書を封印して發信する場合もあった。

37　元延元年十月甲午朔戊午、橐佗守候護移肩水城官。吏自言、責嗇夫犖晏如牒。書到
驗問收責報。如律令。　　506・9A（A35）
水肩塞尉印　　卽日嗇夫□發
十月壬戌、卒周平以來　尉前　佐相　　506・9B（A35）

〔元延元年十月二十五日、橐佗守候の護が肩水城官に通知する。吏が自ら言うには、嗇夫犖晏に返済を求めること添附簡の通り。この書が届いたら、尋問して債權を回收し報告せよ。律令の如くせよ。〕

發信者の肩書きに「橐佗守候」とあり、裏面に「水肩（肩水）塞尉印」とあって、發信者と封印印文が一致していないのが奇妙に見えるが、34などの例を踏まえると、この文書の發信者である護はこの時橐佗鄣候を守していて、この文書を發信する際に本官の肩水塞尉の印で封印したと理解できよう。このように塞尉が別の候官の鄣候を守する場合があることからすれば、表9の甲渠塞尉發信の三例も、別の候官の鄣候を守していた甲渠塞尉が發信した文書と考えられる。そうであるならば、表9の例は全て文書宛先となっている候官以外の官署から發信されたことになる。

（三）私印の發信者

表8で宛名簡に私印の印文記錄があるのは六五例で、印文が全部または一部不明のもの一一例（005、021、040、087、089、099、123、124、156、191、193）を除く五四例の姓名が判明し、重複を除くと四六名になる。そこで、この四六名について、その印文と同じ名前を含む簡牘を探し、そこに記された官職名を擧げたのが表10である。

同様の作業は既に大庭脩が行っており(46)、ここでは既に大庭の取り上げた私印の人物も檢討している。表10の「根據となる簡牘」欄で簡番號に＊がついているものは、大庭が擧げたものである。姓名が判明する四六名のうち官職名(47)が判明する者は一七名で、「▼」を附した二名を除く一五名が宛名簡の宛先となっている候官に所屬する吏である。大庭は、私印で發信された文書は官印を持たない候長・士吏・候史・燧長の發信した文書で、中でも候長・士吏が多いことを指摘しているが、その指摘の妥當性が確認できる。

（四）傳送方式と發信者の所屬

先述のように、傳送方式記載の有無と印文・配達記錄の有無との相關關係が比較的強く、また、印文についての分析から、官印で封緘された文書は宛先とは別の官署に所屬する吏が發信したもの、私印の文書は概ね宛先の官署（候官）に所屬する吏が發信したものであった。そこで、本項では傳送方法と官印・私印との關連性について檢討しよう。表8で示したように、宛名簡に印文記錄の有る九八例中、官印は三三例、私印は六五例であった。これを傳送方法の有無を基準に整理し直すと表11のようになる。

表11を見ると、傳送方式記載有りの場合は官印が約八割、記載無しの場合は私印が約八割を占めており、傳送方式

表10　私印發信者の官職

印文	整理番號	宛先・傳送方式記載	官職	根據となる簡牘
高弘	001	甲渠候官		
楊音	003	甲渠候官		
朱千秋	004	肩水候官	肩水破胡隧長	387・4
闞邃	008	肩水候官		
莊賚	014	肩水候官		
王充	028	甲渠候官	萬歲候長	E. P. T51:218A、(158・2＊)
陳德昌	037	甲渠候官		
李贊	042	甲渠候官		
李充	045・106	甲渠候官	城北候長	61・15＊、(E. P. T59:512)
韓猛	049	甲渠候官		
張竝	054	甲渠候官	▼卅井令史	73E. J. T10:156
李忠	055	甲渠候官	第廿三隧長 城北候史	30・5、E. P. T50:156、 E. P. T51:303 E. P. T59:106
辛闞	065	肩水金關		
張宗	072	甲渠候官	第十七候史 □隧長	E. P. T43:5、 (71・18)
楊放	076	甲渠候官「以亭行」		
王彭	077・078	甲渠候官		
李豐	105	甲渠候官		
趙千	109	甲渠候官		
秦忠	112・114	甲渠候官	第十候長	262・31
楊褒	115・240・344	甲渠候官	第十候長	18・13＊、(E. P. T59:548A)
張猛	142	肩水候官		
符普	144	卅井候官「以亭行」		
司馬成	149	卅井候官	▼肩水候官竝山隧長	13・7
牛慶	152	肩水候官	□賞隧長	560・4
師就	159	甲渠候官		
周并	163	甲渠候官「以亭行」		
何建	165	甲渠候官	萬歲候長	E. P. F22:249
格譚	166	甲渠候官		
馮方	182	甲渠候官		
侯賢	183	甲渠候官		
東門輔	184・203・247	甲渠候官	誠北候長	259・1＊
薛章	201	甲渠候官		
李奉	209・241	甲渠候官	鉼庭士吏	E. P. T51:319、(84・14＊)
單充	222	甲渠候官		
王建國	225	甲渠候官	第廿三候長	214・77
孫猛	227	甲渠候官	第四候史 (甲渠) 士吏	104・38＊ 185・22＊
牟政	233	甲渠候官		
孫根	250	甲渠候官	甲渠士吏	157・11、E. P. T52:204
紀音	252	甲渠候官	□長（候長または隧長）	(E. P. T50:94)
董至	253	甲渠候官「以亭行」		
孫商	259	甲渠候官		

印文	整理番號	宛先・傳送方式記載	官職	根據となる簡牘
李鳳	323	甲渠候官		
趙安漢	327	甲渠候官		
徐尊	345	甲渠候官		
肅宣	354	甲渠候官		
枚陽	462	肩水金關		

の記載有りと官印、記載無しと私印の關連性が大きいことがわかる。候官址（A8・A33）出土簡に限るとさらに兩方とも割合が八割五分にまで上昇する。官印で封緘された文書は宛先の候官管轄區外からの發信、私印の文書は管轄區内からの發信と考えられるので、この割合から、文書宛先となっている官署の管轄區外から發信された文書には傳送方式が記載される場合が多く、文書宛先となっている官署の管轄區内からの文書には傳送方式が記載されることが少ないということがわかる。この點を甲渠候官宛の文書傳送の具體的情況から考えてみよう。

甲渠候官管轄區内から甲渠候官に文書を送る場合、發信者自身が候官に持參する場合もあった。

38　霍辟兵印
　十一月丙寅、隊長辟兵以來　　E.P.T51:226

これは霍薛兵が發信した文書の配達記錄であるが、文書持參者の「隊長辟兵」は文書發信者である霍薛兵本人であろう。他にも、候長が同じ燧に勤務する燧長に文書を運ばせている例がある。

39　秦忠□
甲渠官
　六月甲子、第十隧長勳☐　　262・30（A8）〔112〕

秦忠が發信した文書を第十燧長勳が候官まで運んでいるが、この秦忠は第十候長であったと思われる(48)。候長は部名と同じ名稱の燧に常駐しているので(49)、第十候長と第十燧長はともに第十燧に勤務しており、候長が自分と同じ燧に勤務する燧長に文書を持って行かせたのであろう。

表11　傳送方式記載の有無と官印・私印の事例數および割合（括弧内はA8・A33出土簡のみでの集計）

傳送方法の記載	印文の判明する事例數	官私の別	事例數	割合
あり（分類番號1011・1111）	23（20）	官印	18（17）	78.3（85.0）%
		私印	5（3）	21.7（15.0）%
なし（分類番號1001・1101）	75（65）	官印	15（9）	20.0（13.8）%
		私印	60（56）	80.0（86.2）%

また、亭行方式の文書傳送體制を利用する場合もあった。次の簡では、誠北候長の東門輔と第十候長の秦忠の發信した文書を第七卒と第八卒が甲渠候官へ届けている。

40
甲渠官　東門輔
　　閏月乙亥、第七卒以來
　誠北部迹簿　E.P.T51:129〔203〕

41
秦忠
甲渠官
八月庚申、第八卒　264・22（A8）〔114〕

ここで甲渠候官に文書を届けている第七卒と第八卒は、次例では亭行方式での文書傳送を擔當している。

42
　居延倉長
甲渠候官以亭行
九月辛未、第七卒欣以來　E.P.T51:140〔210〕

43
〼
甲渠候官以亭行
　正月丁酉、第八隊卒年以來　E.P.T51:135〔208〕

亭行方式の文書傳送を擔う燧の卒が届けていることから、40・41は誠北燧と第十燧から亭行方式の文書傳送を擔當する亭燧までまず運ばれて、そこから亭行方式の文書傳送に便乘して甲渠候官に届けられたのであろう。

このように、甲渠候官管轄區内から甲渠候官に文書を送付する場合は、候官に直接届けたり、亭行方式の文書傳送に便乘する形で届けられている。それ故、宛名簡に文書傳送方式を明記する必要など無かったのだろう。

では、甲渠候官管轄區外、例えば、居延都尉府や居延縣から甲渠候官に文書を届ける場合はどうであろうか。前章で檢討したように、甲渠候官管轄區内には、郵行方式である驛馬行ルート、縣次方式である收降―不今ルート、居延デルタ地域内の官署を結ぶ亭行方式のルートの三方式の文書傳送經路が存在した。そのうち收降―不今ルートは居延都尉府と張掖太守府を結ぶ長距離文書傳送ルートであるため、居延デルタ地域内に位置する居延都尉府や居延縣から發信される甲渠候官宛て文書は、驛馬行ルートか亭行方式のルートによって傳送される。ただし、驛馬行ルートは甲渠候官まで繋がっていないため、途中から亭行方式のルートに乘り換えて甲渠候官まで届けられたのであろう。驛馬行ルートによって傳送される文書以外は、最初から亭行方式の甲渠ルートで傳送されたと思われる。

このように、甲渠候官管轄區内から發信される文書は傳送方式の記載が必要ではなく、一方、候官管轄區外からの文書は、郵行方式または亭行方式で傳送されたと考えられる。文書宛先となっている官署の管轄區外から發信された文書には傳送方式が記載される場合が多く、文書宛先となっている官署の管轄區内からの文書には傳送方式が記載されることが少ないのは、このような文書傳送狀況が背景にあったからであろう。ただ、この傾向に合致しない例外も存在するので、それについて考えておきたい。

その例外とは、①官印で發信されたもので傳送方式の記載がないもの、②私印で傳送方式の記載の有るものである。①の官印は甲渠候官管轄區外から發信されたことを示すので、傳送方式の記載が書かれるべきであるし、②の私印は甲渠候官管轄區内の發信であることを示すので、傳送方式の記載は不要に思われる。この點はどのように考えられるのだろうか。①のうち居延デルタ地域内から甲渠候官に送られる文書は郵行方式か亭行方式で傳送されるが、郵行方式で傳送される文書は限られていたので、(50)「以郵行」の指示がない場合は亭行方式によって傳送されることになる。それ故、「以亭行」を明記しなくても問題無かったのであろう。居延デルタ地域外から發信された文書は、「以郵行」の指示が無ければまず縣次方式の收降――不今ルートで甲渠候官の最寄りの結節點まで運ばれた後、亭行方式によって甲渠候官まで屆けられ、「以郵行」の指示がある場合は收降――不今ルートに重なる部分を驛馬行ルートで運んだのであろう。

②の例は五例（076、144、163、193、253）ある。先に、私印は官印を持たない吏による文書發信と述べたが、漢代の官印保持者は二百石以上の者なので、(51)候官所屬の吏で官印を持っているのは比六百石の鄣候と二百石の塞尉のみで、(52)それ以外は官印を持っていない。それ故、私印で文書を封印した人物は鄣候・塞尉以外の吏ということになるが、實は、官印を持っている吏が私印によって文書を發信する場合もあったし、官印を持っていない燧長などが鄣候の業務を代行して文書を發信する際には私印で封印している。(53)この五例もそのような事例なのであろう。表10に示したように、(54)五例のうち144以外は全て甲渠候官宛の宛名簡であるにも拘わらず、發信者の名前が他には見えない。このことからも、これらの發信者が甲渠候官所屬の吏ではない可能性は高いだろう。

以上、例外について検討したが、先の傾向を否定するものではない。

おわりに

以上、五節に亙って宛名簡について検討してきた。そこでの考察結果を簡潔に整理すると次の通りである。
・無匣宛名簡も有匣宛名簡と同様に文書の封緘に用いられた。無匣宛名簡には封泥が直接つけられ封緘された。
・宛名簡には封泥匣の無いもの、凹型封泥匣の有るもの、箱型封泥匣の有るものの三種類があるが、これらは發信者の官位や開封防止措置の要不要で使い分けられていたにすぎず、文書の傳送方式などと關係があるわけではない。
・候官管轄區内から發信される文書は直接または亭行方式のルートに便乘して候官に屆けられるので、「以郵行」「以亭行」などの傳送方式の記載は不要であった。
・候官管轄區外から發信される文書の場合、「以郵行」と明記される場合以外は縣次方式及び亭行方式で傳送された。それ故、郵によって傳送される文書以外は傳送方式の記載が不可缺ではなかった。

これまで、傳送方式記載の有無と印文・配達記錄の有無との相關關係が比較的強いといいながら、配達記錄の有無については取り上げてこなかったが、次のように説明されよう。卽ち、候官管轄區外から發信された文書は、E.P.F 22:126~151に見えるように、[55]文書傳送の遲れを責問される可能性があった。それ故、傳送方式の記載が有るものには印文・配達記錄が記される場合が多く、一方、傳送方式の記載が無いものは候官管轄區内から發送されたもので、それらは文書傳送の遲れを問われることが殆ど無かったため、印文・配達記錄が記載されることもあまり無かったのである、と。

注

（1）以下、李均明までの說は大庭脩「『檢』の再檢討」（同氏『漢簡研究』同朋舍出版　一九九二）で既に整理されている。
（2）王國維「簡牘檢署考」（『雲窗叢刊』一九一四、胡平生・馬月華校注『簡牘檢署考校注』上海古籍出版社　二〇〇四）。
（3）勞榦「居延漢簡考證　甲　簡牘之制　檢署與露布」（同氏『居延漢簡　考釋之部』中央研究院歷史語言研究所　一九六〇）。
（4）侯燦「勞榦《居延漢簡考釋・簡牘之制》平議」（甘肅省文物考古研究所編『秦漢簡牘論文集』甘肅人民出版社　一九八九）。
（5）永田英正「書契」（林巳奈夫編『漢代の文物』京都大學人文科學研究所　一九八七）。
（6）李均明「封檢題署考略」（初出一九九〇。同氏『初學錄』蘭臺出版社　一九九九　所收）。
（7）大庭脩注1前揭論文。
（8）冨谷至「3世紀から4世紀にかけての書寫材料の變遷」（同氏編『流砂出土の文字資料　樓蘭・尼雅文書を中心に』京都大學學術出版會　二〇〇一）、同氏『木簡・竹簡の語る中國古代　書記の文化史』（岩波書店　二〇〇三）一四五～一四九頁、同氏「行政文書の書式・常套句」（同氏『文書行政の漢帝國　木簡・竹簡の時代』名古屋大學出版會　二〇一〇）一八八～一九四頁。
（9）「傳送方式」とは、「以郵行」と表現される郵行方式、「以縣次傳」と表現される縣次方式、「以亭行」と表現される亭行方式、「燧次行」と表現される「燧次方式」の四つを指す。漢代の文書傳送方式については、第二部第三～五章參照。
（10）吳式芬・陳介祺『封泥考略』卷一「皇帝信璽封泥」。
（11）王獻唐『臨淄封泥文字敍』（山東省立圖書館　一九三六。嚴一萍輯『美術叢書』六集第十輯　臺北藝文印書館　一九七五　所收）。
（12）江村治樹「陳介祺舊藏の封泥の形式と使用法」（初出一九八一。同氏『春秋戰國秦漢時代出土文字資料の研究』汲古書院　二〇〇〇　所收）。
（13）米田健志「大谷大學圖書館禿庵文庫所藏の中國古封泥」（『大谷大學史學論究』八　二〇〇二）。
（14）孫慰祖『上海博物館藏品研究體系　中國古代封泥』（上海人民出版社　二〇〇二）七〇頁。
（15）周曉陸・路東之編著『秦封泥集』（三秦出版社　二〇〇〇）。

(16) 馬驥「秦漢封泥封檢方式模擬實驗」(王玉清・傅春喜編著『新出汝南郡秦漢封泥集』上海書店出版社　二〇〇九)。
(17) 圖3の他にも、孫慰祖注14前揭書一〇九頁所載の「營陵侯相」封泥、一二〇頁所載の「齊武庫丞」封泥などに同樣の痕跡が認められる。
(18) 湖北省荊州博物館『荊州高臺秦漢墓』(科學出版社　二〇〇〇)。この木牘は孫慰祖注14前揭書でも取り上げられている。
(19) 湖南省博物館・中國科學院考古研究所編『長沙馬王堆一號漢墓』(文物出版社　一九七三)下集一八九～一九一頁。
(20) 願近述孝文皇帝之時、當世耆老皆聞見之。貴爲天子、富有四海、身衣弋綈、足履革舃、以韋帶劍、莞蒲爲席、兵木無刃、衣縕無文、集上書囊以爲殿帷、以道德爲麗、以仁義爲準。(『漢書』卷六五　東方朔傳)
中黃門田客持詔記、盛綠綈方底、封御史中丞印。(『漢書』卷九七下　外戚傳下・孝成趙皇后傳)
此馭吏邊郡人、習知邊塞發犇命警備事、嘗出、適見驛騎持赤白囊、邊郡發犇命書馳來至。(『漢書』卷七四　丙吉傳)
凡章表皆啓封、其言密事、得皂囊盛。(『獨斷』卷上)
皇帝六璽、皆白玉螭虎紐、文曰「皇帝行璽」「皇帝之璽」「皇帝信璽」「天子行璽」「天子之璽」「天子信璽」、凡六璽。以皇帝行璽爲凡雜、以皇帝之璽賜諸侯王書。以皇帝信璽發兵。其徵大臣、以天子行璽。策拜外國事以天子之璽、事天地鬼神以天子信璽。皆以武都紫泥封、青布囊。(『漢舊儀』卷上)
(21) この點、下達文書の記については、角谷常子「簡牘の形狀における意味」(冨谷至編『邊境出土木簡の研究』朋友書店　二〇〇三)で既に指摘されている(一〇一頁)。
(22) その根據として馬怡が擧げたのは次の二例である。

卅井累虜隊
布緯糒三斗　回　　181・8(A21)

布緯三、糒九斗　　轉射十一　　小積薪三　　74E.J.T37:1552／釋95～117

後者の釋文及び簡番號は、初師賓「漢邊塞守御器備考略」(甘肅文物工作隊・甘肅省博物館編『漢簡研究文集』甘肅人民出版

社　一九八四）に據るが、『居延新簡釋粹』は釋文を「芮緯三　備九升……」に作る。

（23）『敦煌懸泉漢簡釋粹』一〇七簡注1に引用されている（八九頁）。

（24）馬怡「皂囊與漢簡所見皂緯書」（『文史』二〇〇四―四）。

（25）E. P. T59:11の「六石具弩一、銅鐵郭絲弦緯完」と同様の内容が73E. J. T23:768では「三石具弩一、絲偉同幾郭軸辟完」と書かれているように、漢簡ではしばしば文字の偏旁が省略されたりより簡易な偏旁に書かれる。

（26）出東葦篋書一封、蒲封書三、記二　葦篋書一封、敦煌長史、詣涼州牧治所。蒲封書一封、敦煌長史、詣涼州牧治所。
蒲封書一封、□□、詣督郵李掾治所。蒲封書一封、敦煌中部都尉、詣涼州牧治所。記二、敦煌千人、詣淵泉。元始四
年十二月癸丑日食時、縣泉馬醫竝付魚離助佐蹏戎　Ⅱ90DXT0114②:216／㋓㋕

出東書蒲封一、敦煌大守章。詣烏西使者意☐　Ⅱ90DXT0114④:46／㋕
建平五年十二月☐

（27）第二隊弩臂弦緯　回　E. P. T50:205

（28）冨谷至注8前掲「3世紀から4世紀にかけての書寫材料の變遷」五一〇頁。

（29）次に擧げる文書傳送記錄には皇帝が直接發信した「皇帝璽書一封」が見える。

皇帝璽書一封、賜使伏虜居延騎千人光。
制曰、騎置馳行、傳詣張掖居延使伏虜騎千人光所在。毋留。留、二千石坐之。
●従安定道　元康元年四月丙午日入時、界亭驛小史安以來望☐行　73E. J. T21:1

『漢舊儀』には「璽皆以武都紫泥封、青囊白素裏、兩端無縫、尺一板中約署」とあるので、この「皇帝璽書」は正式の裝幀方法に従って青い書囊に包まれていたと思われる。

（30）鵜飼昌男や高村武幸の指摘するとおり、「叩頭白記」で始まる個人的な書信においても公的な内容を傳達するものがあるが、本章では内容に關係なく「叩頭白記」などで始まる個人的な文書を書信と呼ぶことにしたい。鵜飼昌男「漢簡に見られる書信様式簡の檢討」（大庭脩編『漢簡研究國際シンポジウム'92報告書　漢簡研究の現狀と展望』關西大學出版部　一九九三）、高村武幸「漢代文書行政における書信の位置付け」（『東洋學報』九一―一　二〇〇九）。

(31)宛名簡の中には31のように宛名の下に「行者走」「吏馬馳行」「急行」「走行」などの文言が書かれる場合もあるが、冨谷至が指摘するように、これらは特別な意味を持たない單なる慣用語である。よって、宛名の下にこれらの文言だけが附記される場合は、傳送方式の記載は無いものとして分類する。なお、冨谷は「亭次急行」「亭次走行」も單なる慣用句とするが、「候史德在所以亭次行　回」（T.XV.a.iii.1A/敦2035A）という宛先表記もあるので、「亭次急行」「亭次走行」は「以亭行」と同じとして分類した。冨谷至注8前掲「行政文書の書式・常套句」一九四～二〇〇頁。

(32)宛名簡には、ここに示した文書の宛名、傳送方式、印文・受信記錄以外の內容、例えば、送付文書の件數を示すと思われる「二事」に類する記載（029など）や送付文書名（120など）などが記される場合もあるが、それらは事例數も少なくその記載の有無が文書の傳送方式などに關して何らかの意味を持っているようには思われない。それ故、これらの記載は宛名簡の分類基準としては用いない。

(33)集成の對象とした圖版は本書序言で擧げた簡牘圖版一覽で＊を附したものである。なお、一覽表の整理番號069（113・13）と073（122・16）の寫眞は『居延漢簡補編』に掲載されている。

(34)『居延漢簡甲編』附錄簡（整理番號153＝甲附7、154＝甲附14、155＝甲附20、156＝甲附26）は出土地不明であるが、そこに記された宛先を出土地と見なした。

(35)なお、この三地點以外の出土地の事例數は、A7が三例、A22が一例、P1（甲渠第四燧）が十例、P9（卅井候官）が五例、D21（馬圈灣遺址）が四例である。

(36)この點については既に冨谷至が指摘している。冨谷至注8前掲『木簡・竹簡の語る中國古代　書記の文化史』一四七頁。

(37)鶉飼昌男注30前掲論文。

(38)樓蘭出土の紙の書信も折りたたまれて木製の封檢がつけられ封印されていたが、それも同じ理由に因るのであろう。籾山明「魏晉樓蘭簡の形態」（注8前掲『流砂出土の文字資料　樓蘭・尼雅文書を中心に』）參照。

(39)拙稿「古代東アジアにおける附札の展開」（角谷常子編『東アジア木簡學のために』汲古書院　二〇一四）。

(40)一組かどうかは不明であるが、文書と物品が一緒に傳送されている例が懸泉置出土簡には確認できる。

（41）☐☐皂復袷一領。書一封、廣至長印。七月丁巳、縣泉置復作定付遮要御解未央。　V92DXT1410③:121／㋕

江村治樹注12前掲論文。

（42）☐往來十日、當會二十八日、良・并二十九日到。●謹省數材、得二千八百二十數屯、少百八十。除醜悪
五十、凡少二百三十。當致百檄。今致二十六、少桼十三。致檢材五、當檄十、凡少六十三。請令良以槧備、教并
費。并復令☐備之。　E.P.F22:456

檄を百運ぶべきところ二十六しか運んでいないので七十三不足。運んできた檢材五は檄十に當たるので、その分を差し引いて不足は六十四になる、という計算のようである。檄は棒状の簡牘であるので、檢材は一つがそれ二本分に相當する少し大きめの棒状の簡牘なのであろう。漢簡の「檢」字は本書序言で述べたように封泥匣および封泥匣を持つ簡牘を指すので、この「檢材」はそれらの材料となるべき木材と考えられる。

（43）
兩行卌　檄三
驩喜隊　札百　八月己酉輸　回
繩十丈　7・8（A33）

回　安漢隧、札二百、兩行五十、繩十丈、五月輸　回　138・7＋183・2（A8）

兩行　☐
☐月輸　札三百☐
檄廿☐☐　E.P.T52:726

張掖居延尉部司馬建　居延尉部甲渠
張掖居延尉部城司馬義　鄣候君
張掖居延尉部城騎千人慶　E.P.T53:20

（44）016には「張掖肩水司馬印」とあり、宛先の肩水候官と名稱が一致するが、次掲の簡から、この場合の司馬は都尉の屬官であることがわかる。

（45）建武四年五月辛巳朔戊子、甲渠塞尉放行候事、敢言之。詔書曰、吏民
毋得伐樹木。有無四時言。●謹案、部吏毋伐樹木者。敢言之。　E.P.F22:48A

(46) 大庭脩注1前揭論文。

(47) 官職名の根據とした簡牘に記載された人物が、宛名簡の發信者と同姓同名の別人である可能性も當然あるし、配置換えなどの理由で、考察對象の宛名簡の發信者がその文書を發信した時點でその官職に就いていない可能性もある。なお、候長や燧長などの官職名自體は確認できるが所屬の部名や燧名が不明のものは、「根據となる簡牘」欄で簡番號に括弧を付けた。

(48) 第十候長秦忠　坐部十二月甲午留蓬適載純赤[堇]三百丈致蓬　262・31（A8）

(49) 次の二簡から、第廿三部の部名と同じ第廿三燧に候長が滯在している事が確認できる。

●甲渠第廿三部黃龍元年六月卒被兵名籍　E. P. T52:86

甲渠第廿三隊南到第廿二隊　候長一人　鐵鎧五　枲長弦四　蘭冠四　盾一
□□□□□□□　隊長一人　鐵鍉瞀五　弩幡四　服二　有方一
稾矢銅鍭二百五十　E. P. T20:3

(50) 書不急、擅以郵行、罰金二兩。　張家山漢簡・二年律令二七二（行書律）

郵人行書、一日一夜行二百里。行不中程半日、笞五十。過半日至盈一日、笞百。過一日、罰金二兩。郵吏居界過書弗過而留之、半日以上、罰金一兩。書不當以郵行者、爲送告縣道、以次傳行之。諸行書而毀封者、皆罰金一兩。書以縣次傳、及以郵行、而封毀、□縣□劾印、更封而署其送徼曰封毀、更以某縣令若丞印封。　張家山漢簡・二年律令二七三〜二七五（行書律）

諸獄辭書五百里以上、及郡縣官相付受財物當校計者書、皆以郵行。　張家山漢簡・二年律令二七六（行書律）

(51) 凡吏秩比二千石以上、皆銀印青綬〔師古曰「漢舊儀云、銀印背龜鈕、其文曰章、謂刻曰某官之章也」〕……秩比六百石以上、皆銅印黑綬……比二百石以上、皆銅印黃綬〔師古曰「漢舊儀云、六百石、四百石至二百石以上皆銅印鼻鈕、文曰印」〕。
（『漢書』卷一九上　百官公卿表上）

(52) ●右鄣候一人秩比六百石　259・2（A8）

●右塞尉一人秩二百石　已得七月盡九月積三月奉用錢六千　282・15（A8）

（53）　地節五年正月丙子朔戊寅、肩水候房以私印
行事、謂士吏平。候行塞。書到、平行
候事。眞官到若有代罷。如律令。　73E. J. T21:42A
……　／令史拓・尉史義　73E. J. T21:38A
　73E. J. T21:38B
印曰候房印
正月戊寅鄣卒福以來　73E. J. T21:42B
五月丙戌、殄北燧長宣以私印兼行候事、移甲渠。寫移。
書到、如律令。　／尉史竝　206・9（A8）

73E. J. T21:42と73E. J. T21:38は、肩水鄣候が職務の代行を士吏に命じた下達文書で「以私印行事」とあるように私印で封印した例。73E. J. T21:42Bの「印曰候房印」から、私印で封印していたことが確認できる。206・9は燧長が殄北鄣候の業務を代行して甲渠候官に送った文書で、「以私印兼行候事」とあることからこの文書は燧長宣の私印で封印されていたことがわかる。なお、73E. J. T21:42と73E. J. T21:38はその筆跡と文字間隔から連續する册書であることは明らかである。

（54）　193は印文に釋讀不明文字があって姓名を確定できないので、表10には擧げていない。

（55）　E. P. F22:126～132は第四部第三章所掲12、E. P. F22:133～139は前章注31、E. P. F22:140～150は同別表63、E. P. F22:151は第一部第一章所掲57を參照。

圖版出典

圖1　孫慰祖『上海博物館藏品研究體系　中國古代封泥』（上海人民出版社　二〇〇二）四〇・四六頁。
圖2　鄭曙斌・張春龍・宋少華・黄樸華編著『湖南出土簡牘選編』（嶽麓書社　二〇一三）三五頁。
圖3　孫慰祖『上海博物館藏品研究體系　中國古代封泥』（上海人民出版社　二〇〇二）一七七頁。
圖4　湖北省荊州博物館『荊州高臺秦漢墓』（科學出版社　二〇〇〇）二二三頁。
圖5　孫慰祖『上海博物館藏品研究體系　中國古代封泥』（上海人民出版社　二〇〇二）一七七頁。

圖6　近つ飛鳥博物館開館記念特別展『シルクロードのまもり　その埋もれた記録』圖録五二頁、大庭脩『大英圖書館藏　敦煌漢簡』（同朋舍出版　一九九〇）PL七〇。

圖7　湖南省博物館・中國科學院考古研究所編『長沙馬王堆一號漢墓』（文物出版社　一九七三）下集一九〇頁。

圖8　甘肅省文物考古研究所・甘肅省博物館・中國文物研究所・中國社會科學院歷史研究所編『居延新簡　甲渠候官』下（中華書局　一九九四）二一四・二一五頁。

宛名簡一覧（簡長・簡幅は筆者による圖版計測値、「＋」は残長・残幅。二文字の官印は無いので、釋讀不明二文字の印は私印とした）

整理番號	分類番號	釋文	宛先	傳達方法	印	印文	以來者	簡長	簡幅	簡番號	出土地
001	1001	高弘 甲渠官 十月庚辰門卒輔以來	甲渠候官		私印	高弘	門卒輔	145	30	3・9	A8
002	1000	甲渠候官	甲渠候官					147	23	4・18	A8
003	1101	甲渠官 楊音印 正月丙寅卒便以來　回	甲渠候官		私印	楊音	卒便	152	27	4・29	A8
004	1001	肩水候官 印曰朱千秋 十二月壬申燧長勤光以來	肩水候官		私印	朱千秋	燧長勤光	185	15	5・2	A33
005	1001	肩水候官 □□私印 □□□□姦卒延年以來	肩水候官		私印	□□	□姦卒延年	155	20	5・4	A33
006	1000	肩水候官 廩名籍 穀簿 歲留▨	肩水候官					183	20	5・16	A33
007	1000	肩水候　□	肩水候官					180	32	5・17	A33
008	1001	肩水候官 闞邃私印 八月戊子金關卒德以來　▨▨	肩水候官		私印	闞邃	金關卒德	180+	25	5・19	A33
009	1000	甲渠候官	甲渠候官					165	22	6・1	A8
010	1000	甲渠候官	甲渠候官					145	23	6・2	A8
011	1001	甲渠候官 …… ……	甲渠候官					183	20	6・3	A8
012	1001	甲渠候官 □□□□ 四月□□　候長生以來	甲渠候官				候長生	160	30	6・4	A8
013	1000	甲渠候官　▨	甲渠候官					110+	12+	6・14	A8
014	1001	肩水候官 莊賁印 二月辛酉鄣卒壽以來	肩水候官		私印	莊賁	鄣卒壽	185	22	10・38	A33
015	1000	肩水候官	肩水候官					172	16	13・5	A33
016	1001	印曰張掖肩水司馬印 肩水候 三月丁丑騂北卒樂成以來	肩水候官		官印	都尉司馬	騂北卒樂成	165	31	14・3	A33

017	1010	甲渠鄣候以郵行　●一事（A） 孫沙八石一斗（B）	甲渠候官	郵				150	32	16・5AB	A7
018	1010	甲渠官隊次行　⧄	甲渠候官	燧				110+	35	16・6	A7
019	1000	甲渠官	甲渠候官					145	32	16・8	A7
020	1000	甲渠候官　⧄	甲渠候官					85+	12+	17・32	A8
021	1001	肩水候官　印曰□□印　□□□□□□	肩水候官		私印	□□		175	23	20・10	A33
022	1000	甲渠塞候　⧄（A） 次次次次次次次次次次⧄（B）	甲渠候官					170+	32	24・9AB	A8
023	1000	甲渠候官（A） 卌石九升　百六十四石六斗六升大（B）	甲渠候官					158	19	24・10AB	A8
024	1000	⧄候官	甲渠候官					122+	22	24・11	A8
025	1000	甲渠候官　病書	甲渠候官					160	30	26・22	A8
026	1001	甲渠候官 十月庚寅第十隧卒欣以來	甲渠候官				第十燧卒 欣	160	18+	28・2	A8
027	1001	⧄甲渠官　□□□以來	甲渠候官					145+	24	28・3	A8
028	1001	甲渠候官　王充印 閏月甲寅第七卒會以來	甲渠候官		私印	王充	第七卒會	147	25	30・17	A8
029	1000	甲渠候官 ●二事	甲渠候官					139	31	30・18	A8
030	1000	肩水金關	肩水金關					150	22	32・5	A32
031	1000	肩水金關	肩水金關					153	30	32・22	A32
032	1010	肩水候官隊次行	肩水候官	燧				159	28	32・23	A32
033	1010	甲渠鄣候以亭行	甲渠候官	亭				175	39	33・28	A8
034	1000	甲渠候官	甲渠候官					95	23	34・10	A8
035	1000	甲渠候官	甲渠候官					170	17	34・17	A8
036	1000	甲渠候官	甲渠候官					146	23	38・6	A8
037	1001	印曰陳德昌印 甲渠候官 八月乙巳第八卒夏賀以來	甲渠候官		私印	陳德昌	第八卒夏 賀	160	25	38・7	A8
038	1000	甲渠候官	甲渠候官					190	23	38・8	A8
039	1000	甲渠候官　⧄	甲渠候官					164+	18+	38・22	A8

040	1001	甲溝官　□□印	甲渠候官		私印	□□		140	28	39・3	A8
041	1000	甲溝官	甲渠候官					125	23	39・4	A8
042	1001	李贊印 甲溝官 四月庚戌卒同以來　（A） 日沓二十有二人者敬女官職知▨□者三考 紺幽□□明明之光也□□大地▨ □官幸得制度於□爲□不等　（B）	甲渠候官		私印	李贊	卒同	150	37	39・5AB	A8
043	1011	▨甲渠官亭次走行 □戍卒同以來轉事	甲渠候官	亭			卒同	87+	24	39・12	A8
044	1000	▨肩水金關	肩水金關					133+	13+	41・5	A33
045	1001	李充印 甲渠官行者走	甲渠候官		私印	李充		160	20+	42・10	A8
046	1011	甲渠候官以亭▨ 十月癸酉第十卒商□▨	甲渠候官	亭			第十卒商□	95+	23	44・24	A8
047	1000	甲渠候官　▨（A） 成伏地再拜請　▨ 卿足下善毋恙□苦候望春▨（B）	甲渠候官					135+	23	45・6AB	A8
048	1000	甲渠候官　▨	甲渠候官					100+	27	45・8	A8
049	1001	▨甲渠官　韓猛印 ▨　三月十四日卒同以來	甲渠候官		私印	韓猛	卒同	139+	22	46・4	A8
050	1001	甲渠官 十二月□□□□	甲渠候官					160	22	49・28	A8
051	1001	甲渠官　▨ 五月□□□□以來　▨	甲渠候官					130+	29	49・29	A8
052	1001	章曰張掖都尉章　▨ 肩水候　▨ 四月丙辰騂北卒宗以來▨	肩水候官		官印	都尉	騂北卒宗	93+	27	54・25	A33
053	1101	回　居延令印　▨ 甲渠發候尉前　▨ □□□□□以來　▨	甲渠候官		官印	縣令		147+	30	55・1	A8

054	1001	張竝印　⧄ 甲渠官 六月丁酉門卒同以來⧄	甲渠候官		私印	張竝	門卒同	175+	27	55・19+137・1+254・20	A8
055	1001	李忠印 甲渠候官 □□第四卒政以來	甲渠候官		私印	李忠	第四卒政	155	22	58・1	A8
056	1011	□延水丞 甲渠候官以亭行 □□□□□以來	甲渠候官	亭	官印	延丞		150	24	58・29	A8
057	1001	⧄甲渠官 ⧄　第八卒衆以來	甲渠候官				第八卒衆	150+	30	58・30	A8
058	2000	李　鳳書再拜奏　⧄ 甲　渠蘇掾門下　⧄	甲渠候官					96+	36	61・16	A8
059	1000	關嗇夫禁	肩水金關					137	30	62・20	A32
060	1001	甲渠候官 十月戊辰止北隧長李宗以來	甲渠候官				止北燧長 李宗	156	27	73・7	A8
061	1000	甲渠候官　⧄	甲渠候官					93+	17+	73・11	A8
062	1000	⧄渠候官	甲渠候官					70+	22	73・19	A8
063	1100	肩水候　⧈	肩水候官					140	31	74・1	A33
064	1011	張掖都尉章 肩水候以郵行 九月庚午府卒孫意以來	肩水候官	郵	官印	都尉	府卒孫意	170	35	74・4	A33
065	1001	辛闞私印 肩水金關 九月癸酉以來	肩水金關		私印	辛闞		153	27	74・5	A33
066	1010	誠南候長王士治所以亭行		亭				155	24	81・2	A22
067	1000	甲渠候官	甲渠候官					150	25	82・5	A8
068	1010	甲渠候官以亭行　⧄	甲渠候官	亭				165+	22	104・8+145・13	A8
069	1000	甲渠官　□□卒以來	甲渠候官				卒	137	27	113・13	A8
070	1001	甲渠官 十一月辛酉卒□□以來	甲渠候官				卒□□	132	31	113・14	A8
071	1000	⧄渠官	甲渠候官					105+	26	113・17	A8
072	1001	甲渠官　張宗印	甲渠候官		私印	張宗		83+	12+	122・2	A8

073	1001	三月戊戌臨桐卒□□⧄ 甲渠　以來　⧄	甲渠候官				臨桐卒□ □	70+	13+	122・16	A8
074	1000	甲渠官	甲渠候官					155	23	127・19+185・19	A8
075	1101	張掖甲渠塞尉 甲渠官　⧈ 九月癸亥卒同以來	甲渠候官		官印	塞尉	卒同	160	35	133・1	A8
076	1011	楊放印 甲渠官以亭行 七月丁卯卒同以來●二事	甲渠候官	亭	私印	楊放	卒同	174	35	133・3	A8
077	1101	王彭印 甲渠官　四月乙丑卒同以來　⧈　（A） 孜驗六故故六十　五錢移六升□□　（B）	甲渠候官		私印	王彭	卒同	153	23	133・4AB	A8
078	1001	王彭印 甲渠官 四月乙丑卒同以來	甲渠候官		私印	王彭	卒同	160	30	133・5	A8
079	1011	□□□□ 甲渠候官以郵行 □□卒同以來	甲渠候官	郵			卒同	145	35	137・9	A8
080	1000	甲渠候官　⧄	甲渠候官					112+	18+	162・4	A8
081	1000	甲渠候官　（A） 伏地 再　月丙辰　（B）	甲渠候官					156	28	173・13AB	A8
082	1000	甲渠候官	甲渠候官					150	23	173・14	A8
083	1000	甲渠候官	甲渠候官					155	22	173・20	A8
084	1010	甲渠鄣候以⧄ ●一事	甲渠候官	□				68+	35	174・32	A8
085	1000	甲渠候官	甲渠候官					157	28	175・6	A8
085	1000	甲渠候官	甲渠候官					157	28	175・6	A8
086	1000	甲渠候官　⧄	甲渠候官					117+	18	175・7	A8
087	1101	孫□印 甲渠官　⧈ □寅卒同以來	甲渠候官		私印	孫□	卒同	150	34	175・11	A8

088	1001	甲渠候官 印破 十月壬辰第八卒以來	甲渠候官				第八卒	145	23	178・1	A8
089	1001	□輔印 甲渠官 □□□第□卒同以來	甲渠候官		私印	□輔	第□卒同	150	22	178・29	A8
090	1001	甲渠候官　七月辛巳鄣卒田安世以來	甲渠候官				鄣卒田安世	157	19	184・1	A8
091	1011	居延甲渠候官以郵□▨ 七月庚子第七卒憙以來　▨	甲渠候官	郵			第七卒憙	90+	20+	185・17	A8
092	1000	▨□渠官　▨	甲渠候官					132+	20	194・19	A8
093	1000	肩水金關　▨	肩水金關					150+	23	199・22	A33
094	1010	▨郵行北部倉		郵				97+	30	204・9	A32
095	1000	甲渠候官	甲渠候官					150	25	206・12	A8
096	1000	肩水金關　▨	肩水金關					80+	20+	207・3	A33
097	1001	▨水候官 五月甲戌禁姦吏以來	肩水候官				禁姦吏	80+	12+	213・38	A33
098	1100	卒皇定所□ 甲渠候官故行　（A） 任次君示睍 回　居延左　（B）	甲渠候官					152	53	214・1AB	A8
099	1001	□□印 甲渠候官　十月丙辰第十卒□以 來 □□二□	甲渠候官		私印	□□	第十卒□	157	20	214・3	A8
100	1001	甲渠候官 二月庚申第八卒霸以來	甲渠候官				第八卒霸	147	15+	214・107	A8
101	1001	▨　印破 ▨甲渠官　十一月乙卯卒同以來 ▨　●二事	甲渠候官				卒同	140+	30	220・7	A8
102	1000	甲渠▨	甲渠候官					85+	28	227・6	A8
103	1000	▨候官	甲渠候官					112+	15	234・8	A8
104	1000	肩水候	肩水候官					60	21	236・2	A33

105	1001	李豐印 甲渠官 □□□□□□□□□	甲渠候官		私印	李豐		156	33	258・2+265・12	A8
106	1001	李充印 甲渠官 十一月壬午卒便以來（A） 召發適吏（B）	甲渠候官		私印	李充	卒便	142	30	258・18AB	A8
107	1001	□□ 甲渠官 十月癸丑第十卒□以來	甲渠候官				第十卒□	150	30	258・19	A8
108	1001	居延塞尉 甲渠候官 七月甲戌第十卒善以來	甲渠候官		官印	塞尉	第十卒善	180	29	259・4	A8
109	1001	趙千印 甲渠官 十一月壬午卒同以來	甲渠候官		私印	趙千	卒同	167	32	259・6	A8
110	1000	居延（A） 都尉府都尉府（B）	居延縣					178	25	259・8AB	A8
111	1000	甲渠鄣候	甲渠候官					169	26	259・15	A8
112	1001	秦忠□　⧄ 甲渠官　⧄ 六月甲子第十隧長勳⧄	甲渠候官		私印	秦忠	第十燧長 勳	75+	24	262・30	A8
113	1000	肩水候官	肩水候官					150	20	263・15	A33
114	1001	秦忠　⧄ 甲渠官　⧄ 八月庚申第八卒　⧄	甲渠候官		私印	秦忠	第八卒	100+	32	264・22	A8
115	1001	楊褒印 甲渠官 六月甲戌卅卒同以來	甲渠候官		私印	楊褒	卅卒同	140	31	267・1	A8
116	1000	甲渠候官（A） 長張掖張延掖□候丞樂□□□□□張（B）	甲渠候官					158	15+	267・2AB	A8
117	1000	尉卿治所	甲渠候官					147	28	270・21	A8
118	1000	甲渠候官	甲渠候官					173	23	271・2	A8
119	1000	甲渠候官	甲渠候官					168	15+	271・13+271・14	A8

120	1000	肩水候官　隧長收 病書	肩水候官					220	20	274・36	A33
121	1000	甲渠候官　⧄	甲渠候官					122+	15+	276・5	A8
122	1000	甲渠官	甲渠候官					170	25	279・5	A8
123	1001	□□印 甲渠官 □□□□□　(A) 斥　兗斥　(B)	甲渠候官		私印	□□		160	24	279・9AB	A8
124	1001	□□印 甲渠官 六月甲子第十卒願以來　(A) 甲渠官以亭行　(B)	甲渠候官		私印	□□	第十卒願	140	32	279・10AB	A8
125	1011	居延丞印 甲渠候官以亭行 三月癸丑□□卒□□以來	甲渠候官	亭	官印	縣丞	卒□□	152	33	279・11	A8
126	1000	肩水都尉府　迹候簿	肩水都尉府					200	17+	280・25	A33
127	1000	甲渠候官	甲渠候官					149	25	282・8	A8
128	1000	肩水候官	肩水候官					150	15+	284・6	A33
129	2100	劉　宣書奏 武　大伯　回						143	25	284・25	A33
130	1000	肩水金關	肩水金關					103	33	288・2	A32
131	2100	肩水府左掾門下　回	肩水都尉府					142	28	288・16	A32
132	1000	甲渠鄣候	甲渠候官					160	28	311・23	A8
133	1000	甲渠候官	甲渠候官					161	31	311・25	A8
134	1000	甲渠候官	甲渠候官					148	23	311・29	A8
135	1001	居延甲渠候官 閏月□□□同以來	甲渠候官				□同	191	38	312・13	A8
136	1000	甲渠候官行者走	甲渠候官					170	22	312・14	A8
137	1000	⧄候官						152+	20	323・5	A33
138	1000	⧄水候官	肩水候官					120+	23	324・11	A33
139	1000	甲渠候官　⧄	甲渠候官					105+	22	326・14	A8
140	1000	甲渠官行者走	甲渠候官					160	23	326・16	A8

141	1001	甲渠官 七月乙亥候史侍拜以來	甲渠候官				候史侍拜	130	28	326・17	A8
142	1001	印曰張猛 肩水候官　三月乙巳金關 卒弘以來	肩水候官		私印	張猛	金關卒弘	165	25	332・1	A33
143	1000	肩水候官　⧄	肩水候官					85+	10+	337・11	A33
144	1011	符普印 卅井官以亭行 八月乙未卒良以來	卅井候官	亭	私印	符普	卒良	148	34	401・2	P9
145	1011	□□塞印　□□□印　⧄ 卅井官以亭行　⧄ □□□□候長崇取十二月付　⧄（A） 出粟八斗中食馬 出粟七斗中舍食出氏舍　⧄（B）	卅井候官	亭	官印	□□塞	候長崇	105+	32	401・4AB	P9
146	1001	肩水候官　六月庚戌金關卒乙以來⧄	肩水候官				金關卒乙	115+	12+	403・7	A33
147	1101	□□□□　⧄ 卅井官　一事□□　⧈⧄ □□□□　⧄	卅井候官					117+	32	428・1	P9
148	1101	□□□□ 卅井候官　⧈ 十一月丙戌□□卒□□以來	卅井候官				卒□□	138	30	428・4	P9
149	1001	司馬成印　⧄ 卅井候官　⧄ 二月庚戌卅井卒相國以來　⧄	卅井候官		私印	司馬成	卅井卒相國	74+	25	465・5	P9
150	1001	印曰□□□印 肩水候官　□□　卒□以來 □□	肩水候官				卒□	141	23	562・6	A33
151	1000	肩水	肩水候官					230	22	562・13	A33
152	1001	印曰牛慶 肩水候官 四月乙亥金關卒未央	肩水候官		私印	牛慶	金關卒未央	212	20	562・14	A33
153	1000	甲渠官	甲渠候官					82	17	甲附7	A8

154	1001	肩水金關　印曰氏池右尉　平利里呂充 日食時買車出　等五人　(A) 日東中時歸過　(B)	肩水金關		官印	縣尉		150	25	甲附14AB	A32
155	1000	居延甲渠候官	甲渠候官					150	24	甲附20	A8
156	1001	郭□印 甲渠官 十二月甲寅門卒同以來	甲渠候官		私印	郭□	門卒同	190	20	甲附26	A8
157	1000	甲渠候官　(A) 甲渠塞尉候長　(B)	甲渠候官					140	36	E.P.T4:75AB	A8
158	1001	印破 甲渠官　〔令史定〕 正月甲辰門卒同以來	甲渠候官				門卒同	162	25	E.P.T6:36	A8
159	1001	師就印　⧄ 甲渠官　⧄ ⧄卒同以來⧄	甲渠候官		私印	師就	卒同	55+	27	E.P.T8:10	A8
160	1011	居延丞印 甲溝候官以郵行 十二月辛巳門卒同以來	甲渠候官	郵	官印	縣丞	門卒同	145	35	E.P.T14:1	A8
161	1000	甲渠候官故行	甲渠候官					162	32	E.P.T20:1	A8
162	1100	⧄甲溝官 □□□□ 回	甲渠候官					130+	33	E.P.T25:1	A8
163	1011	周幷私印 甲渠官亭次行 九月癸丑卒以來●一事	甲渠候官	亭	私印	周幷	卒	150	28	E.P.T26:7	A8
164	1000	甲渠官	甲渠候官					131	31	E.P.T27:33	A8
165	1001	何建印　⧄ 甲渠官　⧄ 五月癸丑卒同⧄	甲渠候官		私印	何建	卒同	72+	27	E.P.T27:71	A8
166	1001	格譚印 甲渠官 正月丙辰門卒同以來	甲渠候官		私印	格譚	卒同	162	24	E.P.T40:1	A8
167	2000	甲渠君門下⧄	甲渠候官					102+	25	E.P.T40:2	A8

168	2100	曹長仲記 甲渠候□ 回	甲渠候官					137	37	E.P.T40:4	A8
169	2100	高仁叩頭白記 甲渠候曹君門下 回	甲渠候官					132	27	E.P.T40:7	A8
170	2100	呉陽書再拜奏 甲渠候曹君門下 回	甲渠候官					145	37	E.P.T40:8	A8
171	1100	甲溝官 回	甲渠候官					145	38	E.P.T40:71	A8
172	2000	●周夫子門下 □□						230	27	E.P.T40:73	A8
173	1011	…… 甲渠官以□行 ……	甲渠候官	□				132	22+	E.P.T40:77	A8
174	2100	侯義書叩頭奏 甲渠候曹君門下 回	甲渠候官					142	29	E.P.T40:208	A8
175	1111	張掖居城司馬 ⧄ 甲渠鄣候以郵行 回⧄ 九月戊戌隊卒同以來●二事 ⧄	甲渠候官	郵	官印	城司馬	燧卒同	103+	45	E.P.T43:29	A8
176	2100	⧄頭白記 ⧄□門下 回						70+	32	E.P.T43:34	A8
177	1001	□□□印 甲渠官 ……卒同以來	甲渠候官				卒同	143	30	E.P.T43:101	A8
178	1001	甲渠官 ⧄ ⧄以來⧄	甲渠候官					143+	7+	E.P.T43:289	A8
179	1011	…… 甲溝官隊行 ……	甲渠候官	燧				155	33	E.P.T44:52	A8
180	1111	張掖甲渠塞尉 ⧄ 甲渠官亭次急行 回⧄ 十月癸巳隊長尚以來 ⧄	甲渠候官	亭	官印	塞尉	燧長尚	123+	31	E.P.T48:118	A8
181	1100	⧄候官 回 (A) ⧄者起居得 (B)	甲渠候官					48+	24	E.P.T48:122AB	A8

182	1001	▨甲渠官 馮方印 七月丙戌卒同以來	甲渠候官		私印	馮方	卒同	93+	25	E. P. T48:145	A8
183	1001	侯賢印 甲渠官 十二月己巳第八卒通以來	甲渠候官		私印	侯賢	第八卒通	223	26	E. P. T50:24	A8
184	1001	東門輔 ▨ 甲渠官 ▨ 五月甲辰第七卒□以來 ▨	甲渠候官		私印	東門輔	第七卒□	110+	28	E. P. T50:146	A8
185	1011	居□都尉□□章 甲渠鄣候以郵行	甲渠候官	郵	官印	都尉□□		148	35	E. P. T50:147	A8
186	1011	▨吏馬馳行□□者□　（A） ▨甲渠候官以亭行 ▨　……卒忠以來　（B）	甲渠候官	亭			卒忠	162+	28	E. P. T50:172AB	A8
187	1000	甲渠官	甲渠候官					155	27	E. P. T50:173	A8
188	2000	□□□長□張書叩頭奏 □□□卿門下						147	29	E. P. T50:177	A8
189	1011	□□□□ 甲渠候官以亭行 二月□丑第七卒□以來	甲渠候官	亭			第七卒□	157	35	E. P. T50:178	A8
190	1000	●居延都尉府	居延都尉府					192	32	E. P. T50:179	A8
191	1001	□充印 甲渠候官	甲渠候官		私印	□充		148	32+	E. P. T50:197	A8
192	2100	□□□□叩頭奏 甲渠候韋君門下　回	甲渠候官					144	19+	E. P. T50:201	A8
193	1011	王□□ ▨ 甲渠官以 ▨ …… ▨	甲渠候官	□	私印	王□		60+	28	E. P. T50:202	A8
194	1001	……爲 甲渠官 ……	甲渠候官					150	32	E. P. T50:204	A8

195	1011	居延農令印 甲渠官亭次行甲渠官以 十二月丁酉第七卒□以來　願□□　(A) □□□幸白 駿叩頭言頃思之示 丘君□□侯 丘君□□會吏者張君當爲居延將軍 子侯子始子侯男弟故臨　(B)	甲渠候官	亭	官印	農令	第七卒□	150	29	E.P.T50:207AB	A8
196	1000	甲渠候官⧄	甲渠候官					75+	24	E.P.T51:31	A8
197	1000	丞相史離卿						90	24	E.P.T51:32	A8
198	1011	居延令印　⧄ 甲渠候官以亭行　⧄	甲渠候官	亭	官印	縣令		132+	10+	E.P.T51:37	A8
199	1000	⧄甲渠候官	甲渠候官					95+	18	E.P.T51:43	A8
200	1000	龍卿治所　⧄						102+	21	E.P.T51:45	A8
201	1001	薛章印 甲渠候官 四月戊戌臨桐卒臨以來	甲渠候官		私印	薛章	臨桐卒臨	162	3[illegible]	E.P.T51:127	A8
202	1011	居延左尉印 甲渠候官以亭行甲渠候 正月丁亥中君卿以來	甲渠候官	亭	官印	縣尉	中君卿	150	29	E.P.T51:128	A8
203	1001	東門輔　⧄ 甲渠官　閏月乙亥第七卒以來　⧄ 誠北部迹簿　⧄	甲渠候官		私印	東門輔	第七卒	165+	30	E.P.T51:129	A8
204	1001	甲渠候官 八月壬辰第三卒苟以來	甲渠候官				第三卒苟	152	23+	E.P.T51:130	A8
205	1000	令史誼　⧄	甲渠候官					122+	28	E.P.T51:131	A8
206	1000	居延	居延縣					160	29	E.P.T51:132	A8
207	1000	甲渠官淳于卿在所	甲渠候官					152	20	E.P.T51:134	A8
208	1011	⧄ 甲渠候官以亭行 正月丁酉第八隊卒年以來	甲渠候官	亭			第八燧卒年	154	30	E.P.T51:135	A8

209	1001	李奉 甲渠官 四月戊午卒年以來	甲渠候官		私印	李奉	卒年	158	28	E. P. T51:139	A8
210	1011	居延倉長 甲渠候官以亭行 九月辛未第七卒欣以來	甲渠候官	亭	官印	倉長	第七卒欣	142	23	E. P. T51:140	A8
211	1000	甲渠候官行者走 有府會	甲渠候官					149	18	E. P. T51:141	A8
212	1000	尉史牟同	甲渠候官					155	28	E. P. T51:142	A8
213	1011	張肩塞尉 甲渠候官以郵行 □□□□第七卒通以來	甲渠候官	郵	官印	塞尉	第七卒通	152	25	E. P. T51:143	A8
214	1001	居延令印 甲渠候官故行 □月□□□□□□□以來　▨▨▨	甲渠候官		官印	縣令		110+	30	E. P. T51:144	A8
215	1011	居延都尉章 甲渠鄣候以亭行 九月戊戌三埃隊長得祿以來	甲渠候官	亭	官印	都尉	三埃隧長 得祿	150	43	E. P. T51:145	A8
216	1010	甲渠候官以亭行	甲渠候官	亭				148	30	E. P. T51:152	A8
217	2000	徐威仲山伏地奏書　馮恩君 書奏 甲渠候	甲渠候官					175	34	E. P. T51:153	A8
218	1000	甲渠候官	甲渠候官					150	29	E. P. T51:154	A8
219	1000	▨甲渠候官	甲渠候官					170+	30	E. P. T51:155	A8
220	1011	甲渠鄣候以亭行 …… □□卒宏以來四事	甲渠候官	亭			卒宏	171	35	E. P. T51:156	A8
221	1000	甲渠候官	甲渠候官					158	23	E. P. T51:158	A8
222	1001	單充 甲渠候官 九月辛酉第七卒甲以來	甲渠候官		私印	單充	第七卒甲	154	28	E. P. T51:159	A8
223	1010	尉以亭行	甲渠候官	亭				170	32	E. P. T51:160	A8

224	1001	居延千人　▨　▨ 甲渠候官 六月甲申臨桐▨	甲渠候官		官印	千人	臨桐	135+	38	E. P. T51:161	A8
225	1001	王建國印 甲渠官 五月戊戌第廿九隊長利中以來	甲渠候官		私印	王建國	第廿九燧長利中	155	29	E. P. T51:164	A8
226	1000	▨渠官	甲渠候官					155+	23	E. P. T51:165	A8
227	1001	甲渠官　孫猛 九月戊午卒□以來	甲渠候官		私印	孫猛	卒□	151	34	E. P. T51:168	A8
228	1001	居延丞印 甲渠候官 十月壬子臨桐卒延以來	甲渠候官		官印	縣丞	臨桐卒延	155	27	E. P. T51:169	A8
229	1010	言元　甲渠鄣候以亭行有者來　（A） 革甲甲渠鄣候□書人　（B）	甲渠候官	亭				158	16+	E. P. T51:171AB	A8
230	1000	甲渠□　（A） 卅井候官　（B）	甲渠候官 卅井候官					148	21	E. P. T51:172AB	A8
231	1000	甲渠鄣候	甲渠候官					146	32	E. P. T51:173	A8
232	1010	甲渠鄣候以亭行	甲渠候官	亭				164	35	E. P. T51:175	A8
233	1001	牟政印 甲渠官　三月辛卯第七卒延以來 ●二事	甲渠候官		私印	牟政	第七卒延	175	28	E. P. T51:176	A8
234	1000	甲渠候官　▨	甲渠候官					87+	17	E. P. T51:178	A8
235	1000	甲渠候官	甲渠候官					143	23	E. P. T51:181	A8
236	1000	甲渠候官　▨	甲渠候官					120+	23	E. P. T51:298	A8
237	1000	甲渠候官　▨	甲渠候官					160+	21	E. P. T51:299	A8
238	1000	▨渠鄣候	甲渠候官					133+	30	E. P. T51:300	A8
239	1000	甲渠官	甲渠候官					150	28	E. P. T51:332	A8
240	1001	楊褒私印 甲渠官 三月乙酉卒建以來	甲渠候官		私印	楊褒	卒建	142	28	E. P. T51:333	A8
241	1001	甲渠官　李奉 十月甲子第八隊卒憙以來	甲渠候官		私印	李奉	第八燧卒憙	152	22	E. P. T51:334	A8

242	1000	甲渠候官故行⧄（A） □　⧄（B）	甲渠候官					135+	22	E.P.T51:618AB	A8
243	1001	甲渠候官　⧄ 正月庚辰第十卒開以來●二事⧄	甲渠候官				第十卒開	92+	15+	E.P.T51:625	A8
244	1000	⧄渠候官	甲渠候官					69+	28	E.P.T51:640	A8
245	1000	□令史音⧄	甲渠候官					80+	18+	E.P.T51:701	A8
246	1000	甲渠官　⧄	甲渠候官					92+	19	E.P.T52:124	A8
247	1001	東門輔　⧄ 甲渠官行者走　⧄ 十月辛□卒□以來　⧄	甲渠候官		私印	東門輔	卒□	100+	25	E.P.T52:154	A8
248	1011	⧄官以亭行　⧄ ⧄二月戊寅第八卒范以來⧄	甲渠候官	亭			第八卒范	103+	23+	E.P.T52:258	A8
249	1011	居延□□□ 甲渠鄣候以亭行 八月丁巳隧長□□以來 ……　●一事	甲渠候官	亭	官印	居延□□	燧長□□	152	48	E.P.T52:380	A8
250	1001	孫根印 甲渠官 七月壬戌七卒甲以來	甲渠候官		私印	孫根	第七卒甲	147	23	E.P.T52:381	A8
251	1000	甲渠候官	甲渠候官					160	20	E.P.T52:383	A8
252	1001	紀音印 甲渠官 八月甲寅……　八月甲□（A） □等止謝卿（B）	甲渠候官		私印	紀音		164	37	E.P.T52:385AB	A8
253	1011	董至印　⧄ 甲渠候官以亭行　⧄ 十二月甲戌第八卒自以來⧄	甲渠候官	亭	私印	董至	第八卒自	137+	37	E.P.T52:389	A8
254	1000	甲渠官　⧄	甲渠候官					87+	25	E.P.T52:395	A8
255	1001	…… 甲渠官 ……卒□以來	甲渠候官				卒□	161	28	E.P.T52:419	A8
256	1000	甲渠候官	甲渠候官					146	22	E.P.T52:422	A8
257	1000	甲渠候官　⧄	甲渠候官					88+	20	E.P.T52:603	A8
258	1000	甲渠候⧄	甲渠候官					60+	25	E.P.T52:606	A8

259	1001	孫商印　⧄ 甲渠官　⧄ ⧄□八卒同以來　⧄	甲渠候官		私印	孫商	第八卒同	98+	20	E.P.T52:625	A8
260	1001	⧄渠官　⧄ ⧄　三月戊寅卒□⧄	甲渠候官				卒□	70+	15−	E.P.T52:670	A8
261	1010	甲渠塞尉以亭次行⧄	甲渠候官	亭				142+	48	E.P.T52:809	A8
262	1000	甲渠官	甲渠候官					151	25	E.P.T52:816	A8
263	1000	甲渠候官行者走　己亥日中起誠北 各署過時令可課●	甲渠候官					180	27	E.P.T53:53	A8
264	1000	甲渠鄣候	甲渠候官					143	24	E.P.T53:54	A8
265	1001	印曰居延都尉印 甲渠候官 四月丙子臨桐卒禹以來	甲渠候官		官印	都尉	臨桐卒禹	135	20	E.P.T53:55	A8
266	1001	……印 甲渠候官 ……	甲渠候官					152	30	E.P.T53:56	A8
267	1000	甲渠候官	甲渠候官					132	22	E.P.T53:57	A8
268	1000	甲渠候官	甲渠候官					141	22	E.P.T53:58	A8
269	1000	甲渠候官　（A） 再拜言　（B）	甲渠候官					162	25	E.P.T53:59AB	A8
270	1000	甲渠塞候故行　⧄	甲渠候官					158+	31	E.P.T53:80	A8
271	1000	甲渠候官行者走　⧄	甲渠候官					101+	17	E.P.T53:81	A8
272	1000	甲渠候官掾	甲渠候官					164	25	E.P.T53:82	A8
273	1000	中卿 甲渠塞候　候明伏地再拜　進記　（A） 伏地再拜進記□　（B）	甲渠候官					154	32	E.P.T53:83AB	A8
274	1000	甲渠候官行者走　⧄	甲渠候官					152+	22	E.P.T53:84	A8
275	1000	甲渠候官行者走 卽日食時付呑遠	甲渠候官					140	28	E.P.T53:85	A8
276	1010	居延甲渠候官以郵行	甲渠候官	郵				193	29	E.P.T53:86	A8
277	1000	甲渠候官	甲渠候官					155	18	E.P.T53:87	A8
278	1000	甲渠候官　⧄	甲渠候官					83+	21	E.P.T53:88	A8

279	1000	甲渠候官　⧄	甲渠候官					120+	17	E. P. T53:89	A8
280	1000	甲渠候官　甲渠行者走	甲渠候官					156	30	E. P. T53:90	A8
281	1000	甲渠候官	甲渠候官					160	30	E. P. T53:91	A8
282	1000	甲渠候官	甲渠候官					165	22	E. P. T53:92	A8
283	1000	甲渠候官　迹簿　（A） 甲渠候　（B）	甲渠候官					160	24	E. P. T53:93AB	A8
284	1000	甲渠候官	甲渠候官					170	18	E. P. T53:94	A8
285	1000	甲渠候官	甲渠候官					170	28	E. P. T53:95	A8
286	1000	甲渠候官	甲渠候官					105	26	E. P. T53:96	A8
287	1000	甲渠候官　⧄	甲渠候官					120+	13+	E. P. T53:97	A8
288	1000	甲渠候官　⧄（A） 臨木隧長充國　⧄ 卒潘□□□□□年三月丁卯……⧄（B）	甲渠候官					94+	15+	E. P. T53:98AB	A8
289	1000	甲渠候官　⧄	甲渠候官					100+	27	E. P. T53:99	A8
290	1000	甲渠候官　⧄	甲渠候官					156+	30	E. P. T53:100	A8
291	1000	甲渠候官　⧄	甲渠候官					93+	24+	E. P. T53:101	A8
292	1000	甲渠候官　⧄	甲渠候官					86+	24	E. P. T53:271	A8
293	1000	甲渠候官　⧄	甲渠候官					97+	13+	E. P. T53:272	A8
294	1000	甲渠候尉發⧄（A） 候尉　候□⧄（B）	甲渠候官					70+	33	E. P. T55:10AB	A8
295	1000	甲溝官	甲渠候官					158	15+	E. P. T55:19	A8
296	1000	甲渠候官馬馳行	甲渠候官					190	22	E. P. T56:1	A8
297	1000	甲渠候官	甲渠候官					183	30	E. P. T56:41	A8
298	1000	甲渠候官	甲渠候官					170	27	E. P. T56:42	A8
299	1000	甲渠候官	甲渠候官					155	30	E. P. T56:43	A8
300	1000	甲渠候官	甲渠候官					168	25	E. P. T56:44	A8
301	1000	甲渠候官　⧄	甲渠候官					115+	36	E. P. T56:45	A8
302	1000	甲渠候官　⧄	甲渠候官					134+	33	E. P. T56:46	A8
303	1011	印破 甲渠候官以郵行 四月己未日餔時第一隧長巨老以來	甲渠候官	郵			第一燧長 巨老	152	28	E. P. T56:47	A8
304	1010	居延甲渠候官以郵行	甲渠候官	郵				173	27	E. P. T56:48	A8

305	1000	甲渠鄣候	甲渠候官					167	35	E. P. T56:49	A8
306	1000	甲渠候官　☑	甲渠候官					116+	18	E. P. T56:50	A8
307	1000	甲渠候官	甲渠候官					168	18	E. P. T56:51	A8
308	1000	甲渠候官	甲渠候官					148	26	E. P. T56:52	A8
309	1000	甲渠官	甲渠候官					143	25	E. P. T56:53	A8
310	1000	甲渠候官　☑	甲渠候官					96+	20	E. P. T56:55	A8
311	1000	☑官行者走　亡印以私名姓封 ☑	甲渠候官					125+	28	E. P. T56:56	A8
312	1000	甲渠候官　☑	甲渠候官					106+	13−	E. P. T56:61	A8
313	2000	清令 張季功 書奏 居延 尉 楊卿						190	61	E. P. T56:70	A8
314	1000	甲渠候官馬馳行	甲渠候官					173	3[illegible]	E. P. T56:75	A8
315	1000	甲渠候官	甲渠候官					162	23	E. P. T56:78	A8
316	1000	甲渠候官	甲渠候官					165	27	E. P. T56:79	A8
317	1000	●自言事 甲渠候官	甲渠候官					202	41	E. P. T56:80	A8
318	1000	甲渠候官	甲渠候官					158	24	E. P. T56:81	A8
319	1000	卒不貰 賣爰書 甲渠候官	甲渠候官					226	32	E. P. T56:82	A8
320	1000	甲渠候官	甲渠候官					188	29	E. P. T56:83	A8
321	1000	甲渠候官　（A） 長請地伏再拜戌卒戍　（B）	甲渠候官					152	28	E. P. T56:84AB	A8
322	1000	甲渠候官　（A） 居延　居延都尉章告部都　（B）	甲渠候官					174	25	E. P. T56:85AB	A8
323	1101	甲渠官　李鳳印 四月丙申卒同以來　□	甲渠候官		私印	李鳳	卒同	145	27	E. P. T56:176	A8
324	2100	趙鳳叩頭白記　□ 戴君門下						120	21	E. P. T56:178	A8

325	1000	甲渠候官	甲渠候官					162	20+	E. P. T56:312	A8
326	1000	甲渠候官　⧄	甲渠候官					125+	18	E. P. T56:313	A8
327	1001	印曰趙安漢　⧄ 甲渠候官　⧄ 十二月辛丑第七卒陽山以來⧄	甲渠候官		私印	趙安漢	第七卒陽 山	85+	24	E. P. T56:314	A8
328	1000	三月癸巳 甲渠候官　維甘露二年 年伏　年（A） 信□敢 伏地再拜□長（B）	甲渠候官					149	19	E. P. T56:332AB	A8
329	1000	⧄官	甲渠候官					120+	30	E. P. T56:396	A8
330	1000	⧄候官	甲渠候官					85+	27	E. P. T56:405	A8
331	2100	●王忠記奏 曹君　回						135	27	E. P. T57:16	A8
332	1000	甲渠候官	甲渠候官					147	30	E. P. T57:50	A8
333	1000	甲渠候官	甲渠候官					178	20	E. P. T57:58	A8
334	1001	甲渠候官 九月丁酉第七卒正以來　受亭周褒事（A） 掖居延甲渠（B）	甲渠候官				第七卒正	155	32	E. P. T57:74AB	A8
335	1000	甲渠候官　⧄	甲渠候官					62+	17	E. P. T57:76	A8
336	1000	甲渠候官　⧄	甲渠候官					184+	24	E. P. T57:88	A8
337	1000	⧄渠候官行者走	甲渠候官					114+	23	E. P. T58:86	A8
338	1000	甲渠候官	甲渠候官					165	24	E. P. T58:108	A8
339	1000	甲渠候官　⧄（A） 長長　⧄ 功蘭所長伏　地長再　拜　願⧄ 長　子　功請　⧄（B）	甲渠候官					148+	25	E. P. T58:109AB	A8
340	1001	甲渠候官 收虜卒楊憙以來	甲渠候官				收虜卒楊 憙	156	22	E. P. T58:110	A8
341	1010	居延甲渠候官以郵行　⧄	甲渠候官	郵				131+	29	E. P. T58:111	A8
342	1000	甲渠候官行者走日時在檢中	甲渠候官					165	25	E. P. T59:17	A8
343	1010	甲渠候官以亭行	甲渠候官	亭				156	32	E. P. T59:18	A8

344	1001	甲渠官 楊褒印　☐ 十二月□□□□□□☐	甲渠候官		私印	楊褒		90+	25	E.P.T59:263	A8
345	1001	甲溝官　徐尊印　☐	甲渠候官		私印	徐尊		117+	16+	E.P.T59:317	A8
346	1000	甲渠候官　☐	甲渠候官					125+	20	E.P.T59:318	A8
347	1000	甲渠官行者走	甲渠候官					145	28	E.P.T59:328	A8
348	1001	……　☐ 甲溝官　八月□□　☐ ……　☐	甲渠候官					126+	28	E.P.T59:329	A8
349	1000	甲渠塞候　☐	甲渠候官					135+	12+	E.P.T59:386	A8
350	1001	甲溝官　☐ 三月甲子卒同以來　☐	甲渠候官				卒同	81+	22	E.P.T59:399	A8
351	1011	封不可知　☐ 甲溝官隊次行　☐	甲渠候官	燧				120+	11+	E.P.T59:639	A8
352	1011	甲渠鄣候以郵行 十二月辛亥臨桐卒同來●三事	甲渠候官	郵			臨桐卒同	160	21+	E.P.T59:681	A8
353	2000	曼君書奏　☐ 君仲　☐						83+	23	E.P.T65:224	A8
354	1001	肅宣印 甲溝官 正月丙午卒同以來	甲渠候官		私印	肅宣	卒同	155	32	E.P.T65:325	A8
355	1010	甲渠官燧次行　☐	甲渠候官	燧				120+	21+	E.P.T65:326	A8
356	1000	甲渠候官　☐	甲渠候官					85+	20+	E.P.T65:327	A8
357	1011	張掖甲渠塞尉印 甲渠官亭次行	甲渠候官	亭	官印	塞尉		130	14+	E.P.T65:328	A8
358	1100	☐甲渠官　回　☐　(A) ☐　覇　覇覇霜覇　☐　(B)	甲渠候官					141+	27	E.P.T65:329AB	A8
359	2000	居成間田守馬丞趙況叩頭 白記						171	34	E.P.T65:381	A8
360	1011	居延都尉章 甲渠鄣候以亭行 七月乙巳卒以來	甲渠候官	亭	官印	都尉	卒	172	43	E.P.F22:466	A8

361	1100	甲渠官　回	甲渠候官					132	23	E.P.F22:467	A8
362	1000	甲溝官	甲渠候官					100	20	E.P.F22:471	A8
363	1010	甲渠鄣候以郵行　▨	甲渠候官	郵				94+	11+	E.P.F22:579	A8
364	1011	▨延令印 ▨行		□	官印	縣令		76+	18+	E.P.F22:745	A8
365	1001	甲溝官吏馬馳行　……印▨ ……以來▨	甲渠候官					110	21	E.P.F22:746	A8
366	1000	甲渠官□▨	甲渠候官					82+	23	E.P.F22:758	A8
367	1110	甲渠候官以郵行　回	甲渠候官	郵				145	33	E.P.F25:16	A8
368	1000	甲渠候官　▨	甲渠候官					110+	14+	E.P.S4.T1:10	P1
369	1000	甲渠士吏臧卿治所						183	30	E.P.S4.T2:36	P1
370	1000	候長誼	第四部					155	18	E.P.S4.T2:37	P1
371	1000	候長李卿治所	第四部					160	19	E.P.S4.T2:38	P1
372	1000	候長充	第四部					150	23	E.P.S4.T2:39	P1
373	1000	候長充	第四部					168	30	E.P.S4.T2:40	P1
374	1000	候長充	第四部					150	28	E.P.S4.T2:41	P1
375	1000	候長充　▨	第四部					146+	26	E.P.S4.T2:67	P1
376	2100	回　萬歲候長□□ 治所門下白發						96	31	E.P.S4.T2:129	P1
377	2100	杜□白 夏侯□伯發　回						140	28	E.P.S4.T2:131	P1
378	1000	肩水候官　▨	肩水候官					113+	22	73E.J.T1:71	A32
379	1000	肩水候官　▨	肩水候官					196	31	73E.J.T2:24	A32
380	1000	肩水金關	肩水金關					172	34	73E.J.T2:25	A32
381	1000	肩水金關　▨	肩水金關					110+	18	73E.J.T3:2	A32
382	1000	▨金關　▨	肩水金關					58+	30	73E.J.T3:9	A32
383	1000	▨金關　▨	肩水金關					52+	17+	73E.J.T3:36	A32
384	1000	肩水金關	肩水金關					164	23	73E.J.T3:63	A32
385	1000	▨肩水金關　（A） ▨……　（B）	肩水金關					142+	22+	73E.J.T4:49AB	A32
386	1000	肩水候官	肩水候官					175	17+	73E.J.T4:105	A32

387	1010	肩水候官以郵行　□	肩水候官	郵				135+	16+	73E.J.T4:106	A32
388	1000	金關	肩水金關					149	29	73E.J.T4:115	A32
389	1000	肩水候官	肩水候官					180	27	73E.J.T5:74	A32
390	1000	肩水候官	肩水候官					187	30	73E.J.T5:75	A32
391	1000	肩水候官	肩水候官					241	24	73E.J.T5:77	A32
392	1000	□肩水金關　（A） □肩水　（B）	肩水金關					145	28	73E.J.T6:1AB	A32
393	1000	肩水金關　（A） 陽□　（B）	肩水金關					170	30	73E.J.T6:2AB	A32
394	1000	肩水金關	肩水金關					137	33	73E.J.T6:3	A32
395	1000	肩水金關	肩水金關					151	31	73E.J.T6:4	A32
396	1001	居延令印　●奴□□ 肩水金關 十月壬寅官奴李□以來　（A） （圖畫）　（B）	肩水金關		官印	縣令	官奴李□	160	37	73E.J.T6:5AB	A32
397	1000	肩水金關	肩水金關					163	32	73E.J.T6:6	A32
398	1000	肩水金關	肩水金關					173	31	73E.J.T6:7	A32
399	1000	肩水金關	肩水金關					146	18+	73E.J.T6:8	A32
400	1000	肩水金關	肩水金關					167	30	73E.J.T6:9	A32
401	1000	肩水金關	肩水金關					136	36	73E.J.T6:10	A32
402	1000	□金關	肩水金關					110+	35	73E.J.T6:11	A32
403	1000	□肩水金關　□	肩水金關					161	25	73E.J.T6:13	A32
404	1000	□東部候長						137	22	73E.J.T7:28	A32
405	1010	橐佗官以隊行　□	橐佗候官	燧				150	10+	73E.J.T7:147	A32
406	2000	葆　王孫記書翁叔幸爲糒 致　肩水廄吏徐少孺所	肩水金關					148	31	73E.J.T9:13	A32
407	1000	□水金關	肩水金關					113+	30	73E.J.T9:193	A32
408	1000	□金關　□	肩水金關					80+	15+	73E.J.T10:5	A32
409	1000	肩水金關	肩水金關					160	37	73E.J.T10:138	A32
410	1000	肩水金關	肩水金關					157	22	73E.J.T10:139	A32
411	1000	關嗇夫光	肩水金關					154	34	73E.J.T10:140	A32

412	1000	●肩水候官	肩水候官					175	26	73E. J. T10:141	A32
413	1000	▨肩水候官	肩水候官					165+	26	73E. J. T10:142	A32
414	1000	肩水金關	肩水金關					143	33	73E. J. T10:143	A32
415	1000	肩水金關	肩水金關					150	29	73E. J. T10:144	A32
416	1000	肩水金關	肩水金關					92	30	73E. J. T10:145	A32
417	1010	肩水候官以郵亭晝夜行　（A） 大邑私敵　（B）	肩水候官	郵亭				168	29	73E. J. T10:202AB	A32
418	1000	肩水金關　▨	肩水金關					91+	23	73E. J. T10:257	A32
419	1000	肩水金關　▨	肩水金關					83+	16+	73E. J. T11:29	A32
420	1001	張延水丞印 金關 十二月辛巳以來	肩水金關		官印	延水丞		141	29	73E. J. T11:30	A32
421	1000	關嗇夫吏	肩水金關					141	33	73E. J. T14:35	A32
422	1000	關嗇夫賞	肩水金關					145	24	73E. J. T14:36	A32
423	1000	關嗇夫武	肩水金關					142	30	73E. J. T15:15	A32
424	1000	東部候長孫卿治所						240	14	73E. J. T21:22	A32
425	1000	肩水候官	肩水候官					191	28	73E. J. T21:36	A32
426	1000	肩水金關	肩水金關					148	32	73E. J. T21:41	A32
427	1001	肩水金關 觻得丞印	肩水金關		官印	縣丞		171	19+	73E. J. T21:72	A32
428	1000	肩水守候　以	肩水候官					176	21	73E. J. T21:85	A32
429	1000	肩水候官	肩水候官					143	32	73E. J. T21:132	A32
430	1000	▨肩水金關	肩水金關					137+	13+	73E. J. T21:247	A32
431	1001	肩水金關　十月己亥以來▨	肩水金關					104+	15+	73E. J. T21:354	A32
432	1000	萬福繩十丈□▨ 肩水候官行者走	肩水候官					60+	32	73E. J. T21:355	A32
433	1000	肩水金關　▨	肩水金關					105+	20+	73E. J. T21:398	A32
434	1000	肩水金關	肩水金關					193	30	73E. J. T22:28	A32
435	1000	肩水都尉府　▨	肩水都尉府					180+	17	73E. J. T22:69	A32
436	1010	肩水候官以郵行	肩水候官	郵				144	32	73E. J. T23:51	A32
437	1000	肩水金關	肩水金關					145	30	73E. J. T23:52	A32

438	1000	肩水金關	肩水金關					158	17−	73E. J. T23:65	A32
439	1010	⧄肩水廷隧次行		燧				123+	21	73E. J. T23:67	A32
440	1001	肩水金關 九月丁未⧄	肩水金關					73+	28	73E. J. T23:150	A32
441	1000	肩水候官	肩水金關					165	15−	73E. J. T23:154	A32
442	1000	候長孫卿治所						156	22	73E. J. T23:169	A32
443	1000	肩水金關	肩水金關					151	11−	73E. J. T23:240	A32
444	1010	肩水以郵行　⧄	肩水候官	郵				217+	17	73E. J. T23:285	A32
445	1000	肩水金關	肩水金關					152	22+	73E. J. T23:312	A32
446	1000	肩水金關	肩水金關					155	28	73E. J. T23:313	A32
447	1000	肩水金關	肩水金關					160	27	73E. J. T23:314	A32
448	1000	肩水候史尹□⧄　（A） □□　⧄　（B）						145+	42	73E. J. T23:325AB	A32
449	1000	金關	肩水金關					155	31	73E. J. T23:326	A32
450	1100	肩水金關　回　⧄	肩水金關					145+	26	73E. J. T23:327	A32
451	2000	薛陽子等記幸致金關 嗇夫李子張亭長過大小所	肩水金關					152	23	73E. J. T23:328	A32
452	1000	肩水金關　⧄	肩水金關					120+	27	73E. J. T23:340	A32
453	2000	員嚴記再拜奏⧄ 遣大公合下　⧄						120+	28	73E. J. T23:388	A32
454	2100	寇掾門下　回						135	19	73E. J. T23:616	A32
455	1000	肩水金關	肩水金關					172	26	73E. J. T23:617	A32
456	1000	關嗇夫吏	肩水金關					138	29	73E. J. T23:618	A32
457	1000	肩水金關	肩水金關					157	24	73E. J. T23:761	A32
458	1000	肩水金關	肩水金關					158	34	73E. J. T23:853	A32
459	1000	肩水金關	肩水金關					142	21	73E. J. T23:856	A32
460	1000	肩水金關	肩水金關					156	13+	73E. J. T23:864	A32
461	1010	⧄郵行		郵				70+	25	73E. J. T23:946	A32
462	1001	枚陽印 肩水金關 □□□以來	肩水金關		私印	枚陽		171	29	73E. J. T23:987	A32

463	1000	肩水金關	肩水金關					177	13+	73E.J.T23:988	A32
464	1001	居延左□印▨ 肩水金關 ▨	肩水金關		官印	縣尉		144+	25	73E.J.T23:999	A32
465	1000	關嗇夫吏 ▨	肩水金關					170+	27	73E.J.T24:37	A32
466	1000	關嗇夫□ ▨	肩水金關					95+	13+	73E.J.T24:56	A32
467	2100	肩水尉史王隆子張書 回 ▨	肩水候官					132+	18	73E.J.T24:74	A32
468	1001	章曰居延都尉 肩水候官 章 屬當時致	肩水候官		官印	都尉	屬當時致	150	30	73E.J.T24:130	A32
469	1010	肩水候官以郵行▨（A） 令 ▨（B）	肩水候官	郵				148+	15+	73E.J.T24:177AB	A32
470	2000	□陽書奏▨ 周君□ ▨						210+	28	73E.J.T24:189	A32
471	1000	肩水候官	肩水候官					182	15+	73E.J.T24:271	A32
472	1000	肩水候官 白賢等二人	肩水候官					193	16+	73E.J.T24:272	A32
473	1000	肩水都尉屬李						170	32	73E.J.T24:274	A32
474	1000	肩水金關	肩水金關					167	20+	73E.J.T24:308	A32
475	1010	肩水金關（A） 槖他隧以郵行（B）	肩水金關 槖他燧	郵				153	13+	73E.J.T24:325AB	A32
476	1000	士吏延壽在所						165	23	79.D.M.T4:6/敦27	D21
477	1010	□□候官亭次行		亭				140	23	79.D.M.T9:121/敦889	D21
478	1000	使者魯詣莫府 ▨						110+	31	79.D.M.T12:32/敦989	D21
479	1000	使者魯詣□□						118	23+	79.D.M.T12:34/敦991	D21

第三部　斷獄の文書

第一章　漢代の擧劾文書の復原

はじめに

本章では、居延漢簡中に含まれる擧劾文書の排列復原とそれに對する考察をおこなう。擧劾文書は一案件につき發受信者を記載した三種類の送付用の文書と、[1] 具體的な内容を記す二種類の本文によって構成されている。これらの構成部分をどう組合せ册書全體を復原するかは、擧劾文書の機能・性格を理解する上で極めて重要な問題である。特に、三種類の送付用文書の組合せについては、その組合せの仕方によって復原される擧劾文書の送付經路は完全に異なる。擧劾文書には擧劾者、その所屬する候官、さらに民政機關である縣及び縣獄が現れるが、これらの官署等が擧劾文書の作成や送付にどのように關わっているのかは、擧劾手續きのみならず裁判制度全體の理解においても大きな意味を持つ。それ故、擧劾文書の册書復原作業は極めて重要な作業なのである。

本論に入る前に擧劾文書の資料的性格に觸れておこう。擧劾文書は甲渠候官址（A8）建物内のT68から多く出土しているが、T68出土擧劾文書簡は册書に復原可能なものが多く、また、文書正本と思われる謹直な字體の「三十井候官始建國天鳳三年三月盡六月當食者案」册書（E.P.T68:194～207）も同地點から出土しているので、T68出土簡は保管されていた文書と推測される。T48・F25出土簡にも擧劾文書が含まれているが、それらにはT68出土簡と同筆・同内容のものも見られることから、[2] これらは元々T68に保管されていた擧劾文書册書が散亂したものなのであろう。

擧劾文書は、甲渠鄣候發信の中繼轉送文書（後述の中繼轉送文書C）も含めて一案件の册書全體が同筆であるが、文書正本の控えとは思われない點が幾つかある。[3] この點については後に檢討するが、擧劾文書に現れる人物は他の簡にも見える實在の人物であるから、[4] 擧劾文書の案件が現實のものであることは疑いない。

第一節　送付用文書の檢討

初めに考察對象である擧劾文書の例を一つ擧げておこう。居延常安亭長の王閎など五人が武器等を盗み逃亡したことを不侵守候長陳業が擧劾したもので、以下擧劾者の名を取って「不侵守候長陳業擧劾文書」と呼ぶものである。なお、擧劾文書は既に册書全體の排列が復原された形であり、《　》内は擧劾文書構成部分の本章での呼稱である。

Ⅰ不侵守候長陳業擧劾文書

《本文非「狀」》

廼今月三日壬寅、居延常安亭長王閎・閎子男同・攻虜亭長趙　E.P.T68:59

常及客民趙閎・范翕一等五人俱亡。皆共盜官兵　E.P.T68:60

臧千錢以上、帶大　E.P.T68:61

刀劍及鈹各一、又各持錐・小尺白刀・箴各一、蘭越甲渠當　E.P.T68:62

曲隧塞、從河水中天田出。○案、常等持禁物、　E.P.T68:63

蘭越塞于邊關儌。逐捕未得。它案驗未竟。　E.P.T68:64

〔先の今月三日壬寅の日に、居延常安亭長の王閎、閎の子の同、攻虜亭長の趙常、及び客民の趙閎・范翕一等五人が逃亡した。皆一緒になって官の武器を盗み、その不正取得額は千錢以上で、大刀と矛各一を攜帶し、さらに各々錐と小刀と針各一を持ち、甲渠候官當曲燧管内の長城を通行證を持たずに越え、河の中の天田から逃亡した。〇すなわち、常等は國外持出禁止物品を持ち、邊境の關所で長城を通行證を持たずに越境したものである。追跡逮捕に務めたがまだ身柄を確保できておらず、その尋問は完了していない。〕

《本文「狀」》

●狀。辭曰、公乘、居延中宿里、年五十一歲、姓陳氏。　E.P.T68:68
今年正月中、府調業守候長、署不侵部。主領吏　E.P.T68:69
跡候備寇虜盜賊爲職。迺今月三日壬寅、居延常安亭長　E.P.T68:70
王閎・閎子男同・攻虜亭長趙常及客民趙閎・范翕等　E.P.T68:71
五人俱亡。皆共盜官兵、臧千錢以上、帶大刀劍及鈹各一、　E.P.T68:72
又各持錐・小尺白刀・箴各一、蘭越甲渠當曲隊塞、從河　E.P.T68:73
水中天田出。案、常等持禁物、蘭越塞　E.P.T68:74
于邊關儌。逐捕未得。它案驗未竟。以此　E.P.T68:75
知而劾。無長吏使劾者。狀具此。　E.P.T68:76

〔●（擧劾に至る）狀況。（擧劾者陳業の）供述に言うには「爵は公乘、本籍は居延縣中宿里で、年は五十一歲、姓は陳氏。今年正月中に、都尉府は私陳業を守候長に任命し、不侵部に配屬した。吏の監督と天田の見回りと異民族の侵入や盜賊の警戒を職務とする。先の今月三日壬寅の日に、居延常安亭長の王閎、閎の子の同、攻虜亭長の趙常、及び客民の趙閎・范翕等五人がそろって逃亡した。皆一緒になって官の武器を盜み、その不正取得額は千錢以上で、大刀と矛各一を攜帶し、さらに各々錐と小刀と針各一を持ち、甲渠候官當曲燧管内の長城を通行證を持たずに越え、河の中の天田から逃亡した。すなわち、常等は國外持出禁止物品を持ち、邊境の關所で長城を通行證を持たずに越境したものである。追跡逮捕に務めたがまだ身柄を確保できておらず、その尋問は完了していない。以上の經緯によって知り擧劾する。長吏が擧劾させたわけではない」と。狀況は以上の通り。〕

《送り狀A》

建武六年三月庚子朔甲辰、不侵守候長業敢　E. P. T68:54

言之。謹移劾狀一編。敢言之。　E. P. T68:55

〔建武六年三月五日、不侵守候長の（陳）業が申し上げます。謹んで擧劾に至る經緯についての文書一編を送付します。以上申し上げます。〕

《文書B》

建武六年三月庚子朔甲辰、不侵守候長業劾、移　E. P. T68:57

居延獄。以律令從事。　E. P. T68:58

〔建武六年三月五日、不侵守候長の（陳）業が擧劾し、居延縣獄に通知する。律令の規定に依據して職務を執行せよ。〕

《中繼轉送文書C》

三月己酉、甲渠守候　移移居延。寫移。如律令。／掾譚・令史嘉　E. P. T68:56

〔三月十日、甲渠守鄣候の　が居延縣に通知する。（受領した文書を）書き寫して送付する。律令の如くせよ。〕

（二）送付用文書の種類

擧劾文書に含まれる送付用文書には、前揭の三種類と、次章所揭のV甲渠守候長某昌林擧劾文書に含まれる

1　建武六年四月己巳朔己丑、甲渠候長昌林劾。將　E. P. T68:31

良、詣居延獄。以律令從事。　E. P. T68:32

との計四種類が見出され、各々の書式は次のとおりまとめられる。

送り狀A　：〔年號〕某年某月〔干支〕朔〔干支〕〔官名〕〔名前〕敢言之。謹移劾狀一編。敢言之。

文書B　：〔年號〕某年某月〔干支〕朔〔干支〕〔官名〕〔名前〕劾。移居延獄。以律令從事。

文書B'　：〔年號〕某年某月〔干支〕朔〔干支〕〔官名〕〔名前〕劾。將某詣居延獄。以律令從事。

中繼轉送文書C　：某月〔干支〕〔官名〕〔名前〕移居延。寫移。如律令。

「謹移劾狀一編」という文言を持つAは帳簿等を送付する場合に添附する送り狀、「劾移居延獄」「劾將某詣居延縣獄」という文言を持つB・B'は居延縣獄宛ての文書、「寫移」という文言を持つCは受領した文書をさらに他官署に中繼・轉送する際に添附する中繼轉送文書であるので、文書の性格がわかるようにそれぞれ「送り狀A」「文書B・B'」「中繼轉送文書C」と呼ぶことにしたい。これらの送付用文書には同一日附のものが多く、それを集めるとA・B・C又

はA・B'・Cの三種類で一組を成している。文書BとB'は「移」と「將某詣」が相違するだけで、後述するように被擧劾者の身柄が確保されている場合はB'、未確保ならばBが選擇的に使用されるのである。實は、同一日附でまとめると上手く整理できない場合がある。T68出土擧劾文書には建武六年四月己丑（二十一日）附の送付文書が二簡（次掲の①②）あるが、そのうちの一つと發信者が同じだが日附が一日違う送り狀A（③）も存在するのである。

①建武六年四月己丑（二十一日）附の甲渠守候長某昌林發信の文書B'（E.P.T68:31）
②建武六年四月己丑（二十一日）附の「令□〼」發信の種類不明の送付用文書（E.P.T68:41）
③建武六年四月戊子（二十日）附の甲渠守候長某昌林發信の送り狀A（E.P.T68:29）

この三簡を日附を基準に組み合わせると①と②が一組になり、種類不明の送付用文書②は送り狀Aに相當することになる。その場合、送り狀Aと文書B'の發信者が異なるが、他の擧劾文書の例が同一發信者であるのに對して異例である。それ故、送り狀Aと文書B'が同一發信者であることを基準にして①と③を一組とし、②は別の擧劾文書と考えるべきであろう。建武六年四月己丑附けの擧劾文書が二通存在するのに對應するように、T68出土簡の中には「四月己丑」附けの中繼轉送文書Cが二簡（E.P.T68:33、E.P.T68:43）存在しており、この二簡が①③と②の二通の擧劾文書の中繼轉送文書Cと考えれば全て整合的に理解できる。つまり、三種類の送付用文書の組合せはAとB・B'とが同一發信者であることを基準にすべきである。その結果、一案件の擧劾文書についていうと、送付用文書の發信者は送り狀Aと文書B・B'が同一、中繼轉送文書Cが甲渠鄣候で、それらはほとんどの場合、同一日附であるということになる。この組合せの基準に據ることで、T68出土擧劾文書で唯一の三月附である前掲Ⅰ不侵守候長陳業擧劾文書に三月己酉附の中繼轉送文書C（E.P.T68:56）を組み合わせても問題ないことが確認できる。

では次に、各送付用文書の文言の検討に移ろう。行論の都合上、中繼轉送文書Cから。

（二）中繼轉送文書C

中繼轉送文書Cは年號が無く月から日附の記載が始まっているが、このような文書は單獨で送付される文書ではなく、他の文書に追加されて送付される文書で、(5)後掲2にも含まれる。2ⓐは城北燧長の病氣缺勤の申請で、ⓑは城北候長がそれを甲渠候官に轉送した際に添附した中繼轉送文書である。一次發信のⓐは年號記載から始まっているのに對して、中繼轉送文書であるⓑには年號が記載されていない。擧劾文書の中繼轉送文書Cはこの2ⓑと同樣に日附が月から始まっている。それ故、中繼轉送文書Cは、別の文書をさらに他の官署に中繼・轉送する場合に追加されたもので、擧劾文書においてその別の文書に當たるのは送り狀Aか文書B・B'ということになろう。

この中繼轉送文書Cには「寫移」という文言が見えるが、第一部第二章第四節で檢討したように、中繼轉送文書の「寫移。某到」は「受領した文書を書き寫して送付する。この文書某が届いたら」と解釋すべきであるから、同じ中繼轉送文書に記載されたこの「寫移」も、中繼轉送文書Cの發信者が受け取った文書を書き寫してさらに別のところに送付するという意味であると考えられる。(6)その轉送先を示すのが「移居延」であるが、「移」は同格官署間の通知の際に使用される語で、(7)「居延」は居延縣であるから、(8)「移居延」は「居延縣に通知する」と解釋される。

以上の檢討から、中繼轉送文書Cの「移居延。寫移。如律令」という文言は「居延縣に通知する。（受領した文書を）書き寫して送付する。律令の如くせよ」と解釋される。

（三）送り狀A

送り狀Aは、「謹移劾狀一編」とあるように「劾狀」を送付する際に添附された送り狀であるが、一組の文書の相當部分が復原できるⅠ不侵守候長陳業擧劾文書および後掲のⅡ令史周立擧劾文書、次章所掲のⅢ令史周某擧劾文書・Ⅳ主官令史夏侯譚擧劾文書・Ⅴ甲渠守候長某昌林擧劾文書では、送り狀Aの發信者は全て令史と候長であるし、これら以外のT68出土の送り狀Aも同様である。[9] 次掲の冊書は燧長病書冊と呼ばれるものである。

2ⓐ建武三年三月丁亥朔己丑、城北隧長黨敢言之。　E.P.F22:80
　迺二月壬午、病加兩脾雍種匈脅丈滿、不耐食
　飲、未能視事。敢言之。　E.P.F22:81
ⓑ三月丁亥朔辛卯、城北守候長匡敢言之。謹寫移隧長黨
　病書、如牒。敢言之。　今言府請令就醫。　E.P.F22:82

〔建武三年三月三日、城北燧長の黨が申し上げます。去る二月壬午に、兩方の太ももを病んで、腫れ物ができ、胸が腫れて、食事ができず、まだ勤務に就けていません。以上申し上げます。／三月五日、城北守候長の匡が申し上げます。謹んで燧長黨の病書を書き寫して送付すること、添附簡の通りです。以上申し上げます。／今　都尉府に申請して醫者の診察を受けさせるように。〕

この燧長病書冊では候長發信の中繼轉送文書（2ⓑ）に別筆で「今言府請令就醫」と記されているが、ここに見える「府」は都尉府のことであろうから、この別筆部分は候官の判斷を追記したものであり、それ故、候長の上申先は候

官となる。この册書は兩行簡に謹直な字體で書かれていることから、送付された文書實物と考えて間違いない[10]。また、甲渠候官址出土の令史發信の上申文書[11]もいずれも兩行簡に謹直な字體で書かれており、送付されてきた文書實物と考えられる。從って、候長や令史の發信する上申文書の宛先は候官であったと考えて良いだろう。この他に燧長が送り狀Aの發信者となっている例もある[12]。2では燧長の發信文書ⓐは部候長の中繼轉送文書ⓑを追加して候官へ提出されているが、燧長から候官へはむしろ直接送付されるのが一般的だったようである。

3　元康四年三月戊子朔甲辰、望泉隊長忠敢言之
　候官。謹寫移病卒爰書一編。敢言之。　255・40A（A33）

〔元康四年三月二十九日、望泉燧長の忠が候官に申し上げます。謹んで病卒爰書一編を書き寫して送付します。以上申し上げます。〕

「敢言之候官」とあることから、この燧長發信文書は候官宛てに送付されたものと考えられる[13]。また、

4　陽朔元年七月戊午、當曲隧長譚敢言之。負故止害燧
　長寧常交錢六百。願以七月奉錢六百償常。以印爲信。敢言之。　E.P.T52:88A
　甲渠官　E.P.T52:88B

〔陽朔元年七月戊午、當曲燧長の譚が申し上げます。元の止害燧長の寧常にまぐさ代六百錢の負債があります。どうか七月の奉錢六百錢で寧常に返濟してください。印を證據とします。以上申し上げます。／甲渠候官宛〕

は當曲燧長が止害燧長への借金を自分の給與から支拂うよう候官に願い出た文書であるが、裏面の「甲渠官」は文書

の宛先であろうから、この文書は燧長から直接候官へ送付されたと考えられる。(14)また、送付される文書は發信者の印で封印され、(15)その印文は文書受領日附及び持參者名と共に記録されるが、次の簡はその記録である。

5　霍辟兵印
　十一月丙寅、隊長辟兵以來　E. P. T51:226

印文の「霍辟兵」と持參者「燧長辟兵」は同一人物と思われるから、この場合、燧長が自身の發信文書を自分で候官へ持參しており、この場合も燧長發信文書は候官へ直接送付されている。

2のように燧長から候官への送付文書を候長が中繼する場合には、候長發信の中繼轉送文書が添附されるはずである。その中繼轉送文書は前述の如く年號の記載が無く月から始まり、上申文書では「謹寫移」という文言を持つが、このような書式の中繼轉送文書で候長發信のものは2以外に次の一例を見出すのみである。

6　十一月丁巳、呑遠候長放敢言之。謹寫移。敢言☐
　議小子□老錮不。即害病、可言府☐　168・7（A8）

〔十一月丁巳、呑遠候長の放が申し上げます。謹んで書き寫して送付します。以上申し上げます。……╱小子□が年老い長患いかどうかを議論せよ。もし害病があるなら、都尉府に申し出るべきである〕

二行目は別筆で記された候官の判斷であるが、その内容からこの文書は呑遠部所屬吏卒の病氣に關するものと推測される。病氣關係の文書に候官の判斷が別筆で追記されている點、2と同一である。吏卒の病氣による缺勤は候官へ、更に府へと報告されるが、(16)吏の勤務・缺勤は勞との關係から嚴格に管理されたはずであり、(17)(18)それ故、特別に候長經由で候官に送付されたのであろう。「謹寫移」の文言を持つ上申の中繼轉送文書のうち、鄣候發信の例は幾つか見出しうるのに對し[19]、候長發信がこの二例のみであることからも、2に見られる燧長→候長（部）→候官という文書送達形態は特例であって、通常は燧・部から候官へ直接送付されたと考えるべきであろう。

從って、送り狀Aを添附して送付される「劾狀」も、發信者に拘わらず候官へ直接送付されたと考えられる。

（四）文書B・B'

文書B・B'は日附の記載が年號から始まっているので單獨で送付可能な文書であるが、例えば、債權の回收を依賴する文書が[20]「〔發信者〕移〔受信者〕」という表記になっているのに對して、文書Bでは「〔發信者〕劾移居延獄」、B'では「〔發信者〕劾將某詣居延獄」というように、「劾」と「移居延獄」「將某詣居延獄」という二つの行爲が連記されているので、この部分の正確な意味を確認しておく必要がある。

文書BとB'の文言は兩者の比較から、①「劾」、②「移居延獄」又は「將某詣居延獄」、③「以律令從事」の三部分で構成されていることがわかる。③は文書送付先に對する命令執行文言であるので、明確にすべきは①と②の行爲主體である。考え得る可能性は二つある。一つは①②ともに文書B・B'の發信者が行爲主體である場合、もう一つは①の行爲主體は文書B・B'の發信者で、②は文書送付先に對する命令である場合である。

①「劾」の行爲主體が文書B・B'の發信者であることは問題ない。②の行爲主體であるが、「移居延獄」と「將某詣居延獄」とが選擇的に現れることから、「移居延獄」がくる場合と「將某詣居延獄」がくる場合とで文書B・B'の發信者と②の行爲主體との關係が異なるとは考えにくい故、②がどちらの場合でも②の行爲主體と發信者との關係は同一と考えて良いだろう。②のうち、「將某詣居延獄」は擧劾された者（被擧劾者）の身柄が確保されている場合に限っ

て用いられている。Ⅰ～Ⅴの擧劾文書で言うと、「將某詣居延獄」と書かれているのはⅢ令史周某擧劾文書とⅤ甲渠守候長某昌林擧劾文書であるが、共に被擧劾者の身柄が確保されている。Ⅴ甲渠守候長某昌林擧劾文書では被擧劾者趙良を尋問しその供述も本文「狀」に記載されているので、趙良の身柄は擧劾者である甲渠守候長某昌林の元に確保されていることは疑い無い。そうすると、被擧劾者の身柄を擧劾者が確保している場合に「將某詣居延獄」と記されるということになる。この文言と同じ「將某詣……」の句造りは詣官簿によく見られる。

7　第二隧長褒、將部卒詣官、稟。三月丙戌蚤食入　133・16（A8）

〔第二燧長褒、部卒を率いて候官に出向き、食料支給を受ける。三月丙戌の蚤食に入る〕

「將部卒詣官」は「部卒を引連れて候官に出頭する」の意であるから、(21)「將某詣居延獄」は「某を連行して居延獄へ出頭する」という意味である。(22)その某が被擧劾者で擧劾者の元に身柄を確保されているわけであるから、この「將某詣居延獄」の行爲主體は擧劾者本人と考えてよいだろう。それ故、「將某詣居延獄」と選擇的に現れる「移居延獄」の行爲主體も擧劾者と考えられる。從って、①と②の行爲主體はともに擧劾者と考えられるのである。

このことは別の面からも確認できる。次の簡は文書Bと同様に「劾」「移居延獄」という文言を持つものである。

8　始元年十月甲辰朔戊辰、第二亭長舒劾敢言之。　捕　275・10（A8）
得常有・程生。寫移居延獄。謁以律令從事。　275・13（A8）(23)

〔始元年十月二十五日、第二亭長の舒が擧劾して申し上げます。常有と程生を逮捕しました。書き寫して居延獄に送付します。どうか律令に依據して職務を執行してください。〕

ここでは「謁」字が「以律令從事」の前にあることに注目される。第一部第二章第九節で檢討したように、この「謁」字以後の部分が文書送付先に對する依頼内容になる。それ故、「謁」より前の「劾敢言之。捕得常有・程生。寫移居延獄」の行爲主體は全て發信者自身と考えなければならない。(24)次の簡も同様である。

9　永初三年正月壬辰朔十二日壬寅、直符戶曹史盛劾敢言之。謹移獄。謁以律令從事。敢言之。(25)

長沙五一廣場東漢簡J1③:281-5A

〔永初三年正月十二日、直符戶曹史の盛が擧劾し申し上げます。謹んで獄に送付します。どうか律令の規定に依據して職務を執行してください。以上申し上げます。〕

「謹」字が「移獄」に附せられていることから、「移獄」の行爲主體が發信者自身であること疑い無い。8・9からも、文書B①の「劾」と②「移居延獄」の行爲主體が文書Bの發信者自身であることが確認できる。

②に現れる「居延獄」は居延縣の獄で縣廷に附設されていたようである。次の簡は居延縣への文書發信記錄(26)である。

10　●遣士吏奉・尉史常、自詣獄、還遝。移居延。☐　214・106（A8）

〔士吏の奉と尉史の常を派遣して、自ら獄に出向いて、遝を返還させる。居延に通知する〕

最後の「居延」は都尉府・候官・縣の可能性があるが、都尉府は通常「府」と言われるし、これは士吏と尉史を獄へ派遣した旨の通知であるが漢簡に見える獄は全て縣獄であるから、10の「居延」は縣と考えてよい。10で吏を獄に派遣する旨を獄そのものではなく縣へ通知しているのは、獄が縣廷に附設されていたからであろう。

③「以律令從事」は、第一部第二章第七節で検討したように、職務執行に當たり依據すべき規定が「律令」であることを具體的に指示するものである。

以上の考察から、文書Bは「(發信者) 劾し、居延獄へ移す。律令を以て從事せよ」と訓じ、「(發信者が) 擧劾し、居延縣獄に通知する。律令の規定に依據して職務を執行せよ」という意味に、文書B'の「將某詣居延獄」は「某を將いて居延縣獄へ詣る」と訓じ、「被擧劾者某を連行して居延縣獄に出頭する」という意味に解釋される。

第二節　擧劾文書本文の検討

(一) 擧劾文書本文の復原

擧劾文書の中で具體的な内容を記載する本文に當たる部分は二種類あり、一方は「狀辭曰」で始まり「狀具此」で結ばれる書式を取るので、この書式を取る本文を以下「本文『狀』」と呼び、かかる書式を取らない方の本文を「本文非『狀』」と呼ぶことにする。この兩者は書き出しと書き止めの書式は異にするものの、具體的な記載内容はほぼ同じである。T68出土の擧劾文書本文には文章の續き具合から簡の排列を復原できるものがあり、I不侵守候長陳業擧劾文書もその一つである。その本文「狀」(E. P. T68:68～76) 及び本文非「狀」(E. P. T68:59～64) と送付用文書との組み合わせについて言うと、本文「狀」に見える「府補業守候長署不侵部」(E. P. T68:69) という擧劾者の身元記載から、建武六年三月庚子朔甲辰附不侵候長業發信の送り狀A (E. P. T68:54～55) および文書B (E. P. T68:57～58) が同一案件のものであることがわかり、これらの送付用文書の日附から三月癸酉附甲渠守候中繼轉送文書C (E. P. T68:56) もこの案件のものであることがわかる。

T68出土の擧劾文書の本文部分の排列復原は概ね釋文の通りでよいが、後掲のⅡ令史周立擧劾文書については問題がある。Ⅱ令史周立擧劾文書では二種類の本文の記載内容に違いがあり、その違いが各々の作成目的を考える上で重要な手掛かりになる。それ故、ここで逐一檢討して本文排列を復原することにしたい。その復原作業のために、Ⅰ不侵守候長陳業擧劾文書の本文から二種類の本文に特有の文言や記載内容を取り出してみると次のものが擧げられる。

本文「狀」　・書き出しが「狀辭曰」、書き止めが「狀具此」
・冒頭に送り狀A及び文書B・B'の發信者（擧劾者）の身元記載「爵・縣・里・年齡・姓・任官の年月とその官名・職務内容」
・末尾に「以此知而劾無長吏使劾者」の文言

本文非「狀」・書き出しが「迺某月某日」

これら特有の文言と記載内容を手掛かりとして、Ⅱ令史周立擧劾文書の本文（E.P.T68:16～28）の排列を復原してみよう。以下に記す⑥⑦等の番號は後掲の復原册書に附せられた番號である。

⑥「上造、居延累山里、年卌八歲、姓周氏。建武五年八月中、除爲甲」から⑦前半「渠斗官食令史、備寇虜盜賊爲職」までは本文「狀」の擧劾者の身元記載、⑫末尾「以此知而」から⑬「劾。無長吏教使劾者。狀具此」までは本文「狀」の書き止めの文言であるから、それぞれが接續し、本文「狀」の冒頭と末尾に位置する。⑥は釋文では斷裂の記載はないが寫眞では明らかに上部が折れており、その部分に「狀辭曰」の語があったはずである。

①の「迺九月庚辰」は本文非「狀」の書き出しである。Ⅰ不侵守候長陳業擧劾文書において「迺今月三日壬寅」という表記が二種類の本文の兩方に見えるように、「迺某月某日」という表記から直ちにそれが本文非「狀」であると

は斷定できないが、①の「九月庚辰」は送り狀Aの「九月癸酉朔」によれば八日に當たり、同日を指す「今月八日」の語が本文「狀」の⑦に見えるので、①は本文非「狀」と判斷できる。

②冒頭に「夏侯譚争言闘」と見える夏侯譚は⑧の「主官譚」に據れば主官であり、また、⑩に「譚與憲争言闘」とあって原憲・夏侯譚の争いが記されていることから、②は①の「原憲與主官」から續くことがわかる。

②末尾「擊傷譚匈一所。廣二寸」から③冒頭「長六寸、深至骨」までは傷の程度を述べているが、E.P.T68:188に「頭四所、其一所創袤三寸、三所創袤二寸半、皆廣三分、深至骨」とあるように、傷の程度はその長さと幅で表現されているので、②③は連續すると考えられる。

④の「槖一、盛糒三斗、米五斗、騎馬、蘭越㴸南塞天田出」の句は本文「狀」の⑫にも見えるので、④は本文非「狀」とわかる。

⑤の「逐捕未得、它案驗未竟」は被擧劾者の身柄が確保できていない場合に記される常套表現で、Ⅰ不侵守候長陳業擧劾文書では二種類の本文の「案」字以降に現れている。Ⅱ令史周立擧劾文書では本文非「狀」の④に「案」字が見え、この「案」字に先行する「盛糒三斗・米五斗、騎馬、蘭越隧南塞天田出」という記載が本文「狀」の⑫にも見えるが、⑫ではこの記載の後に「案」ではなく「以此知而」という本文「狀」の書き止め文言がきている。このことから、Ⅱ令史周立擧劾文書では本文「狀」には「案」部分が無いことになる。そうすると、「案」部分に見える常套表現である「逐捕未得、它案驗未竟」を含む⑤は本文非「狀」であり、「案」字を含む④に續くことがわかる。

⑪後半の「憲帶劔、持官弩一、箭十一枚、大」と同一の表現が本文非「狀」の③に見えることから、⑪は本文「狀」とわかる。

③と⑪は末尾が、④と⑫は冒頭が各々同一で、ともに原憲逃亡の際の攜帶物品の詳細であるから、本文「狀」の⑪

と⑫、本文非「狀」の③と④がそれぞれ續く。

この時點で本文非「狀」（①〜⑤）は文章が完結しているので、殘る⑧⑨⑩はすべて本文「狀」となり、入り得る位置は⑦と⑪の間である。

⑩の末尾「令史」は、送り狀A（E.P.T68:13）に「令史立」とあることから、⑪の「立」へ續くことがわかる。

⑧の「讓持酒來過候飲」に類似する記載が、E.P.T20:6に「今年八月中、候繆訢客男子賈蘘持酒」とみえる。T20出土簡には、このⅡ令史周立擧劾文書に現れる主官夏侯譚の斥免に關する簡も含まれていて(27)、その簡の筆跡はE.P.T20:6とよく似ており、一連のものと思われる。その結果、T20出土の二簡に見える主官夏侯譚・男子賈蘘とⅡ令史周立擧劾文書に現れる主官夏侯譚・讓とは同一の二人と考えられるので、⑧の「讓」の立場は「客」ということになる。その場合、⑧の「讓」の前の斷裂部分に「里（爵位）」とあったとすれば⑧は⑦の「客民不審」に續き得る。もしも、E.P.T20:6がⅡ令史周立擧劾文書と關係が無かったとしても、「不審」の語には「興客不審郡縣姓名習字嚴年卌」（79D.M.T8:28／敦683）、「覆胡亭卒不審名字」（E.P.T59:2）といった用例があり、「客民不審……讓」という表現はあり得る。また、⑧の「持酒來過候飲」「酒盡」と⑨の「候復持酒」「飲再行酒盡」は飲酒に關する內容であることから、⑧⑨は連續し、その結果⑦⑧⑨⑩と續くと考えて良いだろう。

以上の考察によって、Ⅱ令史周立擧劾文書の本文の排列は次の通り復原される(28)。送付用文書も併せて示そう。

Ⅱ令史周立擧劾文書

《本文非「狀」》

①迺九月庚辰、甲渠第四守候長、居延市陽里、上造原憲、與主官　E.P.T68:24

②夏侯譚爭言鬪。憲以所帶劍刃、擊傷譚匈一所。廣二寸　E.P.T68:20

③長六寸、深至骨。憲帶劍、持官六石具弩一・稾矢銅鍭十一枚、持大　E.P.T68:21

④□槖一、盛糒三斗・米五斗、騎馬、蘭越隧南塞天田出。案、憲鬪傷　E.P.T68:22

⑤盜官兵、持禁物、蘭越于邊關儌亡。逐捕未得。它案驗未竟。　E.P.T68:23

〔先の九月八日、甲渠候官第四守候長の、本籍居延縣市陽里、爵上造の原憲が、主官令史夏侯譚と言い争い喧嘩した。原憲は持っていた剣で夏侯譚に切りかかり、胸に一箇所傷を負わせた。傷は幅二寸、長さ六寸で、骨に達していた。原憲は剣を攜帯し、官所有の六石の具弩一つ、銅の鏃附きの長い矢十一本を取り、大きな（革）袋一つを取って干し飯三斗・米五斗を入れ、馬に乗って、隧南側の長城・天田を通行證を持たずに越えて逃亡した。すなわち、原憲は喧嘩して傷を負わせ、官所有の武器を盜み、國外持出禁止物品を攜帯し、國境の關所を通行證を持たずに越境して逃亡したものである。追跡逮捕に務めたがまだ身柄は確保できておらず、その尋問は完了していない。〕

《本文「狀」》

⑥〼上造、居延累山里、年卌八歳、姓周氏。建武五年八月中、除爲甲　E.P.T68:16

⑦渠《官》斗食令史、備寇虜盜賊爲職。至今月八日、客民不審　E.P.T68:17

⑧〼讓持酒來過候飮。第四守候長原憲詣官。候賜憲・主官譚等酒。酒盡、讓欲去、　E.P.T68:18

⑨候復持酒、出之堂煌上、飮再行。酒盡、皆起。讓與候史候□〼　E.P.T68:19

⑩人。譚與憲爭言鬪。憲以劍擊傷譚匈《一所》、騎馬馳南去。候卽時與令史　E.P.T68:25

⑪立等逐捕、到憲治所、不能及。驗問隊長王長、辤曰、憲帶劍、持官弩一・箭十一枚・大　E.P.T68:26A

⑫革橐一、盛糒三斗・米五斗、騎馬蘭越隧南塞天田出、西南去。以此知而　E.P.T68:27
⑬劾。無長吏教使劾者。狀具此。　E.P.T68:28

〔爵は上造、本籍は居延縣累山里、年は四十八歳、姓は周氏。建武五年八月中に、甲渠候官の斗食令史に任命され、異民族の侵入と盜賊の警戒を職務とする。今月八日になって、客民で……が不明の某譲が酒を持って鄣候を訪れ酒を飲んでいた。そこに第四守候長の原憲が候官に出向いた。鄣候は原憲や主官令史夏侯譚等に酒を振る舞った。酒が無くなったので、譲が去ろうとすると、鄣候は復た酒を持ってきて、堂煌に出て、再び飲み始めた。酒が無くなったので、皆席を立った。譲は候史や候□と……人。夏侯譚は原憲と言い争い喧嘩した。原憲は劍で夏侯譚に切りかかり、胸に一箇所傷を負わせ、馬に乘って南の方へ去って行った。鄣候は卽座に令史周立と共に追跡逮捕せんとし、原憲の勤務官署（第四燧）まで來たが、追い附かなかった。そこで第四燧長の王長を尋問したところ、王長が供述して言うには「原憲は劍を攜帶し、官所有の弩一つ、矢十一本、大きな革袋一つを取り、干し飯三斗・米五斗を入れ、馬に乘って、燧南側の長城・天田を違法に越えて、西南方向に逃亡した」と。以上の經緯によって（違法事實を）知り擧劾する。長吏が擧劾させたわけではない。狀況は以上の通り。〕

《送り狀Ａ》

建武五年九月癸酉朔壬午、令史立敢言之。謹移劾狀　E.P.T68:13
一編。敢言之。　E.P.T68:42

〔建武五年九月十日、令史の（周）立が申し上げます。謹んで擧劾に至る經緯についての文書一編を送付します。以上申し上げます。〕

《文書B》

建武五年九月癸酉朔壬午、甲渠令史　劾、移居延獄。以律令從事。　E. P. T68:14

〔建武五年九月十日、甲渠候官令史の　が擧劾し、居延縣獄に通知する。律令の規定に依據して職務を執行せよ。〕　E. P. T68:15

《中繼轉送文書C》

九月壬午、甲渠候□移居延。寫移。書到、如律令。　令史立　E. P. T68:79

〔九月十日、甲渠鄣候の□が居延縣に通知する。（受領した文書を）書き寫して送付する。この書が届いたら、律令の如くせよ。　令史立〕

Ⅰ・Ⅱ以外で册書の排列が復原できるものに、次章所揭のⅢ令史周某擧劾文書、Ⅳ主官令史夏侯譚擧劾文書、Ⅴ甲渠守候長某昌林擧劾文書がある。これらは文章の續き具合から本文が復原できるもので、本文の排列は釋文の通りである。

（二）擧劾文書本文の檢討

ここでは、Ⅰ不侵守候長陳業擧劾文書とⅡ令史周立擧劾文書を主な檢討對象としながら、擧劾文書に含まれる二種類の本文、卽ち、本文「狀」と本文非「狀」の各々の特徵を考察し、それぞれの作成目的を明らかにしたい。

（a）文言の檢討

初めに擧劾文書の本文に見える文言を検討しよう。「案」から。

（ア）「案」

漢簡中に見える「案」字には、「調べる」という動詞としての用法と、「當食者案」のように記録という意味の名詞としての用法がある。(29) 擧劾文書に見える「案」は前者であるが、動詞としての「案」には二つの使われ方がある。一つは「案」が「調査する」という具體的な動作を表す場合で、調査對象を目的語として取ることも多い。

11 建武四年五月辛巳朔戊子、甲渠塞尉放行候事敢言之。詔書曰、吏民毋得伐樹木。有無四時言。●謹案、部吏毋伐樹木者。敢言之。　E.P.F22:48A

〔建武四年五月八日、甲渠塞尉の放が鄣候業務を代行して、申し上げます。詔書には、吏民は樹木を伐採することはできない。有無を四時毎に報告せよ、とありました。●謹んで調べましたところ、部吏で樹木を伐採した者はおりません。以上申し上げます。〕

12 建昭四年四月辛巳朔庚戌、不侵候長齊敢言之。官移府所移郵書課擧曰、各推辟部中、牒別言、會月廿七日。●
=謹推辟、案
過書刺、正月乙亥人定七分、不侵卒武受萬年卒蓋、夜大半三分、付當曲卒山。鶏鳴五分、付居延收降亭卒世。　E.P.T52:83

〔建昭四年四月三十日、不侵候長の齊が申し上げます。候官が送付してきた所の都尉府の送付した郵書課擧には、各おの管轄區内を調査し、添附簡別に言え、今月二十七日に出頭せよ、とありました。●謹んで調査して、過書刺を調べましたところ、正月乙亥の人定七分に、不侵卒の武が萬年卒の蓋より受け取り、夜大半三分に、當曲卒の山に渡し、

鶏鳴五分に居延候官收降亭卒の世に渡しています。〕

11の「謹案」は報告文書や民間人用の通行證である傳によく見られる表現で、「謹んで調査しましたところ」といった意味を表す。また、12では「過書刺を調べたところ」という意味で、その後にその調査結果が述べられている。

もう一つは、尋問や調査の具體的な結果記載の後に改めて「案」字が記される場合である。

13　建武桼年六月庚午、領甲渠候職門下督盜賊　敢言之。新除第廿　E. P. F22:169
隧長常業代休隧長薛隆。迺丁卯餔時、到官、不持府符。●謹驗問隆、　E. P. F22:170
辤、今月四日食時受府符、詣候官。行到遮虜、河水盛浴渡、失亡符水中。案、隆丙寅　E. P. F22:171
受符、丁卯到官。敢言之。　E. P. F22:172

〔建武七年六月庚午、領甲渠候職門下督盜賊の　が申し上げます。新任の第廿一燧長の常業が休燧長の薛隆と交代しました。先の丁卯の日の餔時に（薛隆が）候官に到着しましたが、都尉府の符を持っていませんでした。●謹んで薛隆を尋問したところ、供述するには、「今月四日の食時に都尉府の符を受け取って、候官に出向きました。道中、遮虜に着いたところ、河水が多く川の中を渡ろうとして、符を水の中で亡くしてしまいました」と。すなわち、薛隆は丙寅の日に符を受け取り、丁卯の日に候官に到着したものです。以上申し上げます。〕

ここでは、府符を攜帶していなかった薛隆を尋問し、その尋問結果を「●謹驗問隆」以下に記載した後で、改めて「案」字が記されている。「案」の中で述べられているのは、薛隆が府符を受け取った日附と候官に出頭した日附であるが、これは「●謹驗問隆」以下で既に記載されていることである。このことから、この「案」は尋問結果を總括して要點を示す場合の書き出し文言として用いられていると考えられよう。(30) 次掲の爰書も同樣である。

14　建武桼年十月辛酉朔壬戌、主官令史譚敢言之。爰書。不侵候長居延中宿里□業、主亭隧桼所、𠯗呼不繕治、兵＝弩不檠持。案、業軟弱不任吏職、以令斥免。它如爰書。敢言之。　E.P.F22:689＋E.P.F22:700(31)

〔建武七年十月二日、主官令史の譚が申し上げます。爰書。不侵候長の居延中宿里の□業は、亭燧七箇所の管理責任がありながら、破損等を修繕せず、武器や弩をゆだめに塡めていませんでした。すなわち、業は軟弱にして吏の職責を果たせず、令の規定によって罷免されたものです。以上爰書とします。以上申し上げます。〕

ここでは「爰書」以下の部分に不侵候長□業の職務不履行の具體的な狀況が記載された後で、「案」がきてその中で業が「軟弱不任吏職」であり令の規定で罷免されたことが記されている。この場合の「案」も總括あるいは最終結果を導く文言という役割を果たしている。また、「駒疲勞病死冊書」（E.P.F22:186～201　第四部第三章所揭10）では、關係者の尋問結果を記した後、「案」の中で尋問者の當該案件に對する判斷が示されている。(32)

このように、動詞として用いられる「案」には、「調査する」という意味を表す場合と、尋問・調査の結果を踏まえての總括や判斷を示す場合の書き出しの文言として用いられる場合とがある。擧劾文書の場合、Ⅰ不侵守候長陳業擧劾文書およびⅡ令史周立擧劾文書では、ともに逃亡の具體的狀況を記した後に「案」がきて、逃亡者が國外持出禁止物品を持って違法に長城を越えたと記されているが、これは具體的な逃亡狀況を踏まえた總括的な內容である。從って、擧劾文書の「案」は、總括や判斷を示す場合の書き出しの文言として用いられていることになろう。(33)

「案」での總括を具體例で見てゆこう。Ⅰ不侵守候長陳業擧劾文書本文の「案」には「常等持禁物、蘭越塞于邊關徼」とあるが、「禁物」は國外持出禁止物品、[34]「蘭」は「闌」で違法出入、[35]「關徼」は關所[36]のことである。「案」中の「持禁物」は「案」より前に記載されている「帶刀劍及鈹各一又各持錐小尺白刀箴各一」、「蘭越塞于邊關徼」は「蘭越甲渠當曲燧塞從河水中天田出」という具體的記述をそれぞれ總括した表現で、所謂罪名に相當する。Ｖ甲渠守候長某昌林擧劾文書では「案」以前の具體的記述が「蘭越甲渠却適燧北塞天田出」（E.P.T68:38）であるのに對し、「案」では「良蘭越塞天田出入」（E.P.T68:39）と「出入」になっている。これは「案」の「越塞天田出入」が個別具體的記述ではなく、旣に總括されて一般化された罪名に相當するものであることを示す。この他にも「軟弱不任吏職」「鬪傷」「賊傷」「盜官兵」「不憂事邊」「私去署」等という特定の語がＴ68出土擧劾文書の「案」の中に屢々現れること[37]も、これらの語が一般化された罪名相當の語であることを示す。

なお、言うまでもないことであるが、Ｖ甲渠守候長某昌林擧劾文書に見えるように、文書Ｂ'の「將某詣居延獄」で獄に連行されている人物とこの「案」に現れる違法行爲者は同一であるから、この違法行爲者こそが擧劾文書の被擧劾者である。從って、擧劾文書の「案」以下は擧劾者による被擧劾者の犯した罪名の指摘ということもできよう。

（イ）「逐捕未得它案驗未竟」

この文言は被擧劾者が逃亡中の擧劾文書に固有[38]で「逐捕」は追跡逮捕の意、[39]「未得」は被擧劾者未逮捕のことである。「案驗」は驗問・尋問の意、[40]「竟」は「盡くす」「完了する」の意である。[41]「它」字は「他」の意味で用いられる場合が多いが、「他」の意味で「它案驗未竟」を解釋すると「その他の尋問はまだ完了していない」となってしまいしっくりこない。第一部第二章第五節で檢討したように、「它」には「それ」という代名詞的用法もあり、その場合は「その尋問はまだ完了していない」という意味になるが、こちらの方が直前の「逐捕未得」に適合する。それ故、この「它」は「それ」という代名詞的用法として解釋すべきであろう。従って、この文言の意味は「追跡逮捕に務めたがまだ身柄は確保できておらず、その（被擧劾者の）尋問はまだ完了していない」となろう。

この文言は文書B'を含む擧劾文書には有るが、Bを含む擧劾文書には無いので、文書BとB'は被擧劾者の逮捕未逮捕による使い分けであることがわかる。なお、この文言の存在から、擧劾文書は逮捕未逮捕に關係なく違法行爲發覺の時點で作成されることも指摘されよう。

（ウ）「狀辭曰」

筆者は舊稿[42]において、漢簡に見える「狀」字は書狀を指すのではなく、狀況・事實經過の意であることを指摘した。それに對して蘇俊林は、「狀」には樣子・狀況の意味もあるが、秦漢時代にはある事柄や人の行爲についての具體的な狀況を內容とする文書を「狀」と呼ぶようになったとし、文書名稱として「狀」が用いられた例として、典籍史料の中から「奏狀」「辭狀」「文狀」「行狀」「品狀」「功狀」「名狀」を擧げている[43]。「狀」字の解釋は擧劾文書全體の理解にも大きな影響を與えるので、少しく紙幅を割いてこの點を檢證したい。

蘇俊林が擧げた「某狀」の例は、確かに文書としての「某狀」と解釋することが不可能なわけではない。しかしながら、「某狀」を「某についての狀況・經緯」という意味ではなく文書の名稱と解釋すべきであると判斷した根據は、一例を除いて示されていない。その一例というのは『後漢書』和帝紀の次の記事である。

又德行尤異、不須經職者、別署狀上。　『後漢書』紀四　和帝紀　永元五年三月條

〔又德行尤異にして、職を經るを須いざる者は、別に狀を署して上せ。〕

この記事について蘇俊林は、「狀」が「別署」できるからには様子・狀況と理解することは困難で、文書として理解すべきであるとする。この記事の「別署狀上」とよく似た表現が『後漢書』馮異傳にも見える。

建武元功二十八將、佐命虎臣、讖記有徵。蓋蕭曹紹封、傳繼於今。況此未遠而或至乏祀。朕甚愍之。其條二十八將無嗣絶世、若犯罪奪國、其子孫應當統後者、分別署狀上。將及景風、章敍舊德、顯茲遺功焉。

『後漢書』傳七　馮異傳

〔建武の元功二十八將、佐命の虎臣、讖記　徵有り。蓋し蕭曹紹封せられ、傳えて今に繼ぐ。況んや此の未だ遠からずして或いは乏祀に至るをや。朕甚だ之を愍む。其れ二十八將の嗣無くして絶世する、若くは罪を犯して國を奪わるるもので、其の子孫の應に統後に當るべき者を條し、分別して狀を署して上せ。〕

ここでは、建武元功二十八將の子孫で跡繼ぎとなるべき者をそれぞれ「狀」を記して上呈せよ、と言っているのであって、「分別署」している所の「狀」を様子・狀況と理解しても何ら問題ない。「狀」が「別署」できるからには様子・狀況と理解することは困難であるとする理由が筆者には理解できない。また、ここの「狀を別署して上す」は結果的に「狀」を「上す」ことになるが、その「上狀」という表現を含む『後漢書』隗囂列傳の「遣使上狀」等を「狀」を文書と解釋すべき例として蘇俊林は擧げている。その「上狀」の類似表現「上其狀」が『後漢書』陸康傳に見える。

康少仕郡、以義烈稱、刺史臧旻擧爲茂才、除高成令。縣在邊垂。舊制、令戶一人具弓弩以備不虞、不得行來。長吏新到、輒發民繕修城郭。康至、皆罷遣、百姓大悅。以恩信爲治、寇盜亦息。州郡表上其狀。

『後漢書』傳二一　陸康傳

〔康少くして郡に仕え、義烈を以て稱せられ、刺史臧旻擧げて茂才と爲し、高成令に除せらる。縣　邊垂に在り。舊制、戸ごとに一人をして弓弩を具えて以て不虞に備え、行來するを得ざらしむ。長吏新たに到らば、輒ち民を發して城郭を繕修せしむ。康至り、皆罷めて遣れば、百姓大いに悅ぶ。恩信を以て治を爲し、寇盜亦た息む。州郡表して其の狀を上す。〕

「上其狀」の直前に「以恩信爲治、寇盜亦息」とあることから、「州郡表上其狀」は「州郡が陸康の統治の狀況を上申した」と解釋すべきであろう。「狀」を書狀とした場合、「其狀」の「其」が指すべき具體的内容が無く「其狀」を解釋することが困難になってしまう。

　蘇俊林が擧げた所の、「狀」を書狀と解すべき他の例についても簡單に檢討しておきたい。まず「奏狀」であるが、蘇俊林が擧げた例はいずれも「狀を奏す（狀況・經緯を申し上げる）」と解釋することも不可能ではない。さらに、「奏狀」に類似の「奏其狀」という表現が『漢書』卷七六　王尊傳に「吏民嘉壯尊之勇節、白馬三老朱英等奏其狀」と見える。「其狀」という表現は他にも見え、[44] それらはいずれも「その狀況・經緯」の意味であるから、この「奏其狀」も「その狀況・經緯を上奏する」と解釋すべきである。それ故、「奏其狀」の「其」字が落ちた「奏狀」も「狀況・經緯を上奏する」と解釋すべきであろう。「辭狀」については、蘇俊林は「問其辭狀」という例を擧げるが、類似の「問其狀」は「その狀況」という意味の「其狀」を含むので、當然、「その狀況・經緯を問う」という意味になる。それ故、「問其狀」に類似する「問其辭狀」も「その供述や狀況・經緯を問う」と解釋すべきであろう。また、「辭狀」は『後漢書』傳七一　獨行傳・戴封傳にも「時諸縣囚四百餘人、辭狀已定、當行刑」と見えるが、この「辭狀已定」は證不言請律「臧五百以上、辭已定滿三日、而不更言請者」（E.P.F22:2）の「辭已定（供述が既に確定して）」と同じことを指すのであろうから、「辭状已定」も「その供述と状況・經緯が既に確定する」という意味の罪状自認を指す表現と解釋すべきであろう。「行状」については、『後漢書』傳七一 獨行傳・范式傳に「上書表式行状」、同李善傳に「上書薦善行状」とあるが、ともに「行状」が表彰や推薦の對象であることから、これらの「行状」は品行という意味であって、品行を記した文書ではないだろう。「功状」は、『漢書』卷一七 景武昭宣元成功臣表に「功状」の欄があるが、そこに記されているのは軍功であるから、この「功状」は「軍功の状況」という意味である。蘇俊林はさらに『全上古三代秦漢三國六朝文』所收の「……状」を幾つもあげているが、それらの「……状」は編者が便宜的に附けた題名であって、同時代のものではない。このように、「状」字が書状の意味を表すとして蘇俊林が擧げている例は、いずれも状況・經緯の意味でも解釋することが可能である。また、蘇俊林は嶽麓秦簡に見える三つの「某状」を文書名稱と理解するが、そのうちの二つは「爲某奏状」という表現になっている。これに含まれる「奏状」は上述のように「状況を申し上げる」という意味に理解される語であるから、嶽麓秦簡の「爲某奏状」も「某の爲めに状況を申し上げる」という意味に理解すべきであろう。上で検討したもの以外のものも含めて、蘇俊林の擧げた例は「状」を書状・文書と解釋する積極的根據とはなり得ないものであり、蘇俊林の所説に従うことはできない。

さて、「状」が状況・經緯の意味であることは次の例から明らかである。

15　持行到府。皆後宮等到留遲。記到、各推辟界中相付日時、具言状。會月廿六日。謹案、鄉嗇夫丁宮入關檄、不過界中。男子郭長入關檄、十一月十八日乙未食坐五分、木中隧長張勳受卅井誠勢

E.P.F22:324

〔持って行き都尉府に到着した。いずれも宮らの到着より遅れて遅延している。この記が届いたら、各おの管轄區内での受け渡しの日時を調査し、詳細にその状況を報告せよ。今月二十六日に出頭せよ。謹んで調査しましたところ、

鄉嗇夫丁宮の關所通過報告の檄は、管轄區内を傳送されていません。男子郭長の關所通過報告の檄は、十一月十八日の食坐五分に木中燧長の張勳が卅井誠勢……より受け取り〕

これは檄傳達の留遲について都尉府が下した調査命令に對する甲渠候官の報告である。(45)「具言狀」という命令に對する報告が「謹案」以下の檄傳達狀況であることから、「狀」が狀況・經緯の意であることが確認できる。この他にも、利劍の見分け方に「身中生如黍粟狀（劍刀の身中に黍粟狀の錆がある）(46)」とある「黍粟狀」は「黍粟のようなかたちの」の謂いであるし、禁令の違反者を報告させる命令文言「四時言犯者名狀（四時に違反者の「名狀」を報告せよ）(47)」の「名狀」が「名前とありさま」であることは言う迄もないだろう。漢簡に頻見される「毋狀」は「行う所醜惡にして善狀なき」を言う語であるし、(48)「狀何如」(49)の「何如」は狀況を問う語なのだから、「毋狀」「狀何如」の「狀」がありさまの意味であることは疑い無い。さらに、「對狀」「問狀」(50)も「狀況を答える」「狀況を問う」の意味であって、これらの「狀」をかきつけと解釋したのでは意味を成さない。

前述のように、蘇俊林は「狀」字が書狀・文書を意味する例として典籍史料に見える「某狀」を擧げていたが、逆に、「某狀」が書狀・文書とは理解し得ない例がある。擧劾文書に見える「劾狀」に似た「擧狀」という語である。

博士、秦官也。……（中略）…太常差選有聰明威重一人爲祭酒、總領綱紀。其擧狀曰「生事愛敬、喪沒如禮。通易・尚書・孝經・論語、兼綜載籍、窮微闡奧。隱居樂道、不求聞達。身無金痍痼疾、卅六屬不與妖惡交通、王侯賞賜。行應四科、經任博士。」下言「某官某甲保擧。」　『後漢書』傳二三　朱浮傳注所引『漢官儀』

〔博士、秦官なり。……太常　聰明威重有るもの一人を差選して祭酒と爲し、綱紀を總領せしむ。其の擧狀に曰く「生は愛敬を事とし、喪沒　禮の如し。易・尚書・孝經・論語に通じ、兼ねて載籍を綜し、微を窮め奧を闡らかにす。

隱居して道を樂しみ、聞達を求めず。身に金痍痼疾無く、卅六屬　妖惡と交通し、王侯賞賜せず。行いは四科に應じ、經は博士に任う」と。下に「某官某甲保擧す」と言う。」

「擧狀」という字面だけからすれば「推擧の文書」と解釋できそうであるが、以下の理由から、そのように考えることはできない。卽ち、引用の最後に「下に『某官某甲保擧す』と言う」とあるので「某官某甲保擧」の部分は「擧狀」には含まれないことになろう。もしも「狀」が書狀の意味であるならば、その書狀の記載內容である「某官某甲保擧」の部分が「擧狀」に含まれないということはあり得ない。「某官某甲保擧」が「擧狀」の記載內容であるにも拘わらず「擧狀」に含まれないことから、逆に、「擧狀」は書狀や文書を表す語ではないと考えざるを得ない。そうすると、「擧狀」は「推擧に値する狀況」という意味と考える他無いが、「擧狀」の內容に當たる「生事愛敬……經任博士」は察擧された人物の品行の記載であり、まさに「推擧に値する狀況」そのものである。

以上、「狀」字が狀況・經緯の意味であることを確認した上で、次は「狀辭」という語を檢討したい。T68出土の擧劾文書の本文「狀」ではいずれも「狀辭曰」に作るが、「劾狀辭曰」に作る例がある。

16　劾狀辭曰、公乘日勒益壽里、年卅歲、姓孫氏。迺元康三年七月戊午、以功次遷爲　20・6（A33）

17　劾狀辭曰、公乘居延臨仁里、年卅一歲、姓毋▨　45・12（A8）

共に爵位・縣・里・年齡・姓・官歷という記載順になっており、これが擧劾文書の本文「狀」であることは疑い無い(51)。從って、本文「狀」の「狀辭曰」は「劾狀辭曰」の省略表現であると考えられる。それ故、この書き始めの「狀辭曰」に對應する「狀具此」の「狀」も「劾狀」の省略表現と考えられる。

この「狀具此」と類似の表現に「對具此」「辭具此」がある。

18　⧄死罪死罪。對具此。　39・25（A8）

19　以何日到止害。言已毋所復聞。辤具此。　E. P. F22:394

〔何日に止害燧に到着した……。申し上げた後に耳にしたことはありません。供述はこれで全部です。〕

これらの文言は全て記載の末尾に位置しこの文言で文章が終わっているので[52]、これらは書き止めの文言として用いられていることがわかる。「對具此」の「對」は、

20　⧄牛車、不載穀詣官。具對。光叩頭死罪死罪對曰、光不敢廩吏　324・10（A33）

〔牛車、穀物を載せて候官に出向いていない。詳しく回答せよ。光が恐れながらお答え申し上げます、私光は吏に食糧を支給していません。〕

の通り、漢簡では驗問・譴責に對する回答・辯明を意味する語である。そして書止め文言「對具此」を持つ簡の内容も、「對」字に對應するように驗問・譴責に對する回答・辯明である。

21　⧄以行塞、令吏卒射、折傷兵、不以時出付折傷簿。叩頭死罪。對具此。　311・19（A8）

〔長城地帯を巡回し、吏卒に矢を射らせて、武器を破損しましたが、速やかに折傷簿を提出しておりません。恐れながら申し上げます。回答はこれで全部です。〕

「以時」は「しかるべき時に」「速やかに」の意であるから、(53) 21は折傷簿提出遲延の譴責に對する回答・辯明であろう。20に見える「叩頭死罪」の文言があることも、21が驗問・譴責に對する回答・辯明であることを示す。その回答・辯明に續けて書止め文言「對具此」がくることから、この文言は「回答・辯明は以上で終わり」という意味を表していると考えられ、それ故、「對具此」に類似する「狀具此」は「狀況・經緯は以上で終わり」という意味になろう。

「辭曰」という表現は、漢簡の用例では常に人の發言・供述を記載する場合の書き出しとして用いられる。

22　責不可得。書到、驗問、審負知君錢、白報。謹驗問當、辭曰、迺十一月中、從知君
貸錢三千六百、以贖婦。當負臧、貧急毋錢可償知君者。謁報。敢言之。
E.P.T59:13＋E.P.T56:8 (54)

〔返濟を求めたが返してもらえなかった、と。この書が屆いたら、尋問し、知君に對して借金があることが事實ならば、報告せよ。謹んで當を尋問しましたところ、供述して言うには「去る十一月中に知君から三千六百錢を借り、婦の刑罰を贖いました。當は踏み倒した借金がありますが、困窮しているため知君に返濟する錢がありません」と。どうかご報告ください。以上申し上げます。〕

23　河平元年九月戊戌朔丙辰、不侵守候長士吏猛敢言之。謹驗問不侵候史嚴、辭曰、士伍、居延鳴沙里、年卅歲、
＝姓衣氏、故
民。今年八月癸酉、除爲不侵候史、以日迹爲職。嚴新除、未有追逐器物。自言尉駿所、曰毋追逐物。駿遣嚴往來
＝毋過
E.P.T59:1

〔河平元年九月十九日、不侵守候長で士吏の猛が申し上げます。謹んで不侵候史の嚴を尋問しましたところ、供述して言うには「士伍で居延鳴沙里に本籍があり、年は三十歲で、姓は衣氏、以前は民でした。今年八月癸酉に、不侵候史に任用され、日迹を職務としています。嚴は任用されたばかりで、追跡用の備品を持っておりません。自ら尉の駿

の所に申し出て、追跡用の備品が無いと言いました。駿は嚴を往來させるに、毋過〕

従って、擧劾文書の本文「狀」の「狀辭曰」の「辭曰」も人の供述と考えるべきである。さらに、上掲の例のように「辭曰」の前には常にその供述をした人物の名がきているので、「狀辭曰」を「狀の辭に曰く」と解釋することはできず、その結果、この部分は「狀。辭曰」のように區切らなければならない。Ⅰ不侵守候長陳業擧劾文書およびⅡ令史周立擧劾文書では、「辭曰」の後には爵・縣・里・年齡・姓・任官時期・官名・職務内容が列記されていたが、この記載順は23と完全に一致する。さらに、Ⅰ不侵守候長陳業擧劾文書の「辭曰」以下の部分に記されている身元記載は擧劾者である不侵守候長陳業のもの、Ⅱ令史周立擧劾文書も同じく擧劾者である令史周立のものであることから、これら擧劾文書の「辭曰」以下は擧劾者の供述であることが確認できる。

この「狀。辭曰」は本文「狀」の冒頭にくる文言であるが、先述のように末尾の「狀具此」に對應する。その「狀具此」が「狀況・經緯は以上で終わり」という意味の書き止めの文言であったことからすれば、「狀。辭曰」の「狀」は書き始めを表す文言と考えられよう。つまり「狀。辭曰……。狀具此」という形で「以下、狀況・經緯の記載。（擧劾者の）供述に言うには、『……』。狀況・經緯は以上で終わり」という意味を表していると考えられるだろう。このように書き始めを示す標題的表記とその終わりを示す書き止め文言をもつ書式は爰書にも見られる。14に見えるように、爰書の本文部分は標題的記載である「爰書」から始まり、書止め文言「它如爰書」で終わっている(55)。なお、先述のように「狀。辭曰」は「劾狀。辭曰」の省略表現であったので、本文「狀」の書き出し「狀。辭曰」は「以下、擧劾の狀況・經緯の記載。（擧劾者の）供述に言うには」という意味に解釋される。

（エ）「以此知而劾無長吏（教）使劾者」

候官においては「長吏」という場合、鄣候と塞尉を指す[56]。「以此知而劾」は、後述の如くこの文言以前が擧劾に至る經緯の説明であるので、「以上の事情によって違法事實を知り擧劾する」の意になる。この部分は「無長吏（教）使劾者」を「劾」の對象と解釋することもできるが、「劾」で文は終わり、長吏が擧劾されているのではない。先述の如く文書B'で護送される人物、卽ち「案」以下で罪名指摘されている違法行爲者が被擧劾者だからである。案件の經緯から見ても長吏を擧劾することは考え難い。V甲渠守候長某昌林擧劾文書は新古民趙良が夜道に迷って甲渠却適燧北塞天田を違法に越えた事に關する擧劾であるが、長吏（鄣候・塞尉）はこの違法行爲を全く關知していないからである。既に指摘されているように[57]、「無長吏（教）使劾者」は「長吏の指示に因るのではなく、自分の判斷で擧劾した」という意味なのであろう。

以上で文言の検討を終わり、次には本文「狀」と本文非「狀」との相違點を検討しよう。

（b）本文「狀」と本文非「狀」との相違點

初めに本文中に現れる人物の身元記載について。擧劾者の身元記載は、本文「狀」では爵・縣・里・年齡・姓・任官時期・官名・職務内容の順で記され、これは23にも見えるように供述者自身による身元確認の定型である。これに對し、本文非「狀」ではそもそも擧劾者自身が文中で全く言及されない。被擧劾者については、本文「狀」では官名はあるものの所謂名縣爵里は全く記載がない[58]。その一方で、本文非「狀」では官名・縣・里・爵・姓名・年齡がこの順で表記されている。爵・年齡が省略される場合もあるが、漢簡中の名籍はこのような書式を取るのが一般であり[59]、身元記載の要件は滿たしている。

本文の記述方法も相違している。Ⅱ令史周立擧劾文書について言えば、本文「狀」では被擧劾者原憲が主官夏侯譚に傷を負わせるに至る經緯の詳細な記述があるのに對し、本文非「狀」ではその經緯は全て省略され傷害行爲の時點から記述が始まっている。また傷害行爲後の經過についても、本文「狀」では原憲の逃走に伴い鄣候が擧劾者令史立と共に追跡し、原憲の治所でその逃亡狀況を燧長王長に尋問したことが、時間經過に從って記述されている。それに對し、本文非「狀」では事實內容が記載されるだけである。同樣に、Ⅴ甲渠守候長某昌林擧劾文書の本文「狀」でも被擧劾者趙良の違法行爲が發覺して擧劾されるに至る經緯が時間順に記述されている。これらの例から、本文「狀」は擧劾に至る經緯の說明に重點が、一方、本文非「狀」は違法行爲自體の指摘に重點があるといえる。Ⅳ主官令史夏侯譚擧劾文書の本文非「狀」には「三月己亥、除署第四部。病欬短氣、主亭隧七所呼」という本文「狀」には無い記述がある。「主亭隧七所呼」は、14にも見えるように「軟弱不任吏職」を構成する要件の一つであるから、この記述も被擧劾者の違法事實、ここでは職務不履行の事實指摘となろう。さらに、Ⅱ令史周立擧劾文書では「案」が記されるのは本文非「狀」だけで、本文「狀」には含まれていないことも、このような特徵を示すものである。前述の如く「案」以下の部分は擧劾者による被擧劾者の罪名指摘に當たるが、その「案」が本文非「狀」の必須要素であることも、本文非「狀」の重點が被擧劾者の違法行爲の指摘にあったことを示すものである。

先に指摘したことも、このような本文の特徵との關連で理解されよう。卽ち、擧劾者などの身元記載については、本文「狀」では擧劾の經緯說明が中心なので、違法事實を知見した擧劾者が文書の主體となり、一方、本文非「狀」では違法事實の指摘が中心になるので違法行爲者である被擧劾者が主體となるからと考えられる。また、狀況・經緯の意である「狀」を含む「狀。辭曰」「狀具此」が本文「狀」に固有の文言であることも、本文「狀」の重點が擧劾に至る經緯の說明にあることからすれば當然である。先述のように、「狀。辭曰」の「狀」は「劾狀」の省略表現であったが、この「劾狀（擧劾の狀況・經緯）」という語は擧劾に至る經緯の説明に重點を置く本文「狀」の書き出しの標題的記載として適切である。さらに、「以此知而劾、無長吏教使劾者」という文言は本文「狀」にしか現れなかったが、この文言が擧劾の經緯に關する文言であることを考えれば、本文非「狀」に現れないのも當然と言えよう。

第三節　擧劾文書册書排列の復原

前述のように擧劾文書は二種類の本文と三種類の送付用文書の五つの部分によって構成されている。この五つの部分がどのように組み合わされて册書が形成されていたのかを復原するのが本節の課題である。擧劾文書については既に幾つかの先行研究があるが、論者によって五部分の組合せは異なっている。排列の相違は直ちに文書送付經路の相違に繫がり、それは延いては擧劾という司法手續きの位置附けにも影響してくる。それ故、擧劾文書の排列をどのように復原するかは非常に重要な問題である。

（一）先行研究の復原案

初めに、先行研究で示された復原案を検討することにしたい。各論者の示す排列と各部分の内容を整理した上で、それに基づいて文書傳送經路を圖示し、問題點も併せて指摘しておきたい。なお、各部分の名稱は本章での名稱を用い、（　）内に各論者による名稱を附記した。各部分の竝び順は各論者が示した釋文の順番に從っている。

《李均明(60)》

送り狀A（劾狀呈文）……………起訴時間、起訴人、上呈文書の性質および數量の說明。

本文非「狀」（劾狀本文）……………文書の主要部分。被告人の犯罪事實と原告による調查意見が主な內容。

文書B（處理劾狀的呈文）…………時間と處理方式。

本文「狀」（劾狀的再抄件）…………原告の上級が作成したもの。原告身分の說明と劾狀の寫し。

中繼轉送文書C（原告上級的呈文）……原告の上級が文書を轉送するための文書。轉送時間と轉送先、發信者の署名。


冊書の排列は右の通りであるが、これは簡番號順の排列でもあり、內容を檢討した上で復原されたものかどうかはわからない。各部分の說明からすると、送り狀A・本文非「狀」・文書Bを擧劾者自身が作成して上級に送付し、それを受領した上級は本文非「狀」を元に本文「狀」を作成し、中繼轉送文書Cを添附して關係部門に送付すると考えているようである。中繼轉送文書Cは甲渠鄣候が居延に宛てて發信したものであるから、李均明の言う上級とは甲渠候官を指し、中繼轉送文書Cで送付される先は居延縣のようである。從って、文書の傳送狀況は次のようになろう。

擧劾者→（送り狀A・本文非「狀」・文書B）→甲渠候官→（送り狀A・本文非「狀」・文書B／本文「狀」・中繼轉送文書C）→關係部門（居延縣）

ここでは、送り狀Aと文書Bが一文書を形成しているが、年號を含む日附と發受信者の記載があり單獨で發信可能な送り狀や文書が一文書の中に複數併存する例は他に無い。また、甲渠候官から關係部門に送付される段階で文書Bなどに中繼轉送文書Cが追加されることで、これらの文書が擧劾者→甲渠候官→居延縣→居延縣獄と傳送されると考えているのかもしれないが、文書Bは發信者が擧劾者、受信者が居延縣獄である以上、擧劾者から居延縣獄に直接送付されたと考えなければならない。その結果、文書Bに中繼轉送文書Cを追加することは不適當であろう。さらに、甲渠候官から關係部門への送付の段階で、甲渠候官は本文「狀」と中繼轉送文書Cを追加しているが、受領文書を轉送する場合に中繼轉送文書以外の文書などを添附している例は他に無い。

李均明はその後、各部分の呼稱とその内容について次のように修正している。(61)

送り狀A・文書B・中繼轉送文書C（呈文）…………本文非「狀」と本文非「狀」の送付報告。送り狀Aは甲渠候官宛、文書Bは居延獄宛。中繼轉送文書Cは送り狀A・文書Bを甲渠候官が居延獄に轉送する送り狀。

本文「狀」（劾文）…………主文書。被告の身分と犯罪事實の陳述、原告による事實調査と事件處理。

本文「狀」（狀辭）…………原告の自敍。原告の身分説明と被告の犯罪事實及び調査處理狀況。

その上で、これらの文書は甲渠候官が居延獄に轉送した際に作成した控え文書とする。この場合の文書傳送狀況は次のようになろう。

擧劾者 →（本文非「狀」・本文「狀」／送り狀A・文書B）→ 甲渠候官 →（本文非「狀」・本文「狀」／送り狀A・文書B・中繼轉送文書C）→ 居延獄

新説では、舊説について指摘した點に加えて、本文非「狀」と本文「狀」とが共に擧劾者發信の甲渠候官宛文書に含まれているが、例えば、I不侵守候長陳業擧劾文書では本文非「狀」の記載内容は全て本文「狀」に含まれており、本文非「狀」に加えて本文「狀」も送付する必要など無いように思われる。それにも拘わらず、二種類の本文を一緒に送付する必要があるというのであればその理由を説明する必要があるが、その説明は無い。

《佐原康夫(62)》

送り狀A

本文非「狀」……彈劾の訴狀である「劾」。事件の詳細を記した後、「案」以下で彈劾に該當する要件をまとめる。

本文「狀」………「劾」を證言する「狀」。直接に彈劾した者自身の證言で、證言者の名縣爵里と肩書き、職務内容から始まり「此知而劾。無長吏使劾者。狀具此」で結ばれる。

文書B

中繼轉送文書C

佐原康夫は、この書類は全體が「劾狀一編」であり、日附・報告者名・書類タイトルを含む送り狀Aを冒頭におかなければ書類にならないとして、送り狀Aを册書冒頭に排列する。ただし、册書排列の復原は困難でありこの排列は嚴密なものではなくあくまで集成とする。また、擧劾文書は居延縣獄宛てに發信されているが、同時に都尉府にも報告されたはずとする。文書の傳送狀況については言及していないが、次のような狀況を想定しているようである。

擧劾者 →（送り狀A・本文非「狀」
本文「狀」・文書B）→ 甲渠候官 →（送り狀A・本文非「狀」・本文「狀」
文書B・中繼轉送文書C）→ 居延縣獄・都尉府

佐原は、「●右劾及狀」（E.P.T56:118）という簡の存在から送り狀Aに見える「劾狀一編」が「劾」と「狀」の二つの部分で構成されたひとまとまりの書類であると考えるのであるが、先に檢討したように、本文「狀」には「劾狀」という標題的記載を持つものもあることから、「劾狀」は本文「狀」のみを指すと考えるべきであろう。「劾狀一編」と

「●右劾及狀」とを單純に比較して「劾狀」＝「劾」＋「狀」と結論し、「劾狀一編」が擧劾文書全體を指すとすることには首肯できない。[63] さらに、後述のように送り狀は册書末尾に附けられるのが一般的である。傳送狀況については、李均明舊說に關して指摘した單獨發信可能な送り狀Aと文書Bを一つの文書の中に併存させるという問題と、文書Bに中繼轉送文書Cを追加する問題がある。さらに、都尉府にも送付されたとするが、その根據も示されていない。

《高恆[64]》

〔劾章〕

文書B（劾章呈文）……本機關主管が狀辭を受け取って審査した後、審判機關に送付し處理するよう命じた文書。機關主管の署名をして發行。その際、補助者と書寫者も署名。

本文非「狀」（劾章）……擧劾文書の正文。非擧劾者の法律責任を追訴する訴訟文書。擧劾者の所屬する主管機關が審判機關（居延獄）に送付。主管機關が狀辭に對して審査をした上で策定する。その際、文言の修正や關係者尋問や現場檢證も行う。「案」は審査の結論。他人の指示ではない旨、審査未完の理由も附記。

中繼轉送文書C（簽發文書）……文書B・本文非「狀」を上級機關が審判機關に送付する文書。

〔狀辭〕

送り狀A（狀辭呈文）……具體的事務擔當官吏が本機關の主管に送付する文書。

本文「狀」（狀辭）……擧劾の根據。關係のある責任者が作成。擧劾者の名縣爵里を記載。

擧劾文書は「劾章」と「狀辭」の二部分で構成されているとし、「劾章」は文書B・本文非「狀」・中繼轉送文書C、

「狀辭」は送り狀A・本文「狀」とする。また、文書作成の手順を次のように想定する。①負責官吏（臨監部主）が「狀辭」を本機構の主管官吏に提出。②主管官吏が「狀辭」を審査した上で、「狀辭」を元に「劾章」を作成して、上級機關（甲渠候官）に上呈。③それを上級機關名で發信して審判機關（居延獄）に送付する、と。この文書傳送經路を圖示すると次のようになろう。

負責官吏（擧劾者）→（送り狀A　本文「狀」）→本機構主管官吏→（文書B　本文非「狀」）→上級機關（甲渠候官）→（文書B・本文非「狀」　中繼轉送文書C）→審判機關（居延縣獄）

各部分の作成者を擧げているが擧劾者との關係が不明確であるし、送り狀Aと文書Bの發信者は同一であるが高恆の說では異なっている。また、李均明舊說に關して指摘した文書Bに中繼轉送文書Cを追加する問題もある。

《張伯元[65]》

本文「狀」＋送り狀A……告劾狀＝告訴文書。

本文非「狀」＋文書B……案驗書＝發行機關が行った調査結果。事實だけでなく具體的な狀況を記す。

全體が告劾狀と案驗書の二部分で構成されるとするが、それぞれの作成者および送付先は明示されていない。また、文書Bを案驗書として發行機關の調査結果とするが、發行機關が何を指すのか明示されていない。その結果、擧劾者の作成した「告劾狀」と「案驗書」との關係やそれぞれの送付狀況も不明である。

《宮宅潔[66]》

送り状A＋本文非「狀」……擧劾者が直屬の甲渠候官に犯罪行爲を告發する文書。
文書B＋中繼轉送文書C……居延縣獄に提出された文書。
これに基づいて文書傳送狀況を復原すると次のようになる。(67)

擧劾者
↓（送り状A＋本文非「狀」）↓
甲渠候官
↓（文書B＋中繼轉送文書C）↓
居延縣獄

本文と送付用文書の組み合わせの根據が示されていないし、李均明舊說に關して指摘した文書Bに中繼轉送文書Cを添附するという問題もある。

以上、煩瑣になったが先行研究における理解を整理した上で、その問題點を指摘した。一瞥して明らかなように、擧劾文書の五部分をどのように組み合わせるかは論者によって大きく異なっており、その結果、擧劾文書の作成・送付の狀況も一致しない。もとより、これらの先行研究で問題なのは、擧劾文書の五部分の組み合わせにはいろいろなパターンがあり得るにも拘わらず、それらの組合せそのものについてその當否が殆ど檢證されていないことである。先述のように、擧劾文書の五部分をどのように組み合わせるかによって、文書の傳送狀況は全く異なってくるのであるから、この組合せ作業は愼重を期すべきである。では、冊書排列の復元作業に入ろう。

（二）冊書排列の復原

擧劾文書を構成する五つの部分について、先の検討結果を今一度確認しておこう。

本文「狀」…………「狀」または「劾狀」という標題的記載を持ち、擧劾者の身元記載を含む。擧劾に至る經緯の説明に重點がある。

本文非「狀」………擧劾者の身元記載無し。被擧劾者の違法行爲の指摘に重點があり、「案」以下は擧劾者による被擧劾者の罪名指摘に相當する。

送り狀A……………「劾狀一編」を送付する際の送り狀。

文書B・B'…………居延縣獄に對して違法行爲者を擧劾する文書。

中繼轉送文書C……受領文書を居延縣に轉送する際に追加された文書。

これらの五部分はどのように組み合わされて冊書を形成していたのだろうか。

送り狀Aは「劾狀一編」を送付するための文書であるが、「(劾)狀」という標題的記載をもつことから本文「狀」が「劾狀一編」に當たることは疑い無い。それ故、送り狀Aは本文「狀」に添附されたと考えられる。もう一つの本文である本文非「狀」には發受信者の記載が無いので、このままでは送付不可能であり、三種類の送付用文書のどれかに添附されたと考えなければならない。三種類の送付用文書のうち、中繼轉送文書Cは受領文書をさらに轉送する場合に追加される文書であるから、それに本文非「狀」を添附して送付することはできない。送り狀Aに添附されたとすると、送り狀Aは本文「狀」と本文非「狀」の兩方を送付したことになるが、二種類の本文はその記載の重點は異なるものの、記載内容自體はほとんど重複するので、そのような二つの本文を一緒に送付するとは考えにくい。従って、文書B・B'に添附されたと考えられるが、居延縣獄に對して違法行爲者を擧劾する文書である文書B・B'に添附される本文として、被擧劾者の違法行爲の指摘に重點があり被擧劾者の罪名指摘を含む本文非「狀」は適合する。それ故、本文非「狀」は文書B・B'に添附されたと考えられる。

中繼轉送文書Cであるが、これは別の文書を轉送する際に追加されたものであるから、送り狀A＋本文「狀」か文書B・B'＋本文非「狀」のどちらかに追加されたはずである。文書Bには「移居延獄」、文書B'には「將某詣居延獄」とそれぞれ宛先が記されているので、文書B・B'は擧劾者から居延縣獄に送付されたと考えなければならない。それ故、文書B・B'に居延縣宛ての中繼轉送文書Cを追加するのは不適當である。もしも、文書B・B'に中繼轉送文書Cが追加されたとすると、文書B・B'に明記された發信者と送付先（居延縣獄）との間で、記載の無い甲渠鄣候が中繼することになる。しかしながら、元康五年詔書册（第二部第二章注2所掲）や燧長病書册（2）など統屬關係に沿って送られる文書では、文書に明記された宛先へ直接送付されている。候官所屬の吏が統屬關係にない他機關へ文書を送付する場合も、債權關係文書に見られるように、候官所屬の吏は債權回收を候官宛に依賴し、他機關へは鄣候發信文書により通知されていて(68)、いずれの場合も、文書に記された發信者と送付先との間に第三者が介在することはない。それ故、文書B・B'に中繼轉送文書Cが追加されたと考えることはできない。中繼轉送文書Cが送り狀A＋本文「狀」に追加された場合、送り狀Aは甲渠候官所屬の吏である擧劾者が發信した上申文書なので、宛先は當然甲渠候官となり、中繼轉送文書Cの發信者は甲渠鄣候であるので、擧劾者から送り狀A＋本文「狀」が甲渠候官に上呈され、それを甲渠鄣候が居延縣に轉送したという送付狀況になるが、それで何ら問題ない。

最後に、本文と送付用文書の排列であるが、編綴の紐がついたまま出土した傳車簿(69)では送り狀が帳簿の後ろに編綴されているし、「失亡傳信册」のように單獨送付可能な文書に何かを添附する場合[70]は添附するものを文書の前に編綴している。従って、本文「狀」＋送り狀A、本文非「狀」＋文書Bともに本文が前に位置し、中繼轉送文書Cは送り狀Aの後ろに追加されたと考えられる。

以上の考察によって、T68出土擧劾文書の作成・傳送狀況は次のように復原できよう。擧劾に至る經緯説明である本文「狀」に送り狀Aが添附されて擧劾者から甲渠候官へ送付され、候官で鄣候發信の中繼轉送文書Cが追加されて居延縣へ送付される。擧劾の文書である文書Bと本文非「狀」は擧劾者から獄へ直接送付される。被擧劾者の身柄が確保されている場合は、擧劾者が居延縣獄へ護送する。この文書送付狀況を圖示すると次のようになる（〔　〕は被擧劾者の身柄が確保されている場合）。

擧劾者 →（本文「狀」＋送り狀A）→ 甲渠候官 →（本文「狀」＋送り狀A＋中繼轉送文書C）→ 居延縣

擧劾者 →（本文非「狀」＋文書B〔本文非「狀」＋文書B'＋被擧劾者〕）→ 居延縣獄

擧劾文書の送付狀況はこのように復原されるのであるが、これに關連して解決しておかなければならない問題がある。文書B・B'と本文非「狀」は發信者から居延縣獄へ直接送付されるにもかかわらず、甲渠候官が中繼する他の部分と共に甲渠候官址から出土しており、さらには、前述のように中繼轉送文書Cも含め一案件の擧劾文書全體が同筆なのである。このことは文書B・B'と本文非「狀」を含め册書全部が甲渠候官において書寫されたことを意味するが、それは先に復原した文書送付狀況とは合致しない。

この問題に關して注目されるのは本文「狀」冒頭の記載形式である。「辭曰」の後に爵・縣・里・年齡・姓・任官時期・官名・職務内容が列記されていたが、この記載形式は尋問での供述を記した23とも一致しており、この書き出しは尋問における被尋問者供述の定型なのであろう。(71)尋問の場合、被尋問者の供述は尋問者自身又は他の吏によって記録されたと考えられる。本文「狀」も同一の記載形式を取っていることから、擧劾者の供述を他の吏が記録するという形でこの本文「狀」は作成され、その場が候官だったのではないだろうか。その可能性を示すのが先に排列を復原したⅡ令史周立擧劾文書である。本文「狀」の簡⑪の裏に「掾譚」という筆記者の名前と思しき記載があることから、擧劾者令史周立による擧劾の供述を掾譚が記錄するという形でこの擧劾文書は作成されたと考えられよう。(72)これまで見たように、擧劾文書の書式はかなり複雜で誰にでも作成できたわけではないだろうから、擧劾者は候官まで出頭して供述し、書式に習熟した吏がその供述を聞いて文書を作成するという形を取ったのではないだろうか。

この事から大膽に推測するならば、擧劾者は候官に出頭して(73)擧劾に關する供述をし、候官の吏がそれを記錄して本文「狀」・送り狀Ａ・本文非「狀」・文書Ｂを作成する。候官の吏は供述を記錄し文書を作成しただけであるから、これらの文書の發信者は當然擧劾者自身である。候官では送付用に本文「狀」・送り狀Ａを清書して鄣候の中繼轉送文書Ｃを追加して居延縣へ、本文非「狀」・文書Ｂも清書して居延縣獄へそれぞれ送付すると共に、最初に作成した擧劾者の供述記錄を控えとして保管した。それがＴ68出土の擧劾文書である、(74)と。候官での文書作成の際、鄣候の中繼轉送文書Ｃも送付用と控えと各々作成されたと考えれば、筆跡の問題も一應說明がつく。また、擧劾文書では擧劾者發信の送り狀Ａと鄣候の中繼轉送文書Ｃが同一日附であることが多く、これは緊急非常時の通知を除き例を見ない迅速さであるが、(75)この點も擧劾文書全體が甲渠候官で作成されたと考えることで了解されるだろう。

おわりに

以上で、本章の目的である擧劾文書の冊書復原作業は終了した。復原の結果、一案件の擧劾文書は、本文「狀」＋送り狀A＋中繼轉送文書Cと、本文非「狀」＋文書B・B'との二つの文書で構成されており、前者は擧劾の經緯について記載した文書で、擧劾者から所屬官署である甲渠候官へ送付され、甲渠候官からさらに居延縣へと轉送された。後者は違法行爲者を擧劾する文書で、擧劾者から居延縣獄へ直接送付された。

この冊書復原作業を通じて明らかになった擧劾の特徴は次のとおりである。

送り狀Aと文書B・B'の發信者が擧劾の主體に當たるが、それらの發信者となっているのは令史・候長・燧長であった。この他にも候史が發信者となっている文書B'と、士吏の身元確認記載を含む本文「狀」が存在するので[76]、候史と士吏も擧劾の主體になっていることがわかる。これらは候官所屬の屬吏の殆どに當たるので、擧劾の權限は吏の職掌により限定されていたわけではない[77]。また、擧劾の對象となる者は、T68出土擧劾文書には吏と民しか見えないが、敦煌漢簡には卒を擧劾している例もあり[78]、吏・卒・民の區別無く全て擧劾の對象となっている。

擧劾は被擧劾者の逮捕未逮捕に拘わりなく擧劾者が違法行爲を知見した時點でなされる。

違法行爲の擧劾は、その違法行爲が候官管轄内で起こった場合でも所轄の候官ではなく縣獄に對して行われ、被擧劾者の身柄も縣獄へ護送される。同様に、違法行爲者を擧劾する文書（本文非「狀」＋文書B・B'）は、擧劾者が候官所屬の屬吏でも、一旦候官に上呈し鄣候發信の中繼轉送文書が添附され縣獄に送付されるのではなく、擧劾者である屬吏から縣獄に直接送付されており、擧劾手續きに候官は直接關わっていない[79]。さらに、復原された擧劾文書の傳送状況から考える限り、擧劾案件が都尉府へ通知された形跡がない。つまり、擧劾に關しては都尉府―候官という軍政系統は全く關與しておらず、民政系統である縣・縣獄において全て處理されていたようなのである。

本章では、甲渠候官址T68出土の擧劾文書を主な考察對象として、漢代の擧劾手續きを檢討してきたが、そこでは、擧劾文書も被擧劾者もともに居延縣・居延縣獄に送付・護送されていて、擧劾者や被擧劾者の所屬する候官や都尉府は、候官による擧劾文書の中繼・轉送を除いて、擧劾手續きに直接關與している形跡はなかった。その候官による擧劾文書の中繼・轉送も擧劾者の作成した文書を單に中繼・轉送しただけのものであって、候官が擧劾手續き自體に關與しているわけではない。T68出土擧劾文書にみえる擧劾者および被擧劾者の殆どが候官所屬の屬吏であるにも拘わらず、候官や都尉府がその擧劾手續きに全く關與していないのは何故なのだろうか。この問題は擧劾とは何かという本質的な問題に繋がるものである。章を改めて檢討しよう。

注

（1）後述の送り狀A、文書B・B'、中繼轉送文書の三種類を指す。これら三つを總稱する場合は「送付用文書」と表現する。

（2）E.P.T48:8はE.P.T68:132と同筆同內容、またE.P.T48:7とE.P.F25:11も同筆でT68出土簡とよく似た筆跡である。

[illegible]呼不塗治。案　嚴軟弱不任候朢、吏　E.P.T48:8

不塗治。案嚴☐　☐軟弱不任候望、斥☐　E.P.T68:132

三月癸未、甲渠守候博移居延。寫移。如律令。　／守令史駿　E.P.T48:7

建武五年三月丙子朔癸未、守令史駿劾移居延獄、以律令。　E.P.F25:11

（3）別筆の日附（E.P.T68:29・41・47）や署名（E.P.T68:13・14）、壓縮して書かれた別筆部分（E.P.T68:36）、文字間隔の不均一（E.P.T68:18・63）、追記（E.P.T68:17・25・167）、文途中での改行（E.P.T68:61・90）、文中の空白（E.P.T68:74）などがあり、文書作成段階のものかと思われる。これに對して、文書正本の控えと思われるもの（E.P.F22:126〜150〔第二部第五章注31及び參照〕とE.P.F22:187〜201〔第四部第三章所揭10〕）には、このうちの追記以外は見られない。

（4）後揭のⅠ不侵守候長陳業擧劾文書の擧劾者である不侵候長陳業は、後揭14に、Ⅱ令史周立擧劾文書に現れる被害者の主官夏侯譚は後述の如くT20出土簡に見えるし、また、Ⅳ主官令史夏侯譚擧劾文書で擧劾されている馮匡は、角谷常子「漢代居延における軍政系統と縣との關わりについて」（『史林』七六―一　一九九三）が指摘するように、これ以前に既に斥免されており、いずれの人物も他の簡牘にその名前を確認できる。

（5）大庭脩「居延新出『候粟君所責寇恩事』冊書――爰書考補――」（同氏『秦漢法制史の研究』創文社　一九八二）六六三頁。

（6）後揭Ⅱ令史周立擧劾文書の中繼轉送文書C（E.P.T68:79）は「移居延。寫移。書到、如律令」とあり、中繼轉送文書の一般的な表現になっている。擧劾文書の中繼轉送文書Cの殆どは「書到」の文言が無いので、無い方が通常の表記であったと思われるが、Ⅱ令史周立擧劾文書の中繼轉送文書Cに「寫移。書到、如律令」とあるように、擧劾文書の中繼轉送文書Cも他の一般的な中繼轉送文書と具體的な文書轉送の手順について變わる點はなく、單に「書到」の文言が省略されるのが慣例だったのであろう。なお、第一部第二章第四節で述べたように、他の下達文書でも「書到」が省略される場合がある。

（7）大庭脩『木簡』（學生社　一九七九）一五七頁。

（8）角谷常子注4前揭論文は、文書Bに見える「居延獄」と中繼轉送文書Cに見える「居延」を同じものとした上で、獄がおかれるのは縣であるから、これらの「居延」は居延縣のことであるとする。

（9）本文所揭のⅠ〜Ⅴ以外にT68出土の送り狀Aとしては次のものがある。

建武六年正月辛丑朔癸丑、令史嘉敢言之。　E.P.T68:134

謹移劾狀一編。敢言之。　E.P.T68:135

建武五年十二月辛未朔乙未、第十候長□敢言之。謹　E.P.T68:179

移劾狀一編。敢言之。　E.P.T68:163

（10）角谷常子「簡牘の形状における意味」（冨谷至編『邊境出土木簡の研究』朋友書店　二〇〇三）。

（11）後掲14および下掲の簡はいずれも甲渠候官址出土の令史發信上申文書であるが、全て兩行簡に謹直な字體で書かれている。

更始二年正月丙午朔庚申、令史□敢言之。迺己未直符。謹行視諸臧內、戶封皆完。時毋水火
盜賊發者。卽日付令史嚴。敢言之。　E. P. T48:132

甘露二年八月戊午朔丙戌、甲渠令史齊敢言之。第十九隧長敞自言、當以令秋射、署功勞。卽石力發弩矢
□弩臂皆應令。甲渠候漢彊・守令史齊署發中矢數于牒。它如爰書。敢言之。　E. P. T53:138

神爵二年六月乙亥朔丙申、令史□敢言之。謹移吏負卒
貰自證已畢爰書一編。敢言之。　E. P. T56:275

（12）居攝三年十月甲戌朔庚子、累虜隧長彭敢言之。謹移劾狀
一編。敢言之。　25・4（A21）

（13）次の例も同様である。

元康二年二月庚子朔乙丑、左前萬世隧長
破胡敢言之候官。卽日疾心腹、四節不擧。　5・18＋255・22（A33）

（14）次の簡も同様に裏面に宛先が「官」と記されており、候官宛であることがわかる。

正月甲子、當曲隧長誼敢言之。　未得十二月奉☑　E. P. T52:521A
奉。唯官賦以付彊錢□前十　月。皆已出三☑

官　E. P. T52:521B

さらに、この簡には「唯官……」とあるが、「唯」は上級官府の許可申請に用いられる文字（市川任三「居延簡印章考」財團法人無窮會『東洋文化研究所紀要』五　一九六四　注39）で、この部分は候官に對する依頼内容になる。この語があることからもこの燧長發信文書が候官宛であったことがわかる。次の簡にも「唯官」が見える。

初元四年正月壬子、箕山　隧長明敢言之。☑
趙子回錢三百。唯官　以二月奉錢三☑　282・9A（A8）

以付鄉男子莫。以印爲信。敢言之。　282・9B（A8）

（15）市川任三注14前揭論文。次揭の簡に見えるように、中繼轉送文書が附加される場合も中繼轉送者の印で封印される。從って、文書は常に最終發信者の印で封印される。

四月辛酉、居延都尉☐
甲渠殄北塞候、承書從☐　E.P.T51:462A
居延都尉章
四月壬戌、鄣卒郭同以來　E.P.T51:462B

（16）遣尉史承祿便、七月吏卒病九人飲藥有廖名籍、詣府、會八月旦●一事一封　七月庚子、尉史承祿封☐
311・6（A8）

米田賢次郎「帳簿より見たる漢代の官僚組織について」（『東洋史研究』一四―一・二　一九五五）參照。

（17）次揭の簡では病氣の十五日間は勞に認定されていない。

居延甲渠候官第十燧長公乘徐譚功將
中功一勞二歲
其六月十五日、河平二年、三年、四年秋試射、以令賜勞　（第一欄）
能書會計、治官民、頗知律令、文
☐令　（第二欄）
居延鳴沙里、家去大守府千六十三里、産居延縣
爲吏五歲三月十五日
其十五日、河平元年、陽朔元年、病不爲勞。　居延縣人　（第三欄）　E.P.T50:10

功勞については大庭脩「漢代における功次による昇進」（同氏注5前揭書所收）參照。

（18）同じく勞に關係する秋射の報告では、第四部第三章所揭13及び本章注11所揭E.P.T53:138に見えるように、賜勞申請文書は鄣候が、爰書は令史がそれぞれ都尉府に送付する形で不正防止が圖られている。

（19）例えば、以下のものがある。

二月乙亥、甲溝鄣候放　敢言之。謹寫移。敢言之。　／尉史晉　312・23（A8）

八月戊戌、甲溝鄣候　敢言之。謹寫移。敢言之。　E. P. T5:4

閏月庚子、甲渠鄣候　謹寫移▨
敢言之。　尉史□　▨　E. P. T52:108

五鳳元年五月戊午朔甲子、甲渠候長猛敢言之。謹
寫重。敢言之。　E. P. T56:257

▨候漢彊敢言之。謹寫移。敢言
▨令史幷　書卽日桑榆時起官　E. P. T56:336

（20）元延元年十月甲午朔戊午、橐佗守候護移肩水城官。吏自言、責嗇夫犖晏、如牒。書到、
驗問收責報。如律令。　506・9A（A35）

（21）永田英正「居延漢簡にみる候官についての一試論」（同氏『居延漢簡の研究』同朋舍出版　一九八九）四八六頁。

（22）擧劾されたあと被擧劾者が獄へ連行されることは典籍史料にも見える。

於是丞相義、御史大夫廣明劾奏「勝非議詔書、毀先帝、不道。及丞相長史黃霸阿縱勝、不擧劾。」俱下獄。（『漢書』卷七五　夏侯勝傳）

（23）この二簡は出土地と筆跡が同一で、「捕得」は次の簡にも見える成語であるから、この二簡は接續する。

遝　戍卒觻得安成里王福、字子文敬。以　遝書捕得福。盜械　58・17＋193・19（A8）

（24）なお、8は上申文書の固有文言「敢言之」が記されているが、これは、獄が縣の附設機關でその縣は候官と同格であるために使われたのであろう。次掲の敦995も「謹」「敢言之」の文言を持つが、「劾」「寫移龍勒獄以律令從事」の語からこの文書の送付先は龍勒獄でなければならない。また、敦986も文書B・B'末尾の斷簡であるが「敢言之」を持つ。

□千秋隧長安、謹劾移亡卒得。寫移龍勒獄。以律從事。敢言之。　79. D. M. T12:38／敦995

獄。以律令從事。敢言之。　79. D. M. T12:29／敦986

(25) 本文所掲の部分に先行して擧劾の具體的内容が記されているがここでは省略した。
(26) 永田英正「居延漢簡の集成　一」(同氏注21前掲書所收)。
(27) 叩頭死罪死罪。府記曰、主官夏侯譚毋狀庠兒。黨叩頭　　E. P. T20:5
(28) 張伯元もこのⅡ令史周立擧劾文書の本文排列を検討している(張伯元「夏侯譚・原憲鬪毆案編序」同氏『出土法律文獻研究』商務印書館　二〇〇五)。張伯元は、原簡番號順に①⑩を續けると「主官人」となるが、「丰官人」という語は典籍史料と漢簡に見えない上に、この案件には「主官譚」「主官夏侯譚」が現れるだけであるから、①②を續けて「主官夏侯譚」とするのが適切であるとして、私見と同様の排列を復原する。ただし、張伯元の復原案には⑥⑦の二簡が含まれていない。
(29) 鵜飼昌男「『始建國天鳳三年當食者案』冊書の考察――漢代の『案』の語義を中心に――」(『東洋史研究』五六―三　一九九七)。
(30) 「案」には發語の辭としての用法もある(『荀子』王制「案謹募選閲材伎之士(楊倞注、案、發聲)」)ので、この場合の書き出し文言としての使用法は發語の辭としての用法に當たるのだろう。
(31) 籾山明「爰書新探――古文書學と法制史」(同氏『中國古代訴訟制度の研究』京都大學學術出版會　二〇〇六)一九五頁でこの二簡の關連が指摘されているが、圖版を見れば、簡牘形狀及び筆跡から、この二簡が接續することは疑い無い。
(32) 籾山明「居延出土の冊書と漢代の聽訟」(同氏注31前掲書所收)一三八頁。
(33) 徐世虹は擧劾文書本文に見える「案」を被擧劾者に對する案驗(調査・檢證)と見なし、先に「案」を實施した上で「劾」を行うと理解する(徐世虹「漢劾制管窺」『簡帛研究』第二輯　法律出版社　一九九六　三一八頁)。しかしながら、本文で明らかにしたように、擧劾文書本文に見える「案」は尋問や調査の結果を總括する場合の書き出しの言葉であって、具體的な調査を指すものではない。また、高恆は「案」以下の部分を「狀辭」(本章で言うところの本文「狀」)の内容が事實か否かを審査した結果とする(高恆「漢簡中所見擧・劾・案件文書輯釋」初出二〇〇一。同氏『秦漢簡牘中法制文書輯考』社會科學文獻出版社　二〇〇八　所收)。高恆は「狀辭」の作成者と「案(審査)」の結果の記載者を別人物と考えているが、本文所掲13の事例では「案」以前に記される尋問の實施者と「案」の行爲主體は同一人物であるし、擧劾文書においても「案」

の前後で行爲主體が異なるようには思われない。それ故、「案」を「狀辭」の內容が事實か否かを審査した結果の書き出しの語とみなすことには無理がある。高恆は、犯罪行爲を知見した吏が「狀辭」を作成して所屬機關に提出し、所屬機關の擔當管理がその「狀辭」を審査した上で「劾章（本章で言う所の本文非「狀」）」を作成するという手順を想定するが、Ⅰ不侵守候長陳業擧劾文書では「狀辭」と「劾章」の兩方に「案」が含まれており、高恆の想定する手順には適合しない。

(34) 律、胡市、吏民不得持兵器及鐵出關。（『漢書』卷五〇　汲黯傳　應劭注）

(35) 無符傳出入爲闌也。（『漢書』卷五〇　汲黯傳　臣瓚注）

(36) 至於宣元之世、遂備蕃臣、關徼不閉、羽檄不行。（『後漢書』傳七八　西域傳）

(37) 「軟弱不任吏職」はⅣ主官令史夏侯譚擧劾文書と本章注２所揭E. P. T48:8とE. P. T68:132、「鬪傷」はⅡ令史周立擧劾文書、「賊傷」はE. P. T68:177・191、「盜官兵」はⅡ令史周立擧劾文書、「不憂事邊」はⅢ令史周某擧劾文書とE. P. T68:143、「私去署」はE. P. T68:112に見える。

〼吏。●案、奪以縣官事賊傷、辨　E. P. T68:177

〼案　奪以縣官事賊傷、辨治〼　E. P. T68:191

長吏無告劾亡。不憂事邊。逐捕未得。它　E. P. T68:143

案、良林私去署、皆□宿止、且乏迹候　E. P. T68:112

(38) 本文所揭の二擧劾文書と同じく「蘭越」の語があるⅤ甲渠守候長某昌林擧劾文書では、違法行爲者が既に逮捕されているのでこの文言はない。

(39) 匿界中。書到、遣都吏、與縣令以下、逐捕搜索部界中、聽亡人所隱匿處、以必得爲故。詔所名捕
重事事、當奏聞。毋留。如詔書律令。　179・9（A33）

(40) 二世以爲然、欲案丞相、恐其不審、乃使人案驗三川守與盜通狀。（『史記』卷八七　李斯列傳）

(41) 候長候史馬皆廩食。往者多羸痩、送迎客、不能竟界。大守君當以七月行塞、候尉循行、課馬齒五歲至十二歲
E. P. S4. T2:6

其令中都官繫囚罪非殊死、考未竟者、一切任出以須立秋。(『後漢書』紀六　質帝紀永憙元年五月條)

(42) 拙稿「居延漢簡劾狀關係册書の復原」(『史林』七九―五　一九九六)。

(43) 蘇俊林「秦漢時期〝狀〟類文書的性質和功用――以嶽麓秦簡中的〝狀〟以討論中心」(簡帛网：http://www.bsm.org.cn/show_article.php?id=1895)。

(44) 其上爲斛、其下爲斗。左耳爲升、右耳爲合龠。其狀似爵、以縻爵祿。(『漢書』卷二一上　律暦志上)

五殘星、出正東、東方之星。其狀類辰、去地可六丈、大而黃。……天暒而見景星。景星者、德星也、其狀無常、常出於有道之國。(『漢書』卷二六　天文志)

充因自請、願使匈奴。詔問其狀、充對曰「因變制宜、以敵爲師、事不可豫圖。」(『漢書』卷四五　江充傳)

詔賜壽王璽書曰「子在朕前之時、知略輻湊、以爲天下少雙、海内寡二。及至連十餘城之守、任四千石之重、職事並廢、盜賊從橫、甚不稱在前時、何也。」壽王謝罪、因言其狀。(『漢書』卷六四上　吾丘壽王傳)

孝文皇帝時、以二月施恩惠於天下、賜孝弟力田及罷軍卒、祠死事者、頗非時節。御史大夫朝錯時爲太子家令、奏言其狀。(『漢書』卷七四　魏相傳)

初、方進新視事、而涓勳亦初拜爲司隸、不肯謁丞相、御史大夫、後朝會相見、禮節又倨。方進陰察之、勳私過光祿勳辛慶忌、又出逢帝舅成都侯商道路、下車立、頷過、乃就車。於是方進舉奏其狀、因曰「臣聞國家之興、尊尊而敬長、爵位上下之禮、王道綱紀。……勳吏二千石、幸得奉使、不遵禮儀、輕謾宰相、賤易上卿、而又詘節失度、邪諂無常、色厲內茬。墮國體、亂朝廷之序、不宜處位。臣請下丞相免勳。」(『漢書』卷八四　翟方進傳)

歆怨莽殺其三子、又畏大禍至、遂與涉、忠謀、欲發。歆曰「當待太白星出、乃可。」忠以司中大贅起武侯孫伋亦主兵、復與伋謀。伋歸家、顏色變、不能食。妻怪問之、語其狀。妻以告弟雲陽陳邯、邯欲告之。(『漢書』卷九九下　王莽傳下)

(45) E.P.F22:151（第一部第一章所掲57）が檄留遲に對する居延都尉府の調査命令である。

(46) 其逢如不見、視白堅、未至逢三分所而絕、此天下利善劍也。又視之、身中生如黍粟狀、利劍也。加以善。

E.P.T40:203

「相寶劍刀」冊（E.P.T40:203～207）については、大川俊隆「漢簡における「有方」「劍」下の生字について」（平成9年度・平成10年度科學研究費補助金研究成果報告書『中國邊境出土漢簡の總合的研究』一九九九）參照。

（47）建武六年七月戊戌朔乙卯、甲渠鄣守候　敢言之。府移大將軍莫府書曰「姦黠吏
民作使賓客、私鑄作錢、薄小不如法度。及盜發冢、公賣衣物於都市。雖知、莫譴苛。百姓患苦之。　E.P.F22:38A
書到、自今以來、獨令縣官鑄作錢、令應法度、禁吏民、毋得鑄作錢及挾不行錢、輒行法。諸販賣
發冢衣物於都市、輒收沒入縣官。四時言犯者名狀。」●謹案、部吏毋犯者。敢言之。　E.P.F22:39

（48）狀、形貌也。無狀、猶言無顏面以見人也。一曰、自言所行醜惡無善狀。（『漢書』卷六五　東方朔傳　顏師古注）

（49）▨而空亭云人力少、狀何如、詰問　E.P.F22:519A

（50）郵書失期。前檄召候長敞、詣官對狀　123・55（A8）
宗廩卒家屬。居延請封檄告宗、便逐▨
居、令得私留、不到。請郵檄問狀　▨　220・13A（A8）

（51）この「劾狀辭曰」について、佐原康夫は「劾狀（擧劾文書全體のこと……鷹取）自體の一部ではなく、『劾狀』に含まれる『辭』として、別の文書に引用された可能性がある」とする（佐原康夫「居延漢簡に見える官吏の處罰」『東洋史研究』五六―三　一九九七　三二頁註一三）。しかしながら、ある文書に他の文書を引用する場合は、「都鄉嗇夫宮敢言之。廷移甲渠候書曰『去年十二月中……』」（「候粟君所責寇恩事」冊書　E.P.F22:29）、「甲渠鄣候獲叩頭死罪敢言之。府記曰『守塞尉放記言『今年正月中……』」（「駒罷勞病死」冊書　E.P.F22:187A～E.P.F22:188）のように、文書を指す語の後に「曰」または「言」がくる。それ故、佐原の言うように「劾狀」の記載内容を別の文書に引用するのであれば「劾狀曰……」又は「劾狀言……」のような表現になるのではないだろうか。それ故、16および17の「劾狀辭曰」を「『劾狀』に含まれる『辭』」と解釋することは不適當である。後述のように「劾狀」という語は「擧劾に至る狀況」という意味であって、文書を指す語ではない。

（52）この他に「對具此」「辭具此」の文言を持つ例として以下のものがあり、すべてこの文言で文章が終わっている。E.P.T52:429は「對曰此」に作るが「曰」は「具」の誤記であろう。E.P.T52:221は擧劾文書本文「狀」の末尾である。

☐隊新間置隊。對曰此。　E. P. T52:429

☐毋長吏使劾者。辤具此。　E. P. T52:221

(53) 次の簡に、「不以時遣吏將」の結果「詣官失期」となったとあることから、「以時」が「しかるべき時に」「速やかに」という意味とわかる。

萬歳候長田宗　坐發省治大司農茭卒、不以時遣吏將、詣官失期。適爲驛馬載三墲茭五石、致止害　61・3＋194・12（A8）

(54) この二簡は出土探方（原簡番號のT）を異にするが、「知君」の名前、及びE. P. T59:13左端の墨跡とE. P. T56:8の文字の右はらいの位置が一致することから、元々一枚の兩行簡（二行書きの簡）が左（E.P.T56:8）右（E.P.T59:13）に割れたものであることは明らかである。

(55) 籾山明「爰書新探——漢代訴訟論のために」（『東洋史研究』五一—三　一九九二）一七、一九頁。

(56) 永田英正注21前掲論文。

(57) 李均明「居延漢簡訴訟文書二種」（初出一九九〇。同氏『初學錄』蘭臺出版社　一九九九　所收）八三頁、張伯元注28前掲論文二一三頁、高恒注33前掲論文三一一頁。

(58) V甲渠守候長某昌林擧劾文書では被擧劾者趙良について「新占民居延臨仁里」と縣里名が記載されているが、民の場合は官名の代替である。

(59) 永田英正注26前掲論文九四頁。

(60) 李均明注57前掲論文。徐世虹注33前掲論文も李均明のこの理解に從う。

(61) 李均明『秦漢簡牘文書分類輯解』（文物出版社　二〇〇九）七〇〜七九頁。

(62) 佐原康夫注51前掲論文。

(63) 佐原の理解では、「●右劾及狀」という場合の「劾」は本文非「狀」を、「狀」は本文「狀」を指すのであろうが、「●右劾及狀」という簡は擧劾文書が集中して出土したT68から出土していない。それは、この尾題簡が擧劾文書の本來の構成部分ではなかったことを示唆する。「●右劾及狀」に對して「●右劾狀」（E. P. F22:827）という尾題簡も存在する。この尾題簡はT68出土簡の中には存在せず、F22から出土している。そのF22からは佐原によって「h燧長鄭孝」として集成された擧劾文書も出土している。F22出土の擧劾文書はこれだけなので、「●右劾狀」は「h燧長鄭孝」擧劾文書に含まれていたものと思われる。この擧劾文書には「●狀辭曰」で始まる本文「狀」が二つ含まれているが、「●右……」という尾題簡は一般的に本文の後ろに附けられ記載內容をまとめる働きをする簡なので、「候粟君所責寇恩事」冊書（E. P. F22:1～36）の尾題簡「●右爰書」が二通の自證爰書の後に置かれていたように、「●右劾狀」もこの二通の本文「狀」の後に置かれた可能性が高い。そうであるならば、「●右劾狀」の「劾狀」という語は本文「狀」を指すことになり、「劾と狀」の意味にはならない。

(64) 高恆注33前揭論文。

(65) 張伯元注28前揭論文。

(66) 宮宅潔「『劾』をめぐって——中國古代訴訟制度の展開——」（同氏『中國古代刑制史の研究』京都大學學術出版會　二〇一一）。

(67) 擧劾文書を構成する部分には本文「狀」もあるが、これについては言及されていない。

(68) 別案件のものであるが、次揭のE. P. T53:186が配下の戍卒の行道貰賣した代金の回收を候長が候官に依賴した文書で、E. P. C:39が甲渠鄣候が氏地縣に債權回收を依賴した文書である。

甘露三年十一月辛巳朔己酉、臨木候長福敢言之。謹移戍卒呂異衆等行
道貰賣衣財物直錢如牒。唯官移書令觻得濼涫收責。敢言之。　E. P. T53:186

更始二年四月乙亥朔辛丑、甲渠鄣守候塞尉二人移氐池。律曰□□□□▨
□□□史驗問收責報。不服、移自證爰書。如律令。　E. P. C:39

(69) ▨□敦煌　▨　I 90DXT0208②:1

▨　故完可用▨　I 90DXT0208②:2

⧄乘　敝可用　I 90DXT0208②:3
第四傳車一乘　敝可用　⧄　I 90DXT0208②:4
第五傳車一乘　轝完　輪輆敝盡會榀四折傷不可用⧄　I 90DXT0208②:5
第六傳車一乘　轝左軸折　輪輆敝盡不可用⧄　I 90DXT0208②:6
亶轝一　左軸折　I 90DXT0208②:7
亶轝一　左軸折　I 90DXT0208②:8
亶轝一　右軸折　I 90DXT0208②:9
陽朔二年閏月壬申朔癸未、縣泉置嗇夫尊敢言之。謹移傳車車
亶轝薄一編。敢言之。　I 90DXT0208②:10

『文物』二〇〇〇—五の四二頁に寫眞がある。

(70) 第一部第一章所揭48が御史大夫から下達された文書で、その前に次のような紛失した傳信の寫しが添えられている。

永光五年五月庚申　御史大夫弘謂長安長。以次
守御史李忠監嘗麥祠孝文廟。守御史任昌年　為駕當舍傳舍。如律令。
為駕一封軺傳外百冊二　Ⅱ90DXT0216②:866／釋26

この冊書の寫眞は『文物』二〇〇〇—五の三〇頁および中國文物研究所編『出土文獻研究』七（上海古籍出版社　二〇〇五）の圖版一一頁にある。

(71) 「候粟君所責寇恩事」冊書に含まれる二通の寇恩自證爰書（E. P. F22:1～20、E. P. F22:21～28）でも寇恩の供述の冒頭が郡・縣・里・年齡・姓で始まっている。

(72) 本章「はじめに」で、文書正本を冒頭から順に複寫した控えとは思われない點がT68出土の舉劾文書には幾つかあることを指摘したが、それらの點も舉劾文書がこのような形で作成されたと考えれば疑問とするには足らない。

(73) Ｖ甲渠守候長某昌林擧劾文書のように違法行爲者を現行犯で逮捕して擧劾したものがあるが、候官以外の燧ではその規模から考えて違法行爲者の拘留は無理なように思われる。候官には拘留場所があったようである（角谷常子注4前掲論文）から、現行犯逮捕の場合は速やかに候官へ連行したのではないだろうか。

(74) 本章注12所掲25・4（A21）や次例に見えるように、擧劾文書は候官所在地以外からも出土しており、擧劾者自身が作成した場合もあったのであろう。

□主領吏卒日迹爲職。至今年十二月丙戌丁亥日、彊補　181・18（A21）

〼移居延獄、以律令從事〼　E.P.S4.T1:4

(75) 緊急非常時の通知である278・7（第一部第一章所掲55）では、甲渠候長の上申文書とそれを承けた居延都尉の下達文書が同一日附である。通常の文書送付の場合、例えば燧長病書冊（本文所掲2）では燧長發信文書が己丑（三日）附、これを承けた候長の中繼轉送文書は辛卯（五日）附で二日かかっている。

(76) 〼國天鳳一年十二月己巳朔丁丑、甲溝第三候史幷劾、移居延獄。以律令從事。〼　E.P.F22:685

●狀。辤曰、公乘、年五十二歲、姓陳氏。建武三年九月中、除爲甲渠士吏、以迹候通　E.P.F22:353

(77) ただし、次章に擧げるⅢ令史周某擧劾文書の「不憂事邊」とⅣ主官令史夏侯譚擧劾文書の「軟弱不任吏職、以令斥免」については、ともに令史が擧劾している。これらの事例の中で擧劾されている被擧劾者の行爲は令史だけが知見するという性質のものでもなく、さらに、Ⅲ令史周某擧劾文書では擧劾案件發生時にその場に不在の令史が擧劾していることから、「不憂事邊」や「軟弱不任吏職、以令斥免」についての擧劾は、令史がその職掌として行った可能性も考えられる。

(78) 塞曹言、守候長趙嘉劾亡卒楊豐蘭越塞、移龍勤□□〼　79.D.M.T6:38／敦518

また、注24所掲の79.D.M.T12:38／敦995も「亡卒」を擧劾したものである。

(79) 擧劾の經緯を記した文書（本文「狀」＋送り狀Ａ）は擧劾者から甲渠候官へ上呈され、そこで鄣候發信の中繼轉送文書Ｃが追加されて居延縣に送付されているので、甲渠候官が關與しているようにも見えるが、ここでの候官・鄣候の役割はあくまで擧劾の經緯を記した文書の轉送であって、擧劾手續きそのものに候官や鄣候が關與しているわけではない。

第二章　斷獄手續きにおける「劾」

はじめに

　前章において、甲渠候官址T68出土の擧劾文書を考察し、その構成や文書の傳送狀況を復原した。その結果、そこに見える案件の多くが甲渠候官所屬の屬吏が起こした違法行爲を同じく甲渠候官所屬の屬吏が擧劾したものでありながら、甲渠候官や都尉府は擧劾手續きに直接關與してはおらず、擧劾文書も被擧劾者もともに居延縣・居延縣獄に送付・護送されていたことが明らかになった。

　前章ではこの擧劾という手續きの意味については觸れなかったが、T68出土擧劾文書を初めて紹介した發掘報告で(1)は、「劾」が違法行爲を働いた官吏の罷免を求める彈劾であると理解されており、また、それ以降に發表された諸論考(2)においてもこの理解は踏襲されている。しかしながら、擧劾文書に見える「劾」を彈劾と理解する根據は、實は簡牘の中には全く無い。「劾」を彈劾と理解する先行研究では、擧劾文書そのものに對する考察に先立って「劾」は彈劾であるという理解が示されており、實のところ、この理解は擧劾文書の分析に基づくものではないのである。

　前章における冊書の排列復原作業を踏まえて、本章では擧劾に對する從來の理解を再檢討し、擧劾とは何かを明らかにする。この作業によって、冒頭に述べた所の、擧劾の當事者の殆どが候官所屬の屬吏でありながら、候官や都尉府が直接關與していない理由も明らかになるだろう。

第一節　擧劾文書の事例と先行研究の解釋

（一）擧劾文書の事例と問題點

居延漢簡に含まれる擧劾文書の中で、本文「狀」と本文非「狀」の何れかがほぼ完全に復原でき、擧劾案件の詳細を知り得る事例は五例ある。以下に擧げよう。[3]なお、最初の二例は前章に全文を擧げたのでここでは省略する。

Ⅰ　不侵守候長陳業擧劾文書

擧劾の日附　：建武六年三月甲辰（五日）
擧劾者　　　：不侵守候長陳業
被擧劾者　　：居延常安亭長王閎・閎子男同・攻虜亭長趙常・客民趙閎・范翕一（逃走中）
擧劾對象行爲[4]：持禁物、蘭越塞于邊關徼

Ⅱ　令史周立擧劾文書

擧劾の日附　：建武五年九月壬午（十日）
擧劾者　　　：令史周立
被擧劾者　　：第四候長原憲（逃走中）
擧劾對象行爲：鬪傷、盜官兵、持禁物、蘭越于邊關徼亡

Ⅲ　令史周某擧劾文書

擧劾の日附　：建武五年十二月戊子（十八日）
擧劾者　：令史周某
被擧劾者　：城北候長王褒（獄へ連行）(5)
擧劾對象行爲：典主而擅使丹乘用驛馬、爲虜所略得失亡馬。不以時燔擧。擧堠上一苣火燔一積薪、燔擧不如品約。
不憂事邊。

《本文非「狀」》

迺今月十一日辛巳日且入時、胡虜入甲渠木中　E.P. T68:83
隊塞天田、攻木中隊。隊隊長陳陽爲擧堠上二　E.P. T68:84
蓬、塢上大表一、燔一積薪。城北隊助吏李丹　E.P. T68:85
候望、見木中隊有煙、不見蓬。候長王褒卽使　E.P. T68:86
丹騎驛馬一匹、馳往逆辟。未到木中燧里所、胡虜四步人　E.P. T68:87
從河中出上岸、逐丹。虜二騎從後來、共圍遮、略得丹及所騎　E.P. T68:88
驛馬持去。●案、褒典主而擅使丹乘用驛馬、　E.P. T68:89
爲虜所略得、失亡馬。　E.P. T68:90
褒不以時燔擧、而擧堠上一苣火、燔一積薪、燔擧不　E.P. T68:91
如品約。　不憂事邊。　E.P. T68:92

〔先の今月十一日の午後六時頃、異民族が甲渠候官木中隧管内の長城・天田に侵入し、木中隧を攻撃した。隧長陳陽は烽火臺の上に藁を二つ、城壁上に大表一つを擧げ、積薪一つを燃やした。城北隧助吏の李丹は見張りをしていて、木中隧に煙が上がっているのを見たが、藁を見落とした。候長王褒はすぐさま李丹に驛馬一匹に乗って確認に行かせた。木中隧迄一里ばかりの地點で、四人の異民族が歩いて河から岸に上がり、李丹を追いかけた。異民族の二騎が後ろから來て、共に取り圍み、李丹と乘っていた驛馬を略奪して去った。●すなわち、王褒は管理責任者でありながら、規定に違反して勝手に李丹に命じて驛馬に乘って行かせ、異民族に略奪され、驛馬を失った。また、王褒は速やかに信號を擧げず、烽火臺に苣火一つを擧げ、積薪一つを燃やしたが、この信號は規定通りではない。よって、邊境警備の職責をなおざりにした罪に該當する。〕

《文書B》

建武五年十二月辛未朔戊子令史　劾、將褒　E.P.T68:81

詣居延獄。以律令從事。　E.P.T68:82

〔建武五年十二月十八日、令史の　が擧劾し、王褒を連行して居延縣獄に出頭する。律令の規定に依據して職務を執行せよ。〕

《本文「狀」》

●狀。辤曰「上造、居延累山里、年卅八歳、姓周氏、爲　E.P.T68:93

甲渠候官斗食令史、以主領吏備寇虜爲　E.P.T68:94

職。迺今月十一日辛巳日且入時、胡虜入木中　E.P.T68:95

隊塞天田、攻木中隊。隊長陳陽爲擧堠上二蓬、塢上　E.P.T68:96
大表一、燔一積薪。城北隊助吏李丹候望、見　E.P.T68:97
木中燧□□▱□□。候長王褒卽使丹騎驛　E.P.T68:98
馬一匹、馳□□▱里所、胡虜四步入、從　E.P.T68:99
▱得丹及所騎驛馬、　E.P.T68:100
持去▱　E.P.T68:119
▱□丹乘用驛馬▱　E.P.T68:101
▱□擧堠上一苣火▱　E.P.T68:102

〔●（擧劾に至る）狀況。（擧劾者周某の）供述に言うには「爵は上造、本籍は居延縣累山里、年は四十八歳、姓は周氏、甲渠候官斗食令史であり、吏の監督と異民族侵入の警戒を職責とする。先の今月十一日の午後六時頃、異民族が甲渠候官木中燧管內の長城・天田に侵入し、木中燧を攻擊した。燧長陳陽は烽火臺の上に蓬を二つ、城壁上に大表一つを擧げ、積薪一つを燃やした。城北燧助吏の李丹は見張りをしていて、木中燧……を見、……候長王褒はすぐさま李丹に驛馬一匹に乘って行かせ……一里ばかりの地點で、四人の異民族が步いて……から……李丹と乘っていた驛馬を略奪して去った……李丹は驛馬に乘って……烽火臺に苣火一つ……を擧げ……」

さて、この擧劾文書によって行われる「劾」という手續きは、先述のように、違法行爲を働いた官吏を罷免し處罰するための彈劾と理解されてきた。確かに、Ⅲ令史周某擧劾文書で重大な職務上の過失が擧劾の對象となっていることは、「劾」が彈劾であることを強く印象づけるものである。ところが、次に擧げる二事例においては、「劾」を彈劾と理解した場合、幾つかの問題が生じるのである。

Ⅳ　主官令史夏侯譚擧劾文書

擧劾の日附　：建武五年五月丁丑（三日）
擧劾者　　　：主官令史夏侯譚
被擧劾者　　：第十部士吏馮匡
擧劾對象行爲：軟弱不任吏職、以令斥免

《本文非「狀」》

甲渠塞百石士吏、居延安國里公乘馮匡、年卅二歲、始建國天鳳上戊六年　E. P. T68:4
三月己亥、除署第四部。病欬短氣、主亭隧七所哷呼。　E. P. T68:5
七月□□、除署除十部士吏。□、匡軟弱不任吏職、以令斥免。　E. P. T68:6

〔甲渠候官百石士吏の、本籍が居延縣安國里で爵が公乘の馮匡、年三十二歲、始建國天鳳上戊六年三月己亥に、任用され第四部に配屬された。咳を患い呼吸困難となり、管轄する亭燧七箇所に破損有り。七月□□、第十部士吏に任用配屬される。（すなわち）馮匡は軟弱にして吏の職責を果たせず、令の規定に從って罷免されたものである。〕

《文書B》

建武五年五月乙亥朔丁丑、主官令史譚劾、移　E. P. T68:7
居延獄。以律令從事。　E. P. T68:8

〔建武五年五月三日、主官令史の夏侯譚が擧劾し、居延縣獄に通知する。律令の規定に依據して職務を執行せよ。〕

《本文「狀」》

●狀。辤、公乘、居延鞮汗里、年卌九歲、姓夏侯氏、爲甲渠　E. P. T68:9
候官斗食令史、署主官、以主領吏備盜賊爲職。士吏馮匡　E. P. T68:10
始建國天鳳上戊六年七月壬辰、除署第十部士吏。案、匡　E. P. T68:11
軟弱不任吏職、以令斥免。　E. P. T68:12

〔●（舉劾に至る）狀況。（舉劾者夏侯譚の）供述に言うには「爵は公乘、本籍は居延縣鞮汗里、年は四十九歲、姓は夏侯氏、甲渠候官斗食令史に任命され、主官に配屬され、吏の監督と盜賊の警戒を職責とする。士吏の馮匡は始建國天鳳上戊六年七月壬辰に、第十部士吏に任命配屬された。すなわち、馮匡は軟弱にして吏の職責を果たせず、令の規定に従って罷免されたものである」と。〕

《送り狀A》

建武五年五月乙亥朔丁丑、主官令史譚敢言之。　E. P. T68:1
謹移劾狀一編。敢言之。　E. P. T68:2

〔建武五年五月三日、主官令史の（夏侯）譚が申し上げます。謹んで舉劾に至る經緯についての文書一編を送付します。以上申し上げます。〕

《中繼轉送文書C》

五月丁丑、甲渠守候博移居延。寫移。如律令。　／掾譚　E. P. T68:3

〔五月三日、甲渠守候の博が居延縣に通知する。書き寫して送付する。律令の如くせよ。　掾譚〕

V　甲渠守候長某昌林擧劾文書

擧劾の日附　：建武六年四月戊子（二十日）＝送り狀A、己丑（二十一日）＝文書B
擧劾者　：甲渠守候長某昌林
被擧劾者　：新占民居延臨仁里趙良（獄へ連行）
擧劾對象行爲：蘭越塞天田出入

《本文非「狀」》

迺四月戊子、新占民居延臨仁里□▨　E. P. T68:47
食、之居延博望亭部、采胡于其□▨　E. P. T68:48
中、夜行迷渡河▨　E. P. T68:49
出。案、良▨　E. P. T68:50
蘭越塞天田出入▨　E. P. T68:65

〔去る四月二十日、新たに本籍を登録した居延縣臨仁里……食、居延縣博望亭の管轄區まで行き、胡于（食用の植物）を採集した。その……中、夜道に迷って河を渡り……越境した。すなわち、趙良は……長城・天田を違法に出入りしたものである。〕

《文書B》

建武六年四月己巳朔己丑、甲渠候長昌林劾、將　E. P. T68:31
良詣居延獄。以律令從事。　E. P. T68:32

〔建武六年四月二十一日、甲渠候長の昌林が擧劾し、（趙）良を連行して居延縣獄に出頭する。律令の規定に依據して職務を執行せよ。〕

《本文「狀」》

迹候備盜賊寇虜爲職。迺丁亥、新占民居延臨仁里　E.P.T68:35
趙良蘭越塞。驗問良、辭曰「今月十八日、毋所食、之居延博望亭　E.P.T68:36
部、采胡于。其莫日入後、欲還歸邑中、夜行迷河河、　E.P.T68:37
蘭越甲渠却適隧北塞天田出。案、良蘭　E.P.T68:38
越塞天田出入。以此知而劾。無長吏使劾者。狀具　E.P.T68:39
此。　E.P.T68:40

〔天田見回りと盜賊及び異民族の侵入の警戒を職責とする。先の十九日、新たに本籍を登録した居延縣臨仁里の趙良が長城を違法越境した。そこで趙良を尋問したところ、（趙良の）供述に言うには「今月十八日、食糧が無くなったので、居延縣博望亭の管轄區まで行き、胡于（食用の植物）を採集しました。その夕方日沒後、集落に歸ろうとしたところ、夜道に迷って河を渡り、甲渠候官却適燧北側の長城・天田を通行證を持たずに越え出てしまいました」と。すなわち、趙良は長城・天田を通行證を持たずに出入りしたものである。以上の經緯によって知り擧劾する。長吏が擧劾させたわけではない。狀況は以上の通り。〕

《送り狀A》

建武六年四月己巳朔戊子、甲渠守候長昌林　E.P.T68:29

敢言之。謹移劾狀一編。敢言之。　E.P.T68:30

〔建武六年四月二十日、甲渠守候長の昌林が申し上げます。謹んで舉劾に至る經緯についての文書一編を送付します。以上申し上げます。〕

《中繼轉送文書C》

四月己丑、甲渠守候　移居延。寫移。如律令。　E.P.T68:33

〔四月二十一日、甲渠守候の　が居延縣に通知する。書き寫して送付する。律令の如くせよ。〕

これら二事例を、舉劾は吏の罷免と處罰を求める彈劾であるという從來の理解の下で解釋しようとすると、以下の問題點が生じる。

問題點一　舉劾と罷免の時間的矛盾……Ⅳ主官令史夏侯譚舉劾文書の第十部士吏馮匡が舉劾されたのは建武五年五月三日であるが、次掲の簡より馮匡は建武五年四月二十八日以前に既に罷免されていたことが指摘されている(6)。

1ⓐ第十士吏馮匡　庠免缺。　E.P.F22:253

ⓑ第十四隧長李孝　今調守第十守士吏。　E.P.F22:252

ⓒ建武五年四月丙午朔癸酉、甲渠守候　謂第十四　E.P.F22:250A

隧長孝。書到、聽書從事。如律令。　E.P.F22:251

〔第十部士吏の馮匡　罷免され缺員。／第十四燧長の李孝　今　第十部守士吏に任命する。／建武五年四月二十八日、甲渠守候の　が第十四燧長の孝に謂う。この書が屆いたら、書を聽き職務を執行せよ。律令の如くせよ。〕

馮匡は擧劾以前に既に罷免されており、彈劾を受けた結果罷免されるという手順と時間的に矛盾する。
問題點二　人事權の所在と擧劾の提起先……候官所屬の屬吏の人事權は都尉にあるにも拘わらず、[7]その屬吏を擧劾する擧劾文書は全ての事例で縣・縣獄に送付されているし、Ⅲ令史周某擧劾文書では擧劾された屬吏も縣獄に連行されている。その結果、擧劾された屬吏の處分をその屬吏の人事權を持たない縣・縣獄がすることになる。
問題點三　擧劾の對象……Ｖ甲渠守候長某昌林擧劾文書で擧劾されているのは民間人だけであるし、Ⅰ不侵守候長陳業擧劾文書でも民間人が擧劾對象に含まれている。これらの事例では、官吏が對象であるべき彈劾が民間人に對して行われていることになる。

（二）問題點に對する先行研究の解釋

このような問題點を先行研究はどう解釋しているのだろうか。角谷常子・徐世虹・佐原康夫および椎名一雄が解釋を示しているので確認しておこう。

角谷は問題點一・二を次のように解釋している。邊境警備に支障をきたさないための實際的處理として彈劾より先に取り敢えず罷免したが、「軟弱不任吏職」は獄に送ってしかるべき手續きを踏んではじめて完結すべき問題なので、形式的にしろ擧劾文書を作成して送付した、と。しかし、「軟弱不任吏職」の場合だけ擧劾文書と被擧劾者が縣・縣獄に送付・護送されているわけではなく、擧劾文書に見える全ての事例においてそうなのだから、「軟弱不任吏職」の場合だけ「しかるべき手續き」のために擧劾し、それ以外の場合は吏を罷免するために擧劾するというのは、擧劾の目的が場合によって異なることになるのではないか。

徐世虹は問題點一について次のように解釋する。卽ち、本文「狀」・本文非「狀」に「案」の語があることから、

「劾」の前に「案（案驗）」という手續きを設定し、先に「案」によって有罪を認定し、次いで「劾」によってその罪を「推窮」するという手順を想定する。そして、馮匡の場合は、四月二十八日以前に「案」によって罷免され、その後、五月三日になって「劾」されたのであって、何ら時間的に矛盾は無い、と。しかし、擧劾文書本文に見える「案」は、前章第二節（二）で檢討したように、尋問・調査の結果を踏まえての總括や判斷を示す場合の書き出しとして用いられている語であって、「劾」に先行して有罪を認定する裁判手續きと見るのは無理がある。問題點一については、擧劾對象となった行爲が刑事犯罪で候官の處罰權限を越えていたために上級機關へ報告が必要だったから、とする。しかし、擧劾文書の送付先である縣・縣獄は太守に屬する民政機關であって候官の上級機關ではない。

佐原は問題點二について、被疑者尋問のための設備が整っているということで裁判は縣・縣獄で行われるが、裁判の報告を受けて最終決定は都尉府で下されるとする。しかし、前章で檢討したように、少なくとも擧劾文書を見る限り都尉府に擧劾案件が通知された形跡は無い。もしも、施設の問題からひとまず縣・縣獄で裁判を行う場合であっても、擧劾の段階で都尉府に全く通知されないというのは考えにくい。また、問題點三について、軍事境界線は軍隊の管轄でその警備の規定は軍令に屬するために、民間人が違反してもまずは彈劾という手續きで書類が作られたのかもしれないと推測するが、「勤務評定の範圍を超えた責任追及と嚴重な處罰が必要な事案」(8)が彈劾であるという氏の定義と齟齬を來すのではないか。佐原は、さらにⅣ主官令史夏侯譚擧劾文書について次のような指摘もしている。馮匡は彈劾により罷免されたので、1ⓐは「庠免缺」ではなく「有劾缺」であるべきである、と。また、邊境警備に從事する吏の處分には、懲罰勞働・斥免（懲戒免職處分）・彈劾の三段階があるとした上で、馮匡の場合は正式な彈劾裁判に至らずに斥免處分となったのかもしれないと述べ、このような問題點があることから、Ⅳ主官令史夏侯譚擧劾文書は擧劾文書の典型例にはできないと結論する。氏の議論は「劾」は彈劾であるという前提の下での議論であるが、しかし、「劾」が彈劾であるという根據は先述のように簡牘の中には存在しない。

椎名は、吏が不勝任で免ぜられた場合、その吏を推薦した者は罷免や罰金・戍邊に處せられるという二年律令置吏律二一〇簡を引用した上で、馮匡が斥免後に劾されているのは、馮匡を推薦した者が存在する場合を想定して、馮匡による「軟弱不任吏職」の發生を居延獄に劾したものであるという可能性を提示する。(9) 椎名は、馮匡の推薦者を處罰することを目的としてこの擧劾文書が作成されたと考えているようであり、このように考えることで罷免が擧劾に先行するという時間的ズレを整合的に理解しようとしているのだろう。馮匡の場合に置吏律二一〇簡の規定が適用される可能性は確かにあるが、本文「狀」に「案、匡軟弱不任吏職、以令斥免」とある以上、このⅣ主官令史夏侯譚擧劾文書で擧劾されているのが馮匡本人であることは動かない。椎名の理解では、他の事例では被擧劾者の裁判を行うために擧劾文書が作成されている中で、馮匡の事例だけは被擧劾者本人ではなく被擧劾者の推薦者の處罰を目的に作成されたことになるが、同一の擧劾文書でありながらその目的が異なるというのは考えにくい。「案、匡軟弱不任吏職、以令斥免」とある以上、このⅣ主官令史夏侯譚擧劾文書は馮匡の裁判を行うために作成されたと考えるべきである。

以上、「劾」を彈劾と理解した場合に生じる問題點とそれに對する先行研究の解釋を見てきたが、どれも充分な説得力を持つとは言い難い。私見によれば、上述の問題點は、「劾」を違法行爲を働いた官吏を罷免するための彈劾と理解したために生じたに過ぎず、その前提を外せば、これらの問題は氷解するように思われる。卽ち、Ⅳ主官令史夏侯譚擧劾文書で馮匡が擧劾以前に既に罷免されており、時間的に矛盾するという問題點一については、擧劾が官吏の罷免を求めたものでないとすれば、擧劾→罷免という前後關係を前提にする必要は無くなるので、Ⅳ主官令史夏侯譚擧劾文書による擧劾以前に馮匡が既に罷免されていても全く問題はない。前章で考察したように、擧劾文書の本文非「狀」の「案」の部分は被擧劾者の犯した罪名指摘に相當するものであるから、擧劾の對象となっている行爲は「案」

の中で指摘されている內容である。「案」には「匡軟弱不任吏職、以令斥兔」と記されているのだから、「軟弱不任吏職」を理由に「令」によって罷免されたこと自體が擧劾されていると考えるべきであろう。

候官所屬の吏の罷免は、一般的に候官が都尉府に對して罷免を申請し、それを承けて都尉府が罷免を決定するという手續きであったが、[10]「軟弱不任吏職」による罷免手續きも同樣であったことが、次の簡からわかる。

2　貧急軟弱不任職、請斥兔。可補　者名如牒。書☐　231・29（A8）

〔貧急にして軟弱で職責を果たせない、どうか罷免してください。後任とすべき人物の名は添附簡の通りです。書〕

一行書きの札に書かれていること、[11]および、出土地が甲渠候官であることから、これは甲渠候官が居延都尉府に對して「軟弱不任職」を理由に吏の罷免を申請した送付文書の控えと考えられる。それ故、「軟弱不任職」による吏の罷免も、その罷免手續き自體は他の理由による罷免の場合と異なるものではない。しかしながら、「軟弱不任吏職、以令斥兔」については、次に擧げるように爰書が作成されている。[12]

3　建武桼年十月辛酉朔壬戌、主官令史譚敢言之。爰書。不侵候長居延中宿里☐業、主亭隧桼所、呼呼不繕治、兵弩=不檠持。案、業軟弱不任吏職、以令斥兔。它如爰書。敢言之。　E.P.F22:689+E.P.F22:700[13]

〔建武七年十月二日、主官令史の譚が申し上げます。爰書。不侵候長の居延中宿里の☐業は、亭燧七箇所の管理責任がありながら、破損等を修繕せず、武器や弩をゆだめに塡めていませんでした。すなわち、業は軟弱にして吏の職責を果たせず、令の規定によって罷免されたものです。以上爰書とします。以上申し上げます。〕

吏の罷免に關して爰書が作成されている例として確認できるのは「軟弱不任吏職、以令斥免」の場合だけで、それ以外の理由による罷免に關する爰書は見當たらない。それ故、「軟弱不任吏職、以令斥免」は他の理由による罷免とは異なる取り扱いをされていたと考えられる。

「軟弱不任吏職、以令斥免」の特殊性を考える場合に注目されるのが、「以令」という表現である。この「以令」は、第一部第二章第七節で述べたように、具體的な令の規定に基づく措置であることを示す文言である。

4　五鳳三年十月甲辰朔甲辰、居延都尉德・丞延壽敢言之。甲渠候漢彊書言、候長賢日迹積三百廿一日。以令賜賢勞百六十日半日。謹移賜勞名籍一編。敢言之。　159・14（A8）

〔五鳳三年十月一日、居延都尉の德・丞の延壽が申し上げます。甲渠鄣候の漢彊の文書には「候長の賢が天田見回りに從事すること、通算三百二十一日」とありました。令の規定に從って賢に百六十日半日の勤務日數を賜與します。謹んで賜勞名籍一編を送付します。以上申し上げます。〕

「令を以て」百六十日半日の「勞」が候長賢に與えられているが、これは北邊挈令の規定に基づく賜勞である。

5　●北邊挈令第四。候長・候史日迹及將軍吏勞、二日皆當三日。　10・28（A33）

〔●北邊挈令第四。候長・候史の天田見回り及び將軍屬下の吏の勤務日數は、二日をいずれも三日に換算する。〕

同樣に「軟弱不任吏職、以令斥免」も具體的な令の規定に基づく罷免であることは疑い無い。殘念ながら、既知の令の中に「軟弱不任吏職」による罷免の規定を見つけることはできないが、次掲の張家山漢簡・二年律令[14]には「不勝任」による罷免の規定が存在する。

6　盜賊發、士吏・求盜部者、及令・丞・尉弗覺智、士吏・求盜皆以卒戍邊二歲、令・丞・尉罰金各四兩。令・丞・尉能先覺智、求捕其盜賊、及自劾、論吏部主者、除令・丞・尉罰。一歲中盜賊發而令・丞・尉所不覺智三發以上、皆爲不勝任、免之。

張家山漢簡・二年律令一四四～一四五（捕律）

〔盜賊が發生した場合に、士吏と求盜部の者、及び縣令・丞・尉が（盜賊の發生を）認知していなかったならば、士吏と求盜部の者は皆戍卒として二年間長城警備に從事させ、縣令・丞・尉は各々罰金四兩に處す。縣令・丞・尉が先に（盜賊の發生を）認知し、その盜賊を逮捕するか、自分自身を擧劾した場合は、吏の擔當者の罪を論じ、縣令・丞・尉の刑罰は免除する。一年の間に盜賊が發生し縣令・丞・尉が（盜賊の發生を）認知しないことが三度以上あった場合は、いずれも職責に堪えられないとして、罷免する。〕

この捕律の具體的要件は馮匡の場合に當てはまらないので、馮匡の場合の「主亭隧七所呼」を「軟弱不任吏職」と規定する令が別に存在したはずである。

このように「軟弱不任吏職、以令斥免」は特別な意味を持つものであったと考えられる。そうであるならば、Ⅳ主官令史夏侯譚擧劾文書で、既に罷免された馮匡が「軟弱不任吏職、以令斥免」を以て擧劾されているのも疑問とするには足らないだろう。「軟弱不任吏職、以令斥免」の持つ特別な意味については後に檢討する。

問題點二と三についても、「劾」が違法行爲を働いた官吏を罷免するための彈劾であるという前提を外せば、問題は氷解する。卽ち、「劾」が官吏を罷免するための彈劾でないならば、擧劾の提起先が擧劾された屬吏の人事權を持つ必要も無いし、擧劾對象が官吏に限定される必要も無いからである。また、先述のように、佐原は馮匡の後任人事の辭令（1ⓐ）の「庌免缺」は「有劾缺」と記されるはずだとするが、馮匡はこの「劾」によって罷免されたのではなく、令の規定に基づいて罷免されたのだから、「庠免缺」のままで何ら問題は無い。結局のところ、これらの問題點は、「劾」は彈劾であるという前提の下に擧劾文書を解釋しようとしたために生じたに過ぎない。

第二節　「劾」とは何か

（一）「劾」の對象

「劾」が彈劾でないのならば、いったい何だろうか。それを明らかにすべく、まず「劾」の對象から檢討しよう。先述のようにⅠ不侵守候長陳業擧劾文書とⅤ甲渠守候長某昌林擧劾文書では民間人が擧劾の對象となっていたが、『漢書』酷吏傳には民間人が「劾」されている事例が見える。

乃部戶曹掾史、與鄉吏・亭長・里正・父老・伍人、雜擧長安中輕薄少年惡子・無市籍商販作務而鮮衣凶服被鎧扞持刀兵者、悉籍記之、得數百人。賞一朝會長安吏、車數百兩、分行收捕、皆劾以爲通行飲食群盜。

『漢書』巻九〇　酷吏傳・尹賞傳

〔乃ち戶曹掾史を部し、鄉吏・亭長・里正・父老・伍人と、長安中の輕薄少年惡子・市籍無く商販作務して鮮衣凶服し鎧扞を被り刀兵を持つ者を雜擧し、悉く之を籍記し、數百人を得。賞　一朝　長安の吏を會し、車數百兩、分行して收捕せしめ、皆劾して以て群盜に通行し飲食せしむと爲す。〕

ここで「通行飲食群盜」を以て「劾」されている「長安中輕薄少年惡子・無市籍商販作務而鮮衣凶服被鎧扞持刀兵者」は明らかに民間人である。[15]また、漢簡には戍卒が擧劾されている例も見える。

7　塞曹言、守候長趙嘉劾亡卒楊豐蘭越塞。移龍勒。▨　79.D.M.T6:38／敦518

〔塞曹が言うには、逃亡した戍卒楊豐が長城を通行證を持たないで越えたと守候長の趙嘉が擧劾した。龍勒縣に通知。〕

この簡は發信日簿であるが、守候長趙嘉が擧劾しているのは戍卒である。このように、「劾」の對象は官吏に限定されるわけではなく、官吏・民間人・戍卒の全てがその對象である。

（二）「劾」の對象となる行爲

次に、擧劾文書で擧劾對象となった行爲を整理してみよう。擧劾文書の本文「狀」または本文非「狀」の「案」で指摘されている行爲を整理すると、①蘭越塞于邊關徼（Ⅰ・Ⅱ・Ⅴ）[16]、②持禁物（Ⅰ・Ⅱ）、③盜官兵（Ⅱ）、④鬪傷（Ⅱ）、⑤賊傷（E.P.T68:177「▨吏。●案、尊以縣官事賊傷、辨」）、⑥不敬（E.P.T52:222「不候望。利親奉詔不謹、不敬。以此知而劾。時▨」）、⑦軟弱不任吏職、以令斥免（Ⅳ）、⑧不憂事邊[17]（Ⅲ）、が擧げられる。では、これらがどういう行爲であるのか檢討しよう。

①「蘭越塞于邊關徼」は張家山漢簡・二年律令に見える。

8　一、御史言、越塞闌關、論未有令。請闌出入塞之津關、黥爲城旦舂、越塞、斬左止爲城旦。……（中略）……●制曰可。　張家山漢簡・二年律令四八八～四九一（津關令）

〔一、御史が申し上げるに、長城を越えた者と關所を通行證無く出入りした者について、刑罰を量定するに令の規定がありません。どうか、長城の關所を通行證無く出入りした者は黥して城旦舂とし、長城を越えた者は左足切除の上城旦舂としたいと存じます。……（中略）……皇帝の制にいう、可と。〕

津關令のこの規定は「越塞闌關令」と呼ばれており[18]、「蘭越塞于邊關徼」は越塞闌關令に規定された違反行爲である。②「持禁物」については、黄金や金器を所持して津關を出ることを禁止した規定が二年律令の津關令に見えるが[19]、ⅠとⅡでは共に武器を攜帶して長城を越えており、武器を攜帶して關を出ることを禁止した。

律「胡市、吏民不得持兵器及鐵出關。」　　『漢書』巻五〇　汲黯傳應劭注

〔律「胡市、吏民　兵器及び鐵を持ちて關を出づるを得ず」〕

の違反であろう。③「盜官兵」は、

律曰「此邊鄙兵所臧直百錢者、當坐棄市。」　　『白孔六帖』巻九一所引董仲舒『春秋決事』

〔律に曰く「此の邊鄙の兵の臧する所直百錢なる者、當に坐して棄市すべし」〕

に當たる行爲である。④「鬪傷」と⑤「賊傷」は共に劍で斬りかかったもので、

律曰「鬪以刃傷人、完爲城旦。其賊、加罪一等。爲謀者同罪。」　　『漢書』巻八三　薛宣傳

〔律に曰く「鬪いて刃を以て人を傷つくれば、完して城旦と爲す。其の賊するは、罪一等を加う。謀を爲す者も罪を同じくす」〕

に該當する行爲である。⑥「不敬」は「坐不敬」「以不敬論」という表現で史書にも見えており[20]、罪名そのものである。また、前節所掲の『漢書』尹賞傳で擧劾對象となっている行爲「通行飲食群盜」も二年律令にそれに對する刑罰

の規定が見える。[21]

このように、①～⑥及び『漢書』尹賞傳の事例は全て律令の違反や律令がそれに對して刑罰を定めている行爲であり、要するに、犯罪行爲である。これに對し、⑦「軟弱不任吏職、以令斥免」と⑧「不憂事邊」はいうなれば職務の不履行で①～⑥とは性格が異なるように見えるかもしれないが、馮匡の「軟弱不任吏職、以令斥免」が特別な意味を持つものと考えられること、前述の通りである。そうすると、「不憂事邊」も同樣である可能性が考えられよう。

馮匡が罷免された理由である「軟弱不任吏職」は、前漢の酷吏である尹賞が子に對して述べた訓戒の言葉に見える。

丈夫爲吏、正坐殘賊免。追思其功效、則復進用矣。一坐軟弱不勝任免、終身廢棄、無有赦時。其羞辱甚於貪汚坐臧。

『漢書』卷九〇　酷吏傳・尹賞傳

〔丈夫　吏と爲らば、正に殘賊に坐して免ぜられよ。其の功效を追思せらるれば、則ち復た進用せられん。一たび軟弱にして任に勝えざるに坐して免ぜらるれば、終身廢棄せられて、赦さるる時有る無し。其の羞辱　貪汚にして臧に坐するよりも甚し。〕

「坐軟弱不勝任免」が擧劾文書の「軟弱不任吏職、以令斥免」に當たる。注目したいのは、「軟弱不勝任」に坐して免官されると「終身廢棄」となり、その羞辱は「坐臧」よりも甚だしいといわれている點である。尹賞の言う「終身廢棄」は終身の官吏資格の剝奪である終身禁錮、[22]「臧」は贓罪のことで、吏で贓罪を犯した者は禁錮となった。[23]尹賞は要するに、「軟弱不勝任」に坐して免官されると「坐臧」と同じく禁錮に處せられるが、「坐臧」による禁錮は赦免される可能性を殘しているのに對し、[24]「軟弱不勝任」の場合は禁錮が終身赦免されることは無いと言っているのである。尹賞の言葉では、「軟弱不勝任」と「臧」が同じ禁錮に處せられる罪として、一つの物差しの上でその輕重が比較されているが、このことは「軟弱不勝任」と「臧」が同じ範疇に屬するものであることを明確に示している。つまり、「軟弱不任吏職、以令斥免」は「臧罪」と同様に刑罰として禁錮に處せられるべき罪なのである。

次に、「不憂事邊」について。「不憂事邊」は史書にそのままの表現では見えないが、類似の「不憂軍事」が晉律では三歳刑に當たる罪名として見え、[25]『後漢書』耿恭傳では耿恭が「不憂軍事」を以て免官歸鄉させられている。

監營謁者李譚承旨奏「恭不憂軍事、被詔怨望。」坐徵下獄、免官歸本郡、卒於家。『後漢書』傳九　耿恭傳

〔監營謁者李譚　旨を承け奏すらく、「恭は軍事を憂えず、詔を被り怨望す」と。坐して徵せられて獄に下され、官を免ぜられて本郡に歸り、家に卒す。〕

この場合の歸鄉は徙遷刑より一段輕い刑罰というべきもので、その際、免官・奪爵が行われて庶人とされ、後漢ではまま禁錮とされた。[26]それ故、後漢の「不憂軍事」もまた罪名に當たると考えて良いだろう。漢簡には「不憂事邊」の他に「不憂邊塞」（E.P.T52:191A）という表現も見えるが、「事邊」や「邊塞」は共に「軍事」に該當するであろうから、「不憂事邊」は「不憂軍事」に含まれるものではないだろうか。そうであるならば、「不憂事邊」も刑罰として免官・奪爵・禁錮に處せられるべき罪と言えよう。

このように⑦「軟弱不任吏職、以令斥免」は刑罰として禁錮に處せられるべき罪であり、⑧「不憂事邊」も恐らく同様に免官・奪爵・禁錮に處せられるべき罪であったと思われる。現代的感覺からすれば、これらは職務の不履行であって官僚制度の枠内で職務上の責任の限りにおいて處分されるべきものと思われるかもしれないが、漢代的認識では、かかる重大な職務の不履行はもはや官僚制度の枠内において處分が完了するものではなく罪そのものであり、それ故、職務上の責任範圍を超えて、「鬪傷」や「賊傷」と同じように司法手續きによって斷罪され刑罰が當てられる

べきものとされていたのであろう。

（三）「劾」とは何か

これまでの檢討の結果、以下の三點が明らかとなった。

一、「劾」は、違法行爲を働いた官吏の罷免を求める彈劾ではない。

二、擧劾の對象には官吏・民間人・戍卒全てが含まれる。

三、擧劾の對象となっている行爲は「不憂事邊」を除き全て刑罰に處せられるべき罪であり、「不憂事邊」もまた同樣であったと思われる。

そして、この擧劾文書によって擧劾の對象となった行爲は縣・縣獄に通告され、被擧劾者の身柄が確保されていればその身柄も縣獄に護送されていた。その獄が被疑者や證人を收繫し取り調べを行ういわゆる治獄の場であること[27]は言う迄もないだろう。つまり、「劾」は、刑罰に處せられるべき罪を犯した者を、治獄の場である獄に對して通告し、その身柄をも護送する手續きであり、いわゆる刑事裁判に相當する斷獄の手續きを開始させるものである。[28]縣獄に對して「劾」が行われると、被擧劾者の身柄が縣獄に護送されている場合は獄において被擧劾者の尋問が開始されるであろうし、被疑者の身柄が確保されていない場合は被疑者の搜索が開始されることになるのであろう。

「劾」によって開始される斷獄の手續きは、張家山漢簡・二年律令一一三（後揭9）を始めとする律令によって事細かく規定されており、それらの律令規定を遵守して進めなければならなかった。[29]違法行爲者を獄に對して擧劾する文書B・B'はその末尾が「以律令從事」で結ばれているが、この文言は第一部第二章第七節で檢討したように、職務執行に當たって依據すべき規定が「律令」であることを指示するものである。この文言は、この文書B・B'によって開始される斷獄の手續きが律令の規定に準據して進めるべきものであるという點にまさに符合する。

前章で述べたように、一案件の擧劾の經緯について記載した文書と違法行爲者を擧劾する文書との二つの文書が含まれていたが、前者は居延縣（縣廷）に、後者は居延縣獄に別々に送付されていた。この居延縣獄は居延縣の官衙に附設されていたと思われるにも拘わらず、なぜ縣廷と縣獄に異なる性格をもつ文書をそれぞれ送付する必要があったのだろうか。この點も、「劾」が斷獄手續きを開始させるものであることを踏まえれば次のように理解できよう。卽ち、秦漢時代の斷獄手續きでは、供述聽取から詰問までを擔當するのは小吏で、そこに縣の令長は參與しておらず、診問段階になって初めて關わるとされる。(30) その小吏によって實施される供述聽取から詰問までの手續きが行われる場が獄で、(31) 一方、診問以降を擔當する縣令長がいたのは縣廷である。そのような場の違いに注目すれば、違法行爲者を擧劾する文書が縣獄に送付されるのは、それを元に供述聽取や尋問を行うためであり、擧劾の經緯について記載した文書が縣廷に送付されるのは、縣令長が診問以降の手續きに使用するためであろうこと、容易に推測できよう。診問においては、本籍地に對して年齡や爵位などに關する照會が行われていることを踏まえれば、(32) この時に、擧劾者の身元記載を含むこの擧劾の經緯について記載した文書も事實確認の資料の一つとして參照されたのであろう。この文書には擧劾者本人の身元情報も記載されているが、縣廷で行われる犯罪事實の總括などにおいて「劾」の內容が虛僞や不正確と判斷された場合は、擧劾者本人が罪に問われるためであると考えられる。

おわりに

これまでの考察によって、擧劾文書によって行われる「劾」は、刑罰に處せられるべき罪を犯した者を斷獄の場である獄に對して通告し、その身柄が確保されている場合はその身柄も獄に護送して、斷獄を開始させる手續きであることが明らかとなった。前章のおわりで、T68出土擧劾文書の案件の多くは甲渠候官所屬の屬吏が起こした違法行爲を同じく甲渠候官所屬の屬吏が擧劾したものでありながら、擧劾文書も被擧劾者（違法行爲者）もともに居延縣・居延縣獄に送付・護送されていて、彼らの所屬する甲渠候官や都尉府は擧劾手續きに直接關與していないのは何故かという問題を提起しておいたが、その答えももはや明らかであろう。卽ち、T68出土擧劾文書が居延縣・居延縣獄に送付されていて、擧劾者や被擧劾者の所屬する甲渠候官や都尉府が關與していないのは、擧劾が犯罪行爲を通告し斷獄を開始させる手續きであり、張家山漢簡・二年律令一〇一（後掲10）に見えるように、擧劾手續きとして犯罪行爲を通報する先は原則的に縣と定められていたからである。

「劾」が斷獄手續きを開始させるものであることは、實は、張家山漢簡・二年律令の中に明確な規定が確認できる。

9　治獄者、各以其告劾治之。敢放訊杜雅、求其它罪、及人毋告劾而擅覆治之、皆以鞫獄故不直論。
張家山漢簡・二年律令一一三（具律）

〔被疑者の取り調べ(33)を行う場合は、各々「告劾」に基づいて被疑者を取り調べる。敢えてむやみに尋問しこじつけて餘罪を追及すること、及び、人が「告劾」していないのに勝手に被疑者を尋問することは、全て鞫獄故不直の罪を以て論斷する。〕

この規定から、「治獄」を開始するには「告劾」が必要なこと、また、「告劾」の記載內容に基づいて被疑者の取り調べが行われることがわかる。ここに見える「告劾」の「劾」の實例が居延漢簡に見える擧劾文書に他ならない。

9に見えるように、斷獄を開始させる手續きとしては「劾」の他にも「告」がある。「劾」と「告」については、夙に沈家本が「告劾是二事、告屬下、劾屬上」と述べていて「告」と「劾」とを區別している。[34]この指摘をさらに一歩進めたのが徐世虹である。[35]徐世虹はまず、秦代において起訴[36]は「告」と總稱されていて「劾」はまだ出現していなかったこと、それ故、秦代に「告」を行える身分的な限定は明確ではなく、官民のおこなう起訴は等しく「告」の範疇に含まれていたこと、その後、漢代になって中央集權の强化や官僚制度の整備に伴い、官僚系統内部における法律制約の體制として「劾」が生まれたことを指摘した上で、沈家本の指摘を發展させて、漢代においては、民對民・民對官・官對民の起訴行爲が「告」、官僚系統内部相互の起訴行爲が「劾」と呼ばれたと述べて、「告」と「劾」の區別を明確に示した。これに對して、宮宅潔は、「劾」が民間人に對して行われている例を反證として擧げた上で、「告」は主として民によってなされるものであるのに對し、「劾」の行爲主體は常に官で、さらに一定の證據を得た上で行うことを指摘している。[37]また、椎名一雄は、「告」はあらゆる事象を「傳え知らせる」ことを本義とし、「告」により發覺する犯罪全てが裁判へ移行する可能性のあること、それに對して「劾」は有職務者が職務管轄内で發生する犯罪に對して執る行爲であると述べている。[38]

「劾」については、宮宅が指摘するとおりその行爲主體は官で、對象は民と官の兩方である。徐世虹は秦代にはまだ「劾」の制度は定められていなかったというが、里耶秦簡には吏が吏および民を「劾」する例がともに確認できる。[39]「告」については、徐世虹の指摘する民對民・民對官・官對民に加えて、『漢書』趙廣漢傳には京兆尹の趙廣漢が上書して丞相魏相の罪を「告」した例[40]も見えており、官と民の兩者が行爲主體にも對象にもなっている。從って、秦代も漢代も「劾」と「告」の手續きは共に存在し、「劾」についてはその行爲主體が官に限られるということになる。

椎名は先述のように「劾」を職務管轄内で發生する犯罪に對して執る行爲とし、公車令張釋之が皇太子劉啓と梁王劉揖を劾した例や、冀州刺史張敞が廣川王を劾した事例などをその例として擧げる。[41]公車令は殿門を掌り、廣川王國は冀州刺史部に屬しているので、椎名のいうようにこれらの例は職務管轄内における犯罪を劾した例と見ることができる。椎名はさらに、涿郡太守嚴延年の命令を受けて派遣された掾が郡の大姓である高氏の劾を作成している例や、蓋長公主が僕射に命じて自家の奴を怪我させた渭城令の游徼を劾させた例(43)などを擧げ、これらは上位者からの命令により職務として劾しているので職務上の劾と捉えることが可能であり、これらの劾も職務管轄内で發生した犯罪について執られる行爲として理解できるとする。(44) 嚴延年の事例について言えば、郡の屬吏もまた郡内の治安維持を職務とするものであるから、掾が高氏の劾を作成することは職務管轄内で發生した犯罪について執られる行爲と見なすことはできるが、蓋長公主の事例をそのように理解することは難しい。

確かに、長公主の命を受けて僕射が行っている劾は、蓋長公主の命令を執行しているという意味で職務と言えないことはない。しかしながら、椎名の言う所の「職務管轄内で發生した犯罪」というのは、犯罪の行爲者や發生地點が劾を行う人物の職務の管轄範圍内にあるという意味であろう。從って、この僕射による劾が職務管轄内で發生した犯罪に對して執った行爲であるならば、縣屬吏の犯罪を劾することが長公主家に仕える僕射(45)の職務ということになるが、長公主家の臣である僕射がそのような職務を持っていたとは考えにくい。僕射本人でなくとも蓋長公主が渭城縣屬吏の監督をその職務とするのであれば、僕射によるこの劾を職務管轄内で發生した犯罪について執行された劾ということもできようが、蓋長公主がそのような職務を持っていたともやはり考えにくい。職務管轄内とは、劾の行爲者または劾の命令者と、劾の對象となる犯罪の行爲者および發生地點との關係について言うものであって、劾の行爲者とその命令者とが統屬關係にあることではないだろう。それ故、劾を行った僕射とそれを命令した蓋長公主が統屬關係にあるからといって、僕射の行った劾を職務管轄内で發生した犯罪に對して執った行爲と見なすことはできない。

椎名は、尙書令陳忠が大司農や太僕・光祿勳を劾した例も擧げているが(46)、選署や文書を掌るとされる尙書令(47)の職務管轄内に大司農や太僕・光祿勳の統轄があったとも考えにくい。椎名はさらに、太尉楊秉が中常侍侯覽等を劾したことについて外朝が內朝官を劾する故事はあるのかという尙書の批判に對して、三公の職務で管轄とならない所は無いという楊秉の言葉に尙書が反論できなかったという『後漢書』楊秉傳の記事から、劾が職務管轄內の犯罪について行われることが理解されると述べるが、ここでの遣り取りは、外朝が內朝に口出しするのは前例が無いと言って楊秉を默らせようとする尙書に對して、楊秉が三公は全てを統べるのだから文句なぞ言わせぬぞと返しているだけのことであって、ここから三公の職務管轄が官僚全部に及んでおり、それ故、楊秉のこの劾は職務管轄內の犯罪を劾したものであると理解するのは行き過ぎである。

宮宅は前述のように「劾」は一定の證據を得た上で行うことを指摘している。前章にて本文を復原したⅡ令史周立擧劾文書では、被擧劾者に劍で斬りかかられた被害者の傷の狀況が「擊傷譚匈一所。廣二寸、長六寸、深至骨」のように極めて具體的に記載されており、「劾」は一定の證據を得た上で行われるという宮宅の指摘はひとまず首肯できるが、それは「劾」に先行する獨立した手續きなのではなく、擧劾文書に違法行爲の狀況を詳細且つ正確に記載するために行われる現場檢證のようなものと考えるべきであろう。一方の「告」は、例えば、張家山漢簡・奏讞書案例五（第一部第二章所揭44）では、逃亡した奴を見かけた主人が校長にそれを「告」しているが、この場合、この「告」を承けて奴が逮捕されているので、奴の主人は逃亡した奴を見かけた後すぐに校長の所に行って「告」したのであろう。從って、「告」の場合は「劾」のような現場檢證は行われていないと考えられる。

現場檢證の有無の他に「告」と「劾」の相違點としては、通報形態を擧げることができる。「劾」の場合、前述のように文書が作成され、それが縣・縣獄に送付されていた。これに對して、「告」は口頭でなされたようである。

10　諸欲告罪人及有罪先自告、而遠其縣廷者、皆得告所在鄕。鄕官謹聽、書其告、上縣道官。廷士吏亦得聽告。

張家山漢簡・二年律令一〇一（具律）

〔罪人を告すおよび罪を犯して自ら告そうとして、その縣廷が遠い場合は、いずれも住所地の鄕に告することができる。鄕官は謹んで聞き取り、その告の内容を文書に書いて、縣道官に上呈せよ。縣廷の士吏も告を受け聞くことができる。〕

「書其告」とあることから、「告」は口頭によって行われ、それを受け聞いた吏が文書化したと考えられる。奏讞書や封診式に見える「告」も文書ではなく口頭で行われている。ただ、口頭ではなく文書でなされる場合も無いではない。前述の趙廣漢の例（本章注40所揭）では、「廣漢卽上書告丞相罪」とあるので、この場合の「告」は口頭ではなく文書によってなされていると考えられる。趙廣漢傳には、趙廣漢の命令で殺された男子の父親が上書して趙廣漢を「告」したという記事(51)も見え、この場合も同樣に上書して「告」しているが、この父親が擧劾文書をその書式通りに作成できたとは考えにくく、この父親の上書には趙廣漢が自分の子を殺させたことが述べられていただけであろう。これらの上書の例が、文書による犯罪行爲の告發という點では「劾」と同じであるにも拘わらず、「劾」ではなく「告」と表現されているのは、先に見たように「劾」で作成される擧劾文書が一定の書式を持つ文書であったことを踏まえると、趙廣漢や男子の父親のこれらの例は擧劾文書による告發ではなかったからなのだろう。つまり、定まった書式の擧劾文書を作成して斷獄を擔當する吏に提出する場合を「劾」といい、擧劾文書に依らない告發は「劾」と區別して「告」と表現されたのであろう。「告」が口頭で傳えるという意味の「告」字で表現されているのも、先述のように「告」がほとんどの場合口頭でなされたからであろう。椎名が指摘するように、「告」という語は「傳え知らせる」という意味に過ぎず告發・告訴という意味は無い[52]が、そのような「告」が告發を表す語として用いられているのも、告發に當たる「告」には「傳え知らせる」以上の具體的手續きが存在しなかったからであろう。

このように考えて誤りないとすれば、「告」と「劾」は概ね次のように整理できよう。「告」は犯罪行爲を知見した者がそれを吏に對して口頭もしくは文書（擧劾文書ではない文書）で通報することを指し、「告」の内容は吏によって文書化された上で斷獄を擔當する縣廷などに上呈される。それに對して、「劾」は犯罪行爲を知見した吏によってその詳細を記した擧劾文書が作成され縣・縣獄に送付されることを指し、縣・縣獄ではそれを受けて斷獄手續きが開始される、と。この違いをわかりやすくするために現代の司法手續きに喩えて言うならば、「告」は犯罪行爲を見知った者が警察署や派出所に行って警察官にそれを通報すること、「劾」は檢察官が被疑者本人の取り調べや現場檢證を踏まえて起訴狀を作成しそれを以て裁判所に起訴すること、となろう。ただし、これはあくまで喩えであって、嚴密な意味で「劾」が現代の刑事訴訟手續きの起訴に當たるわけではない。この點、誤解無きようされたい。

注

（1）甘肅居延考古隊「居延漢代遺址的發掘和新出土的簡册文物」（『文物』一九七八—一）。

（2）主なものを擧げると、角谷常子「漢代居延における軍政系統と縣との關わりについて」（『史林』七六—一　一九九三）、徐世虹「漢劾制管窺」（『簡帛研究』第二輯　法律出版社　一九九六）、佐原康夫「居延漢簡に見える官吏の處罰」（『東洋史研究』五六—三　一九九七）、高恆「漢簡中所見擧、劾、案件文書輯釋」（初出二〇〇一。同氏『秦漢簡牘中法制文書輯考』社會科學文獻出版社　二〇〇八　所收）など。また、李均明は「劾狀、起訴類文書」と述べるに止まるが、やはり對象を違法行爲を働いた官吏と考えているようである（李均明「居延漢簡訴訟文書二種」初出一九九〇。同氏『初學錄』蘭臺出版社　一九九九　所收）。なお、以下に引用する各氏の所説は全てここに擧げた論考による。

（3）以下に舉げる舉劾文書は、佐原康夫注2前掲論文で既に集成されている。ただし、舉劾文書の名稱が本章とは異なり、佐原論文の「f亭長王閎等」が本章のⅠに、「b第四候長原憲」がⅡに、「c候長王褒」がⅢに、「a士吏馮匡」がⅣに、「g新占民趙良」がⅤに當たる。なお、佐原論文に舉げられた册書はあくまで集成であり、その排列を復原したものではない。

（4）前章第二節（二）で述べたように、本文「狀」・本文非「狀」の「案」以下に記される部分が被舉劾者の犯した罪名の指摘に當たるので、「案」の中で記載された内容を「舉劾對象行爲」として舉げた。

（5）文書Bに「令史　劾、將褒詣居延獄」とあることから、被舉劾者が獄へ連行されていることがわかる。Ⅴも同じ。

（6）角谷常子注2前掲論文五〇頁。

（7）永田英正「再び漢代邊郡の候官について」（同氏『居延漢簡の研究』同朋舍出版　一九八九）五〇三～五〇七頁、角谷常子注2前掲論文三八～三九頁。

（8）佐原康夫注2前掲論文二三頁。

（9）椎名一雄「秦漢時代の告と劾について」（『三康文化研究所年報』四四　二〇一三）一八七～一八八頁。

（10）永田英正注7前掲論文五〇三～五〇七頁、角谷常子注2前掲論文三八～三九頁。

（11）角谷常子「簡牘の形狀における意味」（冨谷至編『邊境出土木簡の研究』朋友書店　二〇〇三）。

（12）次掲の簡には「軟弱不任吏職、以令斥免」という文言は見えないが、「兵弩不檠持」が3と共通することから、二行目の「斥免」は「軟弱不任吏職、以令斥免」の末尾で、これもまたその爰書の例と思われる。

〼□里上造張憙、萬歲候長居延沙陰里上造郭期、不知犢藳火、兵弩不檠持。憙□〼

〼□斥免。它如爰書。敢言之。　E. P. T59:162

（13）この二簡の接合については、前章注31參照。

（14）二年律令の「二年」は呂后二年（前一八六）を指すとされており、本稿で取り扱っている居延・敦煌漢簡とは二百年にも亙る時間差がある。しかし、漢代の律令は、挾書律や妖言令など個別に廢止されたものを除き、魏の新律の制定まで整理されることもなく集積するに任せられていた（滋賀秀三「法典編纂の歴史」同氏『中國法制史論集――法典と刑罰――』創文

社　二〇〇三　五六～六一頁）のであるから、呂后期の二年律令も魏新律の編纂までは現行法規として效力を持っていたと考えてよいであろう。例えば、二年律令一一〇簡（具律）の所謂「證不言請律」は「候粟君所責寇恩事」冊書（第四部第四章第一節參照）において實際に運用されている。

(15) 宮宅潔「『劾』をめぐって――中國古代訴訟制度の展開――」（同氏『中國古代刑制史の研究』京都大學學術出版會　二〇一一）も、民間人が擧劾された例として次の『漢書』趙廣漢傳の記事を擧げる（二八七頁）。

初、廣漢客私酤酒長安市、丞相吏逐去客。客疑男子蘇賢言之、以語廣漢。廣漢使長安丞按賢、尉史禹故劾賢爲騎士屯霸上、不詣屯所、乏軍興。（『漢書』巻七六　趙廣漢傳）

(16) Ⅰ・Ⅱ・Ⅴで表現が微妙に異なるが、「蘭越塞于邊關徼」で代表した。

(17) Ⅲ令史周某擧劾文書の「案」では「不憂事邊」の前に「典主而擅使丹乘用驛馬、爲虜所略得、失亡馬。不以時燔擧、擧堠上一苣火、燔一積薪、燔擧不如品約」と記されている。同じく「不憂事邊」と記される後掲の簡では、Ⅲ令史周某擧劾文書とは異なる事柄が記されており、これらは「不憂事邊」の構成要件とでも言うべきものであろう。

長吏無告劾亡。不憂事邊。逐捕未得。它　E. P. T68:143

失蘭。不憂事邊。　E. P. T68:114

去署、乏候望、不憂事邊。謹勅第四候長〼　E. P. F22:627

〼□何□□聞□備邊塞候望吏官。綘去署亡、乏迹候、不憂事邊。唯□　77. J. H. S:9B／敦1456B

なお、前二簡はT68出土の擧劾文書の一部である。

(18) 廿三、丞相上備塞都尉書、請爲夾谿河置關、諸漕上下河中者、皆發傳、及令河北縣爲亭、與夾谿關相直。●闌出入、越之、及吏卒主者、皆比越塞闌關令。●丞相・御史以聞。制曰可。　張家山漢簡・二年律令五二三～五二四（津關令）

(19) 二、制詔御史、其令扜關・鄖關・武關・函谷關・臨晉關及諸其塞之河津、禁毋出黃金・諸奠黃金器及銅、有犯令。

張家山漢簡・二年律令四九二（津關令）

(20) 有司奏議曰……今詔書昭先帝聖緒、令二千石擧孝廉、所以化元元、移風易俗也。不擧孝、不奉詔、當以不敬論。不察廉、不勝任也、當免。(『漢書』卷六　武帝紀　元朔元年條)

(21) 尙書奏、倫探知密事、激以求直。坐不敬、結鬼薪。(『後漢書』傳六九上　儒林傳上・楊倫傳)

智人爲群盜而通歙食餽饋之、與同罪。弗智、黥爲城旦舂。其能自捕若斬之、除其罪、有賞如捕斬。群盜法、弗能捕斬而告吏、除其罪、勿賞。　張家山漢簡・二年律令六三～六四(盜律)

(22) 『後漢書』傳四四　楊震傳に「至有臧錮棄世之徒復得顯用。」とあり、『後漢書』傳一七　鄭均傳に「爲吏坐臧、終身捐棄。」とあることから、尹賞傳の「終身廢棄」が「終身禁錮」であることがわかる。

(23) 鎌田重雄「漢代の禁錮」(同氏『秦漢政治制度の研究』日本學術振興會　一九六二)四九〇～四九四頁。

(24) 例えば、注22所揭『後漢書』楊震傳。

(25) 三歲刑(若傷人上而謗、僞造官印、不憂軍事、戲殺人之屬、幷三歲刑也。)(『太平御覽』卷六四二　刑法部八所引晉律)

(26) 大庭脩「漢の徙遷刑」(同氏『秦漢法制史の研究』創文社　一九八二)一九一～一九二頁。

(27) 宮宅潔「『司空』小考――秦漢時代における刑徒管理の一斑」(同氏注15前揭書所收)二五一頁。

(28) 宮宅潔も、獄における訊問の端緖となったのが「劾」であったことを指摘する(宮宅潔注15前揭論文二八四頁)。

(29) 斷獄手續きの具體相については、籾山明「秦漢時代の刑事訴訟」(同氏『中國古代訴訟制度の研究』京都大學學術出版會二〇〇六)參照。

(30) 宮宅潔「秦漢時代の裁判制度――張家山漢簡《奏讞書》より見た――」(『史林』八一―二)六二一～六四頁。

(31) 宮宅潔注27前揭論文二五三頁。

(32) 宮宅潔注30前揭論文五四～五五頁。

(33) 「治獄」は睡虎地秦簡・封診式に見え、その内容からすれば被疑者尋問を指す。

治獄　治獄、能以書從迹其言、毋治諒而得人請爲上、治諒爲下、有恐爲敗。　睡虎地秦簡・封診式一

(34) 沈家本「漢律摭遺」卷一　目錄(同氏『歷代刑法考』所收)。

（35）徐世虹注2前掲論文。

（36）この「起訴」は徐世虹による用語であって、恐らく「訴える」という意味を出ないであろう。

（37）宮宅潔注15前掲論文二八五～二九〇頁。

（38）椎名一雄注9前掲論文一九一～一九二頁。

（39）第一部第二章所掲1ⓐ（里耶秦簡16-5A）では、本文では釋文を省略したが、洞庭郡守が卒史・假卒史・屬に下した命令に「有可令傳甲兵、縣弗令傳之而興黔首、興黔首可省少、弗省少而多興者、輒劾移縣」とあって吏が吏を「劾」する場合のあったことがわかるし、次掲の里耶秦簡では鄕嗇夫が民を「劾」している。

啓陵津船人、高里士五啓封、當踐十二月更□[廿九日]□▱
正月壬申、啓陵鄕守綪劾。
卅三年正月壬申朔朔日、啓陵鄕守綪敢言之。上劾一牒。▱　　里耶秦簡8-651A

（40）地節三年七月中、丞相傅婢有過、自絞死。廣漢聞之、疑丞相夫人妒殺之府舍。而丞相奉齋酎入廟祠、廣漢得此、使中郎趙奉壽風曉丞相、欲以脅之、毋令窮正己事。丞相不聽、按驗愈急。廣漢欲告之、先問太史知星氣者、言今年當有戮死大臣、廣漢卽上書告丞相罪。制曰、下京兆尹治。（『漢書』卷七六　趙廣漢傳）

（41）椎名一雄注9前掲論文一八一～一八二頁。なお、椎名論文では「冀州刺史となった嚴延年が」とある（一八二頁）が、冀州刺史となったのは嚴延年ではなく張敞である。

（42）公車令一人、秩六百石、掌殿門。（『後漢書』紀四　和帝紀注所引『漢官儀』）

信都國、景帝二年爲廣川國、宣帝甘露三年復故。莽曰新博。屬冀州。（『漢書』卷二八下　地理志下）

（43）（胡建）後爲渭城令、治甚有聲。値昭帝幼、皇后父上官將軍安與帝姊蓋主私夫丁外人相善。外人驕恣、怨故京兆尹樊福、使客射殺之。客臧公主廬、吏不敢捕。渭城令建將吏卒圍捕。蓋主聞之、與外人・上官將軍多從奴客往、犇射追吏、吏散走。主使僕射劾渭城令游徼傷主家奴。建報亡它坐。（『漢書』卷六七　胡建傳）

（44）椎名一雄注9前掲論文一八三～一八四頁。

(45) 長公主官屬、傅一人、員吏五人、騶僕射五人、私府長、食官長、永巷令、家令各一人。(『後漢書』傳五　鄧晨傳注所引『漢官儀』)

(46) 椎名一雄注9前掲論文【附表2】の事例番號一四七・一四九。

(47) 尙書令一人、千石。本注曰、承秦所置、武帝用宦者、更爲中書謁者令、成帝用士人、復故。掌凡選署及奏下尙書曹文書衆事。(『續漢書』百官志三　少府條)

(48) (楊) 秉因奏覽及中常侍具瑗曰「……若斯之人、非恩所宥、請免官送歸本郡。」書奏、尙書召對秉掾屬曰「公府外職、而奏劾近官、經典漢制有故事乎。」秉使對曰「……漢世故事、三公之職無所不統。」尙書不能詰。(『後漢書』傳四四　楊震傳)

(49) 椎名一雄注9前掲論文一八三頁。

(50) 宮宅は、陳曉楓(陳曉楓「兩漢劾制辨正」『法學論評』一九八九―三)や徐世虹注2前掲論文の說を踏まえて、その一定の證據を得る手續きとして「案」を位置づける。しかし、少なくとも擧劾文書に見える「案」がそのような「劾」の前提となる手續きと見なせないことは、前章第二節(二)で述べたとおりである。

(51) 初、廣漢客私酤酒長安市、丞相吏逐去。客疑男子蘇賢言之、以語廣漢。廣漢使長安丞按賢、尉史禹故劾賢爲騎士屯霸上、不詣屯所、乏軍興。賢父上書訟罪、告廣漢、事下有司覆治。禹坐要斬、請逮捕廣漢。有詔卽訊、辭服、會赦、貶秩一等。(『漢書』卷七六　趙廣漢傳)

(52) 椎名一雄注9前掲論文一七九～一八〇頁。

第四部　聴訟の文書

第一章　漢代邊境における債權回收手續き

はじめに

漢代、國境警備に從事した吏卒と在地民間人の間で貰賣買や現金貸借などが盛んに行われ、その代金や債權の回收が官によって代行されている例が漢簡中にはしばしば見られる。(1)そのうち債權の回收は債權者の申告を受けた官が債務者を尋問した上で債權を回收している。(2)債權者の「責不可得（返濟を求めたが返してもらえない）」という言葉から、これらの債權回收の申告が、債權を回收できない債權者が債務の返濟を求めて債務者を官に訴えたものであることがわかる。それ故、この債權者の訴えを承けて官によって行われる債務者の尋問及び債權の回收は、財を爭うところの聽訟に當たる。そして、私見によれば、その手續きの中で重要な役割を果たしているのが爰書である。

この債權回收については、既に幾つかの先行研究があり、(3)籾山明は債權回收手續きを次のように考えている。卽ち、申し立て・申請である「自言」によって債務者から貸金返濟の請求が官に對してなされると、官は該當者を尋問しその金錢を回收するが、その際、債務者が債務を承服しなかった場合は、その旨を證言した自證爰書を提出する、と。(4)債權回收手續きの流れについてはその通りであるが、實は、貸金返濟の請求が「自言」によってなされた場合、官は債務者の尋問と債權の回收をするのみで、債務者が債務を承服しなかった場合にその旨を證言した自證爰書の提出まで求めるのは、債權者による貸金返濟の請求が「自言」ではない形で行われた場合に限られている。貸金返濟の請求が「自言」の形態か否かによって、債務者が債務不承認であった場合に自證爰書の提出が求められるか否かが決まるという點に、聽訟手續きの中で自證爰書の果たす機能を考える手掛かりがあるように思われる。

本章は、貰賣代金や債權の回收手順の検討を通して、爰書の持つ機能を明らかにすることを目指す。

第一節　債權回收の二つの方法

戍邊就役の爲に居延に赴いた戍卒と在地の吏民との間では、物品賣買や金錢貸借が盛んに行われていた。これらは私的な行爲であるにも拘わらず、その代金や債權の回收は官によって行われた。代金や債權の回收手續きにおいては様々な文書・帳簿が作成されていたが[5]、次の1は債權回收を命令した文書で、文中に見える「收責」の「責」は「債」に通じ債權を意味する[6]。

1　元延元年十月甲午朔戊午、橐佗守候護移肩水城官。吏自言、責嗇夫犖晏如牒。書到驗問收責報。如律令。　506・9A（A35）

〔元延元年十月二十五日、橐佗守候の護が肩水城官に通知する。吏が自ら言うには、嗇夫犖晏に返濟を求めること添附簡の通り。この書が届いたら、尋問して債權を回收し報告せよ。律令の如くせよ。〕

次も同じく債權回收の命令である。

2　吏始二年四月乙亥朔辛丑、甲渠鄣守候塞尉二人移埀池。律曰□□□☐□□□史、驗問收責報。不服、移自證爰書。如律令。　E.P.C:39

〔更始二年四月二十七日、甲渠鄣守候で塞尉の二人が氏池縣に通知する。律には……史、尋問して債權を回收し報告せよ。承服しない場合は、自證爰書を送付せよ。律令の如くせよ。〕

これは甲渠鄣候を守している塞尉の二人（名前）(7)が氏池縣に送った文書である。律を引用した後に具體的な債權內容の記載があったと思われるが、その後に1と同じ債權回收の命令文言「驗問收責報」がきている。2ではさらに「不服、移自證爰書」という命令文言があることに注目される。この文言は「債務を承服しない場合にはその旨爰書によって自證し送付せよ」という意味で(8)、債務者が債務を承服しないならば自證爰書の作成・送付を求めているのである。1にはこの文言は無く、債務を承服しない場合でも自證爰書の作成・送付は必要無かったようである。この自證爰書とは、證不言請律(9)を告知した上で作成されたところの「自己にかけられた嫌疑について證言・釋明する爰書(10)」で、もしも證言が虛僞であった場合には處罰の對象となるものである。

このように、債權回收命令とその報告において、自證爰書の作成・送付を求める場合と求めない場合とがあるが、この違いは債權の申立形態の違いに由來する。債權回收の申し立てが1では「自言責」と記されているように、「自言」による申し立ての場合は債務者が債務を承服しない場合でも自證爰書の作成・送付は求められていない。それに對して、自證爰書の作成・送付が求められている場合は、債權の申し立てが「自言」による形ではない。2では債權申し立て部分が缺落しているが、次掲の發信日簿(11)の記載からその點が確認できる。

3　●徒王禁責誠北候長東門輔錢。不服
移自證爰書。會月十日。　●一事一封　四月癸亥、尉史同奏封　259・1（A8）

〔徒王禁が誠北候長東門輔に對して錢の返濟を求めている。承服しない場合は、自證爰書を送付せよ。今月十日に出

頭せよ〕

3では、債務者東門輔が債務を承服しない時は自證爰書の作成・送付が命じられているが[12]、この場合の返濟請求は「責」と表現されるだけで「自言」の語は無い。同じ發信日簿でも、自證爰書の作成・送付を命じていない次の例には「自言責」とある。

4　▨等自言、責亭長董子游等、各如牒。移居延。●一事一封　五月戊子、尉史彊封　157・17（A8）

〔等が自ら言うには、亭長董子游等に返濟を求めること、各々添附簡の通り、と。居延に通知する。〕

これらの發信日簿に記載される文書内容は節錄であるが、文書そのものにおいてもこの對應關係は確認できる。

5　布橐一、直百八十、布袜一兩、直八十。始安隧卒韓詡自言、責故東部候長牟放□□錢四百。驗問收責持詣廷。放在城官界中。謁移城官治決。害□日夜□　73E.J.T23:295

〔麻の袋一つ、價格百八十錢、麻の靴下一兩、價格八十錢。始安燧卒の韓詡が自ら言うには、元東部候長の牟放□□に四百錢の返濟を求めている、と。尋問して債權を回收しそれを持って縣廷に出向かれたい。牟放は都尉府の管轄區内にいる。どうか都尉府に通知して取り調べて決着をつけていただきますよう。〕

6　元延二年二月癸巳朔甲辰、玉門關候臨・丞猛移效穀。移自言六事。書到、願令史驗問收責、以錢與士吏程嚴、報。如律令。　II 90DXT0114②:292A／釋54

〔元延二年二月十二日、玉門關候の臨・丞の猛が效穀縣に通知する。自言六事を送付する。この書が届いたら、どう

か令史が尋問して債權を回收し、その錢を士吏の程嚴に渡し、報告してください。律令の如くせよ。〕

7　甘露元年六月甲子朔癸巳、北鄕嗇夫富成・佐昌敢言之廷。令曰、諸辭者事不在辭官移書在所、在所以次治。謹
＝移民自言一事。謁移縣
泉置。書到、驗問禹、審如道・富成言、爲收責報。敢言之。　Ⅱ90DXT0114③:464/㋐

〔甘露元年六月三十日、北郷嗇夫の富成・佐の昌が縣廷に申し上げます。令には、およそ供述者の用件が供述した官の管轄でない場合は文書を所在地に送付し、所在地は順次それを處理せよとあります。謹んで民の自言一件を送付します。どうか懸泉置に送付してください。この書が届いたら、禹を尋問して、本當に道・富成の言う通りなら、債權を回收して報告してください。以上申し上げます。〕

5は、「謁移城官」とあるように、債權者である始安燧卒韓詡の申告を受けて、債務者の所在である都尉府に債權回收の依頼を轉送するよう依頼した文書であるが、返濟請求の申し立てが「自言責」と表記され、自證爰書の作成・送付は命じられていない。6は、玉門關候が「自言六事」を效穀縣に送付して債權の回收を依頼した文書、7は北鄕嗇夫が縣廷に「民自言一事」を送付し、それを懸泉置に轉送して債權を回收するよう依頼した文書である。後述のように債權の回收には貰賣代金の場合もあるが、回收命令に「驗問」が含まれることから、6と7の「自言六事」「民自言一事」は返濟してもらえない債權の回收依頼と考えられる。それ故、この「自言」は「自言責」のことになり、やはり、自證爰書の作成・送付は命じられていない。次の例は「自言」のつかない「責」の場合である。

8　☑書曰、大昌里男子張宗責居延甲渠收虜隧長趙宣、馬錢凡四千九百二十。將召宣詣官、☐以☐財物、故不實、臧
＝二百五十以上（以下略）　229・1＋229・2（A8）[13]

〔書に言うには、大昌里の男子張宗が居延甲渠收虜燧長の趙宣に、馬錢全部で四千九百二十錢の返濟を求めている、と。宣を召喚して候官に出向かせ、（先に）財物を（證言するに）故意に事實を言わないで不當に取得した額が二百五十錢以上〕

8は「□以□財物、故不實、臧二百五十以上」とあって證不言請律を告知していることから、大昌里男子張宗が居延甲渠收虜燧長趙宣に對して持つ債權（馬の代金四千九百二十錢）の回收に當たって、債務者趙宣を尋問し作成した自證爰書とわかる。債務者の自證爰書が作成されているこの例では債權申立が「責」と表記され「自言」の語は無い。

以上の例から、債務者が債務を承服しなかった場合に自證爰書の作成・送付が命じられるのは、債權の申し立てが「自言」ではない形で行われた場合に限られることが確認できたであろう。債權の回收には、このように、債權の存在が「責」と表記され債務者が債務不承認ならば自證爰書を求める場合と、「自言責」で債務不承認でも自證爰書を求めない場合の二つの回收方法が存在しており、「自言」の有無と爰書の作成とが密接に關連しているのである。1などで回收が命じられている債權は「如牒」の「牒」(14)に記されていたと思われるが、それに當たるのが次のようないわゆる責名籍である。(15)その責名籍にも「自言」の有るものと無いものの兩方が存在する。

9　滅虜隊戍卒梁國蒙東陽里公乘左咸、年卅六、自言、責故樂哉隊長張中實、皁練一匹直千二百。今中實見爲甲＝渠令史。　35・6（A8）

〔滅虜燧戍卒の梁國蒙東陽里の公乘の左咸、三十六歳が、自ら言うには、元の樂哉燧長の張中實に、黑い練り絹一匹價格千二百錢の返濟を求める、と。今、中實は現在甲渠令史である。〕

10　臨之隧卒魏郡内黄宜民里尹宗　責故臨之隧長薛忘得、鐵斗一直九十、尺二寸刀一直直卅、緹績一直廿五、凡直
＝百卌五。
同隧卒魏郡内黄城南里呉故　責故臨之隧長薛忘、三石布嚢一、曼索一具。皆藾忘得、不可得。忘得見爲復作。
E. P. T59:7

〔臨之燧卒の魏郡内黄直民里の尹宗が、元の臨之燧長の薛忘得に鐵製の柄杓一つ價格九十錢、尺二寸の刀一振り價格三十錢、赤い頭巾一つ價格二十五錢、全部で百四十五錢の返濟を求める。／同燧卒の魏郡内黄城南里の呉故が、元の臨之燧長の薛忘（得）に、麻の三石入りの袋一つ、曼索一揃いの返濟を求める。いずれも忘得に催促するも返してもらえなかった。忘得は現在復作となっている。〕

9では、滅虜燧卒左咸が元の樂哉燧長張中實に對して皁練一匹の代金千二百錢の債權を持つことを「自言責」と記す。これに對し10では、臨之燧卒の尹宗と呉故が元の燧長薛忘得に對して債權を持つことを「責」と記すのみである。このような同類の名籍でありながら「自言」の有無のみ異なる二種類が併存する状況は、次節で檢討する貰賣名籍にも見られる(16)。この「自言」は「私人が官に對して申し立て・申請する行爲」と解釋される(17)。しかし、債權者や貰賣主が債權や貰賣代金の回收を官に對して依賴する行爲は當然「申し立て・申請」に當たるはずである。それにも拘わらず、殊更に「自言」の有無が區別されていることから、「自言」の語は「申し立て・申請」を單に示しているのではなく、別の何かの區別を示すために附記されていると考えざるを得ないだろう(18)。

この問題を解く鍵は「自言」に對する官の對處の仕方に見い出すことができる。

11　……故主官趙備永始四年八月奉錢六百。謹驗問備、辭、故爲甲渠主官
……………用中賈人李譚之甲渠官、自言、責昌錢五百卌八。備以昌奉

……………□驗問譚、辤與備驗。餘五十二、付昌部候長樂博　E.P.T50:23

〔元の主官趙備の永始四年八月の俸錢六百錢。謹んで備を尋問するに、供述して言うには、以前、甲渠主官……でした……中賈人の李譚に甲渠候官に出向かせ、自ら言うには、昌に五百四十八錢の返濟を求める、と。備は昌の俸錢……で……譚を尋問したところ、供述は備と合致しました。殘りの五十二錢は、昌の部候長である樂博に渡しています〕

この簡は趙備・李譚・某昌の間で起こった金錢貸借のいざこざに關するものである。この中で李譚が甲渠候官へ赴いて「自言」しているが、その「自言」内容について「驗問譚、辤與備驗」とあるように官が眞僞の確認を行っている。また次の發信日簿も同樣である。

12　□壽自言、候長憲傷隊長忠。忠自傷、憲不傷忠。言府。●一事一封　143・27＋143・32＋143・33（A8）

〔壽が自ら言うには、候長の憲が隊長の忠に怪我させた、と。忠は自分で怪我したのであって、憲が忠に怪我させたのではない。都尉府に言う。〕

これは燧長忠が傷害を負った事件に關する調査報告を候官が都尉府に送付した際の發信記錄である。この中で、某壽の「自言」内容とは異なる事實が報告されているのは、「自言」内容に對して官による事實調査が行われたからである。このように官は「自言」内容をそのまま眞實として鵜呑みにはしない。それは「自言」があくまで自己申告であって、「自言」内容が虛僞ではなく事實であることの保證（以下「事實保證」という）が全く無いからに他ならない。

このように「自言」があくまで自己申告であって事實保證のない申請形態であれば、前掲の債權回收命令や名籍などで「自言」の有無が區別されていた理由も明らかであろう。卽ち、「自言」が明記されているのは、申請内容が事實保證の無い自己申告によることを明示するためと考えられる。このことはさらに、「自言責」が債權者による債權の自己申告であるのに對し、「自言」の附かない單なる「責」では自己申告とは明確に區別される何らかの手續きが踏まれていたのではないかという想定を導く。この手續きとは如何なるものかを考える爲に、責名籍と同樣に債權の回收に關係し、且つ「自言貰賣」と「貰賣」の二種類の表記が存在する貰賣名籍を先に取り上げることにしたい。

第二節　戍卒の貰賣名籍と行道貰賣

（一）貰賣名籍の種類

貰賣內容を記載した貰賣名籍は「自言」の有無の區別と共に、吏（故吏）か民かという買い手の身分によって記載內容が若干相違する。次に擧げるのは、集成した貰賣名籍をこれらを基準に分類したものである。

A「自言」有り・買い手が吏

13　☐自言、貰賣絲一斤、直三百五十、又麴四斗、直卌八、驚虜隧長李故所。　206・3（A8）

14　☐自言、貰買[19]皁綺一兩、直九百、臨桐隊長解賀所。已收得、臧治所畢。　E.P.S4.T1:21

15　肩水戍卒梁國睢陽同廷里任輔　自言、貰賣白布復袍一領、直七百五十、故要虜　73E.J.T3:104

B「自言」有り・買い手が民

16　☐☐既　自言、五月中、行道貰賣皁復袍一領、直千八百　皁☐、直七百五十

⊘□賣　縑長袍一領、直二千
⊘　皁絝一兩、直千一百
●凡直六千四百
居延平里　男子唐子平所　206・28（A8）

17 第卅二隊卒郟邑聚里趙誼　自言、十月中、貰賣絲絮二枚、直三百、居延昌里徐子放所。已入二⊘　E.P.T51:249

18 戍卒東郡觀邑市南里張□　自言、貰賣布復絝一兩、直三百八十
閏月辛亥、付己來候官。　效穀宜禾里薫功所。敦煌已付三百八十畢。卿田□　Ⅱ90DXT0214③:32／釋45注

C 「自言」有り・買い手不明

19 □迹、第四十一南陽武□翟陵里⿱⺈豆桂字子見　自言、二年一月中、貰賣⊘　190・12（A8）

20 第廿五卒唐憙　自言、貰賣白紬襦一領、直千五百、交錢五百。●凡并直二千⊘　E.P.T51:302

21 ⊘自言、貰賣官袍一領、直⊘　E.P.T59:923

22 第十七隧戍卒南陽郡育陽樂居里李武　自言、貰賣皁布⊘
自言、貰賣□□⊘　E.P.C:3

D 「自言」無し・買い手が吏

23 ⊘□□外、貰賣官襲一領、備南隧長陳長買所。賈錢⊘　88・13（A10）

24 戍卒魏郡內黃□居里杜收　貰賣鶉縷一匹、直千、廣地萬年隊長孫中前所。平六⊘　112・27（A8）

25　察微隊戍卒陳留郡傿寶成里蔡𠷎子　七月中、貰賣縹復袍一領、直錢千一百、故候史鄭武所。　E. P. T51:122

26　第八隊卒魏郡内黄右部里王廣　貰賣莞皁絝橐絮裝一兩、直二百七十。已得二百、少七十。遮虜辟衣功所　E. P. T51:125

27　陽夏官成里陳青臂　（上段）
……　貰賣皂複袍一領、直二千六百、故箕山隧長氏池□□□趙聖所。又錢廿。凡直二千六百廿
付□□二……。已入八十、少二千五百卌　畢　ǫ　付　（下段）73E. J. T23:320

28　☐□輔　賣襲一領、賈錢六百　要虜隧長□☐　73E. J. T23:934

29　☐　貰賣布一匹、賈錢二百五十、貸錢百卌、凡直三百九十、故水門隧長尹野所。☐　73E. J. T23:963

30　☐　賣[20]絉一兩、直錢廿三、革帶二枚、直六十。●凡直八十三。故水門隧長、屋闌富☐　73E. J. T23:964

31　廣野隧卒勒忘　貰賣縹一匹、隧長屋闌富昌里尹野所。　ノ　73E. J. T23:965

E　「自言」無し・買い手が民

32　☐濮陽槐里景𪍿　貰賣劍一、直七百、觻得縣□□☐
客居第五辟☐　271・1（A8）

33　終古隊卒東郡臨邑高平里召勝字游翁　貰賣九稯曲布三匹、匹三百卌三、凡直千、觻得富里張公子所。舍在里

=中二門東入。任者同里徐廣君。　282・5（A8）

34　驚虜隧卒東郡臨邑呂里王廣　卷上字次君　貰賣八稯布一匹、直二百九十、觻得定安里隨方子惠所。舍在上中
=門第二里三門東入　任者閻少季・薛少卿。　287・13（A8）

35　戍卒魏郡貝丘珂里楊通　貰賣八稯布八匹、匹直二百卅、幷直千八百卅。賣鄭富安里二匹、不實賈。知券
常利里淳于中君。　311・20（A8）

36　戍卒東郡聊成孔里孔定　貰賣劍一直八百、觻得長杜里郭穉君所。舍里中東家南入。任者同里杜長定前上　E.P.T51:84

37　戍卒東郡聊成昌國里繇何齊　貰賣七稯布三匹、直千五十、屋蘭定里石平所。舍在郭東道南。任者屋蘭力田
=親功　臨木隧　E.P.T56:10

38　受降卒富里宋鉗　貰官練襲一令、直千、濼涫平旦周稚君所。稚君舍在會水候官入東門得術西入。酒泉東部候
史不審里孫中卿妻秋任。　畢　73E.J.T23:969

F　「自言」無し・買い手不明

39　☐貰賣皁絝一兩　☐　E.P.T5:92

40　次呑卒王安世　貰賣布復☐　E.P.T51:540

41　第十二卒成鐃　貰賣皁復☐　E.P.T53:221

42　肩水□□隧卒陳□　貰賣布襲一領、布絝一兩、竝直八百。界□　▨　73E.J.T1:55

これらの貰賣名籍を比較すると、買い手が吏であるAとDは「自言」の有無を除き記載内容に大きな相違が無いのに對し、買い手が民のBとEを比較すると、「自言」の無いEには任者と舍の記載が有るが、「自言」の有るBには任者と舍の記載は見られないという點が異なる。BとEは共に賣り手と買い手がそれぞれ卒と民で同一であるから、任者と舍の記載の有無は「自言」の有無に規定されていると考えられる。また、これらの貰賣名籍には複數の貰賣物品が記載されているものが幾つもあるが、Eのうち任者と舍の記載の有るものは全て一點で、複數の貰賣物品を記載した例はない。從って、任者と舍及び貰賣物品點數を検討することによって、「自言」の有無の意味を明らかにする手掛かりを得られそうである。Eで卒から貰買しているのは觻得・屋蘭・濼涫縣在住の民間人であるので、戍卒と觻得などに住む民間人との間での貰賣買の實態を先に考えることにしよう。

（二）行道貰賣の實態

貰賣名籍Eに見える戍卒と觻得などに住む民間人との間で行われた貰賣買は「行道貰賣」と呼ばれた。

43　甘露三年十一月辛巳朔己酉、臨木候長福敢言之。謹移戍卒呂異衆等行道貰賣衣財物直錢如牒。唯官移書令觻得・濼涫收責。敢言之。　E.P.T53:186

〔甘露三年十一月二十九日、臨木候長の福が申し上げます。謹んで戍卒の呂異衆らの移動中に貰賣した衣類財物の價格を送付すること添附簡の通りです。どうか候官は文書を觻得縣と濼涫縣に送り債權を回收してください。以上申し

上げます。〕

これは、甲渠候官所屬の臨木候長が張掖郡觻得縣と酒泉郡樂涫縣に貰賣代金回收を命じるよう候官に對して依頼したものである。代金回收の命令先が觻得・樂涫縣であるから、呂異衆等の貰賣はそこで行われたことになるが、その貰賣を「行道貰賣」と呼んでいる。

この「行道」とは部署を離れて他所に行くことであるから、[21]「行道貰賣」は「勤務官署を離れた移動中に他所で行った貰賣」となる。[22]従って、戍卒の勤務場所から離れた觻得縣などで行われた貰賣はまさに「行道貰賣」に當たる。Eに擧げた貰賣名籍に「行道」の語は無いが、多くの例が43と同じ觻得・樂涫での貰賣であることから、これらが「行道貰賣名籍」であることは間違いないだろう。[23]また、16では居延縣在住の民との貰賣を「行道貰賣」と記している。「行道」の語義からすれば、民が買い手となるB・Eの貰賣は戍卒の勤務する官署以外で行われたものであろうから、B・Eはすべて「行道貰賣」に當たることになろう。

この行道貰賣については、毎年、部單位で名籍にまとめられたことが次の表題簡からわかる。

44　第十七部甘露四年卒行道貰賣名籍　　E. P. T3:2

このことは戍卒行道貰賣名籍の作成が部の定期的事務であったことを意味する。[24]43が部の責任者である候長の發信であったのはこの爲である。

これまで擧げた行道貰賣關係簡の殆どは甲渠候官址および金關址出土であるから、そこに見える「行道貰賣」は甲渠候官および肩水候官に所屬する戍卒と張掖郡觻得・居延・屋蘭縣や酒泉郡樂涫縣在住民間人との間の貰賣買を具體的には指していることになる。そのうち、甲渠候官と觻得縣の間は二十日以上かかる距離である。[25] 甲渠候官所屬の戍卒はこれ程離れた觻得縣までどのようにして行き貰賣したのだろうか。

行道貰賣の場の一つである屋蘭は、長安からの里程表（第二部第三章所掲6）に見えるように居延へ向かう際の通過地點である。觻得縣には張掖太守府があり、[26] その太守府には戍邊義務の終了した罷卒が引率されているし、[27] 居延には居延都尉府があり、[28] 居延からの長吏がこれから就役する戍卒を途中の武威郡姑臧縣まで迎えに來ているので、[29] 新任の戍卒は居延まで引率されたのだろう。このように行道貰賣の場である屋蘭・觻得・居延は內郡から就役地へ向かう際の通過地點に當たっており、灤涫も同樣であろう。從って、行道貰賣とは戍卒が就役地である居延へ移動する途中で行った貰賣と考えるのが自然であろう。甲渠候官所屬の戍卒が貰賣する時期として考え得るのは、①戍邊のため居延に來る途中、②居延での就役中、③勤務終了後の歸鄉時、である。そのうち②の就役中については、戍卒には觻得へ往復できるほどの長期の休暇は無かったと思われることから、[30] 就役中に觻得縣迄出向いて貰賣することは考えにくい。また、先述のように行道貰賣名籍は戍卒が配屬された部で作成されているのだから、③の歸鄉時はあり得ない。戍邊に向かう戍卒は出身郡から車兩隊を組織し、攜行する衣橐などはその車兩に乘せて就役地である居延へ移動してきた[31] ことを考えれば、戍卒の行道貰賣は①の赴任時と考えるのが最も妥當であろう。

（三）行道貰賣に對する官の管理

每年部每に作成される「某部某年卒行道貰賣名籍」は上述のように、戍卒が內郡から戍邊に向かう途中で行ったと考えられる貰賣に關する名籍であるが、戍卒の貰賣はこの行道貰賣に限られず、A・D所揭の例のように吏に對する貰賣もある。それにも拘わらず行道貰賣についてのみ殊更に部每に名籍が作成されているのは何故だろうか。

貰賣とは言う迄もなく掛け賣りのことで、代金の支拂いが後日に行われる賣買形態である。掛け賣りは後日の代金回收が可能なことが前提であるから、通常は繼續的取引のある相手との間でのみ行われ[32]、所謂一見の客との間で貰賣買は行われないのが一般的である。ところが戍卒の行道貰賣の場合、買い手である觻得縣等在住の民間人と賣り手の戍卒との間に繼續的取引があったとは考えられない。

次の簡はこの問題に對する答えを與えてくれる。

45　〼□屬甲渠候官。詔書、卒行道辟姚吏私貰賣衣財物、勿爲收責　E. P. T52:55

〔甲渠候官に所屬する。詔書には、戍卒が移動中に吏の監視を避け逃れて個人的に衣類や財物を貰賣した場合は、貰賣代金を回收してはならない、とある〕

46　〼……□□佐豐移肩水候官。□□□□來時長初來時。登山隧長孫君房從萬貰買。執適隊長丁〼
〼任。府書曰、卒貰賣予吏、及有吏任者、爲收責、有比。書到、願令史以時收責。迫卒且罷。亟報。如律令〼　73E. J. T7:25

〔佐の豐が肩水候官に通知する。……登山燧長の孫君房が萬より貰買した。執適燧長の丁……任。府の文書に言うには、卒が吏に對して貰賣した場合や、吏の保證人がいる場合は、債權を回收すること、先例がある。この書が届いたら、どうか令史は速やかに債權を回收されたい。戍卒の役務滿了が迫っている。速やかに報告されたい。律令の如くせよ。〕

45に引用された詔書の「辟姚」は「避逃」で[33]、「私」には「公認ではない」の意を含む[34]。從って、吏の監督下から逃れて行った貰賣は公認ではない「私」的な貰賣である以上、戍卒に代わって貰賣代金を回收する必要など無い、というのがこの詔の意圖する所であろう。かかる詔が出されたということは、逆に、戍卒が吏の監督下で衣財物を貰賣することは公認されていて、その貰賣代金の回收は官によって制度的に行われていたことを示す。また、46に引用された「府書」にも吏卒間の貰賣買についての通知が見える。「府書」の引用最後の「有比」の「比」は先例のことであるから、吏を相手とする貰賣や吏が保證する貰賣の代金を官が回收することが先例として行われており、46はそのように、吏の監督下で行うなどある條件を滿たした上で戍卒が貰賣した代金を速やかに回收するよう依賴しているのである。[35] この「府書」を引き合いに出して肩水候官に對して卒が貰賣した代金を速やかに回收するよう依賴しているのである。このように、吏の監督下で行うなどある條件を滿たした上で戍卒が行った貰賣については、官がその代金を回收する體制が整えられていて、43はかかる貰賣代金回收體制に基づいて、貰賣代金の回收が部→候官→買い手の居住縣へと傳達・實行された實例なのである。戍卒の貰賣の內、なぜ行道貰賣だけが部毎に定期的にまとめられ名籍が作成されるのかという本項冒頭の疑問も、かかる官による貰賣代金回收體制にその理由を求めることができよう。[36]

以上の考察の結果、戍卒の行道貰賣は次のように考えられる。戍卒は戍邊に向かう途中の觻得縣などで、鄕里の內郡から車に積んできた衣類などを在地の民間人に貰賣していた。その際、吏の監督下で行われた貰賣は公認のものとして官による貰賣代金の回收が制度化されていた。戍卒が見知らぬ土地の人間に對しても代金後拂いの貰賣形態で衣類などを賣ることができた理由はここにある。この行道貰賣の內容は戍卒が所屬する候官に到着し烽燧に配屬された後、部毎に「某部某年卒行道貰賣名籍」にまとめられた。部候長はこれを候官に送付し、買い手の居住地の縣に對し貰賣代金の回收を命ずるよう依賴したのである。

（四）貰賣名籍における「自言」の有無

ここまで戍卒による行道貰賣の實態とそれに對する官の管理とを檢討してきた。本項ではこの檢討結果を踏まえて、前揭D・E・Fの事例が「自言貰賣」ではなく「貰賣」となっていることの意味を考察しよう。

先に貰賣名籍に關して指摘したことは、①買い手が民のBとEを比較すると、「自言」の無いEには任者と舍の記載が有るが、「自言」の有るBには無い、②Eのうち任者と舍の記載の有るものは全て貰賣した物品が一點だけで複數の貰賣物品を記載した例は無い、の二點であった。そこで、任者の記載と貰賣物品數についてまず見ておこう。

任者は旁人と共に賣買契約書（券）に見られ、(37)「任」の字義から「保人」（保證人）と解釋される。(38)そこで、實際の券を取り上げて任者と旁人の機能を確認しておきたい。

47　神爵二年十月廿六日、廣漢縣廿鄭里男子節寬憙賣布袍一陵胡隧長　張仲孫所。賈錢千三百、約至正月□□。任
=者□□□□□□□　T. VI. b. i. 191A／敦1708A
正月、責付□□十。時在旁、候史長子仲、戍卒杜忠知券。□沽旁二斗。　T. VI. b. i. 191B／敦1708B

〔神爵二年十月二十六日、廣漢縣廿鄭里の男子節寬憙が麻の袍一つを陵胡燧長張仲孫に賣った。價格は千三百錢、正月までに□□する約束である。保證人は……正月に責付□□十。その際の立ち會いは、候史の長子仲と戍卒杜忠で券を確認している。立會人に酒二斗を振る舞った。〕

「在旁」は旁人のことであるから、この貰賣買契約では任者と旁人の兩者が存在する。これは任者と旁人が區別される存在、卽ち、兩者の役割が異なっていたことを意味しよう。次も貰賣買の券であるが今度は任者だけである。

48　元平元年七月庚子、禽寇卒馮時賣槖絡六枚楊卿所。約至八月十日、與時小麥七石六斗。過月十五日、以日斗
=計。蓋卿任。　77. J. H. S:2A／敦1449A

〔元平元年七月庚子、禽寇卒の馮時が槖絡六枚を楊卿に賣った。八月十日までに、小麥七石六斗を拂う約束である。

八月十五日を過ぎたら、一日當たり一斗の利息が附く。蓋卿が保證した。〕

これに對し、現金決濟である土地賣買の劵では、旁人だけで任者はいない。

49　☐置長樂里樂奴田卅五役、賈錢九百、錢畢已。丈田即不足計役數、環錢。旁人淳于次・孺王充・鄭少卿。古酒＝旁二斗、皆飲之。　557・4（A10）

〔置長樂里の樂奴の耕地三十五反、價格は九百錢で、代金は支拂い濟み。耕地を測量してもしも反數が不足していたら、代金を返還する。立會人は淳于次と孺王充と鄭少卿。立會人に酒二斗を振る舞い、皆で飲んだ。〕

漢簡に見える現金決濟の劵はこの一例のみだが、所謂買地劵も同じ現金決濟の土地賣買證書に當たる(39)。買地劵のうち任者の記載のあるものは三國時代以降のものだけで、後漢以前の買地劵には「時旁人」「時證知者」「時臨知者」など と表現される旁人が現れるだけであり、49と同樣に任者は見られない。後漢までの買地劵は實際の土地賣買の內容を傳えているのに對し、任者の見える三國以後の買地劵は非現實的な護符的地劵であるといわれる(40)。そうであれば、後漢以前は現實の現金決濟の賣買契約においても旁人が關與するだけで任者はいなかったということになろう。

以上の漢簡及び買地劵の例から考えれば、任者は現金決濟の契約には現れないで貰賣買契約に固有の存在であるから、その役割は貰賣代金支拂いの保證と考えられよう。唐代以降の「保人」が、債務者が債務不履行の場合に辨濟責任を負うものではなく、債務者が逃亡した場合にのみ辨濟責任を負う所謂留住保證であったことからすれば(41)、漢代の任者の保證責任も留住保證に限定されていたかもしれない。いずれにしろ、任者には最終的には貰賣代金の辨濟責任が生じるわけであるから、誰が任者であったかは必ず記錄として殘されなければ意味を成さない。貰賣買契約については、旁人だけで任者がいない場合でさえも劵が作成されているから、任者がいる場合はなおさらのこと劵は必ず作成されたと考えて間違いないであろう。換言すれば、任者の存在は劵の作成が前提であると考えられる。[42]

次に貰賣物品の數について。E以外の貰賣名籍には13・16・22・30・42のように複數點のものがある。また、20・27・29は物品と錢であるが複數點ということでは同様である。これに對して、買い手の舍と任者の記載のあるEの例はいずれも貰賣している物品は一點だけである。

このように任者の記載があり、貰賣物品が一點だけという貰賣名籍Eの特徴は、47・48に見えるように、賣買契約書である劵の特徴に一致する。それ故、貰賣名籍Eは劵を元にしてそれを引き寫す形で作成されたと考えられる。

この點について、今度は貰賣名籍Eの作成過程から檢討してみよう。貰賣名籍Eは先述のように戍卒の行道貰賣の名籍である。戍卒の行道貰賣は就役地への通過地點における貰賣で、貰賣買行爲は吏の監督下で行うべきものであった。ところが、名籍の作成は戍卒が配屬された候官屬下の部で行われている。その部の責任者である候長が戍卒の行道貰賣代金回收を依頼した送り狀（43）には「謹移戍卒呂異衆等行道貰賣衣財物直錢如牒」とあるように「自言」の語は無い。先述のように「自言」の有無は區別されている以上、行道貰賣名籍を作成する部において「自言」か否かの區別が可能であったことになる。43の例では、呂異衆等の行道貰賣の內容が單なる自己申告ではなく、事實保證があることを臨木候長が確認し得たということになろう。名籍の作成は當然貰賣の當事者である戍卒の申告によると考えられるから、候長が自己申告か否かを區別できたということは、その申告の際に申告內容が事實であることを戍卒本人が證明したと考えざるを得ない。このように當事者である戍卒が配屬された部において證明する方法は、當事者が所持する劵を措いて他には無いであろう。[43]

貰賣名籍で「自言」がつかないのは、このEの他にDもそうであった。Dは買い手が吏の例であるが、47・48はまさに戍卒が賣り手で吏が買い手の貰賣買の券である。この他にも、賣り手が戍卒で買い手が吏の券が確認される。

50　七月十日、鄣卒張中功貰買(44)皁布章單衣一領、直三百五十、三堠史張君長所。錢約至十二月盡畢已。旁人臨
　=桐史解子房知券□□
262・29（A8）

〔七月十日、鄣卒の張中功が黑い痲の模様付き單衣一領、價格三百五十錢を三堠史の張君長に賣った。代金は十二月までに支拂う約束である。立會人は臨桐史の解子房で券を確認している〕

51　□□□□□蓋衣丈二尺、尺十七、直二百四錢、三堠吏張君長所。錢約至十二月盡畢已。旁人臨桐吏解子□□
　=□□
E.P.T52:323

〔……外套を一丈二尺、尺ごとに十七錢で、價格二百四錢を、三堠吏張君長に（賣った）。代金は十二月までに支拂う約束である。立會人は臨桐吏の解子〕

47・48・50・51のように、賣り手と買い手の身分がDと同じ券が存在し、「自言」の附かないEがその券を元に作成されたと考えられることから、Eと同じく「自言」の附かないDも券に基づいて作成されたと考えられよう。

このように「自言」の附かないDとEはどちらも券を元にして作成されたと考えられるのに對して、「自言」の附いた貰賣名籍A・B・Cには券との共通點は無く、券を寫したものでないことは明らかである。先述のように、券以外のものによる事實保證は想定しにくいので、券を元にしていないA・B・Cは貰賣名籍作成に際して何の事實保證も無かったと思われる。つまり、「自言」の附く貰賣名籍は戍卒の自己申告のみによる作成、「自言」の無いものは契約書である券に基づく作成と考えられ(45)、それ故、貰賣名籍の「自言」の有無は、契約書である券による事實保證の有無によって規定されていたと考えられるのである。

なお、六つに分類した貰賣名籍はこの「自言」の有無に起因する相違を除いて同一書式であることや、同じく「自言」が有るものと無いもの兩方を含む責名籍の場合にも、「自言」の有無に拘わらず名籍の書式と債權回收の命令内容は同一であることから(46)、貰賣名籍・責名籍それ自體の用途や作成目的は、「自言」の有無に拘わらず同一であること、念のため附言しておきたい。

第三節　責名籍と貰賣名籍

(一) 兩名籍の作成目的

責名籍の「自言」の有無の意味を考察する前に、ここで一節を割いて責名籍と貰賣名籍とを比較検討しておきたい。どちらも賣買に關する帳簿であり、尚且つ「自言」の有るものと無いものの兩方を含むという點で近似のものである。かかる近似の二種類の名籍の各々の機能が明確になれば、貰賣代金をも含めた廣義の債權回收の具體的展開や、「自言」の附かない貰賣名籍に基づく代金回收において買い手が債務を承服しない場合でも自證爰書の作成が要求されていないことの理由を明らかにできると考えるからである。

責名籍は名籍上段の人物が持つ債權の記錄であるが、この名籍はその債權の回收を目的として作成されたものである。責名籍は9・10のように「某甲（自言）責某乙〔債權内容〕」という書式を取る。債權回收の依頼である1に「吏自言責嗇夫㷀晏如牒」と見える中の「牒」がこの責名籍であることは、「某甲（自言）責某乙」という表記が共通することから明らかであろう。また、次の簡には債權回收の結果の記載がある。

52　故甲渠第九燧長吳建　第十士吏孫猛十二月
　　　　　　　　　　　奉百廿
　　　　　　　　　　　　　　　　　　　（第一・二段）
自言、責士吏孫猛脂錢百廿。●謹驗問士吏孫猛、辤服負。已收得猛錢百廿。（第三段）
　　　　　　　　　　　　　　　　　　E.P. T52:21＋E.P. T52:130 (47)

〔元の甲渠第九燧長の吳建が自ら言うには、士吏の孫猛に脂代百二十錢の返濟を求める、と。●謹んで士吏孫猛を尋問したところ、債務を承服した。既に孫孟から百二十錢を回收濟み。／第十士吏孫猛の十二月の俸錢百二十錢〕

この簡には債權者吳建の「自言」を承けて債務者孫猛の尋問が行われ、孫猛に貸していた百二十錢を回收したという債權回收の結果が記錄されている。このことは、責名籍が債權回收の原簿として作成・使用されたことを意味する。

一方、貰賣名籍は戍卒などの貰賣買の記錄であるが、やはりその貰賣代金の回收を目的に作成されたものである。

53　第五隧卒馬赦貰賣□縭袍縣絮裝直千二百五十、第六隧長王常利所。
　　今比平予赦錢六百。　　　　　　　　　　　E.P. T56:17

〔第五燧卒馬赦が第六燧長王常利に□□袍縣絮裝、價格千二百五十錢を貰賣した。／今、平價に基づいて(48)馬赦に六百錢を渡す。〕

この簡の上部には兩端からの切り込みがあり、この簡は錢袋の附け札と思われる。一行目の表記は、戍卒の本籍地と貰賣時期の記載が無いことを除いて、貰賣名籍Dの24・25と全く同一であり、この53が24・25のような貰賣名籍を元に作成されたことは明らかであろう。この53が回收された貰賣代金の錢袋の附け札であることから、その元になった貰賣名籍も貰賣代金回收のために作成されたということになろう。また、14の末尾には「已收得、臧治所畢」という代金回收濟を示す記載がある。この部分は他の部分と同筆ではあるがやや小振りの文字であり、貰賣代金回收後に同一筆記者により追記されたものであろう。行道貰賣については前述のように、戍卒の配屬された部において前掲の貰賣名籍Eが作成され「某部某年卒行道貰賣名籍」にまとめられて、それを元に貰賣代金の回收が行われた。要するに、貰賣名籍は貰賣代金回收の原簿となるものだったわけである(49)。

このように、責名籍と貰賣名籍は、貰賣名籍が貰賣代金の回收に限られているものの、共に金錢の回收原簿であって作成目的は同一といえる。さらに、貰賣名籍と責名籍の記載内容が重複している場合もある。

54　伐胡卒□憙　責□□布□一領、直千八十……已得錢二百、少八百八十。
　　伐胡卒□□　責廣地次□隊長陶子賜練襦一領、直八百三十。今爲居延市吏。
　　　　　　　　責……　E. P. T59:645

〔伐胡卒の□憙　……に布□一領、價格千八十錢の返濟を求める。……二百錢は回收濟み、八百八十錢が不足。／廣地次□燧長の陶子賜に練襦一領、價格八百三十錢の返濟を求める。今は居延市吏である。／伐胡卒の□□が……〕

二行目の八百三十錢は「練襦一領」の代金であるから、貰賣名籍によって回收されるはずの貰賣代金が、この例では責名籍によって回收されているのである。このように名籍の作成目的や回收の對象に關して、兩名籍の間には際立った相違は見られない。それにも拘わらず、責名籍と貰賣名籍の二種類の名籍が作成されるのは何故なのだろうか。

（二）兩名籍の機能

作成目的や回收對象に關しては明確な相違の見られない二つの名籍であるが、回收對象の表記を精察すると微妙な違いの有ることに氣が附く。貰賣名籍では前掲の例のように何を幾らで誰に貰賣したかが必ず明記されている。これに對し、責名籍では債權發生の原因となった物品などの記載が無く、ただ債權額が書かれているだけのものもある。

55　鄣卒杜福　責故尉□四百。士吏譚主收得、畢、見。　190・13＋190・14（A8）

〔鄣卒の杜福　元の尉□に四百錢の返濟を求める。士吏の譚が債權回收を擔當し、回收濟み。手元にある。〕

56　☐　自言、責甲渠令史張子恩錢三百。☐　185・27（A8）

〔自ら言うには、甲渠令史の張子恩に三百錢の返濟を求める、と。〕

57　隧長徐宗　自言、責故三泉亭長石延壽茭錢、少二百八十。數責不可得。　3・6（A8）

〔燧長の徐宗が自ら言うには、元の三泉亭長の石延壽にまぐさ代の返濟を求めるも、二百八十錢が不足。何度も返濟を求めたが返してもらえなかった、と。〕

58　障卒尹賞　●自言、責第廿一隧徐勝之長襦錢、少二千。　E.P.T51:8

〔鄣卒の尹賞が自ら言うには、第二十一燧の徐勝之に長襦代の返濟を求めるも、二千錢不足。〕

55・56では「四百」「錢三百」という債權額があるだけで、債權内容の記載は無い。57・58では「茭」「長襦」の賣買價格の記載さえ無く「少二百八十」「少二千」という未拂額しか書かれていない。これより、貰賣名籍では何を幾らで誰に貰賣したかが必要な情報であったのに對して、責名籍に必要な情報は債權額だけだったことがわかる。

かかる相違を念頭に入れて債權及び貰賣代金の回收命令を見てみると、回收命令の文言も「責」の場合と「貰賣」

の場合とで異なっていることに氣附く。責名籍による債權回收では1・2に「驗問收責報」とあるように「驗問（尋問）」と「收責（債權の回收）」及び「報（結果報告）」が命じられている。これに對し、貰賣代金の回收依頼である43では「收責」の語しかない。次の例も貰賣代金の回收依頼である。

59　☐☐丑朔甲寅、居延庫守丞慶敢言之。繕治車卒甯朝自言、貰賣衣財物客民卒所、各如牒。律
　　☐☐辭。官移書人在所、在所以次。唯府令甲渠收責、得錢與朝。敢言之。　E. P. T58:45

〔丑朔甲寅、居延庫守丞の慶が申し上げます。繕治車卒の甯朝が自ら言うには、衣財物を客民や卒に貰賣したこと、添附簡の通り、と。律には……辭。官は文書を債務者の所在地に送り、所在地は順次送れとあります。どうか都尉府は甲渠候官に命じて債權を回收し、錢を回收できたら甯朝に渡してください。以上申し上げます。〕

「唯」以下が文書送付先への依頼命令内容に當たるが、[50]「收責」を命じるだけで「驗問」の語は無い。46も卒の貰賣代金の回收を依頼したものであったが、そこでもやはり依頼されているのは「收責」だけである。このように、「貰賣」と表記される貰賣代金の回收では代金回收だけが命じられているのに對し、「責」と表記される債權の回收では債權回收に際し債務者の「驗問」も命じられていたのである。

責名籍・貰賣名籍には債權・貰賣内容以外の記載を含むものが有るが、その記載内容もそれぞれの命令に對應している。責名籍である52には「謹驗問士吏孫猛、辭服負」という尋問結果と「已收得猛錢百卅」という債權回收狀況が記載されている。52と同じ責名籍である次の簡では「辭」以下に被尋問者李勝之の供述が記載されている。

60
責候長李勝之錢二百九十三。謹驗問勝之、辤、故與君佚夫彭祖爲殄北塞外候〼
五年十二月中、與彭祖等四人供殺牛。已校計。不負彭祖錢。彭祖徙署白石部、移書責ム
錢二百九十三。ム爰書自證。不當償彭祖錢已決絕。彭祖免歸氏池。至今積四歲。君佚今
復責ム錢。ム自證爰書在殄北候官。

□居里女子石君佚王子羽

羽

母詣官

E. P. S4. T2:52

彭□□妻(51)

〔□居里の女子石君佚（王子羽）が、候長李勝之に對し二百九十三錢の返濟を求めた。謹んで勝之を尋問したところ、供述して言うには「以前、君佚の夫の彭祖とともに殄北塞外候……でした。五年十二月中に、彭祖等四人と一緒に牛を屠殺しました。既に清算は濟んでおり、彭祖に對し借金はありません。彭祖は白石部へ轉任し、文書を送って私に對し二百九十三錢の債權があると言ってきました。私は爰書によって自ら證言しました。彭祖に錢を返濟する義務はなく既に決着濟み(52)です。彭祖は罷免されて氏池縣に歸って、候官には出向いていません。それから今日まで四年が經過しました。彭□□妻である君佚は今再び私に對し返濟を求めています。私の自證爰書は殄北候官に保管されています」と。〕

この例でも「謹驗問勝之」以下で尋問結果が記載されている。この場合は、「不當償彭祖錢」とあるように李勝之は債務を承服しなかったため債權回收狀況の記録は無い。また、

61　〼自言、責甲渠終古隊長徐帶履錢百六十。服負。

E. P. T51:407

〔自ら言うには、甲渠終古燧長の徐帶に靴の代金百六十錢の返濟を求める、と。債務を承服した。〕

では、尋問結果に當たる「服負」の墨色が他の文字とは異なり、「服負」が追記であることがわかる。このことは、

債務者の尋問が責名籍に基づいて行われ、尋問實施後に「服負」が追記されたことを意味する。これに對し、貰賣名籍では14の「已收得、臧治所畢」、17の「已入二☐」のように貰賣代金の回收狀況が記録されるのみで、買い手を尋問した記録は見られない。このことは、先の命令文言における「驗問」の有無は單なる省略ではなく、「責」と「貰賣」とで回收手續きが異なっていたことを示す。

ところで、債權回收に際して命じられている「驗問」が、債務者が債務を承認するか否かを質す尋問であることは、「驗問」結果の内容から明らかである。では、責名籍による債權回收において債務者尋問が行われる理由は何だろうか。責名籍の中には57のように「責不可得（返濟を求めたが返してもらえない）」という文言の見えるものがあるが、この語は「貰賣」の場合には現れず責名籍に限られる。[53] 次の例にもこの文言が見える。

62　責不可得。書到、驗問、審負知君錢、白報。謹驗問當、辭曰、迺十一月中、從知君
貸錢三千六百、以贖婦。當負臧、貧急毋錢可償知君者。謁報。敢言之。　E.P.T59:13＋E.P.T56:8[54]

〔返濟を求めたが返してもらえなかった、と。この書が届いたら、尋問し、知君に對して借金があることが事實ならば、報告せよ。謹んで當を尋問しましたところ、供述して言うには、去る十一月中に知君から三千六百錢を借り、婦の刑罰を贖いました。當は踏み倒した借金がありますが、困窮しているため知君に返濟する錢がありません」と。どうかご報告ください。以上申し上げます。〕

「謹驗問當」以下が尋問結果の報告で、その前の「白報」までは尋問命令の再録である。[55]「驗問」が命じられているので、この命令は責名籍に基づく債權回收命令と判斷できる。[56] その中の「書到」以前の部分は命令に到る經緯の説明である[57]が、命令が「尋問し、知君に對して借金があることが事實ならば、[58] 報告せよ」であるから、「責不可得」は債權

者知君による債權回收の申し立ての末尾であること間違いない。「辭」以下が尋問されている當（人名）の供述で、その供述から、「貧急」による返濟不能の故に知君は當に貸した金を返してもらえなかったことがわかる。また、60では「不當償彭祖錢」とあるように尋問された李勝之は債務を承服していない。

これらの例から明らかなように、債務者の「驗問」が行われるのは債務者が債務を承服しないなどのために債權が回收できない場合であり、だからこそ「驗問」が必要なのである。債權回收命令の「驗問收責」は、債務を支拂わない債務者を始めに「驗問」し債務を承服させ、その上で債權を回收せよという命令なのである。かかる手續きは、債務者に債權を支拂ってもらえない債權者が、官に對して債權存在の確認と債務者に債權支拂を實行させるよう求めるものである。現代的な概念を用いて言うならば、この手續きは公權力による問題の解決、卽ち、公力救濟を求めるものでいわゆる債權回收請求訴訟というべきものであり、同時代の用語で言うならば、財を爭う聽訟に當たる。以下、「責」と表記される責名籍に基づくこの債權回收手續きを「債權回收を求めた聽訟」と呼ぶことにしよう。

以上の檢討から、貰賣名籍による貰賣代金の回收は單なる代金回收の代行であるのに對し、責名籍による債權回收は債務者を尋問して債務を承認させた上で債權を回收する債權回收を求めた聽訟と位置づけることができるだろう。

このように貰賣名籍が貰賣代金回收原簿であるとすれば、先述のように貰賣代金の支拂期限の記載が無いことが問題となろう。この點を考えておきたい。實は、貰賣名籍の作成、卽ち、貰賣代金の回收代行の依賴は貰賣買契約が成立した時點で行われるわけではない。貰賣名籍に見える「某月中」という表記は、貰賣買契約が名籍作成時點より前であることを示すものである。また、契約と名籍作成との時間的間隔は行道貰賣名籍の事例から考えることができる。(59)戍卒による行道貰賣は戍邊に向かう途中での貰賣であるから、戍卒交代の時期である四月から六月の前後に行われたと考えられる。一方、行道貰賣名籍による貰賣代金の回收依賴は43では十一月に行われており、貰賣後およそ半年である。この半年という期間は貰賣代金の支拂期限に相當する。『史記』には債務未返濟のまま六カ月を超過したために列侯が奪爵・國除された例[60]も見え、債務返濟は六カ月が限度とされていたようである。實際、漢簡中の劵の例でも支拂期限は一カ月から五カ月である[61]。從って、行道貰賣名籍の作成は貰賣代金の支拂期限後と考えて良いであろう。先述のように貰賣名籍には支拂期限が記載されておらず、それは貰賣代金を回收する上で支障を來すことになると考えられるが、既に支拂期限を超えた時點で名籍が作成されるのであれば何等問題は無い。貰賣名籍Eが劵を元に作成されたものでありながら支拂期限の記載が無い理由はこのように考えることができる。また、貰賣名籍には代金の一部が支拂い濟のものがある。26には「貰賣莞皁綺橐絮裴一兩、直二百七十。已得二百、少七十」とあり、貰賣代金二百七十錢の内、二百錢は既に回收濟である。卽ち、貰賣名籍によって回收を依頼されているのは貰賣代金の未回收分なのである。要するに、貰賣名籍は、全ての貰賣買について契約成立時に作成されるのではなく、支拂期限經過後に代金未拂分についてのみ、回收を目的に作成されると考えられるのである。

最後に、貰賣代金が責名籍で回收されている54を考えておきたい。通常、貰賣代金回收は貰賣名籍によるのであるが、その場合に行われるのは回收代行だけで、「驗問」は行われない。從って、買い手が支拂いの義務など無いと僞る可能性もあったであろう。その場合、責名籍によってその貰賣代金の回收を依頼することによって、初めて買い手を「驗問」し債務を承服させることが可能となるのである。54が責名籍である理由はこのように考えられる。

第四節　債權回收と自證爰書

本節では、先ず責名籍における「自言」の有無の意味を検討し、その後で、債務者が債務を承服しない場合の自證爰書の作成・送付の要求が「自言」の無い「責」の場合に限定される理由を考察することにしよう。

貰賣名籍の「自言」の有無を規定する事實保證は、契約書である券により行われていたと考えられるので、責名籍において「自言」が附されずに單に「責」とのみ表記される場合も、貰賣名籍における券と同等の事實保證力を持つ何かによって事實保證が爲されていたはずである。その何かの一つに當たるのが、貰賣名籍と同じ券であったことは當然であろう。券による事實保證を直接示す史料は未見であるが、次の簡には「責券」とある。

63　〼責券簿　274・32（A33）

「責券」は債權關係の契約書と思われ、この「責券」は券による債權の事實保證を示唆するものである。先述のように貰賣代金が責名籍によって回收される場合に、貰賣買契約の券があればそれによって事實保證されたであろう。券以上の事實保證力を持つものは存在しないからである。

では、券が存在しない場合の事實保證は何によって行われたのだろうか。

64　〼移責籍及爰書、會月七日。須言府〼　E.P.T56:134

〔債權帳簿と爰書を送付せよ、今月七日に出頭せよ。その後、都尉府に報告しなければならない〕

この簡は候官からの命令で「責籍」と「爰書」の送付が命じられている。「責籍」は責名籍に相違なく、「爰書」は「責籍」と共に送付されているのであるから債權關係の爰書であること疑い無い。この爰書について、債權者が債權の存在を證した爰書か、それとも「不服移自證爰書」に見える債務者が債務不存在を證した爰書かについて、俄かに斷定はできない。ただ、秋射成績による勞の加增に關係して、(62) 誰に何日の勞を增すかという增勞の明細である「增勞名籍」と、増勞日數の算定根據となる秋射成績を證明する「射爰書」[63]とがひとまとめにされている例がある。

65　●右□□□簿增勞名籍射爰書　E. P. T10:7

66　●右秋以令射爰書名籍　E. P. T56:276

二簡の比較から、「(増勞) 名籍」と「射爰書」の二つが一緒にまとめられたものとわかる。この例に倣えば、64も債權の明細である責名籍とその債權を證明する爰書と考えられよう。このように64の爰書を債權の存在を證するものとすれば、責名籍の事實保證をする何かに爰書を含めることができるだろう[64]。その傍證となるのが次の簡である。

67　□責不可得。證所言。不服負、爰書自證。●步光見爲俱南隊長、不爲執胡隊長。　157・12 (A8)

〔返濟を求めたが返してもらえなかった。供述内容を證言する。債務を承服せず、爰書によって自ら證言した。●步光は現在具南燧長であって、執胡燧長ではない。〕

「●」以下の「某甲見爲 (官職名)」という表記は、9・10にも見えるように債務者の現任官職の記載である。この記載の見える簡は全て責名籍で、債權者が主語となっている[65]。また、「責不可得」も57や62のように債權者主語で現れる表現である。從って、67も債權者主語と考えるべきであろう。「證所言」は次の簡に見える。

68　免。未賞從卒騶欬已貸錢百廿三。不當償。證所言。它如爰書。　E. P. T51:194

〔罷免になった。これまで卒の騶欬から百二十三錢を借りたことなどありません。返濟する義務はありません。供述内容を證言します。以上爰書とします。〕

末尾に「它如爰書」とあるように、「證所言」は爰書によって供述内容を證明したことを示す語である。從って、67の「□責不可得、證所言」の部分は、ある人物が步光に對して債權を持っていること及びそれが回收不能であることを爰書によって證言したという意味になり、その結果67は爰書によって債權の事實保證をした例となろう。

本章冒頭に述べたように、債務者が債務を承服しない場合に自證爰書の作成・送付が求められるのは、債權の存在が「自言」の附かない「責」と表現される場合であったが、64および67からその「責」の事實保證が爰書によってなされる場合もあったことがわかる。その結果、債權の回收手續きにおいて、債權者が債權の存在を爰書によって自ら證言する→債務者を尋問する→債務を承服しない債務者がその旨を爰書によって自ら證言する、という展開――單純化して言うならば「爰書には爰書を」という展開――を想定することができそうである。67はそのような展開の例と考えられる。67に見える「不服負、爰書自證」という表現は次の簡にも見える。

69　〼皆不服、爰書自證。書到、如律令。　206・31（A8）

〔いずれも承服せず、爰書によって自ら證言した。この書が屆いたら、律令の如くせよ。〕

「書到」以前の部分はその命令を出すに到る經緯であるから、「皆不服、爰書自證」は譯出した意味になる。この「爰書自證」という表現は60のように「爰書によって自ら證言した」という報告である場合が多い(66)。そうするとこの「皆不服、爰書自證」は、債權回收に伴う債務者尋問に際して、債務者が債務を承服しない旨を爰書によって自ら證言したことを記した部分となろう。債權回收の結果がこのように簡略に記載される例は61にも「服負」と見える。67には他の責名籍の現任官職記載には無い「不爲執胡燧長」の語があるが、この簡全體を尋問を受けた債務者が債務を承服しない旨を爰書によって證言したことの報告と考えることによって、債務者は債權者が申告した執胡燧長ではなく倶南燧長に轉任していたという附記と解釋できるようになる。以上のように67を解釋すると、ここでは債權者が債權の存在を爰書によって自ら證言したのを承けて、債務を承服しない債務者がその旨を同じく爰書によって自ら證言するという展開、卽ち、先の「爰書には爰書を」という手續きが取られていたことになろう。

「自言」のつかない責名籍による債權回收では、2・3に「不服、移自證爰書」とあるように、債務者が債務を承服しない場合はその旨を證言した自證爰書の作成と送付が求められていたのであるから、債權者が爰書によって自ら證言した債權についても、債務者が債務を承服しない場合その旨を同じく爰書によって自ら證言することが求められていたということになる。それは何故なのだろうか。爰書によって自ら證言するとは先述のように證不言請律の元で證言することであって、もしも證言内容が虛僞であった場合には處罰の對象となる。それ故、爰書による證言内容は眞實と見なされたのである。次の簡には、爰書による證言内容に對するかかる取り扱いを見ることができる。

70　證。書到、候身臨以書一」二曉來。不服、遣吏將來、與市□是服言。●謹以府書　E. P. T56:7

〔證言した。この書が屆いたら、甲渠鄣候自身が接見してこの書を以て一つ一つ教え諭せ。承服しない場合は、吏を遣わして連行し、與市□是　承服したならば報告せよ。●謹んで府書を以て〕

文中の「是服言」までが命令の再錄で、「●謹」以下がそれに對する報告である。報告部分に「以府書」とあるから、命令は都尉府からのもので「候」は甲渠鄣候を指す。また、「書到」迄は先述の通りこの命令を出すに到る經緯である。ここでは「證」一字であるが、漢簡中の「證」は自證爰書や相牽證任爰書[67]といった爰書による證言を指す語で、「不服」とあることから、「證」は債權に關して爰書によって自ら證言したことであろう。從って、この命令は爰書による證言を前提として出された命令と考えられる。その命令の最後に「□是服言」とあるが、典籍史料には「以是服」という表現が見える(68)ので、この部分も「以是服言」であるかもしれない。その場合、「これによって承服したら、報告せよ」という意味になろう。「與市□是」の意味は明確にはできないが、「服言」から「服」が報告の前提とされていることは間違いない(69)。ここから、「證」の内容は眞實であって、それに對する「不服」など有り得ないという姿勢を見ることができよう。かかる姿勢を取り得たのは、證不言請律の適用對象であるが故に爰書による證言内容は眞實に準ずる信憑性を持つと見なされていたからに他ならない。「責」の事實保證において、自證爰書の事實保證力が契約の動かぬ證據である券と同等に扱われていた理由はここにあるのである。

では、第一節で指摘した點、卽ち、債權の存在が「自言責」と表現される場合は債務者が債務を承服しなかったとしても自證爰書の作成・送付は求められず、自證爰書の作成・送付が求められるのは「自言」の附かない「責」の場合に限定されるということは、債權回收手續き全體の中で如何なる意味を持つのであろうか。債權の存在が「自言」の附かない「責」と表現される場合は、これまで述べたように券又は爰書により事實保證されている。この「責」を事實保證の全く無い、極言すれば嘘でも構わない「自言」という形態で否定することは、信憑性の點で釣り合いが取れず意味を成さない。それ故、「自言」の附かない「責」と表現される債權の存在を否定するためには、その債權の存在を事實保證した券や爰書と同等の信憑性を持つ自證爰書による證言が求められていたと考えられる。これに對して、「自言責」の場合は申告した債權内容にはもとより何等の事實保證も無いので、信憑性の釣り合いから「自言責」を否定する場合も特に自證爰書によって證言する必要は無かったのではないだろうか。

「責」と表現される債權回收における債務者尋問において、債務者がその債務を承服しないならば爰書によってその旨證言することが求められることの意味を、信憑性の點から言えば以上の如くであるが、現實的手續きの點から言えば次のような效果をもたらしていたと考えられる。「責」と表現される債權は事實保證されているので、申告された債權の內容は事實であり、それ故、債務者は債務を承服すべきであると債權回收を依賴された官は當然判斷したであろう。債務者が債務を承服しないならば自證爰書の作成・送付が求められているのは、かかる官の判斷の下においてなのである。そうすると、債務を承服しない債務者に爰書による證言を求めるこの手續きは、證言內容が虛僞であった場合に處罰の對象となる證不言請律の下で證言させることで、債務者が僞って債務の返濟から逃れることを防止するという效果をもたらすことになったであろう。

おわりに

以上、居延で行われた戍卒による賣買を直接の考察材料として、爰書の果たす機能や效果について檢討してきた。債權債務に關する聽訟に際して作成される爰書は、貰賣買契約の動かぬ證據である券と同等の事實保證力を持ち、爰書によって證言された內容は事實に準ずる信憑性を持つものとして官によって取り扱われていた。卽ち、爰書の內容は紛うかた無き眞實と認識されていたのである(70)。それ故、爰書などによって事實保證された債權や貰賣は自己申告によるだけのそれとは明確に區別されていた。責名籍や貰賣名籍などにおいては、事實保證された債權や貰賣と區別するために自己申告による債權や貰賣には「自言」の語が附記された。責名籍による債權回收、卽ち、債權回收を求めた聽訟の場合、尋問において債務者が爰書などによって事實保證された債權をもしも承服しないのであれば、その旨を同じく爰書によって證言することが求められた。證不言請律の適用される爰書によって證言させることで、債務者の言い逃れを防止し債務を承服させようとしたのである。

このように、債權回收を求めた聽訟においては、證言が虚僞であった場合に處罰の對象となる證不言請律の下で證言させることが重要な役割を果たしていたように思われる。聽訟において自證爰書が果たす機能をより解明するために、次章では、自證爰書はどのように運用されていたのか見てゆくことにしよう。

注

(1) 邊境の烽燧に勤務する吏卒間における賣買については、角谷常子「居延漢簡に見える賣買關係簡についての一考察」(『東洋史研究』五二―四　一九九四) 參照。

(2) ここで言う「債務者」とはあくまで債權者によって債務者として訴えられた者のことで、必ずしも債務の事實があるとは限らない。以下「債務者」の語は「債權者により債務者と申告され名籍に記載された者」という意味で使用する。

(3) 李均明「居延漢簡債務文書述略」(初出一九八六。同氏『初學錄』蘭臺出版社　一九九九　所收)、大庭脩「爰書考」(同氏『秦漢法制史の研究』創文社　一九八二)、籾山明「爰書新探――古文書學と法制史――」(同氏『中國古代訴訟制度の研究』京都大學學術出版會　二〇〇六) など。

(4) 籾山明注3前掲論文二一二〜二一三頁。

(5) 李均明注3前掲論文、角谷常子注1前掲論文に集成がある。

(6) 陳槃「漢簡賸義再續」拾貳「責債古今字」(初出一九七一。同氏『漢晉遺簡識小七種』中央研究院歷史語言研究所　一九七五　所收)。

(7) 文書發信者名は必ず記載されるので、「甲渠鄣守候塞尉二人」は「二人」を人名として「甲渠鄣守候である塞尉の二人」とすべきであろう。同樣の表記に「甲渠鄣守候塞尉順」(35・8A) などがある。守官については大庭脩「漢の官吏の兼任」(同氏注3前掲書所收) 參照。

(8) 籾山明注3前掲論文二一二頁。

（9）證不言請律については連劭名「西域木簡所見《漢律》中的〝證不言請〟律」（『文物』一九八六—一一）參照。
（10）籾山明注3前掲論文一九七、二一五頁。
（11）發信日簿については永田英正「再び漢代邊郡の候官について」（同氏『居延漢簡の研究』同朋舍出版　一九八九）參照。
（12）大庭脩注3前掲論文、永田英正注11前掲論文では、この簡を誠北候長東門輔が王禁への借金を承服しない旨の自證爰書を送付した際の發信記録と考えている。しかし、「不服移自證爰書會月某日」の文言は

二月己未、甲渠候長毋害以私印行候事〼
言報。不服移自證爰書、會三月朔。如律〼　E. P. T52:148

にも見られるが、これが本文前掲2と同じく債權回收命令であることは明らかである。從って、「不服移自證爰書會月十日」は債務不承認の場合の自證爰書作成・送付の命令と解釋すべきであろう。債務不承認通知の發信日簿は次簡のように「不服負」とあるのみで「責」の字は無い。

殄北候令史登不服負臨木候長憲錢。謂臨木候長憲。●一事集封　四月己卯、尉史彊奏封　E. P. T51:25

（13）この簡については、張伯元「張宗・趙宣賠償紛糾案解説」（同氏『出土法律文獻研究』商務印書館　二〇〇五）參照。
（14）「牒」は木簡のこと（『漢書』卷五一　路溫舒傳「溫舒取澤中蒲、截以爲牒、編用寫書（師古曰「小簡曰牒、編聯次之」）」）で、この場合は添附文書として添附された木簡を指す。
（15）李均明注3前掲論文では「自言」の附くものだけを責（債）名籍に分類する。
（16）角谷常子注1前掲論文は「賣」「貰賣」「責」で始まる名籍に「自言」の有無のみ相違する二種類があることを指摘する。
（17）籾山明注3前掲論文二〇六頁。
（18）角谷常子注1前掲論文では「一つの可能性」として、「自言」の有る名簿は申立・申請を受理した時點で作成される名簿、「自言」の無い名簿は二次的に作成される名簿と解釋する。
（19）この「買」は「賣」の意味と思われる。賣買契約書である券には一定の書式があり、賣り手主語と買い手主語ではその記載形式が少し異なる。次の簡は後掲47と一對を成す券である。

神爵二年十月廿六日陵胡燧長張仲□買卒寬惠布袍一領買錢▨　T. VI. b. i. 42A／敦1601A

これら二簡を比較すると、賣手主語の47は「賣（物品）（買い手名）所買錢…」という記載形式を、買手主語の右掲の簡は「買（賣り手名）（物品）買錢……」という記載形式を取る。14の「臨桐隊長解賀所」は賣り手主語の47と同一表現なので、「買」は「賣」の意味としなければならない。このような「買」「賣」の通用は買地劵にも見られる（冨谷至「黄泉の國の土地賣買——漢魏六朝買地券考——」『大阪大學教養部研究集錄（人文・社會科學）』三六　一九八七）。

(20) 30は「貰賣」ではなく「賣」と書かれるだけであるが、買い手の「故水門燧長、屋蘭富……」は29の「故水門燧長尹野」および31の「燧長屋蘭富昌里尹野」と同一人物であること疑い無い。それ故、これらはいずれも貰賣代金を故水門燧長尹野から回收するための名籍で、30の「賣」は「貰」字が脱落したものと考えられる。28の「賣」も同樣であろう。

(21) 角谷常子注1前掲論文三頁。

(22) 林甘泉「漢簡所見西北邊塞的商品交換和賣買契約」（『文物』一九八九—九）は、戍卒の「行道」は戍邊の義務が終了して故鄕に歸ることを通常指すとし、「行道貰賣」を鄕里に歸る戍卒による官給衣類の賣却と見なす。

(23) 李均明注3前掲論文もこれらの簡を「行道貰賣名籍」に分類する。林甘泉注21前掲論文は、これらの簡は契約書そのもので、この契約書には貰賣買の形跡はないとする。

(24) 同樣の表題簡で「行道貰買」に作るものが二例ある。

●第廿三部甘露二年卒行道貰買衣物名籍　E. P. T56:265

●不侵候長尊部甘露三年戍卒行道貰買衣財物名籍　E. P. T56:253

「行道貰買」を文字通り理解すると戍卒が買い手となるが、戍卒の行道での賣買に關する簡牘の用例は、16・43・45や次に擧げる例もみな「行道貰賣」に作っていて、「行道貰買」に作るのはこの二例のみである。先述のように「賣」「買」は通用するので、この二簡の「行道貰買」は「行道貰賣」の意味と考えるべきであろう。

▨候長候史十二月日迹簿、戍卒東郭利等行道貰賣衣財物郡中、移都尉府。二事二封　正月丙子令史齊封　45・24（A8）

▩甘露三年戍卒行道貰賣
衣財物名籍□□　E. P. T53:218

（25）候粟君所責寇恩事册書（E. P. F22:1～36）には、觻得縣から居延縣まで「積行道二十餘日」と見える。

（26）張掖郡、故匈奴昆邪王地。武帝太初元年開。莽曰設屏……縣十、觻得……居延、居延澤在東北、古文以爲流沙。都尉治。
……（『漢書』巻二八下　地理志下）

（27）初元三年六月甲申朔癸巳、尉史常敢言之。遣守士吏泠臨送罷卒大守府、與從者居延富里徐宜馬
〼毋苛留止。如律令。敢言之。　E. P. T53:46

戍卒の就役地までの移動については、拙稿「漢代戍卒の徵發と就役地への移動」（『古代文化』四九—一〇　一九九七）參照。

（28）注26所掲『漢書』地理志參照。

（29）次の簡は姑臧に駐在している武威庫令の文書であるが、そこに「居延不遣長吏逢迎卒」とあることから、本來は居延の長吏が姑臧まで戍卒を迎えにくることがわかる。

元康二年五月己巳朔辛卯、武威庫令安世、別繕治卒兵姑臧、敢言之。酒泉大守府移丞相府書曰、大守〼
迎卒、受兵。謹掖檠持、與將卒長吏相助、至署所。毋令卒得擅道用弩射禽獸鬪。已前□書〼
三。居延不遣長吏逢迎卒。今東郡遣利昌侯國相力・白馬司空佐梁、將戍卒〼　E. P. T53:63

（30）次掲のE. P. T56:31から、戍卒は基本的に輪番で日迹を擔當していることがわかる。また、E. P. T59:357から省卒の休みは十日に一日であったことがわかるが、鄣卒の作業を記録した79. D. M. T12:71／敦1028でも「休」は十日毎になっていて、戍卒の休日は基本的に十日に一度であったと考えられる。

不侵隧卒更日迹名
郭兗、　乙亥・戊寅・辛巳・甲申・丁亥・庚寅・癸巳・丙申・己亥・辛丑・癸卯
李常有、丙子・己卯・壬午・乙酉・戊子・辛卯・甲午・丁酉・庚子・壬寅
李相夫、丁丑・庚辰・癸未・丙戌・己丑・壬辰・乙未・戊戌、省不迹　E. P. T56:31

●詰尊省卒、作十日、輒休一日。于獨不休尊。何解□〼　E. P. T59:357

煎都鄣卒郭縱　病　∨　葦　葦　葦　葦　葦　格　休　葦　葦　葦　葦　葦　葦　病　葦　丁　休　詣昌安

79.D.M.T12:71／敦1028

ただ、次の例のように長期間休んだと思われる例もあるが、E.P.T17:6は「休居家」とあることから、當地居住者であることがわかるし、E.P.T65:51とE.P.T65:323も同様である可能性がある。

鄣卒蘇寄　九月三日封符。休居家十日、往來二日、會月十五日。　E.P.T17:6

第二十一隊卒杜詡　休二十日　E.P.T65:51

第二十五隊卒鮑永　～　休三十日　E.P.T65:323

さらに、角谷常子が指摘するように、長城地帯における賣買は賣り手が卒で買い手が吏である割合が高い（角谷常子注1前掲論文）。これは、内地から運んできた物資を賣るということであろうから、當地居住者が賣り手となるとは考えにくい。

（31）注27前掲拙稿。

（32）（高祖）常從王媼・武負貰酒、醉臥。武負・王媼見其上常有龍、怪之。高祖毎酤留飮、酒讎數倍。及見怪、歲竟、此兩家常折券棄責。（『史記』巻八　高祖本紀）

（33）次掲157・1の「辟逃」および50・31の「姚去」から「辟」は「避」、「姚」は「逃」に通じることがわかる。「辟姚吏貰賣」は、車兩隊を組み吏に引率されていた戍卒による貰賣行爲について言うのであるから、これは『吏の監督下から逃れて勝手に貰賣する」と解釋するのが妥當であろう。

齒十歲、持所賈錢四千辟逃。聖索父振爲甲渠☐　157・1（A8）

清晨夜姚去、復傳致出關。書到、☐令史有田褒字少倩☐☐　50・31（A32）

（34）次例では、縣官による公認の鑄錢に對し、公認されていない私的鑄錢を「私鑄作錢」という。

建武六年七月戊戌朔乙卯、甲渠鄣守候　敢言之。府移大將軍莫府書曰、姦黠吏民作使賓客私鑄作錢。薄小不如法度。及盜發冢、公賣衣物于都市。雖知、莫譴苛。百姓患苦之。　E.P.F22:38A

書到、自今以來、獨令縣官鑄作錢、令應法度。禁吏民、毋得鑄作錢。及挾不行錢、輒行法。諸販賣發冢衣物於都市、輒收沒入縣官。四時言犯者名狀。●謹案、部吏毋犯者。敢言之。　E.P.F22:39

無論「私」は「公」の對概念で、例えば通行證に見える「爲家私市居延」の例のように公認云々に限らず「公的」でないことは全て「私」であるが、この場合は「辟姚吏」を承けた「私」であるから、單なる「私事」ではなく「公認されていない」と解釋すべきである。

(35)　比、則例也。（『漢書』巻二四下　食貨志下「自是後有腹非之法比」顏師古注）

(36)　李均明注3前掲論文では行道貰賣も含めた債務關係一般について、債務・債權者所在地の隔離や當事者である吏卒の職務上の地位・勤務場所の變更などによって債權回收に困難をきたすので、官が代理人として債權を回收していたことが指摘されている。李均明は、債權回收は本來債權者自身がすべきで、それが不可能な場合、官が債權者の申告によって債權回收を「代行」するという形態を想定しているようである。後述のように、官による貰賣代金回收は基本的に李均明の言うように當事者が回收不能の場合に行われるものであるが、戍卒の行道貰賣については當事者である戍卒が回收するのはもとより無理なので、實質的には全て官の手により回收されていたと思われる。官による行道貰賣代金回收は本來的に官が行うべき職掌であり、當事者が回收不可能な場合に限られる「回收代行」とは異なる。

(37)　券については、籾山明「刻齒簡牘初探——漢簡形態論のために——」（『木簡研究』一七　一九九五）參照。

(38)　仁井田陞「漢魏六朝の土地賣買文書」（同氏『中國法制史研究　土地法・取引法』東京大學出版會　一九六〇）、陳邦懷「居延漢簡考略」（『中華文史論叢』一九八〇—二）。

(39)　冨谷至注19前掲論文に漢魏六朝買地券の集成がある。

(40)　冨谷至注19前掲論文二二～二五頁。

(41)　仁井田陞「唐宋時代の保證と質制度」（同氏『中國法制史研究　土地法・取引法』東京大學出版會　一九六〇）。

(42)　建昭二年閏月丙戌、甲渠令史董子方買鄣卒□威裘一領、直七百五十、約至春錢畢已。旁人杜君雋。　26・1（A8）

(43)　前述のように行道貰賣は官の監督下で行われるので、その時に官により事實確認が行われたと考えられなくもない。また、46に「有吏任者」とあることからすると、戍卒の貰賣の任者に吏がなっている場合もあったであろう。しかし、貰賣名籍は部において作成され、部において「自言」の有無が區別されていることから、當事者である戍卒と候長のみの間で事實保證の有無が確認されたはずである。そのように考えた場合、券以外の事實保證の方法を想定することは難しい。

(44) ここでは「買」につくるが、「三堠史張君長所」から、これは賣り手主語の券である。

(45)「自言」の附かない貰賣名籍が券に基づいて作成されたとすれば、貰賣名籍の記載と券の記載とが完全に一致していない點が問題となろう。相違點は、①支拂期限の記載が貰賣名籍には無い、②任者の記載が貰賣名籍Dには無い、③貰賣名籍Eに見える買い手の舍の記載が券には無い、の三點である。①は貰賣名籍が券に基づいて作成されたと考える場合、最も問題となることであるが、次節で述べるように、貰賣名籍は支拂期限經過後に作成されるものなので、特に支拂期限を明記する必要は無い。②の任者の記載については、そもそも任者が貰賣買契約に不可缺なものではなく、任者不記載が券に基づく作成を否定するものではない。貰賣名籍Dの場合は、貰賣代金回收を行う候官に所屬する吏が買い手であるから、特に任者は必要なかったのだろう。それに對して、Eの場合の買い手は、賣り手である戍卒の勤務地（甲渠候官管轄下の烽燧）から遠く離れた觻得縣などに居住し、且つ候官所屬の吏でもないことから、貰賣買契約に際しては任者が必要であり、それ故に、貰賣名籍Eにも任者が轉記されたものと思われる。③の舍の記載については、買い手の舍の記載のある券はそもそも未見である。ただ、Eの場合は、後日、官が代金の回收に赴くことになっているのであるから、買い手の舍の所在地情報は券そのものに記載されていなかったとしてもどこかに必ず記錄されていたはずである。貰賣名籍Eの舍の所在地情報はそのような券以外の記錄に基づいて記載されたものなのであろう。以上のように、貰賣名籍の記載と券の記載とが完全に一致していないとしても、「自言」のない貰賣名籍が券に基づいて作成されたという想定を妨げるものではない。

(46) 先述のように「自言」の有無によって債權回收命令の「不服移自證爰書」の有無が異なるが、これは「不服」の場合の對處であって、回收命令自體は共に「驗問收責報」で同一である。

(47) この二簡は孫猛という人名から接續することがわかる。

(48) 二行目の「平」は次揭のE.P.T59:163によれば「平價（標準價格）」のことであろうから、「比平」は「平價に比《なぞら》えて」と解釋され、吏卒間の私的賣買に對する候官の積極的管理を示唆する。

枚縑素、上賈一匹、直小泉七百枚、其馬牛各且倍平。及諸萬物可皆倍犧和折威侯匡等

所爲平賈。夫貴者、徵賤物、皆集聚於常安城中、亦自爲極賤矣。縣官市買於民民　E. P. T59:163

(49) 貰賣名籍が貰賣代金回收の原簿であれば、買い手・貰賣品目・代金・支拂期限の記載は必須のはずであるが、前述のように支拂期限は無い。この點は、貰賣名籍を代金回收原簿と考える上でもやはり問題となるが、後述のように貰賣名籍は支拂期限超過後に作成されるので、支拂期限の記載が無くとも代金回收に支障は無い。

(50) 市川任三「居延簡印章考」(財團法人無窮會『東洋文化研究所紀要』五　一九六四)一五頁。

(51) 第一段の「王子羽羽」は別筆。また「毋詣官」「彭□□妻」は釋文では第二段四行目末尾に記すが、「毋詣官」は「至今積四歲」の前に入るべき追記で、「彭□□妻」は「君佚」への注記である(籾山明注3前掲論文二一三頁)。

(52) 「決絶」の意味は「裁ち切る」である(『漢書』卷九九中　王莽傳始建國三年條「莽下書曰、虜知罪當夷滅。故遣猛將分十二部、將同時出、一擧而決絶之矣」)。また、次簡にも見える。

………☑
歸乃善耳。孫子少欲得其官穀…………☑
子少不當責卿也。子少言、當復入二石及酒計及張一石、言當在外不償官穀牛也。兼謂子少卽不當如是
□□□□□□□□□子少意欲爲如何也。乃欲持是、爭來自苦耳。願丈人與兼車會、決絶之、乃可耳。
79. D. M. T5:200B/敦239B

兼から官穀牛の返濟を要求された子少がどうしたらよいかと手紙の主の元に相談に來たので、手紙の主が「丈人」に兼と會って解決してくれるよう依賴したもののようである。「爲すこと如何」と「自苦」している問題について「丈人」が「決絶」してくれれば「可」であるという文脈からすれば、「決絶」は問題を解決し決着を附けるという程の意味になろう。

(53) この他に10・後揭67にも「責不可得」という文言が見える。また、158・20(A8)には「☑候長張子恩錢三百。數責不可得」とあるが、金額だけの表記であることからこの簡も責名籍と判斷できる。

(54) この簡については、第三部第一章注54參照。

(55) 報告の文書に命令內容を再錄することについては、大庭脩「史記三王世家と漢の公文書」(同氏注3前揭書所收)參照。

(56) 62と同じく「責不可得。書到、驗問」の語を持つ次の簡には債權回收を命ずる「收責」が明記されている。

貸甲渠候史張廣德錢二千、責不可得。書到、驗問、審如猛言、爲收責言。謹驗問廣德、
對曰、迺元康四年四月中、廣德從西河虎猛都里趙武、取穀錢千九百五十、約至秋予　E. P. T59:8

(57) 鵜飼昌男「漢代の文書についての一考察――『記』という文書の存在――」（『史泉』六八　一九八八）。

(58) 「審」は「正確・確實」の意味である（籾山明「秦漢時代の刑事訴訟」同氏注3前掲書五八頁）。

(59) 注27前掲拙稿參照。

(60) （文帝）元年、侯信元年。四年、侯信坐不償人責過六月、奪侯、國除。（『史記』卷一八　高祖功臣侯者年表　河陽嚴侯陳涓條）

(61) 注42所掲26・1は契約が閏月（『二十史朔閏表』では八月置閏）で支拂期限が「春」、本文所掲50は契約が七月で期限が十二月、48は契約が七月で期限が八月、47は契約が十月で期限が正月である。さらに次掲のE. P. T57:72は契約が十一月で期限が「春」、79. D. M. T7:19／敦632は契約が六月で期限が七月である。

元康二年十一月丙申朔壬寅、居延臨仁里耐長卿貰買上黨潞縣直里常壽字長孫、靑復絝一兩、直五百五十。約至春
＝錢畢已。姚子方☑　E. P. T57:72

六月庚子、顯明候長古[賓]千秋隊長梁星假穀一石、貰六百八十錢。至七月奉☐　79. D. M. T7:19／敦632

(62) 秋射については永田英正「居延漢簡に見る候官についての一試論」（同氏注11前掲書所收）、大庭脩「『建武五年遷補牒』と功勞文書」（同氏『漢簡研究』同朋舍出版　一九九二）などを參照。

(63) 秋射の增勞名籍の例は未見であるが、次の簡は「乘塞外」による增勞内容が記載された名籍で增勞名籍に違いない。秋射の場合もこのような書式と思われる。

始建國三年十月日、乘塞外、盡三年九月晦、積三百☑
☑☐☐隊長上造李欽　張掖延城大尉元丞音、以詔書增欽勞☐☑　E. P. T59:339

秋射爰書は次の書式のものである。秋射爰書については、籾山明注3前掲論文參照。

甘露二年八月戊午朔丙戌、甲渠令史齊敢言之。第十九隧長敞自言、當以令秋射署功勞。卽石力發弩矢
☐弩臂皆應令。甲渠候漢彊・守令史齊署發中矢數于牒。它如爰書。敢言之。　E. P. T53:138

(64) 本文で次に擧げる67には「不服負、爰書自證」とあり債務を承服しない旨を爰書によって證言していることから、67で回収が圖られている債權は「自言」の附かない「責」と表現されていたと思われる。「□責不可得、證所言」とあることから、その債權の存在は爰書によって證言されている。従って、「責」の事實保證という點から言えば、「證所言」とある如く爰書による事實保證の例と考えられる。

(65) 次のE. P. T51:70にも債務者の現任の記載が見えるが、やはり債權者主語の責名籍である。

　司馬令史騰譚　自言、責甲渠隊長鮑小叔、負譚食粟三石。今見爲甲渠隊長。　E. P. T51:70

(66) 次の簡にも「爰書によって自ら證言した」という意味の「爰書自證」が見える。

　粟君錢畢。粟君用恩器物幣敗、今欲歸、恩不肯受。爰書自證。寫移爰書。叩頭死罪死罪、敢言之。　E. P. F22:32

これに對して、債務者が債務を承服しない場合に自證爰書の作成・送付を命ずる場合は、2・3のように「不服、移自證爰書」と表現される。

(67) 相牽證任爰書については、籾山明注3前掲論文參照。

(68) 諸公以是服而稱之。（『漢書』巻九二　游俠列傳・萬章傳）

　其交長者、尤見親而敬、衆以是服。（『漢書』巻九二　游俠列傳・樓護傳）

(69) 次の例も報告を命ずる「言」の前の「已成」が報告の前提とされている報告命令である。

　十月壬寅、甲渠鄣候喜告尉、謂不侵候長赦等。

　寫移。書到、趣作治、已成言、會月十五日、詣言府。如律令。／士吏宣・令史起　139・36＋142・33（A8）

(70) 但し、官は自證爰書による證言内容を無條件に絶對的眞實と見なしているわけではない。ここで「紛うかた無き眞實と認識された」というのは、爰書による證言は證不言請律によってその眞實性がひとまず擔保されているので、爰書によって證明されていない單なる供述（「自言」形態の供述）に比較して證言内容の眞實性・信憑性は高いと官によって見なされた、ということである。誤解無きよう、念のため申し添えておきたい。

第二章　證不言請律と自證爰書の運用

はじめに

前章で述べたように、責名籍による債權回收は債權回收を求めた聽訟に當たり、債務者の尋問において、もしも債務者が爰書などによって事實保證された債權を承服しないのであれば、その旨を同じく爰書によって證言することが求められた。そこから、聽訟においては、證言が虚僞であった場合に處罰の對象となる證不言請律の下で證言させることが重要な役割を果たしていたように思われる。これを承けて、本章では、實際に作成された自證爰書およびその關連文書を分析することで、自證爰書がどのように運用されたのかを明らかにする。この作業によって、自證爰書が聽訟において果たす機能が明確にされるであろう。

自證爰書の運用に對する考察に入る前に、自證爰書に適用される證不言請律そのものと爰書の書式について檢討しておく必要がある。爰書の書式については籾山明に指摘があり、爰書本文は「以下、爰書」という意味を示す「爰書」という標題的記載からはじまり、「以上爰書とする」という意味を表す「它如爰書」という書き止め文言で結ばれることを指摘した(1)（以下「籾山舊説」）。ところが、「它如爰書」は「その他は爰書の通り」という意味に理解すべきであるという批判(2)を受けて、書き出しの「爰書」は一通目の爰書の書き出しの文言、書き止めの「它如爰書」は二通目の爰書の結びの文言で、書き止め文言「它如爰書」の「爰書」は一通目の爰書を指す、というように理解を改めた(3)（以下「籾山新説」）。この籾山新説は、證不言請律についての籾山の理解が基礎となっているように思われるが、私見によれば、證不言請律についての籾山の理解には問題があり、その結果、爰書の書式についての籾山新説も首肯できない。それ故、まずこの點について檢討することにしたい。

第一節　證不言請律

證不言請律は「候粟君所責寇恩事」冊書（E.P.F22:1～36。以下「候粟君冊書」）の二通の爰書に見える。

1　建武三年十二月癸丑朔戊辰、都鄉嗇夫宮以廷所移甲渠候書召恩詣鄉、先以證財物、故不以實臧五百以上、辭以定＝滿三日而不更言請者、以辭所出入罪反罪之律、辨告。乃爰書驗問恩、辭曰、潁川昆陽市南里、年六十六歲、姓寇氏、去＝年十二月　E.P.F22:21

〔建武三年十二月十六日、都鄉嗇夫の宮が、縣廷が送付してきた甲渠鄣候の文書に基づいて寇恩を召喚し鄉に出向かせて、先に財物を證言するに際して、故意に事實を述べないで不當に取得した額が五百錢以上になる場合、證言が確定してから丸三日經過しても供述を改めて事實を言わなかったならば、供述によって本來より輕くまたは重くなった罪によって反對に處罰するという律を言い聞かせた。その上で、爰書によって寇恩を尋問し、その供述に言うには「潁川郡昆陽縣市南里に本籍があり、年は六十六歲、姓は寇氏です。去年の十二月〕

「證財物」から「反罪之律」の部分が證不言請律に當たり、財物についての證言内容が事實と齟齬があった場合に處罰されるいわゆる僞證罪の規定である。

1に見える證不言請律はおそらく省略の無い律文であろうが、候粟君册書のように律文の全文が引用されることはむしろ少なく、多くの場合は2・3のように略記される。

2　▨□利里曹定國等二人、先以證財物不以實律辨
　▨證所言。它如爰書。敢言之。　　73E. J. T21:239

〔利里の曹定國ら二人、先に財物について證言するに事實を言わなかった場合の律を言い聞かせ……供述内容を證言しました。以上爰書とします。以上申し上げます。〕

3　▨……　□先以證不請律辨告、乃驗問定
　▨……□□□□□前游君前亡去不知區處來中　　E. P. T52:417

〔先に證言で事實を言わなかった場合の律を言い聞かせ、その上で定を尋問するに〕

また、證不言請律には證言對象の違いによって異なる表現の律文が存在した。

4　建始元年四月甲午朔乙未、臨木候長憲敢言之。爰書。雜與候史輔驗問隊長忠等七人、先以從所主及它部官卒買▨
　三日而不更言請書律、辨告。乃驗問隊長忠・卒賞等、辤皆曰、名郡縣爵里年姓官除各如牒。忠等毋從所主卒及
　＝它▨　　E. P. T51:228

〔建始元年四月二日、臨木候長の憲が申し上げます。爰書。候史の輔と一緒に隊長忠ら七人を尋問するに、先に管轄下および他部の官や卒から……を買う……三日（經過しても）供述を改めて事實を言わなかった場合の律を言い聞かせた。その上で、隊長の忠や卒の賞らを尋問し、皆の供述に言うには、名前・本籍の郡縣爵里・年齢・姓・官歴はそれぞれ添附簡の通り。忠らは管轄する卒や他の……から……していない〕

4は直屬の部下および他部署の卒から何かを買ったことに關する證言についての規定であろう。邊境地域では吏卒の間での貰賣買が頻繁に行われており、代金未拂いを巡る訴えもよく行われていた。その際に、當事者が尋問において證言する場合に言い聞かされた律文なのであろう。貰賣買に關する證言であるから、財物についての證言という點では候粟君册書のそれと同じである。また、

5　建武四年三月壬午朔丁酉、萬歲候長憲□〼
　　隊。●謹召恭詣治所、先以證縣官城樓守衙〼　　E.P.F22:328

〔建武四年三月十六日、萬歲候長の憲が……燧。●謹んで秦恭を召喚し治所に出向かせ、先に、縣官城樓守衙……を證言するに〕

は後掲の燧長失鼓册書（17）の一部で、この一件は燧で使用されていた太鼓を巡る訴えなので、「證縣官城樓守衙……」は官衙の備品について證言する場合の文言なのだろう。この場合も、財物についての證言である點は變わらない。

次の例では、候粟君册書（1）で「以辭所出入罪反罪」となっている部分が「出入罪人」となっている。

6　〼史商敢言之。爰書。鄣卒魏郡内安定里霍不職等五人□□□□□敝劍庭刺傷狀。先以證不言請出入罪人、辭
　　〼乃爰書、不職等辭縣爵里年姓各如牒。不職等辭曰、敝實劍庭自刺傷。皆證所置辭審。它如　3・35（A8）

〔史の商が申し上げます。爰書。鄣卒の魏郡内（黄）縣安定里の霍不職ら五人……敝の劍が拔けて刺さり怪我させた狀況を……。先に、證言する際に事實を言わないで本來より輕くまたは重く人を處罰した場合……乃ち爰書、不識等の供述した本籍の縣里名、爵、年齡、姓は各々添附簡の通り。不職等が供述して言うには「敝は事實劍が拔けて自ら刺さって怪我しました」と。皆證所置辭審。以上（爰書とする）〕

同様の文言を持つものは他にもある。

7　〼案　不更言、以辭所出內罪人　　E. P. W:13

〔案ずるに、改めて事實を言わないで、供述によって本來より輕くまたは重く人を處罰した……で〕

これは證不言請律の律文そのものではないようであり、また「出入」に當たる部分が「出內」となっているが、「入」と「內」は互訓の文字[4]なので、同じ意味である。6や7のように嘘の證言によって本來より輕くまたは重く人を處罰した場合の僞證罪については、二年律令にも規定が見える。

8　證不言請、以出入罪人者、死罪、黥爲城旦舂、它各以其所出入罪反罪之。獄未鞫而更言請者、除。吏謹先以辨告證。　張家山漢簡・二年律令一一〇（具律）

〔證言で事實を言わないで、それによって本來よりも輕くまたは重く人を處罰した場合は、僞證に基づいて引き當てた罪が死罪ならば僞證した者を黥城旦舂に處し、その他の罪は各々本來より輕くまたは重くなった罪によって僞證者を處罰する。裁判での犯罪行爲の總括手續き[5]以前に證言を改めて事實を言った場合は、僞證者の罪を免除する。吏は謹んで先に……を言い聞かせ〕

このように證不言請律と總稱されるこの規定には、證言者自身について財物を證言する場合と、他人について證言する場合とがあり、いずれの場合も證言者の證言が虛僞であったために本來よりも輕いまたは重い罪になった場合の處罰を規定したものである。自證爰書や相牽證任爰書などはこの證不言請律の適用の下で證言させるものであるが故に、公的な證明力を持った證書、卽ち、「公證文書」[6]として扱われたのである。

この證不言請律の下で證言し、その證言內容が爰書に作成されるという手順について、ここで檢討しておくべきことがある。籾山新說では、證不言請律の下で行う證言は三日を隔てた二度の陳述により最終的に確定され、その二回の尋問においてそれぞれ爰書が作成されたとする。[7]籾山は明言してはいないけれども、恐らく『史記』酷吏列傳の集解に引く張晏注[8]に依據して證不言請律の「辭以定滿三日、而不更言請者」を解釋したからであろう。この爰書を三日の間隔で二度作成するという點は、籾山の爰書理解の要點になっている。この理解は、「它如爰書」を「その他は爰書の通り」と解釋するところから出發したものであろうが、「它如……」を「その他は……」と理解すべきでないことは、第一部第二章第五節で檢討したとおりである。

そこで、證不言請律の「辭以定滿三日、而不更言請者」の意味についてここで檢討しておきたい。6は僞證によって本來よりも輕いまたは重い罪で人を處罰した場合の規定であったが、次簡には6に類似する表現が見える。

9　出內罪人辤已▱　　E. P. T52:437

9の最後の「辤已」は1の「辭以定滿三日、而不更言請者」とある冒頭の「辭以」と同じものであろう。そうすると、6の不言請律も1のそれと同じように「證不言請出入罪人、辭（已定某日而不更言請者）」と續くと考えられる。一方、8には、「獄未鞫而更言請者除」という規定があり、これは僞證によって本來よりも輕いまたは重い罪で人を處罰しそうになった場合でも、「鞫」より前の段階で證言を改めて事實を述べれば僞證罪に問わないという證言訂正を認める期間の規定であり、6の「辭（已定某日而不更言請者）」に內容的に對應する。そうであるならば、6の「辭（已定某日而不更言請者）」は某日以內に證言を改めて事實を言えば罪を免除するという意味に解釋され、證言訂正を認める期間を規定した部分と考えられるのである。それ故、1の「辭以定滿三日、而不更言請者」も同様に證言訂正を認める期間の規定として、供述確定後三日以內であれば證言を改めることを認めるという意味に解釈すべきであろう。[9]

1の「辭以定滿三日、而不更言請者」部分をこのような訂正可能期間の規定とするならば、證言を文字に書き留めて爰書を作成する必要があるのは最初の尋問の時だけで、二度目の證言が行われるのは證言者が最初の證言內容を改めたいと申し出た場合に限られるであろう。つまり、證言者が證言內容の訂正を希望しない限り、尋問は一度だけで、作成される爰書も一通だけと考えられるのである。その傍證になるのが、本章第三節で取り上げる燧長失鼓冊書(17)と候粟君冊書である。共に自證爰書とその送り狀の兩方が揃う例であるが、燧長失鼓冊書の自證爰書の日附は建武四年三月壬午朔丁酉（十六日）、それを送付した際の送り狀の日附は同月己亥（十八日）で、自證爰書の作成當日も含めて三日目にその自證爰書を送付している。候粟君冊書でも、二通の寇恩の自證爰書のうち一つ（1を含むE. P. F22:21～28）は建武三年十二月癸丑朔戊辰（十六日）附で、都鄉嗇夫がこの自證爰書を添附して送った寇恩尋問結果報告文書(18)は同辛未（十九日）附であり、自證爰書作成から三日目に送付している。この三日が證不言請律の「辭以定滿三日」を踏まえたものであることは疑い無いが、これらの例では、自證爰書による證言の三日後に自證爰書が改めて作成されているわけではなく、三日前に作成された自證爰書が送付されているのである。これらの例から見る限り、最初の證言の三日後に再度證言を行いそれらの證言の異同を點檢するという張晏の注は、實態にそぐわないと言わざるを得ない。それ故、張晏注に基づいて、三日の間隔を空けて二度爰書が作成されると考える必要はない。

籾山新說では、次の10を擧げて、その中に二通の爰書が含まれるとする。

10　五鳳二年四月癸未朔丁未、平望士吏安世敢言之。爰書。戍卒南陽郡山都西平里莊彊友等四人、守候中部司馬丞

＝仁・史丞德、前得毋貰賣財物敦煌吏□。證財物不以實律辧告。迺爰書、彊友等皆對曰、不貰賣財物敦煌吏民所。皆相牽證任。它如爰書。敢言之。

Ⅱ90DXT0314②:302／釋23

〔五鳳二年四月二十五日、平望士吏の安世が申し上げます。爰書。戍卒の南陽郡山都西平里莊彊友ら四人、守候中部司馬丞の仁、史丞の德は、前に財物を敦煌の吏□に貰賣していないことを確認しております。財物について證言するに事實を言わなかった場合の律を言い聞かせた。卽ち爰書、彊友らは皆答えて言うには、財物を敦煌の吏民に對して貰賣していません、と。皆連帶で保證しました。以上爰書とします。以上申し上げます。〕

「財物を敦煌吏民の所に貰賣していない」という意味の文言が傍線部の二箇所に繰り返し出てくることを根據に、初めの「爰書」から「毋貰賣財物敦煌吏□」までが一度目の證言で作成した爰書、それに續く「證財物」から「它如爰書」までが二度目に作成された爰書であるとする。籾山のように證不言請律の言い聞かせの記載以降を二度目の爰書の記載事項と考えると、4においては、籾山のいう一度目の爰書に當たる部分は「爰書。雜與候史輔、驗問隊長忠等七人」だけになる。その結果、一度目の爰書では㸐長忠等七人を訊問したという事實が記載されるだけで、被尋問者による證言內容の記載は一切無いということになってしまうが、爰書は「公證文書」なのだから證言內容が記載されていないというのは極めて考えにくい。

籾山が二通の爰書の書き出し及び書き止め文言と見なした「爰書」「它如爰書」は次の例にも見える。

11　甘露三年正月庚辰朔庚辰、縣泉廏佐廣意敢言之。爰書。傳馬一匹、駹、乘左剽、齒十八歲、高五尺七寸、名曰＝昔老、病中彊上、飲食不盡度。卽與嗇夫義御稷明等五人雜馬病守丞曾壽前。病中强上、審。證之。它如爰書。敢言之。

Ⅱ90DXT0216③:136／㊥⑰

〔甘露三年正月一日、縣泉廏佐の廣意が申し上げます。爰書。傳馬一匹、栗毛、左に切り込み、十八歳、馬高五尺七寸、名は昔老が、彊上を病み、規定量の餌を食べられなくなりました。すぐに、嗇夫の義や御の稯明ら五人で一緒に馬の病狀を守丞の曾壽の面前で（檢分しました）。病氣に罹り强上であること、事實です。それを證言します。以上爰書とします。以上申し上げます。〕

籾山の解釋のように「爰書」と「它如爰書」の間で二通の爰書の記載内容を區切るとすると、11で區切れそうな所は「飲食不盡度」と「即與嗇夫義」の間しかないので、「飲食不盡度」までが一度目の爰書に當たることになると思われる。ところが、その部分に證言者は現れない。同内容の次の例では、この部分に廏御の報告内容が來る。

12　元康五年三月癸未朔癸未、縣泉廏佐禹敢言之。爰書。廏御延壽里王延年告曰、所葆養傳馬一匹、駠、牡、左=剽、齒九歲、高五尺八寸半寸、名曰野□、病中、不能飲食、日加益篤、今死。即與嗇夫弘・佐長富雜診馬死都吏丑危前。身完毋兵刃木索迹、病死、審。證之。它如爰書。敢言之。

I 91DXT0309③:275／ⓦⓚⓚⓚ

〔元康五年三月一日、縣泉廏佐の禹が申し上げます。爰書。廏御の延壽里の王延年が申告して言うには、世話をしていた傳馬一匹、栗毛、牡、左に切り込み、九歳、馬高五尺八寸半寸、名は野□が、病に罹り、餌を食べられず、日々重篤になって、今死にました、と。すぐに嗇夫の弘・佐の長富と一緒に馬の死體を都吏の丑危の面前で檢分しました。馬の身體に損傷は無く、武器・刃物・棒・縄の痕も無く、病死であること事實です。それを證言します。以上爰書とします。以上申し上げます。〕

籾山の解釋に従えば「爰書」から「今死」までが一度目の爰書に當たることになろう。この簡自體は、廏御の報告を受けて、廄佐の禹が嗇夫の弘および佐の長富と一緒に都吏丑危の前で檢死した所、病死が事實であることを證するというもので、籾山のいう一度目の爰書に當たる部分は檢死實施に至るまでの經緯に當たる。

籾山は「爰書」から「它如爰書」の間に二通の爰書の記載內容があると想定したために、籾山の言う一度目の爰書に當たる部分に、11においては證言者が現れないことが、4では「爰書。雜與候史輔、驗問燧長忠等七人」としか書かれていないことが、さらに12では死んだ馬の檢死實施に至る經緯しか記されていないことが、それぞれ問題となるが、籾山舊說のように「爰書」から「它如爰書」までが一通の爰書の記載內容であると考えれば、これらのことは問題とはならないだろう。籾山が二通の爰書として讀んだ10も、始めに莊彊友ら四人が貰賣していないと供述したので、改めて證不言請律の適用される爰書によって證言した、という經緯を記したものと解釋するのが妥當であろう。

籾山が「爰書」と「它如爰書」を二通の爰書の文言と考えたのは、證不言請律の「辭已定滿三日」という文言を三日をおいて二通の爰書を作成するという意味に解釋したこともそのように考えた出發點の一つであったと思われる。しかし、證不言請律とは關係のない爰書においても「爰書」と「它如爰書」の文言を含む例がある。

13　建武桼年十月辛酉朔壬戌、主官令史譚敢言之。爰書。不侵候長居延中宿里□業、主亭隧桼所、呩呼不繕治、兵＝弩不檠持。案、業軟弱不任吏職、以令斥免。它如爰書。敢言之。　E. P. F22:689＋E. P. F22:700 (10)

〔建武七年十月二日、主官令史の譚が申し上げます。爰書。不侵候長の居延中宿里の□業は、亭燧七箇所の管理責任がありながら、破損等を修繕せず、武器や弩をゆだめに塡めていませんでした。すなわち、業は軟弱にして吏の職責を果たせず、令の規定によって罷免されたものです。以上爰書とします。以上申し上げます。〕

この13は證不言請律の下での證言を記した爰書ではないので、籾山が三日の間隔をおいて二度爰書を作成すると考えるきっかけとなった「辭已定滿三日」とは全く關係がない。13のような斥免爰書の他にも秋射成績を記した秋射爰書[11]などは、證不言請律とは關係が無いにも拘わらずこの「爰書」と「它如爰書」という文言は含まれている。それ故、これらの文言を二通の爰書を表すものと見なすことはできないだろう。

13は「軟弱不任吏職」として罷免された不侵候長の斥免爰書であるが、この斥免爰書と同樣に「軟弱不任吏職」による罷免に關する擧劾文書がある。

14　甲渠塞百石士吏、居延安國里公乘馮匡年卅二歳、始建國天鳳上戊六年　E.P.T68:4
三月己亥、除署第四部。病欬短氣、主亭隧七所㕧呼。　E.P.T68:5
七月□□、除署除十部士吏。[案][12]、匡軟弱不任吏職、以令斥免。　E.P.T68:6

〔甲渠候官百石士吏の、本籍が居延縣安國里で爵が公乘の馮匡、年三十二歳、始建國天鳳上戊六年三月己亥に、任用され第四部に配屬された。咳を患い呼吸困難となり、管轄する亭燧七箇所に破損有り。七月□□、第十部士吏に任用配屬される。すなわち、馮匡は軟弱にして吏の職責を果たせず、令の規定に従って罷免されたものである。〕

13とは別人の擧劾文書であるが、この擧劾文書と13を彼此對照すると、ともに具體的な職務不履行の内容が記された後に「案」で始まる部分がくるという同一の書き方である。第三部第一章第三節で検討したように、擧劾文書の「案」は尋問・調査の結果を踏まえて總括や判斷を示す場合の書き出し文言である。これと同じ書き方であることから、13の「案」以下の部分も擧劾文書と同じく被擧劾者の罪名指摘に當たると考えてよい。籾山の理解に従えば、「爰書」から「兵弩不檠持」までが一度目の爰書、「案」から「它如爰書」までが二度目の爰書となろうが、13の「案」以下はそれ以前の部分を踏まえて總括した罪名指摘なのだから、「案」の前後で二つに分けることはできないだろう。

籾山が注目した二つの文言のうち「它如爰書」の方は、候粟君册書の二通の爰書のように單獨の爰書にも、13のような上申文書の形態を取る爰書にも必ず書かれているが、もう一つの「爰書」は單獨の爰書には書かれない。單獨の爰書の場合はそれが爰書であることは自明であるのに對して、上申文書の形態を取る爰書の場合にはその上申文書のどの部分が爰書の內容に當たるのかを明示する必要があったために「爰書」の文言が記載されたのであろう。

次に擧げる里耶秦簡は爰書とその送り狀が一枚の牘の表裏に書かれたものである。

15　卅二年六月乙巳朔壬申、都鄉守武爰書。高里士五武自言、以大奴幸・甘多・大婢言・言子益
等、牝馬一匹、予子小男子產。　典私占　初手　　里耶秦簡8-1443+8-1455A

六月壬申、都鄉守武敢言。上。敢言之。／初手
六月壬申、日佐初以來／欣發　初手　　里耶秦簡8-1443+8-1455B

〔三十二年六月二十八日、都鄉守の武の爰書。高里の士五の武が自ら言うには、大奴の幸・甘多・大婢の言・言の子の益らと牝馬一匹を子の小男の子產に與えたい、と。典の私が登錄した。／六月二十八日、都鄉守の武が申し上げます。上呈致します。以上申し上げます。〕

表面が「都鄉守武の爰書」で、裏面がその爰書を縣廷に送る際の送り狀である。この里耶秦簡では爰書と送り狀が裏表に別々に記載されているが、表面の爰書の記載內容を裏面の送り狀の「上」の部分に置き換えて一體化すると、上申文書の「都鄉守武敢言」の後ろに「都鄉守武爰書」という爰書の表題がくることになる。そこで、發信者名と重複する「都鄉守武」を省略し「爰書」だけを殘すと、漢代の13のような上申文書の形態を取った爰書となる。上申文書

の形態を取る爰書の「爰書」の文言は、恐らくこのような經緯を經て記載されるようになったのであろう。さらに、爰書の記載内容の終わりを明示するために「它如爰書」という結びの文言も挿入されるようになったのだろう。

以上のように、上中文書の形態を取る爰書の「爰書」と「它如爰書」の文言は、籾山舊説が指摘したように、上申文書に引用された爰書の書き出しと書き止めの文言と理解するのが妥當である。では、自證爰書がどのように運用されたのかについての考察に移ろう。

第二節　石君佚の責名籍の検討

本章で、自證爰書の運用を考察するための素材として取り上げるのは、石君佚名で作成された責名籍と燧長失鼓冊と呼ばれる冊書の二つである。本節では前者を取り上げる。

石君佚名で作成された責名籍には、李勝之に對して二百九十三錢の債權があるという石君佚の訴えを承けて行われた李勝之の尋問結果の詳細が例外的に記されている。この簡における爰書の取り扱いに、爰書運用の特徴を見ることができる。原文と解釋を擧げておこう(13)。

16

□居里女子石君佚王子羽
羽

責候長李勝之錢二百九十三。謹驗問勝之、辤、故與君佚夫彭祖爲殄北塞外候〼
五年十二月中、與彭祖等四人供殺牛。已校計。不負彭祖錢。彭祖徙署白石部、移書責ム
錢二百九十三。ム爰書自證。不當償彭祖錢已決絕。彭祖兎歸乎池。至今積四歲。君佚今
復責ム錢。ム自證爰書在殄北候官。
毋詣官　　彭□□妻

E. P. S4. T2:52

〔□居里の女子石君佚（王子羽）が、候長李勝之に對し二百九十三錢の返濟を求めた。謹んで勝之を尋問したところ、供述して言うには「以前、君佚の夫の彭祖とともに殄北塞外候……でした。五年十二月中に、彭祖等四人と一緒に牛を屠殺しました。既に清算は濟んでおり、彭祖に對し借金はありません。彭祖は白石部へ轉任し、文書を送って私に對し二百九十三錢の債權があると言ってきました。私は爰書によって自ら證言しました。彭祖に錢を返濟する義務はなく既に決着濟み(14)です。彭祖は罷免されて氏池縣に歸って、候官には出向いていません。それから今日まで四年が經過しました。彭□□妻である君佚は今再び私に對し返濟を求めています。私の自證爰書は殄北候官に保管されています」と。〕

第二段三行目に「爰書自證」という語があるが、後述のようにこの語はそれに先行する部分を「爰書によって自ら證言した」ことを意味するので、問題の二百九十三錢は清算濟みであることを李勝之は既に四年前に爰書によって證言しているのである。李勝之の主張する事實關係を整理すると以下のようになろう。五年十二月中に、李勝之が石君佚の夫彭祖ら四人と一緒に牛を處分した。牛の代金はこの時に清算濟み。その後、彭祖は白石部へ轉任したが、今から四年前、李勝之に手紙を送って二百九十三錢の返濟を求めた。これに對し、李勝之は牛を處分した時點で清算濟みである旨を爰書によって證言し、その結果、李勝之に返濟義務は無いことでこの件は決着した。彭祖は罷免されて氏池縣に歸鄉した。それから四年經った現在、彭祖の妻君佚が再び二百九十三錢の返還を求めて李勝之を訴えた。君佚の訴えを承けて李勝之の尋問が行われ16が作成された、と。このように問題の二百九十三錢については、既に四年前に李勝之に返濟義務は無いということで決着しており、今回の石君佚の訴えはこの一件の蒸し返しなのである。

さて、この16では石君佚が李勝之に對して二百九十三錢の債權を持つことが「責候長李勝之錢二百九十三」と表記されていて「自言」の語は記されていない。このように債權の存在を意味する「責」に「自言」が附かないのは、前章で考察したように、債權者が爰書などで債權の存在を證言したことを示しており、尋問において債務者がもしも債務を承服しないならば債務の不存在を爰書によって證言しその自證爰書を送付することが求められた。從って、訴えられた李勝之が今回の尋問で債務を承服しないなら、債務の不存在を爰書によって證言する義務が李勝之にはあったはずである。それにも拘わらず、この16には李勝之の供述が記載されるのみで、この尋問において爰書による債務不存在の證言や自證爰書の作成が行われていないのは何故なのだろうか。

それを考える上で注目すべき事實が二つある。一つは、今回李勝之が爰書によって債務の不存在を證言すべき義務のあった二百九十三錢が、四年前に李勝之が爰書によって淸算濟みの旨を證言した所の二百九十三錢であったこと。もう一つは、今回の尋問において石君佚に對する二百九十三錢の債務は存在しないことを爰書によって證言する代わりに、この二百九十三錢については牛を處分した時點で淸算濟みであることを、彭祖からその返濟を求められた四年前に既に爰書によって證言しており、その自證爰書は殄北候官に保管されている、と李勝之が供述していることである。この二點を考慮するならば、今回の尋問で李勝之が債務の不存在を爰書によって證言しなかった理由はもはや明らかだろう。卽ち、今回李勝之が爰書によって債務不存在を證言する義務のあった二百九十三錢については、四年前に既に爰書によって債務不存在を證言しており、なお且つその自證爰書が保管されていたために、今回の尋問で改めて爰書によって二百九十三錢の債務の不存在を證言する必要は無かったのである、と。要するに、本來は今回の尋問において作成されるべき自證爰書が同一案件について證言した四年前の自證爰書で代替されているのである。

この事例から自證爰書の運用について次のことが指摘できるだろう。その內容が事實であることを證言する自證爰書の機能は、その自證爰書が作成される直接の契機となった訴えが決着し終了した後も消滅することなく繼續しており、それ故、同一案件について重複して自證爰書を作成する必要は無かった、と。いったい、自證爰書によって證言された內容が紛うかた無き眞實であると見なされたのは、證言內容が事實でなかった場合に處罰對象となる證不言請律によってその眞實性が擔保されていたからに他ならない。今假に同一案件について重複して證言することが可能だったとしよう。その場合、同一案件について重複して證言した內容がもしも相互に齟齬があるとしたら、それらが爰書によって證言されているからといって齟齬する內容全てを紛うかた無き眞實と見なすことなどできない。つまり、同一案件について重複して爰書によって證言することが可能だったならば、證不言請律が眞實性を擔保することはもとより不可能なのである。このように考えてくれば、ある事柄についてただ一度しか證言できないことが、證不言請律が自證爰書の內容の眞實性を擔保する上で必須の條件であったことが諒解されるだろう。それ故、同一案件について重複して自證爰書を作成する必要は無かったというよりも、寧ろ、證不言請律がその內容の眞實性を擔保するという自證爰書の機能そのものが、同一案件について重複して證言することを本質的に排除すると言うべきであろう。

以上、石君佚の責名籍の分析から、自證爰書によって同一案件について重複して證言することはないということを自證爰書の運用上の特徵として指摘できそうである。次節では、もう一つの事例を取り上げてこの點を檢證しよう。

第三節　燧長失鼓册書の檢討

次掲の燧長失鼓册書[15]では、齊通耐が第一燧長秦恭に對し太鼓の返還を求めた訴えをきっかけとして行われた一連の關係者尋問において、複數の自證爰書が作成されている。そこで、この册書を檢討し各々の自證爰書の證言內容を確定することで、自證爰書によって同一案件を重複して證言することはないという前節での指摘の當否を檢證しよう。

（一）燧長失鼓冊書の排列復原

この冊書については既に集成が行われ、この冊書が第一燧長秦恭の自證爰書を中心とする一括文書であることが指摘されているが、[16] 冊書排列の復原や、爰書の内容及び冊書作成の背景となった太鼓返還請求の手續き全體についての檢討は充分には行われていない。[17] そこで、初めに冊書の排列を復原し、その上で爰書の作成・運用を檢討することにしよう。まず冊書全體を示しておこう（冊書の排列は後の檢討結果による）。

【第一燧長秦恭の自證爰書】

17 ①建武四年三月壬午朔丁酉、萬歲候長憲□▱
隊。●謹召恭詣治所、先以證縣官城樓守衙▱　E.P.F22:328
②而不更言請、辤所出入罪反罪之律、辨告。乃爰書驗問恭、辤曰、上造、居延臨仁里、年廿八歲、
姓秦氏。往十餘歲、父母皆死、與男同產兄良異居。以更始三年五月中、除爲甲渠吞遠隊長、　E.P.F22:330
③代成則。恭屬尉朱卿・候長王恭。卽秦恭到隧視事、隧有鼓一、受助吏時尚。鼓常縣塢戶內
東壁、尉卿使諸吏旦夕擊鼓。積二歲。尉罷去、候長恭斥免。鼓在隧。恭以建武三年八月中、　E.P.F22:331
④徙補第一隊長。至今年二月中、女子齊通耐自言、責恭鼓一。恭視事積三歲、通耐夫當未
□□□鼓□將尉卿使執胡隊長李丹、持當隊鼓、詣尉治所。恭本不見丹持鼓詣吞　E.P.F22:694
⑤遠。爰書自證。證知者李丹・孫詡皆知狀。它如爰書。　E.P.F22:556

【萬歲候長憲による秦恭尋問結果の報告文書】

⑥建武四年三月壬午朔己亥、萬歲候長憲敢言之。官記曰「第一隊長秦恭時之俱起隊、

取鼓一、持之呑遠隧。李丹・孫詡證知狀。驗問具言。」前言狀。●今謹召恭詣治所、驗　E. P. F22:329
⑦▨……皆知狀。恭不服取鼓。爰書　E. P. F22:332

冊書には建武四年三月壬午朔丁酉（十六日）と同月己亥（十八日）の二つの年號を含む簡（①、⑥）が存在することから、この冊書全體が二つの部分で構成されていることがわかる。この二簡は共に萬歳候長憲の作成で、第一燧長秦恭の尋問結果を記載したものである。己亥附の⑥には秦恭尋問を命令する「官記」が再錄され、續く「今謹召恭詣治所」以下はその尋問結果の記載であるから、⑥は萬歳候長憲が候官に對し秦恭尋問の結果を報告した文書である。萬歳候長が第一燧長を統轄する故に、[18] 萬歳候長憲が第一燧長秦恭の尋問を行っているのであろう。一方、丁酉附①の「先以證縣官城樓守衛」は「先以證」の語から證不言請律の言い聽かせであることは疑い無い。證不言請律の言い聽かせの記載があるものは自證爰書そのものであるから、[19] この①は被尋問者秦恭の自證爰書の冒頭である。②の「而不更言請、辭所出入罪反罪之律、辨告」が①の「先以證」から續くことは、寇恩自證爰書（1）冒頭にある證不言請律の言い聽かせの記載から疑い無い。また、②に③を續けると「除爲甲渠呑遠燧長、代成則」となるが、この「除爲（官名）代（人名）」という表記は辭令表記の通例であり、[20] この接續に問題は無い。以下、③から⑤までは文脈から連續することは明らかである。從って、①から⑤が秦恭の自證爰書を構成し、殘る⑥と⑦が秦恭の尋問結果の報告文書（中間部分と⑦に續く部分は缺落している）に當たる。

　このように燧長失鼓冊書は秦恭尋問結果の報告文書と秦恭の自證爰書とで構成されるが、これは候粟君冊書に含まれる都鄉嗇夫宮の寇恩尋問結果の報告文書（後掲18）と全く同一の文書構成で、尋問結果の報告に被尋問者の自證爰書が添附されているのである。[21] その都鄉嗇夫宮の尋問結果報告文書には被尋問者の供述に續けて、被尋問者が爰書によって證言したこと及びその自證爰書を添附し送付する旨を表す「爰書自證、寫移爰書」という文言がある。これに倣えば、⑦の「恭不服取鼓。爰書」も「自證、寫移爰書……敢言之」と續き、秦恭が自證爰書によって證言したのでその爰書を添附するという旨の文言なのであろう。また、萬歳候長憲の報告文書と秦恭の自證爰書との排列順序については、候粟君冊書の排列――寇恩の自證爰書が前、都鄉嗇夫宮の報告文書がその後ろ――に從って、秦恭の自證爰書が萬歳候長憲の報告文書の前に位置すると考えて良いだろう。かくて燧長失鼓冊書の排列は前掲のように復原される。[22]冊書作成の經緯を理解するために、檢討が必要な部分は原文のままにして譯しておこう。

【第一燧長秦恭の自證爰書】

建武四（後二十八）年三月十六日、萬歳候長の憲が……燧。●謹んで秦恭を召喚し治所に出向かせ、先に、縣官城樓守衙……を證言するに……改めて事實を言わなかったならば、供述によって本來より輕くまたは重くなった罪を以て反對に處罰するという律を言い聞かせた。その上で爰書によって秦恭を尋問し、その供述に言うには、「爵は上造、本籍は居延縣臨仁里で、年は二十八歳、姓は秦氏。十餘歳の頃、父母が共に死去し、兄の良とは別居しました。更始三（後二十五）年五月中に、甲渠候官呑遠燧長に敍任され、成則と交代しました。恭は尉の朱卿と候長の王恭に屬しました。秦恭が呑遠燧に着任すると、燧には太鼓が一つあり、助吏の時尚から受け取りました。太鼓はいつも燧の城壁内の戸内の東壁に掛けられており、尉卿が朝に夕に吏に命じてその太鼓を叩かせていました。二年後、尉の朱卿が任を解かれて去り、候長の王恭も罷免されました。太鼓は燧にありました。恭は建武三（後二十七）年八月中に、第一燧長に轉任しました。今年（建武四年）二月になって、女子の齊通耐が自ら言うには、秦恭に太鼓一つの返濟を求める、と。私恭は勤務すること三年、通耐の夫の當未……鼓□將、尉卿が執胡燧長の李丹に命じて、燧にあった太鼓を持って、尉の治所へ出向かせました。恭はもとより李丹が太鼓を持って呑遠燧へ行くのを目撃していません。爰書自證。」證知者李丹・孫詡皆知狀。以上、爰書とする。

【萬歳候長憲による秦恭尋問結果の報告文書】
建武四年三月十八日、萬歳候長の憲が申し上げます。候官からの記には「第一燧長の秦恭がその時、倶起燧に行き太鼓一つを取って呑遠燧に運んだ。李丹と孫詡がその状況[23]を知っていると證言した。尋問して詳しく報告せよ」とありました。先に（太鼓を巡る）状況は報告済みです。[24]●今、謹んで秦恭を召喚し治所に出頭させ、尋問……（中間缺落）……皆狀況を知っている。秦恭は太鼓を取ったことを承服しない、と。以上、爰書（以下缺落）

（二）秦恭尋問の契機

燧長失鼓册書と同じく財物を返還するよう訴えられた人物の尋問結果報告である候粟君册書の都郷嗇夫宮報告文書と駒罷勞病死册書では、共に、尋問の直接の契機となった訴えが尋問命令の中に引用されている。原文のみ示そう。[25]

18 建武三年十二月癸丑朔辛未、都郷嗇夫宮敢言之。廷移甲渠候書曰「『去年十二月中、取客民寇恩爲就、載魚五千頭、到觻得。就賈用牛一頭・穀廿七石。恩願沽出時行錢卌萬、以得卅二萬。又借牛一頭以爲犗、因賣不肯歸。以所得就直牛償、不相當廿石。』書到、驗問治決言。」前言解。廷却書曰「恩辭不與候書相應。疑非實。今候奏記府、願詣鄉爰書是正。府錄令明處。更詳驗問治決言。」謹驗問恩、辭「不當與粟君牛不相當穀廿石。……（中略）……粟君用恩器物幣敗、今欲歸、恩不肯受。」爰書自證。寫移爰書。叩頭死罪死罪敢言之。

E. P. F22:29～32＊

19　建武三年十二月癸丑朔丁巳、甲渠鄣候獲叩頭死罪敢言之。府記曰「守塞尉放記言『今年正月中、從女子馮□借馬一匹、從今年駒。四月九日詣部、到居延收降亭。馬罷。止害隧長焦永行檄還。放騎永所用驛馬去。永持放馬之止害隧。其日夜人定時、永騎放馬行警檄、牢駒隧內中。明十日駒死。候長孟憲・隧長秦恭皆知狀。』記到、驗問明處言、會月廿五日。」前言解。謹驗問放・憲・恭、辤皆曰（以下略）

E. P. F22:187～201＊

18では「甲渠候書」が、19では「守塞尉放記」が尋問實施の契機となった訴えである（傍線部）。これに對して、燧長失鼓册書では、秦恭を訴えた齊通耐の訴えが尋問命令である「官記」には引用されていない。もしも齊通耐の訴えを直接の契機としてこの三月十六日の秦恭尋問が命じられたのであれば、18・19と同樣に齊通耐の訴えが秦恭尋問を命ずる「官記」に引用されるはずである。ところが、「官記」には、秦恭が俱起燧から太鼓を呑遠燧に運んだということと、李丹・孫詡が狀況を知っていると證言したことを記すのみである。その結果、秦恭尋問實施の直接の契機となったのは、齊通耐の訴えではなく「官記」に記される李丹・孫詡の證言であったと考えざるを得ない。

（三）「爰書自證」の意味するもの

秦恭の自證爰書の⑤には爰書によって自ら證言したことを表す「爰書自證」という文言が見える。ここで明確にしておくべきは、この「爰書自證」が指し示す所の證言と、この文言が記されている自證爰書（前掲【第一燧長秦恭の自證爰書】）そのもので證言されている內容との關係である。この場合の可能性は二つ考えられる。一つは、「爰書自證」はこの文言を含む自證爰書における證言それ自體を指すもので、「以上、爰書によって自ら證言する」という意味である可能性。もう一つは、「爰書自證」が指し示す所の證言はこの自證爰書による證言とは別の證言で、以前、ある事柄について別の爰書によって證言した事實をこの自證爰書の中に記載していることを示す「以上のことについて別の爰書によって證言した」という意味の可能性である。この「爰書自證」をどのように理解するかによって、燧長失鼓册書を巡る經緯の復原は全く異なることになろう。それ故、この册書を正確に理解するには、この點を確定しておく必要がある。そこで、「爰書自證」の他の用例を取り上げて、この語が指し示す所の爰書による證言において證言した内容がこの語に對してどの位置に記載されるかを分析し、その證言内容を確定することにしよう。

次の二簡は、變事の發言を巡る一件を記した一連のものの一部である。(26)

20　根前所白候爰書言、敞後不欲言。今乃言、候擊敞數十下多所▨　E. P. T52:178

〔根が以前に鄣候に申し上げた爰書には「敞は後に言おうとはしなかった」とある。今はすなわち「鄣候は敞を數十回打ち……」と言っていて〕

21　□□□□□敞後不欲言變事。爰書自證。□今□□□□　46・26（A8）

〔敞は後に變事を言おうとはしなかった。爰書によって自ら證言した。〕

20から根が爰書によって證言した内容が「敞後不欲言」であることがわかるが、21ではその證言内容である「敞後不欲言變事」が「爰書自證」に先行して記されている。20と21は同一案件について記されたものであるから、20と21に見える「爰書」は同一の爰書を指していると考えられよう。そうであれば、20で根が爰書によって證言したことを21で「爰書自證」と言っているということになり、「爰書自證」が指し示す所の爰書による證言において證言された内容はその「爰書自證」という語に先行する部分ということになろう。

そこで次には、「爰書自證」の文言によって證言された内容が、この文言を含む爰書そのものの證言内容か否かを検討しよう。ここでまず指摘しておくべきは、燧長失鼓冊書では「爰書自證」が秦恭自證爰書の中に見えているが、實は爰書の中にこの文言が含まれるのはこの燧長失鼓冊書が唯一の例で、後掲の爰書の例を見れば明らかなように、他の爰書にはこの文言は含まれていない。逆に、この文言を含む例は、この燧長失鼓冊書を除き全て爰書そのものではないのである。このことは「爰書自證」が爰書そのものに不可缺の文言ではないことを意味し、それ故、「爰書自證」をこの文言を含む爰書そのものによって證言したことを示す「以上、爰書によって自ら證言する」という意味に理解することはできない。この點を候粟君冊書で確認しよう。

候粟君冊書では、都郷嗇夫宮の寇恩尋問結果の報告文書（18）に「爰書自證」が見える。先述のように、この文言に先行する部分が爰書によって證言した内容に當たるので、都郷嗇夫の報告文書では、「不當與粟君牛不相當穀廿石……粟君用恩器物幣敗、今欲歸、恩不肯受」が證言内容にあたる。[27] これと同じ「不當予粟君牛不相當穀廿石。皆證」という文言が、候粟君冊書に含まれる二通の寇恩自證爰書の終わりに見えることから、都郷嗇夫報告文書の「爰書自證」に先行する部分が二通の寇恩自證爰書による證言内容に當たることは明白である。從って、都郷嗇夫報告文書に見えるこの「爰書自證」は、寇恩が二通の自證爰書によって證言したことを指すことになる。

このように、「爰書自證」は、それに先行する部分の内容を爰書によって證言したという事實を、その證言をした自證爰書以外の文書などの中に記載する場合に用いられる文言なのである。石君佚責名籍（16）に見える「爰書自證」は、この責名籍が作成される四年前に既に李勝之が爰書によって證言したという事實の記載であった。從って、燧長失鼓冊書の「爰書自證」も、この文言を含む秦恭自證爰書とは別の爰書によって何かを證言したという事實をこの秦恭自證爰書の中に記したものと考えなければならない。その結果、「爰書自證」が指し示す所の爰書による證言内容、卽ち太鼓を巡る具體的狀況は、秦恭自證爰書そのものの證言内容ではないと考えざるを得ないのである。

（四）自證爰書の證言内容

では、この秦恭自證爰書そのものの證言内容は何だろうか。それを明らかにするために、自證爰書そのものの證言内容が自證爰書のどこに記されるかを検討しよう。

初めに自證爰書の記載形式を確認しておきたい。候粟君册書の二通の寇恩自證爰書のように、初めに證不言請律の言い聽かせ（「先以證財物……反罪之律辨告」）があり、次いで證言者の供述（「辭曰」以下）が記され、爰書の書き止め文言「它如爰書」で結ばれる。その際、注目されるのは、「它如爰書」の前に「證」の語がくる場合が多いことである(28)。この「證」字は證不言請律の言い聽かせ「先以證財物……」に呼應するものであり(29)、この「證」こそがその自證爰書そのものによって證言したことを示す「以上、爰書によって證言した」の意味に當たること疑い無い(30)。11と12は自證爰書ではないが、「它如爰書」の前に「證」があった。原文のみ再掲しよう。

11　甘露三年正月庚辰朔庚辰、縣泉廄佐廣意敢言之。爰書。傳馬一匹、騂、乘左剽、齒十八歲、高五尺七寸、名曰
=昔老、病中彊上、飲食不盡度。卽與嗇夫義
御稷明等五人雜馬病守丞曾壽前。病中强上、審。證之。它如爰書。敢言之。
II 90DXT0216③:136／㋖㋙

12　元康五年三月癸未朔癸未、縣泉廄佐禹敢言之。爰書。廄御延壽里王延年告曰、所葆養傳馬一匹、駠、牡、左
=剽、齒九歲、高五尺八寸半寸、名曰野□、病中、不能飲食、日加益篤、今死。卽
與嗇夫弘・佐長富雜診馬死都吏丑危前。身完毋兵刃木索迹、病死、審。證之。它如爰書。敢言之。
I 90DXT0309③:275／㋒㋕㋖㋙

11・12共に「證」が目的語「之」を取っているが、「證之」は明らかに爰書作成者である懸泉廏佐の廣意および禹の言葉である。10では「證財物不以實律辨告。酒爰書、彊友等皆對曰、不貰賣財物敦煌吏民所。皆相牽證任。它如爰書」となっていたが、「皆相牽證任」は複數の人間が連帶責任で證言したという意味であるから、[31]「皆相牽證任」は尋問された彊友らの供述ではなくこの爰書の作成者である平望士吏安世の言葉と考えるべきであろう。自證爰書もこれらの10・11・12と等しく爰書であり、なお且つ「證」字が「它如爰書」の前にくる表記も共通することから、自證爰書の「證」も10・11・12と同樣に爰書作成者の言葉と考えて良いだろう。そうすると自證爰書に記載された證言者自身の供述は「辭曰」の次から「證」字の前までとなる。

自證爰書のかかる記載形式を秦恭自證爰書の末尾部分「爰書自證。證知者李丹・孫詡皆知狀。它如爰書」に當てはめると、傍線部が先の「證」と「它如爰書」に當たる。從って、「證」以下は爰書作成者である萬歲候長憲の言葉となる。その場合、「證知者李丹・孫詡皆知狀」は「知者李丹・孫詡皆知狀」を「證」するという意味になる。ただ、「證知者」が明らかに一語である例[32]や秦恭尋問結果報告文書の「李丹・孫詡證知狀」という例からすると、「證知者」で「知るを證する者」と解釋すべきであるようにも見えるが、一定の書式を持つ公的文書の解釋においては書式や記載形式が何より優先されるべきであろう。漢簡には「知者」の確實な用例は無い[33]けれども、買地券には立會人を「時臨知者」「時知」と呼ぶ例もあり[34]、狀況を知る者を「知者」と稱した可能性は充分考えられるだろう。[35]このように、「知者李丹孫詡皆知狀」が「證」の目的語である可能性は高いが、その一方で、この部分は意味上一文を成し得るから獨立の一文である可能性も否定できない。そこで、この點を確定すべく、「證」と「它如爰書」の間に別の語がきている例を取り上げて檢討しよう。

22　免。未賞從卒騶欬已貸錢百廿三。不當償。證所言。它如爰書。　E. P. T51:194

〔罷免になりました。これまで卒の騶欬から百二十三錢を借りたことなどありません。返濟する義務はありません。供述内容を證言します。以上爰書とします。〕

22では「所言」が「證」と「它如爰書」の間にきているが、「所言」がそれ自體で獨立した一文となり得ない以上、「證」の目的語と理解するほか無い。從って、この部分は「證所言」で斷句され「供述内容を證言する」の意味となる。また、6にも「皆證所置辭審。它如」とあり、ここでは「所置辭審」が「證」と「它如爰書」の間にきている。「置辭」は尋問において供述するの意(36)で、「審」は「正確・確實」の意味(37)だから、「所置辭審」は「供述内容は正確である」つまり「供述内容は事實である」という意味になる。この「置辭」は供述するというほどの意味だから、「所置辭」は「所言」とほぼ同義となり、それ故、「所置辭審」は「所言審」と讀み替えることができよう。

さて、11・12では「證」が目的語を取って「證之」となっていたが、それに對して「證之審」の例がある。

23　☐北部候長當敢言之。爰書。隧長蓋之等、迺辛酉日出時
☐長移往來行塞下者及畜產。皆毋爲虜所殺略者。證之審。　306・12（A33）

〔北部候長の當が申し上げます。爰書。隧長の蓋之等が、先の辛酉の日の日出時に……長が長城の下を通行する者及び家畜を移動させました。匈奴に殺害・略奪された者はおりません。これが事實であることを證言します。〕

23が6と同じく爰書で、且つ「證……審」という同一の表現であることから、「證之審。它如爰書」と續くことは間違い無い(38)。11・12の「之」は「病中强上、審」「病死、審」を指すので、「證之」は結果的に「病氣・病死が事實であ

ることを證言する」の意味となる。それ故、23の「證之審」が「證之」の强調表現であることは明らかだろう。同様に、6の「所置辭審」は先述のように「所言審」とほぼ同義と見て良いから、「證所置辭審」は22の「證所言」に「審」を加えた强調表現とみなすことができるだろう。それ故、「所置辭審」も「證」の目的語と考えてよい。

爰書末尾の「證」と「它如爰書」の間に別の語がくる例は、これら「所言」「所置辭審」「之審」の他に「言」があるが、(39)これは「所言」のことであろうからこの「言」も「證」の目的語と見なせる。以上のように、「證」と「它如爰書」の間の部分は全て「證」の目的語であって、この二語の間に別の獨立した一文が入る例は無い。先述のように、この「證」字は、證言者の供述を記載した後に、その證言者が自證爰書によって證言した旨を記した爰書作成者の言葉であり、このすぐ後には爰書の書き止め文言がくる。いわばこの「證」は爰書本文の締め括りの言葉なのである。本文の締め括りの語と書き止め文言との間に別の獨立した一文が入ることは、文書の書き方としてなんとも不自然であり、その點からも、「證」と「它如爰書」の間の部分は「證」の目的語と考える方が妥當であろう。

このように、自證爰書末尾の「證」と「它如爰書」に挾まれた部分は「證」の目的語と考えられ、その「證」はその自證爰書そのものによって證言したことを示すのであるから、この「證」の目的語こそがその爰書そのものの證言内容に當たる。我々は候粟君册書の寇恩自證爰書を餘りに見慣れ過ぎているために、自證爰書に記載されている證言者の供述内容全てがその爰書において證言されていると無意識のうちに思い込んでいたのであるが、この場合は「皆證」の「皆」が意味上「證」の目的語となるからこそ、結果的に寇恩の供述全てが自證爰書における證言内容になっているに過ぎない。11・12は自證爰書ではないけれども、この爰書で直接證言されている事柄は「證之」とあるとおり「之」、卽ち「病中强上、審」「病死、審」という點だけであって、それ以外の記載内容は嚴密に言えば證言されている事柄ではない。自證爰書の場合も、例えば「所言」が「證」の目的語となっているが故に、結果的に供述内容全てがその自證爰書における證言内容になっているに過ぎないのであって、嚴密に言えば自證爰書そのものの證言内容は「證」の目的語に當たる部分だけなのである。秦恭自證爰書では、「證」と「它如爰書」に挾まれた「知者李丹孫詡皆知狀」が「證」の目的語に當たるが故に、これこそが秦恭自證爰書そのもので證言された内容である。

（五）燧長失鼓册書作成までの經緯

共に爰書による證言を示す「爰書自證」と「證」がこのように理解されるならば、燧長失鼓册書の秦恭自證爰書の末尾「爰書自證。證知者李丹・孫詡皆知狀。它如爰書」は次のように解釋されるだろう。卽ち、「以上のことは既に爰書によって證言しました〔ここまでが秦恭の供述〕。〔以下、爰書作成者萬歳候長憲の言葉〕（この自證爰書において秦恭は）知者の李丹と孫詡が狀況を知っていることを證言した。以上、爰書とする」と。この解釋に誤り無いとすれば、秦恭はこの自證爰書による證言に先立って、これとは別の爰書によって太鼓を巡る狀況を既に證言していたことになる。本節（二）で指摘したように、三月十六日の秦恭尋問實施の直接の契機となったのは、齊通耐の訴えではなく「官記」に記される李丹・孫詡の證言と考えられるのであるが、齊通耐が一番最初に太鼓の返還を求めて秦恭を訴えた時に、當然、秦恭の尋問は行われたはずである。そうであるならば、秦恭が十六日附自證爰書による證言に先立って別の爰書によって太鼓を巡る狀況を證言したのは、この最初の尋問においてであったと考えられる。

そこで、この册書に記される所の一連の關係者尋問で證言された内容を今一度整理しておこう。齊通對の訴えを承けて行われた秦恭の第一回尋問での證言内容は、秦恭自證爰書の「爰書自證」より前に記載されている部分で、一言で言うと、李丹が太鼓を持って尉の治所に行ったという點、三月十六日に行われた第二回尋問での證言内容は自證爰書の「證」と「它如爰書」の間の「知者李丹・孫詡皆知狀」である。一方、秦恭尋問を命じた「官記」の「第一燧長秦恭時之俱起燧、取鼓一、持之呑遠燧。李丹・孫詡證知狀」という記載から、李丹と孫詡の證言内容は秦恭が俱起燧に行き太鼓を取り呑遠燧に行ったという點であることがわかる。なお、秦恭の第二回尋問は、先述のように、李丹と孫詡の爰書による證言を直接の契機として實施されたと考えられるので、秦恭の第二回尋問以前に李丹と孫詡は尋問を受けていたはずである。李丹の名は、李丹が太鼓を持って尉の治所に行ったという第一回尋問における秦恭の證言に見えるので、この李丹と孫詡の尋問はこの第一回尋問での秦恭の證言を承けて實施されたのであろう。

かくて、最初の齊通耐の訴えから二度目の秦恭尋問に到るまでの經緯を再現すると次のようになろう。

①齊通耐が太鼓の返還を求めて秦恭を訴えた。
②齊通耐の訴えを受けた官署が、訴えられた秦恭の所屬する甲渠候官へその訴え内容を通達した。
③甲渠候官はその通達を承けて秦恭の所屬する萬歲候長憲に秦恭尋問を命令した。
④第一回尋問において、秦恭は李丹が太鼓を尉の治所に持って行ったことを爰書によって證言した。
⑤萬歲候長憲がこの第一回秦恭尋問結果を甲渠候官へ報告した。
⑥萬歲候長憲の報告を受けた甲渠候官が、太鼓を持って行った人物として秦恭が名指しした李丹を尋問するよう命じた（この時、孫詡も一緒に尋問を受けた）。
⑦李丹・孫詡はその尋問において秦恭が俱起燧から太鼓を持って呑遠燧へ行ったと證言した。
⑧李丹・孫詡の尋問結果が甲渠候官へ報告された。
⑨李丹・孫詡のこの證言を承けて、甲渠候官が再び萬歲候長憲に秦恭尋問を命令した。
⑩秦恭が第二回尋問において「李丹と孫詡は狀況を知っている」と爰書によって證言した。
⑪萬歲候長憲が第二回秦恭尋問結果に秦恭の十六日附自證爰書を添附し候官に送付した。

このような經緯から考えれば、今回の尋問は、秦恭が第一回尋問で爰書によって證言した内容と李丹・孫詡が證言した内容とが相違したために、先に爰書による證言をした秦恭を再度尋問し眞實を究明しようとしたものであること、論ずる迄もないだろう。ただ、今回の二度目の尋問はいわば第一回尋問で秦恭が爰書によって證言した内容の再確認ともいうべきものでありながら、今回秦恭が爰書によって證言したのは太鼓を巡る狀況そのものではなく、「李丹・孫詡が狀況を知っている」というものだったことは留意すべきである。この點については後に再び觸れるであろう。

第四節　自證爰書の運用

これまでの燧長失鼓册書の考察から、自證爰書の運用について以下のことが指摘できる。

一、債權回收を求めた聽訟において指摘された爰書には爰書をという手續きは、債務の不存在以外の事柄を爰書によって證言する場合にも同樣に適用される。——燧長失鼓册書では、秦恭は第一回尋問において李丹が太鼓を尉の治所に運んだことを爰書によって證言し、次いで尋問された李丹と孫詡はそれに對して「秦恭が倶起燧に行って太鼓を取り呑遠燧に運んだ」と反論している。李丹と孫詡の反論について原文は「李丹・孫詡證知狀」と記すが、「證」は爰書による證言を指すから、李丹と孫詡の反論は爰書によって爲されていることになる。さらに、李丹・孫詡の證言を承けて行われた第二回尋問で、秦恭は李丹・孫詡の證言に對し再び爰書によって反論している。このように、爰書による證言内容に對する反論は必ず爰書によって爲されており、爰書には爰書をという手續きがこの場合も確認される。さらに、この燧長失鼓册書において爰書によって證言されている内容は債務の不存在ではないことから、爰書には爰書をという手續きが債權回收を求めた聽訟に限定されないことが確認される。

二、「自言」形態の供述や訴えに對して爰書による證言を以て反論することができる。――債權回收を求めた聽訟では、訴えた債權者が爰書によって債權の存在を證言していないならば、訴えられた債務者は債務を承服しない場合でも債務の不存在を爰書によって證言する必要は無かった。一方、燧長失鼓册書では、齊通耐の訴えは「自言責恭鼓一」とあるように「自言」形態であったが、その訴えを承けて行われた第一回尋問において秦恭は李丹が太鼓を運んだことを爰書によって證言している。このことは、「自言」形態の供述や訴えに對しても、爰書によって反論し得ることを示している。「自言」に對する反論を敢えて爰書による證言で行うのは、證言內容を紛うかた無き眞實とする爰書の機能が相手の「自言」を信憑性の低いものとして退けることになるからであろう。

三、同一案件について重複して爰書によって證言することは無い。――第二節で指摘されたこの點は燧長失鼓册書においても確認される。秦恭自證爰書に記載された太鼓を巡る具體的な狀況は、「爰書自證」とあるように以前に作成された別の爰書によって既に證言された事柄であった。十六日の尋問で秦恭はこの爰書によって既に證言濟みの太鼓を巡る狀況を繰り返し供述しており、二度の尋問で供述內容に變更點は無い。それ故、第二回尋問においてもその太鼓を巡る狀況を繰り返し證言したならば、自らの供述が虛僞でないことをより强調することになっただろう。ところが、實際に爰書によって證言した內容は李丹と孫詡が狀況を知っているということであって、太鼓を巡る狀況については、尋問において繰り返して供述してはいるものの、爰書によって繰り返し證言することはしていない。

四、複數の當事者が爰書によって證言した內容に不一致がある場合、眞實を究明するために先に證言した側を再度尋問する。――秦恭は十六日附自證爰書で李丹と孫詡が狀況を知っていることを證言しているが、ここに言う狀況とは李丹が太鼓を尉の治所へ運んだという秦恭が主張する所の狀況である。一方、李丹と孫詡は尋問において秦恭が俱起燧から太鼓を持って呑遠燧へ行ったことを爰書によって證言している。從って、李丹と孫詡は狀況を知っているという第二回尋問での秦恭の供述は、結果として李丹と孫詡の證言は嘘だという指摘となり、それを爰書によって證言することは李丹と孫詡の僞證を證言することに他ならない。このように、當事者の證言内容が一致しない場合は、先に證言した當事者を再尋問し、その際、相手方の僞證を證言する爰書が作成された。

おわりに

以上の考察の結果、自證爰書は同一案件について重複して作成されないことが確認された。ところが、債權回收を求めた聽訟である候粟君册書ではわずか十三日の間に同一内容の二通の自證爰書が相繼いで作成されていて、自證爰書は重複作成されないという先の結論と見事に矛盾するのである。しかしながら、公的な證明力を持つ「公證文書」である爰書がかくも短期間に、尚且つ同一内容のものが繰り返し作成されていることに、不自然さを覺えずにはいられない。册書では、二度に亙って出された尋問命令が兩方とも報告文書に再錄されているがこれは他に例を見ないし、二通の自證爰書のうち一通は控えと思しき形状である(40)ことからすれば、寧ろこの册書は特別な事情による特殊な事例と考えるべきであろう。次章ではこの點について檢討しよう。

注

（1）籾山明「爰書新探――漢代訴訟論のために――」（『東洋史研究』五一―三　一九九二）。

（2）宮宅潔「秦漢時代の裁判制度――張家山漢簡《奏讞書》より見た――」（『史林』八一―二　一九九八）、邢義田「漢代書佐、文書用語〝它如某某〟及〝建武三年十二月候粟君所責寇恩事〟簡册檔案的構成」（初出一九九九。同氏『治國安邦　法制、行政與軍事』中華書局　二〇一一　所收)。

(3) 籾山明「爰書新探——古文書學と法制史——」(同氏『中國古代訴訟制度の研究』京都大學學術出版會　二〇〇六)二一二頁。

(4)『說文解字』五篇下には、「入、內也」また「內、入也」とある。

(5)「鞫」は裁判において確定した犯罪行爲を總括する手續きである。宮宅潔注2前掲論文五六頁。

(6) 籾山明注3前掲論文二一五頁。

(7) 籾山明注3前掲論文一八七頁。連劭名「西域木簡所見《漢律》中的〝證不言請律〟」(『文物』一九八六—一一)も同様の指摘をする(四四頁)が、連劭名は候粟君冊書の二通の自證爰書の日附を誤解している。

(8) 張晏曰。傳、考證驗也。爰書、自證不如此言、反受其罪、訊考三日復問之、知與前辭同不也。(『史記』卷一二二　酷吏列傳・張湯傳　集解)

(9) 初仕賓・肖亢達「居延簡中所見漢代《囚律》逸文考——《居延新簡〝責寇恩事〟的幾箇問題》的訂補」(『考古與文物』一九八四—二)は、「辭已定滿三日而不更言請者」を供述が既に確定したとしても三日以内なら供述內容の變更を認めるという法律的保證を供述者に告知するものと理解する(九七頁)。

(10) この二簡の接合については、第三部第一章注31參照。

(11) ⧄朔庚子、令史勳敢言之。爰書。士吏商・候長光・隧長昌等⧄
⧄☐卽射候賞前。令史☐辱發矢數于牒。它如爰書。敢⧄　73E.J.T10:206

(12)「案」字の部分は元の釋文では「☐」に作るが、この部分と對應する次の箇所および他の擧劾文書の書式から「案」字が入ること疑い無い。
始建國天鳳上戊六年七月壬辰、除署第十部士吏。案、匡　E.P.T68:11
軟弱不任吏職、以令斥免。　E.P.T68:12

(13) この簡の記載については、前章注51參照。

(14)「決絕」の解釋については前章注52參照。

（15）甘肅居延考古隊「居延漢代遺址的發掘和新出土的簡册文物」（『文物』一九七八―一）ではこの册書を「燧長失鼓」簡册と呼んでいる（九頁）。趙寵亮「居延新簡《女子齊通耐所責秦恭鼓事》殘册的復原與研究」（簡帛罔：http://www.bsm.org.cn/show_article.php?id=1082）では候粟君册書の楬（E. P. F22:36）に倣って「女子齊通耐所責秦恭鼓事」殘册と呼ぶ。

（16）謝桂華「新・舊居延漢簡册書復原擧隅」（『秦漢史論叢』第五輯、一九九二）二七一～二七二頁、籾山明注3前掲論文一九五～一九六頁。

（17）謝桂華注17前掲論文では、册書の排列を本文所掲番號の①⑦⑥②③④⑤の順に復原するが（二七二頁）その根據は示されていない。また、籾山明注3前掲論文は①～⑦を集成した上で、②③④⑤が連續しこれが秦恭の自證爰書の本文であることを指摘する（一九六頁）。

（18）次掲のE. P. T51:193では萬歲燧・却適燧・臨之燧・第一燧・第三燧が第三部と呼ばれている。恐らくは、部を構成する燧は一定だが候長の所在に據って部の名稱が變わることがあったのだろう。

萬歲隊刑齊自取、第一隊長王萬年自取
出錢三千六百　却適隊長壽自取、第三隊長願之自取　初元年三月乙卯、令史延年付第三部吏六人二月奉錢三千六百。
臨之隊長王紋自取、候史李奉自取　E. P. T51:193

（19）籾山明注1前掲論文一五頁。

（20）修行孤山里公乘范弘年廿一　今除爲甲渠尉史、代王輔　285・3（A8）

（21）候粟君册書の都鄕嗇夫宮の發信文書（18）の文書的性格については、第四部第四章注4參照。

（22）趙寵亮注15前掲論文も、この册書は秦恭の自證爰書と秦恭の尋問を擔當した萬歲候長の報告文書で構成され、兩者の日附から自證爰書が前、報告文書が後ろに位置するとする。

（23）「狀」字が「狀況」の意味であることについては第三部第一章第二節（二）參照。

（24）謝桂華注16前掲論文では「官記」末尾を「李丹、孫詡證知狀。驗問具言前言狀。」と斷句しており（二七一頁）、「驗問具言前言狀」全てを候官からの命令文言と解釋しているようであるが、次章で檢討するように「前言狀」は「先に狀況は報告濟」

という意味の萬歳候長憲の注記であって、候官からの命令ではない。

(25) 候粟君冊書については第四部第四章第一節を、駒罷勞病死冊書については第四部第三章第四節を參照。

(26) 20と21が一連のものであることは以下の關係簡の内容から明らかである。

☐敞後不欲言變事。爰書。誼數召根、不肯見誼根且☐　46・23（A8）

敞辭曰、初☐言、候擊敞數十下、脅痛不耐言　123・58（A8）

☐☐☐☐☐復使根・彊來曰、欲言變事。候故使我來召、奈何不往。敞復曰、病未欲言。根・彊去　E.P.T51:2

聽受若。又頃根・彊還言、敞言、脅恿不耐言變事　E.P.T51:7

(27) 大庭脩「居延新出『候粟君所責寇恩事』冊書――爰書考補――」（同氏『秦漢法制史の研究』創文社　一九八二）は「謹驗問恩」以下を都鄉嗇夫宮の判斷とする（六五八頁）が、この冊書の中で都鄉嗇夫宮は候粟君を「甲渠候」と呼んでおり、「粟君」と呼んでいるのは寇恩のみであるから、都鄉嗇夫の報告文書の中の、「粟君」という呼稱を含む「不當與粟君牛不相當穀廿石……粟君用恩器物幣敗、今欲歸、恩不肯受」の部分は全て寇恩の供述とすべきである。

(28) 秋射爰書や病診爰書、斥免爰書（籾山明注3前揭論文の爰書名稱による）には「證」字は無い。

(29) 籾山明注1前揭論文一五頁。

(30) かかる意味となるのは爰書末尾の「證……。它如爰書」に限られ、それ以外の「證」字は單に爰書によって證言したということ以上の意味は無い。誤解無きよう申し添えておきたい。

(31) 籾山明注3前揭論文一九七頁。

(32) 亭部、不復與循會。證知者如牒。唯

官簿出七月盡九月四時。叩頭死罪敢言之。　E.P.F22:62A

(33) 次の簡には「知者」とあるが、前から「……知者」と續いている可能性を完全には否定できない。

知者以病故　☐　322・20（A33）

(34) 「時臨知者」は劉元臺買地券（蔣華「揚州甘泉山出土東漢劉元臺買地磚券」『文物』一九八〇―六）に、「時知」は王當當弟

伎偸及父元興買地鉛券（洛陽博物館「洛陽東漢光和二年王當墓發掘簡報」同上）に見える。

（35）黄武六年鉛地券と永安五年鉛地券（程欣人「武漢出土的兩玦東吳鉛券釋文」『考古』一九六五—一〇）には「知者東王公西王母」とある。東王公西王母は架空の人物だが、書式は實物の模倣であろうから、「知者」が實在した蓋然性は高い。

（36）其後人有上書告勃欲反。下廷尉、逮捕勃治之。勃恐、不知置辭〔師古曰、置、立也。辭、對獄之辭。〕（『漢書』巻四〇周勃傳）

また、次掲の候粟君册書の居延令發信文書では、都鄉嗇夫宮の實施した尋問において寇恩が自證爰書によって供述内容を證言したことを「置辭爰書自證」と記しており、「置辭」が「尋問において供述する」の意味であると確認される。

十二月己卯、居延令　守丞勝移甲渠候官。候所責男子寇恩□鄉置辭、爰書自證。寫移書到、□□□□辭、爰書自證。　E.P.F22:34

須以政不直者法亟報。如律令。　E.P.F22:35

（37）籾山明「秦漢時代の刑事訴訟」（同氏注3前掲書所收）五八頁。

（38）次簡も「…審。它如爰書」となる爰書の例。

〼□□陽□□里□□□□病頭痛寒炅、不能飲

〼吟、手卷足展、衣白綺單□□□取布袍長裏各一領・布復褌

〼□衣。診視、毋木索兵刃處。□□□審。它如爰書。敢言之。　27・1A（A8）

（39）〼□證言。它如爰書。　E.P.T52:287

（40）角谷常子「秦漢時代の簡牘研究」（『東洋史研究』五五—一、一九九六）二二〇頁。

第三章　「前言解」の意味と尋問命令の再錄

はじめに

第四部第一章で述べたように、責名籍に基づいて官によって行われる債權回收は債權回收を求めた聽訟に當たる。この聽訟は公權力による紛爭の解決であるから、最終的には官の下した判決による決着が想定されよう。ところが、債權者の訴えを受けた官が債務者の所屬官署等に對して命ずるのは、債務者尋問と債權回收とその報告のみであった。たとい尋問で債務者が債務を承服せず紛爭が解決されなかったとしても、官は債權者に債務者尋問の結果を報告するだけで、官が兩當事者の主張を勘案して判決を下し紛爭に決着をつけるという手續きは確認されないのである。

「候粟君所責寇恩事」冊書（E.P.F22:1～36。以下「候粟君冊書」）は、候粟君が寇恩に對して債權の回收を求めた聽訟の事例であるから、この冊書の經緯を檢討することで、聽訟における問題解決方法を考察することが可能である。ところが、この冊書に就いての從來の理解は次章で詳述するようにいくつかの問題を含んでいるのである。秦漢時代の聽訟の具體的手續きやその紛爭解決方法を解明するためには、この冊書を正確に理解する必要がある。

債權回收を求めた聽訟では、當事者自身が「公證文書」である自證爰書[1]によって證言することが重要な役割を果たしているが、候粟君冊書でも自證爰書が主要な構成部分となっている。この冊書では自證爰書が僅か十三日の間に同一内容で繰り返し作成されているが、これは前章において明らかにしたところの、同一案件について重複して作成されないという自證爰書の運用面の特徴と見事に矛盾する。この矛盾にこそ、同じ債權回收を求めた訴えでありながら候粟君冊書と他の債權回收の案件とで想定される手續きが異なるという問題を解く鍵があるのではないだろうか。

如上の問題をはらむ候粟君冊書を正確に解釋するためには、冊書を巡る手順の復原を大きく左右する「前言解」の語の意味の確定を予備作業として行う必要があろう。何故なら、「前言解」がこの冊書を巡る一連の手順の中で具體的に何を指すのか曖昧なままでは、この冊書を巡る文書の作成・送付狀況の正確な復原は不可能と考えるからである。本章では、候粟君冊書以外の用例や類似語を考察することで、「前言解」が尋問結果報告文書の中で果たす役割を先ず明らかにし、それを候粟君冊書に適用することで「前言解」の具體的内容を考えるという手法を採ることにしたい。これに加えて、尋問結果報告文書への尋問命令の再錄についても檢討する。この冊書の經緯を考える上で最も重要な都鄕嗇夫宮の寇恩尋問結果報告文書（後揭1）には、前後二度に亙って下された寇恩尋問命令が兩方とも再錄されているのであるが、これまでは全く問題にされていないけれども、尋問命令が二度ともに再錄されていることを何如に理解するかがこの報告文書のみならず冊書全體の解釋に決定的に影響すると考えるからである。

これらの予備作業の結果、冊書についてさらなる疑問が生じまた新たな矛盾も露見することとなるが、それらを殘らずあぶり出して、初めて正確な冊書解釋が可能になると筆者は考えている。この冊書が最終的に甲渠候官で一括保存されていたのは、都鄕嗇夫の作成から始まる幾つかの手順を踏んだ必然の結果なのであって、その經緯は、たといその途中に特別な事情が存在したとしても、全てが整合的に説明され得るはずである。筆跡を始めとする冊書の全ての特徴は、その實際の經緯が齎した必然の結果なのであって、それに關して疑問や矛盾を感じるのは、逆に我々の冊書解釋が誤っているからではないのか。冊書を巡る問題や矛盾は、むしろ我々を正しい解釋へと導いてくれる道標なのである。予備作業として冊書を巡る全ての問題や矛盾のあぶり出しを行う意義は正にこの點にある。

第一節　從來の「前言解」解釋

最初に、候粟君冊書に見える「前言解」の從來の解釋を檢討しておこう。冊書は次の四部分で構成されている。

Ⅰ　建武三年十二月癸丑朔乙卯（三日）附、寇恩の自證爰書（E. P. F22:1～20）

Ⅱ　戊辰（十六日）附、寇恩の自證爰書（E. P. F22:21～28）

Ⅲ　辛未（十九日）附、都鄕嗇夫宮から居延縣廷に宛てた寇恩尋問結果の報告文書（E. P. F22 29～32）

Ⅳ　己卯（二十七日）附、居延守丞から甲渠候官へ宛てた文書（E. P. F22:34～35）

事の起こりは、甲渠候粟君が金錢の支拂いを求めて寇恩を居延縣廷に訴えたことである。居延縣廷はその訴えを承けて、寇恩の住む都鄕に寇恩尋問を命じた。冊書のⅠ・Ⅱがその尋問の際に作成された寇恩の自證爰書、Ⅲが尋問を擔當した都鄕嗇夫宮の報告で、ともに居延縣廷に送付された。居延縣廷はこれらにⅣを添附して甲渠候官へ送付した。都鄕嗇夫宮の報告までの經緯はⅢに再錄された縣廷の尋問命令によって知ることができる。原文と[2]解釋を擧げよう。

1　建武三年十二月癸丑朔辛未、都鄕嗇夫宮敢言之。ⓐ廷移甲渠候書曰「――（候粟君の訴え）――」書到、驗問治
決言。ⓑ前言解。ⓒ廷却書曰「恩辤不與候書相應。疑非實。今候奏記府、願詣鄕爰書是正。府錄令明處。更詳驗
問治決言。」謹驗問恩、辤「――（寇恩の供述）――」爰書自證。寫移爰書。叩頭死罪死罪敢言之。

E. P. F22:29～32＊

〔建武三年十二月十九日、都鄕嗇夫の宮が申し上げます。ⓐ縣廷の送付してきた甲渠鄣候の文書には「――（候粟君の訴え）――」と。この書が届いたら、尋問し治決して報告せよ。ⓑ前言解。ⓒ縣廷が返送してきた文書には「寇恩の供述内容は甲渠鄣候の文書と一致しない。事實でない疑いがある。今、甲渠鄣候は府に記を送付して、鄕に出向いて爰書是正したいと願い出た。府は錄によって明處を命じてきた。更めて詳しく尋問し治決して報告せよ」とありました。謹んで寇恩を尋問したところ、供述して言うには「――（寇恩の供述）――」と。以上、爰書によって自ら證言しました。その爰書を書き寫して送付します。恐れながら申し上げます。〕

居延縣廷は都鄕に對して寇恩尋問を二度命じており、1には二度の尋問命令が兩方とも再錄されている（ⓐ・ⓒ）。「前言解」の語は二つの尋問命令に挾まれる形で記されており（ⓑ）、この語の解釋何如によっては復原される文書の作成・送付狀況は全く異なることとなろう。「前言解」について、その語義を正確に理解するだけでなく、それが一連の手順のうちどの手續きを具體的に指すのかを明確にする必要があると考えるのはそのためである。

　さて、從來「前言解」は「先に回答濟み」「先に釋明した」と解釋され、三日附寇恩自證爰書（Ⅰ）の送付を指すと理解されている。[3]「前言解」の語は候粟君冊書以外にも駒罷勞病死冊書（後揭10）に見える。そこでは「記到、驗問明處言。會月廿五日。前言解。謹驗問……」のように、「謹驗問」以下の尋問結果の記載より前にこの文言が置かれていることから、下達文書の結びの言葉である可能性も指摘されている。[4]もしそうであるとすれば、この文言は尋問結果報告に再錄された尋問命令の一部となり、敢えて譯せば「前もって回答せよ」とでもなろう。この指摘は「前言解」の意味を文書の書式や記載形式という點から檢討しようとするものであるが、それはとりもなおさず、從來の解釋が「前言解」三文字の字義だけから推測されたものに過ぎない點を正しく批判しているのである。

しかしながら、「前言解」を下達文書の結びの言葉と考えることにもまた検討すべき餘地がある。この考え方は「前言解」が「謹驗問」で始まる尋問結果の記載の前に位置することをその出發點とするが、いまこの點を少し検討してみたい。漢簡にはこの「前言解」に似た「前言狀」という文言が存在する。この「前言狀」は前章第三節で検討した燧長失鼓册書の萬歳候長憲による秦恭尋問結果報告文書（後掲9）などに見える。9では「驗問具言。前言狀。●今謹召恭詣治所」と記されているが、この〔尋問命令〕＋「前言狀／前言解」＋〔尋問結果〕という書き方は駒罷勞病死册書の（後掲10）「前言解」の部分とほぼ同じで、「前言狀」も「前言解」と同様に尋問結果を記す「謹……」の前に位置している。9では「前言狀」の次に「●」が記されているが、この「●」は再録された命令とそれに對する報告との間に置かれ、再録の命令とその報告との區切りとして使われることが多い。[5]「前言狀」が區切りを示す「●」より前に記されていることは、「前言狀」が再録された尋問命令の一部である可能性を強く支持するものであり、その結果、「前言狀」の類似表現である「前言解」も再録された尋問命令の一部である蓋然性を高めることになろう。

しかし、10の「會月廿五日。前言解。」と同じ記載形式と思しき2では「前言□」の前に「●」がある。

2　☑二十五日。●前言□[6]　　110・6（A8）

「●」が先述のように再録された命令とそれに對する報告との區切りであるならば、この「前言□」は再録された命令ではなくそれに對する報告となるだろう。簡牘文書を解釋する際には、何より書式や記載形式から考えるべきであるが、このように「前言解」については判斷が難しい。そこで、「前言解」の語そのものの語義を分析した上で、この文言が文書の中で具體的に何如なる役割を果たすのかを検討することにしよう。

第二節　「前言解」の語義

「前言解」の語義を明らかにするためには、「前」と「解」の字が漢簡の用例において何如なる意味で用いられているかを検討する必要がある。まず「解」の用例を検討しよう。「解」の用例では「解何」が最も良く見られる。

3　校甲渠候移正月盡三月四時吏名籍、第十二隊長張宣、史。案府籍、宣、不史、不相應。解何。
129・22＋190・30（A8）

〔甲渠鄣候が送付してきた正月から三月までの四時吏名籍を點検したところ、第十二燧長の張宣は「史」となっている。都尉府の名籍を調べると、宣は「不史」であり、一致しない。どう辯解するのか。〕

3は、甲渠鄣候が送付してきた四時吏名籍と都尉府保管の名籍との記載内容の不一致に關して都尉府が甲渠候官に下達した文書で、「解何」は詰問し釋明を求める語として使われている。(7)次は「前言解」によく似た「謁言解」の例。

4　●卅井言。謹拘校二年十月以來
　　計最、未能會會日。謁言解。
430・1＋430・4（P9）

〔●卅井候官が言う。謹んで二年十月以來の計最を點檢しましたところ、出頭期日に出頭できませんでした。どうか辯解を申し上げさせてもらいたい。〕

4は卅井候官（出土地のP9は卅井候官址）が都尉府へ送付した文書の控えに附けられた内容見出しで、(8)「卅井言」以下の記載内容は實際に送付した文書内容の概略である。その中の「謹……」の行爲主體は文書發信者自身であるから、[9]出頭期日に出頭できなかったのは文書發信者である所の卅井候官である。續く「謁言解」の「謁」は、第一部第二章第九節で檢討したように、相手に對する依頼や自身の自發的請願を示す語である。この場合は、卅井候官自身が何らかの出頭期日に出頭できなかったことに對して「謁ふらくは解を言はん」と言ったもので、[10]都尉府に送付した文書の内容がその「解」だったのであろう。もう一例。

5　至今不移、令官失會、數言解、甚毋狀。檄到、宜遣□　E. P. T6:57
〔今に至るまで送付せず、候官を期日に遲れさせた上、度々辯解を言うは、甚だ不行き屆きである。この檄が屆いたら、宜しく……を遣わして〕

「毋狀」は職務の不履行や不行き屆きを本人が陳謝したり上級機關などが譴責する語で、それ以前の部分がその職務不履行や不行き屆きの内容に當たる。[11]5は「檄到」とあるように下達文書であるから、この「毋狀」は上級機關による譴責で、「毋狀」の前の「至今不移、令官失會、數言解」が譴責内容に當たる。つまり、この簡は、この文書の受領者が何かを送付しなかったために候官が期日に遲れる結果となり、それについて文書受領者が何度も「解」を言ったことを上級機關が譴責したものなのである。

これらの例では、いずれも職務の不履行や不行き屆きが「解」を言う前提となっている點に注意したい。先の「解何」もやはり職務の不履行や不行き屆きを譴責するものであった。これより、「解」とは職責を果たさず譴責されている當事者の辯解を指していることは明らかだろう。「解」が譴責されるべき職務の不履行や不行き屆きと全く無關係に現れる例が見られないことからも、[12]「解」は上級機關からの指示・問い合わせに對する返答・回答・説明の類一般を指すのではなく、譴責されている當事者の辯解を限定的に指す語と理解すべきである。

續いて「前」の用例を検討しよう。

6　故甲渠候長唐博叩頭死罪。博前爲甲渠鉼庭候長。今年正月中、坐捞卒繫獄、七月廿□　4・9（A8）

〔元の甲渠候官所屬の候長唐博が恐れながら申し上げます。博は以前に甲渠鉼庭候長でした。今年の正月中に、戍卒を笞打ちした罪で獄に繫がれ、七月二十〕

7　根前所白候爰書言、敞後不欲言。今乃言、候擊敞數十下多所□　E.P.T52:178

〔根が以前に鄣候に申し上げた爰書には「敞は後に言おうとはしなかった」とある。今はすなわち「鄣候は敞を數十回打ち……」と言い〕

6では「前爲甲渠鉼庭候長」を踏まえて冒頭では「故甲渠候長」[13]と表現しているのだから、「前」は「故」と同じく過去のある時を表す「以前に」の意味となろう。7では「前」が現在を意味する「今」と對比されており、この對比からも「前」が過去のある時を指す「以前に」の意味であることは明らかであろう。

このように漢簡の用例では、「解」は職務不履行などを譴責された當事者の辯解を指し、「前」は過去のある時を指す「以前に」の意味である。從って、「前言解」の語は「以前に辯解を言った」即ち「先に辯解は報告濟み」という意味になろう。ただ、下達命令に附け加える形で「辯解については既に報告を受けている」と命令者が命令對象者に對して一言申し添えた言葉と解釋することも、語義だけからすれば不可能ではないかもしれない。しかし、通常その意味では「有書」という語が使われているし、(14)また、命令者の言葉とした場合、候粟君冊書では「前言解」の語が第一回寇恩尋問命令の一部となる結果、第一回尋問が實施されるより前に既に辯解が報告されているという矛盾を生じることになる。それ故に、「前言解」はやはり「辯解は報告濟み」という報告者の言葉と理解すべきであろう。

第三節　尋問結果報告文書における「前言狀」の意味

これまで字義から「前言解」の意味を検討してきた。次には尋問結果報告文書における「前言解」の意味を検討しよう。卽ち、尋問結果の報告に際しての一連の文書の作成・送付手順の中で、具體的に「解」はどの文書を指し「前言解」はどの手順を指しているのか、である。その検討に入る前に、先に「前言狀」の語を取り上げたい。「前言狀」は「前言解」と表記が一文字違うだけであり、さらに、用例上も「前言解」と同じく命令文言とそれに對する報告部分との間に置かれる語であって、これら二語は極めて類似した關係にあるのである。それ故、ここで「前言狀」の分析をすることは「前言解」理解の一助となろう。「前言狀」の語は先述のように燧長失鼓冊書に見える。そこで、燧長失鼓冊書において具體的に「狀」は何を指し、「前言狀」はどの手順を指すのかを検討することにしたい。

初めに確認しておきたいのは「狀」の字義である。第三部第一章第二節で検討したように、漢簡の「狀」は狀況・經緯の意味である。「言狀」となる場合も「狀」が狀況・經緯の意味であることは次の簡から明らかである。

8　持行到府。皆後宮等到留遲。記到、各推辟界中、相付日時、具言狀、會月廿六日。謹案、鄉嗇夫丁
宮入關檄、不過界中。男子郭長入關檄、十一月十八日乙未食坐五分、木中隧長張勳受卅井誠勢
E. P. F22:324

〔持って行き都尉府に到着した。いずれも宮らの到着より後で遲れている。この記が屆いたら、各々管轄區内を搜査し、受け渡し日時について、詳しく『狀』を言え。今月二十六日に出頭せよ」と。謹んで調査しましたところ、鄉嗇夫丁宮關所通過の檄は、管轄區内を通過しておりません。男子郭長關所通過の檄は、十一月十八日の食坐五分に、木中燧長の張動が卅井誠勢……より受け取り〕

8は、丁宮等の卅井關通過を通知する關守丞匡の檄が丁宮等本人の到着よりも遲れて都尉府に送付されてきたことに關して、都尉府から甲渠候官に下達された檄傳達狀況の調査命令（後掲11ⓐⓑ）を承けて、甲渠候官が不侵候長等へ下した調査命令（11ⓒ）に對する報告（「謹案」以下）である。「謹案」以下の具體的な檄の傳達狀況が「具さに言え」と命ぜられている所の「狀」に當たるのだから、「具言狀」の「狀」が狀況・經緯の意味であることは明白であろう。(15)

以上「狀」の意味を確定した上で「前言狀」の檢討に入ろう。

先述のように「前言狀」は燧長失鼓冊書の萬歲候長憲による尋問結果報告文書に見える。原文のみ擧げよう。

9　建武四年三月壬午朔己亥、萬歲候長憲敢言之。官記曰。第一隊長秦恭時之倶起隊、取鼓一持之呑遠隊。李丹・孫詡證知狀。驗問具言。前言狀。●今謹召恭、詣治所驗　E. P. F22:329

……（中間缺落）……

□……皆知狀。恭不服取鼓。爰書　E. P. F22:332

「前言狀」の前の「李丹・孫詡證知狀」にも同じ「狀」字が含まれている。この「李丹・孫詡證知狀」と類似の「證知者李丹・孫詡皆知狀」という表現が9に添附された秦恭の自證爰書（前章所掲17の①～⑤）の末尾に見えるが、二つの「知狀」の「狀」が具體的に指しているのが共に「太鼓を巡る狀況」であることは疑い無い。[16] 燧長失鼓册書にはこのように「狀」字が三箇所現れるが、全て單に「狀」とあるのみで明確に區別されていないことから、三つの「狀」が指す內容も同じと考えてよいだろう。實際、この册書で問題となる「狀」は太鼓を巡る狀況以外には無く、それ故、「前言狀」の「狀」も二つの「知狀」の「狀」も共に「太鼓を巡る狀況」を指すと考えて誤り無いだろう。從って、「前言狀」は「先に太鼓を巡る狀況については報告濟み」ということを具體的には意味することになる。

そこで注目されるのが續く「今謹召恭」の「今」である。7のように「前」が「今」と對比されて現れる例は多く、「前言解」に對して「今便言解」（E.P.S4.T2:32B）という例も見える。從って、「前言狀。今謹召恭」も「前」と「今」とを對比させて「先に太鼓を巡る狀況については報告濟み。今、謹んで秦恭を召喚して」と解釋すべきであろう。秦恭は自證爰書の作成された十六日の尋問に先立って既に一度尋問を受けており、その際、太鼓を巡る狀況を爰書によって證言している。このような經過と「前言狀」の意味とを考え併せるならば、この「前言狀」の「前」は十六日に先立って行われた第一回秦恭尋問の結果報告の時點を指し、「前言狀」は先に送付した第一回尋問結果の報告において太鼓を巡る狀況は既に報告濟みであるということを具體的には指していると考えられる。

前章で述べたように、燧長失鼓册書自體は、十六日の第二回尋問において秦恭が「知者の李丹・孫詡は狀況を知っている」と爰書によって證言したことを萬歲候長憲が報告したものであるが、秦恭は第一回尋問で爰書によって自ら證明した所の太鼓を巡る具體的狀況をその第二回尋問において再度繰り返して供述している。このような尋問の經緯からすれば、報告者の萬歲候長憲が太鼓を巡る狀況についての秦恭の供述を十六日附自證爰書に記載するに先立ち、その狀況についてはもう既に報告濟みであると一言申し添えるという意圖で「前言狀」と記した、と理解することができるだろう。尋問命令「驗問具言」に對する報告に當たるのが、嚴密に言えば「前言狀」を含まない「今謹召恭」以下の部分であることは、「前言狀」が尋問命令「驗問具言」に對し本來報告すべき內容なのではなく、尋問命令とは直接關係しない補足的な記載であることを示唆する。「前言狀」が報告者の言葉でありながら、個別具體的な表現ではなく極めて抽象的且つ簡略な表現であることも、この語が補足的記載であるならばむしろ當然のことである。以上の考察結果に基づいて9を解釋すると前章第三節所掲の解釋のようになる。

このように「前言狀」は、尋問結果の報告などを送付する際に、それに關連する何らかの狀況の記錄などが既に送付濟である旨を記した補足的記載と理解される。そうであるならば、この「前言狀」と表現上も用例上も類似する「前言解」もやはり同樣の補足的記載である蓋然性は高いだろう。「前言解」の檢討に入ろう。

第四節　尋問結果報告文書における「前言解」の意味

候粟君册書を除いて、「前言解」の語を含む唯一のまとまった文書が駒罷勞病死册書である。[17] この册書は、守塞尉放の訴えを承けて府が下した尋問命令に對し、甲渠鄣候獲が守塞尉放等を尋問した結果を報告したもので、[18] 再錄された府の命令と結果報告との間に「前言解」の語が記されている。そこで、この册書を巡る一連の手順の中で、「解」とは具體的にどの文書を指し、「前言解」とは具體的にどの手順を指しているのかを檢討することにしよう。

10　建武三年十二月癸丑朔丁巳、甲渠鄣候獲叩頭死罪敢言之。府記曰「守塞尉放記言『今年正月中、從女子馮□借馬一匹、從今年駒。四月九日詣部、到居延收降亭。馬罷。止害隧長焦永行檄還。放騎永所用驛馬去。永持放馬之止害隧。其日夜人定時、永騎放馬行警檄、牢駒隧内中。明十日駒死。候長孟憲・隧長秦恭皆知狀。』記到、驗問明處言、會月廿五日。」前言解。謹驗問放・憲・恭、辤皆曰「――（放等の供述）――」案、永以縣官事行警檄、恐負時騎放馬行檄。駒素罷勞病死。放又不以死駒付永。永不當負駒。放以縣官馬擅自假借、坐藏爲盜。請行法。獲教敕要領放毋狀、當并坐。叩頭死罪死罪敢言之。

E. P. F22:187～201＊

〈建武三年十二月五日、甲渠鄣候の獲が恐れながら申し上げます。府記には「守塞尉放の記には『今年正月中、女子馮□より馬一匹を借り、今年生まれの子馬も一緒だった。四月九日に部に出向き、居延收降亭に到着した。馬は疲れていた。止害燧長の焦永が檄を巡回させて戻ってきた。放は焦永の乘っていた驛馬に乘って行った。焦永は放の馬を連れて止害燧に行った。その日の夜人定時に、焦永は放の馬に乘って警戒の檄を傳達して回り、その際、子馬を燧内中に繋いだ。翌十日に子馬は死んだ。候長の孟憲と燧長の秦恭がいずれも狀況を知っている』と。この記が届いたら、尋問し明處して報告せよ。今月二十五日に出頭せよ」と。前言解。謹んで尉の放と孟憲と秦恭とを尋問したところ、皆供述して言うには「――（放等の供述）――」と。すなわち、焦永は公務によって警戒の檄を巡回傳達したのであり、遲れないよう尉の放が借りた馬に乘って檄を巡回させたのです。子馬はもとより疲勞していたため病死したものです。尉の放はさらに子馬の屍骸を焦永に引き渡しておりません。よって、焦永には子馬を賠償する義務はありません。尉の放は公用の馬を規定に違反して勝手に借用しており、不正取得で盜罪に當たります。どうか處罰されますように。獲も尉の放に對する監督不行屆であり、併せて處罰されるに當たります。恐れながら申し上げます。」〉

この册書において、「前言解」の「解」は具體的には誰の辯解を指すのだろうか。その手掛かりを與えてくれるのが、尋問實施の契機となった事柄と尋問された人物との關係である。この册書と同樣に、財物返濟を求める訴えがその尋問實施の契機となっている尋問結果報告文書に、候粟君册書の都鄉嗇夫宮報告文書（1）と熢長失鼓册書の萬歲候長憲報告文書（9）がある。これら三事例の尋問の契機となった事柄と尋問された人物は次のとおりである。

【駒罷勞病死册書】尋問契機＝守塞尉放が死んだ子馬の賠償を求めて焦永を訴え、證人として孟憲・秦恭を擧げる。
被尋問者＝焦永を訴えた守塞尉放、放の證人の孟憲・秦恭。

【候粟君册書】尋問契機＝粟君が金錢の支拂いを求めて寇恩を訴える。
被尋問者＝粟君に訴えられた寇恩。

【熢長失鼓册書】尋問契機＝李丹・孫詡が太鼓は秦恭が持って行ったと證言。
被尋問者＝李丹・孫詡の證言で名指しされた秦恭。

候粟君册書と熢長失鼓册書では、尋問の契機となった訴えや證言において訴えられたり名指しされた人物が尋問を受けている。それに對し駒罷勞病死册書では、守塞尉放が焦永を訴えたことが尋問實施の契機となっているにも拘わらず、實際に尋問されているのは焦永を訴えた當の守塞尉放と、守塞尉放が自己の主張を證明する證人として名を擧げた孟憲・秦恭なのである。このように、ある人物が訴えを起こした場合、訴えられた人物が尋問を受けること無く、逆に訴えた本人が尋問されるというのは、何らかの特殊な事情を想定しない限り極めて不可解な對處といわざるを得ない。さらに、守塞尉放等を尋問した甲渠鄣候獲は「案」の中で、訴えられた焦永に賠償責任は無く逆に訴えた守塞尉放が盜罪に當たるという判斷を示しているが、訴えられた人物を尋問することなく、訴えた本人の尋問だけで判決の如き判斷をすることが可能であったこともまた極めて考え難い。中國における裁判が兩當事者を平等な立場に立たせるという一種の形式主義を持つ[19]ことからすればなおさらであろう。

そこで注目すべきが、守塞尉放等の尋問結果報告に先立って記される「前言解」の語である。この語は「先に辯解は報告濟み」という意味であったが、駒罷勞病死册書の中で辯解すべき人物は子馬を辨償すべく訴えられた焦永を措いて他には存在しない以上、この「前言解」は「訴えられた焦永本人の辯解は既に報告濟み」を意味すると考える他無いだろう[20]。そう考えた場合、「前言解」は、甲渠鄣候獲が今回の守塞尉放等の尋問結果を報告するに當たり、この報告に先立って焦永の辯解は既に報告濟みである旨を記した補足的記載ということになろう。そうすると、焦永は今回の守塞尉放等の尋問以前に既に尋問されていたことになる。

こう解釋することによって、先述の不可解な點は全て氷解するのである。守塞尉放が焦永を訴えたにも拘わらず、訴えられた焦永ではなく訴えた當の守塞尉放が尋問されている點について言えば、守塞尉放の尋問以前に既に焦永は尋問されていて、通常の手續き通り訴えられた人物を最初に尋問しているし、尋問者甲渠鄣候獲の判斷は兩當事者を尋問した上での判斷ということになる。

實はこの駒罷勞病死册書にはもう一つ疑問が存在する。守塞尉放等の尋問結果報告である10に、焦永に對し子馬の賠償を求めた守塞尉放自身の訴えがどうして再録されているのかという疑問である。再録された府の尋問命令には焦永に賠償を求めた守塞尉放の訴えが引用されているのだから、本來この命令を受けて尋問されるべきは訴えられた焦永であること、他の二册書の事例からして疑い無い。つまり、10では、尋問命令が本來命じていた尋問對象と實際に尋問を受けた人物とが一致しない上に、訴えた本人が逆に尋問されているのである。この疑問を解明する鍵は、尋問結果の報告とそれに再録された尋問命令との關係にある。節を改めよう。

第五節　報告文書における命令再録

候粟君册書の都鄕嗇夫宮の寇恩尋問結果報告文書（1）には、二度の寇恩尋問命令（ⓐ・ⓒ）が二度共に再録されており、これをどう理解するかが册書全體の理解に決定的に影響する。それ故、これまで全く注意が拂われてこなかったけれども、これは決してなおざりにできない問題なのである。

既に指摘されているように[21]、漢代の官文書においては、皇帝の下問に對して答える形の上奏の場合、その上奏を行う理由や經過を説明するため、受領した制詔などは原則として全文必ず再録された。ここで明確にしておきたいのは、上奏に再録される制詔はそれを直接命じた所の制詔に限られ、その上奏に至るまでの一連の制詔全てが再録されるわけではないということである。この點をまず『史記』卷六〇　三王世家で確認しておきたい。

三王世家は武帝の三皇子の諸侯王封建を巡る武帝と丞相等との議論の記録であるが、やり取りの概要は次の通りで、行論上必要な部分のみ原文を擧げよう[22]。

①大司馬霍去病が三皇子の諸侯王封建を請願（A）。

大司馬臣去病昧死再拜上疏皇帝陛下。陛下過聽、使臣去病待罪行閒。宜專邊塞之思慮、暴骸中野無以報、乃敢惟他議以干用事者、誠見陛下憂勞天下、哀憐百姓以自忘、虧膳貶樂、損郎員。皇子賴天、能勝衣趨拜、至今無號位師傅官。陛下恭讓不恤、羣臣私望、不敢越職而言。臣竊不勝犬馬心、昧死願陛下詔有司、因盛夏吉時定皇子位。唯陛下幸察。臣去病昧死再拜以聞皇帝陛下。

②武帝が御史に下すよう命令（C）。

制曰「下御史。」

③丞相等が三皇子の諸侯王封建とその國名制定を請願（E）。

丞相臣靑翟、御史大夫臣湯、太常臣充、大行令臣息、太子少傅臣安行宗正事昧死上言「大司馬去病上疏曰『陛下過聽、使臣去病待罪行閒。宜專邊塞之思慮、暴骸中野無以報、乃敢惟他議以干用事者、誠見陛下憂勞天下、哀憐百姓以自忘、虧膳貶樂、損郎員。皇子賴天、能勝衣趨拜、至今無號位師傅官。陛下恭讓不恤、群臣私望、不敢越職而言。臣竊不勝犬馬心、昧死願陛下詔有司、因盛夏吉時定皇子位。唯願陛下幸察。』制曰『下御史。』臣謹與中二千石、二千石臣賀等議……昧死請所立國名。」

④武帝が三皇子を諸侯王ではなく列侯にするよう批答（F）。

⑤丞相等が再び諸侯王への封建を請願（H）。

⑥武帝が再び列侯でよいと批答（J）。

制曰「康叔親屬有十而獨尊者、褒有德也。周公祭天命郊、故魯有白牡、騂剛之牲。群公不毛、賢不肖差也。高山仰之、景行嚮之、朕甚慕焉。所以抑未成、家以列侯可。」

⑦丞相等が三たび諸侯王への封建を請願（L）。

丞相臣靑翟、御史大夫臣湯昧死言「臣靑翟等與列侯、吏二千石、諫大夫、博士臣慶等議。昧死奏請立皇子爲諸侯王。制曰『康叔親屬有十而獨尊者、褒有德也。周公祭天命郊、故魯有白牡、騂剛之牲。群公不毛、賢不肖差也。高山仰之、景行嚮之、朕甚慕焉。所以抑未成、家以列侯可。』臣靑翟、臣湯、博士臣將行等……臣請立臣閎、臣旦、臣胥爲諸侯王。」

⑧武帝が丞相等の上疏を留保（N）。

⑨丞相等が改めて諸侯王封建を請願（O）。

丞相臣青翟、太僕臣賀、行御史大夫事太常臣充、太子少傅臣安行宗正事昧死言「臣青翟等前奏大司馬臣去病上疏言『皇子未有號位。』臣謹與御史大夫臣湯、中二千石、二千石、諫大夫、博士臣慶等昧死請立皇子臣閎等爲諸侯王。陛下讓文武、躬自切、及皇子未教。群臣之議、儒者稱其術、或誖其心。陛下固辭弗許、家皇子爲列侯。臣青翟等竊與列侯臣壽成等二十七人議皆曰『以爲尊卑失序。高皇帝建天下、爲漢太祖、王子孫、廣支輔。先帝法則弗改、所以宣至尊也。』臣請令史官擇吉日、具禮儀上、御史奏輿地圖、他皆如前故事。」

この請願を武帝が制可し三皇子の諸侯王封建は決定した。この中で、上奏③の冒頭には制詔②が霍去病の上奏①とともに[23]、上奏⑦の冒頭には制詔⑥がそれぞれ原文のまま再録されている（③⑦の傍線部）[24]。上奏⑦についていえば、最初の上奏①から制詔⑥までの一連のやり取りを承けて爲されたにも拘わらず、直前の制詔⑥が原文のまま再録されるのみである。このことは、上奏に原文のまま再録される制詔はその上奏を直接命じた制詔に限られることを意味しよう。これに對し、武帝が上奏⑦を保留したまま制詔を下さないために丞相等が改めて自發的に奉った上奏⑨には、上奏⑨以前に下された制詔を原文のまま再録することはなく、その代わりに、三皇子封建を巡る武帝と丞相等との一連のやり取りの概要が發端である霍去病の上奏①にまで遡って言及されている（傍線部）。つまり、皇帝の下問に答える形の上奏にはその冒頭にそれを直接命じた制詔が原文のまま再録されるのに對し、その上奏を命ずる制詔が存在しない家臣側からの自發的な上奏には、上奏に至るまでの一連のやり取りの概要が事の發端にまで遡って言及されるだけで、制詔が原文のまま再録されることはないのである[25]。このことは、上奏冒頭に制詔が原文のまま再録されるのはその上奏がどの制詔に對するものなのかを明示するためだったことを意味しよう。

長城警備においても、制詔に對して答える形の上奏と同様、報告の文書にはそれを命じた命令が必ず再録された。次に擧げるのは、8で報告されている所の檄傳達狀況の調査を命じた都尉府の調査命令である。

11ⓐ甲渠鄣候、以郵行　回　(上段)

ⓑ府告居延甲渠鄣候。卅井關守丞匡十一月壬辰檄言、居延都田嗇夫丁宮・祿福男子王歆等入關。檄甲午日入到府。

=匡乙未復檄言、　(下段A面)

男子郭長入關。檄丁酉食時到府。皆後宮等到留遲。記到、各推辟界中、定吏主當坐者名。會月晦。有　(下段B面)

教　建武四年十一月戊戌起府　(下段C面)

ⓒ十一月辛丑、甲渠守候　告尉、謂不侵候長憲等。寫移。檄到、各推辟界中、相付受日時、具狀。會月廿六日。如

=府記律令。　(下段D面) E.P.F22:151

11のⓐⓑが都尉府から甲渠候官に下された命令で、ⓒはそれを承けて甲渠候官が不侵候長等に下した命令の控え書きである。次の12はこの調査命令に對する甲渠候官の報告文書の控えである。

12　建武四年十一月戊寅朔乙巳、甲渠鄣守候博叩頭死罪　E.P.F22:126A

敢言之。府記曰「卅井關守丞匡檄言『居延都田嗇夫丁　E.P.F22:127

宮・祿福男子王歆・郭長等入關。』檄留遲後宮等到。　E.P.F22:128

記到、各推辟界中、定吏主當坐者名。會月晦。」●謹推辟　E.P.F22:129

界中、驗問候長上官武・隊長董習等、辤「相付受⊠　E. P. F22:130
及不過界中、如牒。謹已劾。△領職教勅吏、毋狀。叩頭死罪　E. P. F22:131
死罪敢言之。　E. P. F22:132

報告文書である12の冒頭に都尉府の調査命令が「府記曰」として再錄されている。11ⓑと對比すると、都尉府が調査を命ずる迄の經緯に當たる關守丞匡の檄の内容は節略されているものの、「記到」以下の調査命令自體は原文のまま引用されていることがわかる（11ⓑと12の傍線部）。この都尉府の命令を承けて甲渠候官が不侵候長等に下した調査命令の控え記錄が11ⓒで、それに對する調査結果報告文書が8である。その8にも甲渠候官の調査命令（11ⓒ）が原文のまま再錄されている（8と11ⓒの傍線部）。これらの例から、長城警備において作成される報告文書もそれを命じた命令を原文のまま冒頭に再錄することが確認されよう。なお、8の「記到」以前の部分は、都尉府が調査を命じた經緯の說明で、恐らく、下された命令文言が頻見されるもの[26]であるために、他の命令と明確に區別するための補足として記されたのであろう。命令の再錄がどの命令に對する報告なのかを明示するためのものであることを、むしろこの記載は示している。

ここで再度燧長失鼓冊書を取り上げて、再錄される命令がその報告を直接命じたものに限られる點を檢證しよう。

前章で明らかにした所の燧長失鼓冊書を巡る經緯の概要は、

①齊通耐が太鼓の返還を求めて秦恭を訴えた。
②訴えを承けて秦恭が尋問され、秦恭は李丹が太鼓を尉の治所に持って行ったことを爰書によって證言した。
③李丹と孫詡が尋問され、李丹・孫詡は秦恭が俱起燧から太鼓を呑遠燧へ運んだことを爰書によって證言した。

④再び秦恭が尋問され、秦恭は李丹と孫詡がその狀況を知っていることを爰書によって證言した。

というものであった。9が④の第二回秦恭尋問の結果を報告した文書である。さて、秦恭は②④の二度に亙って尋問を受けているが、②の第一回秦恭尋問は①の齊通耐の訴えを、④の第二回秦恭尋問は③での李丹・孫詡の證言をそれぞれ承けて命じられたものである。9に再錄されている「官記」は④の第二回秦恭尋問を命じたものであるが、その中に尋問實施の契機となった③での李丹・孫詡の證言が引用されているように、尋問命令にはその尋問を命ずるに至る經緯も併記される。それ故、第一回秦恭尋問命令にはその契機となった①での齊通耐の訴えも引用されていたはずであるが、9に再錄された尋問命令である「官記」にその齊通耐の訴えが含まれていないことから、9に第一回秦恭尋問命令が再錄されていないことは明らかである。要するに、燧長失鼓冊書では、二度の秦恭尋問が一連の手續きとして行われているものの、第二回尋問命令に對する報告文書（9）に再錄されているのはそれを直接命じた第二回尋問命令だけなのであり、報告に再錄される命令はそれを直接命じたものに限られること、ここでも確認される。

第六節　駒罷勞病死冊書の經緯

このように、尋問結果の報告文書に再錄されるのはそれを直接命じた尋問命令なのだから、駒罷勞病死冊書（10）で報告されている守塞尉放等の尋問は、冊書に再錄されている「府記」を承けて實施されたことになる。ところが、その「府記」に引用されているのは焦永に子馬の賠償を求めた守塞尉放の訴えなのだから、この「府記」を承けて本來尋問されるべき人物は焦永だったはずである。その焦永は「前言解」の記載から守塞尉放よりも先に既に尋問されていたと考えられる。これらを全て矛盾無く理解しようとすると、「府記」を受けた候官は訴えられた焦永をまず尋問してその結果を報告した後で、さらに訴えた當の守塞尉放等をも尋問しこの10で報告した、となろう。

その場合、焦永の尋問結果の報告にも「府記」が再録されていたはずであるから、一度しか下達されていない「府記」が焦永の尋問結果の報告と守塞尉放等のそれとの兩方に繰り返し再録されたということになる。しかし、このように一つの命令が報告の度に繰り返し再録されることは異例ではなかった。例えば、候官が秋射成績に従って配下の吏に勞を賜うよう都尉府へ申請した文書には、秋射實施と成績送付を命ずる「府書」が再録されている。

13　五鳳二年九月庚辰朔己酉、甲渠候漢彊敢言之。府書曰、候長士吏蓬隧長、以令秋射、署功勞。長吏雜試、枲□
封、移都尉府。謹移第四隊長奴□□□□□□□敢言之。　6・5（A8）

〔五鳳二年九月三十日、甲渠候の漢彊が申し上げます。都尉府の書には「候長・士吏・蓬燧長は令の規定に依據して秋の射撃の試験を行い、功勞を申告せよ。長吏が複數で試験を行い、麻の絲で□封緘し、都尉府に送付せよ」とありました。謹んで第四燧長奴……を送付いたします。以上申し上げます。〕

14　五鳳二年九月庚辰朔己酉、甲渠候▨
枲緯中封、移都尉府。謹移褔射中□▨　E.P.T56:182

〔五鳳二年九月三十日、甲渠候……麻の絲で中を括って封緘し、都尉府に送付せよ。謹んで褔の射撃的中……を送付します。〕

13は第四燧長某奴、14は某褔への賜勞申請で、日附は同じである。秋射實施と賜勞申請とを命ずる「府書」がこの二人について別々に候官に下達されたわけではなく、候官に下達された「府書」は一通のみで、候官が各人の賜勞申請文書を作成する度にその「府書」を繰り返し再錄していること、論ずる迄も無いだろう。また、四時の禁令の違反者の有無を四時（三ヶ月ごと）に報告せよという命令についても、先に一度だけ下された報告命令を報告文書作成の度に繰り返し再錄したのであろう。(27)

以上のことから、「府記」を下達された甲渠候官は先ず訴えられた焦永を尋問し、續いて訴えた本人である守塞尉放等をも尋問したと考えることに問題は無いだろう。ただ、他の事例からすれば、訴えた本人が尋問されるのは極めて異例であるが、その理由は次のように考えることができる。卽ち、守塞尉放は、自分の乘っていた馬が疲れたために、檄の巡回のために焦永が乘っていた驛馬と自分の馬を交換し、その驛馬に乘って移動しているのであるが、公務でも本來の用途以外に驛馬を使用することは「擅」に當たる行爲なのである。(28) つまり、守塞尉放の訴えに記された事實關係の中に、守塞尉放自身の行爲が「擅」に、延いては「坐臧爲盜」に當たる疑いが既に存在していたために、甲渠鄣候は焦永だけでなく守塞尉放等をも尋問し、その事實を確認したのである、と。(29)

最後に駒罷勞病死冊書の經緯を整理しておこう。

①守塞尉放が死んだ子馬を賠償するよう止害燧長焦永を府に訴えた。
②府は兩當事者の所屬する甲渠候官に對し「驗問明處言」を命じた。
③候官はまず訴えられた焦永を尋問し、その供述を府に送付した。
④續けて候官は訴えた本人である守塞尉放とその證人の孟憲・秦恭とを尋問し、彼らの供述に、候官が兩當事者の供述を檢討して下した判斷を添えて府に報告した。その報告文書が10である。

むすびにかえて——候粟君册書への疑問

尋問結果の報告文書に含まれる「前言解」は「先に辯解は報告濟み」という意味の文書發信者による補足的記載であった。候粟君册書の「前言解」について言えば、粟君の訴えを承けて辯解すべき人物は訴えられた寇恩以外にいないことから「解」は寇恩の辯解を指し、また、この語が第二回寇恩尋問命令の前に記載されていることから、「前言解」は都鄉嗇夫宮が第一回尋問での寇恩の辯解を報告したことを指すことになる。また、本章ではもう一點、冒頭に命令を原文のまま再錄している報告文書は再錄されたその命令に對する報告であることを指摘した。候粟君册書の場合は、都鄉嗇夫宮の十九日附報告文書（1）には二度の寇恩尋問命令（ⓐ・ⓒ）が兩方とも再錄されている以上、この報告文書はこれら二つの尋問命令の兩方に對する報告と考えなければならない。

「前言解」と尋問命令の再錄とがこのように理解されるならば、都鄉嗇夫宮の報告文書は、一度目の寇恩尋問命令に對しては既に寇恩の辯解を報告濟みであると一言申し添えた上で、寇恩が粟君に對する債務の不存在を自證爰書によって證明したという尋問結果を、二度の尋問命令の兩方に對する報告として居延縣廷に送付したものとなろう。ところが、「前言解」は三日の第一回尋問における寇恩の辯解を居延縣廷に報告したことを指すのだから、十九日附報告文書には第一回尋問命令を再錄する必要など無かったはずである。さらに、十九日附報告文書が第一回尋問命令に對する報告でもあるという形を取っているために、第一回尋問命令については、「前言解」が指し示す所の報告とこの十九日附報告文書とで同一の尋問結果が繰り返し報告されていることになる。この十九日附報告文書が、第一回尋問命令に對する報告は既に濟んでいる旨を「前言解」と申し添えていながら、二度の尋問命令の兩方に對する報告という形を殊更に取らなければならなかった理由とは一體何であろうか。さらに、その二度の尋問命令によって實施された二度の尋問においてそれぞれ作成された二通の自證爰書は同一內容なのであるが、前章で指摘したように、自證爰書は同一案件について重複して作成されることは無いのであり、これらは見事に矛盾するのである。

前章と本章における檢討の結果、上述の矛盾も含めて筆者は候粟君冊書に就いて六つの疑問を抱くこととなった。しかし、「前言解」が第一回尋問での寇恩の辯解を報告したことを指すという本章の考察結果は、「前言解」が自證爰書の送付を伴わない寇恩の辯解のみの報告であった可能性を示唆しており、試みにかかる前提の下にこの冊書を理解してみると、驚くべきことに六つの疑問點のうち三點はもとより疑問とはならないのである。このことは、「前言解」が三日附自證爰書の送付を指すという、從來の冊書解釋における前提そのものが誤っていることを示唆するであろう。予備作業の目的はここに果たされた。候粟君冊書そのものの考察に移ろう。

注

（1）籾山明「爰書新探――古文書學と法制史――」（同氏『中國古代訴訟制度の研究』京都大學學術出版會　二〇〇六）二一五頁。

（2）解釋では、意味が未確定な部分は原文のまま記した。

（3）裘錫圭「新發現的居延漢簡的幾箇問題」（初出一九七九。同氏『裘錫圭學術文集』第二卷簡牘帛書卷　復旦大學出版社　二〇一二　所收）三〇頁、籾山明「居延出土の冊書と漢代の聽訟」（同氏注1前掲書所收）一三二、一四一頁。

（4）淺原達郎「牛不相當穀廿石」（『泉屋博古館紀要』十五　一九九八）五九頁の注（1）。

（5）次の簡では、再錄された調查命令である「府書」と「謹案」以下の調查結果報告との間に「●」が記されている。

建武四年五月辛巳朔戊子、甲渠塞尉放行候事敢言之。府書曰「吏民毋犯四時禁。有無四時言。」●謹案、部吏毋犯四時禁者。敢言之。　E. P. F22:50A

（6）最後の□は、『居延漢簡　圖版之部』一九六頁の寫眞では「解」のようにも見える。

（7）陳直「居延漢簡綜論」（初出一九六二。同氏『居延漢簡研究』天津古籍出版社　一九八六）一三四頁。

（8）「（候官名）言」で始まる同じ書式に次の簡がある。

甲渠言。卅井關守丞匡檄言、都田嗇夫丁宮□
等入關、檄留遲。謹推辟如牒。　E. P. F22:125

これは、都尉府からの檄傳達狀況の調査命令（後掲11）に對する甲渠候官の報告文書控え（後掲12およびE. P. F22:133～150〔第二部第五章注31及び同章別表63〕）に附けられた内容見出しである。

（9）前注所掲の内容見出しには「謹推辟如牒」とあるが、この内容見出しが附けられていた文書控えそのもの（後掲12）において「推辟」しているのは文書發信者である所の甲渠候官である。

（10）次の簡もある職務上の失態等に對し辯解したいという文脈で「謁言解」と言われていることが、「罪當死」から推定される。

罪當死。叩頭死罪。謁言解。敢　104・25＋143・10（A8）

（11）陳謝の語としての「毋狀」については、籾山明注3前掲論文一三五頁參照。上級機關の譴責の語としての「毋狀」は次の簡に見え、傍線部が職務不履行の内容である。

十一月郵書留遲不中程、各如牒。晏等知郵書數留遲、爲府職不身拘校、而委　55・11＋137・6＋224・3（A8）
任小吏、忘爲中程。甚毋狀。方議罰。檄到、各相與邸校、定吏當坐者言。須行法。　55・13＋224・14＋224・15（A8）

（12）漢簡に見える「解」の用例には他に「毋以它爲解」がある。これは記と呼ばれる下達文書の文言で、「他の事を以て辯解とするな」と職務完遂を命ずるものである。この「解」も職務の不履行や不行き届きについての辯解として理解できる。

（13）この場合の「甲渠候長」は「甲渠候官に所屬する候長」の意である。類似の「候官名＋燧長」が「某候官に所屬する燧長」の意味であることは第二部第五章第二節（一）參照。

（14）次例では、括弧部分が既に受けた報告等の内容で、その報告等を受けたことを「……を言うこと書有り」と表現している。

元壽二年十二月庚寅朔戊申、張掖居延都尉博・庫守丞賢兼行丞事、謂甲渠鄣候。言「候長楊襃私使卒并積
一日、賣羊部吏故貴冊五、不日迹一日以上、隊長張譚毋狀、請斥免」有書。案、襃私使卒并積一日、隊長張
E.P.T59:548A

（15）「言狀」に類似する次揭の「言不已狀」「言留狀」も、「狀」を「かきつけ」としたのでは意味を成さない。

☐到、趣作治、具言不已狀。會月☐　E.P.T51:478

☐遣、言留狀。毋出二月五日☐　240・20（A21）

（16）秦恭自證爰書の「狀」は秦恭が主張する所の狀況であって、太鼓を誰がどこに運んだかという具體的な點については、李丹・孫詡の證言する所の狀況とは異なること、言う迄もない。

（17）現在確認し得る限りで、「前言解」の語はこれら二册書と次揭の斷簡（「前言解」は小文字の追記）に見えるだけである。

前言解
☐言狀會月二十日☐　71・16（A8）

（18）詳しい經緯は、籾山明注3前揭論文を參照されたい。

（19）滋賀秀三「清朝時代の刑事裁判――その行政的性格。若干の沿革的考察を含めて――」（同氏『清代中國の法と裁判』創文社　一九八四）六四頁。

（20）籾山明注3前揭論文も同樣の推測をする（一三二頁）。

（21）大庭脩「漢代制詔の形態」（同氏『秦漢法制史の研究』創文社　一九八二）二一六頁。

（22）括弧内の英字は大庭脩「史記三王世家と漢の公文書」（同氏注21前揭書所收）に附せられたものである。

（23）上奏③に霍去病の上奏①も原文のまま再錄されているのは、制詔②の「下御史」が上疏を下げ渡して協議にかけることを命じたもので、御史に下される際に、上奏①+制詔②をひとまとめにして皇帝の命令として扱われたためであろう。

（24）上奏⑤には細切れの形で制詔④が再錄されているが、これは、對策において對策者が皇帝の詔策を幾つかの條文に區分し、その條文ごとに詔策を反復した上で自らの所信を表明するという對策文書の書式と同樣のものである。この細切れの制詔再

錄は上奏⑦でも見られるもので、ここで言う上奏冒頭への制詔原文の再錄とは區別する必要がある。上奏⑦では細切れの制詔再錄に加えて、冒頭に制詔原文も再錄されていることからすれば、上奏⑤でも元々は制詔④の原文が冒頭に再錄されていたが、『史記』編纂に際して削除又は脱落したと考えるべきであろう。對策文書の書式については、福井重雅「前漢對策文書再探――董仲舒の對策の予備的考察――」（初出一九九五。同氏『陸賈『新語』の研究』汲古書院　二〇〇二　所收）參照。

(25) 大庭脩注22前掲論文では、上奏⑤の細切れの制詔再錄と上奏⑨の一連のやり取りの概要記載も、共に上奏冒頭への制詔原文の再錄に含める（三〇二頁）が、上奏⑤の細切れの制詔再錄は對策文書的表現であって、上奏の理由と經過を説明するためのものではない。上奏⑨の一連のやり取りの概要記載が上奏の理由と經過の説明であることは指摘の通りであるが、一連のやり取りの概要記載と、對策文書的表現としての上奏冒頭への制詔原文の再錄とは區別すべきである。

(26) 「各推辟界中」という命令文言は次の簡にも見える。

〼□□□□詔書過。記到、各推辟界中、具言。會十一月　E.P.T4:3

官去府七十里。書一日一夜、當行百六十里。書積二日少半日乃到。解何。書到、各推辟界中、
必得事案到如律令言。會月廿六日。會月廿四日。　E.P.S4.T2:8A

(27) 注5所掲のE.P.F22:50Aと次簡に再錄された「府書」は全く同一で、同じ命令を繰り返し再錄したことを窺わせる。

建武六年七月戊戌朔乙卯、甲渠鄣守候　敢言之。府書曰「吏　E.P.F22:51A
民毋犯四時禁。有無四時言。」●謹案部吏毋犯四時禁者。敢言之。　E.P.F22:52

(28) 第三部第二章第一節所掲のⅢ令史周某擧劾文書では、王褒が胡虜侵入の信號を擧げた木中燧まで李丹を驛馬で行かせたことが「擅使丹乘用驛馬」と譴責されており、たとい公務であっても本來の用途でない驛馬の使用は「擅」に當たることがわかる。この擧劾文書については、佐原康夫「居延漢簡に見える官吏の處罰」（『東洋史研究』五六―三　一九九七）參照。

(29) 籾山明注3前掲論文も守塞尉放の行爲が「坐臧爲盜」に當たる可能性のあったことを指摘する（一五五頁）。ただし、それが駒罷勞病死册書で守塞尉放が尋問されている契機になったと考えているわけではないようである。

第四章　「候粟君所責寇恩事」冊書の再檢討

はじめに

本章では「候粟君所責寇恩事」冊書（E. P. F22:1～36。以下「候粟君冊書」という）に見える尋問や文書送付の手順を正確に復原することを目的とする。候粟君冊書は候粟君と寇恩との間で結ばれた輸送販賣請負契約を巡って候粟君が不足分の支拂いを寇恩に求めたものであるから、その内容からすれば第四部第一章で取り上げた債權回收を求めた聽訟に當たる。ところが、從來の解釋では、訴えを受けた上級機關が管轄下の下級機關に案件の審理と判決のための原案作成とを命じ、その報告に基づいて最終的な決定を下すという形が想定されている(1)。調査報告を踏まえて最終決定を下すというこの枠組みは、第三部で檢討した擧劾文書から想定される斷獄手續きと基本的には同じであるから、この解釋に從えば、債權回收を求めるという同一の訴え內容でありながら、候粟君冊書は他の債權回收を求めた聽訟とは全く異なる手續きが行われていることになる。だが、同一內容の訴えについて異なる手續きが併存することは制度として見た場合に違和感を禁じ得ない。候粟君冊書の解釋について再檢討の必要があると考える理由はここにある。

從來の理解のように候粟君冊書を斷獄の手續きとして解釋した場合、斷獄手續きとして說明のできない疑問が生じる。卽ち、一方の當事者である寇恩の自證爰書がどうしてもう一方の當事者である粟君の元に送付されるのか、或いは、長官である粟君を甲渠候官所屬の誰が公正に尋問するのか(2)といった疑問が、粟君の訴えを受けた居延縣廷が兩當事者の主張を勘案した上で判決を下すという斷獄手續きを想定した場合、說明できないのである。このような手續きの問題以前に、そもそも、筆跡を始めとする册書の様々な特徵について、從來の解釋は矛盾や疑問を殘すこと無く全てを整合的に說明できていない。この册書が最終的に甲渠候官で一括保存されていたのは、都鄉嗇夫の作成から始まる幾つかの手順を踏んだ必然の結果であって、その手順は少なくともそれを實際に行った當人にとっては矛盾の無い筋の通ったものだったはずである。それ故、甲渠候官での一括保存に至るまでの經緯は、たといその途中に特別な事情が存在したとしても、全てが整合的に說明され得るはずである。この册書に就いては既にいくつもの先行研究が存在するにも拘わらず、本章において改めて候粟君册書全體の整合的理解を試みようとするのはかかる理由による。

前章において、候粟君册書の整合的理解のための豫備作業として、都鄉嗇夫の尋問結果報告文書に含まれる「前言解」という語について考察した結果、「前言解」は「寇恩の辯解は既に報告濟み」という都鄉嗇夫の注記であることが明らかとなった。また、候粟君册書には二通の自證爰書が含まれていたが、第四部第二章において自證爰書の運用を檢討した結果、自證爰書によって同一案件について重複して證言することはないという運用上の特徵が明らかになった。本章では、まずこれらの考察結果を踏まえて册書に關する全ての疑問や矛盾を指摘し、次いで、これらの考察結果を前提とした場合に想定される事態と册書に記された現實とを比較檢討することによって、册書全體の整合的な理解を探ることにしたい。先の豫備作業の結果は、册書が特別な事情による特殊な事例であることを示唆するものであったが、本章の考察によってその特別な事情が明らかとなり、册書に關する疑問や矛盾は全て解消されることとなろう。

第一節　候粟君册書の概要

最初に册書の構成と經緯を整理した上で、册書についての疑問點を指摘することにしよう。

（一）候粟君册書の構成

候粟君册書は主として以下の四部分によって構成される。(3)

Ⅰ　建武三年十二月癸丑朔乙卯（三日）附、粟君に對する債務は無いことを證言した寇恩の自證爰書（以下「三日附爰書」）E. P. F22:1～20

Ⅱ　建武三年十二月癸丑朔戊辰（十六日）附、寇恩の自證爰書（三日附爰書（Ⅰ）と日附が異なるだけでほぼ同内容。以下「十六日附爰書」）E. P. F22:21～28

Ⅲ　建武三年十二月癸丑朔辛未（十九日）附、都鄕嗇夫が居延縣廷に宛てた寇恩尋問結果の報告文書(4)（以下「都鄕嗇夫報告文書」）E. P. F22:29～32

Ⅳ　十二月己卯（二十七日）附、居延縣廷が甲渠候官へ宛てた文書（以下「居延縣廷文書」）E. P. F22:34～35

以下に各部分の原文と解釋を擧げよう。ただし、三日附爰書（Ⅰ）と十六日附爰書（Ⅱ）では寇恩の供述部分を省略し、都鄕嗇夫報告文書（Ⅲ）は内容に従って區切った。また、檢討が必要な部分は原文のままにした。(5)

Ⅰ　建武三年十二月癸丑朔乙卯、都鄕嗇夫宮、以廷所移甲渠候書、召恩詣鄕、先以證財物、故不以實臧五百以上、辤已定滿三日而不更言請者、以辤所出入罪反罪之律、辨告。乃爰書驗問恩、辤曰「――（寇恩の供述）――」皆證。

它如爰書。

E. P. F22:1～20＊

〔建武三年十二月三日、都鄕嗇夫の宮が、縣廷が送付してきた甲渠鄣候の文書に基づいて寇恩を召喚し鄕に出向かせて、先に財物を證言するに際して、故意に眞實を述べないで不當に取得した額が五百錢以上になる場合、證言が確定してから丸三日經過しても供述を改めて事實を言わなかったならば、供述によって本來より輕くまたは重くなった罪によって反對に處罰するという律を言い聞かせた。その上で、寇恩を爰書驗問し、その供述に言うには「――（寇恩の供述）――」全て證言する。以上、爰書とする。〕

Ⅱ　建武三年十二月癸丑朔戊辰、都鄕嗇夫宮、以廷所移甲渠候書、召恩詣鄕、先以證財物、故不以實臧五百以上、辤以定滿三日而不更言請者、以辤所出入罪反罪之律、辨告。乃爰書驗問恩、辤曰「――（寇恩の供述）――」皆證。

它如爰書。

E. P. F22:21～28＊

〔建武三年十二月十六日、都鄕嗇夫の宮が、縣廷が送付してきた甲渠鄣候の文書に基づいて寇恩を召喚し鄕に出向かせて、先に財物を證言するに際して、故意に事實を述べないで不當に取得した額が五百錢以上になる場合、證言が確定してから丸三日經過しても供述を改めて事實を言わなかったならば、供述によって本來より輕くまたは重くなった罪によって反對に處罰するという律を言い聞かせた。その上で、寇恩を爰書驗問し、その供述に言うには「――（寇恩の供述）――」全て證言する。以上、爰書とする。〕

Ⅲ（ア）建武三年十二月癸丑朔辛未、都鄕嗇夫宮敢言之。

(イ)廷移甲渠候書曰「『去年十二月中、取客民寇恩爲就、載魚五千頭、到觻得。就賈用牛一頭・穀廿七石。恩願沽出時行錢卌萬、以得卅二萬。又借牛一頭以爲犅、因賣不肯歸。以所得就直牛償、不相當廿石。』書到、驗問治決言。」

(ウ)前言解。

(エ)廷却書曰「恩辤不與候書相應。疑非實。今候奏記府、願詣鄉爰書是正。府錄令明處。更詳驗問治決言。」

(オ)謹驗問恩、辤「不當與粟君牛不相當穀廿石。又以在粟君所器物直錢萬五千六百、又爲粟君買肉糴穀三石、又子男欽爲粟君作賈直廿石、皆盡償所負粟君錢畢。粟君用恩器物幣敗、今欲歸、恩不肯受。」

(カ)爰書自證。寫移爰書。

(キ)叩頭死罪死罪敢言之。　E.P.F22:29～32＊

〔

(ア)建武三年十二月十九日、都鄉嗇夫の宮が申し上げます。

(イ)縣廷の送付してきた甲渠鄣候の書には「去年の十二月中に、客民の寇恩を雇い、魚五千匹を載せ、觻得縣まで行かせた。牛一頭と穀二十七石を勞賃とした。寇恩は四十萬錢で賣ることを請け負ったが、賣上げは三十二萬錢だった。さらに、牛一頭を借りて運送用に使った後、賣り飛ばしてしまって返そうとしない。勞賃として受け取った牛を返却して辨濟したが、穀二十石分足らない」と。この書が届いたら、尋問し治決して報告せよ。

(ウ)先に(寇恩の)辯解は報告濟みです。

(エ)縣廷が返送してきた文書には「寇恩の供述内容は甲渠鄣候の文書と一致しない。事實でない疑いがある。今、甲渠鄣候は府に記を送付して、鄉に赴いて爰書是正したいと願い出た。府は錄(6)によって明處を命じてきた。

更めて詳しく尋問し治決して報告せよ」とありました。

（オ）謹んで寇恩を尋問したところ、供述して言うには「牛の價格差である穀二十石を粟君に返濟する義務はありません。さらに、粟君のもとにある器物のその代金一萬五千六百錢と、粟君の爲に購入した肉及び穀物三石と、息子の欽が粟君の爲にした勞働のその勞賃穀物二十石とによって、粟君に對する負債は全て返濟濟みです。粟君は恩の器物が壞れていると言って、今、返そうとしましたが、私恩は受け取りを拒否しました[7]」と。

（カ）以上、爰書によって自ら證言しました。その爰書を書き寫して送付します。

（キ）恐れながら申し上げます。〕

Ⅳ　十二月己卯、居延令　守丞勝移甲渠候官。候所責男子寇恩[8]□鄕置辭、爰書自證。寫移。書到、□□□□□辭、爰書自證。須以政不直者法亟報。如律令。　掾黨・守令史賞。　E.P.F22:34～35＊

〔十二月二十七日、居延令の　・守丞の勝が甲渠候官に通知する。鄣候が返濟を求めている男子寇恩は鄕に……して供述し、爰書によって自ら證言した。書き寫して送付する。この書が届いたら、□□□□□辭、爰書によって自ら證言せよ[9]。須以政不直者法亟報。律令の如くせよ。　掾の黨・守令史の賞。〕

（二）「甲渠候」と「候粟君」

ここで、まず初めに確認しておくべきことは、册書に見える甲渠候と粟君が同一人物か否かという點である。この册書が公表されて以降、「候粟君」と「甲渠候」とが候官の長である鄣候を指す「候」字を共有することから、册書に見える「甲渠候」と「候粟君」は同一人物であると當然の如く考えられてきた。それに疑問を提示したのが鶉飼昌男である[10]。鶉飼は、次の二簡を擧げ、張獲という甲渠鄣候の存在をまず指摘する。

1　甲渠鄣候、敦煌廣至□□慶里張獲、秩六百石　E.P.T65:104

2　督蓬掾　敢言之。第廿四隊長王陽、従故候張獲、謹　E.P.F22:283

次に2の年代を推定する。この簡に一緒に見える王陽という人名を手掛かりに關連する人名などを芋蔓式に辿ってゆくことで、王陽の在職年代を更始二年五月から建武初期と推定した上で、2に「故候張獲」とあることから、張獲は更始二年五月から建武初期には既に甲渠候を退任しており、それ故、この張獲は次の簡に見える「甲溝鄣候獲」である可能性が高いとする。

3　新始建國地皇上戊三年十一月丁丑朔甲申、甲溝鄣候獲叩頭　E.P.F22:273A

さらに、3と次の二簡に見える「獲」字を同一筆跡と判断した上で、これらの簡に見える「甲渠鄣候獲」の姓は「張」であるとする。

4　漢元始廿六年十一月庚申朔甲戌、甲渠鄣候獲敢言之。謹移十月盡十二月完兵出入簿一編。敢言之。　E.P.F22:460A

5　▨年八月乙卯朔癸亥、甲渠鄣候獲敢言之。謹移守　E.P.F22:532A

そして、5の年代を、恐らく朔日の干支から建武三年に比定[11]した上で、建武三年時點での甲渠候は張獲であって粟君ではない、と結論する。

しかし、この推測は、鵜飼自身が言うように、人名の連鎖による同一人物の假定を重ねた結果導き出されたものである。具體的に言えば、5の年代推定の過程で、2に見える「第廿四燧長王陽」とE.P.T65:67Aの「廿七王陽」、E.P.T65:9の「守尉史王陽」が同一人物と見なされているのであるが、その際に王陽の配置換えや降格が想定されているものの、それを確實に示す史料は擧げられていない。また、鵜飼のこの推測は、3・4・5に見える「獲」字を同一筆跡とする判斷の上に展開されているが、筆者にはこれら三簡の「獲」字が同一筆跡かどうかは、圖版が不明瞭なこともあり判斷できない。もしも、この三簡の「獲」字が同一筆跡でなければ、候粟君冊書の時點での甲渠鄣候を張獲と考える必要はもとより無くなるのである。以上の點から、鵜飼の推測に基づいて建武三年時點の甲渠鄣候は張獲であったと斷定することには躊躇せざるを得ない。

むしろ、次のことから逆に、從來通り「粟君」と「甲渠候」は同一人物であると考えて誤り無い。卽ち、都鄕嗇夫報告文書（Ⅲ）に引用された「甲渠候書」は、居延縣廷が都鄕に對して寇恩尋問を命ずる根據として引用されたものである。駒罷勞病死冊書（前章所揭10）では、再錄された都尉府の尋問命令に「守塞尉放記」が引用されているが、この文書の作成者である守塞尉放こそが子馬の賠償を求めて訴えた本人であること、冊書の內容から明らかである。從って、候粟君冊書の都鄕嗇夫報告文書（Ⅲ）に再錄された居延縣廷の尋問命令に引用されている「甲渠候書」が訴えた本人の文書であり、それ故、「甲渠候」が訴えた本人と考えられる。その「甲渠候書」には「去年十二月中、取客民寇恩爲就、載魚五千頭到觻得。就賈用牛一頭、穀廿七石。恩願沽出時行錢卅萬」とあるように、寇恩を雇って魚を賣りに行かせたことは記されているものの、寇恩を雇った人物の名前は記載されていない。同樣に、「守塞尉放記」でも「今年正月中、從女子馮□借馬一匹、從今年駒」とあるだけで馬を借りた人物の名前が明記されていないが、冊書の內容から馬を借りたのが「守塞尉放記」の作成者である守塞尉放本人であることは明らかである。この例を踏まえれば、「甲渠候書」の中で寇恩を雇った人物も「甲渠候書」の作成者である「甲渠候」ということになろう。そして、「甲渠候書」の上掲部分と同一のことが三日附爰書（Ⅰ）および十六日附爰書（Ⅱ）にも「去年十二月中、……時粟君借恩爲就、載魚五千頭到觻得、賈直牛一頭穀廿七石、約爲粟君賣魚、沽出時行錢卌萬」と記されていて、ここでは寇恩を雇ったのは「粟君」と明記されている。以上のことから、「甲渠候」と「粟君」が同一人物であることに疑う餘地はないだろう。[12]

（三）候粟君冊書に見える經緯

冊書の記載内容から一連の經緯を整理すると、次のようになる。それぞれ冊書の該當部分も附記しておこう。

①粟君が居延縣廷に對し寇恩を訴える……Ⅲ（イ）「以廷所移甲渠候書」
②居延縣廷が都鄕嗇夫に對し第一回寇恩尋問を命令……Ⅲ（イ）「驗問治決言」
③都鄕嗇夫が寇恩を尋問し三日附爰書（Ⅰ）を作成……三日附爰書（Ⅰ）
④都鄕嗇夫が居延縣廷に對し第一回寇恩尋問結果を報告……Ⅲ（ウ）「前言解」
⑤居延縣廷が粟君に第一回寇恩尋問結果を通知
⑥粟君が府に對し「詣鄕爰書是正」を申請……Ⅲ（エ）「今候奏記府、願詣鄕爰書是正」
⑦府が居延縣廷に對し「明處」を命令……Ⅲ（エ）「府錄令明處」
⑧居延縣廷が都鄕嗇夫に對し第二回寇恩尋問を命令……Ⅲ（エ）「更詳驗問治決言」
⑨都鄕嗇夫が寇恩を再尋問し十六日附爰書（Ⅱ）を作成……十六日附爰書（Ⅱ）
⑩都鄕嗇夫が居延縣廷に對し第二回寇恩尋問結果を報告……都鄕嗇夫報告文書（Ⅲ）

⑪居延縣廷が粟君に對し都鄕嗇夫の寇恩尋問結果を通知…………………居延縣廷文書（Ⅳ）

この手順①～⑪に關連して、確認する必要のあることが三つがある。一つ目は①で粟君が寇恩を訴えた先である。Ⅰ・ⅡとⅢの中で居延縣廷の送付してきた「甲渠候書」によって寇恩を尋問したと都鄕嗇夫が述べていることから、ここでは上記のように粟君は居延縣廷に對して寇恩を訴えたと判斷したのであるが、粟君が訴えた先を都尉府とする論者もあるからである[13]。Ⅰ・Ⅱには「以廷所移甲渠候書」、Ⅲイにも「廷移甲渠候書曰」とあることから、都鄕に「甲渠候書」を送付してきたのが居延縣廷であることは明白である。問題は、その「甲渠候書」はどこから居延縣廷に送られてきたのかという點である。粟君から直接送付されてきたのであれば粟君の訴えた先は居延縣廷となるし、もしも都尉府から送付されてきたのであれば、粟君は最初都尉府に訴えたことになろう。

漢簡の中には中繼・轉送されてきた文書に基づいて命令を出している例がある。

6　地節五年正月丙子朔丁丑、肩水候房以私印行事敢
言之都尉府。府移大守府所移敦煌大守府書曰、故大司馬博　10・35A（A35）

〔地節五年正月二日、肩水鄣候の房が私印で業務を行い都尉府に申し上げます。都尉府の送付してきた、太守府の送付してきた所の敦煌太守府の文書に言うには、元の大司馬博〕

7　元康元年十二月辛丑朔壬寅、東部候長長生敢言之候官。官移大守府所移河南
都尉書曰、詔所名捕及鑄僞錢盜賊亡未得者牛延壽・高建等廿四牒。書到、庾　20・12A（A33）

〔元康元年十二月二日、東部候長の長生が候官に申し上げます。候官が送付してきた、太守府の送付してきた所の河南都尉の文書に言うには、詔所名捕及び僞金鑄造や盜賊で逃亡して未逮捕の牛延壽・高建らの名籍二十四枚。この書が屆いたら、庾〕

8　建武六年七月戊戌朔乙卯、甲渠鄣守候　敢言之。府移大將軍莫府書曰、姦黠吏民作使賓客私鑄作錢、薄小不如法度。及盜發冢、公賣衣物于都市。雖知、莫譴苛、百姓患苦之。
E. P. F22:38A

〔建武六年七月十八日、甲渠鄣守候の　が申し上げます。都尉府が送付してきた大將軍莫府の文書に言うには、悪賢く悪事を働く吏民が外來者に錢を私鑄させているが、薄小で規定通りでない。また墓を盜掘し衣物を市場に堂々と賣っている。見知っても譴責しなければ、百姓はそれに苦しむことになる。〕

9　河平五年正月己酉朔丙寅、甲渠鄣候誼敢言之。府移舉書曰、第十三隊長解宮、病背一傷右魧□□爰書言、已乘□亭、解何。今移舉、各如牒。書到、牒別言。●謹案、第十三隊長解宮、上置□□傷右魧作治
35・22A（A8）

〔河平五年正月十八日、甲渠鄣候の誼が申し上げます。都尉府の送付してきた問題指摘の文書に言うには、第十三燧長の解宮は、背中を病み右の魧を怪我して……爰書によって既に……亭に勤務したと證言しているが、どう辯解するのか。今、問題指摘文書を送付すること、各々添附簡の通り。この書が届いたら、添附簡ごとに報告せよ。●謹んで調査しましたところ、第十三燧長の解宮は置……に上り右……を怪我しました。〕

文書が6では敦煌太守府→張掖太守府（簡文中の「大守府」）→肩水都尉府（「府」）→肩水候官、7では河南都尉→張掖太守府（「大守府」）→肩水候官（「官」）→東部候長、8では大將軍莫府→居延都尉府（「府」）→甲渠候官、9では都尉府（「府」）→甲渠候官のように傳送されていることが、文書中の記載からわかる。7では張掖太守府から肩水候官へ直接文書が送付されたような記載になっていて、都尉府が介在していないが、太守府から候官へ文書が下達される場

合は6に見えるようにその間を都尉府が中繼するのは自明であるが故に、ここでは都尉府の記載が省略されただけであろう。そうすると、統屬關係ということで自明の中繼者は省略される場合があるものの、原則的に文書の傳送經路は具體的に記載されていたと考えられよう。候粟君冊書の都鄉嗇夫報告文書（Ⅲ）の「都鄉嗇夫宮敢言之。廷移甲渠候書曰」という表記は、上掲の8の「甲渠鄣守候　敢言之。府移大將軍莫府書曰」に一致する。8の文書傳送經路は大將軍莫府→居延都尉府（「府」）→甲渠候官と考えられるので、候粟君冊書のこの部分の文書傳送經路も同樣に甲渠候→居延縣廷→都鄉と考えられるだろう。もしも、甲渠候→居延縣廷の間に居延都尉府が介在していたならば、甲渠候→居延都尉府→居延縣廷は統屬關係ではないので中間の居延都尉府の記載は省略されなかったはずである。これらのことから、甲渠候粟君が寇恩を訴えた先は、居延都尉府ではなく居延縣廷と考えるべきであろう[14]。

二點目は、⑤について冊書に該當する記載が無いことである。⑤を示す記載が無い以上、居延縣廷が都鄉嗇夫からの報告を粟君に通知する前に粟君が府に對し申請した、という可能性も直ちには否定できない。しかし、⑥の粟君の申請で「是正」[15]すべきものは第一回尋問での寇恩の供述以外に無いだろう。そうすると、粟君は第一回尋問での寇恩の供述內容を知っていたことになり、その場合、居延縣廷が知らせたと考えるのが妥當であろう[16]。

三點目は、⑧の第二回寇恩尋問の命令主體である。その命令はⅢ（エ）「更詳驗問治決言」に當たるが、この部分を「府錄」の命令內容と理解する論者もあるから[17]である。この部分がもしも都尉府の命令であるならば、これとほぼ同一文言であるⅢ（イ）「驗問治決言」も都尉府の命令と考えられ、その結果、上掲手順の②と⑧の二度の寇恩尋問命令は共に都尉府が出したものとなり、上掲手順を大幅に修正する必要が生じる。今述べたように、Ⅲ（エ）「更詳驗問治決言」はⅢ（イ）「驗問治決言」に「再度詳細に」という意味の「更詳」が追加されただけのものであるから、これらの尋問命令は同一命令者が出した命令と考えてよいだろう。そのうち、Ⅲ（イ）は「書到、驗問治決言」とあって尋問命令は「書到」という語の後に記されているが、下達文書中の「書到」以降の部分は、第一部第二章第四節で述べたように、當該文書發信者自身の命令である。從って、Ⅲ（イ）の「書到、驗問治決言」もこの文書の發信者自身の命令と考えなければならない。Ⅲ（イ）部分は都鄕嗇夫が受領した居延縣廷發信下達文書の再録であるから、Ⅲ（イ）「驗問治決言」は居延縣廷の命令と考えるべきであろう。確かに、この部分だけを見ると、居延縣廷が轉送した所の甲渠候書に記載された甲渠候の命令である可能性も考えられないわけではないが、Ⅲ（エ）「更詳驗問治決言」は甲渠候の命令ではあり得ないので、Ⅲ（イ）の「驗問治決言」も甲渠候の命令とは考えられない。

檢討した三點以外は冊書に明確な記載があるので、冊書をめぐる經緯は上述のように考えて問題ないだろう[18]。

第二節　候粟君冊書を巡る疑問

候粟君冊書をめぐる經緯は上述の通りであるが、その經緯そのものについて幾つか疑問點がある。冊書の居延縣廷文書（Ⅳ）以外の部分は、粟君の金錢支拂いを求めた訴えを承けて實施された寇恩尋問の結果を都鄕嗇夫が居延縣廷に報告したものである。これと同じく財物の返濟を求める訴えを承けて行われた尋問の結果を報告した文書に、燧長失鼓冊書（第四部第二章所掲17）と駒罷勞病死冊書（前章所掲10）がある。候粟君冊書をこれらの冊書と比較すると次のような疑問が生じる。

第一の疑問。燧長失鼓冊書は尋問結果の報告として實際に送付された文書正本、駒罷勞病死冊書は控えとして保管されたものという違いはあるが、それぞれの冊書は全ての部分が同筆で書かれている。特に、燧長失鼓冊書には候粟君册書と同じように被尋問者の自證爰書も含まれているが、これも含めて全てが同筆なのである。これに對し、候粟君册書は三日附爰書（Ⅰ）と、十六日附爰書（Ⅱ）及び都鄉嗇夫報告文書（Ⅲ）と、居延縣廷文書（Ⅳ）とで筆跡が異なる上に、三日附爰書（Ⅰ）は編綴のための隙間が無いやや雜な感じの一行書きであることから控え用の寫し、他の三部分は編綴のための隙間が有り謹直な字體の二行書きであることから送付用に淸書した文書正本と考えられる(19)。候粟君册書は全てが甲渠候官址から出土しているのだから、この册書は實際に甲渠候官まで送付されてきたものと當然考えられるだろう。それにも拘わらず、三日附爰書（Ⅰ）だけが控え用の寫しと思しき筆跡と形狀なのは何故なのか。

第二の疑問。都鄉嗇夫報告文書（Ⅲ）と同じように、燧長失鼓册書に含まれる尋問結果報告文書と駒罷勞病死册書にもその尋問を命じた下達文書が再錄されているが、再錄されている下達文書は一通だけである。これに對して、都鄉嗇夫報告文書（Ⅲ）には居延縣廷が前後二度に亙って下した寇恩尋問命令が兩方とも再錄されている。前章で述べたように、尋問結果の報告文書に命令原文が再錄されるのは、それがどの命令に對する報告かを明示するためなのだから、都鄉嗇夫報告文書（Ⅲ）は再錄された二度の尋問命令の兩方に對する報告と考えざるを得ないだろう。ところが、先述のように「前言解」は「寇恩の辯解は既に報告濟み」という都鄉嗇夫の注記なのだから、第一回寇恩尋問の結果はこの「前言解」が指す所の報告の中で既に居延縣廷に報告されていることになろう。つまり、都鄉嗇夫報告文書（Ⅲ）が二度の寇恩尋問命令に對する報告という形を取る結果、第一回寇恩尋問結果は、既に報告濟みであるにも拘わらず、都鄉嗇夫報告文書（Ⅲ）によってもう一度報告されたことになるのであるが、それは何故なのか。

册書には、都鄉嗇夫報告文書（Ⅲ）に再錄された二度の寇恩尋問命令に對應するように、二通の寇恩自證爰書が含まれている。そのうち、三日附爰書（Ⅰ）が第一回尋問での寇恩の供述、十六日附爰書（Ⅱ）が第二回尋問での供述であることは疑い無い。先述のように、この二通の自證爰書はほぼ同一內容なのであるが、それに對する居延縣廷の對應について、次の疑問が生まれる。

第三の疑問。二通の自證爰書の記載には幾つか相違點はあるものの[20]、寇恩の主張を決定的に變更するものではない。ところが、居延縣廷は第一回寇恩尋問結果に對しては「疑非實」という心證を抱いて寇恩の冉尋問を求める一方、第二回寇恩尋問結果に對しては虛僞の疑いを差し挾むこともなく、逆に粟君に對し「爰書自證」を求めている。寇恩は同じ主張を繰り返しているにも拘わらず、居延縣廷の對應が異なるのは何故なのか[21]。

また、第四部第一・二章において行った自證爰書についての考察結果を踏まえると、さらに以下の疑問が生じる。

第四の疑問。自證爰書の內容は、證不言請律がその眞實性を擔保するために紛うかた無き眞實と見なされたにも拘わらず、三日附爰書（Ⅰ）に對する居延縣廷の心證が「疑非實」であるのは何故なのか。

第五の疑問。自證爰書は同一案件について重複して作成されることは無いにも拘わらず、三日附爰書（Ⅰ）と十六日附爰書（Ⅱ）が同一案件について證言しているのは何故なのか。

第六の疑問。自證爰書による證言に對する反論は同じく爰書によって證言しなければならず、いわば爰書には爰書をという手續きが踏まれた。それ故、第一回尋問で寇恩が自證爰書によって證言した以上、粟君が反論するには爰書によって證言する義務があったはずである。それにも拘わらず、粟君は爰書によって證言することなく、「府」に「記」を送り「詣鄕爰書是正」を申請しているのは何故なのか。

以上の六點が候粟君册書について筆者の抱く疑問である。

第三節　册書各部分の送付狀況

册書を巡る經緯は概ね先掲の通りであるが、實は、前掲の四部分の具體的な送付狀況は論者により異なっており、さらには、現存の册書は元々別々の册書であったのを再編集したものではないかという疑問さえ出されている。[22] 册書各部分の送付狀況によっては先掲の經緯も修正する必要が出てくるので、ここで册書を構成する各部分の送付狀況を確認しておこう。これまでに提示された送付狀況は次の五つに整理できる。

A　都鄕嗇夫が三日附爰書（Ⅰ）を居延縣廷に送付し、居延縣廷がそれを甲渠候官へ送付した。その後、都鄕嗇夫は十六日附爰書（Ⅱ）と都鄕嗇夫報告文書（Ⅲ）を居延縣廷に送付し、居延縣廷がそれらに居延縣廷文書（Ⅳ）を追加して甲渠候官に送付した。[23]

B　都鄕嗇夫が三日附爰書（Ⅰ）を居延縣廷に送付したが、居延縣廷はそれを却下した。その後、都鄕嗇夫は改めて十六日附爰書（Ⅱ）と都鄕嗇夫報告文書（Ⅲ）を居延縣廷に送付し、居延縣廷がそれらに居延縣廷文書（Ⅳ）を追加して甲渠候官に送付した。三日附爰書（Ⅰ）は甲渠候官に送付されなかったが、粟君が今後の準備のために寇恩の供述を知る必要があり、そのため、居延縣廷か居延都尉府に置かれていた三日附爰書（Ⅰ）の寫しを粟君本人か粟君の命を受けた誰かが作成して甲渠候官に持ち歸った。[24]

C　都郷嗇夫が居延縣廷にまず三日附爰書（Ⅰ）を送付した。その後、都郷嗇夫は改めて居延縣廷に十六日附爰書（Ⅱ）と都郷嗇夫報告文書（Ⅲ）を送付した。居延縣廷ではこれらの文書に居延縣廷文書（Ⅳ）を添附して甲渠候官に送付した。[25]

D　都郷嗇夫が居延縣廷にまず三日附爰書（Ⅰ）を送付し、その後、十六日附爰書（Ⅱ）を送付、その後、さらに都郷嗇夫報告文書（Ⅲ）を送付した。居延縣廷はこれらの三部分に居延縣廷文書（Ⅳ）を添附して甲渠候官に送付した。[26]

E　都郷嗇夫が三日附爰書（Ⅰ）・十六日附爰書（Ⅱ）・都郷嗇夫報告文書（Ⅲ）を居延縣廷に送付した。居延縣廷ではこれらに居延縣廷文書（Ⅳ）を添附して甲渠候官に送付した。[27]

以上の送付状況を圖示すると次のようになる。

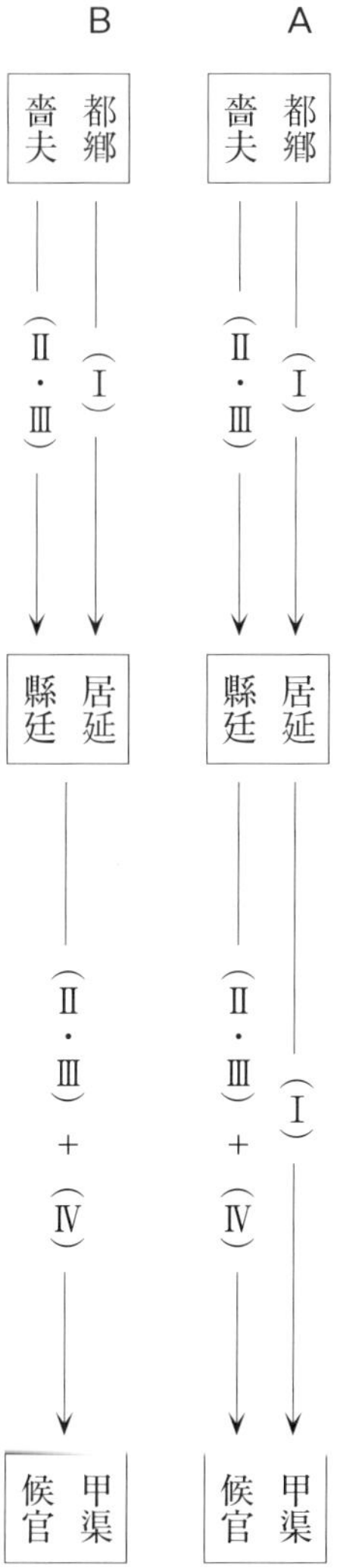

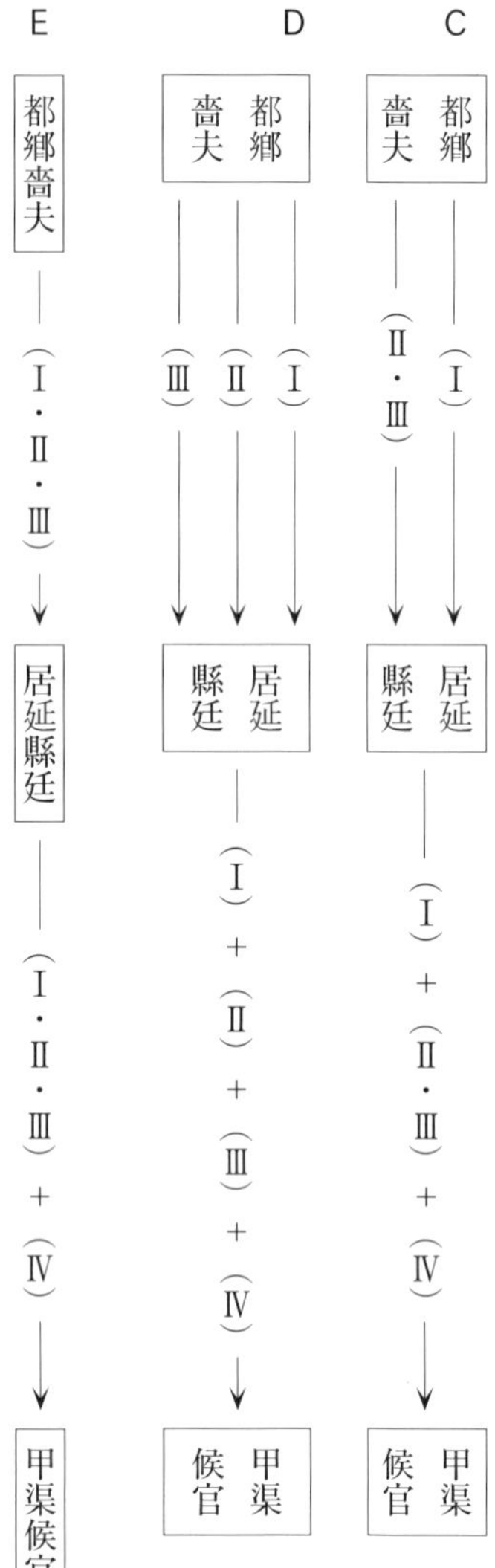

これまでに提示された文書送付状況では、十六日附爰書（Ⅱ）と都郷嗇夫報告文書（Ⅲ）が都郷嗇夫から居延縣廷に送付され、居延縣廷ではそれに居延縣廷文書（Ⅳ）を追加して甲渠候官に送付したという點はDを除き共通するが、三日附爰書（Ⅰ）の送付状況は論者によって異なっている。そこで、一般的な文書送付の在り方を踏まえながら、冊書各部分の送付状況を検討しよう。

まず、三日附爰書（Ⅰ）と十六日附爰書（Ⅱ）であるが、これらの爰書には上申文言「敢言之」も文書の宛先の記載も無いので、これら單獨では送付できない(28)。從って、これらを送付するためには、送り状(29)を添附するか、報告文書の添附文書とする必要があり(30)、三日附爰書（Ⅰ）が都郷嗇夫から居延縣廷へ送付される際には、都郷嗇夫發信の送り状か報告文書（以下「送り状」で代表する）が一緒だったはずである。都郷嗇夫報告文書（Ⅲ）には「寫移爰書」という爰書を添附して送付することを示す文言が含まれていること、その發送日附が十六日附爰書（Ⅱ）作成の三日後でこれは第四部第二章第一節で指摘したとおり證不言請律の「辭以定滿三日」を踏まえたものに違いないこと、さらに、都鄕嗇夫報告文書（Ⅲ）と十六日附爰書（Ⅱ）とは筆跡を同じくすることから、十六日附爰書（Ⅱ）は都鄕嗇夫報告文書（Ⅲ）に添附されて都鄕嗇夫から居延縣廷に送付されたと考えて間違いない。[31]

居延縣廷文書（Ⅳ）は年號記載が無く月日から書き始められている。このような文書はそれ單獨で獨立した文書なのではなく、受領した文書をさらに別の官署に中繼・轉送する際に追加される中繼轉送文書である。[32]從って、居延縣廷文書（Ⅳ）も居延縣廷が受領した文書を甲渠候官に轉送する際に添附されたと考えられるが、そこには「候所責男子寇恩□鄕置辭、爰書自證。」という寇恩が爰書自證したことの記載があることから、都鄕嗇夫から送付されてきた十六日附爰書（Ⅱ）と都鄕嗇夫報告文書（Ⅲ）を甲渠候官に轉送する際に添附されたものと考えられる。

ここで確認しておきたいのは、受領文書を中繼・轉送する場合、受領した文書の一部を破棄する場合があったか否かという點である。十六日附爰書（Ⅱ）と都鄕嗇夫報告文書（Ⅲ）は都鄕嗇夫から居延縣廷へ送付され、さらに甲渠候官へと轉送されているが、これらの文書が共に甲渠候官から出土していることから、居延縣廷における中繼・轉送に際して文書が廢棄されることは無く、居延縣廷は受領した文書全てを甲渠候官に轉送したと考えられる。このことは、元康五年詔書册（第二部第二章注2所掲）によって確認できる。卽ち、元康五年詔書册は肩水候官が受領した詔書册を配下の塞尉と部候長に再下達した際の文書控えであるが、そこに記される詔後行下の辭の發信者と受信者の對應關係から、制可された詔書を最初に受け取った御史大夫以下、その詔書を順次下達していった各官が發信した詔後行下の辭が全て含まれていることが確認できる。このように、元康五年詔書册の下達に際して途中で廢棄された文書は存在しない。それ故、一般的に、受領した文書を中繼・轉送する場合、受領した文書に自身の中繼轉送文書を追加して送付するのであって、中繼・轉送に際して文書が廢棄されることは無いと考えて良いだろう。

以上述べたような文書送付や中繼・轉送の際の取り扱いを踏まえると、Ａ・Ｃ・Ｄの文書送付状況では、現存册書の構成部分と一緒に送付されながらそれだけが廢棄された送り狀や中繼轉送文書などの存在を想定しなければならなくなる。卽ち、Ａでは三日附爰書（Ⅰ）が單獨で都鄕嗇夫から居延縣廷、さらに甲渠候官に送付されているのだから、三日附爰書（Ⅰ）に添附された都鄕嗇夫發信の送り狀と居延縣廷發信の中繼轉送文書もそこには含まれていたはずである。しかしながら、それらは現存の候粟君册書には含まれていないので、居延縣廷か甲渠候官で廢棄されたと考えなければならなくなる。同樣に、Ｃ・Ｄでは三日附爰書（Ⅰ）が單獨で都鄕嗇夫から居延縣廷まで送付されているので、これに都鄕嗇夫發信の送り狀が添附されていたはずで、この場合も、居延縣廷が後から送付されてきた十六日附爰書（Ⅱ）などと一緒に甲渠候官に轉送する際に廢棄されたか、甲渠候官で廢棄されたと考えなければならなくなる。Ｄではさらに、十六日附爰書（Ⅱ）が單獨で都鄕嗇夫から居延縣廷に送付されたとするので、その十六日附爰書（Ⅱ）に添附されていたはずの都鄕嗇夫發信の送り狀についても同樣に廢棄されたと考えなければならない。しかしながら、先述のように文書の中繼・轉送に際して文書が廢棄されることは無いのであるから、現存册書の構成部分と一緒に送付されながらそれだけが廢棄された送り狀や中繼轉送文書などの存在を想定しなければならないＡ・Ｃ・Ｄの文書送付狀況は誤りと言わざるを得ない。

また、前章で指摘したように、都鄕嗇夫報告文書（Ⅲ）は前後二度の寇恩尋問命令の兩方に對する報告という形を取っている。その一方で、現存册書にはその二度の寇恩尋問において作成された二通の自證爰書が含まれている。都鄕嗇夫報告文書（Ⅲ）が二度の尋問命令の兩方に對する報告という形を殊更に取り、自證爰書を添附する旨を「寫移爰書」と明言している以上、二度の尋問で作成された二通の自證爰書が兩方とも添附されていたと考えるのが自然であろう。何故なら、燧長失鼓册書（第四部第一章所揭17）にもその例が見えるように、これらの自證爰書は被尋問者が證言した證據として尋問結果報告文書に添附されたものであろうから、都鄕嗇夫報告文書（Ⅲ）が報告する二度の尋問結果について、各々の尋問で作成された自證爰書をそれぞれ添附する必要があったと考えられるからである。Bでは都鄕嗇夫報告文書（Ⅲ）と一緒に送付されているのは十六日附爰書（Ⅱ）だけであり、都鄕嗇夫報告文書（Ⅲ）が二度の尋問命令の兩方に對する報告という形を取っていることに符合しない。

このように、文書を中繼・轉送する際の取り扱いや都鄕嗇夫報告文書（Ⅲ）の記載を踏まえると、候粟君册書を構成する各部分の文書送付狀況はEであったと考えられる。先述のように、三日附爰書（Ⅰ）と十六日附爰書（Ⅱ）は單獨では送付できないので、送り狀を添附するか、報告文書の添附文書とする必要があったが、Eでは都鄕嗇夫報告文書（Ⅲ）に添附される形でこれらの爰書が送付されているので、この點、問題ない。また、都鄕嗇夫報告文書（Ⅲ）は前後二度の寇恩尋問命令の兩方に對する報告という形を取っているので、それらの供述を記した三日附爰書（Ⅰ）と十六日附爰書（Ⅱ）が共に添附されていたと考えられるが、Eはまさにその通りである。さらに、居延縣廷文書（Ⅳ）は、居延縣廷が都鄕嗇夫から送られてきた文書を甲渠候官に轉送する際に添附されたものと考えられるが、この點についてもEはその通りである。加えて、Eでは都鄕嗇夫から居延縣廷、さらに甲渠候官までの文書送付において途中で廢棄された文書を想定する必要が無く、現存册書のみで全ての文書送付狀況を再現できるのである。

このようにEは文書送付の狀況については全く問題無いものの、實は解決しなければならない問題が存在する。A・B・Cでは三日附爰書（Ⅰ）だけが單獨で都鄕嗇夫から居延縣廷に送付されたと考えられていたが、そのように考えられたのはこの問題があったからに他ならない。その問題とは先の第一の疑問で述べた點、卽ち、三日附爰書（Ⅰ）が編綴用の空白のない一行書きの札にやや亂雜に書かれているという文書控えと思しき簡牘形狀と筆跡であって、候粟君册書の他の部分が兩行簡に謹直な字體で書かれた送付用に作成されたものであるのと著しく異なっていることである。また、三日附爰書（Ⅰ）が內側に、その他の部分が外側になるように卷かれていたという出土狀況(33)も、三日附爰書（Ⅰ）を他の部分と區別する根據の一つとされている。

三日附爰書（Ⅰ）の簡牘形狀と筆跡からそれが送付用正本として作成されたものでないと考えられることはその通りであろう。しかしながら、それのみを根據に實際に送付されていないと斷定することはできない。控えとして作成されたものが何らかの事情で送付された可能性も決して皆無とは言い切れないからである。また、出土狀況については、これを根據に張建國は三日附爰書（Ⅰ）とその他の部分とは別個の文書であると見なしてBの送付狀況を想定している(35)が、同じ出土狀況を根據としながら、孔祥軍は逆に三日附爰書（Ⅰ）とその他の部分が一連の冊書として編綴されていたと考えてEの送付狀況を想定している(36)。もしも三日附爰書（Ⅰ）とその他部分とが一編に編綴されていない別個の文書だったならば、それぞれの文書毎に卷かれて保管されたのではないだろうか。假に、そうであるならば上述のような出土狀況にはならないだろう。三日附爰書（Ⅰ）が內側にその他の部分が外側になるように卷かれていたというこの出土狀況は、逆に、候粟君冊書全體が一編として編綴されていたことを示すと思われる。卽ち、編綴された文書や帳簿は、卷いて保管する場合はその先頭簡から卷いてゆき、卷き終わった狀態では最終簡の裏面が一番外側にくる(37)。候粟君冊書全體が一編に編綴されていたとすれば、この冊書は文書なので先頭簡から卷かれたはずである。その結果、卷かれた狀態では、冊書の一番前に位置する三日附爰書（Ⅰ）が內側になり、それをその他の部分が卷くという形になるが、出土狀況はまさにこの形なのである。このように、出土狀況からすると候粟君冊書は全ての部分が一編の冊書として編綴されていたと考えるほうが良さそうである。筆跡と簡牘形狀の問題は殘るものの、送付狀況をひとまずEのように考えることは許されるであろう。

このようにEは、三日附爰書（Ⅰ）が控えと思しき簡牘形狀と筆跡であるという點を除けば、都鄕嗇夫から甲渠候官までの文書送付を整合的に說明できる唯一の送付狀況である。冊書各部分の送付狀況がEであるとすると、三日附爰書（Ｉ）は都鄕嗇夫報告文書（Ⅲ）と一緒に居延縣廷に送られたのだから、都鄕嗇夫報告文書（Ⅲ）に記される「前言解」は、都鄕嗇夫が三日附爰書（Ｉ）を居延縣廷に送付したことを指していると考えることはできない。その一方で、三日附爰書（Ｉ）が現實に存在する以上、第一回寇恩尋問において三日附爰書（Ｉ）が作成されたこともまた動かぬ事實である。これらを矛盾無く解釋しようとすれば、都鄕嗇夫から居延縣廷への第一回寇恩尋問結果の報告では、三日附爰書（Ｉ）そのものは送付されておらず、尋問結果だけが報告されたと考えざるを得ないことになる。

ところが、そのように考えると、前節において擧げた六つの疑問のうち三つはそもそも疑問ではなくなるのである。そこで今、次のように假定してみよう。卽ち、實際には第一回尋問において寇恩は粟君に對する債務が存在しないことを爰書によって證言したのだけれども、都鄕嗇夫はその自證爰書を居延縣廷に送付しなかった上に、寇恩の辯解を自證爰書による證言ではない單なる供述として報告した、と。そうすると、第一回尋問での寇恩の供述は自證爰書による證言ではないのでその内容が事實であるとは限らない自己申告のようなものと見なされることになり、一方、第二回尋問でのそれは自證爰書による證言なので紛うかた無き眞實として取り扱われることになろう。その結果、二度の報告に對する居延縣廷の對應が異なること（第三の疑問）も、第一回尋問結果報告に對し居延縣廷が「疑非實」という心證を抱いたこと（第四の疑問）も當然の對應といえる。また、寇恩は爰書による證言をしていないことになるので、粟君には反論を爰書によって證言する義務など無く、第六の疑問ももとより成り立たないのである。

今となっては都鄕嗇夫からの第一回寇恩尋問結果の報告内容を居延縣廷に直接確かめる術など無いけれども、「前言解」が三日附爰書（Ｉ）の送付を指すと假定した場合に想定される居延縣廷や粟君の對應と、册書に記された現實のそれとを比較検討することによって、この假說の當否を檢證することは可能である。節を改めて檢證作業に入ろう。

第四節　第一回寇恩尋問結果報告の檢證

今假に、都鄕嗇夫から居延縣廷に送付された第一回寇恩尋問結果の報告に三日附爰書（Ⅰ）も添附されていたとした場合、それを受領した居延縣廷や粟君は如何なる對應を取っただろうか。先述のように、爰書による證言内容は紛うかた無き眞實として扱われたし、爰書による證言に對し反論する場合は、その反論を同じく爰書によって證言しなければならなかった。それ故、三日附爰書（Ⅰ）を受け取った居延縣廷は寇恩の主張を紛うかた無き眞實と見なしたであろうし、粟君も反論するためには爰書によって證言しなければならなかったはずである。しかしながら現實には、居延縣廷は「疑非實」という心證を抱いているし、粟君は「府」に對して「詣鄕爰書是正」を申請している。この矛盾を解明すべく、居延縣廷と粟君との實際の對應を檢討することにしたい。

（一）粟君の訴え

初めに、粟君の最初の訴えが爰書などによって債權の事實を證明した上での訴えではなかった點を確認しておく必要があるだろう。何故なら、第四部第一章で檢討したように、債權回收を求めた聽訟では債權者が債權の事實を證明した上で訴えたか否かによってその後の手續きが異なるからである。

この點を考える上で手掛かりとなるのは、居延縣廷文書（Ⅳ）の「書到、□□□□□辭、爰書自證」の部分である。同格官署宛ての文書や下達文書にはこの「書（檄・記）到」という語が含まれることが多いが、「書到」以下の部分は文書送付先に對する命令内容(38)で、それ以前はその命令を出すに至る經緯の說明に當たる。從って、居延縣廷文書（Ⅳ）

は、「候所責男子寇恩□鄉置辭、爰書自證」を承けて甲渠候官に「□□□□□辭、爰書自證」を命じたものとなろう(39)。この「爰書自證」という命令は寇恩が爰書によって證言したことを承けて出されたのだから、こう命令されるべき人物は寇恩を訴えている粟君を措いて他にはいない。また、同一案件について爰書によって重複して證言することが無い以上、ここで「爰書自證」が求められている粟君は寇恩に返濟を求めている債權をこれまで爰書によって證言していなかったことになろう。この點を確認した上で、粟君の對應から檢討しよう。

（二）粟君の對應

居延縣廷から第一回寇恩尋問結果の通知（第一節（三）所掲の手順では⑤。以下同じ）を受けた粟君は、「府」に對して「詣鄉爰書是正」を申請している（⑥）。この「詣」字は、漢簡の用例では「詣」の行爲王體自身が實際に出向くことを意味し(40)、この場合の「鄉」に該當するのは寇恩を尋問した「都鄉」の他には無いだろう。さて、「詣鄉」を「願」っているのは粟君自身であるが、「願」字には自己の行爲の許可を求める場合と相手に何かを依賴する場合があるので、「願詣鄉」の解釋の可能性は、㋐粟君自身が鄉に行く許可を府に對して求めた、㋑府に鄉まで出向くよう依賴した、の二つとなり、㋑の場合を具體的に言えば、府が吏を鄉に派遣して「爰書是正」してくれるよう粟君が府に對し依賴したことになろう。ところが、第三者を派遣するという場合、漢簡の用例では「遣某甲詣某所」と記されるのが通例であるから(41)、もしも㋑の意味であるならば「願遣吏詣鄉」と記されたはずである。ところが、粟君の申請は「遣某甲詣鄉」ではなくて「願詣鄉」なのであるから、「詣鄉」の行爲主體も「願」の行爲主體と同じく粟君自身と考えるべきであろう。それ故、粟君の「詣鄉爰書是正」という申請は、寇恩の住む居延縣都鄉まで粟君自らが出向いて「爰書是正」することを府に申請したものと解釋されよう。では、その「爰書是正」とは具體的にはどうすることなのだろうか。また、寇恩が債務を承服しなかったという尋問結果を受けた粟君は、どうして尋問結果を通知してきた居延縣廷に對して、例えば、寇恩の再尋問を要求するといった對應を取らないで、先の訴えには全く關係しない府に對して「詣鄕爰書是正」を申請したのだろうか。

「爰書是正」を「爰書を糾正する」と解釋する論者もあるが、[42]「爰書」を「是正」の目的語とすることは語順から無理だろう。或いは、「爰書是正」の類似表現である「爰書驗問」が「爰書を用いて驗問した」「爰書によって驗問した」と解釋されていることに倣えば、[43]「爰書是正」は「爰書に基づいて（寇恩の供述を）是正する」となろう。しかし、文書に基づいて尋問するという場合、漢簡では「以（文書名）驗問」と表現されており、[44]從って、その意味であれば當然「以爰書是正」となるはずである。

「爰書是正」の類似表現は他に「爰書自證」「爰書相牽」が有る。「爰書自證」は都鄕嗇夫報告文書（Ⅲ）にも見え、これが少なくとも十六日附爰書（Ⅱ）によって寇恩が證言したことを指しているのは疑い無い。從って、「爰書自證」とは證言すべき供述內容を「爰書」に記載することで「自ら證」することを具體的には意味するだろう。「爰書相牽」は次の簡に見える。

10　□宷捕。驗亡人所依倚匿處、必得。得詣如書。毋有、令吏民相牽證任、爰書以書言。謹雜與候史廉・騂北亭長歐等八人・戍卒孟陽等十人、捜索部界中□亡人所依匿處、爰書相牽　255・27（A33）

（□逮捕せよ。逃亡者が頼って潜伏しそうな場所を調べ、必ず逮捕せよ。逮捕したならば連行すること文書通りにせよ。（逃亡者が逃亡してきておらず）逮捕できなかった場合は、吏民に連帶で保證させ、その爰書は文書にして報告せよ、とありました。[45]謹んで候史の廉と騂北亭長の歐等八人、及び戍卒の孟陽等十人と共同で、部の管轄區內を捜索し、逃亡者が頼って潛伏しそうな場所を調べたところ、（逃亡者はいなかったので）爰書によって連帶して」末尾の「爰書相牽」は「令吏民相牽證任、爰書以書言」という命令に對する報告の部分であるから、「爰書相牽證任」と續くことは間違い無いだろう。「相牽證任」した結果作成されるのが相牽證任爰書なのだから、「爰書相牽證任」も「爰書自證」と同じく、保證內容を「爰書」に記載することで連帶で保證（「相牽證任」）するということになろう。(46)

では「爰書驗問」はどうだろうか。この語は三日附爰書（Ⅰ）にも見えるが、これが作成された第一回尋問實施の契機となった粟君の訴えが債權を爰書によって證言した上での訴えでなかったことは先述のとおりである。従って、三日附爰書（Ⅰ）の「爰書驗問恩」の「爰書」は粟君の爰書ではあり得ず、三日附爰書（Ⅰ）そのものと考える他無いだろう。そうすると、この「爰書驗問恩」は、尋問において寇恩が供述した內容を寇恩自身が爰書によって證明することを具體的には意味することになろう。こう解釋した場合、「驗問」した內容が「爰書」に記載されるという關係になるが、(47)これは類似表現の「爰書自證」「爰書相牽證任」とも完全に一致し、全ての類似表現を同一の構造として解釋することが可能となる。

このように「爰書自證」「爰書相牽證任」「爰書驗問」は、「爰書」の次にくる「自證」「相牽證任」「驗問」の內容が「爰書」に記載されるという關係であるから、當然、類似表現である「爰書是正」も「是正」した內容が「爰書」に記載されると解釋すべきであろう。従って、粟君の申請にある「爰書是正」は、第一回尋問での寇恩の供述を訂正しそれを爰書によって證言させることを具體的には意味すると考えられる。爰書による證言內容が事實でない場合は證不言請律によって處罰されることを思い起こせば、粟君が求めた「爰書是正」が證不言請律を背景に眞實を吐かせようとしたものであったことは疑い無い。

では、粟君はどうして寇恩の尋問に全く關わっていない「府」に對しこのような申請をする必要があったのだろうか。第一部第一章第四節で述べたように、長城地帶の烽燧に勤務する吏卒が許可無く勝手に勤務場所を離れることは處罰の對象となっており、それ故、烽燧勤務の吏卒が勤務官署を離れて移動する場合は、公務か私用かを問わず通行證である符を發給してもらう必要があった。粟君が勤務場所である甲渠候官から寇恩の住む居延縣へ行く場合も、當然、粟君の所屬する官署から符の發給を受ける必要があったはずである。この點を踏まえれば、粟君の申請は「府」に對して居延縣への移動許可を求めたものと考えるのが自然であろう。先程、粟君の申請先が寇恩の尋問結果を通知してきた居延縣廷ではなく、訴えと全く關係無い「府」だったことに疑問を呈したが、その申請が移動許可の申請であるならば、それはむしろ當然のことであろう。その場合、「府」は甲渠鄣候である粟君に移動許可を出す權限を持つ官署であろうから、甲渠候官を管轄する居延都尉府になろう。

以上の檢討から、「奏記府、願詣鄉爰書是正」という粟君の對應は、具體的には、寇恩に自證爰書による證言をさせることで第一回尋問での供述內容を訂正すべく、居延縣までの移動許可を都尉府に求めたものと考えられる。わかりやすく言えば、粟君は自分自身で寇恩を尋問し眞實を吐かせようとしたのである。

（二）居延縣廷の對應

續いて、居延縣廷の對應について檢討しよう。居延縣廷は都鄉嗇夫に對して「更詳驗問治決言」という第二回寇恩尋問命令を出している⑻が、債務を承服しなかった債務者の再尋問請求を承けて、これとほぼ同じ文言の尋問命令が出されている例がある。

11　不服。書到、願[48]令史更[49]□驗□〼　E. P. T51:55

〔承服しなかった。この書が届いたら、どうか令史は改めて□……を尋問してください〕

尋問命令に釋讀不明の文字を含むが、「更□」を除き11と同一文言の12では「驗□」に當たる部分を「驗問」に作り、また、13は「驗問」の前に「詳」字がくる例である。

12　書到、願令史驗問收責報。敢言之。〼　E. P. T52:319

〔この書が届いたら、どうか令史は尋問して債權を回收し報告してください。以上申し上げます。〕

13　建武四年八月庚辰朔〼
詳驗問、務得事實。當〼　E. P. T68:216

〔建武四年八月庚辰の日が朔日の……詳しく尋問し、眞實究明に務めよ。當〕

これら二簡との對比から、11の「更□驗□」の部分は「更詳驗問」と考えてよいだろう。さて、12は債權者の訴えを受けた官が債務者尋問と債權回收を令史に依賴したものであるが[50]、11も12とほぼ同一文言なのだから、「願令史更詳驗問」の後に「收責報」が續くことは間違い無いだろう。11は、「書到」の前に「不服」の語があるので、債務者が債務を承服しなかったという尋問結果を受けた債權者が債務者の再尋問と債權の回收を改めて令史に依賴したものとなろう。11では「書到」の前に「不服」と記すのみであるが、次簡では「不服」に續いて「爰書自證」の語が有る。

14　〼皆不服、爰書自證。書到、如律令。　206・31（A8）

〔いずれも承服せず、爰書によって自ら證言した。この書が届いたら、律令の如くせよ。〕

第四部第二章第三節（三）で検討したように、「爰書自證」はそれに先行する部分の内容を爰書によって證言したという事實を表す文言である。爰書によって證言した場合はその證言内容が事實でなかったならば處罰の對象となるのだから、爰書によって證言した場合と證言していない場合とを區別するのは當然だろう。つまり、單なる「不服」と「不服、爰書自證」とは明確に書き分けされていたと考えられるのである。實際、少なくとも第二回尋問で寇恩が債務の不存在を證言したことを報告した候粟君册書の都鄉嗇夫報告文書（Ⅲ）には「爰書自證」と明記されているのに對して、被尋問者が爰書による證言をしていない駒罷勞病死册書（前章所掲10）では尋問結果を報告した文書にこの語は存在しない。そうすると、11は「爰書自證」の語を含まないので、債務者は「不服」の旨、卽ち、債務が存在しないことを爰書によって證言していないことになり、それ故、「更詳驗問」は爰書による證言ではない單なる「不服」の供述を承けて出された再尋問命令と考えられるのである。

いったい、被尋問者は尋問において供述した內容が事實であることを爰書によって證言する場合と、ただ供述するのみで爰書による證言はしない場合とがあった。爰書による證言ではない單なる供述は、たといそれが言い逃れのための噓だったとしても、證不言請律は適用されないため供述した本人が處罰されることは無かったと思われる。[51]「更詳驗問」という再尋問命令が、前回の尋問での供述は噓の可能性があるという判斷の下に出されたものであることは、「更詳」の語が添えられていることから明白である。それ故、この「更詳驗問」という再尋問命令が、證不言請律によってその眞實性が擔保されている爰書による證言を承けて出されたとは考え難い。居延縣廷の第二回寇恩尋問命令（8）はこの11とほぼ同一の命令文言なのであるから、當然、11と同樣に爰書による證言ではない單なる「不服」の供述を承けて出された再尋問命令と考えられるのである。

このように、第一回寇恩尋問結果の通知を受けた粟君は寇恩に爰書によって證言させることで第一回尋問における供述内容を訂正しようとしたのであるが、その場合、もしも寇恩が既に爰書によって證言していたならば寇恩に爰書による證言をさせる意味は無い。それ故、粟君は寇恩が爰書による證言をまだしていないと考えていたことになろう。一方、居延縣廷が下した第二回寇恩尋問命令は單なる「不服」の供述を承けて出された再尋問命令と考えられることから、寇恩は第一回尋問において債務を承服しないと供述しただけで爰書による債務不存在の證言はしていないと居延縣廷は見なしていたことになろう。このように、粟君と居延縣廷の對應からは、第一回寇恩尋問結果の報告において三日附爰書（Ⅰ）は送付されておらず、さらに、寇恩が爰書によって債務不存在を證言したことさえも報告されていないと考えざるを得ないのである。この結論は、第三節における送付狀況の考察から導かれた假説に完全に一致しており、第一回寇恩尋問結果報告を巡る都鄕嗇夫の對應はさきの假說通りであったと考えて誤り無いだろう。

第五節　候粟君册書を巡る經緯の復原

前節での考察の結果、第一回寇恩尋問結果の報告（④）では三日附爰書（Ⅰ）は送付されていないと考えられるのであるが、その場合、寇恩が爰書によって供述内容を證言したにも拘わらず、その自證爰書が送付されていないのは不自然に思われるかもしれない。しかし、被尋問者が爰書によって供述内容を證言した場合、その自證爰書を尋問報告に常に添附しなければならないわけではなかった。都鄕嗇夫報告文書（Ⅲ）では、被尋問者が爰書によって證言したのでその爰書を送付する旨が「爰書自證。寫移爰書」と明記されているが[52]、同じく尋問結果の報告である14には

「爰書自證」の語は有るものの「寫移爰書」の語は無く、爰書は添附されなかったと考えられる。都鄉嗇夫報告文書（Ⅲ）に再錄された居延縣廷の第一回尋問命令には「不服、移自證爰書」という文言は無く自證爰書の送付は命じられていないのだから、尋問結果の報告に三日附爰書（Ⅰ）を添附する必要はもとより無かったし、加えて、爰書が添附されなかった場合、尋問において被尋問者が爰書によって證言したことを傳えるのは「爰書自證」というわずか一語であるため、都鄉嗇夫からの報告にこの一語が缺落していれば、寇恩が債務の不存在を爰書によって證言したという事實そのものを居延縣廷が知ることさえ全く不可能となってしまう。

第一回寇恩尋問結果が單なる供述として都鄉嗇夫から居延縣廷に報告された④結果、その報告内容を傳えられた⑤粟君は、寇恩に爰書による證言を強いることで眞實を吐かせるべく都鄉までの移動許可を都尉府に請うた⑥。それに對して都尉府は粟君の申請を許可する代わりに居延縣廷に對し「明處」を命じた⑦。それは恐らく甲渠候官の長官である粟君が私的な理由で官衙を離れることを避けるためであろう。都尉府の命令を受けた居延縣廷は改めて都鄉嗇夫に對し、粟君が「詣鄉爰書是正」を都尉府に申請したことを述べた上で寇恩を再度詳しく尋問するよう命じた⑧。この再尋問命令を受けた都鄉嗇夫は、既に三日附爰書（Ⅰ）が存在していたにも拘わらず改めて寇恩を尋問し十六日附爰書（Ⅱ）を作成した⑨のであるが、それは、第二回尋問命令を受けた以上、寇恩の再尋問を實施する責務があったことに加えて、寇恩が自證爰書によって債務不存在を證言した事實を第一回寇恩尋問結果報告で報告しなかった結果、寇恩は自證爰書による證言をしていないと居延縣廷が見なしてしまったために、ここで改めて寇恩の自證爰書を作成する必要があると都鄉嗇夫が考えたからではないだろうか。その一方で、第一回尋問で寇恩が爰書により債務不存在を證言した事實を證明するとともに、その事實を報告しなかったという第一回尋問結果報告での不備を補完するため、都鄉嗇夫報告文書（Ⅲ）をわざわざ二度の寇恩尋問命令の兩方に對する報告という體裁にして、十六日附爰書（Ⅱ）に加えて三日附爰書（Ⅰ）も添附したのではないか。粟君が自ら都鄕まで出向いて寇恩を尋問しようとしたのも、居延縣廷が「疑非實」という心證の下「更詳驗問治決言」を命じたのも、都鄕嗇夫が第一回尋問で寇恩に爰書による證言をさせないままに言い逃れを許したと見なしたからに他ならない。それ故、譴責を恐れた都鄕嗇夫が、寇恩が第一回尋問で爰書によって證言した事實を十九日附の都鄕嗇夫報告文書（Ⅲ）で改めて報告することで、第一回尋問において自分は充分な尋問を行っていることを證明しようとしたのではないだろうか。

このように、都鄕嗇夫が第一回寇恩尋問結果を爰書による證言ではなく單なる供述として報告したという特別の事情を想定するならば、第二節で擧げた六つの疑問のうちの殘る第一、第二、第五の疑問も全て解消するのである。卽ち、三日附爰書（Ⅰ）だけが控えと思しき簡牘形狀と筆跡であるのは何故かという第一の疑問については、改めて送付用正本を作成することなく、第一回尋問の際に作成していたものをそのまま送付したからである、と。第一回尋問結果を繰り返し報告しているのは何故かという第二の疑問と、自證爰書が同一案件について重複して作成されているという第五の疑問については、先述のように、第一回尋問で寇恩が爰書により債務不存在を證言した事實を證明するとともに、その事實を報告しなかったという第一回尋問結果報告での不備を補完するため、と。

これまでの考察の結果、幾つもの矛盾や疑問を含むように見えた候粟君冊書は、このような特別の事情を想定することで、一應、冊書全體を整合的に理解することができるようになった。一應と言ったのは、檢討しなければならない問題がまだ一つ殘っているからである。これまで述べてきた文書送付の狀況においては、居延縣廷が都鄕嗇夫から送られてきた文書そのものを甲渠候官へ送付したと考えており、そのような送付形態を想定することによって、冊書の構成部分の筆跡が、三日附爰書（Ⅰ）、十六日附爰書（Ⅱ）と都鄕嗇夫報告文書（Ⅲ）、居延縣廷文書（Ⅳ）の三部分で異なることも説明できた。これに對して、例えば、前章所掲11では都尉府から下達されてきた檄そのものに甲渠候官發信の下達文書の控えを追記して、檄そのものは候官に保管しているように、受領した文書をさらに下達する場合は、受領した下達文書そのものは保管用に取っておき、下達用に受領文書の寫しを新たに作成しそれに自身の中繼轉送文書を追加して下達するというのが一般的なやり方である。受領した文書そのものをそのまま轉送するという候粟君册書の文書送付のやり方は、このような一般的な文書下達のやり方とは異なっている。同じ文書の中繼・轉送でありながら異なる送付形態が取られているのは何故だろうか。

そこで想起すべきは、候粟君册書は金錢の支拂いを求めた訴えの記録だという點である。第四部第一章で考察したように、債權回收を求めた聽訟では、債權者の訴えを受けた官は債務者の所屬官署等に對して債務者尋問と債權回收とその報告を命じている。債權者が債權の存在を證明した上で訴えた場合には、それに加えて、債務者が債務を承服しないのなら債務不存在を證言する自證爰書の送付も命じられている。この命令内容から、債權回收を求めた聽訟の場合、債務者尋問において作成された尋問結果報告文書や自證爰書は、もとより訴え出た債權者自身に送付されるべきものだったことがわかる。下達文書の場合に、受領した下達文書の寫しを作成し、それに自身の中繼轉送文書を追加して次に送付するのは、受領した文書そのものを保管する必要があったからであろう。それはおそらく、その下達文書が文書受領者自身に對する命令でもあったからだろう。これに對して、債權回收を求めた聽訟において作成された尋問結果報告文書や自證爰書は、もとより訴え出た債權者自身に送付されるべきものであって、その文書を中繼する官署に對して何かを命じたものではない。それ故、中繼官署がそれを手元に保管する必要など無く、受領した尋問結果報告文書や自證爰書そのものに自身の中繼轉送文書を追加して送付したのであろう。

このように考えることで、最後に殘っていた問題も解消され、候粟君册書全體の整合的理解という本章の課題はここに果たされた。最後に、これまでの考察結果に從って册書を巡る經緯を改めて示しておこう。

①粟君が金錢の支拂いを求めて寇恩を居延縣廷に訴える。その際、粟君は債權を爰書によって證言していない。
②居延縣廷が都鄕嗇夫に對し寇恩尋問を命令。
③都鄕嗇夫が寇恩を尋問し、寇恩は債務の不存在を證言する三日附爰書（Ⅰ）を作成。
④都鄕嗇夫が寇恩の尋問結果を居延縣廷に報告。その際、寇恩が債務の不存在を爰書によって證言した事實の通知及び自證爰書の送付をしなかったため、居延縣廷は尋問における寇恩の辯解を自證爰書による證言ではない單なる供述とみなす。
⑤居延縣廷が、寇恩は債務を承服しなかったという尋問結果を粟君に通知。
⑥粟君が、爰書による證言を寇恩にさせようとして、居延縣への移動許可を都尉府に對し申請。
⑦都尉府が居延縣廷に對し「明處」するよう命令。
⑧居延縣廷が都鄕嗇夫に對し寇恩の再尋問を命令。
⑨都鄕嗇夫が寇恩を再尋問し、寇恩は債務の不存在を證言する十六日附爰書（Ⅱ）を作成。
⑩都鄕嗇夫が二度の尋問命令の兩方に對する報告という形で、寇恩が債務の不存在を自證爰書によって證言したことを報告。その際、第一回尋問の際に作成し都鄕で保管していた三日附爰書（Ⅰ）と第二回尋問で作成した十六日附爰書（Ⅱ）を添附[53]。
⑪居延縣廷が都鄕嗇夫から送付されてきた二通の寇恩自證爰書（Ⅰ・Ⅱ）と都鄕嗇夫報告文書（Ⅲ）を甲渠候官に轉送し、粟君に對し自證爰書による債權存在の證言を求める。
以上が、候粟君册書をめぐる經緯の全てである。

おわりに

このように、候粟君册書はそれを債權回收を求めた聽訟の手續きにおいて作成された文書と解釋することによって册書全體の整合的理解が可能となった。さらに、候粟君册書を債權回收を求めた聽訟の事例として解釋すると、本章冒頭で擧げた斷獄手續きとして説明できない疑問がそもそも疑問にはならないのである。卽ち、債權回收を求めた聽訟では訴えられた債務者の尋問結果及び自證爰書はもとより訴えた債權者に送付されるべきものであるから、寇恩の自證爰書がもう一方の當事者である粟君の元に送付されるのは當然である。また、債權回收を求めた聽訟手續きにおいて、債權者に送付されている債務者の尋問結果や自證爰書はあくまで債務者尋問結果の報告なのだから、それを受け取った債權者が逆に尋問されることなど無かったであろう。それ故、長官である粟君を甲渠候官所屬の誰が公正に尋問するのかということももとより問題にはならない。

從來、候粟君册書が斷獄手續きとして解釋されてきたのは、序言で述べたように、張湯傳の記事が具體的な裁判手續きを傳える唯一の典籍史料だったことに加えて、戰國時代から淸朝に至るまでの中國の裁判制度では、幾種類かの別立ての手續きが併置されていたわけではなく、すべての裁判は刑事裁判であったと言われる(54)こともその理由であろう。しかしながら、候粟君册書の解釋に際して、秦漢時代の裁判はすべて刑事裁判手續きであるということを無條件に所與の前提とすることは誤りと言わねばならない。

候粟君册書が該當する所の債權回收を求めた聽訟は、第四部第一章で述べたように、債權回收命令を見る限り債務者を尋問しその結果を報告するだけで、官による判決は手續きとして存在しないように思われる。そこで、次なる課題は、候粟君冊書を債權回收を求めた聽訟の事例として分析することによって、その具體的手續きとその紛爭解決原理とを明らかにすることである。その中で、從來の候粟君冊書解釋においては、秦漢時代の裁判はすべて刑事裁判手續きであるということが所與の前提とされていたことがはっきりと示されるであろう。

注

（1）籾山明「居延出土の冊書と漢代の聽訟」（同氏『中國古代訴訟制度の研究』京都大學學術出版會　二〇〇六）一四九頁。張建國「居延新簡〝粟君債寇恩〟民事訴訟箇案研究」（同氏『帝制時代的中國法』法律出版社　一九九九）。

（2）この點については、鵜飼昌男「建武初期の河西地域の政治動向――『後漢書』竇融傳補遺――」（『古代文化』四八―一二　一九九六）三三頁の注二三で既に指摘されている。

（3）この他、尾題簡「●右爰書」（E.P.F22:33）と冊書保管の際に附けられた附け札である楬「候粟君所責寇恩事」（E.P.F22:36）が含まれる。尾題簡は、籾山明が檢證するように（籾山明「爰書新探――古文書學と法制史――」同氏注1前掲書　一八一～一八四頁）、一通の寇恩自證爰書（本文のⅠ・Ⅱ）の後に入る。從って冊書全體の排列は、Ⅰ＋Ⅱ＋「●右爰書」＋Ⅲ＋Ⅳという順番になる。

（4）この都鄉嗇夫報告文書（Ⅲ）の文書的性格については様々な見解があるが、冒頭に尋問命令を再錄した上で尋問結果を記載するという書式は、駒罷勞病死冊書（前章所掲10）と全く同一で、その駒罷勞病死冊書は尋問結果の報告文書である。都鄉嗇夫報告文書（Ⅲ）では發信者自身の行爲を示す「謹……」という記載が文書送付の「謹移……」ではなく、尋問結果報告の「謹驗問……」であることから、この都鄉嗇夫報告文書（Ⅲ）の主たる用件は尋問結果の報告であり、この場合は、尋問結果の報告文書に「寫移爰書」の語を附記した上で自證爰書を添附しているのである。

（5）Ⅲ（イ）の「治決」、Ⅲ（エ）の「明處」、Ⅳの「須以政不直者法亟報」については次章第二節において檢討する。

（6）次の簡には「官錄」「府錄」と見え、「錄」が文書名稱であることがわかる。

之。官錄曰、移新到□□▨
鐵𨱏大刀言。叩頭死罪▨
箭五十。鐵鎧□▨　E. P. T49:85A
甲溝鄣守候弘敢言之。府錄曰、第▨　E. P. T65:270

（7）（オ）の「辭曰」以下の部分が全て寇恩の供述であることについては、第四部第二章注28參照。

（8）釋文はこの文字を「事」に釋すが、圖版では蟲食いのため見えない。釋文が「事」に作るのは楬に「候粟君所責寇恩事」とあるのに據るのだろうが、その場合、文が「鄉置辭」となって「鄉」が供述したことになる。この部分は寇恩が都鄉嗇夫による尋問で自證爰書により證言したことを指し、その自證爰書には「召恩詣鄉」とあることから、この文字は「詣」とも推測されるが、圖版では確認できないため、ここでは「□」とする。

（9）本章第四節（一）で述べるように、「書到」に續く「□□□□□辭、爰書自證」は甲渠候官に對する命令內容である。

（10）鵜飼昌男注2前揭論文二九頁。この指摘を承けて、籾山明注1前揭論文も「粟君＝甲渠候」という前提に立った候粟君冊書の解釋は根底から再檢討されるべきであると述べる（一四一頁）。

（11）饒尙寬編著『春秋戰國秦漢朔閏表（公元前７２２～公元２２０年）』（商務印書館　二〇〇六）では、建武三年八月は乙卯朔になっている。

（12）籾山明は、鵜飼說を踏襲して、冊書に見える「甲渠候」と「粟君」を別人物とし、そのように理解しなければ、自身が府に提訴した訴訟について自らが審理の一端を擔うという奇妙な事態を想定せざるを得なくなると述べる（籾山明注1前揭論文一四〇頁）。後述のように、債權回收を求めた聽訟の基本的手續きは、訴えられた債務者を尋問し、可能な場合は債權を回收して、それらを訴えた債權者に報告し返還するだけのものであり、そこには訴えを受けた官が兩當事者の供述を踏まえて審理を行い判決を下すという手續きは存在しない。候粟君冊書の事案は債權回收を求めた聽訟であるので、訴えられた寇恩を尋問し、その結果を訴えた粟君に送付するのが本來の手續きであり、粟君が府に提訴した訴訟について自らが審理の一端を擔うという奇妙な事態はもとより出現しない。

(13) 籾山明注1前掲論文一四六頁。

(14) 前述のように、籾山明は粟君が寇恩を訴えた先を居延都尉府と見なしているが、それは、Ⅲ(エ)の「府錄令明處。更詳驗問治決言」の部分を全て府の命令とした上で、粟君の訴えを承けて寇恩尋問を命じたⅢ(イ)「驗問治決言」がこれと同一文言であることから、Ⅲ(イ)「驗問治決言」も府の命令であり、それ故、粟君が訴えた先は府であると考えたわけである(籾山明注1前掲論文一四三頁)。しかしながら、Ⅲ(イ)には「廷」「甲渠候書」が見えるだけで「府」の語は見えていないので、Ⅲ(イ)「驗問治決言」をそこに全く記載の無い府の命令と見なすことには無理がある。また、後述のように、Ⅲ(イ)「驗問治決言」は、「書到」という語の後にくることから、都尉府ではなく居延縣廷の命令と考えられる。このように、Ⅲ(イ)「驗問治決言」は居延縣廷の命令であって、府の命令ではないので、粟君が訴えた先を府と考えるのは妥當ではない。

(15) 次の記事から「是正」は「誤りを正し直す」の意味とわかる。

詔謁者劉珍及五經博士、校定東觀五經・諸子・傳記・百家藝術、整齊脫誤、是正文字。(『後漢書』紀五　安帝紀　永初四年二月條)

(16) この點について、張建國は後述のように別の可能性を指摘する(張建國注1前掲論文)が、册書の記載からそのような狀況を讀み取ることはできない。第二節の「第二の疑問」で述べるように、都鄕嗇夫報告文書(Ⅲ)には居延縣廷が下した二度の寇恩尋問命令が再錄されている以上、三日附爰書(Ⅰ)は十六日附爰書(Ⅱ)と共に都鄕嗇夫報告文書(Ⅲ)に添附して甲渠候官に送付されてきたと考えられるが、その場合、粟君が⑤で第一回寇恩尋問の結果を知ったのが三日附爰書(Ⅰ)を見たためと考えることはできない。

(17) 籾山明注1前掲論文一四六～一四七、一四九頁。

(18) 初仕賓・肖亢達「居延新簡《責寇恩事》的幾箇問題」(『考古與文物』一九八一―三)は、⑩と⑪の間に、居延縣廷が第二回尋問結果を都尉府に報告し、都尉府がそれに對する回答を居延縣廷に送付したという手順を想定する(一〇九頁)が、初仕賓・肖亢達自身が述べるように推測であって、册書にそれを示す記載は無い。また、籾山明は、粟君が府に記を奏して「爰書是正」を求めていることから、第一回寇恩尋問結果が都鄕嗇夫→居延縣廷→甲渠候官→都尉府に轉送されたこと、さらに、居延縣廷文書（Ⅳ）が甲渠候官に送付されていることから、Ⅲ（エ）の「府錄」はまず甲渠候官に下されてそこから居延縣に轉送されたことをそれぞれ想定している（籾山明注1前掲論文一四二頁）。前者については、粟君が都尉府に「詣鄕爰書是正」を求めたのは直接的には居延縣までの移動許可を求めたものであること、後者については、居延縣廷文書（Ⅳ）が甲渠候官に送付されているのはこの案件が債權回收を求めた聽訟の手續きであるためであること、後述するとおりである。

(19) 角谷常子「秦漢時代の簡牘研究」（『東洋史研究』五五―一　一九九六）二一八〜二二〇頁。

(20) 徐苹芳「居延考古發掘的新收穫」（『文物』一九七八―一）二九頁參照。

(21) 寇恩が爰書によって同じ證言内容を二度繰り返して證言したことが居延縣廷の對應を變えた原因と考えられないわけではないが、第五の疑問で述べるように、爰書によって同一案件について重複して證言すること自體がそもそも問題である。

(22) 鵜飼昌男注2前掲論文三三頁の注二三。

(23) この送付狀況を想定しているのは、徐苹芳注20前掲論文、裘錫圭「新發現的居延漢簡的幾箇問題」（初出一九七九。同氏『裘錫圭學術文集』第二卷簡牘帛書卷　復旦大學出版社　二〇一二　所收）、初仕賓・肖亢達注18前掲論文、角谷常子注19前掲論文である。

(24) 張建國注1前掲論文。

(25) 籾山明「爰書新探――漢代訴訟論のために――」（『東洋史研究』五一―三　一九九二）。

(26) 兪偉超「略釋漢代獄辭文例――一份治獄材料初探」（『文物』一九七八―一）。兪偉超は、Ⅱが都鄕嗇夫から居延縣廷に送付されたのを承けて、居延縣廷から都鄕に再度の訊問命令が下されて、それに對する報告として都鄕嗇夫からⅢが居延縣廷に送付されたと考える。

(27) 大庭脩「居延新出『候粟君所責寇恩事』册書――爰書考補――」（同氏『秦漢法制史の研究』創文社　一九八二）、拙稿「『候粟君所責寇恩事』册書の再檢討――漢代債權回收請求訴訟の考察にむけて――」（『大阪産業大學論集』人文科學編一〇八號　二〇〇二）、孔祥軍「居延新簡〝建武三年十二月候粟君所責寇恩事〟册書復原與研究」（『西域研究』二〇一二―四）。なお、大庭脩は都鄕嗇夫報告文書（Ⅲ）の「前言解」が三日附爰書（Ⅰ）の送付を意味するのだろうか、とも述べている

(六五九頁)。この指摘を送付状況に反映させれば、都郷嗇夫が三日附爰書(Ⅰ)・十六日附爰書(Ⅱ)・都郷嗇夫報告文書(Ⅲ)を居延縣廷に送付する前に、三日附爰書(Ⅰ)のみ既に送付していたことになる。

(28) 帳簿の送付には送り状を添附することから、逆に、帳簿のように上申文言も宛先も無いものは單獨では送付できないことがわかる。送り状については、永田英正「簿籍簡牘の諸様式の分析」(同氏『居延漢簡の研究』同朋舍出版　一九八九)參照。

(29) 送り狀の例として「病卒爰書」を送付する場合の送り狀を擧げておこう。

元康四年三月戊子朔甲辰、望泉隧長忠敢言之
候官。謹寫移病卒爰書一編。敢言之。　255・40A(A33)

(30) 次の簡は、債務者の尋問結果の報告文書に債務者の自證爰書を添附した例である。

六千一百錢□不服。爰書自證。謹寫爰書移。謁報酒泉太守府。敢言之。　E.P.T52:267A+E.P.T52:38A

簡の形狀と「書」字の筆跡及び裏面の墨跡から、この二簡が接續することは間違い無い。また、『不服』を釋文は「□服」とするが、この簡と同じく「爰書自證」の語を含む後揭14との比較から、「不服」と考えて誤り無いだろう。

(31) 角谷常子注18前揭論文二一六頁。

(32) 大庭脩注27前揭論文六六三~六六四頁。

(33) 甘肅居延考古隊簡冊整理小組「〝建武三年候粟君所責寇恩事〟釋文」(『文物』一九七八—一)は「出土時、分兩部分捲在一起、1—20號爲一束、裏在里面、21—35號爲一編、捲在外面、36號出于附近。原編繩已朽爛脫落。」と記す(三〇頁)。

(34) 角谷常子注18前揭論文は、三日附爰書(Ⅰ)の筆跡と甲渠候官の書記である「掾譚」の筆跡とを同一筆跡と判斷した上で、三日附爰書(Ⅰ)は居延縣廷から甲渠候官へ實際に送付されてきたものではなく、甲渠候官で作成された寫しであると指摘する(二一七頁)。兩者の筆跡が非常によく似ていることは確かであるが、筆跡の異同は容易には確定し得ないものであるから、筆跡だけを根據に三日附爰書(Ⅰ)を甲渠候官で作成された寫しと斷定することにはためらいを禁じ得ない。角谷の言うように三日附爰書(Ⅰ)が甲渠候官で作成された寫しであった場合、これとは別に十六日附爰書(Ⅱ)のような兩行簡に謹直な字體で書かれた文書正本があったことになる。受領した文書の寫しである元康五年詔書冊では、すべて兩行簡が用い

られている上に上奏文部分の需頭さえも再現されている。この例からすれば、兩行簡に書かれた受領文書の寫しを作成する場合に札を用いるということは考えにくいように思われる。札に書かれた控えは、むしろ、發送用正本を作成するための下書きと考えるべきではないだろうか。角谷は、發信地に殘る札に加筆訂正のあとが殘っているものがあることを指摘している（角谷常子「簡牘の形狀における意味」冨谷至編『邊境出土木簡の研究』朋友書店　二〇〇三）が、ここで集成されている札は文書發信地に殘されたものであるから、送付用正本を作成するための下書きであって、受領した文書の寫しではない。第三部第一・二章で取り上げた擧劾文書も下書きで、札を用いている。

（35）張建國注1前揭論文。
（36）孔祥軍注27前揭論文。
（37）冨谷至『木簡・竹簡の語る中國古代　書記の文化史』（岩波書店　二〇〇三）七九頁。
（38）鵜飼昌男「漢代の文書についての一考察――『記』という文書の存在――」（『史泉』六八　一九八八）一九～二〇頁。
（39）裘錫圭注23前揭論文三一頁。
（40）候官への出頭記錄である詣官簿では、本人の實際の出頭を「詣」と表現している。

臨之隧長威爲部市藥。詣官封符。　八月戊戌平旦入　286・11（A8）

（41）史馮白、吞遠候長章檄言、遣卒范詡・丁放・張況詣官。今皆到。●奏發書檄
皆見　E.P.T59:36
（42）謝桂華（吉村昌之譯）「『建武三年十二月候粟君所責寇恩事』考釋」（『史泉』七三　一九九一）一七頁（中文版：「〝建武三年十二月候粟君所責寇恩事〞考釋」卜憲群・楊振紅主編『簡帛研究　二〇一二』廣西師範大學出版社　二〇一三　一五〇頁）。
（43）謝桂華注42前揭論文一五頁（中文版一四八頁）、籾山明注3前揭論文一九七・一九八頁。
（44）以下の三例は、順に「書」「牒」「衛卿檄」に基づいて尋問したことを記す。

▨敬、以書驗問章・充・貴・如昌▨　158・18（A8）

▨以牒驗問官・久・故吏令史范弘▨　127・35（A8）

（45）　□□後以衞卿檄驗問卒函□等六人、辭皆曰〼　220・17（A8）
次の簡は10と同じく「毋有」「以書言」の語を含む。
〼城倉・居延農・延水・卅井・甲渠・殄北塞候。寫移。書到、
〼遺脫。有、移名籍、遣吏將屬居延。毋有、以書言。會月廿日。如律令／掾仁・屬寧　175・13（A8）
ここでは「遺脫。有」の「有」と「毋有」、「移名籍、遣吏將屬居延」と「以書言」が對應しており、「（遺漏が）有れば名籍を送付し吏を派遣し部下を居延に引率せよ。（遺漏が）無ければ文書によって報告せよ」と解釋される。從って、10も「毋有」は「得」に對する「毋有得」の意味で讀むべきであろう。

（46）　籾山明注3前掲論文一九七頁。

（47）　裘錫圭は「爰書驗問」の「爰書」は動詞で「把口頭證辭等記錄成文（此〝文〟卽名詞〝爰書〟所指文書）」という意味だと言う（裘錫圭「《居延漢簡甲乙篇》釋文商榷」初出一九八二。同氏注23前掲書所收　一〇五頁）。この指摘は筆者の結論と結果的には同じことだろう。

（48）　11の「願」字は釋文では「日」に作るが、圖版に見える字形は12の「願」字とほぼ同じである。その12の「願」字を釋文は「頃」に作るが、11・12と同一文言の次簡は明らかに「願」であるから、これらの文字も「願」と釋すべきである。
〼守候塞尉……□□潤□□柴柱等三人□〼
〼到、願令史驗問收責□□□　E.P.T52:530

（49）　「更」字は釋文では「受」に作るが、候粟君冊書の「更」字（E.P.F22:2）とほぼ同形である。後ろの「驗□」が「驗問」であることは12・前注所掲E.P.T52:530・次注所掲釋54から疑い無く、その場合「受」では意味を成さない。

（50）　次の簡は12と同じ「書到、願令史驗問收責……報」という文言があるが、「自言」「收責」「以錢與士吏程嚴」の語から、玉門關候と丞が受けた債權回收依賴の「自言」を承けて、效穀縣の令史に債權を回收して士吏程嚴に渡した上で報告するよう求めたものであることがわかる。それ故、同じ文言を持つ12も債權回收の訴えを承けて出された債務者尋問及び債權回收の命令であることがわかる。

元延二年二月癸巳朔甲辰、玉門關候臨・丞猛移效穀。移自言六事。書到、願令史驗問收責、以錢與士吏程嚴、報。如律令。

Ⅱ90DXT0114②:292A／釋54

(51) もっとも、睡虎地秦簡・封診式「訊獄」（第一部第二章注90所掲）を見ると、被尋問者が眞實を全て供述したと尋問者が思うまで尋問は繼續されたようであるから、嘘の供述で言い逃れをすることは現實的には極めて難しかったであろう。封診式「訊獄」については、籾山明「秦漢時代の刑事訴訟」（同氏注1前掲書所收）八八～九二頁參照。

(52) 注30所掲のE.P.T52:267A＋E.P.T52:38Aにも、自證爰書を添附する旨が「謹寫爰書移」と明記されている。

(53) 「●右爰書」と書かれた尾題簡（E.P.F22:33）の筆跡が一六日附爰書（Ⅱ）と都鄉嗇夫報告文書（Ⅲ）と同じであることも、この時にこれらを一括して作成したことで説明できる。

(54) 滋賀秀三「清朝時代の刑事裁判――その行政的性格。若干の沿革的考察を含めて――」（同氏『清代中國の法と裁判』創文社　一九八四）五頁。

第五章　漢代の聽訟

はじめに

本章は、「候粟君所責寇恩事」册書（E.P.F22:1～36。以下「候粟君册書」という）の整合的理解を試みた前章までの考察結果を承けて、從來の候粟君册書解釋の問題點を明らかにした上で、册書の手順を債權回收を求めた聽訟手續きの中で解釋することによって漢代の聽訟の特徴を明らかにしようとするものである。なお、以下に利用する史料は主として邊境出土漢簡であるため、本章で論ずる所の聽訟はひとまず西北邊境の長城地帶で行われていたものと考えておき、內地における聽訟手續きは別の機會に検討することにしたい。

第一節　債權回收を求めた聽訟の手續き

第四部第一章で述べたように、漢代邊境で行われた債權の回收は債權回收を求めた聽訟ということができる。債權回收を求めた聽訟は次のような手順に從って進められる。卽ち、債權者が回收不能債權の回收を求めて官に訴える場合、契約書である券などによって債權が事實であることを證明した上で訴える場合と、何の證明も無く訴える場合があった。文書や帳簿では金錢の返濟を求めることが「責」と表現されるが、債權の存在が證明されていない場合は、自己申告であることを示す「自言」の語が加えられて「自言責」と記された。債権回収請求の訴えを受けた官は債務者の所属する官署や居住縣に對して債權回收命令を出すのであるが、債權者が債權の存在を證明したか否かによって、債權回收命令が異なってくる。債權者が債權の存在を證明していない場合の命令は「驗問收責報」で、債務者の尋問と債權の回收とその報告が命じられた。これに對して、債權者が債權の存在を證明した場合はそれに「不服、移自證爰書」という命令が加わり、債務者が債務を承服しないのならば、證不言請律が適用される自證爰書によって債務の不存在を證言することが求められた。

以上に述べた債權回收を求めた聽訟の手續きを整理すると次のようになろう。〔　〕内は、債權者が債權の存在を契約書などによって證明した上で訴えた場合に追加される手續きである。

A　債權者が債權の回收を求めて債務者を訴える。

B　訴えを受けた官署が債務者の所屬官署や居住縣に對して債務者尋問・債權回收・結果報告を命令。〔尋問で債務者が債務を承服しない場合は、債務不存在を證言する自證爰書を送付するよう命令。〕

C　債務者の所屬官署や居住縣が債務者を尋問し債權を回收。〔債務者が債務を承服しなかった場合は、債務不存在を證言する自證爰書を作成。〕

D　債務者の所屬官署や居住縣が債務者尋問の結果を債權者に報告。〔債務者が債務を承服しなかった場合は、債務不存在を證言する自證爰書も送付。〕

このような債權回收を求めた聽訟の手續きを供述や證言の信憑性から見るならば、債權者が債權の存在を契約書などで證明した上で訴えたか否かによって二つの水準が想定される。卽ち、債權者が債權の存在を證明しないで訴えを起こし、尋問された債務者が債務を承服しない場合でも自證爰書による證言を要求されない水準と、債權者が債權の存在を證明した上で訴えを起こし、債務者も債務を承服しない場合は自證爰書による證言が求められる水準の二つである。前者においては、債權者に對しては債權が事實であることの證明が、債務者に對しては債務不存在の證明が求められており、兩當事者について主張の信憑性が嚴しく問われているのに對し、後者では債權の存在不存在が事實であるか否かは債權者と債務者の雙方について全く問題とされていない。このように、これら二つの水準は、聽訟の手續きが行われる際の土俵とも言うべき信憑性の水準が截然と異なっているのである。前者では「自言」の語が附記され、後者では自證爰書の作成が命じられていることに因んで、前者の水準を自言レベル、後者の水準を爰書レベルと呼んでおこう。自言レベルでは供述内容が事實である保證は必要ないが、爰書レベルでは供述内容が事實である保證が必要とされた。尋問された債務者が債務を承服しない場合に自證爰書による證言が爰書レベルでのみ求められたのは、このような供述の信憑性における均衡を保つために他ならない。

債權回收を求めた聽訟は回收不能債權の回收を求めて官に訴えたものであるから、もしも債務者が債務を承服せず紛爭が解決できない場合は、官の判決などによる決着が想定されよう。ところが、債權回收の訴えを受けた官が出す「驗問收責報」という命令は、訴えられた債務者の尋問、債權の回收、及びその結果の報告を命ずるだけのものである。債權者が債權を證明しないで訴えた場合には、債務者が債務を承服しなかったとしても、官はその旨を訴えた債權者に傳達するだけであるし、債權者が債權の存在を證明して訴えた場合でも、債務を承服しなかった債務者に對して求められるのは自證爰書による證言のみで、債權の强制回收や判決のような手續きは確認できないのである。

そこで、債權の回收を求めた聽訟の事例である候粟君册書を考察することで、判決の有無も含めて債權の回收をもとめた聽訟が最終的にどのように紛爭を解決するのかを明らかにすることにしよう。なお、紙幅の都合で、册書の原文や册書を巡る經緯等はここには擧げなかったので、前章を參照されたい。

第二節　候粟君册書の解釋

これまで多くの先行研究が候粟君册書を取り上げているが、わけても張建國と籾山明の研究[1]は、この册書に見られる手續きを刑事案件・刑事訴訟（斷獄）の手續きとして理解する徐苹芳や俞偉超[2]を批判し、斷獄とは異なる聽訟（民事訴訟）として理解しており注目に値する。そこでは、斷獄では被疑者は獄に身柄を拘束されて嚴しく詰問されるのに對し、聽訟では訴えられた者の尋問が獄ではない場所において司法機關ではない擔當者によって行われたことや、當事者尋問の目的は陳述の眞實性の保證にあって、罪狀自認の獲得にあるわけではないことなどが、斷獄と聽訟の違いとして指摘されている[3]。候粟君册書にみえる手續きが斷獄とは異なる聽訟の手續きであるという點については筆者も大いに贊同するものであるが、張建國と籾山は共にその手續きの最後に縣廷・都尉府による判決を想定している。

寇恩の二度目の尋問以降の手順を張建國は次のように考えている。卽ち、都鄕から寇恩再尋問の結果を受け取った居延縣廷は、甲渠候官に寇恩の尋問結果を送ると共に、粟君を尋問しその結果と粟君の自證爰書を居延縣廷に送るよう命じた。甲渠候官から粟君の尋問結果と自證爰書が送付されてきた後、居延縣廷が兩者の尋問結果を踏まえてこの案件の審理を行い判決を下す、と[4]。

一方、籾山は次のように考えている。卽ち、都鄕嗇夫は爰書によって再度寇恩の尋問を行い、寇恩に返濟の義務はなく、器物使用については粟君側に非があると判斷した。都鄕嗇夫はこの結果を居延縣廷に上申し、居延縣は「須以政不直者法亟報」という意見を附して甲渠候官へ送付する。甲渠候官はこれを都尉府に報告し、都尉府ではこれらの

報告に基づいて最終的な決定を下す、と。(5)

兩氏の解釋では最終的な判決や決定を下す官署が相違するものの、訴えた粟君と訴えられた寇恩の雙方の訴えや尋問結果をもとに、都尉府または縣廷が審理して判決を下すという訴訟手續きの枠組みは共通している。しかしながら、そのような手順を想定した場合、前章はじめにでも述べたように、候粟君冊書の送付狀況について説明のできない疑問が生じるのである。卽ち、一方の當事者である寇恩の自證爰書がどうしてもう一方の當事者である粟君の元に送付されるのか、さらに、長官である粟君を甲渠候官所屬の誰が公正に尋問するのかといった疑問が、粟君の訴えを最初に受けた官署が兩當事者の主張を勘案した上で判決を下すという手續きを想定した場合、説明できないのである。(6)

このような判決や最終的な決定の存在は、基本的に訴えられた債務者を尋問するだけであった債權回收を求めた聽訟における手續きと本質的に異なる。しかしながら、候粟君冊書の案件も未拂い金錢の支拂いを求めて訴えたもの、つまり、債權回收を求めた聽訟である以上、その他の債權回收を求めた聽訟と同じ手續きが取られていたはずである。もとより、縣廷や都尉府による判決や最終的な決定は候粟君冊書そのものには記載がないのであって、それらは實のところ論者の推測に過ぎない。從って、その推測が妥當かどうかを檢證する必要があろう。

候粟君冊書に於いて居延縣廷や都尉府による判決や最終的な決定の存否を檢證するためには、冊書の解釋を確定しておく必要がある。この點については前章において檢討したが、そこでは「治決」「明處」「須以政不直者法亟報」についての解釋を保留していたので、ここではこれらの文言の意味を檢討し、一連の手續きの中でそれらがどういう意味を持つのかを明らかにしたい。

まず「治決」を取り上げる。「治決」の用例は候粟君冊書の他に二例あるが、一例は債權回收に關して見える。(7)

1　布橐一、直百八十、布袜一兩、直八十。始安隧卒韓詡自言、責故東部候長牟放□□
錢四百。驗問收責持詣廷。放在城官界中。謁移城官治決。害□日夜□　73E. J. T23:295

〔麻の袋一つ、價格百八十錢、麻の靴下一兩、價格八十錢。始安燧卒の韓詡が自ら言うには、元東部候長の牟放□□に四百錢の返濟を求めている、と。尋問して債權を回收しそれを持って縣廷に出向かれたい。牟放は都尉府の管轄區内にいる。どうか都尉府に通知して「治決」していただきますよう。〕

「持詣廷」の「廷」は縣廷を指すので[8]、この文書の發信者は縣廷とわかる。また、「謁移城官」とある「城官」は都尉府のことと思われるので[9]、縣廷は某官署に對してこの文書を都尉府へ轉送するよう依賴していることになる。ここには二件の債權の記載があり、債務者は牟放一人のようであるので、この文書は、牟放に債權を持つ二人の債權者からの債權回收の訴えを受けた縣廷が、都尉府にこの件を「治決」してもらうよう某官署を介して依賴したものと思われる。牟放尋問と債權回收および縣廷への持參の命令が既に記された上で、都尉府に對して「治決」を依賴していることから、「治決」が尋問や債權回收とは別の意味であることはわかるが、それ以上の具體的な意味はこの例だけでは明らかにできない。そこで、「治」「決」それぞれの意味から「治決」の意味を考えることにしよう。

「治」は、二年律令には裁判に關係する條文の中で「取り調べる」という程の意味で見える[10]。候粟君册書の「治」も「驗問」と一緒に現れるので同樣の意味と考えてよいだろう。「決」は二通の寇恩自證爰書（前章第一節所揭Ⅰ・Ⅱ）に「時商育皆平牛直六十石與粟君。粟君因以其賈予恩、已決」と見え、また、他にも債權に關して「不當償彭祖錢、已決絕」という例もある[11]。これらの例から、債權に關して現れる「決」は「決着濟み」という程の意味と考えられよう。そうすると、「治決」は「取り調べて決着をつける」となろう。1の「治決」もこの意味で解釋して問題無いだろう。債權回收の命令が通常は「驗問收責報」であるのに對して、候粟君册書で「驗問治決言」となっているのは、「驗問收責報」と命じられる場合は貸借關係が明確であるのに對して(12)、候粟君册書の場合は貸借關係が不明確であるため、まず事實關係をはっきりさせる必要があったからであろう。1では、「放在城官界中」と記載されているように、縣廷は訴えられた牟放の所在を詳しくは把握していなかった。それ故、牟放の所在なども含めて事實關係をはっきりさせる必要があったため、都尉府に對して「治決」を依賴したのであろう。

次に「明處」。「明處」については籾山明が既に檢討している(13)。籾山は『論衡』案書篇(14)で「不宜明處」と「剖破渾沌、解決亂絲」とが對比されていることから、「明處」を「自己の判斷を明確に示す」と解釋する。しかしながら、「剖破渾沌、解決亂絲」の後には「言無不可知、文無不可曉」と續いており、ここで問題となっているのは言葉や文の意味の明瞭さである。それ故、「明處」は「はっきりさせる」という意味に過ぎず、「自己の判斷を」という意味は含まれないのではないだろうか。『論衡』にはもう一箇所「明處」の語が見え(15)、そこでは薄葬について「儒家論不明」と言い、また「陸賈依儒家而說、故其立語、不肯明處」と言っていることから、ここでは「不肯明處」と「不明」がおよそ同じ意味となる故、この場合の「明處」も「はっきりさせる」という意味以上に出ないのではないだろうか。

「明處」という語は、簡牘では候粟君册書の他に駒罷勞病死册書（第四部第三章所揭10）に一例見えるだけであるが、「正」字が間に入る「明正處」という語が次揭の長沙五一廣場東漢簡(16)にみえる。漢簡には「正處言」が「明處言」と同じように使われている例（後揭3）があり、兩者は概ね近い意味を持つ文言のようである。そうすると、「明處」「明正處」「正處」は概ね同じ意味を表す表現ということになろう。

2　府告兼賊曹史湯・臨湘。臨湘言「攸右尉謝栩與獄捕掾黃忠等、別問僦趙明宅者。完城旦徒孫詩住立。詩畏痛自誣『南陽新野男子陳育・李昌・董孟陵・趙□等劫殺明及王得等。』推辟謁舍亭、例船刺無次公等名。縣不與栩等集問詩。詩自誣無檢驗。又詩辭『于其門、聞不處姓名三男子言、渚下有流死二人。』逐捕名李光・陳常等自期」有書。案、□移湯書「詩辭『持船于湘中糴米、見流死人。』」縣又不綠湯書而未殺、不塞所問。巨異不相應何。咎在主者不欲實事。記到、湯・縣各實核不相應狀、明正處言。皆會月十五日。毋何繫無罪、毆擊人。有

府君教。

五月九日開（以上檢內）

永元十五年五月七日晝漏盡起府　（以上檢下部）長沙五一廣場東漢簡J1③:285A

〔府が兼賊曹史湯・臨湘縣に告ぐ。臨湘縣が言うに「攸縣の右尉の謝栩が獄捕掾の黄忠らと、別々に趙明宅の雇い主を訪ねた。完城旦徒の孫詩がそこにいた。詩は痛い思いをするのを恐れて自ら嘘の自白をするに『南陽郡新野縣の男子の陳育・李昌・董孟陵・趙□らが明および王得らを誘拐して殺害しました』と。謁舍亭を捜索したところ、例船刺に次公らの名がなかった。縣は栩らと集まって詩を尋問していない。詩は自ら嘘の自白をしたがそれが事實かどうか確認されていない。さらに詩は『そこの門で、姓名不詳の三男子が「川岸に二人の溺死體がある」と言っていた』と供述している。李光・陳常らの逮捕は時間の問題である」と。この件については以前報告があった。調べたところ、「船を出して湘中で米を買った時に、溺死體を見た」という詩の供述を記した湯の文書を□は送付している。縣はさらに湯の文書を記録せずに殺していないとして、尋問を充分に行っていない。どうして異なっていて一致しないのか。擔當者が事實を確認しようとしなかったせいである。この記が届いたら、湯と縣はそれぞれ相違の状況を檢證し、明正處して言え。皆今月十五日に出頭せよ。無罪の者を拘留したり、拷問を加えてはならぬ。府君の教あり。〕

これは府が兼賊曹史湯と臨湘縣に下した記で、「記到、湯・縣各實核不相應狀」とあるように何かが一致していない狀況を調査するよう命じたものである。「記到」に先行する部分に、臨湘縣の文書（「臨湘言……自期」）と湯の書（「詩辭……見流死人」）を引用した上で、臨湘縣の文書に湯の書が採錄されていないことを指摘し「巨異不相應何（巨《あ》に異なりて相應ぜざるは何ぞや）」と言っていることから、兩文書所載の溺死體に關する孫詩の供述がここでの調査對象であると思われる。そうであるならば、「明正處して言え」という府記の命令は兩文書所載の孫詩の供述の不一致について命じられていることになり、具體的に言えば、孫詩が溺死體を發見した際の狀況・事實關係を確認することを命じたものと考えられる。溺死體發見時の狀況の確認を命じた語であるならば、この「明正處」も「はっきりさせる」という意味と考えてよいだろう。少なくとも、この「明正處言」が孫詩の供述不一致の件に對する湯と臨湘縣の判斷を求めたものとは考えにくい。

「正處言」の例は次のものである。

3　隊長代樊志卌二日、當得奉衣、數詣縣自言、訖不可得。記到、正處言狀。會月十五日。有　　E.P.T49:47

〔燧長になり樊志と交代して四十二日經過した、奉衣を受領する資格があるので、しばしば縣に出向いて自ら言うも、結局手に入れられなかった、と。この記が屆いたら、正處して狀況を言え。今月十五日に出頭せよ。（教）有り。〕

ここでは、樊志に代わって燧長になった人物が奉衣をもらえない件について「正處言狀」と命じられている。「正處」した上で狀況（「狀」）を報告せよと命じていることから、この「正處」は實質的には「狀」を對象として行われる動作・行爲になる。それ故、「はっきりさせる」というほどの意味と解釋するのが妥當であろう。

このように、「明處」の類似表現である「正處」「明正處」は、當該案件の事實關係や狀況を調査してはっきりさせることを求めた文言と解釋される。それ故、「明正處」と表現が重複する「明處」も同様の意味と理解してよいだろう。そうすると、候粟君册書の「府錄令明處」は「都尉府は錄を下し（粟君の訴えについて事實關係を）はっきりさせるよう（居延縣廷に）命じた」という意味に解釋される。

最後に「須以政不直者法亟報」について。「須」を含む部分は、第一部第二章第八節で檢討したように、下達文書などの中で傳えた命令が遂行された後に文書發信者自身が行うべき事を記した部分である。「報」は「論報（判決）」ではなく回報の意味で、[17]「須」の中なので「報」の行爲主體は居延縣廷になる。[18]居延縣廷は府からの寇恩再尋問命令を承けて甲渠候官にこの文書を送付しているのだから、ここでの回報先は府となろう。「須」と「亟報」の間の「政不直者法」は他に類例が無くよくわからない。ただ、「法」は具體的な法令・條文を指すのではなく、法秩序や法理という抽象的な意味であり、[19]また、「不直」は、睡虎地秦簡では判決を故意に輕重することを、二年律令では告發されていないのに取り調べをしたり實際より重い罪で告發したりすることを指していて、[20]およそ故意に事實を曲げる行爲を指すようである。候粟君册書も訴えの記錄なのだから、この「不直」も同じ意味で解釋すべきであろう。

以上のことから、「須以政不直者法亟報」はひとまず「（居延縣廷は）政務において故意に事實を曲げたという法理を以て速やかに府に回報しなければならない」と解釋されよう。「須」以下は命令完遂の訓示であるから、この場合、甲渠候官に自證爰書によって證言するよう訓示していることになろう。ただ、「粟君が自證爰書によって證言したら、政務において故意に事實を曲げたという法理を以て府に回報しなければならない」というのでは、逆に、自證爰書による證言をさせない方向になると想像されるが、この點については後に取り上げることにしよう。

以上で候粟君册書の解釋は全て終了した。そこで次には、候粟君册書の手順を債權回收を求めた聽訟の手續きに當てはめて解釋することで、聽訟手續きの特徴を明らかにしてゆこう。

第三節　候粟君册書と債權回收を求めた聽訟

（一）候粟君册書の手順と債權回收を求めた聽訟の手續き

候粟君册書の手順（前章第五節參照。以下の丸番號はそこで附した手順）のうち第一回寇恩尋問を巡る①～⑤を、先に示した債權回收を求めた聽訟の手續きに當てはめると次のようになる。

①粟君が居延縣廷に對し寇恩を訴える。…………A債權者が債權回收を求めて債務者を訴える。
②居延縣廷が都鄉嗇夫に寇恩尋問を命令。………B訴えを受けた官署が債務者の所屬官署や居住縣に對して債務者尋問・債權回收・結果報告を命令。
③都鄉嗇夫が寇恩を尋問。……………………C債務者の所屬官署や居住縣が債務者を尋問し債權を回收。
④都鄉嗇夫が寇恩尋問結果[21]を居延縣廷に報告。
⑤居延縣廷が寇恩尋問結果を粟君に通知。　）……D債務者の所屬官署や居住縣が債務者尋問結果を債權者に報告。

候粟君册書では、粟君が最初居延縣に對して訴えて、それを承けて居延縣が都鄉嗇夫に寇恩尋問を命じているので、①がAに、②がBに當たる。また、訴えられた債務者の尋問である③とCが對應し、候粟君册書の③④は債務者尋問結果の報告なのでDに當たる。候粟君册書の手順と聽訟の手續きが、手續きを擔う官署の關係で完全な一對一對應にはならないが、候粟君册書の手順が聽訟手續きに從って進められていることは明らかである。

續いて、第二回寇恩尋問を巡る手順⑥～⑪を聽訟手續きに對應させると次のようになる。

⑥粟君が府に居延縣への移動許可を申請。…………A債權者が債權回收を求めて債務者を訴える。
⑦府が居延縣廷に對し事實關係を明らかにするよう命令。
⑧居延縣廷が都鄕嗇夫に第二回寇恩尋問を命令。
}……B訴えを受けた官署が債務者の所屬官署や居住縣に對して債務者尋問・債權回收・結果報告を命令。
⑨都鄕嗇夫が寇恩を再尋問し、十六日附寇恩自證爰書（Ⅱ）を作成。……C債務者の所屬官署や居住縣が債務者を尋問し債權を回收。
⑩都鄕嗇夫が寇恩尋問結果と二通の寇恩自證爰書（Ⅰ・Ⅱ）を居延縣廷に送付。
⑪居延縣廷が二通の寇恩自證爰書（Ⅰ・Ⅱ）と都鄕嗇夫報告文書（Ⅲ）を甲渠候官に送付。
}……D債務者の所屬官署や居住縣が債務者尋問結果を債權者に報告。

府に對する粟君の申請⑥は居延縣への移動許可を求めるものであったが、これを受けた府が居延縣廷にこの案件の事實關係の解明を命じていることから、聽訟手續きのAに當たると見なしてよいだろう。そうすると、第二回寇恩尋問を巡る⑥から⑪までの手順もまた聽訟の手續きに従うものであったといえる。

なお、册書手順の⑪で、居延縣廷は甲渠候官に對して自證爰書によって證言することを求めているが、これについては次のように考えられる。先述のように、聽訟の手續きでは、自言レベルと爰書レベルの二つの信憑性の水準が存在した。第二回尋問において寇恩が自證爰書により債務を承服しない旨を證言したことによって、手續きはそれまでの自言レベルから爰書レベルへと移行した。爰書レベルでは、雙方の供述の信憑性の水準を揃える必要から、債務者が債務を承服しないのなら自證爰書による證言が求められた。⑪で甲渠候官に自證爰書による證言が求められたのも、債權者と債務者の立場は逆であるが、それと同様であって、第二回尋問で寇恩が自證爰書によって證言した（と居延縣廷が認識した）ために寇恩と粟君の供述の信憑性の水準を揃える必要があったからだろう。

（二）債權回收を求めた聽訟の判決手續き

ここでは、聽訟における判決手續きの有無などについて檢討するが、その前に、候粟君册書の手順のうち、第一回寇恩尋問を巡る①から⑤と第二回尋問を巡る⑥から⑪とがどのような關係にあるのかをまず確認しておこう。⑤で居延縣廷から第一回寇恩尋問結果を通知された粟君は、⑥で府に「詣鄉爰書是正」を申請しているが、これは前章で檢討したように、寇恩に自證爰書による證言をさせることによって第一回尋問での供述內容を訂正するために寇恩の住む居延縣都鄉に行く許可を求めたものと考えられる。それ故、この申請は粟君の自發的な行爲であろう。

その點を確認するために、今假に粟君による⑥の府に對する都鄉への移動許可の申請が、①の粟君の訴えに始まる聽訟手續きの一環として居延縣に出頭する必要があったための移動許可の申請であったとしよう。聽訟手續きとしての出頭であるならば、何らかの事情があって移動許可を出さない場合でも府は粟君の出頭を代替する措置を執る必要があっただろう。册書では、府が居延縣廷に對して「明處」、卽ち、粟君の訴えた案件について事實關係をはっきりさせるよう命じているが、この府の命令は粟君自身とは全く關係しないので、聽訟手續きとして粟君が居延縣に出頭することを代替しているとは考えられない。つまり、この場合、府は粟君の出頭に代替する措置を取っていないということになろう。聽訟手續きとしての出頭であれば代替措置を取る必要があったと思われるのであるから、代替措置が執られていない⑥の申請は、聽訟手續きとして出頭するための移動許可の申請ではなかったということになろう。逆に、府が粟君の申請を許可せずに、居延縣廷に對して「明處」を命じたということは、粟君が居延縣都鄉へ赴こうとした用件が、粟君自身が居延縣に赴かないでも府が居延縣廷に對して「明處」を命ずることで果たされ得るものであったということである。粟君自身が居延縣に赴かないでも差し障りが無いということからも、⑥は粟君の個人的な用件による移動許可の申請と考えられよう。

このように、⑥の府に對する申請が粟君の自發的行爲であるならば、ここで粟君が府に移動許可を申請しなかった可能性も考えられる。もしここで粟君が府に申請しなかったならば、⑦で府が居延縣廷に「明處」を命ずることもなかったであろうから、⑧以降も實施されなかったと考えられる。このことから、①の粟君の訴えに始まる聽訟の手續きは、⑤で第一回寇恩尋問結果を粟君に通知したところでひとまず終了すべきものであったと考えられる。從って、候粟君册書の手順うち、①の粟君の訴えに始まる①から⑤と、⑥の府への申請によって開始される⑥から⑪は、それぞれが獨立した別件の聽訟手續きであったということになる。

この點を確認した上で、今假に債權回收を求めた聽訟に判決手續きが存在したとすれば、一回目の訴えに當たる①から⑤のどこで判決は下されたのだろうか。候粟君册書では④で第一回寇恩尋問結果が居延縣廷に報告されており、この時點で粟君の訴えと寇恩の供述の兩方が居延縣廷に揃うことになるが、居延縣廷が審理を行い判決を下すのは、①から⑤の中では雙方の供述が揃ったこの時以外にはないだろう。では、その場合、どのような判決が下されただろうか。⑧で居延縣廷が都鄕に對し寇恩の再尋問を命じた中で、「恩辭不與候書相應。疑非實」と述べていることに注目したい。その「恩辭」が第一回尋問における寇恩の供述を、「候書」が粟君の訴えを指すことは疑い無いので、この「疑非實」は寇恩の供述に對する居延縣廷の心證となろう。居延縣廷がこのような心證を抱いている以上、居延縣廷は粟君の主張を認める方向の判決を下していたはずである。ところが、その後、粟君は寇恩に自證爰書により證言させることで供述を訂正させようとした。このことは、とりもなおさず、居延縣廷の下した判決が粟君の主張を認めるものではなかったことを示しており、居延縣廷の心證から推定される先の判決內容と矛盾するのである。居延縣廷が判決を下したと假定した場合このような矛盾が生じるということは、この假定自體が誤りであったと考えざるを得ない。卽ち、⑤で居延縣廷が粟君へ通知した內容には判決の如きものは存在せず、寇恩の第一回尋問結果だけが通知されたと考えざるを得ないのである。

⑥から始まる二回目の訴えで、寇恩尋問を行った居延縣廷から粟君に送られてきたのがこの候粟君册書そのものである。居延縣廷文書（Ⅳ）に含まれる「須以政不直者法亟報」を縣廷の判決とする論者[22]もあるが、先に檢討したように、そう考えることはできない。その結果、居延縣廷から粟君に送られてきた文書には判決と見なせるものは含まれないことになる。それ故、二回目の訴えでも判決手續きは存在しなかったと考えざるを得ないだろう。

債權回收を求めた聽訟では、また、官が積極的に事實を究明することも行われなかった。先述のように、居延縣廷は第一回寇恩尋問結果に對し「疑非實」という心證を抱いていながら、そのまま粟君に尋問結果を通知しているのであって、都鄕に寇恩の再尋問を命じて積極的に眞實を究明しようとはしていない。確かに、居延縣廷は都鄕嗇夫に對して第二回寇恩尋問命令を出しているが、この再尋問命令は、粟君の申請を受けた府から「明處」を命じられたために下されたものであって、居延縣廷が「疑非實」という心證に基づいて自發的に命じたものではない。

このように、粟君の訴えを受けた居延縣廷は、積極的に事實を究明してもいないし判決を下してもいないと考えられ、結局、債權回收を求めた聽訟は、債務者尋問命令に「驗問收責報」とあるとおり、訴えられた債務者を尋問しその結果を訴えた債權者に報告（債權が回收できた場合はそれも返却）するだけのものだったのである。

（三）冊書に續く手續き

冊書の記載は、居延縣廷が甲渠候官に對して自證爰書による證言を求めた⑪で終わっているが、その後、もしも粟君が證言しなかったならば聽訟はどうなるのだろうか。爰書レベルの聽訟手續きにおいては、尋問された債務者が債務を承服しない旨を自證爰書によって證言しなければ、債務を承服したことになり聽訟手續きは終了する。このことを踏まえれば、候粟君冊書の場合も粟君が寇恩の主張を承服したことになり聽訟手續きは終了すると思われる。

では、粟君が自證爰書によって證言し、その自證爰書が居延縣廷に送付された場合はどうなるのだろうか。この點については、燧長失鼓冊書（第四部第二章所掲17）がその手掛かりを與えてくれる。燧長失鼓冊書では、太鼓の返還を求めて訴えられた人物と、その人物が太鼓返還の責任があると名を擧げた人物の兩者が、それぞれ自證爰書による證言をした後、先に證言した人物が再び尋問され、後で證言した方が僞證していると證言する自證爰書がそこで作成されている。この例からすれば、もしも粟君が自證爰書によって證言したならば、先に自證爰書によって證言した寇恩が再度尋問され、粟君の主張を承服するか、さもなくば自證爰書によって粟君の僞證を證言するのではないだろうか。相手の僞證を證言することは、とりもなおさず相手の證不言請律違反を證言することであるから、爰書レベルの聽訟から證不言請律の違反を巡る斷獄への移行をここに想定できるかもしれない。(23)

おわりに

候粟君冊書は、訴えた粟君と訴えられた寇恩雙方の尋問結果や自證爰書をもとに、府または縣廷が審理して判決を下すという枠組みでこれまで解釋されてきたが、その場合、一方の當事者である寇恩の自證爰書がどうしてもう一方の當事者である粟君の元に送付されるのか、また、長官である粟君を甲渠候官所屬の誰が公正に尋問するのかといった疑問の生じること、先述の通りである。しかし、本章で述べたように、候粟君册書は債權回收を求めた聽訟の案件であって、その手續きは訴えられた債務者を尋問しその結果を訴えを起こした債權者に報告するだけのものであるから、寇恩の自證爰書が粟君の元に送付されるのは當然のことであるし、粟君が尋問されることも無いだろう。

では、積極的な事實究明や判決などが手續きとして存在しない聽訟は、どのように紛爭を解決するのだろうか。前述のように、聽訟手續きの自言レベルでは、訴えに際して債權の存在を證明する必要はないし、尋問において債務を承服しない債務者も債務不存在を自證爰書によって證言することは求められない。そのため、訴えた債權者と訴えられた債務者の雙方について虛僞の供述を抑制する手續きは自言レベルには存在しない。極論すれば、自言レベルでの供述は噓でも構わないのである。候粟君册書で、第一回寇恩尋問結果に對し居延縣廷が「疑非實」という心證を抱いていながら、噓の疑いを追及することなくそのまま粟君に報告しているのは、そのために他ならない。結局の所、自言レベルの手續きは、訴えられた債務者を尋問して、債務者がそれを承服したか否かに拘わらずその結果を（債權を回收できた場合はその債權も）訴えた債權者に送付するだけのものなのであり、紛爭を積極的に解決するための仕組みはそこには存在しない。これに對して、爰書レベルでは虛僞の供述を證不言請律が抑制する。そのため、債務の事實がある債務者は僞證しない限り債務を承服せざるを得ず、その結果、紛爭は解決される。つまり、爰書レベルでは、自證爰書による證言を當事者に求める手續きこそが紛爭解決の力となるのである。

これまで見てきたように、債權回收を求めた聽訟は、自言レベルにしろ爰書レベルにしろ、當事者の一方が相手の主張に反論せず承服することによって、換言すれば、あきらめて爭わないことによって終了する。このような形で案件が終了する聽訟は、その紛爭解決の原理が斷獄とは全く異なると言わなければならない。喩えるなら、當事者の進むべき道に踏み繪を置くことで、有責または不利な側の當事者が踏み繪を踏むのを躊躇してそれ以上進まない結果、紛爭が解決される、とでも言えようか。そして、その踏み繪に當たるのが自證爰書による證言なのである。

このような聽訟の紛爭解決原理を踏まえると、居延縣廷文書（Ⅳ）に記された「須以政不直者法亟報」という言葉が全く違和感なく理解できるようになる。先述のように、この言葉は「（粟君が自證爰書によって證言したら、居延縣廷は）政務において故意に事實を曲げたという法理を以て速やかに府に回報しなければならない」と解釋されるが、そのような内容を粟君に對して言うと、逆に、自證爰書による證言をさせない方向に粟君を向かわせることになると想像される。居延縣廷は粟君に對して自證爰書による證言を命じていながら、その一方で、それを回避させるような言葉を述べるのは、一見矛盾しているように思える。しかしながら、債權回收を求めた聽訟は當事者の一方が相手の主張に反論しないことで、換言すれば、あきらめて爭わないことによって終了するものであり、粟君が自證爰書による證言をしない場合はまさにそのような形でこの案件は終了することになる。つまるところ、寇恩が自證爰書によって債務の不存在を證言した以上、粟君を默らせればそれで一件落着なのである。そのように考えれば、「須以政不直者法亟報」という居延縣廷の言葉は聽訟の紛爭解決原理を象徵していると見ることもできよう。

このように、漢代の聽訟には官による積極的な事實究明や判決の手續きは存在しなかった。それ故、これはもはや公權力による訴訟や裁判ではなく、當事者による自力救濟行爲に過ぎないという見方もあるかもしれない。しかし、聽訟では、債權者の訴えを承けて行われる債務者の召喚・尋問、債務者が債務を承服した場合の債權回收、承服しなかった場合の自證爰書による證言などの手續き全てが、郡―縣―鄉及び都尉府―候官―部―燧という民政・軍政の統治系統を利用して行われ、官の持つ强制力を背景に實施されているのであって、これら無くして紛爭の解決は見込めない。第四部第一章において、この債權回收を求めた聽訟は、現代的な概念を用いて言うならば、公力救濟を求めたいわゆる債權回收請求訴訟に相當する、と述べた所以である。

注

(1) 張建國「居延新簡〝粟君債寇恩〟民事訴訟箇案研究」(同氏『帝制時代的中國法』法律出版社　一九九九)、籾山明「居延出土の册書と漢代の聽訟」(同氏『中國古代訴訟制度の研究』京都大學學術出版會　二〇〇六)。

(2) 徐苹芳「居延考古發掘的新收穫」(『文物』一九七八—一)、兪偉超「略釋漢代獄辭文例——一份治獄材料初探」(同上)。

(3) 張建國注1前揭論文三三五頁、籾山明注1前揭論文一五三頁。

(4) 張建國注1前揭論文三三三～三三四頁。

(5) 籾山明注1前揭論文一四六～一四九頁。

(6) この疑問について籾山は次のように考えている。卽ち、第一の疑問については、寇恩尋問の結果と寇恩の自證爰書が居延縣廷から甲渠候官に送付されているのは、二回目の寇恩尋問命令がもともと都尉府から甲渠候官に下されたものであるためであり、第二の疑問については、寇恩を訴えた粟君と「甲渠候」とは別人、つまり粟君は甲渠候官の長官ではない、と(籾山明注1前揭論文一四〇～一四一、一四八頁)。しかしながら、前章第一節(二)および注14で述べたとおり、この考えは成り立たない。その結果、これらの疑問は依然として解決されないままである。

(7) もう一例は次のものである。

送致逆教還所況讓前□。書到、趣治決巳言。如律令。　79.D.M.T5:32/敦71

(8) 次の文書傳送記錄簡の中で、候官は「候」「候官」、都尉府は「都尉府」と表記されており、「詣居延廷」が居延縣廷を指すことがわかる。

書四封・合檄二・單檄四　(第一段)

其三封張掖都尉章、詣肩水橐他・廣地候。　●二月壬申平旦、受界亭卒
一封肩水都尉、詣廣地候官　●合檄一居延左尉、詣居延廷。　輔。蚤食沙頭
合檄一張掖都尉章、詣居延都尉府　檄四張掖都尉章、詣肩水橐他・廣地候・督蓬史　（第二・三・四段）
73E.J.T24:26

（9）次掲の505・36は城官への物品輸送の記録、506・10は城官中亭での作物植附規定であるが、共に肩水都尉府遺址（A35）出土であることから、この「城官」は都尉府を指すと考えられる。

●右凡十二兩　輸城官　凡出入折耗五十九石三斗　505・36（A35）

城官中亭治園簿　韭三畦　葵七畦　葱三畦　凡十二畦　其故多過篠者、勿減　506・10A（A35）

（10）毋敢以投書者言毄治人。不從律者、以鞫獄故不直論。　張家山漢簡・二年律令一一八（具律）

治獄者、各以其告劾治之。敢放訊杜雅、求其它罪、及人毋告劾而擅覆治之、皆以鞫獄故不直論。　張家山漢簡・二年律令一一三（具律）

（11）第四部第二章所掲16參照。

（12）次の簡は債權回收命令に對する報告であるが、「貸甲渠候史張廣德錢二千」とあるように誰にいくら貸したかという貸借關係が明確なので「尋問して猛の言うとおりなら債權を回收して報告せよ」と命ずるのみで、「治決」や「明處」は命じられていない。

貸甲渠候史張廣德錢二千。責不可得。書到、驗問、審如猛言、爲收責言。謹驗問廣德、對曰「迺元康四年四月中、廣德從西河虎猛都里趙武、取穀錢千九百五十、約至秋予　E.P.T59:8

（13）籾山明注1前掲論文一三一～一三二頁。

（14）不務全疑、兩傳并紀、不宜明處。孰與剖破渾沌、解決亂絲、言無不可知、文無不可曉哉。（『論衡』卷二九　案書篇）

（15）賢聖之業、皆以薄葬省用爲務。然而世尚厚葬、有奢泰之失者、儒家論不明、墨家議之非故也。墨家之議右鬼、以爲人死輒爲鬼而有知、能形而害人、故引杜伯之類以爲效驗。儒家不從、以爲死人無知、不能爲鬼、然而賻祭備物者、示不負死

（16）以觀生也。陸賈依儒家而說、故其立語、不肯明處。劉子政擧薄葬之奏、務欲省用、不能極論。（『論衡』卷二三　薄葬篇）
長沙市文物考古研究所「長沙五一廣場東漢簡牘發掘簡報」（『文物』二〇一三—六）、趙平安・羅小華「長沙五一廣場出土J1③:285號木牘解讀」（『齊魯學刊』二〇一三—四〔總二三五期〕）。

（17）拙稿「漢代の死刑奏請制度」（『史林』八八—五　二〇〇五）一一五頁。

（18）「亟報」は次掲73E.J.T7:25のように文書送付先に對する命令としてよく用いられる表現であるが、73E.J.T1:3のように、「須」の中で文書發信者自身が行うべき行爲として「報」の見える例もあるので、「以政不直者法亟報」全體を「須」の内容として考えても問題無いだろう。

☐……☐☐佐豐移肩水候官。☐☐☐☐來時長初來時、登山隧長孫君房、從萬貰買。執適隊長丁☐
☐任。府書曰、卒貰賣予吏及有吏任者爲收責、有比。書到、願令史以時收責。迫卒且罷、亟報。如律令。☐
73E.J.T7:25

七月壬辰、張掖肩水司馬陽以秩次兼行都尉事、謂候・城尉。寫移。書到、廋索部界中、毋有以書言。會廿日。如律令。
＝╱掾遂・守屬況
七月乙未、肩水候福謂候長廣宗☐。寫☐。☐到、廋索界中、毋有以書言。會月十五日。須報府。毋☐☐。如律令。╱令
＝史☐　73E.J.T1:3

（19）冨谷至「二年律令に見える法律用語——その（1）」（『東方學報』七六　二〇〇四）二二五〜二二六頁。

（20）注10所掲張家山漢簡・二年律令一一三（具律）および以下の例。

論獄[何謂]不直。可謂縱囚。罪當重而端輕之、當輕而端重之、是謂不直。當論而端弗論、及傷其獄、端令不致、論出之、是謂縱囚。　睡虎地秦簡・法律答問九三

劾人不審、爲失、其輕罪也而故以重罪劾之、爲不直。　張家山漢簡・二年律令一一二（具律）

（21）前章で述べたように、居延縣廷は⑩で第二回寇恩尋問結果を受け取るまで、寇恩は自證爰書による證言をしていないものとして手續きを進めている。従って、ここでも、寇恩は自證爰書によって證言していないものとして、聽訟手續きとの對應を考える。

（22）兪偉超注2前掲論文。

（23）籾山明も、聴訟における尋問の結果、事案の中に刑罰に相當する要素が發見されれば迷うことなく指摘しており、聴訟と斷獄は訴訟の進行に伴い連續しうるものであった、と述べている（籾山明注1前掲論文一五二～一五八頁）。

結　語

以上、四部十五章に亙って秦漢時代の官文書を考察した。

第一部第一章では、官文書中に見える「某到」という語を手掛かりに、漢代官文書の種類と書式について考察した。簡牘には書・記・檄・符の四つが文書呼稱として見えるが、このうち書と記が固有の書式を持つ文書種別で、それ以外の檄や符は、棒狀の觚であるとか封泥匣を持つといった點からの呼稱であって、固有の書式を持つ文書種別ではない。それが、やがて唐令に見えるような特定の用途に限られた固有の書式を持ついくつもの文書へと細分化してゆく。そのような官文書の細分化もまた官僚制發展の一面を示すものといえよう。

第二章では、官文書に見える用語・文言について考察した。『秦漢官文書の基礎的研究』と題した本書の中核となる部分である。第五～七節では下達文書の末尾によく用いられる書き止め文言や職務執行文言を檢討した。冨谷至が指摘しているように、(1)漢代においてはこれらの文言は殆ど「以上、しかるべく執りおこなえ」といった程度の意味しか持たない書き止めの慣用句になっている。ただ、それぞれの文言が本來持つ實質的な意味もある程度は殘存していた。ここで注目されるのは、そのように單なる念押し程度の意味しか持たなくなったこれらの慣用句的な書き止め文言が、それにも拘わらず、引き續いて使用されている點である。勿論、慣例として惰性的に使い續けられたという面もあるだろう。しかしながら、これほどまでに執拗に記載されるという點に惰性以上の意味を感じるのである。

第二部では文書の傳送について考察した。前漢後半期からの尙書の發展に見られるように、文書が誰の手を經て傳送されるのかは官僚制度研究において非常に重要な問題である。

第一章では、皇帝への上書と皇帝からの詔書下達の經路を再検討した結果、御史大夫と丞相の在り方を見直すこととなった。今後、このような形で文書の傳達經路を明らかにしてゆくことが、官僚制解明の有效な方法の一つになるだろう。

第二章では、下達文書の下達形態について檢討し、郡―縣という統屬關係に沿って下達される場合と、特定の經路上に位置する縣を回覽板方式で傳送する場合の二つの形態があることが明らかとなった。前者の形態が一般的な下達形態であるとするならば、後者の下達形態が適用されるのはどのような場合、どのような地域なのかを明らかにすることで、地域支配における濃淡を浮かび上がらせることができるかもしれない。

第三章以降は漢代の文書傳送について考察を行い、懸泉置や居延・肩水地域においては、郵や驛馬による郵行方式、縣や置を繫ぐ縣次方式、ローカル地域内の文書傳送を擔う亭行方式の三つが相互に關連しながら展開していたことが明らかとなった。それぞれの方式でどのような文書が傳送されるかをより詳細に分析してゆくことで、中央と地方がどのような形で繫がっていたのかをより明確にできるだろう。また、尹灣漢簡の記載から、東海郡では郵行方式の文書傳送經路上にない縣侯國にも郵佐が配備されていたことが明らかとなった。つまり、郵佐は郵行方式に限らず郡内の文書傳送全般を監督していたのである。後漢になると、督郵が功曹と共に郡の極位といわれるようになるが[2]、郵書傳送の監督が督郵の本務であるならば[3]、地方行政においても文書傳送は相當に重要な業務であり、それを統括することが地方行政府における勢力形成に重大な影響を與えたということも想定できよう。

第三部では斷獄の文書として、その手續きの最初である擧劾の文書を考察した。ここにおける考察によって、これまで違法行爲を働いた官吏の罷免を求める彈劾であると理解されることもあった「劾」が、官・卒・民の違法行爲を獄に對して通告し、違法行爲者の身柄を確保している場合はその身柄も護送して、違法行爲者の斷獄、卽ち、裁判を開始させる手續きであることが明確になったと思う。實は、「劾」がいわゆる刑事裁判を開始させる手續きであることを示す史料は既に存在していた。例えば、序言で擧げた張湯の子供の頃の逸話である。原文のみ再掲しておこう。

張湯者、杜人也。其父爲長安丞、出。湯爲兒守舍。還而鼠盜肉。其父怒、笞湯。湯掘窟得盜鼠及餘肉、劾鼠掠治、傳爰書、訊、鞫、論、報。幷取鼠與肉、具獄磔堂下。其父見之。視其文辭如老獄吏。大驚。遂使書獄。

『史記』巻一二二　酷吏列傳・張湯傳

ここで子供の張湯に「劾」されているのは肉を盜んだ鼠であり、「劾」がいわゆる刑事裁判の開始手續きに當たることは明らかであろう。それにも拘わらず、擧劾文書の「劾」が彈劾とも理解されてきたのは、恐らくは「劾」字が彈劾の語を連想させたからであろう。しかし、そのような形で簡牘にみえる「劾」を解釋することは、現代的認識で二千年前の漢代社會を理解することに他ならない。我々はもっと史料に對して謙虚でなければならない。

さて、張湯傳では「劾」の後に「傳爰書」と見えるが、邊境出土漢簡にも同様の場面で作成されたと思しき爰書がある。第三部第二章所掲3で「軟弱不任吏職、以令斥免」を證明した爰書（以下「斥免爰書」という）である。この爰書と同じ「軟弱不任吏職、以令斥免」に關する擧劾文書であるⅣ主官令史夏侯譚擧劾文書は擧劾された馮匡が罷免された後で作成されたものである。斥免爰書も罷免の事實を證明したものなので、同一の內容で擧劾文書と爰書が作成されていることになるが、斷獄手續きを開始させる擧劾文書に對して、斥免爰書はどのような役割を果たしているのだろうか。

この問題を考える手掛かりが先の張湯傳にある。そこでも「劾」と「傳爰書」が一緒に現れているが、この「傳爰書」について籾山明は次のように考えている。[4] 即ち、張湯が掠治の後に爰書を傳送しているのは、拷問した場合は必ずその旨を爰書に記せという睡虎地秦簡・封診式「訊獄」[5] の規定を守ったためで、掠治の結果を爰書に記して傳送し、他官に確認のための「訊」を請うたのである、と。籾山はさらに「繰り返し尋問することで」とも述べており、張湯傳の「掠治」と「訊」とを異なる擔當者による二度の尋問と考えているようである。しかしながら、訊は獄において行われ、[6] 服（罪狀自認）[7] が訊の後に現れることから、[8] 訊が被疑者の取り調べであること間違いない。また、掠治は掠笞と同じであるから、[9] 取り調べ中に行われる鞭打ちのことであろう。從って、張湯傳の「掠治」と「訊」は同一の擔當者による被疑者尋問と考えるべきである。その間に現れる「傳爰書」が封診式「訊獄」の規定に基づくものであることは籾山の指摘の通りであろうが、それは「訊」における鞭打ち實施そのものについての爰書であって、この爰書は訊の結果を記した文書と一緒に次の鞫（犯罪事實の確認）[10] を行う縣廷に送られたと考えるのが妥當であろう。

このように、爰書が鞫の判斷材料だとすれば、前掲の斥免爰書も「軟弱不任吏職、以令斥免」の擧劾を承けて開始された斷獄手續きの鞫に際しての判斷材料として利用されたと考えられよう。そうであるならば、どのような局面において何を目的に作成されたのかを説明することは難しいと籾山が述べるところ[11] の封診式に見える各種爰書も、同様に鞫の判斷材料とするために作成・送付されたと考えてよいだろう。

第四部では邊境地帶で行われていた債權の回收や候粟君册書などの事例を對象として、聽訟の文書を考察した。債權回收を求めた聽訟は、訴えられた債務者を尋問しその結果を訴えた債權者に報告（債權が回收できた場合はそれも返却）するだけのものであり、漢代の聽訟は、當事者の一方が相手の主張に反論せず承服することによって、換言すれば、あきらめて爭わないことによって終了するものであった。そこには、官による判決は存在しない。

邊境出土漢簡に見える聽訟の事例は殆どが未拂い金錢の支拂いを求めた案件で、後世の戶婚田土錢債の案に當たるものである。邊境出土漢簡に見えるような私的な金錢貸借の未拂いに關しては、『史記』に債務未返濟のまま六カ月を超過したために列侯が奪爵・國除された例が一例見えるものの、睡虎地秦簡や二年律令には、金錢などの私的貸借に關して人質を取ることを禁止した條文や、借りた官有物品を返濟しない場合の規定は存在する一方で、個人間における金錢財物貸借の返濟期限超過に關する具體的な條文は確認できない。それ故、『史記』の事例は列侯故の特殊事例であった可能性も考えられる。これに對して、唐律には私的な金錢貸借での期限超過に對する刑罰規定も見られ、唐代ではいわゆる戶婚田土錢債の案に對しても刑罰が定められていたのである。同じ戶婚田土錢債の案に當たる案件でありながら、漢代ではそれは刑罰の對象ではなく、一方、唐代では刑罰の對象になっていた。つまり、私的な金錢貸借は、漢から唐にいたるまでの間に、律によって刑罰を規定すべき案件と認識されるようになったのである。

そのことを踏まえると、後世の戶婚田土錢債の案において行われる取り調べや判決が調停的色彩の強いものであったことと、漢代の債權回收を求めた聽訟では當事者が爭わなくなることで紛爭が解決されたということに似通った點があるのも、ある意味當然とも考えられる。戶婚田土錢債の案においては、裁判官が自らの權限に屬する强制力の發動と、人の世の道理や大局的利害を說き聞かせる勸誘・教導との兩方の手段を驅使して一件落着を目指したが、ここに見える裁判官の姿は、候粟君册書の中で居延縣廷が粟君に對して爰書による證言を求めた上で、もし爰書で證言したら「政不直者法（政務において故意に事實を曲げたという法理）」を以て速やかにこの案件を都尉府に報告しなければならない、と迫っている姿に重なるものであろう。そこから想像を逞しくすれば、漢代では王朝にとっての重要性が低い故に輕微な案件として當事者尋問のみでお茶を濁して濟ませていた債權回收の訴えなどの案件が、やがて、公權保持者として私的な個人間の問題も解決する必要性が王朝自身に認識されるようになった結果、私的な金錢貸借なども律によって規定されるようになったのではないだろうか。漢代の律令の關心は專ら王朝自身にあって、王朝の直接關與しない個人間の問題には介入しようとしなかったことは、同じ貸借物品の未返還でありながらそれに對する律の規定が官有物品の場合にしか存在しなかった事實が物語っている。漢代には斷獄と聽訟というその紛爭解決原理を全く異にする二つの訴訟手續きが併存していたのであるが、王朝の志向という點から見るならば、このように斷獄と聽訟の二つが準備されていたことは極めて合理的な對應だったともいえよう。

一九四九年、西嶋定生は「中國古代帝國形成の一考察――漢の高祖とその功臣――」を發表した[18]。これに對して、濱口重國は大土地所有下にある隷屬農民よりも數量的に遙かに多い一般農民層をより主な對象とすべきであると批判した[19]。西嶋はこの濱口などの批判を受け入れて自説を撤回し、新たな説を提示した。『中國古代帝國の形成と構造二十等爵制の研究』（東京大學出版會　一九六一）である。この中で西嶋は、爵を媒介として皇帝と小農民が結びつく個別人身的支配を想定しているが、それは、皇帝―小農民を漢帝國の基本的關係と認識したからである。

戰後の秦漢史研究をリードしたこの論爭に、本書の考察結果が附け加えられることは殆どないが、秦漢帝國を考える際に考慮する必要があると感じたことを一つだけ擧げておきたい。それは、官吏による帝國統治という面である。西嶋の新説が發表された後、學界において主要な問題の一つとされたのは國家秩序と豪族秩序との關係であった[20]。そこでは、官吏は國家秩序を實現するものであるということが自明のこととされているように思われる。ところが、現實の官吏が全て皇帝の忠實なる僕であったわけではない。

筆者は先に、張家山漢簡・二年律令九三簡の「診報辟故弗窮審」という規定について考察し、この規定は、豪俠・土豪勢力に繋がる屬吏がその豪俠・土豪勢力及びそれに繋がる者の罪を不正に許すことを防止し、屬吏を公權の忠實なる僕として行動させることを目指すものだったのではないかと指摘した[21]。本書において考察した官文書に關連しても、いちいち文書の受領報告を求めたり、下達した通知に對して定期的な報告を求めたり、文書傳送の留遲や帳簿の不一致などについて執拗な程の點檢と責任追及が行われているが、これらは全て官吏にその職務を完遂させる爲ものである。上級官署は常に配下の官吏を見張っていて、見張っていなければすぐに職務を怠るというのが邊境の烽燧に勤務する官吏の姿なのである。

官吏はその職務を怠るだけではなく、官有の金錢や物品を勝手に人に貸したり、本來對象となっていない人物が傳舍で食糧支給を受けることもあったようだし、[22] 候粟君册書では、鄣候である粟君が部下の令史と尉史に行商させようとして、行けないとなるとその代わりに運送用の牛とまぐさを供出させてもいた。[23] このような官吏は、皇帝支配を實現するための忠實な僕とは言い難い。官文書には、既に慣用句と化した職務執行文言が、それにも拘わらず執拗に書かれると先に述べたが、このような官吏の職務實態を踏まえれば、これらの職務執行文言は單に惰性的に記載されていたのではなく、そのような官吏に釘を刺すものであったと考えるべきであろう。

このような官吏の姿を見るならば、秦漢帝國を皇帝――小農民という基本構造の中で理解することは充分とはいえず、先に見たような官吏を間に挾んだ朝廷――官吏――庶民という三層構造で考える必要があるのではないだろうか。官吏は皇帝の手足となってその意思を實現する存在であると共に、ともすると職務を怠り、在地の勢力と結びついて權勢を張るそういう存在なのである。官文書は、そのような官吏を皇帝および王朝の意思を實現する裝置として動かすための手綱であったと言うこともできよう。[24] 當時の行政の、延いては帝國統治の眞の姿を明らかにするには、官文書の持つこのような面にも光を當てる必要があるだろう。

注

（1）冨谷至「行政文書の書式・常套句」（同氏『文書行政の漢帝國　木簡・竹簡の時代』名古屋大學出版會　二〇一〇）。

（2）督郵・功曹、郡之極位。（『後漢書』傳三五　張酺傳注所引『漢官儀』）

（3）嚴耕望は督郵の職掌として、①督察、②督送郵書、奉宣敎令、③屬縣の督察に附隨する職務を擧げる。嚴耕望『中國地方行政制度史　甲部——秦漢地方行政制度』（中央研究院歷史語言研究所　一九八〇）一三八〜一四三頁。

（4）籾山明「爰書新探——古文書學と法制史——」（同氏『中國古代訴訟制度の研究』京都大學學術出版會　二〇〇六）二二四頁。

（5）訊獄　凡訊獄、必先盡聽其言而書之、各展其辭、雖智其訑、勿庸輒詰。其辭已盡書而毋解、乃以詰者詰之。詰之有盡聽書其解辭、有視其它毋解者以復詰之。詰之極而數訑、更言不服、其律當治諒者、乃治諒。治諒之必書曰、爰書。以某數更言、毋解辭、治訊某。睡虎地秦簡・封診式二〜五

（6）宮宅潔「『司空』小考——秦漢時代における刑徒管理の一斑」（同氏『中國古代刑制史の研究』京都大學學術出版會　二〇一一）二五一頁。

（7）籾山明「李斯の裁判」（同氏注4前掲書所收）五〇頁注4。

（8）趙高使其客十餘輩詐爲御史、謁者、侍中、更往覆訊斯。斯更以其實對、輒使人復榜之。後二世使人驗斯、斯以爲如前、終不敢更言、辭服。（『史記』卷八七　李斯列傳）

且恥以醫見業、又去家思歸、乃就操求還取方、因託妻疾、數期不反。操累書呼之、又敕郡縣發遣、佗恃能厭事、猶不肯至。操大怒、使人廉之、知妻詐疾、乃收付獄訊、考驗首服。（『後漢書』傳七二下　方術列傳・華佗傳）

また、次例は獄での取り調べではなく尋問する側が出向く「即訊」の場合であるが、やはり「訊」の後に「服」がきている。

初、廣漢客私酤酒長安市、丞相吏逐去。客疑男子蘇賢言之、以語廣漢。廣漢使長安丞按賢、尉史禹故劾賢爲騎士屯霸上不詣屯所、乏軍興。賢父上書訟罪、告廣漢。事下有司覆治。禹坐要斬。請逮捕廣漢。有詔即訊、辭服。會赦、貶秩一等。

（『漢書』卷七六　趙廣漢傳）

（9）同じことを記した次の二史料から「治掠」と「笞掠」が同義とわかる。それ故、「掠治」と「掠笞」も同義であろう。

冀妻孫壽伺冀出、卽多從倉頭、簒通期歸、治掠之、因言當上書告之。（『後漢紀』巻二〇　質帝紀　本初元年條）
壽伺冀出、多從倉頭、簒取通期歸、截髮刮面、笞掠之、欲上書告其事。（『後漢書』傳二四　梁冀傳）

（10）宮宅潔「秦漢時代の裁判制度——張家山漢簡《奏讞書》より見た——」（『史林』八一—二）五六～五七頁。

（11）籾山明注4前掲論文二二三頁。なお、爰書が二度の供述を前提とするものでないことは、第四部第二章第一節で述べたとおりである。

（12）（文帝）元年、侯信元年。四年、侯信坐不償人責過六月、奪侯、國除。（『史記』巻一八　高祖功臣侯者年表　河陽嚴侯陳涓條）

（13）百姓有責、勿敢擅强質、擅强質及和受質者、皆貲二甲。廷行事强質人者論、鼠者不論、和受質者、鼠者□論。
睡虎地秦簡・法律答問一四八
諸有責而敢强質者、罰金四兩。
張家山漢簡・二年律令一八七（襍律）

（14）百姓叚公器及有責未賞、其日踐以收責之、而弗收責、其人死亡、及隸臣妾有亡公器、畜生者、以其日月減其衣食、毋過三分取一、其所亡衆、計之、終歲衣食不踐以稍賞、令居之、其弗令居之、其人［死］亡、令其官嗇夫及吏主者代賞之。
金布　睡虎地秦簡・秦律十八種七七～七九
諸有叚於縣道官、事已、叚當歸。弗歸、盈二十日、以私自叚律論、其叚別在它所、有物故毋道歸叚者、自言在所縣道官、縣道官以書告叚在所縣道官收之。其不自言、盈廿日、亦以私自假律論。其假已前入它官及在縣道官。非
張家山漢簡・二年律令七八～七九（盜律）

（15）諸負債違契不償、一疋以上、違二十日笞二十、二十日加一等、罪止杖六十、三十疋、加二等。百疋、又加三等。各令備償。（『唐律疏議』巻二六　雜律）

（16）滋賀秀三「民事的法源の概括的檢討——情・理・法——」（同氏『清代中國の法と裁判』創文社　一九八四）二六四～二六五頁。

（17）滋賀秀三注16前掲論文二六五頁。

(18)『歴史學研究』一四一。のち同氏『中國古代國家と東アジア世界』(東京大學出版會　一九八三)に收錄。

(19)濱口重國「中國史上の古代社會問題に關する覺書」(初出一九五三。同氏『唐王朝の賤人制度』東洋史研究會　一九六六所收)。

(20)增淵龍夫「所謂東洋的專制主義と共同體」(『一橋論叢』四七―三　一九六二)など。西嶋新舊說を巡る學界動向については、東晉次「秦漢帝國論」(谷川道雄編『戰後日本の中國史論爭』河合文化教育研究所　一九九三)參照。

(21)拙稿「二年律令九三簡『診報辟故弗窮審』條についての一考察」(冨谷至編『江陵張家山二四七號墓出土漢律令の研究』朋友書店　二〇〇六)。

(22)府中公金錢私貣用之、與盜同法。●可謂府中。●唯縣少内爲府中、其它不爲。　睡虎地秦簡・法律答問三二

□□以財物私自假償、假償人罰金二兩。其錢金、布帛、粟米、馬牛殹、與盜同法。　張家山漢簡・二年律令七七(盜律)

(23)爰書驗問恩、辤曰、潁川昆陽市南里、年六十六歲、姓寇氏、去年十二月中、甲渠令史　E.P.F22:3

華商・尉史周育、當爲候粟君載魚之觻得賣。商・育不能行。商即出牛一頭黃特齒　E.P.F22:4

八歲平賈直六十石、與交穀十五石、爲七十五石、育出牛一頭黑特齒五歲平賈直六十石、與交　E.P.F22:5

穀册石、凡爲穀百石、皆予粟君、以當載魚就直。時粟君借恩爲就、載魚五千頭　E.P.F22:6

および、張家山漢簡・二年律令二二九～二三〇(第一部第一章所揭105)

(24)君主と官僚の結びつきを内面的に考察した研究として、增淵龍夫「漢代における國家秩序の構造と官僚」(初出一九五二。同氏『中國古代の社會と國家』岩波書店　一九六〇　新版一九九六　所收)がある。官文書は、それを外面的に規定するものということもできよう。

あとがき

本書は、秦漢時代の官文書に關する現時點での私の理解をまとめたものである。各部分の元になった既發表論文および口頭發表は以下の通りである。なお、第一部第二章で取り上げた用語や文言は既發表論文の各所で檢討したものであるので、煩瑣ではあるが節ごとに既發表論文の該當箇所を擧げた。

《第一部》

第一章第一～四節：「漢簡所見文書考――書・檄・記・符――」（冨谷至編『邊境出土木簡の研究』朋友書店　二〇〇三）

第二章第一節：「秦漢時代公文書の下達形態」（『立命館東洋史學』三一　二〇〇八）一・二（1）・二（4）

第二節：前掲「秦漢時代公文書の下達形態」二（3）

第三節：前掲「秦漢時代公文書の下達形態」二（2）

第四節：前掲「漢簡所見文書考――書・檄・記・符――」第二章一

第六節：前掲「漢簡所見文書考――書・檄・記・符――」第三章一

第七節（一）：「居延漢簡劾狀關係册書の復原」（『史林』七九―五　一九九六）一　4

第八節：「漢代の債權回收請求訴訟――『候粟君所責寇恩事』册書の分析から――」二（『大阪産業大學論集』人文科學編一一七　二〇〇五）

第九節：前掲「居延漢簡劾狀關係册書の復原」一—4

《第二部》

第二章：「秦漢時代の文書傳達形態——里耶秦簡J1（16）5とJ1（16）6を中心に」（韓國・中國古中世史學會『中國古中世史研究』二四 二〇一〇）

第三章：「秦漢時代の文書傳送方式——以郵行・以縣次傳・以亭行——」（『立命館文學』六一九 二〇一〇）一・二

第四章：前掲「秦漢時代の文書傳送方式——以郵行・以縣次傳・以亭行——」三

第五章：「漢代の居延・肩水地域における文書傳送」（『立命館東洋史學』三六 二〇一三）

第六章：「秦漢文書の檢と封緘」（二〇一二年度立命館東洋史學會大會 二〇一二年八月二十六日 於末川記念會館）

《第三部》

第一章：前掲「居延漢簡劾狀關係册書の復原」

第二章：「漢代の裁判手續き『劾』について——居延漢簡『劾狀』の分析から——」（『中國出土資料研究』七 二〇〇三）

《第四部》

第一章：「漢代の裁判文書『爰書』——戍卒による賣買を手掛かりに——」（『史林』八〇—六 一九九七）

第二章第二～四節：「自證爰書の運用——『候粟君所責寇恩事』册書の二通の自證爰書に對する疑問——」（『古代文化』五二—一二 二〇〇〇）

第三章：「『前言解』小考——『候粟君所責寇恩事』册書を巡る經緯の復原にむけて——」（『史林』八三—五 二〇〇〇）

第四章：「『候粟君所責寇恩事』册書の再檢討——漢代債權回收請求訴訟の考察にむけて——」（『大阪産業大學論集』人文科學編一〇八 二〇〇二）

第五章：前掲「漢代の債權回收請求訴訟――『候粟君所責寇恩事』冊書の分析から――」

上記以外の部分は今回書き下ろしたものである。そのうち、第二部第一章については、原稿完成後に〝中國法律史：史料與方法〟國際學術研討會（二〇一四年一二月一三～一四日　於廣州大學城華南理工大學中心酒店）にてその概要を發表し、南玉泉教授（中國政法大學法律古籍整理研究所）よりコメントを頂戴したが、時間的な制約もあり本書に反映できなかった。

上掲の既發表論文については、本書收錄にあたり大幅に加筆訂正したので、本書の刊行を以てその役目を終えたものとし、今後、鄙見を取り上げる場合は本書所收の諸論考を參照されたい。

先ほど「現時點での私の理解を」と言ったのは、現在、里耶秦簡と肩水金關漢簡の圖版が刊行中であり、今後公表される簡牘によって本書の指摘が修正される可能性が高いと考えているからである。そのような狀況故、里耶秦簡・肩水金關漢簡の圖版が全て刊行されるのを待って本書を出版するという選擇もあったが、里耶秦簡・肩水金關漢簡に加えて現在整理中の懸泉置漢簡や長沙五一廣場東漢簡などの圖版もそう遠くない將來に刊行されるであろうから、全ての簡牘圖版の刊行という前提は何時になっても實現しそうにない。出土簡牘の公表狀況という點で中途半端な時期であることを承知の上で本書を出版することにしたのはそのためである。本書で示した「現時點での理解」が今後新たに公表される簡牘を解釋する上での一助となり、本書を叩き臺として正確な簡牘理解に一歩でも近づくことができれば、本書の出版も意味の無いことではないだろう。

現在、私は簡牘資料を用いた秦漢時代の法律・制度の研究を專門としているが、當初からそれをやろうと思っていたわけではない。もとより、私は大學に入ってから進むべき專攻を決めればいいと思っていたような腦天氣な學生だったのであって、三回生進級時に東洋史學專攻に進んだのも教養部での愛宕元先生の講義にたまたま興味を覚えたからであった。そんな私の卒業論文は法制史とは全く關係無いお粗末なものであった。記憶が定かではないが、その口頭試問の際に、審查教官から「君は居延漢簡でもやったらどうか」と言われたように思う。そしてこの言葉は豫言の如く、この後、私は知らず知らずのうちに居延漢簡に關わるようになっていったのである。

大學院修士課程の入學にぐずぐずしている間に、簡牘研究の泰斗である永田英正先生が着任され、居延漢簡に關する講義を受けるようになった。それにも拘わらず、修士論文のテーマが漢代の三老であったように、この時もまだ私は居延漢簡に對してさほど興味を抱いてはいなかった。そんな私であったが、思いがけず簡牘資料と正面から向かい合うことになる。博士後期課程進學後、梅原郁先生が班長を務める人文科學研究所の共同研究班に參加するようになり、その研究班で、全く豫想だにしていなかったことに敦煌漢簡を輪讀することになったのである。さらに、研究班の成果報告書に法制史關係の論文を書かなければならないことになり、いろいろ考えた擧げ句の果てに考察對象としたのが一九七〇年代出土居延漢簡に含まれる擧劾文書であった。かくて、私は簡牘資料と法制史研究に本腰を入れて取り組まざるを得ない狀況になったわけである。

現任校に勤めるようになり學生の研究指導などで他の教員の發言を聞く度に、私は歴史研究に向いていないとつくづく思う。歴史學は對象とした時代の様々な面を見た上でその時代的特徵を明らかにするものであると思うが、私は興味や關心がある一つのものに收斂していく傾向が極めて強く、その時代の諸側面を多角的に見るといったことが正直苦手なのである。簡牘資料を用いた法制史研究は、私のそのような歴史學向きではない性格に、全く幸運なことに、合っていた。今こうやって東洋史の研究を續けているのも、自分に合った資料や課題に巡り合えたからであるが、振り返ってみると、それはまるで見えざる手によって導かれたようにしか思われない。永田先生が轉任して來られてその講義を受けるようになったことも然り、梅原班に參加するようになったことも然り。學部卒業後すぐに大學院に進めなかったのも、永田先生が來られるまで待て、ということだったのかもしれない。それはともかく、永田先生がいらっしゃらなければ、私が簡牘資料を用いた法制史研究に巡り合うことはなかったであろう。永田先生に出會えたことは、私にとって誠に幸運であった。

簡牘研究へと導いてくれたのが永田先生との出會いであるならば、その研究をこうして纏められたのは冨谷至先生に出會えたお蔭である。冨谷先生がいらっしゃらなければ研究を纏めることなどできなかっただろうし、そもそも、研究を續けることさえできなかったかもしれない。私はなかなか專任職に就くことができず、生活のために働かざるを得なかったのであるが、その期間、研究と繫がっていた唯一の場が、冨谷先生が班長を務める人文科學研究所の共同研究班であった。冨谷班に週一回參加することで、研究を繼續しようという氣持ちをかろうじて持ち續けることができたのである。專任職に就いた後は、折に觸れ冨谷先生からこれまでの研究を纏めるようにと勵まされた。その叱咤、いや激勵がなければ、校務の多忙さを言い譯に研究を纏めることなどなかったであろう。

これもまた巡り合わせというべきであろうか、昨年度後期に學外研究の機會を得たことで、校務を免除され研究の取り纏めに專念することができた。さらに、冨谷班の研究成果である『漢簡語彙　中國古代木簡辭典』および『漢簡語彙考證』が本書と同時期に出版されることになり、私も班員としてその作業に關わったことで、本書で述べた鄙見について他の班員の意見を聞く機會も得られたし、辭典編纂作業に伴って鄙見の間違いに氣づいたり、辭典を參考に簡牘資料の解釋を修正することもできた。

研究書のあとがきとは思えない半生記のようになってしまったが、永田・冨谷兩先生を初めとする諸先生方と冨谷班の班員諸氏に出會うことがなければ本書の出版が實現しなかったことは確かであり、そのような皆さんに出會えたこと、そして出會えた皆さんに心より感謝申し上げたい。これから先、私もそんな出會いを學生に與えることができればと思っている。

そして、私生活の面で私と私の研究を支えてくれたのが妻である。子供が小さい頃には休みの度に子供を連れ出し、靜かに研究できる環境を提供してくれた。そんな妻あっての本書であり、妻は私の中では共著者である。

本書引用史料の確認は、大阪市立大學大學院文學研究科都市文化研究センター研究員の磯部淳史氏ならびに阪南大學非常勤講師の大澤直人氏の、中文提要は京都大學人文科學研究所研究員の陳捷氏のお世話になった。また、汲古書院編集部の小林詔子氏には様々な點でご助言と勵ましを頂いた。末尾になったが御禮申し上げたい。なお、本書出版に際して立命館大學人文學會より助成を受けた。關係各位に感謝する。

二〇一五年二月一六日

鷹　取　祐　司

汲古叢書

1	秦漢財政収入の研究	山田　勝芳著	本体 16505円
2	宋代税政史研究	島居　一康著	12621円
3	中国近代製糸業史の研究	曾田　三郎著	12621円
4	明清華北定期市の研究	山根　幸夫著	7282円
5	明清史論集	中山　八郎著	12621円
6	明朝専制支配の史的構造	檀上　寛著	13592円
7	唐代両税法研究	船越　泰次著	12621円
8	中国小説史研究－水滸伝を中心として－	中鉢　雅量著	品　切
9	唐宋変革期農業社会史研究	大澤　正昭著	8500円
10	中国古代の家と集落	堀　敏一著	品　切
11	元代江南政治社会史研究	植松　正著	13000円
12	明代建文朝史の研究	川越　泰博著	13000円
13	司馬遷の研究	佐藤　武敏著	12000円
14	唐の北方問題と国際秩序	石見　清裕著	品　切
15	宋代兵制史の研究	小岩井弘光著	10000円
16	魏晋南北朝時代の民族問題	川本　芳昭著	品　切
17	秦漢税役体系の研究	重近　啓樹著	8000円
18	清代農業商業化の研究	田尻　利著	9000円
19	明代異国情報の研究	川越　泰博著	5000円
20	明清江南市鎮社会史研究	川勝　守著	15000円
21	漢魏晋史の研究	多田　狷介著	品　切
22	春秋戦国秦漢時代出土文字資料の研究	江村　治樹著	品　切
23	明王朝中央統治機構の研究	阪倉　篤秀著	7000円
24	漢帝国の成立と劉邦集団	李　開元著	9000円
25	宋元仏教文化史研究	竺沙　雅章著	品　切
26	アヘン貿易論争－イギリスと中国－	新村　容子著	品　切
27	明末の流賊反乱と地域社会	吉尾　寛著	10000円
28	宋代の皇帝権力と士大夫政治	王　瑞来著	12000円
29	明代北辺防衛体制の研究	松本　隆晴著	6500円
30	中国工業合作運動史の研究	菊池　一隆著	15000円
31	漢代都市機構の研究	佐原　康夫著	13000円
32	中国近代江南の地主制研究	夏井　春喜著	20000円
33	中国古代の聚落と地方行政	池田　雄一著	15000円

34	周代国制の研究	松井　嘉徳著	9000円
35	清代財政史研究	山 本　　進著	7000円
36	明代郷村の紛争と秩序	中島　楽章著	10000円
37	明清時代華南地域史研究	松田　吉郎著	15000円
38	明清官僚制の研究	和田　正広著	22000円
39	唐末五代変革期の政治と経済	堀　　敏 一著	12000円
40	唐史論攷－氏族制と均田制－	池 田　　温著	18000円
41	清末日中関係史の研究	菅 野　　正著	8000円
42	宋代中国の法制と社会	高橋　芳郎著	8000円
43	中華民国期農村土地行政史の研究	笹川　裕史著	8000円
44	五四運動在日本	小野　信爾著	8000円
45	清代徽州地域社会史研究	熊　　遠 報著	8500円
46	明治前期日中学術交流の研究	陳　　　　捷著	品　切
47	明代軍政史研究	奥山　憲夫著	8000円
48	隋唐王言の研究	中村　裕一著	10000円
49	建国大学の研究	山根　幸夫著	品　切
50	魏晋南北朝官僚制研究	窪添　慶文著	14000円
51	「対支文化事業」の研究	阿 部　　洋著	22000円
52	華中農村経済と近代化	弁納　才一著	9000円
53	元代知識人と地域社会	森田　憲司著	9000円
54	王権の確立と授受	大原　良通著	品　切
55	北京遷都の研究	新 宮　　学著	品　切
56	唐令逸文の研究	中村　裕一著	17000円
57	近代中国の地方自治と明治日本	黄　　東 蘭著	11000円
58	徽州商人の研究	臼井佐知子著	10000円
59	清代中日学術交流の研究	王　　宝 平著	11000円
60	漢代儒教の史的研究	福井　重雅著	12000円
61	大業雑記の研究	中村　裕一著	14000円
62	中国古代国家と郡県社会	藤田　勝久著	12000円
63	近代中国の農村経済と地主制	小島　淑男著	7000円
64	東アジア世界の形成－中国と周辺国家	堀　　敏 一著	7000円
65	蒙地奉上－「満州国」の土地政策－	広川　佐保著	8000円
66	西域出土文物の基礎的研究	張　　娜 麗著	10000円

67	宋代官僚社会史研究	衣川　強著	品　切
68	六朝江南地域史研究	中村　圭爾著	15000円
69	中国古代国家形成史論	太田　幸男著	11000円
70	宋代開封の研究	久保田和男著	10000円
71	四川省と近代中国	今井　駿著	17000円
72	近代中国の革命と秘密結社	孫　江著	15000円
73	近代中国と西洋国際社会	鈴木　智夫著	7000円
74	中国古代国家の形成と青銅兵器	下田　誠著	7500円
75	漢代の地方官吏と地域社会	髙村　武幸著	13000円
76	齊地の思想文化の展開と古代中國の形成	谷中　信一著	13500円
77	近代中国の中央と地方	金子　肇著	11000円
78	中国古代の律令と社会	池田　雄一著	15000円
79	中華世界の国家と民衆　上巻	小林　一美著	12000円
80	中華世界の国家と民衆　下巻	小林　一美著	12000円
81	近代満洲の開発と移民	荒武　達朗著	10000円
82	清代中国南部の社会変容と太平天国	菊池　秀明著	9000円
83	宋代中國科擧社會の研究	近藤　一成著	12000円
84	漢代国家統治の構造と展開	小嶋　茂稔著	10000円
85	中国古代国家と社会システム	藤田　勝久著	13000円
86	清朝支配と貨幣政策	上田　裕之著	11000円
87	清初対モンゴル政策史の研究	楠木　賢道著	8000円
88	秦漢律令研究	廣瀬　薫雄著	11000円
89	宋元郷村社会史論	伊藤　正彦著	10000円
90	清末のキリスト教と国際関係	佐藤　公彦著	12000円
91	中國古代の財政と國家	渡辺信一郎著	14000円
92	中国古代貨幣経済史研究	柿沼　陽平著	13000円
93	戦争と華僑	菊池　隆著	12000円
94	宋代の水利政策と地域社会	小野　泰著	9000円
95	清代経済政策史の研究	黨　武彦著	11000円
96	春秋戦国時代青銅貨幣の生成と展開	江村　治樹著	15000円
97	孫文・辛亥革命と日本人	久保田文次著	20000円
98	明清食糧騒擾研究	堀地　明著	11000円
99	明清中国の経済構造	足立　啓二著	13000円

100	隋唐長安城の都市社会誌	妹尾　達彦著	未　刊
101	宋代政治構造研究	平田　茂樹著	13000円
102	青春群像－辛亥革命から五四運動へ－	小野　信爾著	13000円
103	近代中国の宗教・結社と権力	孫　　江著	12000円
104	唐令の基礎的研究	中村　裕一著	15000円
105	清朝前期のチベット仏教政策	池尻　陽子著	8000円
106	金田から南京へ－太平天国初期史研究－	菊池　秀明著	10000円
107	六朝政治社會史研究	中村　圭爾著	12000円
108	秦帝國の形成と地域	鶴間　和幸著	13000円
109	唐宋変革期の国家と社会	栗原　益男著	12000円
110	西魏・北周政権史の研究	前島　佳孝著	12000円
111	中華民国期江南地主制研究	夏井　春喜著	16000円
112	「満洲国」博物館事業の研究	大出　尚子著	8000円
113	明代遼東と朝鮮	荷見　守義著	12000円
114	宋代中国の統治と文書	小林　隆道著	14000円
115	第一次世界大戦期の中国民族運動	笠原十九司著	18000円
116	明清史散論	安野　省三著	11000円
117	大唐六典の唐令研究	中村　裕一著	11000円
118	秦漢律と文帝の刑法改革の研究	若江　賢三著	12000円
119	南朝貴族制研究	川合　　安著	10000円
120	秦漢官文書の基礎的研究	鷹取　祐司著	16000円
121	春秋時代の軍事と外交	小林　伸二著	13000円
122	唐代勲官制度の研究	速水　　大著	12000円
123	周代史の研究	豊田　　久著	近　刊
124	東アジア古代における諸民族と国家	川本　芳昭著	12000円
125	史記秦漢史の研究	藤田　勝久著	14000円
126	東晉南朝における傳統の創造	戸川　貴行著	6000円

（表示価格は2015年３月現在の本体価格）

著者紹介
鷹取　祐司（たかとり　ゆうじ）
立命館大學文學部教授。1965年岡山縣生まれ。1995年京都大學大學院文學研究科博士後期課程（東洋史學專攻）研究指導認定退學。博士（文學）。2006年立命館大學文學部助教授、2011年より現職。專門は中國古代史、特に簡牘資料を用いた秦漢時代の法律・制度の研究。主要論文に「漢代の死刑奏請制度」（『史林』88巻５號　2005年）、「秦漢時代の刑罰と爵制的身分序列」（『立命館文學』608號　2008年）など。

汲古叢書120

秦漢官文書の基礎的研究

二〇一五年三月二十三日　發行

著　者　鷹　取　祐　司
發行者　石　坂　叡　志
整版印刷　富士リプロ㈱

發行所　汲　古　書　院
〒102-0072 東京都千代田區飯田橋二-五-四
電　話　〇三（三二六五）九七六四
ＦＡＸ　〇三（三二二二）一八四五

ISBN978 - 4 - 7629 - 6019 - 2　C3322

KYUKO-SHOIN, CO., LTD. TOKYO.

A Basic Study of Administrative Documents in the Qin and Han Dynasties

by Yuji TAKATORI

2015

KYUKO-SHOIN

TOKYO

『秦漢官文書的基礎研究』提要

本書以簡牘資料爲主要材料，對秦漢時代的官文書進行基礎性的考察，目的在於確立理解秦漢官文書的基礎。

自二十世紀初葉發現敦煌漢簡以來，秦漢時代的簡牘多有發現，現已成爲研究秦漢時代歷史的不可或缺的史料。而且秦漢簡牘多出土於長城烽燧遺址、官衙遺址等處，因此包括了大量的官文書，在該時代的法律、制度的研究方面具有極高的史料價值。保存在簡牘中的官文書，還包括了下令公佈、施行法律與制度的文書、作爲當時命令的法律根據而引用法律條文等的文書，可以明白不見於現存史料的許多法律條文與制度規定。此外又有關於法律、制度的施行與實施的官文書，據此也可知這些法律與制度在運用方面的實際形態。在這個意義上，對秦漢法制史研究來說簡牘資料可謂絕好的史料。

雖然如此，秦漢時代的簡牘資料的增加是在一九七零年代以後，而且新發現的簡牘與圖版一起公佈則遲至一九九零年代以後。從秦漢簡牘的這種發現、公佈狀況來看，簡牘研究雖有自最初發現敦煌漢簡以來一個世紀以上的累積，但幾乎所有的研究都是以敦煌、居延漢簡及睡虎地秦簡這些有限的簡牘爲資料進行的，因此在一九九零年代以前的簡牘研究中，不採用在分析許多簡牘實例的基礎上對簡牘內容作歸納性解釋的方法而靠直覺來解釋的情形也不少。一九九零年代以後，在邊境的長城烽燧遺址以外也發現了大量的秦漢簡牘，這些簡牘一經公佈，以前的簡牘解釋就出現了不少疑問，這就意味著由於簡牘資料質與量的提昇可以做出更準確的解釋。

本書鑒於上述秦漢簡牘的發現、公佈及研究的情況，對於簡牘資料中的秦漢官文書，檢討、驗證過去的解釋，追求更準確的理解。全書分爲四部，第一部就秦漢官文書的種類與官文書中常用詞語與文句，第二部就官文書的傳遞狀況，第三部就相當於所謂刑事訴訟的斷獄的有關文書，第四部就相當於民事訴訟的聽訟

的有關文書分別加以考察。

第一部第一章以官文書中所見「某到」一語爲線索，考察漢代官文書的種類與格式，指出簡牘中可見「書」、「記」、「檄」、「符」等四種文書名稱，其中「書」與「記」是有固定格式的文書，相對於「書」是通過正式程序寫成的文書，「記」則是簡略而便於使用的文書，但在功能與效力方面兩者竝無差異等等。

第二章對官文書中常用的詞語與文句加以考察，指出表示文書下達的「A告B謂C」卽過去所說A向B、C兩者竝行下達之意，「敢告」、「告」、「謂」是根據發文者與下達對象之間不同關係而區別使用，「下」在漢代僅限於詔書的下達，秦代的「主」是對下達對象表示敬意的表達方式，在供述與爰書末尾出現的「它如……」中的「它」是指代該文句之前的內容的代詞用法，意爲「那」，「它如……」是表示「它」所指代的內容與「……」相一致的表達方式，用爲下達文書結束語的「如律令」是以對待律令的方式來處理命令內容之意的訓告性語句，「以律令從事」是依據律令規定進行處理之意的命令執行的語句等等。

第二部第一章對大庭脩復原的元康五年詔書册重新進行檢討，指出大庭復原的册書傳遞路線及立足於此的以御史大夫爲皇帝書記官的理解需要修正，丞相與御史大夫都是位於官僚機構頂點的官職，但相對於丞相負責理念方面竝起聯繫天子與百官的作用，御史大夫則是實際事務的負責人，兩者性質不同等等。

第二章考察秦漢官文書的下達形態，指出秦漢時代的下達文書在丞相→郡太守→都尉→鄣候這種根據統屬關係下達的方法之外，尙有通過「以道次傳別書」這種附加命令以傳閱夾方式傳遞於特定路線的方法。

第三章考察漢代的文書傳遞方式，指出漢代的文書傳遞方式主要有以郵遞送的郵行方式、以縣及置遞送的縣次方式、以亭遞送的亭行方式等三種，郵行方式與縣次方式均實施於連接郡與郡的幹線道路上，向不在幹線道路上的官衙等傳遞文書則以亭行方式進行等等。

第四章與第五章考察漢代的懸泉置周邊及居延、肩水地區的文書傳遞，指出這兩個地區均竝用縣次方式、郵行方式、亭行方式等三種文書傳遞路線，竝以特

定設施相互連接的形式進行安排，而且郵行方式是專門負責傳遞皇帝收發的文書及被指定爲「郵行」、「驛馬行」的「急書」等的文書傳遞路線，毋寧說縣次方式纔是連接漢帝國全國的文書傳遞的動脈等等。

第六章考察發送簡牘文書時所附的收件人姓名簡，收件人姓名簡根據有無封泥匣及不同的形狀可分三種，但這不過是依據發信者的官位、有無必要採取防止啓封的措施而區別使用的，竝非對應於文書發送方法，而關於文書傳遞方式的記載，除了「以郵行」以外竝非必不可少的等等。

第三部第一章對斷獄手續開始時進行「劾」的舉劾文書的復原工作與「劾」作了初步考察，指出一個案件的舉劾文書由舉劾違法者的文書與記載舉劾全部經過的文書這兩者組成，前者送往縣獄，後者送往縣廷，舉劾的權限屬於吏的職掌而無具體官職上的限制，舉劾的對象是全體吏、卒、民，不管被舉劾者是否已被逮捕，舉劾者在發現違法行爲時卽可舉劾等等。

第二章考察斷獄手續中的「劾」，指出「劾」是發現違法行爲的吏在一定程度上確認狀況後寫成記載其詳情的舉劾文書，將其送往縣、縣獄命令開始辦理斷獄手續的行爲，竝非罷免有違法行爲的官吏的彈劾，與「劾」同樣相當於告發的「告」是發現違法行爲的人對吏進行口頭通報，吏將「告」的內容寫成文書後送往負責斷獄的縣等等。

第四部第一章考察漢代邊境地區的債權收回，指出通過責名籍進行的債權收回是審問債務人使其承認債務後收回債權的行爲，應定位爲聽訟，而在審問債務人時，債務人如不承認受到爰書等保障的債務的事實，可以通過適用證不言請律的爰書使其證言債務不存在，藉以防止債務人的託詞抵賴而使其承認債務等等。

第二章考察自證爰書的使用，指出見於要求收回債權的聽訟中的「以爰書對付爰書」的手續同樣適用於以爰書證言債權不存在以外的情況，對於同一案件沒有重複使用爰書證言的情形，當多個當事人以爰書證言的內容不能一致時，爲查明眞相會再次審問先做證言者等等。

第三章考察「候粟君所責寇恩事」册書所見的「前言解」一語，指出審問結

果的報告文書中的「前言解」意爲「辯解之詞早已報告」，是發文者的補充記錄等等。

第四章考察「候粟君所責寇恩事」簡冊，指出過去將該簡冊解釋爲在辦理斷獄手續時寫成的文書，以致存在作爲斷獄手續無法說明的疑問，如將其解釋爲在辦理要求收回債權的聽訟手續時寫成的文書則可以對簡冊整體有周全的理解等等。

第五章考察漢代的要求收回債權的聽訟手續。聽訟的手續基本上衹是審問受控的債務人，當債務人承認債務時收回債權而已，在聽訟手續之後尚可進行斷獄手續的機制可以防止當事人做出虛假的供述，從而引導訴訟順利解決等等。

本書通過以上的具體考察，力圖確立理解秦漢官文書的基礎。

索　引

凡例

【引用簡牘索引】

・簡牘は原簡番號・整理番號順の配列を基本とした。

・1970年代出土居延漢簡・金關漢簡及び額濟納漢簡は發掘年を除く原簡番號のアルファベット・番號順に配列した。

・敦煌漢簡は『敦煌漢簡』の整理番號順に配列した。

・懸泉置漢簡は①發掘區域、②探方房間番號、③層位、④整理番號の優先順位でのアルファベット・番號順配列とした。

【語句索引】

・語句は簡牘中に見える用語や表現を中心に採錄した。

・掲載ページは、當該語句についての説明や關連情報のある箇所を主に擧げたもので、全用例のページを擧げたわけではない。

・章節單位でその語句自體を取り上げて考察している場合は、「爰書自證　605～（4/2/3/3)」のように記した（4/2/3/3は第四部第二章第三節（三）を示す)。

引用簡牘索引

【①睡虎地秦簡】

【②里耶秦簡】

【③張家山漢簡】

【④1930年代出土居延漢簡】

【⑤1970年代出土居延漢簡・金關漢簡】

【⑥額濟納漢簡】

【⑦敦煌漢簡】

【⑧懸泉置漢簡】

【⑨その他】

語句索引

サ行